Geschichte von Neureut

Hermann Ehmer

Geschichte von Neureut

Mit Beiträgen von
Paul Waibel, Kurt Hannemann
und Wilhelm Meinzer

1983

Herausgegeben von der Stadt Karlsruhe - Ortsverwaltung Neureut

CIP-Kurztitelaufnahme der Deutschen Bibliothek

Ehmer, Hermann:
Geschichte von Neureut / Hermann Ehmer. Mit Beitr. von
Paul Waibel . . . — Orig.-Ausg. — Karlsruhe : von
Loeper, 1983.
   ISBN 3-88652-800-6

Herausgeber: Stadt Karlsruhe - Ortsverwaltung Neureut

Originalausgabe 1983
von Loeper Verlag GmbH, Kiefernweg 13, 7500 Karlsruhe-Neureut
Lektorat und Herstellung: von Loeper Verlag
Layout: B. Mall, Karlsruhe
Satz: Fotosatz A. Budig, Leimersheim
Druck und Lithos: Buch + Offsetdruck Otto Nees, Karlsruhe-Neureut
Buchbinderische Verarbeitung: J. Spinner, Ottersweier
ISBN 3-88652-800-6

Zum Geleit

Mit dieser Ortsgeschichte wird die Entwicklung von Neureut auf Grund historisch-wissenschaftlicher Unterlagen erstmals umfassend dargestellt.

Vorausgegangen war das im Jahr 1960 von Manfred Schwerdtfeger verfaßte Buch „Zwischen Heide und Strom, Geschichte und Geschichten einer badischen Gemeinde". Die Ausarbeitung stand aber im Hinblick auf den vorgesehenen Erscheinungstermin zur 850-Jahr-Feier der Gemeinde Neureut sehr unter Zeitdruck und konnte daher nicht erschöpfend sein. Das trotzdem gut gelungene, feuilletonistisch interessant aufbereitete Buch fand damals reges Interesse und ist seit langem vergriffen.

Eine kurzgefaßte ortsgeschichtliche Darstellung veröffentlichte im Jahr 1924 Pfarrer Friedrich Askani in seiner Schrift „Welschneureut, die Waldenser-Kolonie bei Karlsruhe". Auch diese interessante Broschüre ist längst nicht mehr verfügbar.

Den Beschluß zur Erstellung der vorliegenden Ortschronik faßte der Gemeinderat der Gemeinde Neureut im Rahmen der Verhandlungen um den Eingliederungs-Vertrag am 10. 4. 1975, als feststand, daß Neureut im Zuge der Gemeindereform seine Selbständigkeit verlieren und in die Stadt Karlsruhe eingegliedert werden sollte. Zu diesem Zeitpunkt war es dem Gemeinderat und der Gemeindeverwaltung ein besonderes Anliegen, das Entstehen und Werden der größten Landgemeinde in Baden-Württemberg der Nachwelt aufzuzeigen, aber auch den Kampf dieser Gemeinde um die Erhaltung der Selbständigkeit festzuhalten.

Diesem Anliegen wird das vorliegende Buch gerecht. Es drückt aber auch den Willen zur Zuwendung an die Geschichte der engeren Heimat aus und macht das Bemühen deutlich, das in dem Goethe-Wort seinen Niederschlag findet:

> Eine Chronik schreibt derjenige,
> dem die Gegenwart wichtig ist!

Nach Fertigstellung des Buches ist es mir ein besonderes Anliegen, all denen für das gelungene Werk und die damit vollbrachte überzeugende Leistung zu danken, die sich um die Ausarbeitung dieser Ortsgeschichte bemühten und das Bild- und Textmaterial dazu beisteuerten.

Besonderer Dank gebührt Herrn Dr. Hermann Ehmer, der den Hauptteil des Buches, die eigentliche Ortsgeschichte Neureuts, sehr fundiert erarbeitete und dabei mehrfach, so z. B. im Zusammenhang mit der Darstellung der Ortsgründung, Erkenntnisse aufzeigte, die bislang nicht allgemein bekannt gewesen sind. Chronologisch eingefügt ist der Beitrag von Kurt Hannemann über den in der Reformationszeit hervorgetretenen Neureuter Wendelin Gürrich.

Mein Dank gilt auch Herrn Dr. Paul Waibel, der im zweiten Teil Mundart, Flurnamen, dörfliches Leben, örtliches Brauchtum u. v. a. m. ausführlich dargestellt hat, um diese Überlieferungen in unserer schnellebigen Zeit vor der Vergessenheit zu bewahren.

Eigene Beiträge zu diesem Themenkreis verfaßte aber auch unser Rechnungs-amtsleiter Wilhelm Meinzer, der zudem für eine Vielzahl statistischer Zusam-menstellungen verantwortlich zeichnet. Er besorgte darüber hinaus die Koordi-nation und die Bebilderung und hat sich in besonderem Maße um die Herausgabe dieser Geschichte seiner Heimatgemeinde verdient gemacht.

Ich hoffe, daß es gelungen ist, mit diesem Buch die Vergangenheit lebendig zu machen und wünsche ihm eine starke Verbreitung.

Unser Buch ist auch ein heimatlicher Gruß an alle gebürtigen Neureuter und ihre Nachkommen, die heute — nah oder fern — auswärts leben. Möge es ihnen wie allen Alt- und Neu-Neureutern eine interessante Lektüre und ein lebendiges Nachschlagwerk werden.

Gleichzeitig aber soll mit diesem Buch zum Ausdruck kommen, daß Neureut auch als Stadtteil von Karlsruhe ein selbstbewußtes Eigenleben führt und seine Eigenständigkeit wahren will.

Hermann Meinzer
Ortsvorsteher und letzter Bürgermeister
der ehemaligen Gemeinde Neureut

INHALTSVERZEICHNIS

Erster Teil: Hermann Ehmer, Geschichte von Neureut

Zweiter Teil: Paul Waibel und Wilhelm Meinzer, Das Leben in Neureut

Einleitung

Im Jahre 1975 wurde Neureut, mit 13600 Einwohnern bis dahin größte badische Landgemeinde, im Zuge der baden-württembergischen Verwaltungsreform nach Karlsruhe eingemeindet. Der Eingliederung war in Neureut selbst starker Widerstand entgegengesetzt worden; er konnte diese aber nicht verhindern. Im historischen Rückblick zeigt sich, daß Gemeindezusammenschlüsse nicht nur eine Erscheinung unserer Zeit sind. So wurde schon 1812 Klein-Karlsruhe, das „Dörfle", sogar gegen den Willen der Karlsruher, der Stadt zugeschlagen. Die späteren Eingemeindungen, beginnend 1886 mit Mühlburg, geschahen zum größten Teil in beiderseitigem Einvernehmen. Neureut selbst war 1935 durch die unfreiwillige Vereinigung der selbständigen Gemeinden Teutsch- und Welschneureut entstanden, sicher nicht zum beiderseitigen Nachteil.

Mit der Teilhabe an der wesentlich besseren Infrastruktur der Stadt ergaben sich für die Bewohner eingemeindeter Orte bestimmt Vorteile, doch wurde die Eingemeindung immer auch als Verlust empfunden. Dieser stellte sich nicht nur verwaltungstechnisch dar, sondern betraf mehr noch die Emotionen der Alteingesessenen. Das erklärt den nach wie vor feststellbaren Lokalstolz in den meisten früher selbständigen Karlsruher Stadtteilen, die ja alle eine viel längere Geschichte als Karlsruhe selbst haben. Um in dieser Beziehung Verlusten entgegenzutreten, enthalten alle in den siebziger Jahren geschlössenen Eingemeindungsverträge unter anderem die Bestimmung, daß die jeweiligen Ortsarchive in den Gemeinderathäusern verbleiben sollen. Man wollte die Gemeinden nicht ihrer historischen Substanz berauben und ihrer Tradition entfremden. Auf diesem Hintergrund ist auch die Herausgabe der „Geschichte von Neureut" durch die Ortsverwaltung zu sehen. Heimatbewußtsein beruht auf anderen Grundlagen als Verwaltungsorganisation. Je unübersichtlicher und fremder diese wird, desto mehr wächst das Bedürfnis nach Geborgenheit. Diese findet sich wohl am ehesten in der von Kindheit an vertrauten Wohnumgebung. Der Wunsch mehr von ihr und ihrer historischen Entwicklung zu erfahren, besteht aber nicht nur bei Alteinheimischen, sondern oft noch stärker bei Zugezogenen, die ihre neue Heimat entdecken möchten. So sind viele Ortsgeschichten in den letzten Jahren regelrechte „Bestseller" geworden.

Schon 1960, als von einer Eingemeindung nach Karlsruhe noch keine Rede war, hat die Gemeinde Neureut ein heimatgeschichtliches Lesebuch unter dem Titel „Zwischen Heide und Strom" herausgebracht. Verfasser war der Journalist Manfred Schwerdtfeger. Neureut hatte sich zu dieser Zeit schon stark ausgedehnt und zahlreiche Heimatvertriebene auf seiner Gemarkung angesiedelt. Das Bedürfnis nach historischer Unterrichtung war vorhanden.

Nach der Eingemeindung stellte sich die Situation völlig anders dar. Nun ging es nicht nur um den Wissensdurst von Alt- und Neubürgern, sondern einfach auch darum, Bilanz zu ziehen und zu sehen, was aus dem Ort in den Jahrhunderten der Selbständigkeit geworden war. Man mußte den historischen Bestand und damit letzten Endes die Identität von Neureut sichern.

Der Gedanke eines Ortsbuches war schon vor der Eingliederung nach Karlsruhe erörtert worden. Der Eingemeindungsvertrag sicherte Neureut die Herausgabe seiner Heimatgeschichte zu. So erging im Dezember 1975 an Dr. Hermann Ehmer der Auftrag zur Erarbeitung der Geschichte von Neureut. Herr Dr. Ehmer war zu dieser Zeit im Generallandesarchiv Karlsruhe tätig. Inzwischen wurde er zum Leiter des Staatsarchivs Wertheim berufen.

Hermann Ehmer arbeitete als Historiker und Archivar vor allem nach Quellen, die sich im Generallandesarchiv befinden, und nach der orts- und landesgeschichtlichen Literatur. Mit dieser Gründlichkeit wurden die einschlägigen Archivalien bisher noch nicht ausgewertet. Das Buch stellt also weithin das Ergebnis neuer Forschungen dar. Hermann Ehmer bringt die lokalen Ereignisse immer auch in größere historische Zusammenhänge.

Dem Leser, bei dem in erster Linie an den Neureuter Bürger gedacht werden muß, wird damit verdeutlicht, daß auch der Heimatort mit all seinen kleinen Vorgängen nie losgelöst von der großen Geschichte gesehen werden kann und daß viele Ereignisse von europäischer oder gar weltweiter Bedeutung eben auch in Neureut ihren Niederschlag gefunden haben.

Bei der archivbezogenen Arbeitsweise von Hermann Ehmer ergaben sich verständlicherweise je nach Quellenlage Schwerpunkte, aber auch vereinzelt Lücken, die nur durch Sonderforschungen geschlossen werden konnten. Das gilt vor allem für die Bereiche Volkskunde, Mundart- und Namenforschung sowie die Entwicklung der Vereine und Parteien. Dieser Gebiete nahmen sich Dr. Paul Waibel und Oberamtsrat Wilhelm Meinzer an. Zunächst war dabei nur an einen Anhang zum historischen Teil gedacht. Die von Herrn Dr. Waibel und Herrn Meinzer bearbeiteten Kapitel nahmen aber schließlich einen solchen Umfang an, daß sie einen wesentlichen Teil des vorliegenden Buches ausmachen. Und das ist gut so. Will man tatsächlich das ganz Spezifische einer Gemeinde erfassen und dem Leser das Gefühl geben, daß die Traditionen seines engeren Lebensraumes wirklich beschrieben sind, läßt sich gerade auf diese Teile des Buches nicht verzichten. Hier finden alte Neureuter vieles wieder, was ihnen ihren Ort zur Heimat macht, und neue erkennen hier am überzeugendsten die Eigenart ihrer Wohngemeinde.

Paul Waibel, seit Jahrzehnten als Mundartforscher für das mittlere Baden ausgewiesen, erschien wie kein anderer berufen, über die Neureuter Mundart zu schreiben. Wohl nur ihm konnte es noch gelingen, das unterschiedliche Sprachverhalten von Teutsch- und Welschneureut fundiert darzustellen. Sein Beitrag über die Flurnamen enthebt einen großen Teil dieses alten ortstypischen Namengutes dem völligen Vergessen.

Den umfangreichen volkskundlichen Teil haben Paul Waibel und Wilhelm Meinzer in einer idealen Arbeitsgemeinschaft zustandegebracht, der eine mit wissenschaftlicher Akribie, der andere aus der profunden Kenntnis seines Heimatortes, dessen Bewohner und ihrer Gepflogenheiten. Hinzu kommt bei Wilhelm Meinzer ein schon immer vorhandenes Interesse an heimatlichen Dingen und ein Verantwortungsbewußtsein gegenüber der örtlichen Tradition.

Wilhelm Meinzer konnte vieles aus eigener Erinnerung aufzeichnen oder aus Gesprächen mit älteren Einwohnern erfahren. Seine Tätigkeit bei der Gemeindeverwaltung und jetzigen Ortsverwaltung erleichterten ihm den Zugang zu Unterlagen über die neuere politische Entwicklung in Neureut.

Es liegt auf der Hand, daß bei dieser Entstehungsgeschichte und bei der jeweils eigenen wissenschaftlichen Position und schriftstellerischen Eigenart der einzelnen Bearbeiter kein Buch aus einem Guß entstehen konnte. Stellenweise kommt es zu Überschneidungen. Manches, was der Leser im geschichtlichen Teil suchen würde, findet er im volkskundlichen oder er findet es in beiden, nur unter jeweils anderem Vorzeichen.

Der sehr informative und mit gründlicher Sachkenntnis geschriebene Beitrag von Kurt Hannemann über Wendelin Gürrich sprengt wohl auch ein wenig den Rahmen.

Denkbar wäre gewesen, das Material aller Mitarbeiter zu einem einheitlichen Werk zu verarbeiten. Abgesehen davon, daß es sich dabei um ein schwieriges Unterfangen gehandelt hätte, wäre bei solchem Vorgehen viel vom Reiz der unmittelbaren Darstellungsweise aller Mitarbeiter verlorengegangen. Und das wäre schade gewesen. So haben wir es eben mit einem „echten" Ehmer, Waibel, Meinzer oder Hannemann zu tun.

Das Werk ist insgesamt gelungen und wirklich eine Leistung, die in absehbarer Zeit so kaum noch einmal erbracht werden könnte.

Es besteht kein Zweifel daran, daß dieses Buch, das auch durch die Fülle der Illustrationen beeindruckt, das Heimatbewußtsein der Neureuter Bevölkerung stärken wird; aber auch die historische Wissenschaft begrüßt solche Veröffentlichungen, ist sie doch in manchen Bereichen völlig auf die lokale Forschung angewiesen.

Dr. Heinz Schmitt
Direktor des Amtes Stadtbibliothek-Archiv-Sammlungen
der Stadt Karlsruhe

Das Dorf an der Straße am Hochgestade

Vor Zeiten die Straße am Hochgestade
sah Legionen nach Norden ziehn.
Sie kamen zurück und waren geschlagen,
ein mancher blieb hier mit Kind und Wagen,
zu roden den Boden und Wiesen grün.
Die Kinder sprangen hinunter ins Tal.
Die Mädchen zu Blumen und blauen Rispen,
die Buben schlichen zum Bache und fischten
und ließen die Horden vorüberziehn.

Und später die Straße am Hochgestade
sah Glaubensbrüder auf der Flucht.
Sie suchten Schutz und ließen sich nieder
und stehen mit uns nun in Reih und Glied.
Dorfkinder freuen sich mit neuen Gespielen
und sprangen hinunter ins Tal.
Die Mädchen zu Blumen und blauen Rispen,
die Buben, sie schlichen zum Bache und fischten
und ließen die Wolken am Himmel ziehn.

Und wieder die Straße am Hochgestade.
Nach Süden zog es, geschlossen in Reih'n,
sie sangen Lieder, sie kämen wieder,
doch müßten sie erst bei Kehl übern Rhein.
Dorfkinder hörten das Lied der Soldaten
und sprangen hinunter ins Tal.
Die Mädchen zu Blumen und blauen Rispen,
die Buben, sie schlichen zum Bache und fischten
und ließen die bunten Soldaten sein.

Entlang der Straße am Hochgestade
zogen die Handwerksburschen fein.
Sie sangen Lieder, sie kämen wieder,
doch wollten sie erst nach Köln am Rhein.
Dorfkinder lauschten dem frohen Singen
und sprangen hinunter ins Tal.
Die Mädchen zu Blumen und blauen Rispen,
die Buben, sie schlichen zum Bache und fischten
und ließen die Wanderburschen sein.

Und auf der Straße am Hochgestade,
vom Osten Vertriebene kamen herein.
Im Dorf an der Straße am Hochgestade
die bange Frage: „Wo sind wir daheim?"
Dorfkinder holten sich neue Gespielen
und sprangen hinunter ins Tal.
Die Mädchen zu Blumen und blauen Rispen,
die Buben, sie schlichen zum Bache und fischten
und waren am Hochgestade „daheim".

Mein Dorf an der Straße am Hochgestade
birgt Heimat und Liebe und Elternhaus.
Hier durften wir leben, hoffen und streben,
hier trägt man zur Ruhe uns einmal hinaus.
Es springen hinunter ins Tal
die Mädchen zu Blumen und blauen Rispen,
die Buben, sie schleichen zum Bache und fischen.
Wie gestern, wie morgen und alle Tage
im Dorf an der Straße am Hochgestade.

Adolf Ehrmann, 1960

ERSTER TEIL

Hermann Ehmer

Geschichte von Neureut

I. Die Landschaft

Neureut liegt auf 49°3' nördlicher Breite und 8°23' östlicher Länge in der Oberrheinebene, 113 m über dem Meeresspiegel.

Die Landschaft wird durch den Rheinstrom geprägt, der ungefähr in der Mitte der Rheinebene in einem künstlichen Bett fließt.

Das Hochgestade, ein 6 bis 10 m hoher Steilrand, begrenzt die Rheinniederung. Fruchtbarer Lehm bildet die Oberfläche dieser Rheinniederung, während der Grund des Hochgestades aus Sand und Kies besteht und somit landwirtschaftlich weniger ergiebig ist. Das Hochgestade weist zum großen Teil Waldbestände auf.

Bis zur Rheinbegradigung durch Tulla in der ersten Hälfte des 19. Jahrhunderts hatte der Rhein ständig seinen Verlauf geändert. Serpentinenartig zog er sich durch die Rheinniederung, bei jedem Hochwasser einen neuen Weg suchend. So lassen sich noch allenthalben alte Rheinläufe feststellen, wie jener, der auf dem Hochgestade von Daxlanden nach Neureut führt und wohl in der Eiszeit gebildet wurde, als die Rheinniederung noch nicht so eingetieft war, wie sie es heute ist. Ein jüngeres Rheinbett zieht sich von Knielingen nach Neureut und ist mit Torf angefüllt. 1780 wurde der Bodensee bei Neureut, durch den der Rhein bisher seinen Lauf genommen hatte, zum Altwasser. Nun bildete der Rhein hier eine leicht nach Westen ausbiegende Schlinge. Ein erneuter Durchbruch glich den Flußlauf allmählich wieder dem alten Bett an.

Auf seinem Weg von den Alpen bringt der Rhein, gespeist von den Zuflüssen aus Schwarzwald und Vogesen, Kies und Sand, die schon seit langem in Gruben abgebaut werden, zu Tal. In diesen Gruben werden gelegentlich Überreste eiszeitlicher Tiere gefunden; so entdeckte man beispielsweise in Neureut zwei Zähne vom Mammut (Elephas primigenius) und ein Teil eines Hornes vom Bison (Bison Priscus). In den letzten Jahrzehnten sind in den vier Kiesgruben auf Neureuter Gemarkung etwa zwei Dutzend Knochenbruchstücke der eiszeitlichen Tierwelt gefunden worden; vertreten sind vor allem Mammut mit Backenzähnen, Wisent, Edelhirsch, Riesenhirsch, Ur und das wollhaarige Nashorn. Das beeindruckendste Fundstück ist ein Oberschädel-Fragment mit Hornzapfen vom Wisent, gefunden 1978.

Diese Überreste der eiszeitlichen Tierwelt sind nicht typisch für Neureut; sie kommen in allen Kiesgruben des Rheintals und der größeren Nebenflüsse vor.. Eiszeitlich ist auch der feine Rheinsand des Hochgestades, der von den Westwinden nach Osten getrieben und zu Dünen aufgehäuft wurde. Eine solche Düne zieht von Mühlburg an Neureut vorbei nach Friedrichstal.

Neureut selbst liegt in sicherer, hochwasserfreier Lage am Rande des Hochgestades. Trotz der baulichen Erweiterungen des Ortes in neuerer Zeit ist noch zu erkennen, daß die Gehöfte des Dorfes ursprünglich wie Perlen an einer Schnur, entlang der alten Straße, die den Lauf des Rheins auf dem rechten

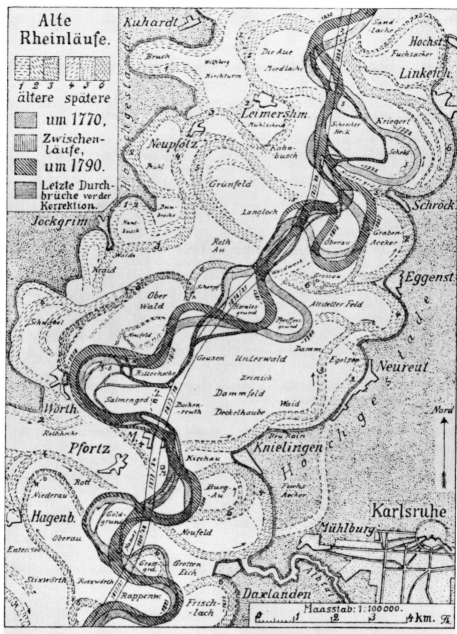

Fig. 2. Darstellung der Veränderungen des Rheinlaufes.

Hochufer begleitet, aufgereiht waren. Es liegt also zwischen der wasserreichen und daher fruchtbaren Rheinniederung und dem Wald des Hochgestades, von dem im Laufe der Geschichte, je nach Bedarf, größere oder kleinere Flächen für die Landwirtschaft gerodet wurden.

Bodenfunde, die auf eine frühe Besiedlung der Gemarkung von Neureut hindeuten, sind seit langem bekannt. Drei Bronzeaxtklingen und bronzezeitliches Tongeschirr, 1911/12 aufgefunden, wie auch eine 1886 ausgegrabene Scheibenfibel aus der Römerzeit wurden zwar auf Knielinger Gemarkung, jedoch in unmittelbarer Nähe des Welschneureuter Ortsetters gefunden. Sie werden deshalb auch als Welschneureuter Funde bezeichnet. Es spricht also nichts gegen die Annahme, daß die Menschen der Bronzezeit (1800—800 v.Chr.), deren Siedlungen vornehmlich im Kraichgau lagen und die das Hochgestade als Weidefläche nutzten, sich auch auf Neureuter Gemarkung aufgehalten haben, auch wenn sie hier nicht ansässig wurden. Ebenso verhielten sich offenbar die Menschen in der Römerzeit, was eine Römerstraße, die östlich von Neureut etwa in nordöstlicher Richtung verläuft, vermuten läßt. Diese Straße wurde gebaut, nachdem unsere Gegend, zur Zeit des Kaisers Domitian (81—96 n.Chr.), römisch geworden war. Der Main-Odenwald-Neckar-Limes wurde zur Sicherung des eben besetzten rechtsrheinischen Gebietes errichtet; ebenso wurde eine rechtsrheinische Uferstraße angelegt, die Straßburg bzw. Kehl über Rastatt und Grünwinkel mit der Römerstraße verband. An der Stelle des heutigen Karlsruher Stadtteils Grünwinkel entstand eine römische Siedlung, die vermutlich von Schiffern und Fischern bewohnt war. Von dort aus führte die Straße schnurgerade auf ein zwischen Hambrücken und Wiesental gelegenes Kastell zu und weiter in Richtung Heidelberg. Der Straßendamm ist im Hardtwald als fünf Meter breite und bis zu einem Meter hohe Erhebung zu erkennen, beginnend bei der Kirchfeldsiedlung bis nach Neudorf.

Aus der alemannischen (3.—5. Jahrhundert n.Chr.) und der fränkischen Zeit (ab 5. Jahrhundert n.Chr.) kennen wir keine Fundstücke. Was jedoch auf menschliche Besiedlung der Gemarkung Neureut hinweist, ist der Flurname Hochstetten für den nördlich von Neureut nach Westen herausragenden Sporn des Hochgestades. Solche „-stetten"-Namen gehören in eine zweite Welle der Besiedlung unseres Landes in der alemannisch-fränkischen Zeit, die man als den „älteren Ausbau" bezeichnet, der vor allem im 7. Jahrhundert erfolgte. Über diese mutmaßliche Siedlung Hochstetten ist jedoch nichts weiter bekannt. Man kann annehmen, daß sie identisch ist mit der im Spätmittelalter ausgegangenen Siedlung Unterneureut, die im Jahre 1459 als schon lange nicht mehr bestehend erwähnt wird. Möglicherweise sind die letzten Bewohner dieses Hochstetten nach Neureut übergesiedelt, so daß jetzt nur noch der Flurname davon zeugt.

Ein weiterer Flurname, die Heidelburg, in der nordwestlichen Ecke der Neureuter Gemarkung, könnte ebenfalls auf menschliche Besiedlung hinweisen. Vermuten läßt sich eine vorgeschichtliche Wohnstätte, worüber allerdings weder Funde noch sonstige Anhaltspunkte weitere Auskunft geben.

5

II. Mittelalter

1. Die Gründung des Dorfes

Betrachtet man die Form des Ortes, erscheint Neureut einerseits als ein Straßendorf, andererseits als ein Hubendorf. Blickt man auf die Einteilung der Flur, wird deutlich, daß dieser Ort das Ergebnis einer planvollen Gründung ist. Straßendörfer findet man zumeist in Kolonisationsgebieten des Ostens, während Hubendörfer in Rodungsgebieten anzutreffen sind. Beides gibt einen ungefähren Anhaltspunkt für die Zeit der Gründung des Ortes, denn sowohl die Ostkolonisation als auch der innere Landesausbau durch Rodung von Waldgebieten haben ihre Ursache in der Bevölkerungsvermehrung in Mitteleuropa während des Hochmittelalters. Wir haben es folglich nicht mit einem Ort zu tun, dessen Ursprünge in die Zeit der alemannischen oder fränkischen Landnahme zurückreichen, was schon aus dem Namen hervorgeht. „Neureut" bedeutet einfach „neue Rodung". Es handelt sich um eine Gründung aus jener Zeit des Mittelalters, in der für eine sich rasch vergrößernde Bevölkerung Raum geschaffen werden mußte, indem man bisher nicht kultivierte Flächen unter den Pflug nahm.

Die verhältnismäßig späte Entstehung Neureuts hat den Vorteil, daß uns aus der Gründungszeit zwar nicht sehr viele, doch immerhin eine gewisse Anzahl von Schriftquellen überliefert sind, die den Vorgang der Gründung besser zu erhellen vermögen, als es bei vielen anderen Orten der Fall ist.

Die Bestätigung der Stiftung des Klosters Gottesaue durch König Heinrich V. vom 16. August 1110 betrachtete man in früheren Zeiten als erste urkundliche Erwähnung von Neureut. Unter den Gütern, die als Ausstattung des von dem Grafen Berthold von Hohenberg gestifteten Benediktinerklosters genannt werden, erscheint auch ein „Novale ante ipsam cellam", eine Neurodung vor dem Kloster. Die späteren Verbindungen Neureuts zu Gottesaue schienen die Annahme zu bestätigen, daß mit jenem Novale unser Neureut gemeint war. Jedoch legt es der in der Urkunde gebrauchte Ausdruck nahe, jene Gottesauer Neurodung in nächster Nähe des Klosters und nicht in 6—7 km Entfernung zu suchen. Die Tatsache, daß in der Umgebung von Gottesaue eine ganze Reihe von Flur- und Stellennamen mit der Bedeutung „neue Rodung" erscheinen, macht es ohne weiteres möglich, das „Novale" der Urkunde an anderer Stelle als in Neureut zu vermuten.

Endgültigen Aufschluß über die Entstehung von Neureut bringt erst eine Urkunde, die 150 Jahre nach dem königlichen Privileg für das Kloster Gottesaue entstanden ist. Im Jahre 1260 schloß Markgraf Rudolf I. von Baden mit Abt Berthold und dem Konvent des Klosters Gottesaue einen Vertrag aufgrund eines Streits, der „super novali et plantatione ville sue", d.h. über die Neurodung und die Dorfgründung des Markgrafen entstanden war. Markgraf Rudolf I. (1250—1288) ist als Städtegründer wohlbekannt; Baden-Baden,

Backnang, Besigheim und Steinbach bei Bühl verdanken ihm ihre Entstehung. Er muß auch als der Gründer von Neureut angesehen werden, denn diese Gründung erfolgte auf der Gemarkung von Eggenstein, das schon einige Zeit zum Gut des Klosters gehörte. Da nicht anzunehmen ist, daß die Mönche der Errichtung einer neuen Siedlung auf ihrem Boden lange zugesehen haben, dürfte die Gründung von Neureut nur kurze Zeit vor dem am 15. April 1260 abgefaßten Vertrag liegen. Wir haben somit einen recht sicheren Anhaltspunkt für die Entstehung von Neureut.

15. April 1260: In dem Vertrag zwischen Markgraf Rudolf I und dem Kloster Gottesaue wird das Dorf Neureut erstmals konkret erwähnt.

Es kann sicher angenommen werden, daß das Land, das der Markgraf besiedeln ließ, zu jener Zeit unbebaut war, daß aber das Kloster einschreiten mußte, als seine Rechte durch den Markgrafen beschnitten wurden. Dennoch zeugen zwei Flurnamen noch heute von einer früheren Besiedlung dieser Gegend: das Hochstetter Feld und das Altstetter Feld in der Rheinniederung. Die mit „-stetten" gebildeten Namen weisen unmißverständlich auf Siedlungen hin, wie das Beispiel der einstigen Siedlung Frecanstetten zwischen Leopoldshafen und Linkenheim zeigt. Verwirrend wird die Sache freilich, wenn während eines Weidestreits im Jahr 1459 die Rede davon ist, daß zu „Unterneureut" ein Dorf gestanden hat, das zur Kirche nach Eggenstein gehört habe. Die damals aufgebotenen Zeugen, unter ihnen Heintz Knoblauch, Richter zu Eggenstein und Cuntz Gurrick (vermutlich Gürrich aus Neureut), können sich sogar noch des letzten Einwohners dieses abgegangenen Dorfes entsinnen, ebenso der eingezäunten Baumgärten mit Apfel-, Birnen- und Pflaumenbäumen, die die Stätte des ehemaligen Dorfes markierten. Wenn das Vieh über die Steine, die Oberneureut und Unterneureut scheiden, gegangen sei, so hätten die Bewohner von Oberneureut das Vieh zur Strafe gepfändet. Neben Unterneureut wird in jener Urkunde also auch Oberneureut genannt, das offenbar noch besteht. Es ist nun zu vermuten, daß das damalige Unterneureut an jener Stelle lag, an der heute das Hochstetter Feld ist, und daß die ursprüngliche Siedlung Hochstetten jenen Namen erhielt, als Neureut entstand. Möglicherweise geschah eine solche Umbenennung aufgrund der Verwechslungsmöglichkeit mit dem Hochstetten bei Linkenheim, so daß die Gründung des Markgrafen eben den Namen Oberneureut erhielt. Erst mit dem Verfall von Unterneureut war diese Unterscheidung nicht mehr erforderlich, so daß sich wieder der einfache Name „Neureut" einbürgerte.

Vom Altstetter Feld wissen wir, daß dort 1459 ein Hof des Klosters Gottesaue bestand, dessen Gelände 1547 von Eggenstein erworben wurde. Im übrigen lautete der Name stets Alstatt, nicht Alt-Stadt. Es besteht also kein Gegensatz zu einer Neustadt. Vielmehr könnte man an einen Personennamen denken, woraus dieser Ortsname gebildet wurde. Bedenklich ist freilich die Lage des späteren Hofes Alstatt auf einem Kiesrücken der Rheinniederung. In jenem hochwassergefährdeten Gelände kann man keinen Ort vermuten, der, wie Frecanstetten und Hochstetten, im 7. oder 8. Jahrhundert entstanden ist. Vielleicht ist auch Alstatt einst auf dem Hochgestade gestanden, und der Name wurde übernommen, als in der Niederung der Hof des Klosters Gottesaue errichtet wurde.

Wir sehen also die eingangs geäußerte Vermutung bestätigt, daß es sich bei Neureut um eine Gründung des Hochmittelalters handelt, die sich deutlich abhebt von jenen Gründungen im Gefolge der fränkischen Landnahme wie die Stetten-Orte. Bekräftigt wird diese Annahme auch durch den Umstand, daß dieser neue Ort, von Markgraf Rudolf I. von Baden gegründet, einen Teil der Gemarkung des ebenfalls alten Ortes Eggenstein einnimmt.

2. Der Streit um Neureut zwischen Kloster Gottesaue und Markgraf Rudolf I.

Das Kloster Gottesaue, Inhaber von Grund und Boden, und der Markgraf von Baden, Gründer des Dorfes, hatten anfangs gleichermaßen Einfluß in Neureut. Beide besaßen Rechte in Neureut, bis sich das Kloster im 16. Jahrhundert, infolge von Bauernkrieg und Reformation, auflöste, und der Markgraf alleiniger Herr von Neureut wurde.

Als aber Neureut gegründet wurde, befand sich das Kloster Gottesaue in seiner Blütezeit. Es war ursprünglich im Jahre 1094 von Graf Bertold von Hohenberg, der auf dem Turmberg bei Durlach residierte, gestiftet worden, vermutlich in Aue bei Durlach. Einige Jahre später wurde das Kloster, ebenfalls von Graf Bertold, neu gegründet, diesmal an der Stelle des Schlosses Gottesaue, das heute mitten in Karlsruhe liegt. Die Neugründung war durch die vom Kloster Hirsau ausgehende Reform des Klosterwesens angeregt worden. Diese Neuerungsbewegung strebte unter anderem die weitgehende Unabhängigkeit der Klöster von weltlichen Gewalten an. König Heinrich V. bestätigte 1110 die Neugründung, die nunmehr unter päpstlichen Schutz gestellt wurde.

Nachfolger der nach 1130 ausgestorbenen Grafen von Hohenberg als Herren des Pfinz- und Albgaus wurden schließlich die Markgrafen von Baden. In der Urkunde von 1110 waren die Hohenberger vom König als Vögte des Klosters eingesetzt worden, d.h. sie sollten die weltlichen Herrschaftsrechte des Klosters ausüben. Da der Klostervogt z.B. die Gerichtshoheit über die Untertanen des Klosters handhabe, konnte es leicht geschehen, daß das Kloster in ein Abhängigkeitsverhältnis zu seinem Vogt geriet, dessen Schutz es anvertraut war. Die Gründung Neureuts ist somit einem Übergriff des Markgrafen als Klostervogt zuzuschreiben. Gelegenheit zu einem solchen Übergriff war um so mehr gegeben, als es in dieser Zeit nicht möglich war, den Schutz des Königs anzurufen. Es war jene Zeit des Interregnums nach dem Tode Kaiser Friedrichs II. 1250, in der sich verschiedene Bewerber um die Königskrone, zusammen mit ihren jeweiligen Anhängern, bekämpften. Diese Schwäche der königlichen Gewalt bot aber vielen tatkräftigen Herren, wie Markgraf Rudolf, eine Gelegenheit, Macht und Besitz zu stärken. Das geschah auf Kosten des ehemaligen staufischen Königsguts, dann auch dadurch, daß der Einfluß auf die Klöster und deren Besitz verstärkt wurde. Das Kloster Gottesaue wehrte sich jedoch gegen die Gründung von Neureut auf der Gemarkung seines Dorfes Eggenstein, wobei uns unbekannt ist, wer sich für das Kloster einsetzte. Jedenfalls wurde ein Schiedsgericht benannt, das den Streit zwischen Kloster und Markgrafen beilegen sollte. Dieses Schiedsgericht gelangte zu einer Teilung der Rechte und Einkünfte in der neuen Siedlung zwischen Kloster und Markgraf. Die Grundherrschaft wurde offensichtlich geteilt, denn fortan sollten beide Vertragspartner Hubenzins, d.h. von jeder Hube eine Abgabe in Geld und Naturalien erhalten. Dem Markgrafen als Klostervogt sollten außerdem die für bestimmte Vergehen zu erhebenden Bußen zustehen und ferner das Gericht über die Diebe. Zuletzt wurde dem Markgraf die Errichtung einer Mühle bei Eggenstein zugebilligt, die aber dem Kloster keinen Schaden bringen durfte.

Eigentlich war seitens des Klosters nichts gegen die Gründung von Neureut einzuwenden. Vielmehr mußte es vorteilhaft erscheinen, wenn seither brachliegendes Land besiedelt wurde und Einkünfte daraus gezogen werden konnten. Jedoch mußte das Kloster auf die Wahrung seiner Rechte gegenüber dem Markgrafen und seinem Machtstreben bedacht sein. Wir finden daher Neureut — oder Novale, wie es auf lateinisch hieß — an dritter Stelle der Aufzählung der Besitzungen und Rechte in der Bestätigungsurkunde, die Papst Urban IV. nach seinem Amtsantritt 1261 dem Kloster Gottesaue ausstellte. Wahrscheinlich war es gerade der Streit mit dem Markgrafen gewesen, der das

Kloster veranlaßte, vom Haupt der Christenheit eine auf dem neuesten Stand befindliche Bestätigung seiner Besitzungen und Rechte zu erlangen. Dies um so mehr, als zu dieser Zeit ein königlicher Schutz nicht zu erwarten war. Interessant ist übrigens, daß eine gleichlautende, jedoch nicht vollzogene Urkunde von Papst Alexander IV., dem Vorgänger von Urban IV., vorliegt. Daraus ist zu schließen, daß die Boten des Klosters, die nach Viterbo geschickt wurden, wo sich der Papst anläßlich eines Konzils aufhielt, kurz vor dem 25. Mai 1261 dort anlangten. Die Urkunde wurde von der päpstlichen Kanzlei aufgrund der Besitzliste, die die Gottesauer mitgebracht hatten, ausgestellt, konnte aber nicht mehr vollzogen und mit der päpstlichen Bulle versehen werden, weil Alexander IV. an diesem 25. Mai 1261 starb. Den Boten des Klosters blieb daraufhin nichts anderes übrig, als zu warten, bis, nach einem dreimonatigen Konklave, am 29. August 1261 ein neuer Papst gewählt war. Freilich hatte die päpstliche Kanzlei danach Wichtigeres zu tun, als die Wünsche der Mönche von Gottesaue zu befriedigen: erst am 2. Dezember konnte — immer noch in Viterbo — die Urkunde ausgestellt werden, die, nach dem Dorfe Eggenstein und der Insel Rheinau, das Dorf Neureut mit allen seinen Zugehörungen und dem Zehnten als Besitz des Klosters Gottesaue nennt.

3. Neureut und das Kloster Gottesaue

Das Kloster Gottesaue war einer der beiden Grundherrn in Neureut, da das Dorf auf der Gemarkung von Eggenstein errichtet worden war, wo dem Kloster bereits gewisse Rechte zustanden. Die Mönche bezogen deshalb in Neureut die Hubenzinse, die erstmals in jenem Vertrag mit Markgraf Rudolf I. aus dem Jahre 1260 genannt werden. Des weiteren erhob Gottesaue in Neureut den großen und kleinen Zehnten, d.h. den zehnten Teil des Kornertrags und der sonstigen Feldfrüchte in der Neureuter Gemarkung. Diese Rechte werden schon in der Papsturkunde aus dem Jahre 1261 erwähnt, da zu den Besitzungen des Klosters auch das Dorf gehörte, „das Novale (= Neureut) genannt wird, mit allen seinen Zugehörungen, die Zehnten und was ihr dort habt". Die letztere Wendung bedeutete, daß das Kloster auch noch Eigenbesitz auf der Dorfgemarkung hatte, der von ihm selbst bewirtschaftet oder pachtweise ausgegeben wurde.

Während 1482 nur die Hubenzinse, 1535 zusätzlich noch die Zehnten als Rechte des Klosters auf Neureuter Gemarkung genannt werden, scheinen auch noch andere Gerechtsame des Klosters bestanden zu haben, von denen wir nur bei Gelegenheit von Streitigkeiten hören. Das Kloster betrieb offenbar eine größere Schäferei, vermutlich in Rintheim, die das Recht in Anspruch nahm, auch die Neureuter Gemarkung beweiden zu dürfen. 1473 kam es deswegen zu einem Streit, von dem wir Kunde haben, durch ein notariell beurkundetes Zeugenverhör, das im Auftrag von Abt Matthias aufgenommen wurde. Verhört wurden dabei sieben Schäfer des Klosters, die von Rintheim und Durlach

Das älteste Ortssiegel mit der Gottesauer Madonna und der Inschrift NEVREIT

stammten und deswegen in diesem Streit nicht unbedingt die Neureuter Meinung vertreten mußten. Diese Leute gaben an, daß die Schäfer des Klosters vor dreißig, vierzig und fünfzig Jahren mit ihren Schafen auf Neureuter Feld gefahren seien und die Neureuter ihnen immer gedroht hätten, sie deswegen zu pfänden; es sei aber nie geschehen. Außerdem hätte der Neureuter Schäfer neben dem des Klosters seine Schafe gehütet und keiner hätte dem anderen etwas etwas dreingeredet. Offensichtlich war nun von den Neureutern, die sicher ihre Gemarkung den eigenen Schafen vorbehalten wollten, ein Streit angefangen worden mit dem Ziel, die Klosterschafe von Neureuter Gebiet zu vertreiben. Der Abt hatte das Zeugenverhör vornehmen lassen, um den Nachweis erbringen zu können, daß es sich bei dem Weiderecht um ein Recht handle, das seit Menschengedenken bestehe. Wir erfahren nicht, vor welchem Gericht der Streit ausgetragen wurde und wie er ausging, da wir nur durch dieses eine Schriftstück davon Kunde haben.

Wenige Jahre danach erhob sich ein neuer Streit zwischen Dorf und Kloster. Es ging darum, wer Eigentümer einer Wiese, genannt Merewiese, sei. Es muß sich um ein Stück Brachland gehandelt haben, denn das Kloster hatte sich daran gemacht, die Wiese von Bewuchs zu säubern und zu roden. Da beide Teile das Eigentumsrecht beanspruchten, wurde der Streit vor dem Amtmann des Markgrafen zu Mühlburg, Heinrich Ries von Sulzbach, gebracht. Dieser setzte ein Schiedsgericht ein, bestehend aus zwei Bürgern von Durlach und den Schultheißen von Knielingen, Daxlanden und Linkenheim. Diese hörten beide Parteien an und fällten am 6. Februar 1477 folgenden Spruch: die Wiese wird geteilt und versteint; das ihnen zugeteilte Stück gehört den Mönchen von Gottesaue, das sie roden dürfen. Jedoch sollen sie Birn- und Eichenbäume stehen lassen. Das Kloster soll diese Wiese nur zwischen Georgii (23. April) und Michaelis (29. September) benützen dürfen. Sollte das Kloster die Wiese nicht roden, so wäre das Holz, das darauf wächst, Eigentum derer von Neureut. Falls das Kloster aus der Wiese eine Viehweide machen wolle, so sollten auch die Neureuter ihr Vieh darauf treiben dürfen.

Beide Streitfälle geben ein Bild darüber, wie sich die Bevölkerung des Dorfes im Spätmittelalter vermehrte, wie man die Viehhaltung vergrößerte und wie man seither ungenutzte Flächen der Gemarkung einer Nutzung zuführte. Daraus mußten zwangsläufig Streitigkeiten mit dem Kloster entstehen, das selbstverständlich auch seine Eigenwirtschaft vergrößern wollte. Man mußte in diesen Streitfällen zu einem tragfähigen Kompromiß kommen, wobei entscheidend war, wer das bessere Recht hatte. Im ersten Fall war es wohl das Kloster, das nachweisen konnte, daß seine Schafe seit Menschengedenken ungehindert auf der Gemarkung des Dorfes weideten. Im zweiten Fall waren es die Neureuter, da den Mönchen von Gottesaue nur ein Teil der umstrittenen Wiese, und diese nur mit Einschränkungen, zugesprochen wurde.

Während bei den Streitigkeiten des Klosters Gottesaue mit Neureut selbstverständlich nur solche Zeugen auftraten, die nicht in Neureut ansässig waren, lernen wir in einem anderen Streit, der 1479 zwischen Eggenstein und dem Kloster geführt wurde, auch einige Leute von Neureut kennen. Wiederum geht es um ein Weiderecht, und zwar um das Recht des gottesauischen Hofmannes auf dem Hofe Alstatt, seine Schweineherde in das Gewann Fischmar auf Eggensteiner Gemarkung treiben zu dürfen. Auch anläßlich dieser Streitigkeit wird auf Veranlassung des Abts von Gottesaue ein Zeugenverhör durchgeführt, in dem drei Neureuter aussagen. Es sind die ersten, die wir namentlich kennenlernen. Nach der Aussage dieser drei hat der Hofmann auf dem Hofe Alstatt das Recht, seine Schweine in den Fischmar zu treiben. In diesem Zusammenhang interessiert lediglich, was wir über die drei Bürger von Neureut in diesem Schriftstück erfahren können. Der erste ist Claus Rüfel, Richter in Neureut, geboren in Eggenstein, ein Mann von achtzig Jahren, der in seiner Jugend die Schweine gehütet hat. Wenige Jahre später, 1482, taucht der Name Rüfals Gall auf, der in Neureut 1½ Hubenviertel besitzt. Dieser muß der Sohn des Claus Rüfel sein, der inzwischen verstorben ist und mit über achtzig Jahren ein für die damalige Zeit seltenes Lebensalter erreicht hat. Der zweite Gottesauer Zeuge in dem Prozeß des Klosters gegen Eggenstein ist Hans Stahl, der Schultheiß, der ebenfalls zu den älteren Einwohnern der Gemeinde gehört, da er angeben kann, daß der Hofmann, der vor vierzig Jahren auf Alstatt saß, schon die umstrittene Weide in Anspruch genommen hat. Der Name Stahl erscheint allerdings 1482 nicht, wahrscheinlich ist der Schultheiß inzwischen ebenfalls gestorben. Der dritte Zeuge ist Hans Dieme, der angibt, er habe zu Schröck (heute Leopoldshafen) 16

Jahre und zu Eggenstein sieben Jahre gewohnt. Auch er erinnert sich, daß der Hofmann Bergerhauser auf Alstatt die umstrittene Weide in Anspruch genommen hat. Hans Dieme hat auch auf dem Hof Alstatt gewohnt, als Bechtolt Eberhard darauf saß und er ihm beim Holzhauen und Schweinehüten geholfen hat. Auch der Name Dieme wird 1482 nicht genannt. Wir wissen daher nicht, ob Hans Dieme inzwischen wieder weitergezogen oder verstorben ist oder ob er gar nicht unter die Hubenbesitzer zählt, die in jenem Jahr namentlich erfaßt werden. Zuletzt erscheint in diesem Zeugenverhör noch Hans Alhuser, Richter zu Neureut, der ähnlich wie seine Vorgänger aussagt. Auch ihn finden wir 1482 nicht mehr, ohne daß gesagt werden kann warum.

Die Rechte des Klosters Gottesaue in Neureut kamen zum Erlöschen, als das Kloster nach dem Bauernkrieg langsam einging. Im April 1525, während des Bauernkrieges, besetzten aufrührerische Bauern, besonders aus dem Pfinztal, das Kloster und verursachten Brandschäden. Der letzte Abt starb 1529, worauf kein neuer Abt mehr gewählt, sondern das Kloster von Nikolaus Dietz, Pfarrer in Kleinsteinbach, verwaltet wurde. Nach 1552 bestand der Konvent noch aus zwei Personen, der letzte Mönch starb 1556. Das Kloster fiel, ohne daß es reformiert worden wäre, an den Klostervogt, den Markgrafen von Baden-Durlach. Hinfort war das Kloster dem Mühlburger Amtmann unterstellt, der dessen Besitzungen als Verwaltungseinheit bestehen und sie durch einen Klosterkeller verwalten ließ. Kurzfristig wurde das Kloster im Dreißigjährigen Krieg nach 1629 neu mit Benediktinern besetzt, die aber 1648 wieder weichen mußten. 1688 ließ Markgraf Ernst Friedrich das Kloster zu einem Lust- und Jagdschloß umbauen. 1818 wurde das Schloß in eine Kaserne umgewandelt und diente als solche bis 1919. Im Zweiten Weltkrieg wurde das älteste Gebäude der 1715 gegründeten Stadt Karlsruhe schwer zerstört und brannte bis auf die Umfassungsmauern nieder. Bis zur Stunde harrt diese Ruine noch eines Umbaus und einer Neuverwendung.

4. Neureut und die Markgrafen von Baden

Da Markgraf Rudolf I. das Dorf Neureut gegründet hatte, besaßen er und seine Nachfolger ebenfalls Rechte in Neureut, wie sie in jenem Vertrag von 1260 zwischen Markgraf Rudolf und Abt Berthold festgelegt waren. Demnach hatte der Markgraf als Mitgrundherr ebenfalls einen Hubenzins zu Neureut zu beziehen und als Naturalabgaben waren an den Markgrafen Weizen sowie zwei junge Hühner je Hube zu entrichten, während das Kloster Hafer erhielt. Daß der Markgraf in Neureut auch die Vogtei, d. h. die Gerichtsherrschaft, innehatte, wurde bereits erwähnt. Da die Rechte an dem Dorf in dieser Weise aufgeteilt waren, konnte einerseits das Kloster, gemäß den päpstlichen Bestätigungsurkunden, Neureut als ein Dorf des Klosters bezeichnen. Andererseits konnten aber auch die Markgrafen, kraft ihrer Vogtei- und grundherrschaftlichen Rechte, Neureut als ihren Besitz ansehen. Solche Verhältnisse sind im Mittelalter nicht selten, sie sind für unsere Gegend geradezu charakteristisch.

Wir können davon ausgehen, daß der Streit um das Dorf tatsächlich beigelegt worden war, denn der Markgraf Rudolf I. stiftete 1272 zu seinem und seiner Vorfahren Seelenheil ein Ewiges Licht für den Marienaltar des Klosters. Zu dessen Unterhaltung bestimmte er zusätzlich eine gewisse Summe von seinen jährlich in Neureut anfallenden Zinsen.

Im folgenden Jahr 1273 wurde Graf Rudolf von Habsburg zum deutschen König gewählt. Damit ging das Interregnum zu Ende, das es zahlreichen Herren, unter anderem dem Markgrafen von Baden, erlaubt hatte, sich auf Kosten des Königsbesitzes zu bereichern. Es muß daher mit der Rückforderung dieses Königsgutes zusammenhängen, daß König Rudolf noch 1273 die Schlösser Mühlburg, Durlach und Grötzingen eroberte. Es ist gut denkbar, daß auch Neureut von diesen kriegerischen Handlungen berührt wurde, wenngleich nichts darüber bekannt ist. Die Sage berichtet, daß König Rudolf bei dieser Gelegenheit auf der Saujagd im Hardtwald von einem Eber angefallen wurde, der ihn niederwarf und ihm den Schenkel aufriß. Dies soll sich in der Nähe von Eggenstein, im „Pfalzgrafenjagen" ereignet haben. Es kam bald wieder zu einer Aussöhnung zwischen dem Markgrafen und dem König, dem es trotz seiner Tatkraft nicht gelang, überall den alten Rechtszustand wieder herzustellen. Wahrscheinlich ist jedoch, daß die 1275 durch Rudolf I. erfolgte Schenkung der Dörfer Rintheim und Eggenstein an das Kloster Gottesaue etwas mit den Bemühungen des Markgrafen zu tun hatte, für so manche Erwerbung eine Wiedergutmachung zu leisten. In dieser Urkunde ist von Neureut nicht die Rede. Offenbar war es völlig von Eggenstein abgelöst. Fortan erscheint es als selbständige Gemeinde.

Die Urkunden aus dem Mittelalter, in denen Neureut in seiner Verbindung zum Markgrafenhaus erwähnt wird, sind nicht gerade zahlreich. 1283 versetzte Markgraf Hermann der Junge, wohl der Sohn Rudolfs I., seine Einkünfte zu Knielingen und Neureut an einen gewissen Peter von der Schöneck zu Straßburg. Wir entnehmen daraus, daß die Neureuter Hubenzinse dem jungen Markgrafen — Rudolf I. war noch am Leben — gewissermaßen als Apanage zustanden, und er diese Einkünfte an einen reichen Straßburger Patrizier verpfändete, weil er gerade eine größere Summe benötigte.

Als Markgraf Rudolf I., der seine Herrschaft während seiner langen Regierungszeit beträchtlich hatte ausdehnen können, im Jahre 1288 starb, wurde sein Besitztum unter den Kindern aufgeteilt. Einer der Söhne, Hermann VII., erhielt außer der Burg Eberstein, der Stadt Baden und Kuppenheim, noch einige Dörfer, zu denen auch Neureut zählte. Das Erstgeburtsrecht hatte sich, selbst in den fürstlichen Familien, noch keineswegs durchgesetzt. Vielmehr wurde beim Erbgang immer noch derart geteilt, daß Macht und Besitz, die Markgraf Rudolf I. erworben hatte, nach seinem Tode wieder in kleine Stücke zerfielen. In den Urkunden, die über die Erbfälle der folgenden Jahrzehnte ausgestellt wurden, wird Neureut nicht mehr genannt.

Am Ende des 14. Jahrhunderts besaß Baden wieder zwei tatkräftige Markgrafen, Bernhard I. (1372—1431) und Rudolf VII., die beide beschlossen, daß künftig höchstens zwei regierende Linien des Hauses gebildet werden sollten. Nachdem sie anfänglich gemeinschaftlich regiert hatten, wurde schließlich das Land geteilt, wobei damals schon die Alb die Grenzlinie bildete, wie später zwischen Baden-Baden und Baden-Durlach. Unter Markgraf Bernhard, der die Durlacher Hälfte innehatte, erscheint Neureut wieder nach über hundert Jahren in den Urkunden. Bernhard heiratete 1398 die Gräfin Anna von Öttingen, nachdem seine erste Gemahlin, Gräfin Margarete von Hohenberg, gestorben war. Nach damals üblichem Brauch hatte der Bräutigam seiner Braut vertraglich ein sogenanntes Wittum anzuweisen, Besitztümer, von deren Einkünften die Frau im Falle des Witwenstandes leben konnte. Ein solches Wittum war die Gegenleistung zur Mitgift und mußte sorgfältig ausgehandelt werden. Bei dieser markgräflichen Hochzeit bildete nun das Schloß Mühlburg mit sämtlichen Hardtdörfern und dem sicher ertragreichen Rheinzoll zu Schröck das Wittum. Diese Wittumsverschreibung wurde 1406 von König Ruprecht bestätigt, da die genannten Besitzungen Reichslehen waren, die erstmals 1335 in einem Lehenbrief Kaiser Ludwigs des Bayern in dieser Eigenschaft erscheinen. Unter den Hardtdörfern wird auch Neureut genannt, und es erscheint so zum erstenmal die Beziehung zu Mühlburg, das in der folgenden Zeit, bis zur Gründung von Karlsruhe, der Amtsort für Neureut war.

Es kommt nicht von ungefähr, daß unter Markgraf Bernhard I. erstmals diese Beziehung faßbar wurde, da er in Baden die Anfänge einer Behördenorganisation geschaffen hat. Der markgräfliche Besitz war eingeteilt in Ämter, die Vorläufer der heutigen Landkreise. Diesen Ämtern standen Amtleute oder Vögte vor, die in jener Zeit meist Adlige waren. Der Amtmann war in seinem Bezirk Vertreter des Markgrafen und vereinigte somit in seiner Person alle Vollmachten, sei es auf dem Gebiet der Verwaltung, der Rechtsprechung, des Einzugs von Steuern und Abgaben oder in militärischen Dingen.

Markgraf Bernhard I., der an Tatkraft seinem Vorfahren Rudolf I. glich, versuchte ebenso den Besitz und Einfluß seines Hauses zu mehren. Er geriet dabei allerdings auch in mancherlei kriegerische Verwicklungen, insbesondere mit den Städten, die in jener Zeit versuchten, sich gegen die Fürsten durchzusetzen. Gegen den Markgrafen vereinigten sich 1424 eine Anzahl oberrheinischer Städte: Basel, Kolmar, Schlettstadt, Mülhausen, Kaysersberg, Türckhheim, Neuenburg, Freiburg, Breisach und Endingen. Die Städte drangen mit ihrem Aufgebot bis Rastatt vor, während Kurfürst Ludwig von der Pfalz, der mit dem Markgrafen verfeindet und dem Städtebund beigetreten war, in Neuburgweier stand. Graben wurde eingenommen und Mühlburg belagert. Trotz des Einsatzes der städtischen Artillerie konnte die Wasserburg nicht zu Fall gebracht werden. Währenddessen trat bei den Belagerern Proviantmangel ein, nachdem die umliegenden Dörfer ausgeplündert waren. Wie 1273, als König Rudolf Mühlburg belagerte, erlitt Neureut auch jetzt das Schicksal, das ihm später noch öfter zuteil werden sollte: der Ort hatte unter den kriegerischen Auseinandersetzungen schwer zu leiden. War es im Mittelalter das Wasserschloß Mühlburg, in dessen Vorfeld Neureut lag, so wurde es in der Neuzeit die

Festung Philippsburg, von deren Existenz eine Bedrohung für das Dorf ausging.

Noch konnte sich Mühlburg halten, als das ungleiche Bündnis zwischen dem Kurfürsten und den Städten ins Wanken geriet. Durch die Vermittlung von König Sigismund und einigen Fürsten gelang es, einen Friedensschluß herbeizuführen, der vom Markgrafen mit einigen Opfern erkauft werden mußte.

Markgraf Bernhard I. starb 1431 und sein Sohn Jakob I. (1431—1453) trat das Erbe an. Anläßlich seines Regierungsantritts hören wir zum erstenmal von einer Huldigung der Untertanen. Der neue Markgraf selbst, oder auch ein Vertreter, reiste in der Herrschaft umher und nahm — vermutlich in den Amtsorten — den Treueid der erwachsenen männlichen Untertanen entgegen. Solche Huldigungen hatten sicher schon früher stattgefunden, aber unter Jakob I. wurde dieser Akt erstmals schriftlich niedergelegt. So besitzen wir eine Urkunde, mit der die Schultheißen und Einwohner der Hardtdörfer — darunter Neureut — bestätigten, daß sie dem Markgrafen ihren Treueid abgelegt hatten. Was heute das Recht des Staatsbürgers ist, war damals, bis ins 19. Jahrhundert, das persönliche Treueverhältnis des Untertanen zum Landesherrn, das bei jedem Regierungswechsel erneuert wurde.

Entgegen dem Hausgesetz, das Bernhard I. und sein Bruder 1380 festgelegt hatten, wonach es höchstens zwei regierende Markgrafen geben sollte, teilte Jakob I. kurz vor seinem Tod das Land unter drei seiner Söhne: Karl I. (1453—1475) erhielt Baden-Baden, Bernhard II. bekam Pforzheim, und an Georg fiel unter anderem Mühlburg mit den Dörfern, die in dieses Amt gehörten, darunter Neureut. Georg trat jedoch im folgenden Jahr schon in den geistlichen Stand und wurde später Bischof von Metz. Auch Bernhard gab alsbald die Verwaltung seines Gebiets auf, um sich einem heiligmäßigen Leben zu widmen. Er starb 1458 in Italien an der Pest, wurde später selig gesprochen und war dann der Schutzpatron des katholischen Teils der Markgrafschaft. Heute ist er noch ein Patron der Erzdiözese Freiburg.

Das gesamte Mittelalter hindurch ist uns Neureut in den Urkunden im Zusammenhang mit den Markgrafen nur begegnet, wenn es einen Regierungswechsel gegeben hatte oder als ein Teil des Landes zum Wittum für eine Markgräfin bestimmt wurde. Bei den kriegerischen Ereignissen konnten wir — so weit sie sich in der Nähe des Dorfes abspielten — vermuten, daß Neureut auch in Mitleidenschaft gezogen worden war. Diese spärlichen Nachrichten sind einem Ort von der Größe Neureuts gemäß, der nur in den Urkunden erscheint, wenn eine Besitzveränderung oder ein Streitfall eintritt. Von den mannigfachen badischen Teilungen ist freilich die letzte auch für Neureut am bedeutsamsten gewesen. Auf Markgraf Karl I. folgte 1475 Christoph I., der verschiedene Pläne der Aufteilung des Landes unter seine Söhne erwog. Erst nach seinem Tode (1527) kam es zu einer endgültigen Lösung. 1535 einigte man sich darüber, daß Markgraf Ernst das Land nördlich der Alb mit Pforzheim, Durlach und Mühlburg sowie das Markgräfler Land erhalten sollte, sein Bruder Bernhard jedoch das Land südlich der Alb mit Baden-Baden. Diese Trennung blieb bis zum Aussterben der bernhardinischen Linie, 1771. Heute noch spürbar ist die badische Teilung von 1535 dadurch, daß die ernestinische Linie unter Markgraf Karl II. 1565 evangelisch wurde, während der andere Landesteil nach einigem Schwanken schließlich katholisch blieb.

5. Die kirchlichen Verhältnisse

Wüßten wir nicht aus jener Urkunde von 1260, daß Neureut auf Eggensteiner Boden gegründet worden ist, so könnte man dies daraus erschließen, daß durch das gesamte Mittelalter hindurch und noch länger Eggenstein der Pfarrort für Neureut gewesen ist. Wenn neue Dörfer oder auch Städte gegründet wurden, so entstanden dort nicht ohne weiteres neue Pfarreien. Vielmehr blieb oft genug die alte kirchliche Zuständigkeit erhalten und zeigt somit Verhältnisse auf, von denen wir sonst keine Nachricht mehr hätten.

Anders als Neureut ist Eggenstein eine alte Siedlung, die erstmals 966 im Lorscher Kodex, einem Besitzverzeichnis des Klosters Lorsch an der Bergstraße, genannt wird. Die Pfarrei dort ist ebenfalls alt, da die Kirche den Heiligen Vitus und Modestus geweiht ist. Eine Reliquie des heiligen Veit kam schon in karolingischer Zeit ins Kloster Saint Denis bei Paris, von wo sich dann die Verehrung dieses Heiligen ausbreitete. So dürfte das Bestehen der Pfarrei Eggenstein bis in die Zeit der ersten Nennung des Ortes zurückgehen. Die Legende des heiligen Vitus oder Veit erzählt, daß er als Knabe zusammen mit seinem Lehrer Modestus und der Amme Kreszentia in Italien das Martyrium erlitten habe. Zu den Martern des heiligen Veit gehörte, daß er in ein Gefäß mit siedendem Öl gesteckt wurde; daher wird er meistens in dem Ölkessel sitzend dargestellt. Hinter Veit treten seine beiden Mitheiligen zurück, so daß die ihnen geweihten Kirchen einfach Veitskirchen genannt werden.

Urkundlich genannt wird die Kirche von Eggenstein erstmals im Jahre 1160. Eine päpstliche Bulle von 1239 bestätigt dem Kloster Gottesaue das Patronatsrecht über die Eggensteiner Kirche, d. h. das Recht, den Pfarrer in Eggenstein einzusetzen. Dieses Recht beinhaltete, daß das Kloster einen Teil der Einkünfte der Pfarrei bezog, soweit diese nicht für den Unterhalt des Pfarrers oder des Kirchengebäudes gebraucht wurden. Im Jahre 1261 muß es darüber zu Meinungsverschiedenheiten zwischen dem Pfarrer Wortwin zu Eggenstein und dem Kloster gekommen sein, denn beide Teile beantragten beim Propst von St. Germanus in Speyer, dem geistlichen Vorgesetzten des Pfarrers und Vertreter des Bischofs, daß die beiden Teilen zustehenden Einkünfte schriftlich festgelegt werden. Die bei dieser Gelegenheit ausgefertigte Urkunde muß wohl als Parallele zu der Urkunde gesehen werden, die im Jahr zuvor zur Schlichtung des Streites zwischen dem Markgrafen und dem Kloster ausgestellt worden war. Die Gründung von Neureut war nämlich Anlaß zu einem Streit gewesen, und vermutlich war dies auch der Grund, weshalb die Verteilung der Einkünfte der Eggensteiner Pfarrei zwischen Pfarrer und Kloster strittig war. Die Pfarreieinkünfte bestanden unter anderem aus der Hälfte des großen und dem ganzen kleinen Zehnten auf der Gemarkung Eggenstein. Nach der Gründung von Neureut muß der Pfarrer wohl der Ansicht gewesen sein, daß er auch von diesem neugegründeten Dorf den Zehnten zu beziehen habe. Durch den Speyerer Schiedsspruch aber wurde der große und kleine Zehnte zu Neureut in voller Höhe dem Kloster zugesprochen. Dies wurde auch in der im selben Jahr 1261 ausgestellten päpstlichen Bestätigungsurkunde vermerkt.

Aus dem 15. Jahrhundert stammte die alte, 1884 abgebrochene Neureuter Kirche. An gleicher Stelle wurde die heutige Nordkirche errichtet.

Die Einwohner von Neureut gehörten also kirchlich nach Eggenstein. Daran änderte sich rechtlich nichts, als — wohl im 15. Jahrhundert — auch in Neureut eine Kirche errichtet wurde. Diese Kirche, im 18. Jahrhundert mehrfach umgebaut, wurde 1884 abgerissen, so daß heute nichts mehr über ihr genaues Alter ausgesagt werden kann, zumal auch schriftliche Nachrichten darüber fehlen. Jedenfalls war diese Neureuter Kirche immer noch Filialkirche von Eggenstein und wurde vom dortigen Pfarrer versehen. Fraglich muß bleiben, ob das Zeugenverhör aus dem Jahre 1459 im Zusammenhang mit diesem Kirchenbau steht. Die drei Zeugen, wohl alle Eggensteiner Bürger, sagen auf Veranlassung des Abts von Gottesaue aus, daß zu „Unterneureut" ein Dorf gestanden sei, das nach Eggenstein eingepfarrt gewesen wäre. Da dieses Unterneureut wohl in der Flur Hochstetten zu suchen ist, könnte daran gedacht werden, daß die Gemarkungsgrenze von Neureut später gegen Eggenstein verschoben worden ist, nachdem Unterneureut aufgelassen wurde. Somit hätte für den Pfarrer von Eggenstein ein Interesse an der Feststellung bestehen können, daß dieser Gemarkungsteil von Neureut kirchlich zu Eggenstein gehörte.

Das Problem wird teilweise gelöst durch einen interessanten Eintrag von 1702 im Lagerbuch des Mühlburger Amts. Dort wird in einem Abschnitt die Zehnt-pflicht zu Neureut behandelt, wobei es sich zeigt, daß die Neureuter Gemar-kung in zwei Teile geschieden ist: das Ober- und das Unterfeld. Letzteres wird einmal sogar das Unterneureuter Feld genannt, in dem der große und kleine Zehnte dem — zu dieser Zeit schon längst nicht mehr bestehenden — Kloster Gottesaue zusteht. Im Oberfeld hingegen hat der Markgraf den Zehnten zu empfangen. Die Grenze zwischen Ober- und Unterfeld war, nach der Beschrei-bung von 1702, der vom Dorf in den Hardtwald führende Viehtriebweg. Diese Abgrenzung war durch eine lange Hecke markiert und versteint. Die 1459 auftauchende Unterscheidung von Ober- und Unterneureut findet also hier ihre Erklärung.

Es wird jedoch nicht deutlich, was der Grund jenes Streites gewesen ist, wo-durch das Zeugenverhör 1459 zustandegekommen war. Vielleicht war geplant gewesen, die Kirche in Neureut zu verselbständigen, und man versuchte nun von Seiten des Klosters Gottesaue den Besitzstand der Eggensteiner Pfarrei zu sichern, die ja dem Kloster inkorporiert war. Vielleicht ging es auch nur um die Zehntpflicht in Unterneureut, deren Besitz möglicherweise für Gottesaue ge-fährdet war. Leider läßt sich dieser Frage nicht weiter nachgehen.

6. Der Hardtwald

Die Rheinaue zwischen Rastatt und Mannheim war einst von einem geschlos-senen Waldgebiet bedeckt, das im Laufe der Besiedlung des Landes in die Hardtwälder auf dem Hochgestade und die Rheinwaldungen in der Niederung aufgelöst wurde. Neureut liegt am unteren Hardtwald, der sich zwischen Karls-ruhe und Graben erstreckt, während die Obere Hardt südlich von Karlsruhe bis Rastatt reicht. Genaugenommen bildet die Alb, die ja seit 1535 auch Landes-grenze war, die Grenze zwischen den beiden Hardtwaldbezirken, so daß die Obere Hardt baden-badisch, die Untere Hardt mit Neureut baden-durlachisch war.

Der Name „Hardt" ist keineswegs selten — er bedeutet „Weidewald" — wenn-gleich auch nicht überall, wo diese Bezeichnung vorkommt, ein so großes Waldgebiet gemeint ist. Ursprünglich war die Hardt ein Königsforst. Dies geht daraus hervor, daß das nördlich anschließende Waldgebiet, die Lußhardt — was „sumpfige Hardt" bedeutet — im Jahre 1056 von Kaiser Heinrich III. dem Bistum Speyer geschenkt wurde. 1063 bestätigte sein Sohn Heinrich IV. diese Schenkung, wobei in der Urkunde auch eine Grenzbeschreibung der Lußhardt gegeben wird, die damals sogar über den Rhein hinüber und bis Schwetzingen reichte. Die Lußhardt ist bis zum Ende des Alten Reiches Speyerer Gebiet ge-blieben. Südlich davon gelang es den Markgrafen von Baden zu Beginn des 13. Jahrhunderts Fuß zu fassen, zunächst 1219 durch die Erwerbung von Durlach, damit verbunden wohl die Vogtei über Gottesaue, und Ettlingen. Nach dem Untergang der Staufer 1254 war Markgraf Rudolf I. in den Besitz von Mühlburg gelangt. Dadurch konnte er in der Unteren und der Oberen Hardt Herrschaftsrechte ausüben.

Die Entwicklung der Hardt vom Königsforst zum herrschaftlichen Wald wirkte bis in die Neuzeit nach, da die Untere Hardt noch bis 1922 als abgesonderte Gemarkung existierte und dort keine nennenswerte menschliche Besiedlung anzutreffen war. Die am Rande der Hardt liegenden Gemeinden hatten als Markgenossen Nutzungsrechte im Hardtwald. Man hat früher solche Markgenossenschaften gerne bis in die germanische Zeit zurückzuführen gesucht, jedoch erscheint die erste Erwähnung davon erst in einer Zeit, als man daran ging, die freie Nutzung des Waldes einer gewissen Regelung zu unterwerfen. So entnehmen wir erstmals Informationen über die Beteiligung der Hardtgemeinden am Wald einer „Waldordnung auf der Hardt" vom Jahre 1483. Darin wird eingangs festgestellt, daß die Dörfer Beiertheim, Bulach, Neureut, Büchig, Rintheim, Hagsfeld und Spöck Holz- und Weidgangsrechte in der Hardt hatten. Die Reihe dieser Hardtorte änderte sich im Laufe der Zeit, es kamen später noch Blankenloch und vor allem die beiden Neugründungen am Beginn des 18. Jahrhunderts, Welschneureut und Friedrichstal, hinzu.

Die Ordnung von 1483 ist eindeutig davon bestimmt, die Berechtigung der Hardtgemeinden zu regulieren und einen Raubbau am Wald zu verhindern. So hatten die Dörfer, wenn sie Brennholz benötigten, dem Amtmann davon Mitteilung zu machen, der daraufhin mit den Förstern redete, die dann entsprechendes Holz zuwiesen. Dabei sollten möglichst alle drei Förster und der Amtmann anwesend sein, damit keine Unrichtigkeiten vorkamen. Das Brennholz sollte aus solchem Holz bestehen, das ohne Schaden des Waldes entbehrt werden konnte, wie z. B. Windwurf. Auch sollten die Leute nicht mehr erhalten, als sie benötigten.

Wenn jemand aus einer hardtberechtigten Gemeinde Bauholz brauchte, mußte er sich ebenfalls an den Amtmann wenden, der sich erkundigen sollte, ob das Bauvorhaben notwendig und nützlich sei und vom Zimmermann berschlagen ließ, wieviel Bauholz gebraucht werde. Wie wichtig die Holzabgabe aus dem Hardtwald von herrschaftlicher Seite genommen wurde, zeigt die Bestimmung, daß der Amtmann das Gesuch an den Landhofmeister, der außer dem Markgrafen allein weisungsbefugt war, weitergeben mußte. Der Landhofmeister wies die Bauholzabgabe schriftlich an und die Förster hatten die Anweisungen als Belege ihren jährlichen Abrechnungen über die Holzabgaben beizufügen. Der Amtmann hatte diese Holzabgaben ebenfalls in seiner Jahresrechnung zu vermerken, so daß eine doppelte Buchführung mit Kontrollmöglichkeit vorhanden war.

Zur Hardtberechtigung gehörte noch der Weidgang mit Rindvieh, Schweinen und Gänsen. Hierbei ist zu berücksichtigen, daß die Hardt im Mittelalter ein lichter Laubwald war und sich nur selten Nadelbäume darin fanden. Jedem Hardtdorf war ein bestimmter Bezirk für seinen Weidgang angewiesen. Das Rindvieh weidete von Frühjahr bis Herbst im Wald, während die Schweinemast, vor allem mit Eicheln, bis in den Winter hinein ging. Die Laubstreu hatte im Mittelalter noch keine Bedeutung: sie kam im 18. Jahrhundert auf, als allgemein die Stallfütterung eingeführt wurde.

Die Forstordnung von 1483 steht am Anfang einer ganzen Reihe von Forstordnungen, die die Nutzung des Waldes mehr und mehr reglementierten. Später wurden für den früher kostenlosen Bezug von Holz und den Weidgang Gebühren erhoben. Ganz umsonst war die Hardtberechtigung allerdings nie. Die Gegenleistung der Dorfbewohner bestand in den Wald- und Jagdfronen, d. h. in den Arbeitsleistungen bei Waldarbeitern und den Hilfsbediensteten bei der Jagd. Diese war ausschließlich Recht des Markgrafen, und Wildereien wurden hart bestraft.

Die im Laufe der Zeit mehr und mehr eintretenden Beschränkungen und Erschwerungen der Hardtberechtigung dürfen jedoch nicht einseitig unter dem Gesichtspunkt des Obrigkeitsstaates gesehen werden. Gewiß zogen die Markgrafen aus dem Hardtwald mannigfachen Nutzen: nicht nur durch die Jagd, die ihnen ohnehin zustand, sondern auch durch den Verkauf von Holländerholz, den Eichenstämmen, die auf dem Rhein verflößt wurden, oder auch durch die Harzgewinnung. Das 16. Jahrhundert, in dem die Forstordnungen mit ihren Reglementierungen mehr und mehr zunahmen, war eine Zeit der rapiden Bevölkerungsvermehrung. Während das Waldgebiet vorher die Nutzung durch eine verhältnismäßig geringe Bevölkerung ohne Schaden vertragen hatte, so mußte jetzt die Gefahr einer für den Wald bedrohlichen Übernutzung eintreten. Mehr Menschen benötigten mehr Brenn- und Bauholz, so daß sich die Einschläge vergrößerten. Es wurde wohl auch mehr Vieh gehalten, das mehr Jungpflanzen schädigte. Somit wuchs die Gefahr, daß dem Wald mehr entnommen wurde als nachwuchs. Deshalb werden schon in jener ersten Waldordnung von 1483 zwar die Rechte der Hardtdörfer anerkannt, aber auch der Versuch unternommen, durch bestimmte Regelungen Schaden vom Wald abzuwenden und ihn zu erhalten.

III. Beginn der Neuzeit

1. Bauernkrieg

Markgraf Christoph I. (1475—1527), der noch einmal die gesamten badischen Lande in seiner Hand vereinigt hatte, zog sich seit 1512 mehr und mehr von der Regierung zurück. Gleichzeitig wurde eine Teilung des Landes unter drei seiner Söhne, die für die Nachfolge vorgesehen waren, ausgearbeitet. Hiernach erhielt Markgraf Bernhard IV. die Grafschaft Sponheim und den luxemburgischen Besitz, Markgraf Philipp bekam Baden, Eberstein, Lahr, Mahlberg, Altensteig und Beinheim, also die untere Markgrafschaft, zugesprochen und Markgraf Ernst die obere Markgrafschaft mit Hachberg, Rötteln, Sausenberg und Badenweiler. Die Söhne Christophs traten auch tatsächlich die Regierung an, da der Vater sich nach Luxemburg zurückzog, zu dessen Gouverneur ihn Kaiser Maximilian I. ernannt hatte. Eine beginnende geistige Umnachtung Christophs machte sich jedoch alsbald spürbar, so daß die Söhne seine Entmündigung durch den Kaiser erreichen konnten. Seine letzten Lebensjahre verbrachte der Markgraf auf Schloß Baden, wo er 1527 starb.

Neureut stand also unter Herrschaft des Markgrafen Philipp, in dessen Regierungszeit der Bauernkrieg des Jahres 1525 fällt. Schon in den ersten beiden Jahrzehnten des 16. Jahrhunderts hatte es vor allem am Oberrhein Aufstände gegen die Obrigkeit gegeben. Sie richteten sich gegen die Neuerungen, die von den Fürsten und Herren im Zuge ihres Ausbaus der Landesverwaltung vorgenommen wurden, gegen den Abbau alter Gewohnheitsrechte und gegen die Erhöhung der Steuern. Was anfangs ein Kampf für das alte Recht war, wurde schließlich zum Kampf um das göttliche Recht, dessen Durchsetzung zum Beispiel beim Aufstand des Armen Konrad 1514 im württembergischen Remstal gefordert wurde. Hier lag der Gedanke zugrunde, daß altes Recht als natürliches und billiges Recht zugleich göttlichen Ursprungs sein müsse. Diese Idee sollte später noch besonders wirksam werden, da die Reformation ebenfalls eine Rückkehr zu den Ursprüngen forderte, eine Zuwendung zur Bibel, dem Ursprung des Glaubens.

Besonders bedeutsam für die Oberrheinlande wurde die Bundschuhbewegung. Seit der ersten Hälfte des 15. Jahrhunderts war hier der Bundschuh, der mit Riemen gebundene Schuh des Bauern, das Zeichen revolutionärer Volksbewegungen. Zunächst galt es, eingedrungene Feinde abzuwehren, gegen die die Obrigkeit versagt hatte, dann ging es um den Kampf des alten und des göttlichen Rechts gegen die Obrigkeit selbst. So gab es Bundschuherhebungen 1493 in Schlettstadt, 1502 im Bistum Speyer, 1517 zu Lehen im Breisgau. Der Organisator des Aufstandes im Bistum Speyer war ein Leibeigener des Bischofs gewesen, Joß Fritz von Untergrombach. Bevor es jedoch zum Losschlagen kam, wurde die Bewegung verraten und Joß Fritz mußte flüchten. In gleicher Weise scheiterte der Lehener Bundschuh und eine Verschwörung im Zeichen des Bundschuhs 1517, die das ganze Oberrheingebiet umfaßte. Jedesmal tauchte Joß Fritz wieder im Heer der Fahrenden, die die Landstraßen bevölkerten unter, war aber wieder zur Stelle, als der Bauernkrieg 1524 im südlichen Schwarzwald begann.

Unser Bild vom Bauernkrieg ist wesentlich bestimmt von der Weinsberger Bluttat an Ostern 1525, wo nach der Eroberung der Burg durch die Bauern eine Anzahl Adliger durch die Spieße gejagt wurde. Es war dies die Tat einer Gruppe von Radikalen des Neckartal-Odenwälder Bauernhaufens, die aber das Signal für die im Schwäbischen Bund zusammengeschlossenen Fürsten, Herren und Städte gab, ihrerseits mit Gewalt gegen die Bauern vorzugehen. Die Mehrzahl der Bauern beabsichtigte jedoch einen friedlichen Ausgleich mit ihren Herrschaften. Das Zusammentreten der Bauernhaufen hatte den Zweck, der Obrigkeit zu zeigen, daß man geschlossen hinter den Beschwerdeschriften stand, von denen die in Oberschwaben verfaßten Zwölf Artikel eine überregionale Bedeutung gewonnen hatten. Die friedliche Absicht, in der die Bauern zusammentraten, erklärt auch, warum das Heer des Schwäbischen Bundes unter dem Truchsessen von Waldburg überall mit den Bauernhaufen ein leichtes Spiel hatte und sie trotz deren zahlenmäßiger Überlegenheit hinmetzeln konnte. Der friedlichen Absicht der Bauernhaufen widerspricht nicht, daß es gelegentlich zu Ausschreitungen kam, in der Weise, daß herrschaftliche Frucht- und Weinvorräte geplündert und vor allem Klöster auf diese Weise ausgenommen wurden. Dies waren Vorkommnisse, die bei den jeweils mehrere tausend Mann umfassenden Haufen, die nur selten unter einer einheitlichen Führung standen, kaum vermeidbar waren.

Nachdem sich schon 1524 die Bauern in Stühlingen erhoben hatten, fing im Frühjahr 1525 die Erhebung in Oberschwaben an. Dort wurden auch die zwölf Artikel verfaßt, die dann in ganz Süddeutschland zum Programm der Bauernhaufen wurden. Diese Artikel forderten das Recht der Pfarrerwahl für die Gemeinden und die Predigt des Evangeliums. Der Pfarrer sollte vom großen Zehnten besoldet, der kleine Zehnte aber abgeschafft werden. Die Leibeigenschaft sollte ebenfalls wegfallen. Das Recht auf Jagd und Fischfang für jedermann wurde gefordert, ebenso das Recht, sich aus den Wäldern, die Gemeindeeigentum sein sollten, mit Brenn- und Bauholz zu versorgen. Die Dienste für die Herrschaft wollten die Bauern ebenso wie früher leisten, aber keine Erhöhungen hinnehmen. Die Gülten, Abgaben von Grundstücken, sollten sich nach dem Ertrag richten. Strafen sollten nach dem vorgeschriebenen Maß, nicht nach Belieben verhängt werden. Diejenigen, die sich Gemeindegrundstücke angeeignet hatten, sollten sie wieder herausgeben. Zum Schluß wurde noch die Abschaffung des Todfalls gefordert, einer Abgabe, die beim Tode eines Leibeigenen fällig war. Insgesamt stellten die zwölf Artikel kein revolutionäres Programm dar, zumal im 3. Artikel ausdrücklich betont wird, daß man nicht ohne Obrigkeit sein, sondern ihr in rechtmäßigen Dingen gehorchen wolle.

Man merkt den zwölf Artikeln an, daß sie aus den Beschwerdeschriften der einzelnen Ortschaften zusammengezogen wurden, so daß sie auch über Oberschwaben hinaus Geltung bekamen. Reformatorischen Einschlag zeigt der 1. Artikel mit der freien Pfarrerwahl und der Forderung nach der Predigt des reinen Evangeliums. Diese Forderung war zwei Jahre zuvor vom Reichstag in Nürnberg gestellt worden, jedoch hatte man damals Predigt in katholischem Sinne gemeint. Reformatorisch gestimmt sind die Zwölf Artikel auch deswegen, weil sie mit einer Fülle von Bibelzitaten belegt wurden, die gleichsam zeigen sollten, daß man sich auf das Evangelium berufen konnte.

Der Aufstand breitete sich von Oberschwaben rasch aus und erreichte auch die badische Markgrafschaft. Am 9. April 1525, einem Palmsonntag, versammelte sich eine Schar Bauern bei Durlach, die „Evangelium und Gerechtigkeit" handhaben wollten. Der Bauernhaufe muß sich seine Verpflegung im nahegelegenen Kloster Gottesaue geholt haben, wobei es wohl auch zu mutwilligen Beschädigungen des Klosters kam. Die Bauern forderten in Einklang mit den Zwölf Artikeln Freiheit von Wasser und Weide und die Aufhebung des Zolls. Den Markgrafen erkannten sie jedoch als ihren Herrn an. Dieser forderte sie auf, ihm ihre Beschwerden vorzutragen, und er versprach Abhilfe, womit sie sich begnügten und sich wieder zerstreuten.

Der Fall von Weinsberg am Ostersonntag gab allenthalben das Signal zu einer zweiten Erhebung. Auf dem Letzenberg bei Malsch versammelten sich speyerische Bauern und forderten die Bewohner des umliegenden Landes auf, zu ihnen zu ziehen, um das Evangelium, die göttliche Gerechtigkeit und die Zwölf Artikel retten zu helfen. Bruchsal wurde von ihnen besetzt, da es gelang, die Bürger in die Vereinigung zu ziehen. Die bischöfliche Residenz Udenheim (heute Philippsburg) wurde von den Bauern bedroht, so daß Bischof Georg ihnen Unterhandlungen anbot. Sie zogen jedoch ab und wandten sich nach Süden in die Markgrafschaft, wo sich ihnen spätestens zu diesem Zeitpunkt die Ämter Mühlburg und Durlach anschlossen. Die Klöster Frauenalb und Herrenalb wurden geplündert, da der Zorn der Speyerer vor allem gegen die Geistlichkeit gerichtet war. In Herrenalb kam es schließlich zu Verhandlungen mit Bischof Georg und Markgraf Philipp. Die beiden Fürsten gaben den Bauern gute Worte und der Markgraf versprach, das Evangelium und die Gerechtigkeit handhaben zu helfen, so daß die Bauern am 8. Mai auseinandergingen.

Inzwischen hatte Kurfürst Ludwig von der Pfalz, der Bruder des Bischofs von Speyer, ein Heer gesammelt und rückte am 23. Mai von Heidelberg aus, um den Bruhrain zu unterwerfen und Bruchsal zu besetzen. Inzwischen hatte der Truchseß von Waldburg am 10. Mai bei Böblingen die württembergischen Bauern geschlagen und anschließend den aufständischen Kraichgau unterworfen. Hierauf huldigten die markgräflichen Untertanen wieder ihrem Herrn.

Sie mußten versprechen, das Bündnis, das sie mit den Bruhrainern eingegangen waren, aufzukündigen und die Rädelsführer auszuliefern. Ferner mußte dem Markgrafen für seine aufgewendeten Kosten Ersatz geleistet werden, wobei er allerdings versprach, die Unschuldigen zu schonen.

Diese erneute Huldigung des Amtes Mühlburg, nämlich der Dörfer Knielingen, Mörsch, Forchheim, Daxlanden, Bulach, Beiertheim, Neureut, Eggenstein,

Schröck, Linkenheim und Hochstetten erfolgte am 29. Mai 1525. Die Untertanen der Markgrafschaft waren demnach, verglichen mit anderen Landstrichen, in denen der Schwäbische Bund das Strafgericht ausübte, glimpflich davongekommen.

Wir haben zwar aus der Zeit des Bauernkriegs keine speziellen Berichte über Neureut, es ist aber mit Sicherheit anzunehmen, daß Bewohner dieses Ortes bei den Aufständischen gewesen sind. Gerade Neureut hatte als Hardtgemeinde ein Interesse daran, das alte Recht zu fordern, da der Markgraf den Besitz des Hardtwaldes beanspruchte und seine Nutzung reglementierte. Die Hardtwaldordnung von 1483 lag noch nicht allzu lange zurück, und wurde immer noch als Neuerung empfunden, die es zu bekämpfen galt. Auch die erneute Huldigung von Neureut läßt darauf schließen, daß auch die Bewohner dieses Dorfes sich dem Aufstand der Bruhrainer angeschlossen hatten. Das Ergebnis des Bauernkrieges war, daß die Landesherren noch fester im Sattel saßen als zuvor und das Untertanenverhältnis auf Jahrhunderte hinaus festgelegt war.

2. Reformation

Der Bauernkrieg steht in engem Zusammenhang mit der Reformation, da der von Luther ausgehende Aufbruch auf religiösem Gebiet auch andere Bereiche der Gesellschaft ergreifen mußte. Die Sieger des Bauernkrieges haben das erkannt und deswegen in der Folgezeit entweder die Reformation bekämpft oder die Reformierung ihrer Gebiete selbst in die Hand genommen. Der unter Markgraf Philipp stehende Teil Badens war freilich im Bauernkrieg glimpflich davongekommen, wenn auch die Rädelsführer bestraft worden waren, und auf dem Wege einer Umlage eine Entschädigung hatte bezahlt werden müssen. Philipp nahm dementsprechend auch keine entschiedene Stellung gegenüber der Reformation ein. Er blieb katholisch, unternahm aber auch nichts gegen etwaige evangelische Tendenzen in seinem Gebiet.

Markgraf Philipp starb 1533 ohne Erben. Seine Brüder Bernhard und Ernst teilten, so daß Ernst zu seinen seitherigen Besitzungen noch das Gebiet um Durlach und Pforzheim erhielt. Er verlegte daraufhin seine Residenz von Sulzburg nach Pforzheim und wurde Stammvater der Linie Baden-Durlach, die deswegen so hieß, weil sein Sohn Karl ab 1565 in Durlach residierte. Auch Markgraf Ernst nahm gegenüber der Reformation einen vermittelnden Standpunkt ein. Er duldete zwar evangelische Prediger, führte aber die Reformation nicht offiziell ein, wie es 1534 in der Nachbarschaft, in Württemberg, geschehen war. Gegen die Reformation eingestellt war sein Kanzler Oswald Gut, der dem Markgrafen stets vorhielt, daß man sich mit Annahme der Reformation auch Schwierigkeiten mit Österreich, das ja im Oberland unmittelbarer Nachbar war, einhandeln würde.

Markgraf Ernst übergab 1552 die Regierung seinen Söhnen Bernhard und Karl. Die damit erfolgte erneute Teilung der einen Hälfte der Markgrafschaft hatte freilich keinen Bestand, da Bernhard schon 1533 starb und ihm sein Vater im gleichen Jahr in den Tod folgte.

Die Regierung oblag nunmehr dem 24jährigen Markgrafen Karl II. 1554 starb Kanzler Oswald Gut. An dessen Stelle trat Dr. Martin Achtsynit, genannt Amelius, der im Gegensatz zu seinem Vorgänger der Reformation aufgeschlossen gegenüberstand. Da der Markgraf selbst der Reformation zuneigte, fehlte es nicht an Aufforderungen, nun doch auch offiziell dem evangelischen Lager beizutreten. Solche Ermutigungen erhielt Karl insbesondere von Herzog Christoph von Württemberg, der einen entschiedenen evangelischen Standpunkt vertrat und um die Ausbreitung der Reformation in ganz Europa bemüht war. Trotz der Ermunterungen des württembergischen Herzogs zögerte Karl noch und wartete die Klärung der allgemein politischen Lage ab. 1546 waren die Evangelischen im Schmalkaldischen Krieg dem Kaiser Karl V. unterlegen und ihre beiden Führer, der Landgraf von Hessen und der sächsische Kurfürst, in Gefangenschaft geraten. Eine Überbrückung des Zwiespalts zwischen Katholischen und Evangelischen, die mit dem auf dem Augsburger Reichstag 1548 verabschiedeten Interim, einer Kompromißformel, versucht wurde, befriedigte beide Seiten nicht. Es mußte zu einer Scheidung kommen. 1552 erhob sich Herzog Moritz von Sachsen gegen den Kaiser, der zunächst im Passauer Vertrag, dann 1555 im Augsburger Religionsfrieden, die Gleichberechtigung von Evangelischen und Katholischen im Reich zugestehen mußte. Die Reichsfürsten hatten damit die Religionsfreiheit gewonnen und die Untertanen sollten ihrer Wahl folgen. Somit war auch in Baden-Pforzheim der Weg frei für die Reformation.

Im Jahre 1556 schritt nun Karl II. tatsächlich zur Reformation seiner Lande. Eine Kommission, bestehend aus sächsischen, pfälzischen und württembergischen Theologen, trat in Pforzheim zusammen, um über eine badische Kirchenordnung zu beraten, die dann praktisch eine Übernahme der württembergischen Ordnung darstellte. Die Durchführung der Reformation wurde durch Visitationen überwacht, die von den auswärtigen Theologen selbst vorgenommen wurden. Leider sind wir über Einzelheiten dieser Visitation, die vor allem die kirchlichen Zustände an den einzelnen Orten zu untersuchen hatte, nicht unterrichtet, so daß nichts darüber gesagt werden kann, wie sich die Reformation in Neureut auswirkte. Immerhin ist deutlich, daß sich an dem Filialverhältnis zu Eggenstein nichts änderte. Erst nach einigen Jahrzehnten kam es zur Gründung einer Pfarrei in Neureut; der erste Pfarrer wird 1605 genannt.

Für Neureut bemerkenswert ist aber, daß sich ein Sohn der Gemeinde, zunächst Kaplan in Eggenstein, schon früh der Reformation zuwandte und nach einem Studium in Wittenberg eine Pfarrstelle in der sächsischen Bergbaustadt Freiberg annahm. Der gleichnamige Sohn dieses Wendelin Gürrich kehrte schließlich 1559 wieder in die Heimat zurück, um Lehrer an der württembergischen Klosterschule Hirsau zu werden. Die Schicksale der beiden Gürrich — Vater und Sohn — sind typisch für das Reformationsjahrhundert, so daß es sich lohnt, sie in einem eigenen Abschnitt darzustellen.

Kruzifix aus der Vorreformationszeit in der Evang. Kirche Neureut Nord.

3. Wendelin Gürrich, Vater und Sohn
(von Kurt Hannemann)

Als im Jahre 1960 des 400.Todestages des in Bretten 1497 geborenen und 1560 in Wittenberg gestorbenen Philipp Melanchthon gedacht wurde, konnte in der vom Brettener Dekan Georg Urban herausgegebenen Gedenkschrift erstmals auf einen „Unbekannten Heimatbrief aus Melanchthons letztem Lebensjahr" aufmerksam gemacht werden. Gegenstand des jahrhunderte-langer Vergessenheit entrissenen Briefes aus Wittenberg vom 1. Mai 1559 war Melanchthons Empfehlung für Wendelin Gyrrichius den Jüngeren auf ein Lehr-amt in oder bei Pforzheim, weil der in Freiberg in Sachsen verstorbene Vater aus der Nähe Pforzheims stammte, und der Sohn in „das liebe Vaterland seines Vaters" zurückkehren wollte. Den Vater hatte am 18. Mai 1524 der Rektor der Wittenberger Universität als „Guendelinus Girrich Phortzen(sis)Dioc.Spiren(sis)", d.h. als Wendelin Girrich aus Pforzheim in der Diözese Speyer aufgenommen. Es war üblich, daß die Namen von Geburtsorten, die in weiter entlegenen Uni-versitäten unbekannt waren, zur ungefähren Herkunftsbestimmung durch die Namen benachbarter, allgemein bekannter Orte ersetzt wurden. Da der Neu-immatrikulierte — wie wir heute wissen — aus Neureut stammte und wahr-scheinlich die berühmte Lateinschule in Pforzheim besucht hatte, lag für den Wittenberger Rektor die Herkunftsangabe „Pforzheim" nahe, die zugleich mit dem lateinischen Vornamen den Neureuter Bauernsohn in die akademische Sphäre heben sollte. Daß Neureut der wirkliche Geburtsort des sog. Pforzheimers war, ergab sich erst aus späteren genaueren Wittenberger Dokumenten. Bis dahin galt als Geburtsort des älteren Gürrich nur ein badisches Neuried oder Neuriet, das es nicht gab und nicht gibt. Noch im Jahre 1960 hat M. Schwertfeger in der Ortschronik von Neureut „Zwischen Heide und Strom" nachträglich den älteren und den jüngeren Wendelin Gürrich wieder eingebürgert, wenn auch mit einer gewissen Übertreibung beim Vater: als „Neureuts großen Sohn". Man wird mit diesem Prädikat vorsichtig umgehen müssen, aber anerkennen dürfen, daß besonders der ältere Gyrrichius unter den namentlich bekannten Neureutern seit dem 16. Jahrhundert die profilierteste Persönlichkeit gewesen ist, weil sein Wirken weit über die Grenzen Neureuts und der badischen Markgrafschaft hinausgriff.

Die gelehrte Namensform Gyrrichius ist nur für Wendelin den Älteren und den Jüngeren bezeugt. Im Jahre 1561 starb die sächsisch-württembergische Nebenlinie aus. Die bäuerlich-handwerkliche Familie Gierich oder Gürrich entwickelte sich dagegen stetig bis heute, besonders in den Hardtdörfern Neureut, Hagsfeld und Blankenloch. Als älteste Glieder dieser badischen Sippe erscheinen im Gottesauer Lagerbuch von 1482 Jost und Hans Gurrich, die wir wohl als Brüder anzusehen haben. Jeder von ihnen besitzt eine halbe Hube in Neureut, wohl ein Zeichen dafür, daß sie den elterlichen Grundbesitz unter sich geteilt haben. Nachkomme des einen von ihnen ist Wendelinus Gürrich, von dem uns der Melanchthon-Brief Nachricht gibt.

Dieser Brief liegt zwar nicht im lateinischen Original vor, aber in dem zuverlässigen Druck, den der Tübinger Gräzist Martin Crusius (1526—1607) in seinen mühsam zusammengetragenen und 1595/96 in Frankfurt am Main erschienenen „Annales Suevici" veröffentlicht hatte. Crusius hatte den Brief zwar richtig zum Jahre 1559 abgedruckt, aber der Neureuter Hintergrund war ihm verborgen geblieben. Das Verdienst, den kostbaren Melanchthon-Brief der Nachwelt erhalten zu haben, ist der journalistischen Neigung dieses ersten württembergischen Dokumentalisten zuzuschreiben. Wir legen diesen Brief in der noch heute lesbaren Verdeutschung vor, die kein Geringerer als der „Vater des deutschen Staatsrechts" Johann Jakob Moser (1701—1785) veranlaßt und auf seine Kosten unter dem Titel der „Schwäbischen Chronick" 1733 ebenfalls in Frankfurt a. M. zum Druck gebracht hat. Am Schluß des Briefes hat Crusius die besonders dankenswerte Ergänzung hinzugefügt, daß er den Empfehlungsbrief von dem Empfohlenen selbst erhalten und bei sich abgeschrieben habe, und daß der „beste Jüngling" schon Anfang Februar 1561 als evangelischer Klosterschulpräzeptor in Hirsau verstorben sei.

So lautet der lateinische Brief Melanchthons vom 1. Mai 1559 aus Wittenberg an das gelehrte und christliche Pforzheim in der Verdeutschung des 18. Jahrhunderts:

(Philipp Melanchthon von der Stadt Pfortzheim). „Seegen und Heil allen denen, die diesen Brieff lesen werden. Oberhalb Speyer ligt eine Stadt in dem Eingang des Schwartzwaldes, welche man vor alten Zeiten Portam Harcyniae, das Thor des Schwartzwaldes genennet. Daher ist jetzt der Name Pfortzheim. Zwey

Flüsse lauffen daselbst in die Entz. Nicht weit von dannen ergießt sich die Entz in den Neccar. Diese Gegend um den Neccar eignet Ptolomaeus den Charitiniis zu, welches Wort, wie ich davor halte, von „Garten" seinen Ursprung hat, weil die Annehmlichkeit der Gegend um den Neccar so groß ist, daß sie mit Wahrheit ein Garte kan genennet werden. Die Kirchen, die jetzt darinnen sind, stehen im schönsten Flor und verehren Gott auf rechte Weise. Capnio (Reuchlin) hat diese Stadt Pfortzheim in Schrifften trefflich heraus gestrichen: er ist daselbst aus einem ehrlichen Geschlecht geboren, und hat daselbst die Hebräische Grammatic in Lateinischer Sprache zuerst herausgegeben. Diese Stadt liebe ich sowohl wegen dem Andencken Capnionis, als auch weil ich als ein junger Knabe bey Capnionis Schwester sehr gut gelebt (da mich drey Jahre zuvor Johann Hungarus von Pfortzheim in meines Großvatters Haus wohl unterrichtet), und mich bey den gelehrtesten Männern, Georg Simmler und Johann Hildebrand in der Lateinischen und Griechischen Sprache mit großem Nutzen geübt habe. In der Nachbarschaft dieser Stadt ist Wandalin Girichius geboren, welcher in der berühmten Meisnischen Stadt Freyberg die Gemeinde der zweyten Kirche recht gut gelehrt und regiert hat. Dieses Girichii Sohn ist dieser Wandalin Girichius, ein Schüler des fürtrefflich gelehrten und frommen Mannes Georg Fabricii, bey welchem er die Lateinische Sprache also erlernet hat, daß er in gebundener und ungebundener Rede zierlich schreibet. Er hat darauf auf unsrer Hohen Schule die Philosophie mit der Lateinischen und Griechischen Sprache verbunden.

Er weiß aber, daß das menschliche Geschlecht sowohl von Gott erschaffen, als auch mit dem Blute seines Sohnes erlöst worden, daß wir sollen Gott recht erkennen, und sein Angesicht in aller Ewigkeit mit Freuden sehen. Darum hat er die Lehre der Kirche fleißig gelernet und nimmt das Bekänntniß unserer Kirche andächtig an. Weil also dieser Wandalin Girichius von Freyberg zum Lehren nutzlich kann gebraucht werden, so bitte ich den Ehrwürdigen Pfarrer der Gemeinde Gottes zu Pfortzheim, und andere ehrliche und gelehrte Männer in derselben Stadt, daß sie diesen Girichium, der in das liebe Vatterland seines Vatters gehen will, gastfrey zu halten, ihm ein Lehr-Amt geben, und willige Hülffte thun mögen, weil er ein Waise ist, und sie wissen, was geschrieben steht: Halte dich gegen die Waisen wie ein Vatter, so wird dich Gott lieber haben, denn dich deine Mutter hat. Was kan größers verheißen werden, als die so große Liebe Gottes gegen uns, welche die Mutter-Liebe, die doch so hefftig ist, weit übertrifft? Wir sollen also solchen Waisen gerne wohlthun, die Gott recht verehren und der Kirche dienen können und wollen. Weil nun dieser Girichius ein solcher ist, so muß man nicht zweifeln, daß Gott der Waisen Vatter denen, die ihm Hülffe thun, wiederum wohl thun werde. Ich bitte aber Gott, den Vatter unsers Herrn Jesu Christi, daß er beydes die fromme Waise und seine Kirche, die wahryhafftig eine Waise ist in dieser Welt, gnädlich regiere und beschütze. Geben den 1. Mai, im Jahr 1559.

Dieses holdseelige Recommendations-Schreiben habe ich (Martin Crusius) von diesem lieben jungen Menschen, da er in eben diesem Jahre bey mir war, abgeschrieben. Er starb um den Anfang des Februarii 1561, da er im Closter Hirschau lehrte.“

Daß dieser lehrhaft-erbauliche Brief an die Pforzheimer Adresse überhaupt erhalten geblieben ist, ist am wenigsten das Verdienst der Stadt Pforzheim, die vielleicht gar nicht geantwortet hat, sondern sich mit der Weiterleitung des Briefüberbringers nach Tübingen begnügt hatte. So ist der Brief auch an keinen bestimmten Empfänger in Pforzheim gerichtet, sondern an „alle, die diesen Brief lesen werden“, wenn auch Melanchthon besonders den evangelischen Stadtpfarrer und andere Gelehrte in Pforzheim meinte. Er scheint nicht einmal den Namen des Pfarrers gekannt zu haben, sonst hätte er seine Fürbitte nicht wie einen offenen Brief enden lassen. Daß Pforzheim, das sich praktisch schon lange dem lutherischen Bekenntnis zugewandt hatte, im Jahre 1556 auch amtlich die Reformation unter Markgraf Karl II. einführte, war Melanchthon natürlich bekannt, und er hat dieses Wissen in seinem Brief stark hervorgehoben.

Konnte der Melanchthon-Brief des Crusius auch erst 1960 der Öffentlichkeit wieder vorgestellt werden, so war er doch nach dem Erscheinen der Annales Suevici im Jahre 1596 nicht ganz vergessen. Das beweist, als rühmliche Ausnahme, die Reuchlin-Biographie, die der 1653 in Pforzheim geborene und als Emigrant 1719 in Giessen verstorbene evangelische Theologe und Durlacher Professor Johann Heinrich Majus (May, Mai) im Jahre 1687 kurz vor der Kriegszerstörung des alten Durlach veröffentlicht hatte, lateinisch, gründlich und barock-umständlich. Er wies darin auf die Reuchlin und Pforzheim betreffenden Stellen des Briefes vom 1. Mai 1559 nach dem Annales Suevici hin, natürlich auch ohne Kenntnis des Neureuter Zusammenhangs.

Zu den mit der Überlieferung des Melanchthon-Briefes verbundenen Überraschungen gehört es, daß Melanchthon an demselben Tage auch einen Brief an die Tübinger Universität geschrieben hat, der zumindest in der Einleitung dem Pforzheimer ähnlich, wenn nicht gleich sein mußte. Der Brief selbst ist leider verloren, jedoch ist bekannt, daß dort ebenfalls die Rede von Pforzheim als dem Tor des Schwarzwaldes war, von Melanchthons Schüleraufenthalt (1508/09) bei Reuchlins Schwester und von seinen lateinischen und griechischen Pforzheimer „Exerzitien“ bei G. Simler und J. Hildeprandus. Man würde diese Einleitung zu einem Brief an die Tübinger nicht verstehen, wenn nicht auch darin ein Lehramt für Gyrrichius den Jüngeren das eigentliche Anliegen des Briefschreibers gewesen wäre. Es ist bekannt, daß Melanchthon, als einer der eifrigsten Briefschreiber in einem brieffreudigen Zeitalter, gern die Gelegenheit nützte, durch einen Boten Briefe an verschiedene Empfänger zu richten und sich dabei vor inhaltlichen oder stilistischen Wiederholungen nicht scheute. Diese Wiederholung war eine Folge der Überlastung Melanchthons, der oft an einem Tage bis zu 10 Briefe schreiben mußte.

Ein weiterer, ebenfalls im Jahre 1960 veröffentlichter Quellenfund hat jetzt mehr Licht in die Lebensgeschichte des älteren, des katholischen Gürrich gebracht. In der Zeitschrift für die Geschichte des Oberrheins 108 hat H. Steigelmann „Badische Präsentationen des 15. und 16. Jahrhunderts gesammelt und bearbeitet. Der Markgraf hatte das Recht, Anwärter auf bestimmte geistliche Ämter vorzuschlagen, so auch die Inhaber des Frühmeßamts („Primissaria") am Marienaltar der Eggensteiner Pfarrkirche. Diese wurden dem Propst des Speyrer Stiftes St. German und Mauritius „präsentiert" und von dem Inhaber des Landdekanats Graben in ihr Amt eingewiesen. Fast alle kamen aus der Speyerer Diözese und blieben nur wenige Jahre in Eggenstein, wo sie keine Aussicht hatten, zum Pfarramt aufzusteigen, war doch die Pfarrei seit 1239 dem Benediktinerkloster Gottesaue inkorporiert. Pfarrer war bis zur Reformation ein Gottesauer Mönch. Die kurze Reihe der Frühmesser beschließt Wendelinus Girrich aus Nuwriet, Kleriker der Speyerer Diözese. Daß die Frühmeßpfründe der 1485 vom Markgrafen und dem Kloster umgebauten stattlichen Eggensteiner Pfarrkirche in weltlicher Hand lag, war kein Sonderfall, hatte doch der badische Markgraf nach einem Verzeichnis von 1488 nicht weniger als 23 von 31 Frühmessen in seinem Territorium zu besetzen. Der „Gürricheintrag" von 1520 lautet auf Deutsch so: „Und nach dem freiwilligen Verzicht des (vor)genannten Herrn Florentinus hat dies Frühmeßamt übernommen Wendelinus Girrich von Neureut, Kleriker der Speyerer Diözese am 20. 10. 1520". Der Titel „Herr" fehlt bei Gürrich und läßt darauf schließen, daß er erst Diakon und noch nicht Priester gewesen ist, als ihn die markgräfliche Verwaltung dem Propst in Speyer präsentierte. Er wird die Priesterweihe bald nach der Präsentation in Speyer empfangen und sein Frühmeßamt verwaltet haben, in Zusammenarbeit mit dem Mönchspriester Johann Wester, den das Kloster Gottesaue als Pfarrherrn in Eggenstein eingesetzt hatte. Mit Gürrich bricht die Reihe der Frühmesser in Eggenstein ab. Die Gründe dafür sind nicht bekannt.

Das auch für das Amt des niederen Klerus nötige Latein wird Gürrich in Pforzheim gelernt haben. Griechisch und ein Universitätsstudium wurden nicht gefordert, wohl aber führten auch die städtischen Lateinschulen des Spätmittelalters ihre Zöglinge in den lateinischen Kirchengesang ein. Die Einweisung in die kirchliche Praxis des „Primissarius" (Frühmessers) war die Aufgabe des Pfarrherrn, dem der Frühmesser unterstand. Gürrich wird etwa 25 Jahre alt gewesen sein, als er in den Dienst der alten Kirche zu einer Zeit trat, da dieser Dienst und die Kirche bereits umstritten waren.

Wenn wir auch die innere Wandlung Gürrichs in den Jahren 1520—24 nicht dokumentarisch belegen können, so halten wir doch die hier zuerst vorgetragene Gleichsetzung des Neureuter und Eggensteiner Gürrich mit dem Wittenberger Studenten des Jahres 1524 nicht für gewagt, sondern für geboten. Gürrich hatte als Einzelgänger seinen Weg nach Wittenberg angetreten, wahrscheinlich ohne nennenswerte Beihilfe seiner Verwandten in Neureut, sicherlich ohne ein markgräfliches Stipendium und ohne Aussicht, in der fremden Umgebung einen Mäzen zu finden. Aus seinem Amt ist er schwerlich verdrängt worden. Die zuständige weltliche Obrigkeit war nach der Entmündigung des altersschwachen Markgrafen Christoph im Jahre 1518 Markgraf Philipp I., der ebensowenig wie Bischof Georg von Speyer (1513—29) den Ansätzen der auch in der Diözese Speyer früh und weit vordringenden Reformation durch Gewalt zu wehren suchte. Zudem befand sich der Markgraf in Luxemburg, als Gürrich für immer die Markgrafschaft verließ. Es war damals gar nichts Ungewöhnliches, daß außer der zahlreichen, sich stets steigernden Jugend auch Männer reiferen Alters, die bereits in Amt und Würden standen, durch den Ruhm dieser noch jungen Hochschule (die Universität Wittenberg war erst 1502 gegründet worden) und ihrer Lehrer angezogen, nach Wittenberg kamen, um Vorlesungen zu hören.

Die Glaubensspaltung, die auch im Jahre 1524 noch nicht vorstellbar war, war nicht der Anlaß und erst recht nicht das Ziel des Eggensteiner Exulanten, da es der Reformation um die Erneuerung der ganzen Christenheit aus dem Evangelium ging und nicht um die Schaffung von evangelischen Sonderkirchen. Anders als der etwa gleichaltrige Professor Melanchthon schon im Jahre 1518, war der Priester Gürrich nicht als Humanist, sondern als Christ nach Wittenberg aufgebrochen, um von Luther vor allem das Evangelium zu lernen. Als geweihter Priester hätte er leicht, besonders während der Reformation in Sachsen, eine Landpfarrei übernehmen können. Es ging ihm aber um die Theologie, die er erst in Wittenberg, und nur dort, studierte.

Die Immatrikulation in Wittenberg am 18. Mai 1524 bedeutete den Übergang aus der bescheidenen, aber gesicherten Existenz im Rahmen der alten Kirche in das Wagnis des Studiums an der streitbaren und umstrittenen Reformuniversität. Wäre Gürrich nur wenige Wochen früher in Wittenberg eingetroffen, so hätte ihn noch der Rektor und „Landsmann" Melanchthon immatrikulieren können. Melanchthons und Gürrichs Wege hatten sich gekreuzt: als Gürrich von Eggenstein, sicherlich nicht ohne Abschied vom elterlichen Neureut, nach Norden aufgebrochen war, hatte Melanchthon den ersten Heimaturlaub in Bretten verbracht (Mitte April bis Anfang Juni 1524).

Natürlich wird Gürrich besonders Luther und Melanchthon gehört haben, und beide haben ihn geschätzt, wenn sie ihn auch nicht in den engeren Kreis ihrer Tisch- und Hausgemeinschaft aufgenommen haben. Wenn Gürrich verhältnismäßig spät zum Magister in der artistischen, d.h. der philosophischen Fakultät, am 6. Februar 1533 promoviert hatte — als „Wendelinus Gyrrichius Baden(sis) de Neuriet", so lag das daran, daß die Universität von 1523 bis 1532 den begehrten Titel nicht mehr verliehen hatte. Das Studium hatte Gürrich mit etwa 30 Jahren begonnen; eine feste Anstellung als Dom- und Stadtprediger erlangte er erst mit etwa 45 Jahren im herzoglich sächsischen Freiberg.

Am 12. Oktober 1534 wurde Gürrich Mitglied der philosophischen Fakultät als der ehrwürdige Herr Magister „Wendelinus Gyrrichius Badensis de Neuryth Spirensis Diocesis". Besoldet waren die Magister nicht, sie wurden nur für ihre Pflichtteilnahme an den akademischen Disputationen entschädigt, deren Thesen in der Regel der immer dienstwillige Magister Philippus aufstellte. Das gilt auch für die Thesen über die Teile der Buße, über die Gürrich am 7. Juni 1539 disputiert und dafür 2 Gulden und 9 Groschen erhalten hatte. Damit hatte er auch die letzte akademische Bewährungsprobe bestanden und zugleich auch eine Voraussetzung für die Berufung in das Predigtamt einer Stadt vom

Range der Berg- und Residenzstadt Freiberg in Sachsen erfüllt, die ihn wenige Wochen danach erreichte und für eine ungewöhnlich lange Wartezeit entschädigte. Da er nicht als ein Studienanfänger nach Wittenberg gekommen war, bedurfte Gürrich nicht der Hilfe des akademischen Pädagogiums oder eines Privatlehrers, sondern er konnte selbst lernend und lehrend als „Werkstudent" seinen Lebensunterhalt bestreiten, indem er als Präzeptor jüngere Studienanfänger privat unterrichtete. Einige hatte ihm sogar der berühmte Landsmann Melanchthon zugeführt. Sicherlich hat sich der Pädagoge Gürrich vor dem Theologen Gürrich in Wittenberg einen Namen gemacht. Für sein Lehrtalent sprechen die unvoreingenommenen Erinnerungszeugnisse dankbarer Schüler in dem Wittenberger Ordiniertenbuch, das seit 1535 die aus oder durch Wittenberg berufenen lutherischen Geistlichen kurz verzeichnet. Erst seit 1558 bürgerte sich die Sitte ein, daß die Ordinierten selbst ihren mehr oder weniger kurz gefaßten Lebenslauf in das amtliche Ordinationsbuch eintrugen und dabei oft auch ihrer Lehrer gedachten. So wurde der gebürtige Wittenberger Matthias Plochinger nach einer erfolgreichen Wittenberger Lehrtätigkeit am 10. April 1571 als Pfarrer nach Kemberg bei Wittenberg berufen und nannte in seiner lateinischen Selbstbiographie die Magister Johann Bernhardi (Velcurio) aus Vorarlberg, Vuendelinus Gyrrichius und Johann Marcellus als die Gelehrten, die ihn in die Wissenschaft und in die Frömmigkeit eingeführt hätten.

Auch als Prediger hat Gürrich noch an der Freiberger Lateinschule unterrichtet. Das geht aus dem Ordinationseintrag des Görlitzer Joseph Maister hervor, der im Frühjahr 1572 in Wittenberg nach Rotwasser bei Hirschberg als Prediger berufen worden war. Er hatte nichts studiert, aber seit seinem 17. Lebensjahr die Freiberger Lateinschule besucht, wo ihn besonders D. H. Weller und Mag. Wendelinus Girrich gefördert hatten.

Daß auch der geborene Lehrmeister Melanchthon die Erziehergaben Gürrichs zu schätzen wußte, beweist seine Empfehlung Gürrichs als Hauslehrer wahrscheinlich für den aus Bergzabern zugereisten Studenten Johann Streyffe (immatrikuliert in Wittenberg im Sommersemester 1537). Vielleicht war Gürrich auch der Erzieher von Angehörigen zweier berühmter württembergischer und sächsischer Familien, wenn man in ihm den „badischen Landsmann" erkennt, den Melanchthon am 20. Januar 1534 dem Reformator Württembergs, Johannes Brenz (1499—1570), als Privatlehrer seines Bruders Bernhard (um 1515—1547) empfohlen hatte. Der gewisse badische Magister — Gürrich war es seit 1533 — sei als ein Verehrer des Reformators Brenz und als ein vortrefflicher Mensch zu rühmen, dessen Lehre und Glauben die Wittenberger billigten. Brenz möge wissen, daß Melanchthon niemand mehr Humanität erweise als „unsern Landsleuten", d. h. den Oberdeutschen. Nach diesem Melanchthon-Brief hatte Gürrich damals bereits den Sohn Christian des kursächsischen Altkanzlers Dr. Brück unterwiesen; Christian Brück hatte seit 1532 in Wittenberg die Rechte studiert. 1556 wurde er Kanzler des Herzogs Johann Friedrich des Mittleren (1529—95) und mußte für eine verfehlte Politik in Gotha 1567 mit dem Tode büßen.

Ist die Gleichsetzung des Neureuter Gürrich mit diesem ungenannten badischen Magister nicht völlig gesichert, so ist in einem andern Fall, der das Verhältnis Melanchthons zu dem Pädagogen Gürrich nicht als landsmannschaftlich beeinflußt zeigt, kein Zweifel an der Identität des in Melanchthons Brief vom 1. November 1536 erwähnten Wendelin mit Gyrrichius dem Älteren möglich. Kurz vor seiner Abreise nach Tübingen zur Reformation der Universität hatte Melanchthon als Dekan der philosophischen Fakultät in Zeitnot vier Kandidaten für das Lehramt am Universitätspädagogium benannt, die Magister Johann Freder, Wendelin Gürrich und besonders nachdrücklich Johann Saxo und Johann Marcellus. Es ist unklar, ob sich in Melanchthons Abwesenheit die Fakultät oder die beiden zurückgekehrten Anwärter auf das nur mäßig bezahlte Amt über ihren Dekan beschwert hatten. Zu einer dauernden Verstimmung ist es darüber zwischen Gürrich und Melanchthon nicht gekommen, sonst hätte dieser den „badischen Landsmann" nicht im August 1537 als befähigten Erzieher empfehlen können. Gürrich wird sich mit der Zurücksetzung abgefunden haben, daß der Praeceptor Germaniae nicht grundsätzlich sein Gegner geworden war, sondern aus sachlichen Gründen nur in diesem Fall zu seinen Ungunsten entschieden hatte. Auch das Verhältnis zu dem hier bevorzugten Marcellus hatte sich nicht verschlechtert, denn im Juni 1539 konnte Melanchthon eben diesem Magister einen Prager Studenten als Privatschüler und Kostgänger Gürrichs empfehlen, während Marcellus bis zum Juli anläßlich seiner Eheschließung in Jena abwesend war. Vorher war Marcellus selbst Tischgast Gürrichs gewesen. Sicherlich hat Gürrich auch diesen Wunsch seines großen „Landsmannes" und seines Kollegen Marcellus erfüllt, obwohl er selbst vielleicht schon mit dem baldigen Fortgang nach Freiberg rechnete und sich auf die Disputation des Juli 1539 vorbereiten mußte. In der Hilfsbereitschaft stand Gürrich seinem Vorbild Melanchthon nicht nach, soweit es ihm möglich war.

Auf diese Hilfsbereitschaft konnte sich auch Luther verlassen, als im November 1538 Fürst Johann II. von Anhalt um die Zusendung eines Wittenberger unverehelichten Pestpredigers für „eine kleine Zeit" bat. Luther mußte am 22. November 1538 mitteilen, daß er sich vergeblich nach einem Prediger „on weib umbgethan" habe. Aber doch „heißt einer Magister Wendel, der kan sein weib wol so lange, als er E. f. g. zu dieses sterbens zeit dienen wurde, alhie zu Wittemberg lassen. Er ist from, gelert und sittig. Wo das nü E. f. g. also gefiele, wolt ich sehen, das er E. f. g. hierin dienet." Im späteren Briefwechsel Luthers ist von diesem Hilfsdienst nicht mehr die Rede. Es ist aber nicht zu bezweifeln, daß Gürrich ihn nach Rücksprache mit Luther geleistet hat und spätestens im Frühjahr 1539 nach Wittenberg zurückgekehrt war.

Wie hoch die Universität Gürrich schätzte, geht aus der Bemühung der Wittenberger Professoren hervor, dem immer noch amtlosen Kollegen zu einer angesehenen Predigtstelle zu verhelfen, und zwar durch eine Intervention bei Kurfürst Johann Friedrich von Sachsen. Anlaß der einmütigen Verwendung der Universität für Gürrich war die vorübergehende Vakanz der Pfarrei Orlamünde in

Thüringen. Es steht dahin, ob sich Gürrich bei dem Senat der Universität um das erledigte und reiche Pfarramt Orlamünde beworben hatte. Sicherlich mußten sich aber die Universitätskollegen seiner Zustimmung versichert haben, bevor sie ihn gewählt und dem Kurfürsten für Orlamünde „präsentiert" hatten. Die Erklärung der Universität Wittenberg lautet: „Von e. ch. f. g. yhrer universitet alhire gnediglich vorgunnet ist, das sie ym fall, wo solche pfarr vorlediget, einen zu wehlen hat, den sie gnugsam achtet, die kirche mit gottis wort zu unterweysen, das wyr demnach eintrechtiglich erwehlet haben zu einem pfarherr alda zu werden, den achtbarn ynd wollgelerten Magistrum Wendel Hyrrich(!), dann der etzliche viel iahr sich bey unß in der universitet enthalten hat, das unß dessen lehr und leben also bekandt ist, das wyr gantz tuglich yhn darzu achten und nicht zweyfeln, er werde der Kirchen also vorstehen, das er zu Gottes ehr und seyner pfarrkinder seeligkeyt gereiche. Bietten derhalben e. ch. f. g. wöll yr diese unsere erwelungk gnediglich gefallen lassen und den Magistrum also von unß zu eynem pfarrer gedachtes kirchspielß annehmen und bestettigen." Die Antwort des Kurfürsten ist unbekannt. Tatsächlich war es dem früheren Pfarrer Glatz gelungen, sich mit der Gemeinde Orlamünde wieder zu versöhnen und das Pfarramt von 1539 bis zu seinem Tode im Jahre 1551 weiterzuführen.

Daß sich Gürrich in Wittenberg auch der bürgerlichen Wertschätzung erfreute, beweist die Beurkundung eines Rechtsgeschäfts, auch wenn Gürrich dabei nur die Zeugenreihe der Wittenberger Elite beschloß. Der Theologe und Pädagoge Johann Agricola aus Eisleben (um 1494—1566), einer der frühesten Mitstreiter Luthers, hatte am 30. März 1538 in Wittenberg ein Haus erworben, worin er nicht nur mit seiner großen Familie wohnen, sondern auch „seiner Schüler warten" konnte. Zeugen des Kaufvertrages waren „die Erwirdigen, Achtbarn, Hochgelarten vnnd Erbarn Hern M. Luther, der kursächsische Altkanzler Dr. G. Brück (um 1485—1557), Dr. jur. Bleikard Sindringen aus Schwäbisch Hall, der in Wittenberg schon am 6. Januar 1519 immatrikuliert, sich als kursächsischer Rat einen Namen gemacht hatte, Mag. Philips Melanchthon, Wolfgang Schieferdecker, kurfürstl. Schlosser in Wittenberg von 1532 bis um 1545, der Magister Ambrosius Berndt (1541) und Magister Wendelinus Girich.

Der Schlußstrich unter die langen Wittenberger Lehr- und Wanderjahre wurde erst durch die Ordination zum Predigtamt am Freiberger Dom am 27. Juli 1539 durch den zuständigen Wittenberger Stadtpfarrer Dr. Johann Bugenhagen gezogen. Mit der Disputation am 7. Juni 1539 hatte Gürrich das akademische „Soll" erfüllt. Für sein geduldiges Ausharren in der Präzeptorentätigkeit, die oft eine recht saure Arbeit gewesen war, wurde er belohnt durch die Berufung in das Amt des ersten evangelischen Mittagspredigers im Dom zu Freiberg, die Bugenhagen so in das Wittenberger Ordinationsbuch eingetragen hat: „Magister Wendelinus Gürrich, vonn Neuwritt Im Marggraffthumb Baden, Aus der Vniuersitet Beruffen gein Freyberg Zum Hilffpredigambt Im Thum." Über Vorverhandlungen Gürrichs mit dem zuständigen Freiberger Stadtrat ist nichts bekannt. Sie sind ebenso vorauszusetzen wie die theologische Prüfung in Wittenberg, auch wenn sie im Falle des wohlbekannten Gürrich nur eine Formsache gewesen sein wird. Das Ordinationszeugnis ist leider, wie die meisten Dokumente dieser Art, verloren. Wie gewöhnlich wird es auch Luthers und Melanchthons Unterschriften aufgewiesen haben. Spätestens im August 1539 wird Gürrich mit seiner Frau, wahrscheinlich einer Wittenbergerin, deren Name bisher nicht ermittelt werden konnte, nach Freiberg übergesiedelt sein, wo er zunächst zur Miete wohnte und als Mittagsprediger im Range des ersten Diakons nach dem Superintendenten ein Einkommen von 60 Gulden bezog.

Der Lebenslauf des Predigers und Magisters Gürrich, der, wie oben nachgewiesen, gelegentlich auch noch in Freiberg unterrichtete, bewegte sich auch dort in aufsteigender Linie. Daß die Reformation in hervorragender Weise eine stadt-bürgerliche Bewegung und ein Kind der Universität gewesen ist, bezeugt exemplarisch der Wandel Gürrichs von der bäuerlich-klerikalen Lebensform zur bürgerlich-geistigen mit akademischem Vorzeichen. Offenbar war sein Leitstern ruhige Bildung in einer ruhelosen Zeit gewesen. Im Vordergrund hat er nicht gestanden, aber in der zweiten Reihe immer seine Pflicht erfüllt. So überrascht es nicht, daß auch der in Freiberg „Zugereiste" schon im Jahre 1541 zum Amtsprediger an der St.-Petri-Kirche aufstieg, die nach dem Dom im Freiberger Kirchenwesen den zweiten Rang einnahm. Das Jahreseinkommen erhöhte sich auf 100 Gulden und erlaubte es ihm, im Domviertel ein Haus zu erwerben und damit die Voraussetzung für die Verleihung des Freiberger Bürgerrechts zu gewinnen, das er 1542 erhielt. Im Freiberger Kriegssondersteuerregister des Jahres 1546 ist „Wendelinus Girrich" mit 100 meissnischen Gulden eingestuft.

Daß der briefliche Kontakt den Freiberger mit Wittenberg, besonders mit Melanchthon, verband, bezeugen Grüße und Briefwünsche Melanchthons, auch wenn Gürrichs Antworten verschollen sind. Schon am 9. September 1539 ließ Melanchthon durch den beiden nahestehenden Dr. Hieronymus Weller „Wendalinus" besonders grüßen und erbat Gürrichs Antwort, die nicht ausgeblieben sein wird. Wenn Melanchthon noch im Jahre 1550 durch Weller dem Superintendenten Zeuner „et meo conterraneo" Grüße übermittelte, so konnte der Landsmann im damaligen Freiberg nur der Badener Gürrich gewesen sein, lobte ihn doch Melanchthon noch in dem erwähnten Brief an die Pforzheimer vom 1. Mai 1559.

Gürrich starb in Freiberg am 18. April 1556, und sein gleichnamiger Sohn Wendelin Gyrrichius der Jüngere kam im Jahre 1559 nicht als Glaubensflüchtling, sondern als Konfessionsverwandter nach Baden und Württemberg.

Dieser Sohn erscheint in der Überlieferung stets als Freiberger und wird in der volks- und gewerbereichsten Stadt des damaligen Sachsen um 1540 geboren sein. Wenn der Vater ihm auch den Vornamen vererbte, so könnte darin ein Zeichen der Anhänglichkeit an die unvergessene süddeutsch-bäuerliche Herkunft zu erkennen sein. Vielleicht hatte der jüngere Wendelin noch einen Bruder Hanş Gierich, der um 1568 als Freiberger Goldschmiede-Lehrling nachweisbar ist. Auch er scheint keine leiblichen Erben hinterlassen zu haben. Der Freiberger Wendelin wird zunächst die angesehene Lateinschule seiner Vaterstadt besucht haben und dort den rührigsten Freiberger Reformationsschriftsteller

Dr. Hieronymus Weller (1499—1572) kennengelernt haben. Anders als der Vater war der gelehrte Beruf dem jüngeren Wendelin gleichsam in die Wiege gelegt worden. Ihm kam besonders zugute, daß der neue Kurfürst Moritz 1543 im nahe gelegenen Meißen die Fürstenschule St. Afra gegründet und darin 7 Freistellen für begabte Freiberger Schüler im Alter von 11 bis 15 Jahren vorgesehen hatte. Die Ausbildung in der noch halbklösterlichen Internatsschule sollte 6 Jahre dauern. Die besonders unter dem bedeutenden und betont christlichen Rektor Georg Fabricius (1516—71) blühende Land- und Fürstenschule hat Gyrrichius der Jüngere allerdings nur vom 13. Juli 1553 bis Ende 1556 besucht. Er wird dort die gründlichen Kenntnisse in der lateinischen und griechischen Prosa und Poesie erworben haben, die Melanchthon zu seiner Empfehlung 1559 rühmen sollte, und die ihn befähigt haben, vor der Zeit Meißen zu verlassen und nach dem Tode seines Vaters 1556 sich schon am 19. Januar 1557 in Wittenberg als „Wendelinus Gerrichius(!) Fribergensis" einschreiben zu lassen. Bemerkenswert bleibt, daß er das Studium auch nach dem Tode des Vaters wagte, und daß er es im Jahre 1559 abbrach, ohne den Abschluß der Magisterwürde erlangt zu haben. Immerhin war sein Wissen so weit ausgebildet, daß er schon mit etwa 20 Jahren an die Übernahme eines Lehramtes an einer bedeutenden Lateinschule außer Landes denken konnte. Er wagte sogar die Heimkehr in „das liebe Vaterland seines Vaters". Es ist nicht sicher, ob er damit einen väterlichen Wunsch erfüllte oder dem Rat Melanchthons gefolgt war, der ihn auf Pforzheim und vielleicht auch auf Tübingen hingewiesen hatte. Entscheidend für die Wahl war die rechte Gottesverehrung auch in Süddeutschland, d. h. die Zugehörigkeit zur Augsburger Konfession. Vielleicht war als Endziel ein Pfarramt in Baden oder in Württemberg vorgesehen, war doch der Lehrberuf auch dort oft die Vorstufe des Pfarramts. Warum der jüngere Wendelin Freiberg verließ, wo er wahrscheinlich einen leichteren Aufstieg gefunden hätte, ist unbekannt. Nicht bekannt ist auch, wie der Abwanderer sich mit etwa vorhandenen andern Erben in Sachsen auseinandergesetzt hat. Da die Markgrafschaft keine evangelischen Klosterschulen eingerichtet hatte, konnte dieser Anwärter auch im evangelischen Württemberg besonders unter dem protestantistischen Musterfürsten Herzog Christoph (1550—68) das „liebe Vaterland seines Vaters" erkennen. Vielleicht wäre ihm bei längerer Lebensdauer ein Pfarramt auch in der unteren Markgrafschaft und ein Besuch in der „Urheimat" Neureut beschieden gewesen.

Lange vor der Abreise hatte ein Mahnbrief Dr. Wellers den Gymnasiasten Wendelinus Gyrrichus den Jüngeren in Meißen am 20. Juli 1554 gleichsam zur Ordnung gerufen. Dieser Brief Wellers ist 1607 in einem von dem Freiberger Rektor Michael Hempel herausgegebenen Buch des Hieronymus Weller erschienen, das folgenden Titel trägt: „Etlicher Märterer, und andere vornehme Historien, mit ihren Lehren, Trostsprüchen, Schriften, Episteln und Geistreichen Sprüchen, So mehrer theils bißhero in Druck nicht kommen: Allen frommen Christen, sonderlich aber für trawrige und betrübte Hertzen und Gewissen, aus dem Latein, jetzo mit allem fleiß, verdeutschet und zusammen gebracht."

Der dort S. 355—358 gedruckte Brief an den jungen Wendelin Gürrich lautet:

„Gnad und Fried in Christo: Mein lieber Wendeline, dein Schreiben an mich, hab ich mit frewden verlesen, und dein danckbares, tugentreiches Gemüth vernommen. Wo ferne du diß Schreiben von dir selbst gemacht, so hastu die Zeit uber, dieweyl du von hinnen zu Meißen gewesen bist, in deinen Studiis fein zugenommen. Gott helfe dir, daß du ferner also, in der Gottseligkeit, und in deinen wol angefangenen Studiis, verfahrest und zunehmst. Ehre und fürchte Gott, ruffe ihn fleissig an, daß Er dich auf allen deinen Wegen, in deinem Stande und beruff bewahre, zu deinem Studieren, Segen und gedeye gebe, daß du der Christenheit, nützlich unnd dienstlich seyest, und deinen lieben Herrn Vater, in seinem Alter erfrewest.

Halt es auch gentzlich und gewiß dafür, du thust Gott einen angenehmen, wolgefelligen Dienst, wenn du dir dein Studieren, und was dir befohlen, mit allem trewen fleiß lessest angelegen seyn.

Eines muß ich dich noch erinnern, daß, wenn du einen Brieff oder Schreiben, an ehrliche gute Leute schreibest und thust, Du wollest zum anfang, diesen Gruß vorher setzen: Gnad und Friede in Christo, oder Friede und Frewde, Trost und Stercke, in Christo, unserem HERRN und Heylande.

Solchen und dergleichen Gruß, sollen wir Christen gebrauchen: Ich weiß wol, daß es jederzeit, vieler gelehrter Leute, gemeiner gebrauch ist, daß sie den Gruß setzen, S. D. Seyd gegrüsset, oder S. P. D. Seyd sehr gegrüsset, weyl Marcus Tullius Cicero, und andere hochgelehrte, fürtreffliche Männer, ihre Schrifften und Brieffe, also anfangen. Das lasse ich in seinen Wirden, und einem jedem seine meynung und wolgefallen. Mir aber, gefellet die weise und Form S. Pauli. Was ferner anlanget, daß ich deine Studia sol helffen befördern, wil ichs an meinem guten Willen, hülffe und förderung, nach vermögen, nicht erwinden noch mangeln lassen, umb deines lieben Herrn Vaters willen, welcher ein recht Gottfürchtiger, frommer und gelehrter Mann ist, der sein Predigtampt mit ernst und trewem fleiß fürstehet, des HERRN Christi Ehre, und seiner Zuhörer Seelen seligkeit, mit gantzem ernst suchet. — Sey dem HERRN Christo befohlen, und bitte Gott ferner fleissig für mich, daß er mich im rechten Bekendtnuß der heylsamen Lehre, gnediglich erhalten, und wenn ich meinen Lauff vollendet habe, mir ein seliges Stündlein und sanfftes Ende, aus diesem, in das ewige Leben, mit gnaden, geben und bescheren wolle. Datum Freybergk, den 20. Julii, im 1554 Jahre. Deinen Herrn Praeceptorem, Georgium Fabricium, wollestu meinet wegen, gar freundlich grüssen, und ihme alles liebes und gutes vermelden."

Der von Weller angeratenen paulinischen Briefanrede begegnet man im wesentlichen nur in Theologenbriefen des 16. Jahrhunderts. Auch Melanchthon hat in seinen lateinischen Briefen in der Regel an der klassischen Grußformel festgehalten. Selbst für die Fürstenschule in Meißen war die salbungsvolle Briefanrede nicht verbindlich. Da kein Brief des jüngeren Wendelinus überliefert ist, auch nicht die Antwort auf den Brief Wellers, bleibt die Frage offen, ob er es mit Weller oder den Meißner Gewohnheiten gehalten hat. Wellers Schweigen über die Mutter des Wendelinus deutet darauf hin, daß sie damals nicht mehr lebte. Melanchthon wird sich 1559 für eine Vollwaise eingesetzt haben.

Der jüngere Gyrrichius dürfte sich im Mai 1559 in Freiberg von dem Mentor Weller für immer verabschiedet haben. Die Nachricht von seinem frühen Tode im fernen Hirsau im Jahre 1561 hat man in Freiberg auch nicht aus den Annales Suevici des Martin Crusius entnommen. Wahrscheinlich wird die Todesnachricht auch Neureut nicht erreicht haben.

Der junge Mann aus Sachsen hatte sich nach seinem Umzug in Württemberg durchsetzen können, wenn auch nicht nach Plan. Aber die evangelische Klosterschule Hirsau war mehr als Ersatz für die Pforzheimer Lateinschule. Er muß sich rasch eingelebt und bewährt haben, sonst hätte ihm nicht Crusius den kurzen, aber herzlichen Nachruf in seinem Annalenwerk gewidmet. Melanchthons Lehrbücher beherrschten auch den Unterricht in Württemberg. Aufgabe des „praeceptor artium" an den württembergischen Klosterschulen lutherischer Observanz war die Unterweisung der 14—15jährigen Schüler in der Dialektik und Rhetorik und im Lateinischen und Griechischen wie auch im lateinischen Chorgesang als Vorbereitung auf das Theologiestudium in Tübingen. Von dem Besitz des Magistertitels hat man wohl im Falle des jüngeren Gyrrichius abgesehen, mit Rücksicht auf seine besondere Ausbildung durch Autoritäten wie Georg Fabricius und Philipp Melanchthon.

Der Brief Wellers an den jungen Gürrich aus dem Jahre 1554 ist nicht nur 1607, sondern auch in den Neuauflagen des Wellerschen Märtyrerbuches 1697, 1700 und 1702 gedruckt worden, wobei die beiden ersteren Auflagen von August Hermann Francke, dem Begründer des Pietismus, besorgt worden sind. Hierbei ist den Herausgebern freilich die Verbindung nach Hirsau und Neureut verborgen geblieben. Erst jetzt war es möglich, diese Brücke zu schlagen.

Das frühe Grab des jungen Gürrich in Hirsau ist vergessen, der Nachlaß verschollen. Die Ruhestätte Gürrichs des Älteren im Chor der Freiberger Petrikirche fiel 1728 einem Brand zum Opfer. Die Eggensteiner Dorfkirche besitzt heute noch den Gedenkstein an den katholischen Pfarrherrn Johann Wester, unter dem Gürrich der Ältere gedient hat, aber keine Erinnerung an den letzten Eggensteiner Frühmesser Wendelinus Gürrich. Sein Geburtsort Neureut hat ihm jetzt, als verdiente Ehrung nach jahrhundertelanger Vergessenheit, das zeitgemäße Denkmal in Form eines Straßennamens gesetzt.

4. Bevölkerung und Gemarkung zwischen Mittelalter und Neuzeit

Es wurde bereits erwähnt, daß die Neureuter Feldflur in Huben eingeteilt war. Dies waren parallel verlaufende Streifen von Ackerland, die sich von Westen nach Osten, von der Rheinniederung bis in den Hardtwald erstreckten. Jede dieser Huben umfaßte ursprünglich 32 Morgen Ackerland und sollte für eine Familie ausreichend Nahrung bieten. Es leuchtet ein, daß diese Idealgröße sich alsbald, vor allem durch den Erbgang, ändern mußte. Hierbei wurden die Huben der Länge nach geteilt, so daß immer schmälere Streifen entstanden. Dies ging so weit, daß es schließlich keine ganze Hube mehr gab, sondern nur noch Hubenviertel oder Teile von solchen. Der Vorgang wird deutlich, wenn wir uns die erste Aufzeichnung über die Neureuter Huben und deren Besitzer ansehen. Sie ist in einem Berain des Klosters Gottesaue zu finden, einer Niederschrift aus dem Jahre 1482. Dort sind auch die Hubenzinse verzeichnet, die das Kloster in Neureut zu beziehen hatte. Da die Hubenzinse, Abgaben in Geld und Naturalien, jeweils für eine Hube festgelegt waren, ist in jenem Berain auch angegeben, welchen Anteil an einer Hube jeder Bauer in Neureut besaß. Wir zählen 1482 neun solcher Hubenbesitzer im Ort. Nur noch eine Hube ist ungeteilt. Sie gehört einem gewissen Moritz, der zusätzlich noch ein Viertel einer Hube besitzt. Der Bauer mit dem kleinsten Besitz wird Contzmans Tochtermann genannt und hat ein Viertel einer Hube. Zwei Gürrich, Jost und Hans, besitzen je eine halbe Hube. Sie sind wohl Brüder, die sich die von den Eltern geerbte Hube geteilt haben. Zählt man die verschiedenen Huben und Bruchteile von solchen zusammen, die die neun Leute innehaben, so kommt man auf knapp 4½ Huben.

Fast zwei Generationen später, im Jahre 1535, wurde ein neuer Berain angelegt, in dem wir wieder die Neureuter Hubenbesitzer finden, die dem Kloster ihren Hubenzins geben mußten. Nun sind es insgesamt 13 Hubenbesitzer, von denen der vermögenste, Martin Gall, eine ganze Hube, zwei Viertel und ein Achtel einer Hube besitzt. An zweiter Stelle steht Jakob Moritz, offenbar ein Nachfahre jenes Moritz, der 1482 genannt wurde, mit einer Hube und zwei Vierteln. Fünf Leute besitzen nur ein Hubenviertel. Insgesamt sind es jetzt 8¾ Huben, was sich wohl so erklärt, daß ursprünglich nicht die ganze Gemarkung in Huben eingeteilt war, sondern auch Eigenbesitz des Klosters vorhanden gewesen sein muß, der möglicherweise inzwischen zu Huben ausgegeben worden war. Im übrigen gab es auf der Gemarkung auch noch die Allmende, gemeinschaftlich genutztes Weideland, wie etwa die Wiesen in der Rheinniederung.

Nachdem das Kloster Gottesaue in der Reformation zu bestehen aufgehört hatte, fiel es an den Markgrafen, der Klostervogt war. Der Besitz, die Einkünfte und Rechte des Klosters gingen nun nicht in der Markgrafschaft auf, sondern wurden weiterhin für sich selbst verwaltet. Diese Aufgabe war dem Durlacher Amtmann übertragen worden, der als Arbeitsgrundlage 1563 einen neuen Berain anfertigen ließ. In diesem Berain wird deutlich, daß solche Aufzeichnungen nicht einseitig aufgenommen werden konnten, sondern die Betroffenen, also die Abgabepflichtigen, zustimmen mußten. Da es schon ältere Beraine des Klosters gab, stellte der von 1563 eine Erneuerung und Fortschreibung jener alten dar. Es wird daher interessant sein, diese Niederschriften miteinander zu vergleichen.

Übereinstimmend berichten die beiden Beraine von 1535 und 1563, daß das Kloster zu Neureut im Unteren Feld, „das anfängt bei der Langen Hecken und geht bis an die Hardt und die Eggensteiner Markung", den großen und kleinen Zehnten bezieht. Der jüngere Berain bringt gegenüber dem älteren noch eine Präzisierung insofern, als der zehnte Teil auf dem Feld zu geben war, da es möglicherweise strittig werden konnte, ob der Zehnte nicht vielleicht zu einem anderen Zeitpunkt, etwa nach dem Dreschen, entrichtet werden sollte. An dieser Einzelheit sehen wir wieder die sich mehr und mehr verstärkende Tendenz, alles möglichst schriftlich festzulegen.

Es folgt nun die Aufzählung der Hubenbesitzer mit der Angabe, daß eine Hube 32 Morgen Acker enthält und von jeder Hube unverändert 4 Schilling Pfennige gereicht werden sollen. 1535 hatten wir 13 Hubenbesitzer gezählt, eine Generation später, im Jahre 1563 sind es 25; hinzu kommen noch 30 Hubenbesitzer aus Eggenstein. Da die Eggensteiner vor allem in der zweiten Hälfte der Aufzählung erscheinen, ist anzunehmen, daß die Aufnahme von Süden nach Norden, in Richtung Eggenstein, erfolgte. Insgesamt haben wir eine beträchtliche Zunahme der Hubenbesitzer, was sich mit der allgemeinen Wahrnehmung deckt, daß im Laufe des 16. Jahrhunderts die Bevölkerung bedeutend zugenommen hat. Dies führte dazu, daß viele Eggensteiner auf Neureuter Gemarkung Anteile an Huben erwarben. Es wird sogar ein Wendel Hertzog aus Grötzingen genannt, der ein Drittel einer Hube bewirtschaftete. Ob er dies von Grötzingen aus tat oder ob er nach Neureut zugezogen war, ist fraglich.

Insgesamt sind nun 82 Hubenviertel aufgezählt, die zusammen 656 Morgen ergeben. Dies sind 20½ Huben, also beträchtlich mehr als 1535, wo nur 8¾ Huben gezählt wurden. Es scheint in Neureut noch braches Ackerland gegeben zu haben, das in Huben aufgeteilt werden konnte. Dies würde dann auch den hohen Anteil der Eggensteiner Ausmärker erklären.

Blicken wir nun auf die Neureuter Bevölkerung, so können wir die Eggensteiner außer Betracht lassen. An erster Stelle der Neureuter stand Flor Heilmann, der 13½ Hubenviertel, also 3⅜ Huben mit 108 Morgen sein eigen nennen konnte. Ihm folgte erst mit weitem Abstand Abraham Kofer mit vier Hubenvierteln. Der Schultheiß Jakob Ruof verfügte lediglich über ein Hubenviertel. Dies mag daran gelegen haben, daß noch weitere Angehörige der Familie Ruof erschienen, die auch 1482 schon vertreten waren. Hier ist der Besitz im Erbgang schon sehr stark aufgeteilt worden. Anders verhielt es sich jedoch mit den Heilmann, die ja auch schon 1482 und 1535 genannt worden waren. Ebenso sind zu den alteingesessenen Familien die Gall zu zählen, da der 1482 genannte Rüffals Gall wohl als deren Vorfahr anzusehen ist, dessen Vorname später den Familiennamen abgab. Die Gall stellten 1535 noch den größten Hubenbesitzer, nun gehörten sie zu den Mittelmäßigen, so besaß z. B. Hans Gall nur ein Hubenviertel. Von solchen Namen, die 1482 schon genannt worden sind, erscheinen 80 Jahre später außer den schon Aufgezählten nur noch die Gürrich. Hans Gürrich, möglicherweise ein Neffe von Wendelin Gürrich d. Ä., besaß ein halbes Hubenviertel. Andere Namen, die 1482 und 1535 genannt wurden und jetzt nicht mehr erscheinen, sind Bechtold, Irmel und Moritz. Die beiden ersteren sind heute noch in Knielingen stark verbreitet.

Wenn wir nun 1482 neun Hubenbesitzer, 1535 13 und 1563 gar 25 Hubenbesitzer in Neureut zählen, so gibt uns dies einen Anhaltspunkt für die Bevölkerungsentwicklung innerhalb dieses Zeitraums von knapp drei Generationen. Die Bevölkerung dürfte sich somit ungefähr verdreifacht haben. Es ist freilich unmöglich, aufgrund dieser Angaben eine absolute Bevölkerungszahl anzugeben, da wir doch annehmen müssen, daß es auch Leute in Neureut gegeben hat, die keinen Anteil an den Huben hatten, wie wohl der Gemeindehirte, die Knechte und die Mägde. Besonders wichtig ist, daß die drei Beraine lediglich die Hubengüter im Unterneureuter Feld, im Gottesauer Teil der Gemarkung, beschreiben, der heute noch nach dem Kloster genannt wird. Über das Oberneureuter Feld, den markgräflichen Teil der Gemarkung, liegen uns aus so früher Zeit keine Beraine mehr vor.

5. Von der Reformation zum Dreißigjährigen Krieg

Die zweite Hälfte des 16. und der Beginn des 17. Jahrhunderts muß für die Hardtdörfer und insbesondere für Neureut eine Zeit des Wohlstandes gewesen sein. Dies ist an verschiedenen Anzeichen zu erkennen. Vor allem daran, daß die Bewohner des Amtes Mühlburg in der Lage waren, verschiedene Lasten abzulösen, die zu tragen sie verpflichtet waren. Daß diese an sich unablösbaren Lasten doch abgelöst werden durften, war ein Entgegenkommen des Landesherrn, des Markgrafen Karl II. Diese Bereitwilligkeit war allerdings bestimmt durch sein Geldbedürfnis, das wohl durch den Bau der Karlsburg in Durlach in jenen Jahren entstanden war. Um einem augenblicklichen Geldmangel abzuhelfen, gab der Markgraf Rechte auf, die er eigentlich an seine Nachfolger hätte überliefern müssen.

Am 19. April 1563 verzichtete Markgraf Karl II. für sich und seine Erben auf die Erhebung des Todfalls oder Hauptrechts von den Bürgern und Einwohnern des Amtes Mühlburg, unter anderem auch von „Newreit", wegen ihrer treuen Fron- und anderen Dienste und gegen eine gewisse Summe Geldes, über die er hiermit quittierte. Er behielt sich jedoch die Leibeigenschaft vor und das, was außerhalb des Hauptrechts und des Todfalls dem Markgrafen nach Recht und Gewohnheit gebührte. Sollte aber jemand aus dem Amt Mühlburg woanders hinziehen, wo man Hauptrecht und Todfall gab, so war der Betreffende wieder dazu verpflichtet.

Der Markgraf verzichtete somit auf ein Recht, das schon in jener Schlichtungsurkunde von 1260 erwähnt wird. Allerdings wurde damals das Hauptrecht dem Kloster zugesprochen, d. h., der Markgraf verzichtete auf ein Recht, das ihm nur als dem Inhaber des Klosters zukam. Das Hauptrecht oder der Todfall, ursprünglich die Abgabe des besten Stücks Vieh beim Tode des leibeigenen Mannes oder des besten Kleids beim Tode der Frau, war schon 1260 als eine auf die Hube bezogene Geldpauschale festgelegt worden. Nunmehr verzichtete der Markgraf darauf, einerseits wegen der Dienste, welche die Hardtdörfer wohl für den Schloßbau in Durlach geleistet hatten, andererseits auch für die nicht genannte Ablösungssumme.

Das Geldbedürfnis von Markgraf Karl II. — mit dem er unter den Fürsten seiner Zeit keineswegs allein stand — war so groß, daß er drei Hardtdörfern, nämlich Eggenstein, Schröck und Neureut gestattete, einige unablösbare Zinse zu kapitalisieren und zwar für eine Summe von insgesamt 300 Gulden. Wiederum handelte es sich um Zinsen, die Neureut ursprünglich dem Kloster Gottesaue schuldig war, nämlich die Hubenzinse. Ein entsprechender Vertrag wurde am 30. Juni 1564 abgeschlossen. Abgelöst wurden damit diejenigen Hubenzinse, die in dem im Vorjahr erstellten Berain der Klosterverwaltung aufgezählt worden waren. Hierbei hatte sich gezeigt, daß diese Zinse in Neureut rund fünf Gulden jährlich betrugen, während der gesamte Zinsertrag der drei Dörfer, der mit den 300 Gulden abgelöst wurde, sich auf rund 10 Gulden belief. Damit kam diese Ablösung für die drei Dörfer doch etwas teurer als im 19. Jahrhundert die Ablösung der Feudallasten, wo in der Regel das 20fache des jährlichen Ertrags als Ablösungssumme verlangt wurde.

Aus diesen Transaktionen ist aber zu ersehen, daß das dafür nötige Geld in den Hardtdörfern vorhanden war, daß sie in jener Zeit über einen gewissen Wohlstand verfügt haben müssen. Ein weiteres Zeichen dafür ist auch, daß sich wohlhabende Leute am Ort befanden. Dazu gehörte ein gewisser Sebastian Seitz von Neureut, der z. B. 1590 zusammen mit Jakob Knobloch dazu in der Lage war, dem Adligen Sebastian von Rüppurr 1200 Gulden auszuleihen, wofür er einen Wald verpfändete. Noch 1621 wird Sebastian Seitz Gläubiger der Nachbargemeinde Eggenstein, der er die immer noch ansehnliche Summe von 400 Gulden leiht. Dies erfolgte nur wenige Monate bevor das Kriegsgeschehen des 30 jährigen Kriegs auch das Oberrheingebiet ergriff und eine Periode kriegerischer Ereignisse eröffnete, die über ein Jahrhundert andauern sollte. Im Laufe dieser Kriegszeiten wurde nicht nur der zuvor blühende Wohlstand zerstört, sondern auch das ganze Land entvölkert und verwüstet.

IV. Das Jahrhundert der europäischen Kriege

1. Dreißigjähriger Krieg

Markgraf Karl II. hatte in seinem Landesteil die Reformation eingeführt und damit innerhalb der beiden konfessionellen Gruppierungen im Reich Partei für die evangelische Seite ergriffen. Karl II. ist es auch gewesen, der seine Residenz von Pforzheim nach Durlach verlegt hat. Er soll beim Bau des Durlacher Schlosses die Bauarbeiter eigenhändig ausbezahlt haben und ist daher als „Karle mit der Tasch'" in Erinnerung geblieben. Auf Karl II. folgte sein Sohn Ernst Friedrich (1577—1604). Unter der Regierung von dessen Bruder Georg Friedrich (1604—1622) zeichneten sich schon die kommenden konfessionellen Auseinandersetzungen im Reich ab, die im Dreißigjährigen Krieg ihren Höhepunkt finden sollten. 1608 gründeten die Protestanten unter der Führung der Kurpfalz die Union, ein Verteidigungsbündnis evangelischer Reichsfürsten, vornehmlich in Süddeutschland, dem auch Markgraf Georg Friedrich beitrat. Im Gegenzug schlossen sich die Katholiken in der Liga, unter Führung des Herzogs Maximilian von Bayern, zusammen. Ihren gerade für Neureut besonders sichtbaren Ausdruck sollten die Spannungen zwischen Evangelischen und Katholiken durch den Bau der Festung Udenheim, dem nachmaligen Philippsburg, finden. Der Bischof von Speyer, Philipp Christoph von Stötern, hatte schon 1615 mit den Arbeiten an der für die Geschichte des Reichs in den folgenden Jahrzehnten so bedeutsamen Festung begonnen. Es sollte ein nach den neuesten Erkenntnissen gestalteter Waffenplatz werden, bei dem nicht mehr die Stärke der Mauern entscheidend war, sondern in einem sternförmigen Grundriß angelegte Erdwälle, die es den Geschützen der Verteidiger erlaubten, ihre Flanken zu bestreichen, ohne einen toten Winkel freizulassen. Kurfürst Friedrich V. von der Pfalz und mit ihm Markgraf Georg Friedrich von Baden und der Herzog von Württemberg mußten sich durch diesen Festungsbau bedroht fühlen. Sie rückten im Juni 1618 mit einem Aufgebot ihrer Untertanen vor die noch im Bau befindliche Festung und machten, ohne militärische Gewalt anzuwenden, in achttägiger Arbeit die Festungswerke dem Erdboden gleich.

Selbstverständlich stand diese Maßnahme, die für den Oberrhein eigentlich den Beginn des Dreißigjährigen Kriegs markiert, im Zusammenhang mit anderen Ereignissen. In Böhmen hatten sich die Landstände gegen die Verletzung ihrer vom Kaiser zugesicherten Privilegien, unter anderem der Religionsfreiheit, gewandt. Der Prager Fenstersturz, dem die beiden kaiserlichen Statthalter zum Opfer fielen, wenngleich sie auch mit dem Leben davonkamen, war das Zeichen der Empörung der Böhmen. Sie wählten 1619 den Kurfürsten von der Pfalz zum böhmischen König. Gegen ihn mußte sich Kaiser Ferdinand II., dessen Vorgänger ja gleichzeitig Könige von Böhmen gewesen waren, wenden. In der Schlacht am Weißen Berge 1620 wurde Friedrich V. von der Pfalz, der „Winterkönig", geschlagen. Die protestantische Union löste sich auf. Nur einige wenige Fürsten, darunter auch Markgraf Georg Friedrich von Baden-Durlach, setzten den Kampf fort. Der kaiserliche General Tilly machte sich nun daran, die Pfalz zu besetzen. Ihm stellte sich Markgraf Georg Friedrich entgegen. Er sammelte ein Heer, mit dem er am 25. April 1622 von Knielingen aufbrach und, zusammen mit Graf Ernst von Mansfeld bei Mingolsheim, den Feind schlug. Nachdem er sich aber von Mansfeld getrennt hatte, wurde er am 6. Mai bei Wimpfen von Tilly vernichtend geschlagen. Der Markgraf, der schon vorher die Regierung seinem Sohne überlassen hatte, floh zunächst nach Stuttgart, dann nach Durlach und ging schließlich nach Straßburg ins Exil.

Als Markgraf Georg Friedrich zum Kampfe mit Tilly ausrückte, überließ er die Verteidigung der Markgrafschaft dem Landesaufgebot, d. h. den wehrpflichtigen Landeskindern. Diese zerstreuten sich, als die Nachricht von Wimpfen eintraf. Ein Zeugnis für diesen Vorgang ist ein 1957 in Neureut gefundener Münzschatz. Die dort entdeckten rund 400 Silbermünzen stellten nämlich die Kasse eines der Landregimenter dar, die vornehmlich mit frisch geprägtem Geld bestückt war. Wir können somit annehmen, daß Neureut der Standort eines Regiments von Landesverteidigern war, das sich nach der Schreckensbotschaft von Wimpfen auflöste. Der Münzfund ist für uns umso wertvoller, als wir gerade für die Zeit des Dreißigjährigen Krieges nur wenige Nachrichten über Neureut haben und uns weitgehend mit allgemeinen Angaben über die Geschichte der Markgrafschaft Baden-Durlach begnügen müssen, von der wir auf die Schicksale Neureuts zurückschließen können.

Silbermünzen aus dem Dreißigjährigen Krieg kamen 1957 bei Grabarbeiten in Neureut ans Tageslicht.

Mit der Schlacht von Wimpfen hatte sich am Oberrhein das Blatt gewendet. Zuvor hatten die Truppen des Mansfelders das Gebiet des Bischofs von Speyer verheert, der selbst hinter den Wällen seiner notdürftig wieder errichteten Festung sicher war. Die Markgrafschaft Baden-Durlach stand nun — wie die Kurpfalz, deren Landesfürst ebenfalls geflohen war — den Truppen Tillys offen. Dies war umso bedrohlicher, als die damalige Kriegführung darauf beruhte, daß sich die Truppen aus dem Lande ernährten und auch mit Kontrtributionen besoldet wurden, die den Bewohnern abgepreßt wurden.

Der Krieg hätte mit der Niederlage des Kurfürsten beendet sein können, wenn nicht schon auswärtige Mächte wie Spanien, Frankreich, Holland, Dänemark und später Schweden beteiligt gewesen wären. Das Kriegsgeschehen verlagerte sich zunächst nach Norddeutschland. Aber auch für die süddeutschen evangelischen Reichsstände wurde das vom Kaiser 1629 erlassene Restitutionsedikt bedeutsam, das den Religionsfrieden von 1555 außer Kraft setzte und die Rückführung der geistlichen Besitzungen zum katholischen Glauben anordnete. Damit waren auch die ehemals reformierten Klöster und ihre Besitzungen gemeint. Da Markgraf Friedrich V., der Sohn Georg Friedrichs, ebenfalls ins Ausland geflüchtet war und die Markgrafschaft sich somit in der Hand des Kaisers befand, konnte auch hier das Restitutionsedikt durchgesetzt werden. Das Kloster Gottesaue wurde daher wieder von Mönchen besiedelt, die aus Ochsenhausen kamen. Sie schickten nach Eggenstein einen katholischen Priester, der die Pfarrangehörigen wieder dem katholischen Glauben zuführen sollte.

Die Lage änderte sich abermals, als König Gustav Adolf 1630 selbst in Deutschland eingriff, 1631 Tilly bei Leipzig schlug und nach Süddeutschland vorrückte. Die Gegner des Bischofs begannen sogleich mit der Belagerung der Festung Philippsburg, die sich Anfang 1634 ergeben mußte. Obwohl Markgraf Friedrich V. in sein Land zurückgekehrt war, ist dennoch anzunehmen, daß die Bewohner der Unteren Hardt unter der Belagerung von Philippsburg zu leiden hatten.

Nachdem die Schweden im Sommer 1634 bei Nördlingen eine vernichtende Niederlage erlitten, stand Süddeutschland wieder den Kaiserlichen offen. Die Schweden übergaben Philippsburg deswegen an die mit ihnen verbündeten Franzosen. Mit einem kühnen Handstreich nahm jedoch der frühere kaiserliche Kommandant Bamberger die Festung im Januar 1635 den Franzosen wieder ab. In der Folgezeit ernährte sich die Festung aus dem Umland, was selbst in dem katholischen Hochstift Speyer als Bedrückung empfunden wurde, so daß es zu Klagen beim Kaiser kam. Es läßt sich hieran ermessen, daß die angrenzenden badischen Gebiete nicht weniger gelitten haben müssen. Einen Eindruck davon, wie unsicher die Zeiten waren, gibt uns ein Tagebucheintrag des Abts Benedikt von Gottesaue, der unter dem 17. Februar 1636 schreibt, daß alle Bauern mit ihren Kühen und Pferden nach Durlach geflohen seien, weil drei Reiterabteilungen nach Knielingen, Eggenstein und Neureut gekommen wären. Es ist keine Rede davon, welcher Seite diese Reiter angehört haben. Der Abt war nur froh, daß sie nicht auch das Kloster heimgesucht hatten. Inzwischen gab es keinen Unterschied zwischen Freund und Feind mehr, da beide Teile in gleicher Weise das Land aussogen.

1644 gewannen die Franzosen Philippsburg wieder zurück und behielten die Festung auch über das Ende des Krieges hinaus. Der Westfälische Friede von 1648, der den Dreißigjährigen Krieg beendete, bestimmte nämlich, daß Frankreich ein immerwährendes Besatzungsrecht in Philippsburg zustehen sollte. Die Orte im Bannkreis der Festung waren daher auch noch über den Friedensschluß hinaus zu Kontributionen gezwungen, denn noch 1649 wurden die Ämter Mühlburg und Graben dazu herangezogen.

Markgraf Friedrich V. hatte nach der Nördlinger Schlacht wieder weichen müssen und Markgraf Wilhelm von Baden-Baden hatte den baden-durlachischen Landesteil in Besitz genommen. 1638 starb Markgraf Georg Friedrich in Straßburg. Sein Sohn wurde durch den Westfälischen Frieden wieder in seine alten Rechte eingesetzt. Die Mönche mußten aus Gottesaue wieder weichen, da die alten Verhältnisse nach dem „Normaljahr" 1624 wieder hergestellt wurden. Normale Zustände sollten freilich noch lange nicht eintreten. Die Bevölkerung am Oberrhein hatte furchtbar gelitten: Krieg, Hungersnot und Seuchen hatten so viele dahingerafft, daß in Baden-Durlach etwa nur noch ein Viertel der Vorkriegsbevölkerung vorhanden war. Bis zur Mitte des 18. Jahrhunderts dauerte es deshalb, bis die Bevölkerungsziffer wieder denselben Stand wie vor dem Dreißigjährigen Krieg erreicht hatte.

2. Die Kriege Ludwigs XIV.

Nach dem Dreißigjährigen Krieg war dem Land am Oberrhein freilich noch lange kein dauernder Friede beschieden, da der Ausgang des Krieges die Machtverhältnisse in Europa zugunsten Frankreichs verschoben hatte. Außer dem Besatzungsrecht in Philippsburg war Frankreich auch noch Breisach zugesprochen worden. Diese Vorposten rechts des Rheins gedachte König Ludwig XIV. von Frankreich (1643—1715) im Kampfe gegen die Habsburger, vor allem um das habsburgische Erbe in Spanien, zu nutzen. In der auf den Dreißigjährigen Krieg folgenden Reihe von europäischen Kriegen war das Oberrheingebiet daher immer wieder der Schauplatz feindlicher Auseinandersetzungen. Es versteht sich daher, daß die Hardtgemeinden im Vorfeld von Philippsburg ganz besonders unter diesen kriegerischen Verwicklungen zu leiden hatten.

Auch im Holländischen Krieg (1672—1678), den Ludwig XIV. begonnen hatte, um seinen Herrschaftsraum im Norden auf Kosten der Niederlande zu erweitern, war der Oberrhein Kriegsschauplatz. Wir hören von Lieferungen der Dörfer des Amtes Mühlburg für die „fremden Völker", von Musterungen des Ausschusses, d. h. der wehrfähigen Bevölkerung. Die französische Besatzung von Philippsburg zerstörte 1675 die Burgen Graben und Kislau. Auch Bruchsal wurde 1676 teilweise eingeäschert. Es waren dies Maßnahmen zur Verwüstung des Vorfeldes von Philippsburg, mit dessen Belagerung die kaiserliche Armee im Mai 1676 begonnen hatte. Die Festung fiel im September. Anstelle von Philippsburg wurde Frankreich im Frieden von Nymwegen, der Anfang 1679 den Holländischen Krieg beendete, das Besatzungsrecht in Freiburg im Breisgau zuerkannt. Die Dörfer der Hardtämter, soweit sie nicht durch die Franzosen beschädigt worden waren, hatten in diesem Krieg auch noch Fronen für die kaiserliche Armee zu leisten. Auch nach dem Friedensschluß lag noch im Mai 1679 Einquartierung in Knielingen und Neureut.

In der Folgezeit hatte Ludwig XIV. freie Hand, sich in den Besitz der Reichsgebiete westlich des Rheins, des Elsaß und Straßburgs, zu setzen, da die

Reichsarmee im Osten mit der Abwehr der Türken befaßt war. Der Pfälzische Krieg (1688—1697) führte wieder fremde Soldaten ins Land. Philippsburg wurde gleich zu Beginn des Krieges 1688 wieder von den Franzosen eingenommen, wodurch der Weg zur Verwüstung der Pfalz frei wurde. Erst 1693 gelang es dem Markgrafen Ludwig Wilhelm von Baden-Baden, dem Türkenlouis, der nun auch im Westen den Oberbefehl übernommen hatte, die Franzosen wieder zurückzudrängen. Das jahrelange hin- und herwogende Kriegsgeschehen, das die Franzosen sogar noch in die Gegenden östlich des Neckars führte, muß den gänzlichen Ruin der Hardtgemeinden bewirkt haben, da sie ständig den Übergriffen der französischen Besatzung von Philippsburg ausgesetzt waren. Die Einwohner von Neureut konnten daher — wie später berichtet wird — nicht mehr im Ort bleiben; sie flohen vermutlich nach Mühlburg und Durlach. Viele starben an Unterernährung und Krankheiten. Das Dorf wurde nicht nur geplündert, sondern auch zerstört. Seit 1675 gab es deshalb keinen Pfarrer mehr in Neureut; sicher waren Kirche und Pfarrhaus ebenfalls dem Krieg zum Opfer gefallen. Erst 1697 wurde der Krieg durch den Frieden von Rijswijk beendet, der den Rhein als Grenze Frankreichs festlegte und die Festung Philippsburg wieder dem Reich zurückgab.

Auch der Spanische Erbfolgekrieg (1701—1714) spielte sich wieder teilweise am Oberrhein ab. Er war veranlaßt durch das Aussterben der spanischen Dynastie der Habsburger, auf deren Erbe sowohl Ludwig XIV. als auch Kaiser Leopold I. Ansprüche erhoben. Schon 1700 waren im Amt Mühlburg die Untertanen gemustert worden. Ende 1703 kam es am Rhein zu Scharmützeln zwischen den Franzosen und den hier postierten kaiserlichen Truppen. 1704 lagerten fremde Truppen in der Gegend von Mühlburg, unter anderem auch in Neureut. 1705 lagen Truppen im Winterquartier im Amt.

In diesem Jahr rissen die Durchmärsche, vor allem von deutschen Truppen, kaum mehr ab, wobei die Bevölkerung zwar weniger durch Gewalttaten als vielmehr durch ständige Leistungen von Frondiensten und Lieferungen von Naturalien behelligt wurde. Die 1711, 1713 und 1714 aufgestellten Listen der Kriegsverluste führen daher vornehmlich die während des Krieges geleisteten Naturalabgaben auf. Die Friedensschlüsse von Utrecht 1713 und Rastatt 1714 beendeten dann nicht nur den Spanischen Erbfolgekrieg, sondern eine jahrzehntelange Periode kriegerischer Ereignisse am Oberrhein, die das bereits im Dreißigjährigen Krieg so schwer getroffene Land immer noch nicht hatten zur Ruhe kommen lassen.

3. Polnischer und Österreichischer Erbfolgekrieg

Knapp zwei Jahrzehnte nach dem Frieden von Rastatt brach ein neuer europäischer Krieg aus, der sich ebenfalls wieder teilweise am Oberrhein abspielte. Der Polnische Erbfolgekrieg (1733—1735) ließ erneut den Kampf um Philippsburg entbrennen. Im Sommer 1734 nahmen die Franzosen unter den Augen einer Entsatzarmee unter dem Oberbefehl des Prinzen Eugen die Festung ein. Im Frieden zu Wien fiel Philippsburg wieder an das Reich.

Schon wenige Jahre später begann ein weiterer Krieg. Dieses Mal ging es um die Thronfolge der Kaiserin Maria Theresia in den habsburgischen Ländern. Dieser Österreichische Erbfolgekrieg (1740—1748) brachte dem Land am Oberrhein, ähnlich wie der Spanische, wiederum eine Reihe von Truppendurchmärschen. Im Sommer 1743 zogen ungarische Truppen durchs Land, die zwar nicht als feindliches Heer anzusehen waren, aber dennoch der Bevölkerung einige Beschwerden verursachten. Die Welschneureuter hatten im Juli und August Vorspann zu leisten. Ein durchziehendes Husarenkommando ließ sich Verpflegung für Mann und Pferd geben. Der befehlhabende Korporal gab wenigstens für das Pferdefutter eine Quittung — von Bezahlung aber war keine Rede. Daß ein Truppendurchzug auch Flurschaden anrichtete, versteht sich von selbst. Auch von Teutschneureut hatte man Pferdefutter in das Lager des Baranyaischen Husarenregiments und an das Regiment Esterházy in Eggenstein zu liefern, durchziehende und übernachtende Soldaten zu verpflegen und Vorspann zu leisten.

Ende August/Anfang September 1744 zogen zwei französische Korps rheinabwärts, die kurze Zeit ein Lager bei Staffort bezogen. Auch bei dieser Gelegenheit waren beträchtliche Futterlieferungen zu erbringen, für die nicht quittiert wurde, so daß die Bürger eidesstattliche Erklärungen über den erlittenen Schaden abgeben mußten. Für entwendetes Geflügel und Obst gab es erst recht keine Quittungen; die Fuhrwerke, die Vorspann nach Rastatt, Straßburg und gar ins Oberland zu leisten hatten, blieben tagelang aus, so daß sich die markgräfliche Regierung schließlich doch zu einem Nachlaß bei den Abgaben bewegen ließ, um die Untertanen für den erlittenen Schaden wenigstens ein bißchen zu entschädigen.

1746 fand ein weiterer Durchmarsch ungarischer Husaren statt, die aus dem Breisgau kamen. Auch hier wurden die Dorfbewohner in Mitleidenschaft gezogen, da Neureut ja an der längs des Rheins laufenden Landstraße lag.

Mit dem Ende des Österreichischen Erbfolgekriegs begann nun eine fast ein halbes Jahrhundert andauernde Periode des Friedens. Erst jetzt konnte das seit Jahrzehnten von Kriegen heimgesuchte Land eine friedliche Entwicklung nehmen, bis die Kriege im Gefolge der Französischen Revolution neue Unruhe und größere Umwälzungen brachten.

V. Die Gründung von Welschneureut

1. Der Ursprung der „Welschen"

In der kurzen Atempause zwischen Pfälzischem und Spanischem Erbfolge-krieg wurden in Neureut fremdländische Flüchtlinge angesiedelt, die — wie ehemals Neureut bei seiner Gründung von der Muttersiedlung Eggenstein — nun einen Teil der Neureuter Gemarkung zugeteilt bekamen. Die neu ent-stehende Siedlung der Flüchtlinge erhielt den Namen Welschneureut, während das seitherige Dorf im Unterschied dazu fortan Teutschneureut genannt wurde. Von jetzt an haben wir es bis zur Vereinigung 1935 mit zwei verschiedenen Ge-meinden auf der alten Neureuter Gemarkung zu tun.

Wo kamen diese Flüchtlinge her? Man nannte sie „Welsche", da sie zumeist aus den südfranzösischen Provinzen stammten. Der Grund, weshalb sie gerade in der kleinen und so weit entfernten Markgrafschaft Baden-Durlach eine neue Heimat fanden, war ihr Glaube. Freilich hingen sie nicht wie die Baden-Durlacher dem lutherischen, sondern dem reformierten Bekenntnis an. Sie hatten also auch keine kirchliche Gemeinschaft mit ihren Neureuter Gast-gebern. Zwar waren sie nicht allein; in dem ebenfalls neugegründeten Fried-richstal, in Auerbach und Langensteinbach wurden ebensolche Glaubens-flüchtlinge angesiedelt, noch mehr im benachbarten Württemberg und in Hessen. Sie bildeten daher eine eigene Kirche, so daß man es also erstmals seit der Reformation unternahm, solchen Leuten, die nicht zur lutherischen Kirche zählten, die Niederlassung in größerer Anzahl zu gestatten. Die Entvölkerung der Markgrafschaft in vorausgegangenen Kriegszeiten war nur ein Grund für die Ansiedlung der Welschen. Ein anderer war, daß sich die evangelischen Mächte Europas für diese Flüchtlinge einsetzten.

Die Nachkommen jener Glaubensflüchtlinge verstehen sich heute als Nach-fahren der Waldenser. Diese haben ihren Namen von dem Lyoner Kaufmann Waldus, der im Jahre 1176, tief beeindruckt von der Legende des hl. Alexius und der Geschichte vom reichen Jüngling im Evangelium (Matthäus 19, 16—26), Geld und Habe verschenkte, das Gelübde der Armut ablegte und Wander-prediger wurde. Diese Bewegung der apostolischen Armut, verbunden mit dem Studium der Bibel in der Volkssprache, breitete sich rasch aus, konnte sich aber vor den Verfolgungen der Inquisition nur noch in den cottischen Alpen zwischen Turin und dem Rhonetal bis zur Reformationszeit halten. Durch die Begegnung mit dem aus Gap im Dauphiné stammenden Wilhelm Farel wurden die Waldenser für die Reformation gewonnen, freilich für den reformierten Lehrtypus, der sich vom lutherischen, insbesondere in der Abendmahlslehre unterschied. Jetzt wurde aber auch aus der waldensischen Laienbewegung eine Kirche mit ortsansässigen Pfarrern.

Das Siedlungsgebiet der nunmehr reformierten Waldenser in den cottischen Alpen war zugleich das Grenzgebiet zwischen Savoyen und Frankreich, wo die

Grenzziehung mehrfach wechselte. Die Waldenser wurden zeitweise geduldet oder verfolgt. Die piemontesischen Waldenser in Savoyen wurden seit 1561 offiziell geduldet, diejenigen auf der französischen Seite seit dem Edikt von Nantes 1598. Doch nachdem Ludwig XIV. 1661 die Regierung angetreten hatte, wurden die französischen Waldenser zunehmenden Verfolgungen ausgesetzt, die schließlich in der Widerrufung des Edikts von Nantes im Jahre 1685 gipfelten. Diesem Schritt folgte 1686 Herzog Viktor Amadeus II. von Savoyen. Nach blutigen Kämpfen gelang schließlich 1686/87 einer kleineren Anzahl der Waldenser die Auswanderung in die Schweiz, von wo sie nach Brandenburg, Württemberg und der Pfalz weitergeleitet wurden. Die in der Pfalz Aufgenommenen flohen im Pfälzischen Erbfolgekrieg wieder in die Schweiz zurück. Mehrfach wurden nun Versuche unternommen, in die Heimat zurückzukehren. Der dritte von Pfarrer Henri Arnaud geleitete Versuch, die „Glorieuse Rentrée", gelang 1689. Die Zurückgekehrten kämpften tapfer gegen die Franzosen, bis schließlich der Herzog von Savoyen sich auf ihre Seite schlug, da er gerade gegen Frankreich Krieg führte. Im Friedensschluß 1698 versprach der Herzog jedoch die Ausweisung der Waldenser aus seinem Land und Henri Arnaud eilte voraus, um in der Schweiz für Aufnahme zu sorgen.

Da wir über die Herkunftsorte der in Neureut angesiedelten Flüchtlinge z.T. recht genau informiert sind — wie aus der weiter unten abgedruckten Liste der Siedler hervorgeht — wissen wir, daß sie freilich keine Waldenser im strengen Sinne waren. So weit sich erkennen läßt, kamen sie nicht aus dem Waldensergebiet der cottischen Alpen, sondern aus den südfranzösischen Provinzen Dauphiné, Languedoc, Provence, Guyenne und Gascogne. Die meisten von ihnen waren nach ihren eigenen Angaben gleich bei der Widerrufung des Edikts von Nantes 1685 in die Schweiz geflüchtet, andere hatten Frankreich auch zu einem späteren Zeitpunkt verlassen. Es wurden also in Neureut Hugenotten angesiedelt, französische Protestanten. Es war ihnen nicht möglich gewesen, sich ins damals savoyische Waldensergebiet zu flüchten, da der Herzog von Savoyen alle fremden, also auch die französischen Protestanten schon 1685 aus seinem Gebiet auswies. Sie hatten nur die Möglichkeit, in die Schweiz zu gehen, von wo sie dann 1699 mit den Waldensern weitergeschickt wurden, weil die Schweiz mit Flüchtlingen überfüllt war.

Für die meisten der in Neureut angesiedelten Hugenotten war also die Schweiz eine mehrjährige Zwischenstation gewesen, die sie wieder verlassen mußten, als 1698 neue Flüchtlingsströme ins Land kamen. Als bekannt wurde, daß die deutschen Fürsten, namentlich in den zuvor vom Krieg entvölkerten Gebieten, die Flüchtlinge aufnehmen wollten, schlossen sich den Waldensern nicht nur die Hugenotten, sondern auch Schweizer an. Es handelte sich also nicht um eine landsmannschaftlich geschlossene Gruppe, das einigende Band war vielmehr das reformierte Bekenntnis und das gemeinsame Schicksal. Von daher ist es auch berechtigt, wenn sich die Nachkommen der Welschneureuter Ansiedler als Waldenser fühlen, da die Gemeinde doch über ein Jahrhundert lang zur Synode der Gemeinden reformierten Bekenntnisses in Württemberg und

Baden gehörte. Man wußte übrigens in Baden-Durlach, daß es keine Waldenser waren, die man aufnahm. Am 18. September 1699 hatte der holländische Gesandte Valkenier an den Markgrafen geschrieben, daß die Flüchtlinge, die sich in seinem Land niederlassen wollten, keine Waldenser seien. Vielmehr handle es sich um aus der Schweiz kommende französische Flüchtlinge, denen übrigens auch ein Anteil an den Kollektengeldern zustehe, die man allenthalben für die Waldenser sammelte. Das protestantische Europa blickte damals mit großer Anteilnahme auf die vertriebenen Waldenser. Es ehrt daher den Markgrafen, daß er sich auch der französischen Flüchtlinge annahm und ihnen in seinem Land, in Neureut, eine neue Heimstatt gab.

2. Die Aufnahme der Flüchtlinge in Baden-Durlach

König Wilhelm III. von England aus dem Hause Oranien, der mächtigste evangelische Fürst Europas, war den Flüchtlingen bei der Suche nach Aufnahmeplätzen behilflich. Unter anderem wandte er sich auch an Markgraf Friedrich VII. Magnus von Baden-Durlach, dem er am 15. November 1698 schrieb, es sei ihm wohl das Unglück der aus Frankreich verjagten Protestanten nicht verborgen geblieben und man müsse ihnen Hilfe und Zuflucht bieten. Schon am 18. September hatte der holländische Gesandte Valkenier in Stuttgart an den Markgrafen wegen der Flüchtlinge geschrieben, die sich in der Markgrafschaft niederlassen wollten. Auch die holländischen Generalstaaten verwandten sich in einem direkten Brief an den Markgrafen für die 3000 Flüchtlinge, die in die Schweiz gekommen waren. Da Holland schon von französischen Flüchtlingen überfüllt war, sollen sich alle protestantischen Fürsten und Staaten die Lage der in der Schweiz befindlichen Flüchtlinge zu Herzen nehmen. Markgraf Friedrich Magnus wurde daher auch um Hilfe angegangen und gebeten, sich bei anderen Fürsten ebenfalls für die Flüchtlinge zu verwenden. Eine Antwort auf das Schreiben des Königs erfolgte erst am 24. April 1701. Man konnte jetzt aber mitteilen, daß man den Flüchtlingen bereits Ländereien angewiesen habe. Auf diese Nachricht hin dankte der König dem Markgrafen für seine Großzügigkeit und meinte, daß die in Baden aufgenommenen Flüchtlinge es wohl am besten getroffen hätten. Im übrigen wäre er sicher, daß dem Markgrafen für seine Großmut himmlischer Lohn zuteil werde.

Die Flüchtlinge waren z.T. schon im Frühjahr, einige erst im Oktober, die meisten jedoch Ende August aus der Schweiz abgereist. Der Großteil der später in Neureut Angesiedelten hatte sich in Yverdon im Waadtland aufgehalten, viele schon seit 1685. Noch vor ihrer Ankunft in Baden wurden schon Vorbereitungen zu ihrer Unterbringung getroffen, und demnach war der Plan, sie in Neureut anzusiedeln, schon recht früh gefaßt worden. Der Mühlburger Amtmann Becht hatte den Auftrag erhalten, in Neureut diejenigen Güter ausfindig zu machen, die man den Flüchtlingen geben konnte. Er berichtete am 4. August, daß eben dies in Neureut, dessen Gemarkung — im Gegensatz zu der von Knielingen und Mühlburg — fast völlig öde liege, unmöglich sei. Man müsse für diesen Zweck erst eine Neuvermessung und Aufzeichnung der Güter, d. h. die Neuanlegung des Berains abwarten.

Es muß sich wohl um die am 30. August in der Schweiz abgereiste Gruppe gehandelt haben, die Mitte September von Basel aus, auf dem Rhein kommend, in Knielingen landete und zunächst dort und in Mühlburg untergebracht wurde. Ein Oberst v. Gagern, der in Mühlburg wohnte, nahm sich ihrer besonders an. In seinem Haus feierten sie am 17. September 1699 ihren ersten Gottesdienst. Am Tag zuvor hatte der Markgraf, auf Veranlassung des Obersten, seinen Jägermeister v. Hallweyl angewiesen, den Leuten Holz auszugeben.

Alsbald ging man daran, die für die Ansiedlung ins Auge gefaßte Neureuter Gemarkung zu besichtigen. Hiervon wissen wir durch eine Eingabe von Schultheiß und Gemeinde zu Neureut an den Markgrafen vom 30. 9. 1699, was uns zugleich einen Eindruck darüber vermittelt, mit welchen Gefühlen die Neureuter dem ihrer Gemeinde bevorstehenden Zuwachs entgegensahen. Sie berichteten, daß am vergangenen Mittwoch der Oberst v. Gagern mit den Waldensern da gewesen sei. Sie hätten ihnen leerstehende Hausplätze angeboten, die sie aber nicht nehmen wollten, weil davon Bodenzins gezahlt werden müßte. Immerhin hätten sie sich bereit erklärt, die Felder zu bebauen, von denen Gült gereicht wird. Im übrigen, so klagten die Neureuter, versuchten die Waldenser, sich auf unerlaubte Weise zu ernähren, „indeme sie uns an dem im Feld gestandenen Welschkorn, Bohnen, Rüben, Kürbsen und anderem, nicht nur allein mit heimbtragen schädigen", sondern auch noch ihre Pferde darauf herumlaufen ließen. Die Neureuter beklagten sich, daß sie selber in diesen Kriegszeiten um Haus, Scheuern, Vieh und Mobilien gekommen seien und offenbar auch noch durch diese Leute um das Ihrige kommen sollten. Sie baten deshalb, von ihnen befreit zu werden, falls sie ihre Nahrung von ihnen holen wollten.

Daraufhin besichtigte eine markgräfliche Kommission Neureut am 5. Oktober 1699. Die Bewohner behaupteten anfangs zwar, daß es kein unbebautes Land gäbe, zeigten aber dann doch das öde Feld und die leeren Hofstätten. Es habe aber viel Jugend im Ort, berichtete die Kommission, so daß man annehmen müsse, daß der Ort in ein paar Jahren ebenso dastehen werde, wie vor dem Krieg. Wegen der Sprache und der Religion wäre es auch nicht rätlich, die Füchtlinge mit den Neureutern zu vermischen oder ihnen die Kirche zu übergeben, die zur Zeit der Pfarrer von Eggenstein bediente. Die Welschen seien deshalb gesondert anzusiedeln und ein Drittel des freien Landes sei ihnen anzuweisen. Hierdurch würde — das war die Meinung der Kommission — ein neues Dorf entstehen, wodurch sich auch die Einkünfte der Markgrafen mehren dürften. Im übrigen befänden sich unter den Refugianten auch Leute, die in der Lage seien, Manufakturen einzurichten. Auch aus diesem Grunde war es verlockend, die Flüchtlinge anzusiedeln, da man von ihnen hoffen konnte, daß sie neue Gewerbe und Fertigungsmethoden ins Land bringen würden. Eine Hoffnung, die sich in Neureut jedoch nicht erfüllte.

Die Zuweisung von Hausplätzen machte freilich keine raschen Fortschritte, zumal der Schultheiß in Verhandlungen mit dem Amtmann darauf hinwies, daß man die freien Hofstätten, deren es etwa 70 gab, nicht ohne weiteres hergeben könne, da man auch an die heranwachsende Jugend denken müsse. Überdies hätten auch auswärtige Erben Anspruch darauf. Weniger schwierig schien die Anweisung von Ackerland zu sein. Man hatte einen Sachverständigen nach Neureut geschickt, der berichtete, daß die Güter im Ort zuvor in 47 Huben zu je 43 Morgen Acker und fünf Morgen Wiesen eingeteilt waren. Im letzten Krieg waren die Armeen beständig bei Neureut und Umgebung zum Stehen gekommen, und es hatte niemand zu Hause bleiben können. Die meisten Einwohner waren gestorben, so daß nur noch einige übrig waren, die jetzt die besten Güter an sich gezogen hatten. Mit dem was frei ist, könnten 30 Familien versorgt werden. An Wiesen war freilich nichts vorhanden als ein Stück Allmend von 50 Morgen. Was die Abgaben beträfe, so lautete ein Gutachten des Geheimen Hofrats, sollte man vorerst nur den Zehnten erheben, während die dem Pfarrer für seinen Unterhalt zuzuteilende Portion zehntfrei sein sollte. Die Hubengült könne man dann später erheben. Am Schluß des Gutachtens wird noch bemerkt, daß die Refugianten größere Geldmittel ins Land brächten. Dies mußte natürlich dem durch die Kriege verarmten Land ebenfalls ein Beweggrund sein, die Flüchtlinge aufzunehmen.

3. Der markgräfliche Freiheitsbrief

Rechtsgrundlage für die Ansiedlung der Refugianten in Neureut war ein Privileg, ein Freiheitsbrief, in dem Rechte und Pflichten der Kolonisten festgelegt waren, ausgestellt von Markgraf Friedrich Magnus. Dieser Freiheitsbrief wurde noch vor der eigentlichen Ansiedlung, am 10. Dezember 1699, in der Durlacher Karlsburg ausgestellt. Die anderen Refugiantenansiedlungen, die um diese Zeit im Land entstanden, in Friedrichstal, Auerbach und Langensteinbach, erhielten dasselbe Privileg. In Neureut existiert eine Ausfertigung des Freiheitsbriefes nicht mehr. Der Text ist aber — stets in der Friedrichstaler Fassung — durch mehrere Abschriften im Generallandesarchiv bekannt. Eine Notiz auf einer solchen Abschrift besagt: „Diese obige Freyheiten sind auch einigen vertriebenen Vaudois, welche aus der Schweitz angekommen und sich zu Neureut setzen wollten, mutatis mutandis gegönnet und auff selbige Leute extendieret worden sub dato Carlsburg den 10. Decembris anno 1699." Der Freiheitsbrief, wie er uns vorliegt, bezog sich demnach zunächst nur auf die in Friedrichstal angesiedelten Wallonen, zumal er auch die dortige Markungsbeschreibung enthält. Aus dem Fehlen einer Neureuter Ausfertigung der Urkunde bzw. einer Abschrift ist jedoch nicht zu schließen, daß die dortigen Kolonisten keinen eigenen Freiheitsbrief erhalten hätten, zumindest werden sie die Erstreckung der Friedrichstaler Privilegien auf ihre Kolonie urkundlich bestätigt erhalten haben, zugleich mit einer Abschrift dieser Privilegien. Es zeigte sich nämlich in der Folgezeit, daß den Neureuter Kolonisten durchaus bewußt war, welche Rechte sie hatten.

Im Eingang des Freiheitsbriefes heißt es, daß sich der Markgraf „auß ange-bohrner fürstlicher Generosität" entschlossen habe, die Reformierten in seinen Landen aufzunehmen und sich darin niederzulassen gestatte. Die Rechte und Pflichten der Ansiedler werden dann in 30 Punkten ausführlich dargelegt:

1. Sie genießen dieselben Rechte wie die übrigen Untertanen, samt Schutz ihrer Religion, ihres Besitzes und der nachstehenden Privilegien.

2. Der ihnen angewiesene Platz soll ihnen zur Erbauung eines Dorfes, zum Feldbau und zur Weide dienen. Der dort aufgewachsene Wald soll gerodet wer-den, wobei sich der Markgraf das Eichenholz vorbehält, soweit es nicht in der Kolonie als Bauholz benötigt wird.

3. Sollte der angewiesene Distrikt nicht groß genug sein, wird ihnen noch weiteres unbebautes Land übergeben werden.

4. Ebenso soll es mit den Wiesen gehalten werden.

5. Die freie Ausübung der reformierten Religion, in der Kirche oder in den Woh-nungen, samt allen üblichen gottesdienstlichen Verrichtungen in französischer Sprache wird den Ansiedlern und ihren Nachkommen zugesichert. Dabei sollen sie sich eines ehrbaren Wandels befleißigen und den Angehörigen der evangelischen Religion nicht lästig fallen.

6. Zur besseren Verrichtung des Gottesdienstes wird ihnen gestattet, einen oder mehrere Prediger, Schuldiener oder andere Personen, die dazu befähigt sind, zu suchen und für sie die landesherrliche Bestätigung zu erwirken. Diese Kirchendiener sollen hierauf vom Amtmann der Gemeinde vorgestellt werden.

7. Es wird gestattet, daß sie die Kirchenzensur selbst ausüben, wobei nicht nur geringe einschlägige Vergehen behandelt und bestraft werden sollen, son-dern auch die Pfarrer selbst sollten ihr unterworfen sein und wegen etwaigen schlechten Wandels oder falscher Lehre mit landesherrlicher Genehmigung abgeschafft werden können.

8. Die Anlegung eines eigenen Friedhofes wird gestattet, sofern sie sich nicht der anderen Friedhöfe bedienen wollen. Dieser Friedhof soll die landesüb-lichen Befreiungen erhalten.

9. Die Prediger sollen nicht nur im Dorf geistliche Handlungen verrichten dürfen, sondern auch an anderen Orten Kranke, die zu ihrer Gemeinde ge-hören, besuchen dürfen.

10. Entsprechendes gilt für die geistliche Versorgung von Personen, die zum Tod verurteilt sind.

11. Die von der Gemeinde angenommenen und vom Landesherrn bestätigten Prediger sollen die landesüblichen Vorrechte genießen. Auch sollen sie nicht zum Bruch des Beichtsiegels angehalten werden können, es sei denn, daß sie in der Beichte etwas erfahren würden, das Schaden für Landesherr oder Staat bringen könnte.

12. Zur Unterhaltung des Pfarrers wird ein jährlicher Zuschuß gewährt in Höhe von 50 Gulden, fünf Malter Roggen, zehn Malter Dinkel und ein Fuder Wein. Für den Schulmeister jeweils die Hälfte.

13. In Bezug auf die weltlichen Angelegenheiten wird gestattet, daß die Gemeinde mit herrschaftlicher Zustimmung Schultheißen, Bürgermeister und Gerichtsschöffen wählt, die dem Amtmann unterstellt sind. Streit- und Strafsachen sollen von ihnen in erster Instanz behandelt werden, wobei anfallende Strafgelder zu einem Drittel an die Gemeinde zur Unterhaltung der Gemeindebeamten fallen sollen.

14. Die Gemeinde darf selbst den Waisen und Entmündigten Pfleger und Vormünder setzen, deren Rechnungsführung vom Amt zu überprüfen ist.

15. Siedler, die sich in den angewiesenen Kolonien niederlassen, sollen nicht leibeigen sein. Wer in bereits bestehende Orte zieht, soll lediglich eine sechsjährige Freiheit genießen oder jährlich einen Gulden je Familie als Anerkennungsgebühr bezahlen. Es sollen jedoch alle gleiches Bürgerrecht genießen.

16. Sollte sich die Anzahl der Kolonisten so stark vermehren, daß sie sich nicht mehr am Ort würden ernähren können, sollen ihnen in anderen Städten oder Dörfern dem Fiskus heimgefallene Hausplätze angewiesen werden, wobei sie für jeden Viertelmorgen 30 Kreuzer jährlichen Bodenzinses entrichten sollen.

17. Wenn von Privatleuten einem Kolonisten ein Hausplatz um einen überhöhten Preis angeboten wird, so soll der Platz amtlich geschätzt und dem Besitzer anheimgestellt werden, den Platz selbst modellmäßig zu bebauen oder um den Schätzpreis zu verkaufen.

18. Um das Bauen zu erleichtern, soll allen Reformierten, die sich niederlassen wollen, durch die Forstbediensteten unentgeltlich Bauholz angewiesen werden, desgleichen Sand, Mauer- und Kalksteine.

19. Wer sich selbst auf das Ziegel- oder Kalkbrennen versteht, soll dies für den Eigenbedarf ungehindert ausüben dürfen.

20. Denjenigen, die Ackerbau betreiben wollen, sollen nicht nur angebaute herrschaftliche Äcker gegen Zins oder käuflich überlassen werden, sondern auch verwilderte. Die letzteren sollen denen, die sie roden, als Eigentum verbleiben und so lange die Freijahre dauern, von Abgaben frei sein. Auch sollen sie für die nächsten drei Jahre zehntfrei bleiben.

21. Die Kolonisten sollen bezüglich des verwilderten und gerodeten Landes für die nächsten zehn Jahre frei sein von Beet, Schatzung und allen anderen auf Gütern liegenden Verpflichtungen. Mit dem Zehnten soll es wie in Punkt 20 gehalten werden, auch soll der Bodenzins von den Hausplätzen so lange nicht erhoben werden. Solches Land, das zwar nicht verwildert, aber doch geraume Zeit nicht bebaut wurde, genießt eine sechsjährige Abgabenfreiheit, jedoch soll der Zehnte vom ersten Ertrag an gereicht werden.

22. Handel und Gewerbe sollen dahingehend unterstützt werden, daß während der nächsten 10 Jahre die ins Land eingeführte rohe Ware, ebenso die ausgeführte Fertigware zollfrei sein soll, während alles andere dem gewöhnlichen Zoll unterworfen bleibt.

23. Jedem soll freistehen, zu arbeiten oder zu fabrizieren, was er kann, ohne einer Zunft unterworfen zu sein.

24. Die Neuankömmlinge sollen innerhalb der Freijahre ihren Hausrat zollfrei einführen dürfen. Wollen sie innerhalb dieser Freijahre wieder abziehen, sollen sie von dem eingeführten Vermögen keine Nachsteuer entrichten.

25. Die Wirtschaften betreffend, soll in den Freijahren der Weinkauf für den Hausgebrauch, einerlei ob ohm- oder fuderweise, frei sein. Auch soll der maßweise Ausschank vom Umgeld für 3 Jahre befreit sein. Danach sollen die Wirte die Abgaben wie andere auch leisten.

26. Während der 10 Freijahre sollen die Kolonisten auch von Personallasten, wie Fron und Auswahl (Wehrdienst), befreit sein.

27. Nach Verlauf der Freijahre sollen sie alle bürgerlichen Lasten tragen, doch soll eine erträgliche Steuereinschätzung vorgenommen werden.

28. Nach Ablauf der Freijahre sollen sie auch zu Frondiensten herangezogen werden, jedoch soll dann beraten werden, in welchem Maße dies zu geschehen hat.

29. Die Errichtung einer Mahlmühle wird gestattet, die auf 2 Jahre von Abgaben befreit sein soll.

30. Die Kolonisten werden zur Abtragung der bis jetzt aufgelaufenen Staatsschulden nicht herangezogen.

Der Freiheitsbrief bestand im wesentlichen aus Bestimmungen, die den Kolonisten die Ansiedlung erleichtern sollten. Neben solchen Vergünstigungen, die nach Ablauf der Freijahre wieder wegfielen, standen andere, die tatsächlich eine Privilegierung, das heißt eine Bevorrechtigung vor den übrigen Untertanen bedeuten. Dazu gehörte zunächst eine gewisse kirchliche Autonomie der Gemeinde, die die lutherischen Gemeinden im Land nicht besaßen. Dies war einmal bedingt durch die Sonderstellung der Kolonisten als französisch sprechende, reformierte Kirchengemeinde, die nicht der evangelischen Landeskirche angehörte. Zum anderen besaß die Gemeinde in den reformierten Kirchen stets eine größere Selbständigkeit, die auch hier ihren Ausdruck finden mußte. Dies zeigt sich in der Wahl von Pfarrer und Schulmeister, wobei sich freilich der Landesherr dadurch noch in Erinnerung brachte, daß er die Übertragung des Amts von seiner Zustimmung abhängig machte und die Amtseinführung durch den Amtmann erfolgte. Eine Eigenheit der reformierten Gemeinde war auch die Kirchenzensur, eine Art örtliches Sittengericht, das den christlichen Lebenswandel der Gemeindeglieder beaufsichtigte. Die Kirchenzensur wurde in den evangelischen Staaten nach dem Dreißigjährigen Krieg ebenfalls eingeführt, um dem allgemeinen Sittenverfall entgegenzuwirken. In der reformierten Kirche ging die Kirchenzensur jedoch bis auf die Reformationszeit zurück. Beachtlich war, daß die örtliche Kirchenzensur auch über Lehre und Leben des Pfarrers zu urteilen hatte, was wieder für die starke Stellung der Gemeinde in der reformierten Kirche sprach.

Erscheint die kirchliche Gemeinde der Kolonisten so als weitgehend autonom, so war sie doch nicht ohne eine überörtliche Bindung. 1701 wird nämlich bereits verfügt, daß sie an der in Dürrmenz stattfindenden Synode der reformierten Gemeinden teilnehmen sollte. Diese Synoden stellten also die Verbindung unter den reformierten Gemeinden in Süddeutschland her. Auch der Kontakt zur Schweiz blieb erhalten, wo einzelne der Refugianten 14 Jahre gelebt hatten. Fast hundert Jahre lang kamen nämlich die Welschneureuter Pfarrer von dort.

Die Privilegierung fand sich auch auf dem wirtschaftlichen Sektor. Zwar sollten die Vergünstigungen in diesem Bereich nach Ablauf der Freijahre wieder abgebaut werden, doch ist immerhin bemerkenswert, daß eine unbeschränkte Gewerbefreiheit, ohne Bindung an eine Zunft, gewährt wurde. Diese Bestimmung führte nicht zu dem gewünschten Erfolg, daß die badischen Kolonien nun zu Zentren von Handel und Gewerbe geworden wären.

Die Privilegierung führte hingegen zu einigen Streitfällen, die als typische Anfangsschwierigkeiten für die Kolonisten anzusehen sind. Bereits im Februar 1700 stellten sie den Antrag, mit Waren hausieren und Tabak anbauen und verarbeiten zu dürfen. Dies scheint ihnen wohl erlaubt worden zu sein, denn 1706 wurde ihnen ein Verbot eröffnet, daß sie keinen Tabak außerhalb der dafür zugelassenen Läden verkaufen dürften. Wie in anderen Staaten auch, war in Baden-Durlach der Tabakhandel zum Monopol erklärt worden, der dann von bestimmten Pächtern betrieben wurde. Da die Pacht eine nicht unbeträchtliche Einnahme des Staates darstellte, konnte man keine Verletzung des Monopols zulassen. Bürgermeister Caubet stellte deshalb vor, daß seine Landsleute keine andere Möglichkeit hätten, etwas zu verdienen, und sie mit dem Tabak die Hälfte ihres Unterhalts bestreiten würden. Außerdem sichere ihnen der Freiheitsbrief den freien Verkauf der von ihnen hergestellten Waren zu. Sie erboten sich, den von ihnen erzeugten Tabak an die Pächter zu verkaufen, falls diese entsprechend dafür bezahlen würden. Den Tabak, der so nicht abgesetzt werden könnte, wollten sie in den markgräflichen Landen und in der Kolonie verkaufen.

Eine andere Einnahmequelle stellte in den Anfangsjahren offenbar der Weinausschank dar, der in der Kolonie betrieben wurde. Es wurde alsbald darüber geklagt, daß die Kolonisten die darauf liegende Steuer nicht abführen würden. Sie konnten sich aber darauf berufen, daß sie, nach ihrem Freiheitsbrief, für drei Jahre frei von solchen Abgaben seien.

Es wird an diesen Fällen deutlich, daß es natürlich Schwierigkeiten mit der Eingliederung der Refugianten gab. Hierher gehört wohl auch, daß man ihnen 1700 das Abhauen junger Eichen in den herrschaftlichen Wäldern verbieten mußte. Es zeigt sich daran, daß sie mit den Gewohnheiten des Landes anfänglich noch nicht so vertraut waren.

Als eines der bedeutendsten Privilegien, das die Kolonisten den Einwohnern des Landes auf die Dauer voraus haben sollten, muß die Freiheit von der Leibeigenschaft angesehen werden. Zwar war die Leibeigenschaft seit jenem Vertrag der Dörfer des Amtes Mühlburg mit Markgraf Karl II. vom 19. April 1563 nur noch auf eine kleine jährliche Abgabe beschränkt, da der Todfall damals abgelöst worden war, doch bedeutete die Freiheit von der Leibeigenschaft eine Verbesserung der Rechtsstellung, die die übrigen Einwohner der Markgrafschaft erst 1783, unter der Regierung des Markgrafen Karl Friedrich, erreichen sollten. Es wird hieran deutlich, daß man tatsächlich auf die französischen Flüchtlinge angewiesen war, um die durch den Krieg entvölkerten Landstriche wieder besiedeln und urbar machen zu können. So fand man sich auch zu den nicht unbeträchtlichen Konzessionen bereit, die der Freiheitsbrief des Markgrafen Friedrich Magnus für die welschen Refugianten enthält.

4. Die Errichtung der Kolonie Neureut

Es scheint, daß die Verhandlungen darüber, wie die Ansiedlung der Refugiés in einer Kolonie zu Neureut erfolgen sollte, nicht mehr im Spätherbst 1699 zum Abschluß kamen. Jedenfalls hören wir, daß erst im zeitigen Frühjahr 1700 die Refugianten Häuser in Neureut bauten. Es wurde ihnen eingeschärft, ein- bis zweistöckige Behausungen zu erstellen. Wer dazu die Mittel nicht besaß, sollte zukünftig abgewiesen werden. Man hatte also kein Interesse daran, mittellose Leute aufzunehmen; vielmehr sollte das Einschleichen solcher Personen unterbunden werden.

Die Häuser der Kolonisten fielen nun keineswegs „modellmäßig" aus, wie es einmal im Freiheitsbrief heißt, wurden also nicht nach einer bestimmten normierten Bauvorschrift errichtet. Aus dem Berain, der 1701 zur Beschreibung der Güter der Kolonisten angelegt wurde, wird ersichtlich, wie die Behausungen aussahen. Da ist die Rede von einem „Leimenhüttlein", das sich z. B. Antoine Anpaita erstellt hat, wohl aus Fachwerk und lehmbeworfenen Flechtwerk. Selbst der „Bourgermaistre" Paul Chastagnaire hat nur ein „klein Häußlein". Die meisten saßen noch in der Übergangswohnung, einer „paracquen". Offensichtlich waren die Mittel der Refugianten doch nicht so groß, wie man anfangs geglaubt hatte. Anscheinend hatte man damals darauf spekuliert, daß den Flüchtlingen von den reformierten Kirchen im Ausland beträchtliche Kollektengelder zufließen würden, was aber offensichtlich nicht im erwarteten Maße eintraf.

Die Siedler mußten sich wohl die Baracken selber bauen, was um so schwieriger war, als sie ja nicht am Ort, sondern in Mühlburg oder Knielingen wohnten und gleichzeitig auch der Feldbestellung nachgehen mußten. Die Baracken waren kleine Fachwerkhäuser, die mit dem Giebel zur Straße standen. Sie enthielten einen Wohnraum, daneben eine Küche, durch die vermutlich auch der Außeneingang ging. An die Küche schloß, durch eine Wand getrennt, der Schweinestall an, dann kamen die Geflügelställe, durch eine Zwischendecke abgeteilt, wobei oben die Hühner und unten die Gänse untergebracht waren. An die Geflügelställe war noch ein Abtritt angebaut. Großvieh, Wagen und Ackergeräte waren in einem gesonderten Gebäude untergebracht. Diese Übergangswohnungen mußten teilweise länger als ursprünglich geplant ihrem Zweck dienen. Erst um 1750 ging man daran, neue Anwesen zu bauen. Diese wurden zumeist als Doppelwohnhäuser errichtet, wobei je ein Eingang auf den

Aus der Anfangszeit des Dorfes Welschneureut stammte dieses Fachwerkhäuschen in der Hauptstraße, welches vor wenigen Jahren abgebrochen wurde.

Langseiten angebracht war, so daß jeder seine Haushälfte durch seinen Hof betreten konnte. Die Siedlung war als Straßendorf an der Straße von Neureut nach Mühlburg angelegt worden. Während nun die Baracken die alte Bauflucht eingehalten hatten, wurden die neuen Häuser zumeist vor diese an die Straße gelegt, wodurch die Straße eingeengt wurde.

Die Zuteilung von Ackerland an die Kolonisten dürfte wohl auch im Frühjahr 1700 erfolgt sein. Die Vermessung und Aufzeichnung der jeder Familie zugeteilten Landportion war im Herbst 1701 abgeschlossen. Von den Neureutern wurde der südliche Teil ihrer Gemarkung mit 649 Morgen, zwei Vierteln und vier Ruten abgetreten. Als Entschädigung erhielten sie dafür den Nachlaß der durch die Kriegsereignisse rückständig gebliebenen Abgaben bis Georgii (23. April) 1702. Das meiste trat Hans Flor Meinzers Witwe ab, mit etwas mehr als 53 Morgen. Sie mußte noch ihre Schwester, Hans Knoblochs Witwe, die alles hergegeben hatte, in lebenslängliche Pflege aufnehmen. Auf ihren abgegebenen Gütern ruhte noch eine Schuld beim Mühlburger Amt in Höhe von 40 Gulden. Da die ausstehenden Abgaben, Beet, Hubenzins, Roggen- und Hafergült etwas mehr als 3000 Gulden betrugen, der Wert des abgetretenen Gebiets, zu sechs Gulden je Morgen gerechnet, aber 3897 Gulden, schlugen die Amtleute vor, beides gegeneinander aufzurechnen und der Witwe Meinzer die Schuld zu erlassen.

60

Bezüglich der Verteilung des zur Verfügung stehenden Landes an die Kolonisten wurde bestimmt, daß jede Familie ein ihrer Größe entsprechendes Quantum erhalten sollte. Für die Wiesen, welche die Siedler erhielten, sollten sie den vormaligen Besitzern sechs Gulden je Morgen bezahlen. Jeder wurde aber verpflichtet, die ihm zugeteilten Wiesen im nächsten Jahr vor der Heuernte von Bewuchs zu säubern, da er andernfalls aus der Kolonie fortgewiesen werden würde. Verkäufe oder sonstige Veräußerungen durften die Kolonisten mit dem zugewiesenen Land nicht vornehmen. Vielmehr sollte dies bei der betreffenden Familie und deren Nachkommen bleiben. Etwaige Veränderungen waren nur mit besonderer Erlaubnis möglich.

Die Gemarkungsgrenze der Kolonie gegen das Dorf bildete der Weg, der vom Bruch hinaus in den Hardtwald führte, wo die Hubengüter endeten. Die Gemarkung wurde nun für 58 Familien eingeteilt, wobei eine Familie in der Regel eine Portion bekam. Es gab zwei verschiedene Portionsgrößen, die durch die Art der Verteilung bedingt waren: einmal zehn Morgen und ein Viertel, zum andern neun Morgen und 29 Ruten. In die erste Klasse kamen 34 Familien, wobei Pierre Caubet drei Portionen bekam. Warum dies geschah, ist nicht klar, da er doch nach einer Liste aus dem Jahre 1699 nur mit Frau und einem Sohn angekommen war. Anderthalb Portionen bekamen Jean Pierre Salee, Rainel Maillet und die Witwe Poumeras. Jeanne Martine, anscheinend auch eine Witwe, erhielt nur eine halbe Portion. Zu jeder Portion kam natürlich noch die Hofraite mit einem Kraut- und Grasgarten. Ebenso verhielt es sich in der zweiten Klasse, wo jedoch jede Familie ihre etwas mehr als neun Morgen große Portion erhielt.

An Wiesen im Bruch traten die Neureuter den Kolonisten 133 Morgen ab. Die Refugianten versprachen, diesen Platz zu roden und das Gras untereinander zu verteilen, bis die Wiese von allem Bewuchs gesäubert war und aufgeteilt werden konnte. Die Rodung der Wiesen schien aber bis 1715 noch nicht erfolgt zu sein, ebenso nicht die Abfindung der Neureuter, denn diese beschwerten sich darüber. Sie hätten das Geld gut brauchen können, da ihre Gemeindekasse durch die vorangegangenen Kriegsjahre beträchtlich verschuldet war. Anders dürfte es wohl auch mit der Welschneureuter Gemeindekasse nicht gestanden haben, denn ein Jahr später hatten sie an der Schuld nur etwas mehr als 70 Gulden bezahlt, wobei die Neureuter den ursprünglichen Preis von sechs Gulden je Morgen schon auf fünf ermäßigt hatten. Nunmehr wurde aber von der Regierung den Kolonisten ernst befohlen, mit der Kultivierung ihrer Wiesen zu beginnen, zumal sie 1710 auch noch ein Wiesengelände von 30 Morgen von Knielingen erhalten hatten.

Ebenso wichtig wie die Wiesen waren die Weiden, zumal man in jener Zeit, zu Beginn des 18. Jahrhunderts, die Stallfütterung noch kaum kannte, und Vieh und Pferde in der schönen Jahreszeit täglich auf die Weide kamen. Anfänglich gestatteten die Neureuter den Kolonisten die Mitbenutzung ihrer Weide, kündigten sie aber mit Zunahme ihres eigenen Viehbestandes wieder auf. Inzwischen wurde diese Vergünstigung von den Welschneureutern schon als

Recht angesehen, so daß die Sache bis vors Hofgericht gelangte. 1765 gelang es schließlich dem Ober- und Forstamt die Teutschneureuter dazu zu bewegen, den Welschen 26 Morgen Wiese im Egelsee und Junkerschritt pachtweise zu überlassen. Um 1800 gab es deswegen wieder einen Streit zwischen den beiden Gemeinden, da die Welschneureuter den jährlichen Pachtzins von drei Gulden ablösen wollten und die Teutschneureuter verlangten, daß ihnen die Weide zurückgegeben werde. Sie begründeten diese Forderung damit, daß die Weide nicht mehr bestimmungsgemäß benutzt werde, sondern als Wiese angelegt sei. Nur die drohenden Gerichtskosten ließen vor einem Prozeß zurückschrecken, und schließlich gelangte man 1859 zu einer Einigung in der Weise, daß Welschneureut die Pachtwiesen im Egelsee zurückgab und dagegen vier Morgen Wiesen im Junkerschritt, zusammen mit den dort schon innegehabten Wiesen von 18 Morgen, als Eigentum erwerben konnte. Es leuchtet ein, daß dieser anderthalb Jahrhunderte dauernde Weidestreit nicht gerade das gute Einvernehmen zwischen den beiden Gemeinden förderte.

Zu bemerken ist hier noch, daß die Namen Welsch- und Teutschneureut nicht sofort mit der Gründung der neuen Ansiedlung entstanden sind. Man sprach vielmehr noch lange von der „Kolonie Neureut" und erst nach 1720 kam die Bezeichnung Welschneureut auf. Dementsprechend erhielt das alte Dorf nach der damaligen Schreibweise den Namen Teutschneureut.

5. Die ersten Welschneureuter Kolonisten

H. W. Collum hat eine Liste der fremdländischen Protestanten der Kolonie vorgelegt, in der aufgrund des vorhandenen Quellenmaterials die Herkunft und Heiraten der während der ersten 30 Jahre in Neureut ansässigen Kolonisten verzeichnet sind. Diese familiengeschichtlich wichtigen Daten sollen hier nicht mehr wiederholt werden. Vielmehr werden in der folgenden Liste diejenigen Siedler aufgezählt, denen nach dem Berain von 1701 Landportionen zugeteilt worden sind. Dazu wird noch mitgeteilt — soweit bekannt — Beruf, Alter und die mitgebrachten Familienangehörigen.

Wie schon Collum richtig beobachtete, war in Welschneureut eine starke Fluktuation festzustellen, so daß heute von den vielen französischen Familiennamen, die im Ort vorkamen, nur noch acht zu finden sind: Boeuf, Clour, Crocoll, Durand, Marsch (Marche), Müller-Meunier und Renaud. Der Eindruck der starken Fluktuation verstärkt sich aber dadurch, daß in den Listen auch solche Leute erscheinen, die sich nie in Neureut angesiedelt haben, sondern sogleich weitergezogen sind. Es erscheint deshalb wichtig, einmal diejenigen Familien festzuhalten, die tatsächlich in Neureut eine Landzuweisung erhalten haben. Gleichwohl sind auch während der Anlage des Berains Veränderungen vorgekommen, die darin vermerkt sind.

Zu denjenigen, für die Neureut nur eine kurze Zwischenstation war, gehört z. B. Jean Sagne, der erste Schulmeister der Kolonie. Von ihm wird am 2. Mai 1701 berichtet, daß er bereits abgereist sei. Seine Stelle sollte zunächst Peter Deboldt von Offenbach einnehmen, allerdings ohne Zustimmung des Bürgermeisters Paul Chastagnier, der selbst Schulmeister sein wollte. Amtmann Becht und Pfarrer Lautier baten daher um die markgräfliche Bestätigung ihres Kandidaten. Anscheinend bekam weder der eine noch der andere das Amt, da der im Herbst desselben Jahres angelegte Berain den Pierre Maillet als „maître d'école" nennt.

Der 1665 in Fogeres im Languedoc geborene Jean Sagne (oder Sayne) war 1687 aus Frankreich in die Schweiz gekommen und von dort am 30. August mit Frau und zwei Söhnen aufgebrochen, wobei der eine anderthalb Jahre und der andere einen Monat alt war. Durch ihren raschen Weiterzug erscheint die Familie Sagne nicht mehr in den Neureuter Quellen. Sie wird wohl in einer der vielen anderen Siedlungen der reformierten Franzosen eine Heimat gefunden haben. Jean Sagne ist daher nicht, wie Collum meint, identisch mit Jean Pierre Saugnier, dem Empfänger einer Landportion in Neureut. Die nachstehende Liste nennt zwar 60 Personen, jedoch haben die Geschwisterpaare Faure und Generoux jeweils zusammen eine Landportion erhalten, so daß es insgesamt 58 Portionen sind. Der Berain nennt zum Schluß noch einen Jacques Folie, jedoch ohne Beschreibung seines Besitzes. Er scheint demnach leer ausgegangen zu sein. Über ihn ist ansonsten auch nichts weiter bekannt.

Überblickt man nun die Liste hinsichtlich des Alters der Personen — die Angaben beziehen sich auf das Jahr 1699 — so zeigt es sich, daß eigentlich die meisten in ihren besten Jahren stehen und die Ältesten erst in den Fünfzigern sind. Bedenkt man andererseits, daß viele sich schon seit 14 Jahren in der Schweiz aufgehalten haben, so ist daraus zu schließen, daß die meisten Ansiedler in Neureut schon als Heranwachsende aus Frankreich ausgewandert sind. Es ist demnach auch anzunehmen, daß sie ihre Berufe, die zumeist — außer den Schuhmachern — dem Textilgewerbe angehören, in der Schweiz erlernt haben. Auffällig ist übrigens die Anzahl von sieben ausgedienten Soldaten des Königs von England. Diese stellten doch ein verhältnismäßig großes Kontingent der Neureuter Siedler, wozu vielleicht noch einige aus der Gruppe derjenigen kommen dürften, über die wir nicht so genau Bescheid wissen. Es zeigt sich also, daß König Wilhelm III. von England seine Soldaten auch unter den in die Schweiz geflohenen französischen Reformierten geworben und ihnen durch sein Eintreten beim Markgrafen eine Versorgung gesichert hat.

Die Liste der ersten Neureuter Kolonisten läßt nun auch einen Rückschluß auf die Anzahl der Menschen zu, die damals Welschneureut gründeten. Askani schätzte diese Zahl auf 250, was aber zu hoch gegriffen sein dürfte. Es ist doch eine große Anzahl Alleinstehender dabei, und die Zahl der Kinder beträgt höchstens vier je Familie. Man wird daher die Zahl der in Neureut angesiedelten Kolonisten auf etwa 180 schätzen müssen; immerhin mehr als die Bewohner des Dorfs, das nur noch knapp ein Dutzend Haushaltungen zählte.

Die nächste Welschneureuter Bevölkerungsstatistik stammt aus dem Jahre 1709. Sie nennt uns zwar nicht alle Einwohner, sondern nur die männlichen

Personen über 15 Jahre, die dem in diesem Jahr die Regierung antretenden Markgrafen Karl Wilhelm zur Huldigung verpflichtet waren. Der Vergleich der Huldigungsliste, die 32 Bürger und sechs minderjährige Burschen zählt, verstärkt den Eindruck der starken Fluktuation in der Kolonie. Zwar finden wir noch eine ganze Reihe der ursprünglichen Kolonisten, doch tauchen nun auch schon neue Namen auf, wie etwa der des Bürgermeisters François Rouquette (oder Rouquille). Eine Reihe anderer vermissen wir, ohne daß wir sagen können, ob sie inzwischen verstorben oder weggezogen sind. Insgesamt kann aber festgestellt werden, daß die Zahl der männlichen Bevölkerung von 1701 bis 1709 abgenommen hat, was sicher auf die Anfangsschwierigkeiten der Kolonie zurückzuführen ist.

Liste der ersten Kolonisten in Neureut

Aimard (Haimart), Claude

Aimard, Marie, 24 Jahre, mit ihrer Schwester, 23 Jahre

Anpaita (Enpaita), Antoine, 30 Jahre, Bauer, seit 1688 in Kriegsdiensten des Königs von England in Flandern, verheiratet

Armand (Armant), David, 35 Jahre, Tuchmacher, verheiratet

Armand, François

Balli, Anna Elisabetha (wohl als Besitznachfolgerin von Jean *Martine)*

Barere (Barié), Isaac, 35 Jahre, Weber, hat acht Jahre unter dem König von England gedient

Boimien, Moyse

Bonhomme, Jean, Witwe

Bos, Jacques

Bourgas, Isaac, 25 Jahre, hat im Regiment de Locke (des Königs von England) gedient

Brieur, Jean François, 30 Jahre, Bauer, mit Frau und Mutter

Brun, Pierre

Buet (Buge), Jeanne, Witwe

Cabos (Cabot), Marie, 55 Jahre, Kauffrau

Canpredou (Canpredon), Pierre

Cassabonn, Isaac, 36 Jahre, Schuhmacher, verheiratet

Caubet, Jacques

Caubet, Pierre, Schneidermeister, verheiratet, eine Tochter

Caubet, Susanne

Changion (Chandion), Witwe

Chastagnaire, Paul, Bürgermeister, 30 Jahre, Schneider, verheiratet, eine Tochter

Coutil (Contil), Jean, 31 Jahre, Flußschiffer, verheiratet, eine Tochter, drei Söhne

Crevasa, François

Corco (Crocoll), Bernard, 35 Jahre, Schuhmacher, verheiratet, 3 Söhne, eine Tochter

Durant (Durand), Jacques

Faure, Jeanne, 30 Jahre, zusammen mit ihrer Schwester

Faure, Susanne, 40 Jahre

Friche, Gaspar

Generoux (Geriment), François, hat dem König von England in Piemont und am Rhein gedient, zusammen mit seinem Bruder

Generoux, Pierre

Gontar (Contar), Hector

Gros, Abraam

Gros, Paul, 39 Jahre, Tuchmacher, verheiratet

Gy (Guy), Pierre

Huber, Jonas

Jean, Etienne

Lafont, Leonard

Lanblin, Charles

Lautier, Daniel, Pfarrer

Lesene, Louis

Loriol, David, 30 Jahre, Strumpfwirker, verheiratet

Maillet (Maillie), David, 35 Jahre, Schuhmacher

Maillet, Daniel, wohnhaft in Knielingen, 55 Jahre, Schuhmacher, verheiratet, ein Sohn, eine Tochter, sein Besitznachfolger ist Nicolas *Beck*

Maillet, Pierre, Schulmeister in Mühlburg, 42 Jahre, Schneidermeister, verheiratet, ein Sohn, eine Tochter

Maillet, Rainel I

Maillet, Rainel II, 41 Jahre, verheiratet, ein Sohn, eine Tochter

Marche, Samuel, 43 Jahre, Schuhmacher, verheiratet

Martine, Jeanne, 35 Jahre

Nicolas, Pierre, 30 Jahre, war in Kriegsdiensten des Königs von England

Olive, Antoine

Pansu, Pierre, 50 Jahre, Bauer, verheiratet, drei Söhne, eine Tochter

Poumeras, Anne, geb. Beson, Witwe, 51 Jahre, eine Schwester mit 42 Jahren, eine Tochter, zwei Söhne

Resin, Jean Jacques

Rigardière, Jacques

Rouvier (Rouvierre), Michel, 26 Jahre, Schuhmacher

Roy, Nicolas, 40 Jahre, Kalkbrenner und Köhler, verheiratet, drei Töchter, ein Sohn

Salee, Jean Pierre

Saugnier, Jean Pierre, 30 Jahre, Bauer, war in Kriegsdiensten des englischen Königs in Piemont und am Rhein

Tibaut, Jean Pierre

VI. Teutsch- und Welschneureut im 18. Jahrhundert

1. Geschichtlicher Überblick

Ebenso wie den Bischöfen von Speyer im Verlauf des Dreißigjährigen Kriegs der Besitz ihrer Landesfestung Philippsburg entglitten war, weil sich die europäischen Mächte, das Reich und Frankreich darum stritten, wurde auch die kleine Markgrafschaft Baden-Durlach im Zeitalter der europäischen Kriege ein Spielball der großen Mächte. Nach der Schlacht bei Nördlingen hatte Markgraf Friedrich V. das Land verlassen und konnte erst 1650 aus dem Basler Exil zurückkehren. Immerhin war er durch den Westfälischen Frieden wieder in seine Rechte eingesetzt worden. Es konnte nun ein wenn auch mühsamer Wiederaufbau des Landes beginnen. Die Nachfolge Friedrichs V. trat 1659 sein Sohn Friedrich VI. an, der bis 1677 regierte. Unter seiner Herrschaft war es infolge des Holländischen Kriegs notwendig, daß der Hof wieder nach Basel auswich. Nach der Zerstörung Durlachs 1689 wurden sogar die obersten Landesbehörden nach Basel verlegt, wo sie bis 1697 blieben. Auch unter Markgraf Friedrich VII. Magnus (1677—1709) mußte der Hof aufgrund der Kriegsereignisse noch mehrfach nach Basel verlegt werden. Zu den Maßnahmen, die Friedrich Magnus zwischen den Kriegen zur Wiederherstellung seines Landes ergriff, zählte auch die Ansiedlung der französisch sprechenden Glaubensflüchtlinge, wie wir am Beispiel von Neureut gesehen haben.

Markgraf Karl Wilhelm (1709—1738), Sohn des Friedrich Magnus, ist bekannt als der Gründer von Karlsruhe. Er war der Schwager des württembergischen Herzogs Eberhard Ludwig, der 1705 die Stadt Ludwigsburg gründete. Ebenso wie Ludwigsburg ist auch Karlsruhe aus einer herrschaftlichen Schloßgründung entstanden. Mitten im Hardtwald wurden seit 1715 das Schloß und daran anschließend die Fächerstadt errichtet, die alsbald Durlach als Residenz ablösen sollte.

Der zur Nachfolge bestimmte Sohn Karl Wilhelms war bereits vor dem Vater gestorben, so daß für den nunmehr zum Erben bestimmten Enkel Karl Friedrich beim Tode Karl Wilhelms eine vormundschaftliche Regierung eintreten mußte. Karl Friedrich wurde 1746 für volljährig erklärt und regierte dann bis 1811. Unter seiner langen Regierung vollzog sich mit Baden ein grundlegender Wandel. 1771 kamen die beiden badischen Markgrafschaften durch das Aussterben der Linie Baden-Baden wieder zusammen. Weitere bedeutende Veränderungen im Gebietsstand ergaben sich einmal durch die Kriege im Gefolge der Französischen Revolution, zum anderen durch die von Napoleon durchgeführte Flurbereinigung in Deutschland. Nachdem ein Feldzug der vereinigten Mächte Österreich und Preußen gegen das revolutionäre Frankreich ergebnis-

Abb. rechte Seite: Die Markgrafschaft Baden-Durlach um 1708

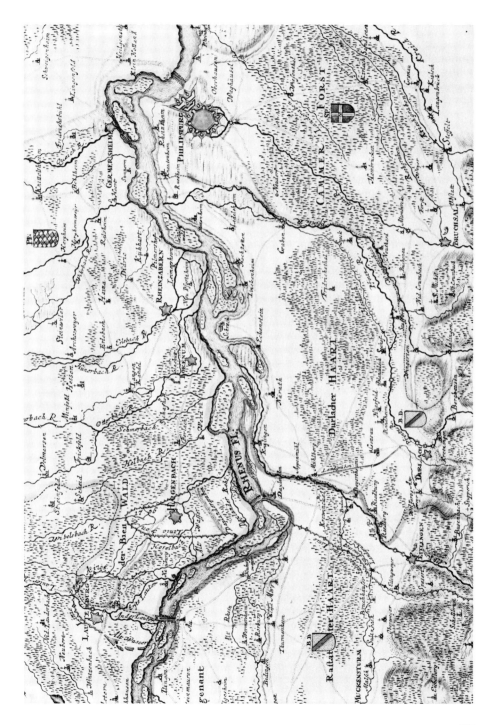

67

los verlaufen war, rückten 1796 französische Truppen ins Land, so daß der Markgraf, zuvor Mitglied der antifranzösischen Koalition, sich zu einem Friedensschluß mit Frankreich bereitfinden mußte. In diesem Frieden trat Karl Friedrich seine linksrheinischen Besitzungen (Sponheim, Beinheim usw.) an Frankreich ab. Die hierauf erfolgte Annäherung an Frankreich brachte ihm jedoch 1803 im Reichsdeputationshauptschluß wieder reichen Länderzuwachs, vor allem die rechtsrheinischen Besitzungen der oberrheinischen Bischöfe und Teile der Kurpfalz. Gleichzeitig nahm Karl Friedrich die Würde eines Kurfürsten an. Die Mediatisierung der kleineren Herrschaften nach der Gründung des Rheinbundes ließ dann das badische Staatsgebiet zwischen Main und Bodensee entstehen. Gleichzeitig wurde Karl Friedrich zum Großherzog erhoben; jedoch der Preis für die Vergrößerung des badischen Staatsgebiets um das Zehnfache war die Gestellung badischer Truppen, die für Napoleon in Spanien und Rußland gegen Österreich und Preußen kämpfen mußten. Nach dem mißglückten Rußlandfeldzug 1812 und der Niederlage Napoleons in der Schlacht von Leipzig 1813 stellte sich Großherzog Karl (1811—1818), der inzwischen seinem Großvater in der Regierung nachgefolgt war, auf die Seite der gegen Frankreich verbündeten Mächte. Auf dem Wiener Kongreß wurde dann 1815 die europäische Ordnung für die kommenden hundert Jahre festgelegt.

Die lange Regierung Karl Friedrichs war auch innenpolitisch bedeutsam. Die Anzahl so vieler Gebiete, beginnend mit der Markgrafschaft Baden-Baden, die ausnahmslos hoch verschuldet waren, machte innere Reformen, vor allem auf dem Gebiet der Verwaltung und der Wirschaftsförderung, notwendig. Besonders bemerkenswert sind Maßnahmen wie die Aufhebung der Folter 1767, die Abschaffung der Leibeigenschaft 1783 und die Vereinheitlichung des bürgerlichen Rechts im Großherzogtum durch die Übernahme des Code Napoleon 1810. Am Ende der Regierungszeit des Großherzogs Karl wurde 1818 dem Großherzogtum eine Verfassung gegeben. Baden war damit einer der ersten deutschen Staaten, der so den Schritt zur konstitutionellen Monarchie vollzog.

2. Neureut im Jahre 1702, eine Bestandsaufnahme

Als man 1699 untersuchte, ob sich Neureut für die Ansiedlung der französischen Refugianten eigne, hatte Amtmann Becht von Mühlburg berichtet, daß dort die Anlegung eines neuen Berains, also die Neuaufnahme der herrschaftlichen Rechte und des Grundbesitzes erforderlich sei. Nachdem 1701 der an die Kolonisten abgegebene Gemarkungsteil aufgenommen worden war, wurde 1702 auch das Dorf mit einbezogen. Das Ergebnis dieser Arbeit war das „Müehlburger Weltliche Lagerbuch anno 1702", in dem das Amt Mühlburg beschrieben war. Es heißt „weltlich", weil es auch ein „geistliches" Lagerbuch — oder Berain — gibt. Man unterschied damals zwei Verwaltungen, eine weltliche und eine geistliche, wobei die letztere das kirchliche Vermögen unter sich hatte, während unter der weltlichen die allgemein staatliche Verwaltung zu verstehen ist. In dem geistlichen Lagerbuch finden wir jedoch nur Aufzeichnungen über Kapitalentleihungen aus der Kasse der geistlichen Verwaltung des Amtes Mühlburg. Dies diente demnach ebenso als Kreditinstitut wie am Ort das Almosen. Als Sicherheiten für die entliehenen Kapitalien waren in das Lagerbuch Grundstücke eingetragen worden. Das geistliche Lagerbuch hatte demnach die Funktion eines Unterpfandbuches und vermag daher kein so geschlossenes Bild über Neureut zu vermitteln wie das weltliche Lagerbuch.

Hatten wir bei den früheren Berainen die Zunahme der „Schriftlichkeit" beobachten können, so wird dieser Eindruck durch das Lagerbuch von 1702 noch verstärkt. Bevor die einzelnen Hubenviertel mit ihren Besitzern und den Abgaben aufgezählt werden, finden sich Aufzeichnungen über die staatsrechtliche Situation des Dorfes Neureut und seiner Bewohner.

Die Hauptfrage ist zunächst: wer war Herr in Neureut? Dies wird beantwortet durch die Feststellung, daß Markgraf Friedrich Magnus alle Rechte zu Neureut innehatte, sowohl die hoheitlichen als auch die Rechte des Gerichts. Diese etwas umständliche Erklärung war notwendig, damit niemand außer dem Markgrafen ein Recht im Dorf beanspruchen konnte. An zweiter Stelle standen die Pflichten der Neureuter. Die Bewohner waren dem Markgrafen zu Reise (Wehrpflicht), Steuern und Fronen verpflichtet, wobei die Fron nicht festgelegt war, sondern je nach Bedarf der Herrschaft gefordert werden konnte. Eingeschlossen in den Frondienst war die Unterhaltung von Straßen, Wegen, Brücken und Stegen auf der Gemarkung sowie die Jagd- und sonstigen Waldfronen so, wie sie von der Herrschaft verlangt wurden. Auf diese Angaben allgemeiner Art folgen Einzelbestimmungen. Die Dehmgelder, d. h. die Abgaben für die Schweinemast im Hardtwald, standen dem Markgrafen zu, wobei jedoch die Muttersauen dehmgeldfrei blieben. Diese Bestimmung war zur Förderung der Nachzucht der Schweine getroffen worden.

Bußgelder für Vergehen in den markgräflichen Wäldern gehörten dem Markgrafen; solche, die für Vergehen auf den Feldern von Neureut erhoben wurden, gingen in die Kasse des Fleckens. Die Höhe dieser Bußgelder richtete sich nach dem Knielinger Gebrauch. Die dort zu findende Bußgeldtabelle behandelt zunächst die Körperverletzungen, wobei unterschieden wurde, ob dabei Blut geflossen ist oder nicht. Führte jedoch eine solche Körperverletzung zur Lähmung oder gar zum Tod, so kam der Täter vor das herrschaftliche Gericht. Ferner waren Bußgelder für Lügen und Spielen, d. h. Glücksspiel, für Nachtruhestörungen und übermäßiges Trinken festgesetzt. Es fehlte auch nicht die ersatzweise Turmstrafe, wenn die Geldbuße nicht beigebracht wurde, die im übrigen auch abgearbeitet werden konnte.

Bezüglich der Leibeigenschaft wird festgestellt, daß sich die Untertanen von Neureut am 19. April 1563 davon freigekauft haben. Als Umgeld, d. h. als Abgabe für den am Ort ausgeschenkten Wein, fiel jedes zehnte Maß bzw. deren Gegenwert an den Markgrafen. Der Zoll, der in Neureut erhoben wurde, stand ebenso dem Markgrafen zu. Er hatte auch das Recht, die Pfarrei in Neureut zu verleihen. Da zu jener Zeit kein Pfarrer am Ort war, wurde das Pfründeinkommen an die Geistliche Verwaltung in Mühlburg abgeliefert. Die anderen Gemeindeämter, nämlich Mesner, Feldschützen, Büttel und Hirten wurden seitens der Gemeinde besetzt und von ihr bezahlt. Diese Bediensteten hatten ihren Diensteid dem Schultheißen abzulegen, lediglich der Mesner mußte unter Beiziehung des Amtmannes zu Mühlburg gewählt werden.

Der folgende Abschnitt behandelt den Zehnten, wobei es sich zeigt, daß die Neureuter Gemarkung in ein Ober- und ein Unterfeld aufgeteilt war. Das letztere war dem Kloster Gottesaue zehntpflichtig, das Oberfeld jedoch dem Markgrafen. Diese Teilung geht bis in die Zeit der Gründung des Dorfes zurück, wie bereits oben gezeigt wurde. Interessant ist weiterhin, daß zwischen dem großen und dem kleinen Zehnten unterschieden wurde. Der große wurde von Weizen, Roggen, gemischtem Korn, Dinkel und Hafer gegeben — und zwar jeweils in Form der zehnten Garbe auf den Feldern. Der kleine Zehnte wurde von Gerste, Heidenkorn, Linsen, Bohnen, Hirse und allem gegeben, „was die Mühle bricht". Vom Hanf wird der zwanzigste Teil gereicht. Es zeigt sich also, daß der große Zehnte die wichtigeren Brotfrüchte betraf, der kleine die übrigen, weniger wichtigen Getreidesorten. Im übrigen erfahren wir aus dem Lagerbuch auch, daß der Zehnte nicht unbedingt immer von der markgräflichen Verwaltung eingesammelt werden mußte, sondern auch von Privatleuten gepachtet werden konnte, die dann dafür an die Verwaltung eine gewisse Pachtsumme zu entrichten hatten.

Den Ausführungen über die Zehntpflicht in Neureut folgt eine Aufzählung derjenigen Äcker, die zehntfrei waren. Diese Zehntfreiheit scheint jeweils auf eine individuelle Befreiung zurückzugehen, wie die Namen der Äcker zeigen. Es erscheint z. B. ein Pfistersacker, dann auch ein Acker „Feld Erhardt" genannt. Dies deutet auf die Namen der vormaligen Besitzer hin, über die jedoch nichts weiter bekannt ist; der Pfister ist jedoch vermutlich der Bäcker (lat. pistor) des Klosters Gottesaue gewesen. Abschließend folgt noch die Bestimmung, daß der Zehnte von den Novalien, d. h. von neu gerodetem Land, dem Markgrafen zustehe.

Der nächste Abschnitt handelt von „Umganghühnern", die die Neureuter von ihrem Besitz zu geben schuldig waren, jedoch nur, wenn es der Herrschaft beliebte. Es handelte sich also nicht um eine ständig wiederkehrende Abgabe, sondern um eine, die von Fall zu Fall eingefordert werden konnte. Leider ist der Ursprung dieser Abgabe nicht bekannt; es ist auch unwahrscheinlich, daß sie um 1702 noch eingefordert wurde. Sicher hat man sie, damit die Herrschaft kein Recht einbüßen mußte, deswegen wieder in dem neuen Lagerbuch aufgeführt. Ähnlich ist es mit der Feststellung, daß die „Vogelweide" im Ort und auf der Gemarkung Neureut ebenfalls der Herrschaft zustehe und niemand sonst Macht habe, ohne besondere Erlaubnis Tauben, Krähen oder andere Vögel auf Neureuter Gemarkung zu fangen. Es ist anzunehmen, daß der Markgraf zu dieser Zeit andere waidmännische Interessen hatte, und der Vogelfang eben gegen Gebühr an Interessenten vergeben wurde.

Das Lagerbuch führt dann auch die Besoldung des Schultheißen auf, der der Vertrauensmann der markgräflichen Verwaltung im Dorf war. Neben ihm gab es noch den Anwalt, der — wie schon der Name sagt — der Vertreter der Bürgerschaft war. Der Schultheiß erhielt für seine Beanspruchung bei der Erhebung der Beet einen bestimmten Geldbetrag. Die Beet war eine, auf zwei Termine jährlich zu entrichtende Grundsteuer, die pauschal für das ganze Dorf erhoben wurde. Der Schultheiß hatte sicher seine Mühe, diese Summe jeweils gerecht unter allen Grundbesitzern aufzuteilen. Er erhielt von der Herrschaft ferner jährlich drei Malter Korn, war fronfrei, hatte aber, wie alle anderen, Teil an Allmend und Bürgernutzen und durfte auch zwei Schweine dehmgeldfrei ins „Äckerich", d. h. zur Eichelmast in den Hardtwald gehen lassen.

Da die Neureuter nun einen Teil ihrer Gemarkung zur Errichtung der Kolonie abgegeben hatten, mußte auch die Beet entsprechend geteilt werden. Auch dies ist im Lagerbuch festgelegt. In dieser Weise wurden auch noch andere Abgaben festgehalten, wie der jährlich, ebenfalls auf Georgii (23. April) und Michaelis (29. September), an den Amtmann zu entrichtende Vogtsgulden, weiterhin das Weidegeld für die Schafweide und schließlich drei Gulden für den kleinen Zehnten aus dem Gottesauer Feld, der damit offenbar pauschal abgelöst wurde.

Der Hauptteil des Neureut betreffenden Eintrags im Lagerbuch des Amtes Mühlburg bezieht sich auf die Hubenzinse. Es bestanden auf der ganzen Neureuter Gemarkung 56 Huben sowie 45 Morgen Äcker, Wiesen, Wald und Gehürst (Buschwald) außerhalb dieser Huben. Eine Hube mit Wiesen war 48 Morgen groß, wobei sich die Äcker auf 42 Morgen, die Wiesen auf sechs Morgen beliefen. Eine Hube ohne Wiesen hatte dagegen 36 Morgen. Dies war mehr als das alte Maß (32 Morgen Acker) aus dem Jahre 1563; es ist jedoch nicht bekannt, aus welchen Gründen sich die Größe einer Hube geändert hat. Entsprechend stieg aber auch der in Geld zu entrichtende Hubenzins, der 1563 vier Schilling Pfennige betragen hatte. Trotzdem war der Geldwert 1702 niedriger als 1563, so daß hinsichtlich dieser Abgabe durch die Geldentwertung eine Erleichterung eingetreten war. Von einer Hube mit Wiesen wurde als Hubenzins jährlich gereicht: vier Schilling und acht Pfennig, ein Malter Roggen und eineinhalb Malter und eineinhalb Vierling Hafer. Von einer Hube ohne Wiesen war dagegen die genannte Geldabgabe sowie ein Malter Roggen zu entrichten.

Die im Lagerbuch folgende Liste zeigt, daß es 14 Haushalte im Ort gab, die Anteil an den Huben hatten. Ein weiterer Grundbesitzer wohnte, nach Ausweis des Lagerbuchs, in Straßburg, war folglich nicht hierher zu rechnen. Es wird sicher nicht falsch sein, wenn wir die Zahl der Hubenbesitzer als einen Hinweis auf die Bevölkerungsziffer sehen. Demnach muß diese ungefähr auf den Stand von 1535 zurückgefallen sein, wo wir 13 Hubenbesitzer zählten. Auffällig ist, daß unter den 14 Haushalten, die Hubenbesitz hatten, allein vier Witwenhaushalte waren, so daß die Einwohnerzahl von Neureut im Jahre 1702 doch insgesamt recht niedrig angesetzt werden muß. Sie wird wohl nicht mehr als 50—60 betragen haben. Ein Vergleich mit der Huldigungsliste vom Jahre 1709 zeigt, daß diese Ziffer wohl annähernd richtig ist. Anläßlich der Huldigung für den Markgrafen Karl Friedrich wurden nämlich in Teutschneureut 19 Bürger, sieben Hintersassen, d. h. Einwohner, die nicht das Bürgerrecht besaßen sowie elf ledige männliche Einwohner über 15 Jahren gezählt. Dem entspricht wohl eine Gesamteinwohnerzahl von 100 Personen. Diese Vermehrung erklärt sich einmal durch Zuzug von außen, da 1709 eine ganze Reihe Namen festzustellen sind, die 1702 nicht erscheinen, zum andern dürfte die seitens der Gemeinde, anläßlich der Verhandlungen wegen der Ansiedlung der Refugianten, gemachte Feststellung, daß eine zahlreiche Jugend am Ort sei, sicher nicht übertrieben gewesen sein. Man kann also davon ausgehen, daß der durch die Kriegszeit entstandene Bevölkerungsverlust im Laufe des 18. Jahrhunderts wieder wettgemacht wurde.

Blicken wir noch auf die Besitzverteilung in Neureut, wie sie das Lagerbuch von 1702 zeigt, so müssen wir recht krasse Unterschiede feststellen. An der Spitze steht Hans Flor Meinzers Witwe mit 17 Hubenvierteln und drei Morgen Wiesen außerhalb dieser Huben. Dies war ein Besitz von viereinhalb Huben, wie er in der ganzen Geschichte Neureuts noch nicht vorgekommen war. Hier muß noch bedacht werden, daß die Witwe zuvor schon mehr als 53 Morgen für die Errichtung der Kolonie abgegeben hatte. Vermutlich war Hans Flor Meinzers Witwe im Erbgang zu diesem stattlichen Landbesitz gekommen. Ähnlich verhielt es sich wohl auch bei den anderen, wie Michael Ulrich, der $11^3/_8$ Hubenviertel besaß, oder dem Schultheißen Hans Jakob Meinzer mit $5^7/_8$ Hubenvierteln. Hans Martin Meinzer gehörte am wenigsten mit einem halben Hubenviertel und dreiviertel Morgen Wiesen.

Schon der Vergleich zwischen 1702 und 1709 zeigt, daß die Bevölkerungsziffer im Ansteigen begriffen war und sich im Laufe des 18. Jahrhunderts beträchtlich vergrößerte. Es versteht sich, daß dementsprechend auch die Besitzzerstückelung im Erbgang durch Aufteilung der Hubenviertel wieder zunahm.

3. Die Bevölkerungsentwicklung im 18. Jahrhundert

Erst Ende des 18. Jahrhunderts begann man in einzelnen Ländern Volkszählungen durchzuführen, die man auch heute noch als statistische Erhebungen ansehen würde. Für die Zeit vorher sind wir für die Frage der Bevölkerungszahl auf Schätzungen angewiesen, auf Unterlagen beruhend, die entweder im Zusammenhang mit Steuererhebungen oder bei hoheitlichen Akten, d. h. den Huldigungen für den neuen Landesherrn, entstanden sind. Zur ersten Gruppe gehören die Beraine oder Lagerbücher, zur zweiten die Huldigungslisten, die gerade im 18. Jahrhundert mit besonderer Sorgfalt angelegt wurden.

Von den Huldigungen haben wir schon im Mittelalter gehört, ebenso im Zusammenhang mit dem Bauernkrieg, als die an der Erhebung beteiligten Dörfer neu huldigen mußten. Von diesen Huldigungen sind jedoch keine Listen überliefert. Die erste Liste, in der wir die aus Neureut Huldigenden aufgeführt finden, stammt aus dem Jahre 1677 und entstand zur Huldigung für Markgraf Friedrich VII. Magnus. Diese Aufstellung soll zum Ausgangspunkt der nachfolgenden Übersicht gemacht werden, zuletzt wird die Aufzeichnung aus dem Jahre 1811 von der Huldigung für Großherzog Karl herangezogen werden.

Der Vorgang der Huldigung wird erstmals 1709 dargestellt, ausführlicher dann 1738. Die ganze Handlung trug durchaus mittelalterliches Gepräge, so daß wir von diesen Huldigungen auf frühere zurückschließen können. 1709 war die Huldigung der Städte und Ämter Durlach, Mühlburg, Graben und Staffort für den neuen Markgrafen Karl Wilhelm auf den 30. Juli 1709 festgesetzt worden. Am Sonntag zuvor hatten die Pfarrer in den Kirchen eine Huldigungspredigt über den Text Römer 13, 1—2 („Jedermann sei untertan der Obrigkeit, die Gewalt über ihn hat...") zu halten. Am folgenden Dienstag versammelten sich die männlichen, über 14 Jahre alten Untertanen der genannten Städte und Ämter, also etwa 1600 Mann, in Durlach vor dem Gasthaus zur Krone.

Dort wurde der Huldigungseid geschworen, dem Markgrafen „untertänig, getreu und hold zu sein, deroselben Nutzen, Frommen und Bestes jederzeit zu werben und zu befördern, auch vor Schaden zu warnen, dazu... Leib, Hab und Gut, Weib noch Kinder ohne höchstgedacht Ihrer fürstlichen Durchlaucht und dero Erben Vorwissen, Willen und Erlauben nicht zu veräußern, desgleichen deroselben Geboten und Verboten zu gehorsamen und sonst alles das zu tun, so getreue, gehorsame Leute und Untertanen von Rechts und Gewohnheit wegen gegen ihre Herrschaft zu tun schuldig und verpflichtet sind, alles getreulich und ohne Gefährde". Die Huldigungszeremonie schloß damit, daß jeder Bürger und Untertan einzeln dem Markgrafen die Handtreue gelobte. Anschließend erhielt jeder ein Maß Wein und anderthalb Pfund Brot, weil dies von altersher üblich war.

29 Jahre später fand die Huldigung nicht mehr in Durlach statt; inzwischen war Karlsruhe die neue Residenz geworden. Auch an der Huldigung selbst, wie aus der Beschreibung zu sehen sein wird, hatte sich etwas geändert: die Untertanen gelobten dem Markgrafen nicht mehr einzeln die Handtreue. Inzwischen war der Fürst seinen Untertanen ferner gerückt, so daß man diese altväterische Zeremonie beiseite setzte. Immerhin wurde noch insofern am alten Brauch festgehalten, als man den Huldigenden die hergebrachte Brotzeit nach dem alten Quantum spendierte.

Als am 12. Mai 1738 Markgraf Karl Wilhelm, der Gründer von Karlsruhe, starb, wurde eine vormundschaftliche Regierung für den minderjährigen Karl Friedrich eingesetzt, bestehend aus der verwitweten Markgräfin Magdalena Wilhelmina und dem Markgrafen Karl August. Der Tag für die Huldigung der Bürgerschaft der Städte Karlsruhe und Mühlburg sowie der Kolonisten zu Neureut und Friedrichstal und der Untertanen der Ämter Mühlburg, Graben und Staffort war auf den 21. Juli 1738 festgesetzt worden. Die Huldigung war wie üblich von allen männlichen Bürgern und Hintersassen vom 14. Lebensjahr an zu leisten. Es versammelten sich so an die 1500 Bürger auf dem Karlsruher Marktplatz, um dort der Regierung zu huldigen. Die geistlichen und weltlichen

Beamten mußten zusammen mit den Hintersassen und einigen wenigen Bürgern zum Schutz der Ortschaften daheim bleiben. Von den versammelten Personen kamen mehr als 250 aus Karlsruhe, 49 aus Welsch- und 83 aus Teutschneureut.

Nachdem die fürstlichen Personen vom Schloß ins Rathaus gekommen waren, wurde zunächst in der Ratsstube die Huldigung von Bürgermeister, Gericht und Rat der beiden Städte Karlsruhe und Mühlburg vorgenommen. Diese erhielten daraufhin die Bestätigung ihrer Privilegien. Dann nahm der Administrator vom Erkerfenster des Rathauses die Huldigung der auf dem Marktplatz versammelten Bürger entgegen; zuerst die der Bürger von Karlsruhe und Mühlburg, dann diejenige der Kolonisten von Friedrichstal und Neureut, weil diese nicht leibeigen waren, sondern ein besonderes Privileg besaßen. Schließlich kamen die übrigen Amtsuntertanen an die Reihe. Während sich anschließend die fürstlichen Personen mit Hofstaat und Regierungsbeamten zur Mittagstafel ins Schloß begaben, wurde an die Bürger, Kolonisten und Untertanen, die sich zum Eidschwur versammelt hatten, je ein Maß Wein und eineinhalb Pfund Brot ausgeteilt, „wobei sie sich nicht weniger auch lustig und fröhlich gemacht haben". Die Daheimgebliebenen hatten anschließend vor dem Oberamt ihren Huldigungseid zu leisten.

Ein weiterer Huldigungsakt fand am 6. Februar 1765 anläßlich des zwischen Baden-Durlach und Baden-Baden abgeschlossenen Erbvertrags statt. Dieser Vertrag bestimmte, daß beim Aussterben einer Linie des Markgrafenhauses dessen Lande an die überlebende Linie fallen sollten. Demgemäß hatten die baden-durlachischen Untertanen dem Markgrafen August Georg, die baden-badischen aber dem Markgrafen Karl Friedrich zur Bekräftigung des Vertrags zu huldigen. Die Huldigung der Bürger und Amtsuntertanen von Karlsruhe ging genauso vonstatten wie 1738, wobei Markgraf August Georg sich jedoch durch einen hohen Beamten vertreten ließ. Ebenso wurde die Huldigung von 1811 von Beamten angenommen. Die Untertanen hatten sich dazu eigenhändig in die Huldigungslisten einzutragen. Es war dies die letzte Huldigung, denn die inzwischen fortgeschrittene Entwicklung auf staatsrechtlichem Gebiet machte dem mittelalterlich anmutenden Zeremoniell ein Ende.

Die Huldigungslisten sollen hier nun als Quellen für die Entwicklung der Bevölkerung, insbesondere im 18. Jahrhundert herangezogen werden. Es liegt nahe, zugleich auch andere Quellen zu befragen. Es werden daher in der nachfolgenden Tabelle die Angaben der Beraine von 1482—1702 zusammengestellt. Darin sind jedoch nur die Grundbesitzer genannt, so daß die dort zu findenden Zahlen jeweils die Mindestanzahl der Haushalte angeben. Ferner wird davon ausgegangen, daß durchschnittlich vier Personen zu einem Haushalt gehörten. Die damit ermittelte vermutliche Einwohnerzahl stellt somit nur eine Mindestzahl dar, so daß die tatsächliche Ziffer durchaus höher gewesen sein könnte. Nur in einem Fall, bei dem Berain über die Kolonie Welschneureut aus dem Jahre 1701, wurde die Anzahl der Grundstücksbesitzer lediglich mit drei multipliziert, weil die Untersuchung ergeben hatte, daß ein verhältnismäßig großer Anteil der Kolonisten ledig, und die vorhandenen Familien in der Regel klein waren.

Die Huldigungslisten geben in den Jahren 1677, 1708 und 1738 die Namen der männlichen Einwohner über 14 Jahren an, seit 1763 offenbar nur die Namen der erwachsenen Bürger. Mit welchem Faktor diese Zahlenangaben multipliziert werden müssen, ergibt sich aus der von Pfarrer Roller 1763 veranstalteten genauen Zählung und aus einer Angabe in einem Visitationsbericht vom Jahre 1757. Demnach müssen die Zahlen der Huldigungslisten, die auch die ledigen Söhne aufführen, mit dem Faktor 4, die Zahlen der Listen, die nur die Bürger aufführen, mit dem Faktor 5 multipliziert werden, um die vermutliche Einwohnerzahl ermitteln zu können. Zur Kontrolle konnte hier noch das Ergebnis der ersten allgemeinen Volkszählung aus dem Jahre 1804 herangezogen werden, wonach Teutschneureut 659 Einwohner hatte, von denen 333 männlich und 326 weiblich waren und alle der lutherischen Konfession angehörten; in Welschneureut waren es 328 Einwohner, davon 154 männliche und 174 weibliche. 153 gehörten der lutherischen, 175 der reformierten Konfession an.

Überblickt man die Tabelle insgesamt, so zeigt es sich, daß man im 18. Jahrhundert fast von einer Bevölkerungsexplosion sprechen kann. In Neureut hatten sich die Einwohner wohl um das Zehnfache vermehrt, in Welschneureut etwa verdoppelt. Bedenkt man jedoch die schlechte Ausgangslage des entvölkerten Neureut zu Beginn jedes Jahrhunderts, so muß gewiß ein großer Teil dieser Vermehrung durch Zuzug von außen erfolgt sein. Geht man daher von der etwas besser gesicherten Zahl aus dem Jahre 1709 aus, so dürfte sich die Einwohnerzahl von Welschneureut im Laufe des 18. Jahrhunderts etwa vervierfacht haben. Die beiden Dörfer stehen mit diesem Ergebnis natürlich nicht allein; vielmehr spiegelt sich hier nur das allgemeine Anwachsen der Bevölkerung in Mitteleuropa innerhalb des besprochenen Zeitraums wider.

Beachten Sie bitte die Tabelle auf der nächsten Seite

Bevölkerungsentwicklung im 18. Jahrhundert

Jahr	TEUTSCHNEUREUT						WELSCHNEUREUT					
	Grundbesitzer	Bürger	Hintersassen	Ledige	Einwohner geschätzt	Einwohner tatsächl.	Grundbesitzer	Bürger	Hintersassen	Ledige	Einwohner geschätzt	Einwohner tatsächl.
1482	9				40							
1535	13				50							
1563	25				100							
1677		20	4	11	100							
1701							58				180	
1702	14				60							
1709		19	7	11	150			32		6	150	
1738		48	9	31	350			25	9	15	200	
1757						390						
1763						394						
1765		70	6		380			34	5		195	
1804						659						328
1811		131			655			67	2		345	

4. Dorfleben in Neureut: Kirche, Schule und Gemeinde

Für Menschen des 20. Jahrhunderts ist es schwer, wenn nicht gar unmöglich, sich die Lebensverhältnisse der Vorfahren vorzustellen. Die Quellen, die wir hierüber besitzen, sind freilich auch nicht sehr zahlreich. Zu den wenigen direkten Quellen gehören die kirchlichen Visitationsberichte, in denen die Zustände freilich mit den Augen des Dekans oder Pfarrers gesehen werden, der je nach der Auffassung, die er von seinem Amt hatte, die Zustände so oder so schilderte. Als zweite Quelle kommt — ebenfalls aus dem kirchlichen Bereich — noch eine andere hinzu. Es sind die Berichte der Pfarrer über ihre Gemeinde, die diese auf den Synoden, die in unregelmäßigen Abständen stattfanden, zu erstatten hatten. Zweck dieser Berichte war es, daß die Pfarrer des Bezirks miteinander die Probleme in den einzelnen Gemeinden besprechen und sich gegenseitig Ratschläge geben sollten. Problematisch ist freilich, daß beide Parteien die Zustände in der Gemeinde als durchaus zufriedenstellend schilderten, wenn sich Pfarrer und Ortsobrigkeit gut verstanden, um sich gegenseitig weitere Scherereien zu ersparen. Derselbe Vorbehalt muß wohl auch für die Berichte gelten, die die Pfarrer für die Synoden erstellt haben. Gewiß wollte sich keiner der Pfarrer gänzlich bloßstellen, indem er die Zustände in seiner Gemeinde in schlechtestem Licht erscheinen ließ. Trotz dieser Einschränkungen müssen wir in beiden Arten von Berichten wertvolle Quellen für das Dorfleben im 18. Jahrhundert sehen.

Siegel der Gemeinde Teutschneureut mit der Gottesauer Madonna, vermutlich aus dem 18. Jahrhundert

Bevor wir jedoch die Berichte betrachten, die naturgemäß vor allem auf die Bereiche von Kirche und Schule eingehen und vornehmlich die zweite Hälfte des 18. Jahrhunderts betreffen, einige Vorbemerkungen. Das ursprüngliche Filialverhältnis von Neureut zu Eggenstein scheint um 1600 auf Knielingen übertragen worden zu sein. Demnach hatte der Diakon, der zweite Geistliche in Knielingen, die Gemeinde Neureut zu betreuen. Die Neureuter verlangten jedoch, daß der Diakon zu ihnen ziehen solle und versprachen, ihm ein Haus zu bauen. Dies wurde gestattet und der nunmehrige Neureuter Pfarrer erhielt die Knielinger Diakonsbesoldung weiter. Die Gemeinde Neureut stellte ihm wohl ein Haus zur Verfügung, jedoch zeigte sich bald, daß die Besoldung für eine eigene Haushaltung zu gering war und erhöht werden mußte. Die ersten Neureuter Pfarrer sind in den Jahren 1605—1675 nachweisbar. In den Wirren des Turennischen oder Holländischen Kriegs ging die Pfarrei dann ein; wahrscheinlich war auch die geringe Besoldung daran schuld, daß Neureut nun eine Filiale von Eggenstein wurde. Es mußte damals auch Mühlburg von Knielingen aus betreut werden, so daß man gezwungen war, die alte Verbindung nach Eggenstein neu zu knüpfen, die dann bis 1721 bestand. Hierauf war Neureut bis 1731 nach Mühlburg eingepfarrt, bis man wieder einen eigenen Pfarrer nach Neureut schicken konnte.

Inzwischen war 1714 die Kirche in Teutschneureut durchgehend renoviert worden. 1723 wurde von der Gemeinde der Antrag gestellt, ihr einen eigenen Pfarrer zuzuweisen, da der Pfarrer Halbusch von Mühlburg nur alle 14 Tage nach Teutschneureut kam, „und dahero die Jugend aus Mangel der Kinderlehre in ihrem Christentum schlecht instruiert würde". Das Gesuch wurde jedoch abgelehnt. Man war der Ansicht, daß Neureut von Mühlburg aus gut betreut werden könne. Die Neureuter ließen jedoch nicht locker und stellten 1727 den gleichen Antrag, in dem sie die Gründe noch eindringlicher darlegten. Man habe die vor dem Krieg in Neureut bestandene Pfarrstelle mit der Mühlburger zusammengelegt, weil die Bevölkerung zu sehr abgenommen hatte. Jetzt seien aber wieder 250 Seelen im Ort; so viele hätte es vor dem Krieg sicher nicht gegeben. Die Alten müßten oft ohne geistlichen Beistand sterben, der Schulmeister würde schlecht beaufsichtigt und somit die Jugend vernachlässigt.

Erst 1731 wurde jedoch der Beschluß gefaßt, die Filiale Neureut wieder mit einem eigenen Pfarrer zu versorgen. Dies stieß allerdings auf den Widerstand des Mühlburger Pfarrers, dem mit dieser Regelung eine Schmälerung seiner ohnehin nicht sehr reichlichen Einkünfte zugemutet wurde. Das Problem wurde so gelöst, daß dem Pfarrer Halbusch von Mühlburg von seiner Gemeinde ein Ausgleich bezahlt, dem Pfarrer von Neureut aber zugleich die Schulmeisterstelle übertragen wurde. Für den neuen Pfarrer, Johann Zacharias Deubler, zuvor Präzeptor am Pforzheimer Waisenhaus, war Neureut eine Anfangsstelle, so daß er sich mit der ihn dort erwartenden schmalen Besoldung abfinden mußte. Schon im nächsten Jahr (1732) klagte Deubler darüber, daß ihm seine Jahresbesoldung nur ein Vierteljahr zum Lebensunterhalt ausreiche. Auch der Mühlburger Pfarrer beschwerte sich weiter über die Verschlechterung seiner Besoldung. Nach seiner Versetzung vereinigte man 1734 die Pfarreien Neureut und Mühlburg wieder, so daß Pfarrer Deubler nun beide Gehälter bekam. Jedoch wurde dieser Zustand wiederum als unbefriedigend angesehen und der Plan gefaßt, die Pfarrei Mühlburg erneut zu besetzen und Pfarrer Deubler bei nächster Gelegenheit eine bessere Stelle zu geben. Dies geschah schon 1736. An Deublers Stelle kam Johann Jakob Dürr, seither Vikar in Spöck, nach Neureut. Aber auch Dürr mußte bald feststellen, daß die Neureuter Besoldung nicht ausreichte, so daß er schon im folgenden Jahr 1737 um eine Versetzung bat. Zwar wurde dieses Gesuch abschlägig beantwortet, aber Dürr hielt 1738 beim Tode des Markgrafen Karl Wilhelm auf eigenen Wunsch eine Leichenpredigt im Karlsruher Gymnasium, so daß er für seinen Fleiß belobigt wurde und man ihm in Aussicht stellte, bei der nächsten Stellenbesetzung an ihn zu denken. Dies geschah schon 1739 und an Dürrs Stelle trat der Kandidat Johann

Georg Ziegler von Kandern. Dieser beklagte sich erst 1743 über seine schlechten Einkommensverhältnisse und bat um eine Besoldungsverbesserung, die ihm jedoch abgeschlagen wurde. Freilich verließ auch Ziegler bald wieder Neureut, jedoch brachen die Klagen über die schlechte Besoldung nicht ab. Die jungen Theologen, die froh sein mußten, daß sie eine ständige Stelle bekamen, strebten alsbald wieder fort, so daß Neureut nur eine Durchgangsstelle blieb.

Es kam auch vor, daß einer die ihm angebotene Neureuter Pfarrstelle ausschlug. Es handelte sich hierbei z. B. um den Hof- und Stadtvikar Baumgärtner, der gegen die Versetzung nach Neureut den gewichtigen Grund anführen konnte, daß dort seine Eltern lebten und fast der ganze Ort mit ihm verwandt sei, so daß er das Pfarramt dort nicht „mit gehöriger Schärfe und obhabenden Pflichten nach unmöglich gewissenhaft verwalten könnte". Ein weiterer Kandidat, dem man 1767 die Pfarrei Neureut zugedacht hatte, als man den Pfarrer Roller, der im Jahr zuvor beträchtlichen Schaden durch das Rheinhochwasser erlitten hatte, versetzen mußte, schlug die „Gnade", nach Neureut zu kommen, aus und bat, eine Pfarrstelle im Elsaß annehmen zu dürfen.

Was nun die Schulmeisterstelle betraf, so wird 1690 ein Schulmeister Hans Konrad Stober in Neureut genannt. Sein Vorgänger war Hans Ulrich Klein. Die Schulmeisterstelle wurde dann — wie bereits erwähnt — 1731 mit Errichtung der Pfarrstelle gestrichen, da nunmehr der Pfarrer selbst Schule halten sollte. Aus der Zeit des zweiten Pfarrers Johann Jakob Dürr, aus dem Jahre 1737, besitzen wir den ersten Visitationsbericht eines Karlsruher Dekans über Neureut. Da der Pfarrer gerade erst eingesetzt worden war, wird lediglich die Klage vermerkt, daß der vorherige Pfarrer, der zugleich den Schuldienst zu versehen hatte, die Kinder sehr vernachlässigt habe. Dies hat sich im folgenden Jahr gebessert: die Gemeinde rühmt den besonderen Fleiß, den Pfarrer Dürr in seinem Amt, sowohl im Gottesdienst als auch in der Schule, zeigte. Dies konnte der Dekan auch bei der Prüfung der Schuljugend feststellen. Jedoch — und hier kommt der Pfarrer zu Wort — werden die meisten Kinder den Sommer über für häusliche Arbeiten daheim behalten und müssen so die Schule versäumen. Der Dekan fügt in seinem Bericht noch an, daß das Gehalt des Pfarrers sehr schlecht sei und es billig wäre, wenn er eine Aufbesserung zu hoffen hätte. Es wundert uns daher nicht, daß die Neureuter Pfarrei im nächsten Jahr 1739 schon wieder verwaist und Pfarrer Dürr nach Söllingen versetzt worden war.

Bei der Visitation 1740 befindet sich sowohl ein Pfarrer als auch ein Schulmeister in Neureut, jedoch am Pfarrer wird ausgesetzt, daß er den Schulmeister nicht gut genug beaufsichtigte. Dieser neue Pfarrer hieß Johann Georg Ziegler und kam 1739 nach Neureut. Als 1742 die Visitation zu ihm kam, lag er gerade am Fieber darnieder. Er und seine Frau seien in den drei Jahren ihres Neureuter Aufenthaltes ständig krank gewesen, gab er an. Da er aus Kandern im Oberland stammte, so schien ihn — nach Ansicht der Visitatoren — das Heimweh zu plagen, da er sich auch nichts sehnlicher wünschte, als in die Gegend um Kandern versetzt zu werden. Es wird anerkannt, daß der junge Pfarrer auf der

Neureuter Stelle wegen des geringen Gehalts sein Vermögen noch nach und nach verzehren werde, vor allem, wenn seine Gesundheit weiterhin so schlecht sei. Abgesehen davon erhielt der Pfarrer ein gutes Zeugnis, er führt einen „erbaulich frommen Lebenswandel". Gegen die Gemeinde hat er keine Klagen vorzubringen, im Gegenteil gibt er an, daß sie ihm in seinem Amt wohl an die Hand gehen würde. Als Soldaten im Dorf lagen, sei der Sonntag mit Tanzen und Spielen oft entheiligt worden, nun sei aber wieder Ordnung eingekehrt, außer, daß manche Einwohner sonntags nach Karlsruhe liefen und dort mit den Juden Handel trieben oder einfach fischen gingen. Die lutherischen Einwohner in Welschneureut kämen nach Teutschneureut in die Kirche. Beanstandungen gäbe es nur bei Verhandlungen mit dem reformierten Anwalt in Welschneureut.

Auch die Gemeindevorsteher waren mit dem Pfarrer zufrieden. Sie bedauerten es, daß die Pfarrbesoldung so gering sei, daß ein Pfarrer damit nicht auskommen könne, und sie wegen des häufigen Wechsels auch häufige Unkosten hätten. Den Mißstand führten sie darauf zurück, daß ein Teil der ursprünglichen Besoldung nunmehr nach Mühlburg geliefert werden müsse.

Auf die Frage der Visitation nach den früheren Pfarrern am Ort wußte man nichts zu berichten. Diese Antwort war allerdings unzutreffend, denn aus dem Vorwort zu dem von Pfarrer Wilhelm Wix im Jahre 1758 angelegten dritten Kirchenbuch erfährt man, daß nach Aussage der Bürger die Gemeinde immer einen eigenen Pfarrer gehabt habe, und ein alter Mann sogar die Namen von acht oder neun Geistlichen hätte angeben können. 1714 mußte der Pfarrer zu Eggenstein, Wendelin Schütz, alle 14 Tage in Neureut predigen. 1721 kam die Gemeinde „fast wider Willen" zu Mühlburg, und der dortige Pfarrer Christian Halbusch hatte alle Sonn- und Feiertage in Neureut zu predigen und alle anderen kirchlichen Handlungen zu verrichten, bis es endlich die Gemeinde „durch viele Vorstellungen" so weit brachte, daß man ihnen einen eigenen Pfarrer gab. Der erste war Johann Zacharias Deubler, der am 11. Juli 1731 nach Neureut berufen wurde. Er wurde 1736 nach Knielingen versetzt. Sein Nachfolger, Johann Jakob Dürr, war nur bis 1739 am Ort, bis er nach Söllingen kam. Ihn löste Pfarrer Johann Georg Ziegler ab, der hier seine erste Stelle innehatte. Er mußte an Sonn-, Fest- und Feiertagen predigen, wie es auch an anderen Orten üblich war. Die Freitagspredigten wurden nur im Winter gehalten, sommers wurde stattdessen eine Betstunde abgehalten. Ferner gab es Betstunden am Dienstag und Donnerstag, sommers morgens in der Frühe, winters um zehn Uhr. Am Samstagabend war der Vespergottesdienst. Das Almosen wurde vierteljährlich an die Geistliche Verwaltung abgeliefert und kam dem Pforzheimer Waisenhaus zugute. Hebammen gab es zwei am Ort, wovon die ältere ein Wartgeld erhielt.

Der ausführlichen Visitation von 1742 folgte eine kürzere. Es wird aber vermerkt, daß der Pfarrer sehr nach einer Versetzung ins Oberland seufzt, „weilen er sonsten das Seinige nach und nach zusetzen müsse". Daneben klagte er mit dem Schulmeister, daß die Gemeinde dem letzteren versprochen habe, ihm etwas Geld geben zu wollen, „wenn er das Orgelschlagen lernen würde", daß sie dieses Versprechen aber nicht gehalten habe.

1747 war die Situation der Gemeinde unverändert. Das Seufzen des Pfarrers Ziegler war aber erhört worden; an seiner Stelle stand nun seit zwei Jahren Jakob Christoph Friesenegger. Er hatte eine alte Bibliothek und las nichts weiter, als was er für seine Predigten brauchte, die er konzipierte und ordentlich vortrug. Wegen des Kirchenbesuchs hatte der Pfarrer lediglich zu klagen, daß die Erwachsenen — ausgenommen Anwalt Sutor — nur spärlich in die Katechismuslehre kämen. Auch Pfarrer Friesenegger klagte über sein knappes Gehalt und bat um Aufbesserung. Über die Ortsvorsteher hatte er sich nicht zu beschweren, außer, daß sie etwas „schläferig" seien. Diese hinwiederum, Schultheiß Johann Daniel Gimpel und Anwalt Johann Sutor, hatten nichts am Pfarrer auszusetzen, außer daß er „der bösen Jugend zu gelind und zu stille" sei. Schulmeister war nach wie vor Abraham Layh, Bürger und Weber zu Neureut. Er erhielt lediglich in seiner Eigenschaft als Mesner etwas Getreide von der Gemeinde zur Besoldung. Bevor man wieder einen Pfarrer nach Neureut bekam, saß der Schulmeister in der jetzigen Pfarrwohnung und hatte auch die Nutzung des Pfarrgartens. Pfarrer Dürr übertrug Layh die Schule und gab ihm dafür von seiner Besoldung jährlich zwei Malter Getreide und zwei Gulden 30 Kreuzer in bar sowie 30 Kreuzer Schulgeld von jedem Kind. Der Schulmeister gab an, daß er vom Schulgeld noch einiges ausstehen habe. Richtig Schule wurde jedoch nur im Winter gehalten, sommers fand lediglich an Sonn- und Feiertagen vor dem Gottesdienst eine Schulstunde statt. Schwierigkeiten machten die Lutheraner, die in Welschneureut wohnten und ihre Kinder erst zur Schule schickten, kurz bevor sie zum Abendmahl gehen sollten. Vorher gingen sie zum reformierten Schulmeister in Welschneureut, weil dieser kein Schulgeld verlangen durfte, da er eine sehr gute Besoldung hatte.

Anläßlich der nächsten Visitation, am 15. Juni 1748, wurde der neue Pfarrer Johann David Föckler investiert, da Pfarrer Friedenegger nach Schopfheim versetzt worden war. Neureut war für den jungen Pfarrer die erste Anstellung. Er war noch unverheiratet und sein Vater, ein Zollschreiber zu Schröck, wünschte, daß sein Sohn eine junge Bauernwitwe heiraten sollte. Dekan und Oberamtmann hielten das nicht für ratsam, denn „es möchte die sonst in der Gemeinde zu hoffende Erbauung dadurch nicht wenig gehindert werden". Man hatte also Vater und Sohn von dieser Ehe abgeraten; der Vater jedoch blieb dabei, der Sohn verhielt sich passiv, gab aber zu, daß die Sache ihm große Sorge mache. Der Heiratsplan scheint sich dann doch zerschlagen zu haben, denn im folgenden Jahr war der Pfarrer immer noch ledig.

Der Visitationsbericht des Jahres 1749 bringt einige interessante Angaben. Die Anzahl der Kommunikanten, d. h. der Gemeindeglieder, die zum Abendmahl gingen, betrug 260. Schulkinder waren es 43, die Einwohnerzahl der Gemeinde dürfte daher um 350 betragen haben.

Schulunterricht gab es im Sommer nach wie vor nur an Sonn- und Feiertagen. Die Winterschule ging von Michaelis (29. September) bis Ostern, wobei täglich außer samstags von zwölf bis zwei Uhr Unterricht war. Der Schulmeister wird gelobt, die Kinder könnten gut lesen und das Gelernte auswendig hersagen und hätten schöne Handschriften. „Nicht wenig" fand man zu loben, daß der Schulmeister die Kinder auch im Rechnen übe.

Im Jahre 1751, bei der nächsten Visitation, war Pfarrer Föckler immer noch ledig. Vielleicht traute er es sich bei der schlechten Besoldung nicht zu, eine Familie zu gründen. Der Dekan stellt auch fest, daß für das Rathaus, in dem der Pfarrer wohnte, eine „Haupt-Reparation" notwendig sei und hat der Gemeinde empfohlen, eine diesbezügliche Bittschrift an das Oberamt zu richten. Der Unterricht des Pfarrers bekam, wie bei der letzten Visitation, wieder eine schlechte Note. 1749 spürte der Dekan bei der Kinderlehre „keinen so großen Segen", jetzt stellt er im Katechismusexamen bei den Christenlehrpflichtigen „wenig Erfreuliches" fest. Einzig ein Bursche fiel durch eine Antwort auf, die kein „studiosus theologiae" besser hätte geben können. Freilich kam dieser „Baurenbub" aus dem Württembergischen, „und ist daraus zu ersehen", schließt der Dekan, „daß dorten es in Kirch- und Schulen sehr wohl bestellt sein muß".

Es war unstreitig ein Nachteil für die Neureuter Gemeinde, daß die Pfarrstelle so schlecht besoldet war. Eine Tabelle aus dem Jahre 1757 mit Angaben über die Pfarrer der Diözese Karlsruhe zeigt uns, daß die Besoldung in Neureut zu den schlechtesten des Bezirks gehörte. Auf 200 Gulden schätzte der Neureuter

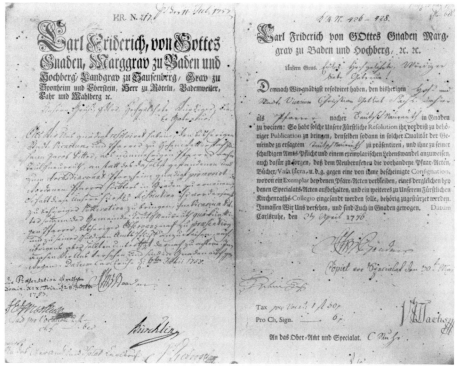

Bestallungsurkunden von Pfarrer Ritter (1753) und Pfarrer Christian Sachs (1776) in Teutschneureut

Pfarrer Johann Jakob Ritter sein Einkommen, ebensoviel hatte der Pfarrer von Hagsfeld, etwas weniger nur hatten die Pfarrer von Rußheim und Söllingen, während der Karlsruher Stadtpfarrer 660 Gulden erhielt und die beste Landpfarrei Liedolsheim mit 500 Gulden Gehalt war. Die schlechter dotierten Pfarreien hatten freilich auch weniger Gemeindeglieder; in Teutschneureut waren es 390, wozu noch 70 aus dem welschen Dorf kamen. Dennoch verlangte Pfarrer Ritter wegen häufiger Krankheit und nicht hinlänglicher Besoldung die Versetzung an eine bessere Stelle. Dieser Wunsch wurde ihm erfüllt; im folgenden Jahr wurde er nach Graben versetzt, wo die Besoldung nach den Angaben seines Vorgängers freilich nicht erheblich höher war als in Neureut.

1754 wurde eine neue Regelung eingeführt, wonach die Pfarrer anhand von 14 Fragen für die jährliche Bezirkssynode über ihre Gemeinde berichten sollten. 1758 erstattet der neu ins Amt gesetzte Pfarrer Friedrich Wilhelm Wix Bericht, daß es für die Verbesserung des wahren Christentums und zur Verherrlichung Gottes tunlich wäre, daß man die Gotteshäuser an einigen Orten besser bauen und zieren würde, damit sie nicht schlechter dastünden als die Privathäuser. Vermutlich hatte er damit die Neureuter Kirche gemeint.

Um den Verstößen gegen die Heiligung des Sonntags entgegenzuwirken, wolle er beeidigte Leute aufstellen, die solche Übertretungen verhindern sollten. Andererseits wolle er aber die Gestaltung des Sonntagabends jedem einzelnen überlassen; von dem Vorschlag, die Gemeinde zum Gesang geistlicher Lieder vor dem Pfarrhaus oder in der Schule zusammenzurufen, halte er nichts, denn ein rechtschaffener Christ würde diese gottgewidmeten Stunden ohnehin zu seinem Heil anwenden, mit Beten, Lesen und Singen.

Im Jahre 1759 weiß Pfarrer Wix auf die Synodalfragen nichts weiter vorzubringen, ebenso im folgenden Jahr. Es hat also den Anschein, daß er von der Beantwortung dieser Fragen nichts für die Verbesserung des kirchlichen und sittlichen Lebens erwartet.

Bei der Visitation im Jahre 1759 ist Pfarrer Wix noch ledig und will es allezeit für eine Gnade ansehen, wenn man ihn auf eine bessere Stelle versetzen würde. Der Pfarrer und die Ortsvorsteher, der Schultheiß Jakob Mainzer, Anwalt Friedrich Georg Baumgärtner, Almosenpfleger Jakob Autenrieth und der Bürgermeister Jakob Breithaupt, stellten sich gegenseitig ein gutes Zeugnis aus. Auch mit dem Schulmeister Abraham Layh, der schon 22 Jahre in der Gemeinde lehrte, war man zufrieden. Das Pfarrhaus war gerade neu erbaut, wenn auch noch nicht ganz fertiggestellt. Die Schule befand sich immer noch unten im Rathaus. Die Gemeinde zählte nun 300 Kommunikanten. Klage wurde geführt wegen der Lutherischen in Welschneureut, die Schule und Kirche versäumten.

1760 wohnten in Teutschneureut 300 Kommunikanten und 70 Schulkinder. Der Pfarrer war immer noch ledig. Die Kirche mußte geweißt und der Kirchturm repariert werden. In der Schule wurde alles richtig befunden, außer daß die Kinder beim Aufsagen zu schnell sprachen, damit sie früher fertig würden. Die

Schwierigkeiten mit den Lutheranern in Welschneureut bestanden immer noch, da sie keine richtige Aufsicht hatten, denn die Reformierten in diesem Dorf, obwohl sie etwa nur die Hälfte der Bewohner ausmachten, besetzten alle Ortsvorsteherstellen. Bei Mischehen richtete sich die Konfession der Jungen nach der des Vaters und die der Mädchen nach der der Mutter.

Bei der Visitation 1761 war wieder einmal ein neuer Pfarrer in sein Amt einzuführen. Sein Name war Gottlieb Friedrich Roller. Bei der Prüfung der Schuljugend wurde bemerkt, daß die Kinder bessere Kenntnisse zeigen würden, wenn man im Winter visitieren würde, da dann regelmäßiger Schulbesuch stattfand. Unter den besten Schülern gelangte ein Gulden als Preis zur Verteilung. Die Kenntnisse der ledigen Leute im Katechismus waren nicht gut; die beste war die Tochter des verstorbenen Schultheißen Mainzer. Dem Pfarrer wurde befohlen, sich der Unterrichtung dieser Leute mehr anzunehmen. Ansonsten konnte nichts weiter visitiert werden, da der Pfarrer erst der Gemeinde vorgestellt worden war.

Der Erfolg der Ermahnungen zeigte sich schon im nächsten Jahr: 1762 waren die Christenlehrpflichtigen besser unterrichtet, dem Pfarrer wurde auch bescheinigt, daß er die Gabe zu unterrichten habe. In bezug auf die Sonntagheiligung wird angegeben, daß diese vornehmlich durch die Ausfahrten der Karlsruher gestört werde. Die Zahl der Schulkinder war nun auf 80 gestiegen, die Winterschule begann am 23. Oktober und endete an Georgii (23. April). Die Schulstunden waren Montag, Dienstag, Donnerstag und Freitag von 12 bis 2 oder 3 Uhr, sonntags vor der Kinderlehre.

Auch im Jahre 1763 hatte der Dekan bei der Katechismusprüfung der jungen Leute Fortschritte zu bemerken. Die Prüfung der Schuljugend fiel gut, so „daß man diese Kinder zwar nicht unter die besten, doch aber unter die guten setzen kann". Klagen wurden bei dieser Visitation — außer den üblichen (Gehalt des Pfarrers, Gassenschwärmen der jungen Leute usw.) — keine vorgebracht. Bemerkenswert ist jedoch, daß der Pfarrer auf diese Visitation ein Register sämtlicher Haushaltungen anzulegen hatte, mit Angaben über die Anzahl der Personen und ob sich in diesem Haushalt eine Bibel oder wenigstens ein Neues Testament befand. Dieses Register gibt ein genaues Bild von der Zusammensetzung der Bevölkerung in Neureut, da es — für heutige Begriffe — die erste Bevölkerungszählung in Neureut darstellt. Man zählte 89 Haushaltungen und 156 Eltern, also eine ganze Reihe von Häusern mit Witwen oder Witwern. Hinzu kamen 224 Kinder sowie 14 Dienstboten. Insgesamt zählte Teutschneureut im Jahre 1763 also 394 Seelen. Die verhältnismäßig geringe Anzahl der Dienstboten ist nicht überraschend, hingegen mag die Zahl der Kinder je Haushalt gering erscheinen. Festzuhalten bleibt hier, daß es einige Haushalte mit großer Kinderzahl gab. An der Spitze steht die Familie Michael Kaufmann mit elf Kindern, ihr folgen zwei Familien mit acht Kindern sowie drei Familien mit sechs Kindern. Bezüglich des eigentlichen Anlasses dieser Volkszählung ist zu sagen, daß von den 89 Haushaltungen 42 Bibeln, 23 das Neue Testament besaßen. Die restlichen wohnten entweder bei anderen, die eine Bibel hatten, oder konnten altershalber nicht mehr lesen; zwei waren katholisch, es blieben also noch 14 Haushaltungen, „welche nöthig hätten, sich noch mit dem göttlichen Worte zu versehen".

Pfarrer Roller klagt 1764 über die schlechte Kindererziehung bei den Bauersleuten, die sich auch nicht durch gütliches Zureden bessern wolle. Er hielt es in seiner Gemeinde — wie auch in anderen — für den Hauptfehler, daß die Eltern ihren Söhnen alles zuließen, sobald diese dem Fuhrwerk und der harten Feldarbeit gewachsen waren. Ja, manchmal schrieben gar die Söhne den Eltern vor, was sie zu tun und zu lassen hätten und die Eltern müßten gehorchen, aus Furcht, die Söhne würden Soldaten oder gingen in die Fremde.

Im folgenden Jahr beschränkt sich Pfarrer Roller auf die kirchlichen Handlungen: bei der Taufe mißfiel es ihm, daß es Sitte war, den Täufling durch die Hebamme bei den verschiedenen Paten herumreichen zu lassen. Diese unnötige Zeremonie störte seiner Ansicht nach die Andacht, vor allem, wenn es mehr als vier Paten seien. Er hielt es für besser, wenn der Täufling nur von einem Paten gehalten werde. Er klagt ferner über eine katholische Frau, die ihre Töchter zum katholischen Gottesdienst mit nach Karlsruhe nehme, obwohl ihr Mann lutherischer Religion sei, ferner über ein Gemeindeglied, das trotz vielfältiger Ermahnung nicht zu Beichte und Abendmahl komme.

Bei der Visitation 1765 wurde der Gemeinde ein neuer Provisor vorgestellt; es war der Sohn des seitherigen Schulmeisters Abraham Layh, der seinem Vater seither schon an die Hand gegangen war und nun, nach Ablegen des Examens, als Hilfslehrer eingestellt wurde. Schulmeister Layh, der 59 Jahre alt war und schon 29 Jahre die Schulmeisterstelle in Neureut versah, hatte bei 74 Schulkindern eine Hilfe nötig. Die neue Kraft in der Neureuter Schule konnte sich bald bewähren. Anfang 1768 wurde befohlen, in den Schulen den Geometrieunterricht einzuführen. Dies war eine Neuerung, denn bislang war der Unterricht an den Volksschulen rein kirchlicher Natur gewesen: außer Lesen und Schreiben hatte man den Katechismus, das Spruchbuch, geistliche Lieder und Psalmen auswendig gelernt. Hervorgehoben wurde immer, wenn ein Lehrer seine Kinder auch im Rechnen übte. Nun bekam man auch „geometrische Instrumente" aus Karlsruhe, also Zirkel, Lineal und Dreieck, mit deren Hilfe der Provisor mit den „tüchtigen Schulknaben" Geometrie betrieb. Daß dieses neue Fach freilich als Besonderheit empfunden wurde, zeigt sich daran, daß der Pfarrer anfragte, ob diese Lektionen während oder außerhalb der gewöhnlichen Schulstunden gehalten werden sollten. Zugleich betonte er aber auch, daß der Geometrieunterricht wegen der bevorstehenden Konfirmation in kleinerem Umfang betrieben werden müsse.

Im Jahre 1766 machte dem Pfarrer die Kindererziehung wieder Sorgen. Diesmal war es aber die scharfe Zucht, die manche Eltern hielten, weswegen sich ihre erwachsenen Kinder unerlaubt in fremde Dienste begaben. So sei neulich eine Tochter, nur weil sie zu Hause zu Arbeit und guter Ordnung angehalten wurde, nachts „entloffen" und habe sich nach Basel begeben.

Im Verhältnis zu der reformierten Gemeinde in Welschneureut war das Problem aufgetreten, daß diese nicht das Fest der Verkündigung Mariens (25. März) feierte, und die dort wohnenden Lutheraner deshalb auch an diesem Tag ihren werktäglichen Geschäften nachgingen und den Gottesdienst in Teutschneureut versäumten. Aber noch Schlimmeres weiß Pfarrer Roller über das welsche Dorf zu berichten: dieser Ort sei „ein vollkommenes Asylum der Huren". Dem „anderwärts hergeloffenen und nichtswürdigen Hurengeschmeiß" werde in Welschneureut Aufenthalt gegeben, wo sie hernach „die eingesessenen Mannsbilder auf ihre bösen Wege" verführten, „wie sich bereits zwei dergleichen Exempel" ereignet hätten, seit Pfarrer Roller am Ort sei. Auch Dirnen, denen bereits das Land verboten worden war, würden in Welschneureut geduldet und der Pfarrer hoffe, daß hier von der Obrigkeit ein Einsehen geschähe. Aber im folgenden Jahr 1767 war deswegen noch nichts erfolgt, so daß noch immer über diesen Übelstand geklagt werden mußte.

Lange war Pfarrer Roller nicht mehr in Neureut. 1767 kam als sein Nachfolger Johann Georg Meschenmoser. In seinem Bericht für die Synode 1769 empfiehlt er für die Hebung des religiösen Lebens die Befolgung dessen, was der Katechismus lehrte. Auf die Frage, was der Pfarrer zur Hebung guter kirchlicher Ordnung vorzuschlagen wisse, schrieb er, daß ein Pfarrer, je weniger er „von der Gunst und Wohltat der Gemeinde in Ansehung seines Unterhalts leben darf", desto unerschrockener zur „Herstellung und Beobachtung guter Kirchendisziplin verhilflich sein" könne. Sonst werde „ein reichlich besoldetes" Ober- und Dekanatamt die geeigneten Maßnahmen gegen die Undisziplinierten ergreifen müssen. — Wir sehen also, daß auch Pfarrer Meschenmoser über das schlechte Einkommen der Neureuter Pfarrei klagte und dabei den richtigen Grundsatz aussprach, daß die finanzielle Abhängigkeit des Pfarrers von den Gemeindegliedern für die Ausübung seines Amtes hinderlich sei.

Von der Visitation des Jahres 1770 ist ein umfangreiches Protokoll erhalten, das sich besonders mit der Schule beschäftigt. Vor allem aber wird hier eine ausführliche Statistik des gesamten Schulbetriebs geliefert. Demnach gingen 81 Kinder in die Schule, nämlich 45 Knaben und 36 Mädchen. Eingeteilt war die Schule in drei Klassen. In der dritten Klasse saßen die am weitesten fortgeschrittenen Schüler, da man noch keine Jahrgangsklassen kannte. Deshalb hatten die Schüler der ersten Klasse auch das Alter von 10—14 Jahren. Diese Klasse war in zwei Abteilungen, genannt Ordnungen, eingeteilt. Für die erste Ordnung sah der Unterricht folgendermaßen aus: jeden Montagvormittag wurde ein Kapitel aus dem Neuen Testament gelesen. Wenn es beendet war, wurde wieder von vorne angefangen. Zusätzlich las man in der Biblischen Geschichte wöchentlich drei Lektionen. Dann lernten die Kinder jede Woche das Wochenlied auswendig, neben den Lektionen der Kinderlehre und des Spruchbuchs. Als praktische Fertigkeit wurde das Brieflesen geübt. Dazu kamen vier Wochenstunden im Rechnen und zwei in der Geometrie. Zuletzt wird das Schönschreiben und auswendiges Buchstabieren genannt. Die Kinder in der zweiten Ordnung der ersten Klasse wurden meistens zusammen mit denen in der ersten unterrichtet, so weit es möglich war.

Die zweite Klasse, mit den 8—10jährigen, war nicht unterteilt. In dieser Klasse wurde buchstabiert, gelesen und auswendig gelernt, ebenfalls aus Katechismus und Spruchbuch. Die erste Klasse war die am besten besuchte, mit Kindern im Alter von 6—10 Jahren; man hatte sie ebenfalls in drei Ordnungen eingeteilt. Schüler der ersten Ordnung hatten schon die Anfangsgründe des Lesens begriffen, während die Jüngsten in der dritten Ordnung erst anfingen, das ABC zu lernen. Alle aber lernten die Sprüche des Spruchbuchs auswendig, auch wenn sie ihnen der Lehrer vorsagen mußte, weil sie noch nicht lesen konnten.

Wir sehen, daß der Unterricht völlig kirchlich orientiert war. Großer Wert wurde auf das Auswendiglernen von Sprüchen und Liedern gelegt. Spruchbuch und Katechismus dienten als Fibel zum Erlernen des Lesens und Buchstabierens. Das Pensum der Schüler unterschied sich also nicht von dem, wie es durch die Reformation in den Volksschulen eingeführt worden war. Neu war lediglich die Geometrie hinzugekommen.

Der Lehrer gab auch eine Liste der besten Schüler, ebenso ein genaues Register der Schulversäumnisse ein, wobei er nach den Gründen Krankheit, Not und Nachlässigkeit unterschied.

Neben der Volksschule gab es auch eine Spinn-, Näh- und Strickschule, die jeweils von sechs Mädchen besucht wurde. Diese Handarbeitsschule konnte freilich nur im Winter stattfinden, da die Kinder im Sommer den Eltern bei der Arbeit helfen mußten. Später wurde einmal — vermutlich aus wirtschaftlichen Gründen — von der Obrigkeit gefordert, daß auch die Buben das Stricken lernen sollten. Dies lehnten aber die Eltern ab, die meinten, daß sich Jungen einträglicheren Geschäften zuwenden sollten.

Die Volksschule konnte im Sommer nur an Sonn- und Feiertagen gehalten werden, deshalb wurden die Kenntnisse der Kinder aus der zweiten und ersten Klasse beim Schulexamen auch als mangelhaft befunden. Dies ist kein Wunder, denn das Examen fand bei der Visitation im August statt, eben zur Erntezeit, wo die Kinder schon kräftig mithelfen mußten, was der Dekan auch einsah. Ähnlich wird es mit den Schulentlassenen gestanden haben, bei denen im Katechismusunterricht der Pfarrer und schließlich auch der Dekan „fast gar keine Antworten herausbringen" konnte. Vielleicht mag hier auch der Respekt vor dem hohen geistlichen Herrn aus der Residenzstadt die Jugendlichen etwas ängstlich gemacht haben.

Ansonsten hatte die Visitation keine besonderen Mißstände in der Gemeinde zu Tage gebracht. Festgestellt wird, daß es keine Armen im Dorf gab, die ihren Lebensunterhalt nicht durch Arbeit, im Sommer auf dem Feld und im Winter durch Spinnen oder im Taglohn, verdienen konnten. Pfarrer und Gemeinde waren miteinander zufrieden, lediglich das alte Übel der schlechten Pfarrbesoldung wurde wieder angesprochen. Pfarrer Meschenmoser war im Gegensatz zu seinen beiden Vorgängern, verheiratet und hatte zwei Kinder. Er bat deshalb um eine Beförderung, da sich schon ein Lediger kaum auf dieser Stelle halten konnte.

Für das Jahr 1771 fertigte der Pfarrer ein Verzeichnis der Hausarmen an, das uns die Lebensverhältnisse der Ärmsten im Dorf ein wenig vor Augen führt. Es handelt sich zunächst um eine Witwe mit drei Kindern, die ein Äckerlein besaß, von dem sie wenigstens ihr Brot zur Hälfte bezog. Ferner hütete sie die Gänse und arbeitete im Taglohn, „so daß sie sich zur höchsten Not erhält". Als regelmäßige Unterstützung erhielt die Frau lediglich Schulgelderlaß für ihre Kinder. Ein Ehepaar, zwei „baufällige 70jährige Leute", mußten sich ihr Brot durch Handarbeit verdienen: er war Maurer und konnte nicht mehr arbeiten, nun strickte er, und sie spann. Sie bauten Grundbieren (Kartoffeln) und Welschkorn auf einem Pachtäckerlein an. Zwei weitere Ehepaare mit Kindern waren Hirtenleute, die Familienangehörigen arbeiteten im Taglohn oder machten Handarbeiten. Zuletzt wird noch eine Witwe mit einem Töchterlein genannt, die kein Vermögen besaß, aber eine gute Spinnerin war und ebenfalls im Taglohn arbeitete.

Wir haben hier also 15 Personen, die offenbar gerade das Existenzminimum erreichten; bezogen auf die Gesamtbevölkerung von Teutschneureut waren es also 5 %, die gelegentlich eine Unterstützung aus dem Gemeindealmosen erhielten.

Wie schon 1769 wies der Pfarrer auch 1771 darauf hin, daß die religiöse Bildung der Gemeinde bei der Schuljugend beginnen müsse. Wir dürfen daher annehmen, daß er der Schule sein besonderes Augenmerk zugewandt hat. Wir erfahren, daß er 1773 wöchentlich eine Kinderlehre mit Katechismusunterricht hielt und eine Sonntagsschule. Im Sommer hielt er drei Sonntagsgottesdienste, damit die Gemeinde zu besserer „Sabbatfeier" Gelegenheit habe.

1774/75 wurde endlich ein neues Schulhaus gebaut, nachdem man sich so lange Jahre mit dem Schulraum im Rathaus beholfen hatte. Immerhin besaß der langjährige Schulmeister Abraham Layh, dem 1774 sein Sohn Philipp Jakob nachfolgte, ein eigenes Haus im Ort, so daß er nicht auf eine Dienstwohnung angewiesen war. Das neue Schulhaus fiel jedoch klein aus und war „elend verstümmelt", wenngleich es auch nach Ansicht der Dorfbewohner durchaus mit dem Plan übereinstimmte. Der Handarbeitsunterricht war zur gleichen Zeit ausgeweitet worden. Nun gab es dafür zwei „Meisterinnen", eine fürs Spinnen und eine fürs Nähen und Stricken, die beide vom Flecken besoldet wurden.

Neun Jahre war Pfarrer Meschenmoser in Neureut gewesen; 1776 wurde er nach Nöttingen versetzt. Er war Franziskanermönch in Überlingen und Freiburg gewesen, hatte das Kloster verlassen und war evangelisch geworden. Neureut war seine zweite Anstellung im badischen Kirchendienst gewesen. Sein Nachfolger wurde am 2. April 1776 der 24jährige Christian Gottlob Sachs aus Karlsruhe, dessen Vater Kirchenrat und Rektor des Gymnasiums war. Für den noch ledigen Pfarrer war Neureut natürlich nur eine Anfangsstelle, wenngleich er auch bei der Visitation noch nicht um eine Versetzung nachsuchte, da er noch nicht abschätzen konnte, was ihm die Besoldung eintrug.

Von ihm haben wir einen Bericht über die Bücher, die er für seine Amtsführung und seine theologische Weiterbildung las. Wir lernen ihn hier als einen Pfarrer der pietistischen Richtung kennen, da er die Lektüre der Werke Speners und Franckes gleich nach der Bibel nannte. Seine Berichte enthalten immer dieselbe Formulierung: er tue, was in seinen Kräften stehe und stelle ansonsten alles der göttlichen Gnade anheim. Er schien also der Bearbeitung der jedes Jahr neu zu beantwortenden Fragen wenig Sinn abgewonnen zu haben.

1777 wurde der nachlässige Schulbesuch gerügt. Die Eltern gaben an, die Kinder bei den Feldgeschäften zu brauchen. Der Pfarrer entschuldigte sich wegen seiner allzugroßen Nachsicht, da er die Leute nicht bestrafe, sondern ihnen allein Ermahnungen zuteil werden ließe, sie mögen doch ihre Kinder regelmäßiger zur Schule schicken. Auch die Drohung, man werde künftig die obrigkeitlich festgesetzte Strafe gegen säumige Eltern aussprechen, fruchtete nicht viel. Der Pfarrer versprach, in Zukunft, zusammen mit den Dorfvorstehern, ein besseres Auge auf die Schulversäumnisse zu haben. Im nächsten Jahr wurde tatsächlich angegeben, daß man teilweise die festgesetzte Geldstrafe ausgesprochen habe. Sicherlich wird es — was auch der Pfarrer wohl eingesehen hat — häufig nicht Nachlässigkeit gewesen sein, wenn die Kinder im Sommer nicht in die Schule geschickt wurden, sondern von ihren Eltern zu den Feldarbeiten herangezogen worden sind. Man hatte, um im Sommer den Schulbesuch zu erleichtern, die Schulstunde für die erste Klasse von fünf bis sieben Uhr und für die zweite Klasse von sieben bis acht Uhr angesetzt. Was mit der dritten Klasse geschah, erfahren wir nicht.

Pfarrer Sachs, den wir oben als Pietisten kennengelernt haben, äußerte — anders als seine Vorgänger — nicht die Bitte um die Versetzung an eine bessere Stelle. Er dachte noch an keine Beförderung, „als welche ich dem Willen des Herrn und III. Consistorio (der erleuchteten Kirchenbehörde) ohnehin gänzlich zu überlassen verpflichtet bin". Immerhin schätzte er aber auch seine Besoldung mit 220 fl. etwas höher ein als seine Vorgänger. 1779 war Pfarrer Sachs verheiratet, er hatte noch keine Kinder und verlangte immer noch keine Beförderung. Mittlerweile schätzte er seine Besoldung auf 250 fl. Dennoch war Sachs nur noch bis 1780 in Neureut. Sein Nachfolger, der Anfang 1781 aufzog, war Christian August Eisenlohr. Er war verheiratet, bei der Visitation 1781 aber noch kinderlos. In guten Jahren schätzte er seine Besoldung auf 300 fl. Ähnlich einsilbig wie sein Vorgänger verhielt sich auch Pfarrer Eisenlohr, der nur knapp drei Jahre in Neureut war. Der nächste Pfarrer, Johann Jakob Greiner, den wir Anfang 1783 in Neureut antreffen, verfaßte hingegen ausführliche Berichte über seine Gemeinde, die einen guten Einblick in das Neureuter Leben gestatteten.

Auf die Frage, welche Sünden in der Gemeinde hauptsächlich im Schwange gingen, wies er auf die Trunkenheit hin, der drei Männer verfallen waren. Der Pfarrer hatte sie schon ermahnt, von diesem Laster abzulassen, hielt aber einen obrigkeitlichen Befehl an die Wirte für notwendig, damit diese den Trunkenbolden keinen oder nur wenig Wein ausschenkten. Überdies sollte der Wirt bestraft werden, wenn diese Leute betrunken aus der Wirtschaft kämen. Die religiöse Unterweisung der Jugend lag dem Pfarrer sehr am Herzen. Er wollte für

die Schuljugend eine Kinderlehre einrichten und mit ihnen den kleinen Katechismus oder das Spruchbuch durchnehmen, vor allem, damit die Kinder ihre
gleichsam „anererbte Furcht vor ihrem Pfarrer verlieren" und er früh ihr Herz und
ihr Zutrauen gewänne. Der bereits konfirmierten ledigen Jugend gab er in der
Christenlehre Unterricht, wie sie aus dem Herzen beten sollten, damit jeder bei
der Arbeit oder in Krankheitsfällen zu beten wisse. Hierfür gab er den Jungen
und Mädchen einen Bibelspruch oder Gesangbuchvers an, über den sie dann
selbst ein Gebet schriftlich verfaßten, das dann von ihm korrigiert wurde.

In bezug auf die Sonntagsheiligung beschwerte sich der Pfarrer darüber, daß
die Hirten des Dorfes im Sommer überhaupt nicht in die Kirche kämen, da die·
Weide zu weit vom Dorf entfernt sei. Sein Vorschlag, daß die Hirten erst nach
dem Gottesdienst ausfahren oder Leute aus der Gemeinde die Hirten an jedem
zweiten Sonntag ablösen sollten, ist bei der Gemeinde nicht auf Gegenliebe gestoßen. Auf die Frage, ob auch am Sonntag die Wirts- und Privathäuser von
Spielleuten, Würfel- und Kartenspiel freigehalten wurden, antwortete er, daß ihm
nichts bekannt sei. Zwar gab es die Kirchenrüger, die alle vier Wochen neu
bestellt wurden und die während des Sonntagsgottesdienstes im Dorf herum-
gingen und darauf achten, daß niemand den Sonntag entheiligte, aber dies war
eine viel zu nachlässige Überwachung. Der Pfarrer hatte das Gefühl, daß er vom
Leben im Dorf nur das erfahre, was er erfahren sollte, und so konnte viel
geschehen, bevor er überhaupt Kenntnis davon erhielt.

Gelegenheit zur gottesdienstlichen Erbauung gab es genug. Abgesehen vom
Hauptgottesdienst am Vormittag, wurde um ein Uhr nachmittags eine Katechismuslehre für die Schuljugend gehalten, danach eine Sonntagsschule für die
bereits Konfirmierten, dann wurde für die Gemeinde zusammengeläutet. Bei
diesem dritten Gottesdienst des Tages las der Pfarrer einige Gebete vor, die
seine Christenlehrpflichtigen selbst verfaßt hatten; die Vormittagspredigt wurde
in ihren Grundzügen wiederholt, und zuletzt wurden noch Betrachtungen über
das menschliche Leben angestellt. — Es ist deutlich, wie hier die Kirche in einer
Zeit, die keine oder doch nur geringe Möglichkeiten der Unterhaltung und der
Information hatte, eine wichtige Aufgabe für die Gestaltung des einzigen freien
Tages in der Woche, des Sonntags, übernommen hatte, wenn auch dieses Angebot wohl nicht von allen wahrgenommen wurde.

Im folgenden Jahr 1784 machte Pfarrer Greiner den Vorschlag, dem in den
evangelischen Gegenden völlig verweltlichten Kirchweihtag wieder einen
kirchlichen Sinn zu geben, indem man am Vormittag einen Gottesdienst halte, in
welchem in der Predigt von der Reformation gesprochen und ein Artikel des
Augsburger Bekenntnisses von 1530 erklärt werde. Um unnötigen Aufwand
durch Einladungen auswärtiger Gäste und Händel und Schlägereien mit den
Burschen aus den anderen Dörfern zu vermeiden, solle man die Kirchweih im
ganzen Land am gleichen Tag halten; ein Vorschlag, der bekanntlich in anderen
Gebieten später auch praktiziert wurde.

Das Urteil des Pfarrers über die Gemeinde war nunmehr, nachdem er über ein
Jahr in Neureut war, positiver. Jetzt traute er sich zu, daß „ein wachsamer

Seelsorger jeder Art von Sünde steuern" könne. Er klagte nicht mehr über Trunkenbolde und Ehestreitigkeiten. Auch der Sonntag wurde jetzt geheiligt, Juden und Metzger kamen nicht mehr, um am Sonntag das Vieh abzuholen, seit man auf Käufer und Verkäufer eine Strafe gesetzt hatte. Die Sonntagsheiligung in den Wirtshäusern schien ihm nunmehr auch gewährleistet, wenn es auch vorkommen mochte, daß einer mit dem anderen dort um ein Glas Wein wettete. Lediglich das Herumschwärmen der jungen Burschen in der Sonntagsnacht sollte noch abgeschafft werden, indem ein Mann von der Ortsobrigkeit um zehn Uhr mit den Scharwächtern herumginge, um die Schreier heimzuschicken.

Eine wichtige Frage war für den Pfarrer das Verhältnis zu den Reformierten in Welschneureut, wo auch viele Mischehen zwischen Evangelischen und Reformierten bestanden. Es bekümmerte ihn daher, daß im Katechismus auf die Frage, ob alle diejenigen, die sich äußerlich zur christlichen Kirche bekannten, den wahren seligmachenden Glauben hätten, die Antwort gegeben wurde: „Keineswegs, sondern nur die Evangelisch-Lutherischen." „Werden dann alle übrigen außer uns verdammt?" fragt der Pfarrer. „Muß nicht von den Schuljahren an die heftigste Erbitterung gegeneinander entstehen, wenn unsere gemeinen Leute alle übrigen, die nicht evangelisch-lutherisch sind, gleichsam als Ketzer ansehen sollen?" Der Pfarrer forderte, daß der Katechismus in diesem Punkt agbeändert werde — ein schönes Zeugnis der Toleranz im Zusammenleben von Teutsch- und Welschneureut.

Im Jahre 1785 hatte Pfarrer Greiner zwei besondere Mißstände in seiner Gemeinde zu beklagen. „Bei Untersuchung einer vorgefallenen Unzucht" hatte er das „Zusammenschlupfen junger Leute, besonders am Samstag und sonntagnachts" in Erfahrung gebracht. Dies sei „so allgemein und seit vielen Jahren her eingewurzelt und zur Gewohnheit geworden, daß es die Leute allhier vor (für) erlaubt, gleichsam notwendig halten". Von den Eltern und den Herrschaften der Dienstboten erhielt der Pfarrer auf seine Vorhaltungen nur die Antwort: „Die jungen Leute liegen in Ehren beisammen — sie hätten es auch so gemacht." Der Pfarrer hielt es für notwendig, daß vom Oberamt „ein scharfer Befehl an die allhiesigen Vorgesetzten ergienge, daß die jungen Knaben, an diesen Tagen besonders, beizeiten nach Haus gemustert und teils von den Gerichtspersonen, die teils aber auch von den Scharwächtern ihre Betten nach zehn oder elf Uhr visitiert würden". Besonders hielt er diese Kontrolle für notwendig in der Zeit, „wann die Kunkelstuben angehen, wo die Knaben die Töchter und Mägde oft nach Haus und ins Bett begleiten".

Wir wissen nicht, was aus den Anträgen des Pfarrers geworden ist, ob die Obrigkeit tatsächlich in der von ihm gewünschten Weise hier eingeschritten ist. Der Pfarrer stellte sich die Frage, woher das „Zusammenschlupfen lediger Leute und das daraus entstehende Laster der Unzucht kommt" und vermutete dies: „Ganz wahrscheinlich daher, wenn Eltern mit ihren Kindern in ein und eben demselben Zimmer schlafen, wo die Kinder den concubitum (Beischlaf) ihrer Eltern mit ihren Augen ansehen müssen, zumal wann die Eltern nicht einmal einen Vorhang um ihr Bett haben." Er forderte daher: „Es sollten also Eltern, wann sie nicht Zimmer genug haben, wo sie und ihre Kinder besonders liegen können, doch wenigstens angehalten werden, Vorhänge um ihre Betten machen zu lassen." Dem Zusammenliegen der Eltern und Kinder oder der kleinen Kinder bei den großen Töchtern und Mägden in einem Zimmer schreibe ich nicht allein die so frühe Neigung des Zusammenschlupfens zu, sondern auch noch dies, daß so viele von unsern Schulkindern mehr vom concubitu etc. sagen können als manche Erwachsene. — Da aber beinahe die mehrsten Eltern allhier nur ein oder zwei Zimmer haben und viele kaum so viel sich erwerben können, daß sie ihr Leben davon bringen können, wo sie sich also nicht leicht Umhänge anschaffen können, so ist aus diesem Grunde die allzufrühe Neigung des Zusammenliegens zwar leicht zu begreifen, aber schwerlich ganz zu hindern." Deshalb hatte Pfarrer Greiner sowohl Kinder als auch Eltern und Arbeitgeber der Knechte und Mägde streng ermahnt und schloß seinen Bericht mit den Worten: „Was es fruchten wird, wird die Zukunft lehren."

Der Pfarrer klagte ferner, daß „das Laster des Diebstahls allhier einreißen" wolle. Warum dem so sei, sehe er in der Art und Weise, wie ein Diebstahl bestraft werde, denn „wann solche Personen, die eines Diebstahls überwiesen werden, statt in den Turm zu werfen, allhier am Ort selbst durch das Anhängen der Geige und Einstecken in das Bürgerhäusle abgestraft würden, welches Letztere sie weit mehr fürchten als den Turm. Dann ein Bürger allhier geht lieber 24 Stunden in den Turm als nur sechs Stunden ins Häusle." Der Vorschlag ging also dahin, daß die Strafe nicht mehr im Gefängnis zu Karlsruhe oder Mühlburg vollzogen werden sollte, sondern im Neureuter Arrestlokal und durch Anlegen der Halsgeige, einem mittelalterlichen Prangerinstrument in Geigenform, in dem sowohl Hals als auch Handgelenke eingeschlossen werden konnten. Leider wissen wir auch hier nicht, ob man dem Vorschlag des Pfarrers gefolgt ist und wieder auf diese Strafart zurückgegriffen hat.

Haben wir oben die Neureuter Wohnverhältnisse kennengelernt, so erfahren wir bei den Klagen des Pfarrers über mangelnde Heiligung des Sonntags etwas über die Arbeitsverhältnisse der Neureuter Bürger. Viele von ihnen arbeiteten als Tagelöhner, Handfröner, Lehrjungen und Gesellen auf Bauten in Karlsruhe. Der Wochenlohn wurde ihnen von den dortigen Maurermeistern am Sonntagnachmittag ausbezahlt, so daß sie dann wieder dort erschienen, und die Christenlehrpflichtigen daher die Katechismusstunden daheim versäumen mußten. Der Pfarrer schlug deshalb vor, daß den Karlsruher Maurermeistern befohlen werde, daß sie ihren Neureuter Beschäftigten den Lohn schon am Samstagabend nach dem Feierabend oder, wenn es schon am Sonntag sein muß, am Abend ausbezahlen sollten.

Es wundert einen nicht, wenn der Pfarrer, da er doch das „Zusammenschlupfen der jungen Leute" bekämpfte, konsequent genug war, auch eine Reinigung der im Schulunterricht verwandten Biblischen Geschichte von Hübner zu fordern. Die Geschichte von Jakob und seinem Schwiegervater Laban, der ihm die falsche Braut unterschiebt, oder die Geschichte von David und Bathseba war ihm „gar zu skandalös und kann manchen Kindern ordentlich Reizungen geben, sich zu erkundigen, wie die Personen andern Geschlechts beschaffen". Aber solche Geschichten, wie die von den „verräterischen und treulosen Handlungen des undankbaren Absaloms gegen seinen Vater David" und die Geschichte der Judith „von der Frauenzimmer List, dem andern Geschlecht zu schaden", diese Historien sollte man aus der Biblischen Geschichte ganz weglassen, einige könnten auch bleiben, „wann man nur hie und da einzelne Nebenumstände hinweg ließe".

Insgesamt war der Pfarrer betrübt darüber, daß die Leute nicht nach seinen Vorstellungen lebten, daß seine Möglichkeiten der Überwachung zu gering waren. Die die Nachtwache versehenden Scharwächter waren oft lauter junge Burschen, die selbst zu Unfug geneigt waren und die Kirchenrüger, die die Sonntagsheiligung überwachen sollten, „sind solche gutherzige mitleidige Leute, die niemand in Strafe bringen". Keiner versah sein Amt, wie der Pfarrer es ihm durch die an uns ergangenen und ihnen publizierten Verordnungen scharf genug vorhielt und sie ihm einschärfte. „Denn einmal sagen sie, sie haben nichts davon. Sodann ziehen sie sich, wann sie etwas Gesetzwidriges anzeigten und Personen in Strafe brächten, Haß, Neid und Feindschaft zu."

Wie aus dem Bericht des Pfarrers Greiner vom Jahre 1786 zu entnehmen ist, hatte die Obrigkeit wegen seiner Beschwerden vom vorigen Jahr doch einige Anordnungen getroffen, denn er berichtet, daß er es wenigstend in Teutschneureut so weit gebracht habe, daß die Jugend nach zehn Uhr abends nicht mehr auf der Straße herumschwärme. Es war also offensichtlich ein Erlaß wegen der Kunkelstuben herausgekommen, der Zusammenkünfte der Dorfbewohner an langen Winterabenden, bei denen Frauen und Mädchen spannen und Männer und Burschen sich unterhielten. Diese Unterhaltungen scheint der Pfarrer in nützliche Bahnen gelenkt zu haben, denn er schreibt von den „schönen Wissenschaftsstunden, wo die ledigen Söhne bei der Nacht eine nützliche Beschäftigung und lehrreichen Zeitvertreib haben". Wir dürfen daher annehmen, daß der Pfarrer, vermutlich unterstützt vom Schulmeister, versucht hat, solche Abende durch Unterricht oder Vorlesen nützlicher Bücher mitzugestalten.

Überhaupt schien es Pfarrer Greiner dann gelegen zu haben, die wirtschaftliche Lage seiner Gemeindeglieder zu heben. Viele Leute heirateten zu früh, wenngleich der Pfarrer zur Ehe riet, wenn er den Eindruck hatte, daß sie fähig und bereit waren, ihren Lebensunterhalt durch ihrer Hände Arbeit verdienen zu können. Dennoch heirateten manche zu früh. Es waren mehrere Fälle in der Gemeinde, „wo Mutter und Tochter in einem Monat in die Kindbett gekommen". Er war der Ansicht, daß diejenigen, die zu früh heirateten, „vor der Zeit alt" und ihre Kinder schwächlich werden. Diese Eltern konnten auch ihre zahlreichen Kinder nicht mehr selbst ernähren und „fallen daher dem Flecken-Almosen und Staat zur Last". Viele Bürger waren, nach der Beschreibung des Pfarrers, hoch verschuldet, und es war unmöglich, daß sie ihre Schulden allein abtragen konnten, so daß sie immer neue dazu machen mußten. Der Pfarrer war den

Ursachen dieser schlechten wirtschaftlichen Lage so vieler Bürger nachgegangen und hatte Mittel und Wege gesucht, wie durch die Verbesserung der Äcker und Wiesen den Leuten wieder aufgeholfen werden könnte. Seine Vorschläge hatte er der Dorfobrigkeit schriftlich vorgelegt, die sie alle gebilligt hatte — „allein es fehlt nur an der Ausführung".

Es ist nicht verwunderlich, daß er daneben besonders den übertriebenen Luxus beklagte, vornehmlich in Welschneureut. Daneben rügte er die nächtelangen Tänze bei Hochzeiten und Kirchweihen, die so schädlich seien, „daß schon mehrere ihren kränkelnden Körper da geholt" hätten, ganz zu schweigen davon, daß durch das übermäßige Trinken bei solchen Gelegenheiten noch anderes hinzukomme. Abhilfe könnte dadurch geschaffen werden, daß man auf den Tanzzetteln, der obrigkeitlichen Tanzerlaubnis, nicht mehr wie seither vermerkt, daß „zur rechten Zeit" aufgehört werden solle, sondern die Uhrzeit angegeben werden müsse. Denn für die einen sei die „rechte Zeit" um zwölf Uhr nachts, für die anderen erst um fünf oder sieben Uhr in der Frühe gekommen. Kein Wunder, daß die durchtanzten Nächte den jungen Leuten noch tagelang nachgingen, da sie dann „zu keinen Geschäften aufgelegt sind". Man möge daher auf den Tanzzetteln vermerken, daß um zehn Uhr abends zu tanzen aufgehört werden solle.

Aber nicht nur die Burschen und Mädchen wurden durch die ausschweifenden Festlichkeiten geschädigt, sondern auch die Schulkinder, die durch ihre Eltern oft halbe Nächte lang bei den Tänzen dabei „und am folgenden Tag zu allem Unterricht in der Schule fast ganz unfähig sind. Sie kommen unbereitet am folgenden Morgen in die Schule und wollen — statt dem Lehrer aufmerksam zuzuhören — schlafen."

Zur Förderung der Sittlichkeit schlug der Pfarrer vor, daß man für den Landmann und Handwerker Liederbücher drucke, nicht mit Kirchenliedern, sondern mit Liedern „moralischen Inhalts", welche dann die jungen Leute, „die fast alle Sonntag nachts in Häusern oder auf den Gassen zu singen gewohnt sind, ohne Ärgernis absingen könnten, als wodurch manche erhitzte Leidenschaft im Zaum gehalten, manche Neigung zum Bösen erstickt und dagegen die Tugend geschätzt würde".

Auch die alte Klage über die Feiertagsentheiligung wurde in diesem Jahr wieder erneuert, die besonders am Stephanstag, am Oster- und Pfingstmontag stattfand, und zwar „durch das schändliche Saufen, am allermeisten durch das rasende Brüllen in einigen Wirtshäusern, woraus gewöhnlichermaßen Händel und Schlägereien entstehen". Diese würden besonders verursacht durch die „Handwerksburschen, Jäger und Soldaten, welche oftermalen nicht warten können, bis der dritte Sonntagsgottesdienst zu Ende" sei. „Sie schreien manchmalen schon zu den Fenstern hinaus, währenddem die Leute aus der Kirche gehen." Auch jetzt sei dem und anderem Unfug durch die Kirchenrüger und die Scharwächter nicht abzuhelfen, denn die einen wollten mit denen, die sie anzuzeigen hätten, keinen Ärger haben, die anderen seien oft junge Burschen, „die die Unordnungen noch selbst befördern und mitmachen". Zwar sei die

Forderung des Pfarrers, daß ein Angehöriger des Gerichts die Scharwächter wenigstens Samstag- und Sonntagnachts begleite, erfüllt worden. „Aber wie, wenn die Unruheerregenden den Nachmittag hindurch bei diesem Gerichtsmann, der Wirt ist, im Wirtshaus gewesen? Gewiß wird dieser Wirt ihnen nichts zuleide tun, wann er diese seine Gäste in Zukunft nicht vertreiben will." Der Pfarrer forderte deshalb, daß ein Gerichtsmann, der zugleich Wirt sei, in Zukunft für diese Aufgabe nicht mehr in Anspruch genommen werden solle.

Das Verhältnis zwischen Teutsch- und Welschneureut, genauer gesagt, das Verhältnis von Pfarrer Greiner zu seinem reformierten Amtsbruder im welschen Dorf gab diesmal Anlaß zur Klage. Dieser veranstaltete „schwärmerische Zusammenkünfte", also pietistische Stunden, für die er auch unter den Angehörigen der lutherischen Gemeinde warb. Diese Zusammenkünfte, bei denen sich die Leute „trösten lassen, ohne Trost zu bedürfen; von reiner Lehre schwatzen, ohne nur zu wissen, was reine Lehre ist; Empfindungen heucheln, um in der Gesellschaft nicht als ganz untätig zu erscheinen; zur Tugend einladen, die sie selbst nicht üben", waren Pfarrer Greiner ein Dorn im Auge. Er fragte, „ob er es gestatten soll und muß", daß der reformierte Pfarrer die lutherischen Gemeindeglieder „durch erschlichene Kunstgriffe, Schmeicheleien und Versprechungen, ohne seinen Amtsbruder darum zu befragen," zu diesen Versammlungen bringe.

Im Jahre 1787 weiß Pfarrer Greiner von Verbesserungen im Leben seiner Gemeinde zu berichten. Die Kunkelstuben waren im vergangenen Winter nicht mehr in so großer Anzahl und mit einem solchen unsinnigen Lärmen besucht worden wie zuvor. Ob mit den Hochzeiten und der Kirchweih die festgesetzte Zeit nicht überschritten werde, bleibt abzuwarten. Immerhin sei der Obrigkeit am vergangenen Bettag ein dahingehender Befehl eröffnet worden. Die Trunkenbolde des Ortes und vor allem ein Angehöriger der Ortsobrigkeit hätten sich merklich gebessert, seit ein „im Trinken getreuer Mitbruder auf dem Feld von einem Schlagfluß getroffen worden und auf der Stelle gestorben" sei.

Wegen der Sonntagsheiligung gab es immer noch Anstände „durch das entsetzliche Jubeln und Schreien. Diesem Übel kann aber nicht eher gesteuert werden, als bis die Ortsvorgesetzten keine Wirtschaft mehr treiben dürfen." Das war für den Pfarrer ein Hauptübel, daß der Schultheiß und zwei Gerichtsleute Wirte waren, die deswegen zuviel Rücksicht nahmen und keine Unordnung strafen wollten.

Ansonsten war nicht mehr allzuviel an den Neureutern auszusetzen, außer daß die Eltern den Schulmeister drängten, ihre Kinder nur schnell in die nächste Klasse zu versetzen, damit sie, wenn sie die oberste Klasse erreicht hatten, diese dann zur Arbeit daheim behalten könnten. So fand der Pfarrer in der obersten Klasse Schüler, die noch nicht einmal lesen und überhaupt nicht mit den anderen Schritt halten konnten. Es müßte also darauf gesehen werden, daß die Kinder im Herbst unter der Aufsicht des Pfarrers geprüft und dann, je nach Fähigkeiten, Kenntnissen und Kräften versetzt wurden.

Die von Pfarrer Greiner im Jahre 1786 vorgebrachte Beschwerde über den reformierten Pfarrer Gachnang zu Welschneureut war 1788 gänzlich behoben. Es hatte sich zwischen den beiden Pfarrern sogar ein freundschaftliches Verhältnis entwickelt. Pfarrer Greiner berichtet: „Wie tolerant und brüderlich der reformierte Pfarrer zu Welschneureut besonders seit einiger Zeit gegen mich gesinnt, will ich nur Folgendes anführen. Den 13. Mai, als am Pfingstdienstag, reiste er mit seiner ganzen Familie nach Basel; tags vorher ließ er mich zu sich bitten, als ich zu ihm kam, so war eine ziemliche Anzahl von seinen Zuhörern zugegen, er empfing mich beim Eintritt in die Stube mit diesen Worten: ‚Mein teurer Freund! Ich habe eine gedoppelte Bitte an Sie, die erste betrifft meine Gemeinde, die andere geht mich selbst an. Wegen der Gemeinde habe ich Sie wollen gebeten haben, ob Sie nicht wollten die Mühe auf sich nehmen und in meiner Abwesenheit meine kranken Beichtkinder auf ihr inständiges Bitten besuchen und solche auf ihre selige Bestimmung zubereiten?' Als ich in diese seine Bitte mit Freuden willigte, so wandte er sich zu den Anwesenden und sprach: ‚Seht das ist nun in meiner Abwesenheit Euer Lehrer, dem ihr euch sicher und getrost anvertrauen dürft. — Selbst meine Kanzel, Altar und Taufstein stünden ihm zum jedesmaligem Gebrauch frei, wofern er sie zu der Zeit noch gebrauchen dürfte, aber vielleicht schenkt uns Gott die Zeit, wo diese scheinbare Verschiedenheit aufhören und wir uns alle als Brüder ansehen dürfen. So viel in Absicht der Gemeinde. — Meine andere Bitte geht dahin, daß Sie alle meine Schlüssel von meinem ganzen Hause zu sich in ihre Verwahrung nehmen möchten. — Würden wir Volkslehrer oft aus vorgefaßtem Vorurteil und Anhänglichkeit an das System nicht mehr selbst einen Unterschied machen, so würde der mehrste Samen vom geheimen Neid unter dem unwissenden Volk von selbst hinwegfallen. Die lieblose Zurückhaltung würde in eine brüderliche Offenherzigkeit und redliches Vertrauen übergehen. Hieraus würde aber auch im Allgemeinen ein großer Segen vor die Kirche Christi entspringen und viele Tausend Verehrer Gottes mehr Erbauung finden.“

Pfarrer Greiner scheint ein, von den aufklärerischen Ideen seiner Zeit angeregter Mann gewesen zu sein, denn das Erlebnis mit seinem reformierten Amtsbruder bestimmte ihn zu der Anfrage, ob es nicht möglich wäre, daß der eine auf der Kanzel des anderen predige und außer dem Abendmahl auch die übrigen Kasualien wie Taufen, Hochzeit und Leichenreden halte, falls einer von ihnen krank oder abwesend wäre. Dazu fühlt er sich berechtigt, „da in allen sich täglich mehr aufklärenden Gegenden nicht nur von Deutschland, sondern auch in allen übrigen Weltteilen, die Toleranz als ein gesegnetes Beförderungsmittel der christlichen Liebe, Eintracht und Zufriedenheit des gesellschaftlichen Lebens gepriesen und als erprobt gefunden wird“.

Der Geist der Aufklärung spricht auch aus der Ansicht, daß es „ein kräftiges Mittel zur wahren Gottesfurcht, mithin auch zur Bildung der zarten Herzen der Schuljugend“ sein würde, „wenn die Kinder in der Schule Gott zuerst aus der Natur, aus dem Anblick der mannigfaltigen Werke Gottes und seine alleslenkende Vorsehung aus Beispielen im gemeinen Leben kennen lernten und erst nach und nach in die teuren Lehren der göttlichen Offenbarung täglich weiter geführt würden. Hierdurch erhielten sie eigene Erfahrung und kämen zu einer immer größeren inneren Überzeugung." Hieraus entspringt, nach der Ansicht des Pfarrers, „bald tätiges Forschen, aufmerksames Nachdenken und Liebe zum Wort Gottes".

Pfarrer Greiner verstand es offenbar, die Gedanken der Aufklärung mit dem christlichen Glauben zu vereinen, wie an der Erzählung vom Tod eines achtjährigen Knaben zu sehen ist, der — wohl auch für den Pfarrer sehr bewegend — voller Glaubenszuversicht starb. Daneben war der Pfarrer weiter bestrebt, das Leben seiner Gemeindeglieder zu ordnen. Die Kunkelstuben hatte er nunmehr mit Hilfe der Ortsvorsteher ziemlich eingeschränkt. Am letzten Kirchweihtag ging Schultheiß Gimpel in den Wirtshäusern herum und bot Feierabend.

Die kirchliche Ordnung störten freilich auch die weltlichen Beamten. So läßt z. B. das Forstamt nicht nur an Buß- und Bettagen, sondern auch am Sonntagvormittag vor der Kirche die Leute zu sich kommen. „Ja, der Fronverwalter wollte sogar während der Bettagspredigt auf den Hof läuten und eine Versteigerung vornehmen lassen." Dies hatte der Pfarrer schon im vergangenen Jahr als Beschwerde vorgebracht, daß weltliche Verordnungen unmittelbar nach dem Gottesdienst vor der Kirche den Leuten bekanntgemacht wurden. Ihm wäre es lieber, wenn dies nicht gerade vor der Kirchtüre, sondern auf dem Rathaus oder, statt vormittags, am Nachmittag geschehen würde.

In den Protokollen der Kirchenvisitationen befindet sich nach 1781 eine Lücke, erst von 1793 ist wieder ein Protokoll vorhanden. Die Zeiten hatten sich geändert. Es waren fremde Truppen im Land, wodurch die Sonntage „sehr verdorben" wurden. Krieg und Teuerung haben freilich auch bewirkt, daß Hochzeiten und Kindtaufen ziemlich still gehalten wurden. Der dritte Sonntagsgottesdienst, von dem wir früher gehört haben, ist nunmehr weggefallen. Pfarrer in Teutschneureut war seit 1791 Philipp Bodmer, der wünschte, „wegen dem geringen Ertrag der Pfarrei nicht allzulange hier bleiben zu dürfen". Wenn er auch sein Gehalt auf 300 fl. schätzte, so muß es durch die Teuerung beträchtlich verringert worden sein. Vom Dekan erhielt Pfarrer Bodmer ein gutes Zeugnis, bei der Visitation hatte der Pfarrer, nach seiner Aussage, „eine recht gute, praktische und sehr populäre Predigt gehalten".

Nicht so gut kommen Schulmeister und Schüler weg: „Der Schulmeister hat zwar das Zeugnis, daß er redlich tue, was in seinen Kräften steht, allein diese letzteren scheinen sehr eingeschränkt zu sein. Der Gesang in der Schule ist nicht übel und schreien die Kinder sehr. Im Singen nach Noten hat der Schulmeister einen Anfang gemacht, allein er ist noch nicht weit darin gekommen, auch scheint es ihm an den nötigen musikalischen Kenntnissen zu fehlen. Im Lesen ist die erste Ordnung der ersten Klasse ganz gut und wird nicht genug nach den Unterscheidungszeichen abgesetzt. Die zweite Ordnung ist noch sehr schwach darin und es fehlt ihr an der nötigen Übung im Buchstabieren. Im Auswendigbuchstabieren haben die Kinder wenig Fertigkeit. An der Bearbeitung des Verstandes fehlt es hier gänzlich. Der Schulmeister hat gar kein

Geschick zum Katechisieren, wenig Lebhaftigkeit des Geistes und wie das beinahe durchgängig, besonders bei unsern ältern Schullehrern der Fall ist, einen sehr geringen Ideenvorrat. Das Auswendiglernen wird bloß maschinenmäßig betrieben. Die Kinder sagen ihre Lektionen her ohne Verstand, ohne nach dem Sinn der Worte abzusetzen, undeutlich, eilfertig und meist ganz unrichtig. Nur die auswendig gelernten Lieder werden erträglich rezitiert. Das Rechnen aus dem Kopf und in benannten Zahlen ist hier bisher sehr wenig geübt worden; an der Tafel gehts damit so ziemlich gut, die Probeschriften sind meistens schlecht, und wenige sind mittelmäßig. Beim Schulgebet wird so sehr geschnabbelt und so widersinnig abgesetzt, daß es fast nicht anzuhören ist. Es scheint dieser Schule an der nötigen Mitwirkung des Pfarrers zu fehlen.

Es wurde dem Schulmeister die nötige Anleitung gegeben, die noch vorhandenen Fehler im Lesen, Buchstabieren und Auswendiglernen zu verbessern, das Auswendigbuchstabieren und das Rechnen aus dem Kopf besser in den Gang zu bringen und in der Bearbeitung der sämtlichen Schulgegenstände mehr als bisher auf die Beschäftigung des Verstandes Rücksicht zu nehmen. Und da es dem Schulmeister in so manchen Stücken an den nötigen Einsichten und Fähigkeiten gebricht, so wurde dem Pfarrer die möglichst tätige Teilnehmung an dem Schulunterricht angelegentlich empfohlen.

Nach dem Essen wurde die gewöhnliche Katechisation mit der erwachsenen Jugend gehalten. Der Pfarrer gehörte nicht unter die vorzüglichen, aber auch nicht unter die schlechten Katecheten; er gibt sich sehr viele Mühe, die vorliegenden Wahrheiten der Jugend deutlich zu machen und spricht auch hier mit Herzlichkeit und Wärme, aber die Ungeschicklichkeit oder Trägheit der jungen Leute im Antworten geht über alle Beschreibung, kaum ist man imstande, aus einem oder zweien auf die allerleichtesten Fragen ein simples Ja oder Nein herauszubringen, und es gehört ein nicht geringer Grad von Geduld dazu, um sich bei dem Katechisieren mit diesen Leuten des Unwillens zu erwehren. Da diese Gemeinde seit zehn Jahren wirklich gute Religionslehrer hatte, so muß wohl der unvollkommene und mechanische Schulunterricht an dieser Erscheinung größtenteils Schuld sein." Vielleicht war dieses Urteil über den Schulmeister etwas zu hart, doch muß man ihm immerhin zugute halten, daß er 136 Schulkinder hatte, daß sich die Zahl also, verglichen zu früheren Jahren, fast verdoppelt hatte.

5. Kirchen- und Schulgebäude in Teutschneureut

Mit dem Ende des Spanischen Erbfolgekriegs und dem Frieden von Rastatt 1714 scheint die Bevölkerung am Oberrhein sich Hoffnung auf eine längere Friedensperiode gemacht zu haben. In Neureut zeigt sich dies daran, daß man die Kirche durchgehend renovierte, da sie in der vorausgegangenen Kriegszeit „mehrmalen durch feind- und freundliche Soldaten ruiniert" worden war, wie es einmal in einem späteren Bericht heißt. Im selben Jahr wurde auf Kosten der

Gemeinde in Landau eine Glocke gegossen. Eine zweite, größere Glocke konnte 1729 beschafft werden. Die kleinere zersprang schon 1757, so daß sie umgegossen werden mußte. Diese Arbeit wurde durch den Glockengießer Franz Anselm Speck von Heidelberg ausgeführt, der hierzu nach Teutschneureut kam, um die Arbeit an Ort und Stelle auszuführen. Die Gemeinde hatte ihm sein Werkzeug herbeizuschaffen, für seine und seiner Handlanger Unterkunft und Verpflegung zu sorgen, und sie hatte auch den Maurer, der den Ofen errichtete, zu bezahlen. Um ein harmonisches Geläut zu erzielen, sollte die Glocke etwas größer werden, wozu die Gemeinde 150 Pfund ungarisches Kupfer und 50 Pfund englisches Zinn beschaffen mußte. 1774 beantragte man die Genehmigung zur Anschaffung einer dritten Glocke, deren Notwendigkeit mit der Weitläufigkeit des Fleckens und der Gemarkung begründet wurde. Der Antrag wurde jedoch abgelehnt. 1797 mußte die große Glocke umgegossen werden, da sie ebenfalls zersprungen war.

An Kirchengerät scheint am Anfang des 18. Jahrhunderts aus früheren Zeiten nur noch ein silberner vergoldeter Kelch mit Patene vorhanden gewesen zu sein, der 1614 von einer Agata Muotelstein von Langenargen dem Flecken Neureut gestiftet wurde. Leider haben Versuche, in Langenargen Näheres über die Stifterin zu erfahren, nicht zum Erfolg geführt. Sie ist offenbar an ihrem Heimatort nicht mehr bekannt. Immerhin hat das Denkmal, das sie sich in Neureut errichtet hat, erstaunlicherweise die Zeiten des Dreißigjährigen Krieges und der folgenden Kriege überstanden. Als Taufgerät stiftete 1718 Jakob Meinzer eine zinnerne Platte und eine Kanne. Die Frau des 1731—1736 in Neureut amtierenden Pfarrers Deubler stiftete eine Hostienkapsel mit silbernen Fäden und Glassteinen. Eine Orgel konnte erst 1741 auf Kosten der Gemeinde und mit einer Spende zweier fürstlicher Personen beschafft werden. Die Orgel war aber 1767 schon so schadhaft geworden, daß sie repariert werden mußte. Sie diente dann noch bis 1822, als man dann die Orgel der Stadtpfarrkirche in Bruchsal kaufte und diese in der Teutschneureuter Kirche aufstellen ließ. Die Gemeindekasse war damals ziemlich leer, so daß die Hälfte der Kosten auf den Almosenfonds übernommen werden mußte.

Der Almosenfonds war eine örtliche Kasse, aus der — nach Anweisung des Pfarrers — Sozialhilfe geleistet wurde, etwa die Bezahlung des Schulgeldes und der Schulbücher für arme Kinder. Gleichzeitig stellte dieser Fonds ein Darlehensinstitut dar, das verfügbare Kapitalien gegen Zins auslieh. Selbstverständlich bestand eine Rechnungsprüfung, die gemeinsam vom Oberamt und dem Spezialat (Dekanat) durchgeführt wurde. Diese hatten darauf zu achten, daß man die Gelder auch zweckgebunden verwendete. So wurde 1770 beanstandet, daß man neue Kirchentürschlüssel und ein Kirchenzensurbuch aus dem Almosenfonds angeschafft hatte. Die ersteren hätte die geistliche Verwaltung, den anderen Posten das Waisenhaus in Pforzheim bezahlen müssen, das ja auch die Kirchenzensurstrafen bezog. Es leuchtet daher ein, daß der Almosenfonds nur in Ausnahmefällen entgegen seiner eigentlichen Zweckbestimmung in Anspruch genommen werden konnte, wie dies bei der Beschaffung der neuen Orgel 1822 der Fall war.

Als 1731 wieder ein eigener Pfarrer nach Neureut kam, konnte ihm kein Pfarrhaus zur Verfügung gestellt werden. Dieses war im Spanischen Erbfolgekrieg von den Franzosen niedergebrannt worden. Der Pfarrer mußte deshalb im Rathaus wohnen. Dies war aber recht baufällig; 1744 brach zum Beispiel der Küchenboden durch, wobei die Pfarrmagd schwer verletzt wurde. Es wurde deshalb von der Gemeinde die Bitte ausgesprochen, daß man wieder ein Pfarrhaus errichte, zumal vom vorhergehenden noch der Platz mit den Fundamenten vorhanden war. Die Frage war jetzt, wer eigentlich für das Pfarrhaus baupflichtig war. Die Neureuter waren der Ansicht, daß die Pfarrer seitens der Regierung freie Wohnung erhalten sollten und boten deshalb 1751 ein Haus dafür an. Bei der markgräflichen Rentkammer wurde geprüft, ob die Neureuter nicht, als man ihnen wieder einen Pfarrer gab, versprochen hätten, diesem eine Wohnung zur Verfügung zu stellen. Ein historisches Gutachten wurde angefertigt, in dem freilich zunächst festgestellt wurde, daß keine Akten mehr vorhanden seien, aus denen hervorgehe, ob zu Zeiten des Klosters Gottesaue ein Pfarrhaus in Neureut gestanden habe. Immerhin kam das Gutachten zu dem Schluß, daß derjenige, der den Zehnten einnehme, den früher das Kloster bezogen hatte, verpflichtet sei, das Pfarrhaus zu bauen. Das Pfarrhaus mußte demnach von der markgräflichen Regierung erstellt werden, und der Markgraf entschied deshalb auch in diesem Sinne. Jedoch sollte der Bau mit möglichst geringen Kosten vor sich gehen. Deshalb wurde im Land eine Kollekte durchgeführt und der Rest von dem in Neureut fallenden Zehnten finanziert. Hand- und Fuhrfronen mußten die Neureuter leisten und erhielten dafür ein Jahr Befreiung von der Fron. Es konnte also 1755 mit dem Bau begonnen werden. Die Beifuhr der Baumaterialien ging aber so schleppend vor sich, daß man weiterhin Fronfreiheit beantragte, bis das Pfarrhaus fertiggestellt sei. Auf ein Gutachten des Oberamts Karlsruhe, das besonders darauf hinwies, daß die Neureuter nur mit „geringen Pferden" versehen seien, wurde dem Gesuch stattgegeben. Man mauerte übrigens in das neue Pfarrhaus zwei Wappensteine ein, die von einem älteren Gebäude stammten, da sie das Jahr 1545 sowie das Baden-Sponheimische Wappen zeigen. Insgesamt muß man aber tatsächlich recht billig gebaut haben, denn schon 1758 klagte der Pfarrer, daß in seiner Wohnstube ein 55jähriger Ofen stehe, der voller Löcher sei, so daß ein Ersatz dringend nötig wäre. In der Studierstube gebe es nur ein Fenster in der Ecke, so daß der Pfarrer bei kalter und trüber Witterung entweder am Ofen sitzend nichts sehe oder am Fenster erfrieren müsse.

Da der Pfarrer einen Teil seines Gehalts in Naturalien bekam, benötigte er auch eine Pfarrscheune. Eine solche wurde 1760 erstellt. Man war dabei auf den Gedanken gekommen, den Bau der Pfarrscheune mit dem einer Zehntscheune zu verbinden. Auf diese Weise sparte man zwei Giebel, da die Scheunen aneinandergebaut wurden. Hierdurch entfiel dann auch der Weg nach Eggenstein, wohin seither das Zehntgetreide abgeliefert werden mußte.

Das rasche Wachstum der Bevölkerung im 18. Jahrhundert zeigt sich daran, daß man 1732 die für die Frauen, Buben und Mädchen bestimmten Kirchen-

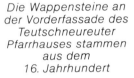

*Die Wappensteine an
der Vorderfassade des
Teutschneureuter
Pfarrhauses stammen
aus dem
16. Jahrhundert*

bänke vermehren mußte, da kaum die Hälfte der Zuhörer in der Kirche Platz
fand, oder man sich sogar um die Plätze stritt. 1773 wurde der obere Stock des
Kirchturms, die Glockenstube, die aus Holz und ganz verfault war, von Stein
aufgemauert. 1791 war wieder eine allgemeine Renovierung der Kirche notwendig, wobei wir auch erfahren, wie diese Kirche, die heute nicht mehr steht,
ausgesehen hat. Sie hatte den Turm im Westen, durch den man die Kirche betrat.
Das Langhaus wurde abgeschlossen durch einen dreiseitigen Chor. Im
Norden war an den Chor die Sakristei mit Kreuzgewölbe angebaut. Jetzt wurde
es notwendig, das Langhaus zu verlängern und das Gestühl zu vergrößern.
Außerdem mußte der Dachstuhl erneuert werden.

Ein Schulhaus besaß Neureut erst seit 1774/75. Der Pfarrer war verpflichtet,
Schule zu halten, bis 1754 der Schuldienst von dem Pfarrdienst getrennt und
der Mesner zugleich Schulmeister wurde. Seine Besoldung setzte sich demnach aus den verschiedensten Bestandteilen zusammen, so erhielt er z. B. bei
einer Kindtaufe ein Maß Wein und zwei Wecken, für das Läuten der Kirchenglocken von jedem Bürger jährlich eine Korngarbe, die Läutegarbe, ferner hatte
er unter anderem die Nutznießung der sogenannten Orgelwiese, die ihm für das
Orgelspielen zukam. Dennoch war die Neureuter Schulmeisterbesoldung eine
der geringsten im Land. Als Schulhaus diente nunmehr das Rathaus, das 1760
als „ruinos" befunden wurde. Als man es im folgenden Jahr abbrach, fand man,
daß es überall „von den Würmern durchfressen" war. Die geplante Erneuerung
kam damit fast einem Neubau gleich. Mittel für diesen Neubau besaß die
Fleckenkasse jedoch nicht. Es war daher notwendig, im Gemeindewald einen
außerordentlichen Einschlag vorzunehmen, um das erforderliche Geld aufzu-

bringen. Beim Bau waren übrigens, da Arbeitskräfte in jenem Jahr rar waren, auch Maurer aus Tirol beschäftigt.

Die Heizung des Schullokals wurde dadurch bestritten, daß die Kinder im Winter Holzscheite mitzubringen hatten. Dies wurde jedoch 1759 im Kirchenrat mit Mißfallen bemerkt. Es wurde angeregt, daß Schulmeister und Gemeinde sich über die Heizung der Schule einigen sollten. Das war aber 1783 immer noch nicht erfolgt, und erst 1822 hörte dieses Scheiterholztragen auf, und die Schule erhielt nun aus dem Gabholz sechs Klafter für ihre Heizung.

6. Kirchliche Verhältnisse der Kolonie Neureut

Der erste Gottesdienstraum der Kolonie war — ebenso wie die Wohnhäuser — eine Baracke. Jedoch scheint von Anfang an der Wunsch nach einer eigenen Kirche bestanden zu haben. Dieses Ziel konnte allerdings erst im Jahre 1720 erreicht werden. Über den damals erstellten Kirchenbau gibt uns die noch erhaltene Rechnung Auskunft, die vom Bürgermeister Jean Colmet (oder Colmez) angefertigt wurde. Auf der Einnahmeseite dieser Rechnung finden sich Spenden in Höhe von 367 Gulden von den beiden Kantonen Zürich und Basel, die diese schon 17 Jahre zuvor zur Erbauung einer Kirche in Welschneureut hatten sammeln lassen. Auf der Ausgabenseite stehen zuerst Spesen für Reisen nach Zürich und Basel, eine zweite Reise in die Schweiz, ferner für eine Reise nach Frankfurt, Hannover, Metz, Kassel, Hanau und Holland. Man hat also einen Kollektensammler herumgeschickt, der vor allem bei den reformierten Territorien der näheren und weiteren Umgebung um Spenden für den Welschneureuter Kirchenbau gebeten hat.

Als Beilagen zur Kirchenbaurechnung finden sich noch zwei Kollektenbücher, aus denen vor allem die Reiseroute des Kollektensammlers hervorgeht. In dem von ihm besuchten Gemeinden hat man wohl eine Spende im Gottesdienst erbeten oder auch eine Beisteuer aus vorhandenen Mitteln geleistet. Jedenfalls wurden die einzelnen Gaben genau im Kollektenbuch vermerkt. Da mit solchen Kollekten, die vor allem auch von Ortschaften veranstaltet wurden, die von einer Brandkatastrophe betroffen worden waren, viel Mißbrauch getrieben wurde, enthielten die Kollektenbücher auch Beglaubigungsschreiben für den Kollektensammler. Das entsprechende Schreiben im ersten Buch stammt vom 16. Mai 1716. Es ist in französischer Sprache abgefaßt und stellt dar, daß der Markgraf von Baden den Neureuter Kolonisten die freie Ausübung ihrer Religion in der Kolonie gestattet habe, daß aber die Kriegsereignisse den Bau einer eigenen Kirche verhindert hätten. Man sei gezwungen gewesen, sich zum Gottesdienst in einer Baracke zu versammeln, die nunmehr, da sich die Gemeinde vergrößert habe, zu klein und überdies auch baufällig sei. Es sei daher notwendig, daß sich die Gemeinde eine Kirche baue. Der Markgraf habe gestattet, daß der Pfarrer Sebastian Louis Malherbe, begleitet von dem Gemeindeältesten Jean Colmez, als Spendensammler die Gemeinden besuche. Da aber der Pfarrer unabkömmlich sei, werde gebeten, Colmet, der sich sowohl durch das vorliegende Kollektenbuch als auch durch einen Paß des Markgrafen ausweise, als Abgesandten der Gemeinde aufzunehmen und ihm freigebig Spenden für den Kirchenbau zukommen zu lassen. Unterzeichnet wurde dieses Beglaubigungsschreiben durch den Pfarrer und seine Gemeindeältesten. Das Kollektenbuch gibt nun die Reiseroute von Colmet wieder, die über Heidelberg, Mannheim, Annweiler und Zweibrücken ins elsässische Bischweiler führte. Im zweiten Teil der Reise hat sich Colmet, der inzwischen wohl wieder die Heimat aufgesucht hatte, zunächst nach Schwabach gewandt und dann Nürnberg, Erlangen, Bayreuth, Schmalkalden, Kassel und Hanau bereist. Das zweite Kollektenbuch, dessen Empfehlungsschreiben vom 5. Dezember 1718 datiert, belegt eine Reise nach Köln, Utrecht, Leiden, Den Haag und Vlissingen. Dies war also die holländische Reise, die oben genannt wurde. Über andere, wie die beiden Schweizer Reisen, liegen keine solchen Unterlagen vor. Dennoch ist deutlich, daß in mehreren Ländern Europas — so weit sie der reformierten Konfession angehörten — für den Welschneureuter Kirchenbau gespendet worden war.

Trotz dieses Aufwands war das Ergebnis nicht gerade überwältigend. Die Kirchenbaurechnung verbucht auf der Einnahmenseite rund 40 Gulden, wobei nach Abzug aller Kosten etwas mehr als ein Gulden übrigblieb. Was man damit anfangen konnte, zeigt der Vertrag mit dem Mühlburger Zimmermeister Dold, in dem das zu errichtende Gebäude ziemlich genau beschrieben ist. Der Bau war demnach für den reformierten Gottesdienst und die Wohnung des Pfarrers bestimmt. Er sollte zwei Stockwerke enthalten, wobei das untere als Gottesdienstraum vorgesehen war, 36 Schuh lang, 30 breit und 14 hoch. Im oberen Stock sollte die Höhe neun Schuh betragen. Hier waren geplant: eine Stube, eine Stubenkammer und Küche, Öhrn und zwei Kämmerlein. Oben im Dachstock sollten der Speicher und ein Kämmerlein — vermutlich für die Pfarrmagd — hergerichtet werden. Außerhalb mußte eine gedeckte Stiege angebracht werden, über die man ins zweite Stockwerk, in die Dachwohnung gelangen konnte. Oben, um das Gebäude als Kirche auszuweisen, sollte ein Türmlein errichtet werden, zehn bis zwölf Schuh hoch — offenbar zur Unterbringung eines Glöckchens.

Der Vertrag mit Zimmermeister Dold ist datiert vom 15. Januar 1720. Die Kirchenbaurechnung wurde am 6. Juli 1720 abgeschlossen; also war die mit einer Pfarrwohnung kombinierte Kirche in verhältnismäßig kurzer Zeit fertiggestellt. Freilich mußte dieser Bau bald durch einen neuen ersetzt werden, was der Gemeinde um so schwerer fiel, als sie allein die Baulast trug und darauf angewiesen war, von der „gnädigsten Herrschaft" unterstützt zu werden, vor allem bei den Reparaturen, die vor dem Einzug eines neuen Pfarrers anfielen.

Die Pfarrer kamen fast ein Jahrhundert lang aus der Schweiz. Für sie war Welschneureut ein Anfangsdienst, bei dem man häufig auch noch vom eigenen Vermögen dazulegen mußte, um überhaupt bestehen zu können. Denn nach einem Bericht aus dem Jahre 1776 bestand die Besoldung lediglich aus dem im Freiheitsbrief zugesicherten landesherrlichen Zuschuß. Hinzu kam noch freie Wohnung und freies Brennholz, ebenso der Genuß der bei der Landverteilung für den Pfarrer bestimmten Portion. Die Solidarität der schweizerischen reformierten Kirche mit der Welschneureuter Gemeinde bewährte sich auch darin, daß sie einen Besoldungszuschuß gewährte, der 1801 ein Viertel des Pfarrgehalts, nämlich 100 Gulden betrug.

Die von der Schweiz entsandten Pfarrer wurden, wenn in der Heimat bessere Stellen frei wurden, wieder dorthin berufen und schieden dann aus dem badischen Dienst aus. Gelegentlich konnte es auch zu einer längeren Vakanz kommen, wie nach dem Weggang von Pfarrer Wolf, der 1734 vom Kanton Zürich zurückberufen worden war. Die Gemeindeglieder wurden vom Oberamt Karlsruhe aufgefordert, sie möchten doch angeben, ob sie nicht „ein und das ander Subjectum in Vorschlag zu bringen" wüßten. Wegen der herrschenden Kriegsgefahr war es aber nicht möglich, einen Pfarrer zu bekommen. Erst 1758 meldete sich der Kandidat Benedikt Ryhiner aus Basel und bewarb sich um die Pfarrei. Die Gemeinde war inzwischen von Friedrichstal aus versorgt worden.

1776 überlegte man sich, nach dem Weggang von Pfarrer Lichtenhan, der wieder nach Basel zurückberufen worden war, ob man nicht in der damals teilweise zu Baden gehörenden Grafschaft Sponheim ein geeignetes „Subjekt" finden würde. Dies gelang anscheinend nicht, denn der Amtsnachfolger Jakob Friedrich Gachnang kam wieder aus Basel. Er war mit seiner Familie stets sehr kränklich und mußte daher 1788 um eine bessere Weinbesoldung bitten. Auf seinen Antrag hin wurde ihm dann die Hälfte seines Besoldungsweins in Gewächs 1. Klasse 2. Sorte gereicht. Gachnang befand sich auch in bescheidenen Vermögensverhältnissen, hatte wohl auch keine Beziehungen in der Heimat, durch die er dort zu einem einträglicheren Posten gekommen wäre. Er erklärte daher 1791, daß er sich mit Welschneureut begnüge und hier vollends sein geringes Vermögen aufzehren werde. Er bat nur um eine Zulage unter Hinweis darauf, daß er einen Sohn habe, der seit zwei Jahren in Basel studiere. Seitens des Hofrats wurde anerkannt, daß das Gehalt Gachnangs in Höhe von 400 Gulden für einen Mann mit Familie kaum ausreiche.

Die Situation der Welschneureuter Pfarrer wird 1801 dadurch beleuchtet, daß Gachnang 55jährig starb, und man feststellte, daß er der erste reformierte Pfarrer war, der am Ort verstorben war. Zwar traf dies nicht zu, denn der erste Pfarrer Daniel Lautier war am 8. September 1712 ebenfalls in Neureut gestorben. Jedoch war Gachnang der erste, bei dem sich die Frage stellte, ob seinen Hinterbliebenen das Sterbequartal gebühre, d. h. die Gehaltsfortzahlung für das laufende Quartal. Immerhin wurde diese Frage dann positiv entschieden.

Das anfänglich errichtete Kirchlein wurde alsbald baufällig, so daß ein Neubau notwendig wurde. Baumeister Johann Heinrich Arnoldt fertigte Entwurf und Kostenanschlag für den Neubau. Am 16. April 1749 wurde der erste Spatenstich getan und der Grundstein gelegt. Selbstverständlich überstiegen die Kosten des Neubaus die finanziellen Möglichkeiten der armen Gemeinde. Nur mit Beiträgen von vielen Seiten war der Kirchenbau möglich. Der Markgraf stiftete 150 Gulden; die reformierten Gemeinden in der Schweiz und der Pfalz,

1751 wurde die zweite Kirche in Welschneureut fertiggestellt. Sie brannte 1944 nach einem Luftangriff aus

ebenso die in der Markgrafschaft, unterstützten das Vorhaben durch Kollekten. Der Neubau, der ebenfalls wieder die Pfarrwohnung enthielt, wurde 1751 fertiggestellt. Die Tatsache, daß die Welschneureuter die französische Sprache weiterhin im täglichen Leben und im Gottesdienst benutzten, zeigt sich daran, daß die Inschrift über dem Westportal lautete:

> 1751 Bien heureux sont ceux, qui oyent
> la parole de Dieu et la gardent.

(Selig sind, die Gottes Wort hören und bewahren.)

Die 1749/51 errichtete Kirche wurde 1897 durch Ausbau der Pfarrwohnung erweitert und dann bei einem Luftangriff im Zweiten Weltkrieg zerstört, so daß ein Neubau notwendig wurde.

Die Toten der Welschneureuter Gemeinde wurden anfänglich in Mühlburg, dann auf dem Neureuter Friedhof begraben. 1724 legte man einen eigenen Friedhof an, auf dem 1865 eine Kinderschule errichtet wurde, nachdem 1825 der Friedhof an die jetzige Stelle verlegt worden war.

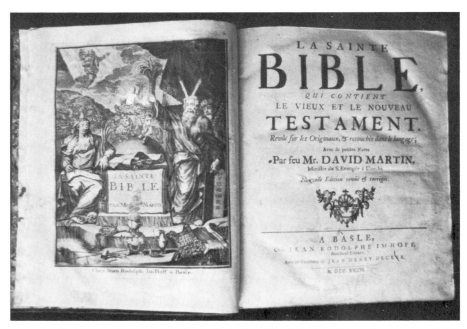

Aus der Schweiz stammende französische Altarbibel in Welschneureut 1736

7. Die Schule in Welschneureut

Vom ersten Schulmeister der Kolonie, der aber schon 1701 wegzog, und vom Streit zwischen Bürgermeister und Pfarrer um das Schulamt war schon die Rede. Der Schuldienst wurde dann bis 1713 von Pierre Maillet versehen. Er hielt, ebenso wie seine Nachfolger François, Paul und Heinrich Durand (Vater, Sohn und Enkel), in seiner eigenen Wohnung Schule, „auch wenn die Frau Schulmeisterin in den Wehen lag". So drastisch schilderte 1806 Pfarrer Rettig die Schulsituation in Welschneureut. Doch damit nicht genug: unter seinem Vorgänger Gachnang, so berichtete der Pfarrer weiter, hatte der Schulmeister seinen Viehstall als Schulraum hergerichtet. Es sei dies eine finstere, feuchte und ungesunde Höhle, nur von zwei kleinen Fenstern erhellt, mit niedriger Decke, wo 30 Schüler vier Stunden täglich zubringen sollen. Für einen Schulhausbau seien bei der notorischen Armut der Gemeinde keine Gelder vorhanden, zumal für Bau und Erhaltung von Kirche und Pfarrwohnung die Mittel schon kärglich genug ausgefallen wären.

1803 war schon ein Antrag auf einen Zuschuß für den seit Jahren geplanten Schulhausbau gestellt worden. Die Herrschaft, so rechnete man, könnte Holz und Steine stellen, der Bauplatz wäre vorhanden, und Fuhr- und Handfronen könnte die Gemeinde verrichten. Es blieben dann aber immer noch 300—400

Gulden für die Handwerker. 1806 fand bei den reformierten Gemeinden Badens und der Pfalz eine Kollekte statt. Auch in Karlsruhe und Umgebung wurde gesammelt. Die Herrschaft sagte die Lieferung des Bauholzes zu. 1810 war immer noch nichts geschehen. Immerhin hatte man nun aber einen Fonds von 800 Gulden gesammelt. 900 Gulden sollten nach einer neuen Berechnung für den Schulhausbau ausreichen. 1809 war der Gemeinde gestattet worden, für den Schulhausbau einige Almosenäcker zu verkaufen, d. h. solche Äcker, deren Erträge eigentlich zur Unterstützung der Armen bestimmt waren. 1813 wurde dann seitens des Landratsamtes der Zustand der Schule doch als nicht so schlecht befunden, da man inzwischen aus dem Stall ausgezogen war. Dennoch wurde festgestellt, daß ein Schulhaus gebaut werden müsse, weil keines vorhanden sei, und der Platz dafür schon bei der Anlage des Ortes vorgesehen worden wäre. So fand 1814 noch einmal eine Kollekte statt, und man konnte, nachdem die Herrschaft neben dem Holz auch noch die Gestellung der Mauersteine versprach, im Jahre 1815 mit dem Schulhausbau beginnen. Dieses erste Schulhaus von Welschneureut war im unteren Stockwerk mit zwei Schulzimmern, im oberen mit einem Zimmer für den Gemeinderat ausgestattet. Später wurde dieses Haus dann ganz als Rathaus benutzt.

Die Schule galt als eine kirchliche Anstalt, und der Pfarrer war der unmittelbare Vorgesetzte des Schulmeisters, der sein Amt nur als Nebenberuf verrichtete.

Von Farnçois Durand wird berichtet, daß er sein Amt so gut versehe, als er es verstehe. Er wisse nicht viel mehr als die Kinder. Von ihnen könne der größte Teil nicht einmal lesen und schreiben.

Es waren übrigens mehr Mitglieder der Familie Durand, als der Bericht des Pfarrers Rettig von 1806 nennt, die die Welschneureuter Schule betreuten. Nach François kam 1720 sein Sohn Jean, der 1741 starb. Ihm folgte 1742 der Sohn Paul, der 1774 wegen seiner kränklichen Leibesumfänge beantragte, ihm seinen Sohn Heinrich als Adjunkten beizugeben. Dies erfolgte dann aber erst 1778. 1781 klagte der Vater Durand über seinen Sohn, daß dieser ihm die bei der Vermögensteilung ausbedungene Versorgung nicht reichen will. Auch Pfarrer Gachnang mußte sich 1797 über Heinrich Durand beklagen, daß er mehr dem Bauerngeschäft obliege als der Schule und den Unterricht ausfallen lasse, wenn er anderes zu tun habe. Bei den gegenwärtigen Einquartierungen lege er die Soldaten in die Schulstube und liese den Unterricht ausfallen.

Da der Schulmeister auch die Dienste eines Mesners oder Kirchendieners zu verrichten hatte, war er auch in dieser Beziehung dem Pfarrer unterstellt. Auch hier hatte Pfarrer Gachnang Grund zur Klage über Heinrich Durand. Wenn es ihm nicht passe, in den Wochengottesdienst zu gehen, läute er einfach nicht dazu. Oft ließe er auch die Kinder vor der Zeit aus der Schule. Beim Schulexamen, das der Pfarrer vornahm, zeigte sich, daß keines der Kinder richtig lesen, geschweige denn richtig buchstabieren konnte. Der Pfarrer machte dem Lehrer hierauf einen Unterrichtsplan und trug ihm auf, künftig zur Schule zu läuten, da es keine Uhr im Ort gäbe und die Kinder daher sehr ungleich zur Schule kämen.

Heinrich Durand stellte 1802 den Antrag, ihm einen Gehilfen beizugeben. Der damalige Pfarrer Rettig gab ihm das Zeugnis, daß er sein Amt treu und redlich versehen habe, aber wegen schwachen Gehörs jetzt nicht mehr dazu imstande sei. Im übrigen wolle sich Schulgehilfe Sutter aus Eppingen, für den der Antrag gestellt worden war, mit der Tochter Durands verehelichen. Hierauf wurde das Gesuch Durands genehmigt.

Heinrich Durand starb 1816. Im selben Jahr hatte sein Sohn Jean Pierre oder Johann als Adjunkt an der Welschneureuter Schule angefangen, und 1817 wurde ihm die Schulmeisterstelle übertragen. Mit ihm endete 1830 die „Schulmeisterdynastie" der Durands in Welschneureut. Der Grund dafür, daß sich dieses Amt über fünf Generationen vererben konnte, war recht einfach. Zum einen fand der Unterricht im Hause des Schulmeisters statt, und man konnte so den notwendigen Bau eines Schulhauses mit Schulsaal und Lehrerwohnung umgehen, zum andern waren die Durands Welschneureuter Bürger und besaßen ihre Äcker, waren also nur teilweise auf das Schulmeistergehalt angewiesen. Sie waren sich auch dessen bewußt, daß man auf sie angewiesen war. So ist auch die etwas selbstherrliche Art von Heinrich Durand zu erklären, der sich offensichtlich bei Pfarrer Gachnang viel erlauben konnte, während er sich mit dessen Nachfolger Rettig anscheinend besser vertrug. Eine Änderung dieser Verhältnisse brachten erst die von staatlicher Seite unternommenen Bemühungen, die Besoldungen der Schulmeister zu verbessern und einander anzugleichen.

8. Der Hardtwald

Die Gründung Karlsruhes 1715 veränderte den Hardtwald wesentlich. Er wurde nunmehr durch 23 schnurgerade Alleen, die alle vom Schloßturm ausgingen, erschlossen. Entlang den neun weiteren Alleen, die vom Schloß nach Süden führten, wurde die Stadt errichtet. Die Hardtwaldalleen benannte man nach den Orten, auf die sie zuliefen, oder nach Hofbeamten, Offizieren und Trägern des Hausordens der Treue, den der Markgraf bei der Stadtgründung gestiftet hatte. Es entstand so eine Teutschneureuter Allee oder Von-Glaubitz-Allee, auch Klammweg genannt, sowie eine Welschneureuter Allee oder Von-Schilling-Allee bzw. Lange Allee.

Da Markgraf Karl Wilhelm, der Gründer von Karlsruhe, ein großer Jagdliebhaber war, legte er den Hardtwald mit einzelnen Gehegen zu einem Wildpark an, der von Karlsruhe bis nach Graben reichte. Teilweise wurde dieser Wildpark sogar eingezäunt, was aber das Mißtrauen der an der Hardtwaldgenossenschaft beteiligten Gemeinden erregte, die fürchteten, daß man ihnen damit ihre Rechte beschneiden wolle. In der Tat stellte man bereits Überlegungen an, wie einer übermäßigen Nutzung des Waldes entgegenzutreten war, die durch den Wiederaufbau nach den Kriegen und die rasch wachsende Bevölkerung einzutreten drohte. 1710 schlug man vor, die jährlichen Holzabgaben an die

Hardtdörfer von insgesamt 680 Eichen, von denen Neureut 40 erhielt, nunmehr klafterweise abzugeben. Der Verteilungsschlüssel sollte folgendermaßen aussehen: Schultheiß sechs Klafter, Bürgermeister fünf, jeder Bürger vier, ein Hintersasse, d.·i. der nicht im Besitz des Bürgerrechts befindliche Einwohner, zwei Klafter. Diese Holzgabe sollten die Hardtdörfer zweimal jährlich erhalten, da sie dafür zu den im Wald anfallenden Arbeiten fronen mußten und zur Ablieferung des Forsthafers als Entgelt für das Weiderecht verpflichtet waren. Außerdem waren für den Holzbezug Gebühren zu entrichten. 1723 wurde dann eine Forstordnung erlassen, die im wesentlichen der von 1604 entsprach. Es zeigt sich also, daß man bewußt an die Zeit vor dem Dreißigjährigen Krieg anknüpfte.

Infolge der Kriegszeit hatte sich das Waldgebiet vergrößert. Durch den Rückgang der Bevölkerung war es nicht mehr möglich gewesen, die Huben in ihrer ganzen Länge bis zum Hardtwald zu bebauen. Auf diesen liegengebliebenen Flächen wuchs dann von selbst Wald auf. Ein solches Waldstück im Kirchfeld und im Gottesauer Feld hatte der Markgraf um 1700 einzäunen lassen und daraus ein Wildgehege gemacht. Trotzdem mußten die Neureuter die auf dieser Fläche haftenden Abgaben weiter entrichten, obwohl sie selbst keinen Nutzen davon hatten und nicht einmal etwas von dem darauf wachsenden Holz bekamen. Es wurden deswegen mehrfach Bittschriften an den Markgrafen gerichtet. 1733 schlugen die Neureuter vor, daß man ihnen entweder die Äcker wieder einräumen oder der Markgraf sie gegen Wegfall der Abgaben selbst übernehmen solle. In den 40er Jahren des 18. Jahrhunderts wurde der Wald reif zum Einschlag. Man argumentierte daher seitens der markgräflichen Verwaltung mit dem Rechtssatz:

> „Geht der Gemeindswald dem Reiter bis an die Sporen,
> so ist er für sie verloren."

Dem hielten die Neureuter entgegen, daß es sich hier nicht um einen Gemeindewald handle, sondern um Teile ihrer Hubengüter, die öde liegen geblieben seien. Den Neureuter Anspruch erhärteten die alten Marksteine, die ursprünglich die Hubengüter gegen den Hardtwald abgrenzten und noch aufzufinden waren. Dies war ein eindeutiger Beweis, und so wurde 1751 schließlich ein Kompromiß gefunden: die fragliche Fläche wurde den Neureutern wieder eingeräumt, jedoch behielt sich der Markgraf den zehnten Teil von dem dort einzuschlagenden Holz vor. Hiervon bekam dieser Walddistrikt außerhalb des eigentlichen Hardtwalds den Namen „Zehntwald". Eine Neuvermessung des Zehntwaldes ergab, daß dieser Distrikt 2321 Morgen groß war.

Auch andere Flächen der Gemarkung, etwa die Äcker in der Heide, genannt kurze Zelgenäcker, waren infolge der Kriegsereignisse nicht mehr bebaut worden. Vermutlich hatte man aus Mangel an Zugtieren darauf verzichtet, diese minderwertigen Äcker zu nutzen, die man immer wieder ein Jahr hatte brach liegenlassen müssen. 1716 wollte man nun wieder daran gehen, diese Äcker zu kultivieren, zumal auch die Bevölkerung wieder zugenommen hatte. Inzwischen war aber auch diese Fläche mit Forlen bestanden, und das Oberforstamt erhob Einspruch gegen die Rodung. Es bedurfte auch hier eines Gesuchs an den Markgrafen, um die Erlaubnis zur Rodung zu erhalten.

Der Zehntwald sollte sich für die Gemeinde als recht nützlich erweisen. 1755 beschloß man in Neureut, daß der Erlös aus diesem Wald zur Deckung der Gemeindeschulden und Umlagen solange zu verwenden sei, bis die Gemeinde schuldenfrei wäre. 1764 wurde dann von der Regierung angeordnet, daß die Gemeinde das aus dem Holzverkauf erlöste Geld als Kapital anlegen solle; anscheinend war man mit der Schuldentilgung schon recht weit vorangekommen. Später kamen jedoch wieder neue, durch Kriegskosten verursachte Schulden hinzu, so daß das Ziel, die Gemeinde schuldenfrei zu machen, erst in den 1820er Jahren erreicht wurde. Man konnte dann die Verwaltung des Zehntwaldes und die Verwendung des Ertrags neu regeln.

9. Landwirtschaft

Die Landwirtschaft bildete noch lange den Haupterwerbszweig der Neureuter Bevölkerung. Sie soll deshalb etwas eingehender betrachtet werden, zumal gerade aus dem 18. Jahrhundert zahlreiche Informationen darüber vorliegen.

Infolge der Kriegsereignisse waren viele Äcker in Neureut herrenlos geworden oder konnten von der zusammengeschmolzenen Bevölkerung nicht mehr bearbeitet werden. Auch als ein Teil der Gemarkung an die Kolonisten abgegeben worden war, gab es immer noch solche herrenlosen Güter, die aber, als die Bevölkerung wuchs, wieder unter den Pflug genommen wurden. Diejenigen Güter, die keinen Besitzer mehr hatten, wurden 1730 versteigert. Noch 1744 wurden im Gottesauer Feld über 37 Morgen solcher Caduc-Güter festgestellt, die von Staats wegen an Interessenten verkauft wurden, da sie zum Teil mehr als 40 Jahre nicht mehr bebaut worden waren.

Von den Mißjahren hörte man, daß um Nachlaß der Naturalabgaben wie der Hubengült, nachgesucht wurde. Beim Zehnten, der ja ertragsabhängig war, erhielt die Herrschaft in einem schlechten Jahr dann ebenfalls entsprechend weniger. Es ist daraus zu ersehen, wie sehr Wohl und Wehe der Dorfbevölkerung von der Ernte abhing.

1746 waren im Mai zwei Hagelschläge niedergegangen, so daß die Ernte an Korn (Roggen) zu zwei Dritteln vernichtet worden war. Insgesamt waren davon in ganz Teutschneureut 395 Morgen angebaut worden. Bei den anderen Früchten, nämlich Welschkorn, Bohnen, Kartoffeln und Rüben war durch anhaltende Trockenheit ebenfalls Schaden entstanden. Auf das Gesuch der Gemeinde hin wurde die Korngült um 2/3 ermäßigt. An dieser Stelle hören wir zum ersten Mal vom Anbau der Kartoffel, für die sich der Sandboden der Hardt, besonders eignet. Der sich rasch ausdehnende Kartoffelanbau war die Grundlage dafür, daß sich die Bevölkerung im 18. Jahrhundert in einem zuvor nie dagewesenen Maße vergrößern konnte. Die Kartoffel vermochte in gewisser

Weise das Brotgetreide zu ersetzen, bei dem Mißernten eher eintreten konnten. Es ist anzunehmen, daß die Kartoffel über die Waldenser Eingang in den Dörfern der Hardt gefunden hatte. Der Waldenserführer Henri Arnaud (†1721) soll bereits im württembergischen Schönenberg mit dem Anbau der Kartoffel begonnen haben. Es ist wohl anzunehmen, daß er das Saatgut auch den mit ihm in Verbindung stehenden Gemeinden zukommen ließ. So stellt der Kartoffelanbau in Neureut im Jahre 1746 auch keine Neuheit mehr dar, sondern erschien ganz selbstverständlich unter den sonst angebauten Feldfrüchten. Im übrigen wird über Liedolsheim aus dem Jahre 1744 berichtet, daß dort seit einigen Jahren Grundbirnen (Kartoffeln) angebaut werden. So werden wohl um 1740 die Kartoffeln in der Hardt eingeführt worden sein.

Im Jahre 1753 hatten die Sommerfrüchte, insbesondere aber der Hafer, sehr durch die Dürre gelitten, so daß von 128 Morgen Hafer nur 200 Zehntgarben anfielen, die beim Ausdreschen ein Malter und zwei Simri ergaben. Die Gemeinde hatte jedoch an Hafergült für die Huben und Forsthafer, für das Weiderecht im Hardtwald über 23 Malter zu entrichten, also mehr als die gesamte Haferernte! Man bat daher um Nachlaß dieser Abgaben. In der Rentkammer war man allerdings der Ansicht, daß eine Bewilligung dieses Gesuchs nur eine Reihe weiterer nach sich ziehen würde, so daß man vorschlug, die Abgabe ersatzweise in Geld entrichten zu lassen.

1757 wurde wieder ein Nachlaß von 1/6 an der Gült gewährt, da im Sommer erneut ein Hagelwetter die Teutschneureuter Felder heimgesucht hatte.

Auch vom Rhein wurde Neureut gelegentlich bedroht. 1758 führte er zwei Monate lang Hochwasser, so daß die Knielinger und Daxlander Dämme überflutet und die Teutschneureuter Wiesen in der Niederung überschwemmt wurden. Der Heuertrag war damit vernichtet, der von diesen minderwertigen Wiesen ohnehin nur einmal jährlich zu bekommen war. Der Gemeinde wurde daher die Hafergült, die auf diesen Wiesen haftete, erlassen. 1766 war gleich zweimal Hochwasser, das die Dammfelder völlig überschwemmte, so daß Teutschneureut alle eingesäten Früchte verlor, und die Einwohner Geld aufnehmen mußten, um neues Saatgut kaufen zu können. Die Rentkammerbeamten leiteten diesmal das Gesuch um Nachlaß der Abgaben an den Markgrafen weiter, der es gnädigst bewilligte.

Im Sommer 1775 gab es kurz vor der Ernte wieder ein Hagelwetter, das beträchtlichen Schaden anrichtete. Auch diesmal bat man um Nachlaß der Gült, wenngleich man auch zugab: „Wir sind zwar, Gott seye Lob, mehrentheils nicht so arm wie die Welschen, gleichwohlen fällt uns bey diesen Umständen die Lieferung der Gülten ebenfalls schwer." Diesmal wurde 1/4 nachgelassen; 1782, als der Hafer wieder nicht geriet, gar die Hälfte. Zwei Jahre später gab es schon wieder eine Mißernte, da ein langer und harter Winter das ausgesäte Getreide nicht hatte zum Wachsen kommen lassen. Diesmal wurde ein Viertel der Korngült nachgelassen.

Außer von Mißernten ist in jener Zeit auch von Verbesserungen in der Landwirtschaft zu berichten; von der Einführung der Kartoffel war bereits die Rede. Seit

1762 projektierte man die Wässerung der Teutsch- und Welschneureuter Wiesen und der Knielinger Weiden, um so deren Ertrag zu steigern. Es wurde sogar geprüft, ob man für die ganze Gegend zwischen Daxlanden und Schröck ein Wässerungssystem einrichten könne. Dies sollte durch einen Kanal erfolgen, der in Mühlburg seinen Anfang nehmen und, aus dem Landgraben gespeist, bis Schröck führen sollte. Das Projekt bot einige technische Schwierigkeiten; vor allem mußte das Gefälle genau eingerichtet werden, so daß das Wasser auch wieder ablief. Noch schwieriger war die Finanzierung, auch wenn man in Rechnung stellte, daß die reinen Erdarbeiten in der Fron verrichtet wurden. Markgraf Karl Friedrich sah in dem Projekt eine Möglichkeit, einen Kanal zum Flößen von Holz und zum Transport von Steinen zwischen Mühlburg und Schröck zu erhalten. Der Floßkanal wurde jedoch, als man nach 1765 mit den Arbeiten begann, nur bis Welschneureut geführt. Im weiteren Verlauf wurde der Kanal nur als reiner Wässerungsgraben errichtet. Die Arbeiten waren so beträchtlich, daß auch solche Gemeinden dazu herangezogen werden mußten, die von der Sache keinen Nutzen zu gewärtigen hatten. 1769 war das Projekt so weit gediehen, daß mit der Wässerung begonnen werden konnte. Der Kanal, der auch unter dem Namen Froschgraben bekannt ist, diente noch bis ins 20. Jahrhundert seinem Zweck.

1779/80 wurde der Versuch gemacht, auf dem Gebiet des trockengelegten Egelsees Klee anzubauen. Diese Futterpflanze brachte einen erheblich höheren Ertrag als die gewöhnlichen Wiesen, so daß dadurch der Viehstand vermehrt werden konnte. Ein ähnlicher Versuch, der 1766 von Pfarrer Lichtenhan in Welschneureut ausgeführt worden war, war gescheitert, weil der herrschaftliche Schäfer in Mühlburg, der das Recht hatte, von Galli (16. Oktober) bis 15. März die Wiesen zu beweiden, mit seinen Schafen nicht den Kleeäckern ferngeblieben war.

In Neureut wurden auch sonstige Neuerungen in der Landwirtschaft eingeführt, die von der Obrigkeit gelegentlich mit etwas Nachdruck gefördert, von den Neureutern manchmal etwas argwöhnisch betrachtet wurden. So unterstützte man den Umbruch von Wiesen zu Ackerland durch eine dreijährige Zehntfreiheit. Deshalb wurden im mittleren Dammfeld 1803 einige Wiesen zu Äckern umgebrochen. Desgleichen wurden im selben Jahr auf der Heidelburg ungefähr neun Morgen Buschwald gerodet und zu Ackerland hergerichtet.

Als besonderer Fortschritt wurde in jenen Jahren die Einführung der Stallfütterung betrachtet. Dies bedeutete, daß das Vieh in der schönen Jahreszeit nicht mehr alltäglich auf die Weide getrieben wurde, sondern dauernd im Stall stand, wodurch dann eine intensivere Bewirtschaftung der Wiesen möglich wurde. Besonders begünstigt wurde die Einführung der Stallfütterung durch den Kleeanbau, der ein rasch wachsendes Futter in ausreichender Menge erbrachte. Freilich dauerte in Neureut der alte Brauch, das Vieh auf die Weide zu treiben, noch bis ins 19. Jahrhundert an, zumal man auch über das Weiderecht im Hardtwald verfügte. Dies nahm man besonders in schlechten Jahren gern in Anspruch, wenngleich sich der Wald durch das Eindringen der Nadelbäume sehr stark verändert hatte und nicht mehr einen lichten Weidewald wie im Mittelalter darstellte.

10. Die wirtschaftlichen Verhältnisse in Welschneureut

Die recht langsame Entwicklung der Kolonie Neureut nach ihren mühsamen Anfängen läßt sich schon daran ablesen, daß die Baracken erst um 1750 durch richtige Häuser ersetzt werden konnten, die immerhin noch bescheiden genug waren. Schon in den ersten Jahren wird von Bränden berichtet. 1702 geschah bereits das zweite Unglück dieser Art, dem fünf Häuser zum Opfer fielen. Die Ursache war unachtsamer Umgang mit dem Feuer. Es wurde deshalb angeordnet, daß in jeder Baracke ein Kamin aufzuführen wäre, der mit einer starken Brandmauer versehen werden sollte. Die Backöfen mußten außerhalb der Behausungen angelegt werden, und es sollte Vorsorge getroffen werden, daß Heu und Stroh so aufbewahrt wurden, daß daraus keine Feuergefahr entstand. Überdies wurde die Abhaltung einer monatlichen Feuerschau angeordnet.

Die beiden Brandunfälle hatten vermutlich deswegen dieses Ausmaß angenommen, weil es an einem Brunnen fehlte, und die in den Wiesen befindlichen Quellen benutzt werden mußten. Es leuchtet ein, daß dies, besonders in der schlechten Jahreszeit, zu Unzuträglichkeiten führen mußte. Erst 1754 konnte ein 33 Schuh tiefer Ziebrunnen errichtet werden, zu dessen Baukosten die Regierung fast die Hälfte beisteuerte. 1796 suchte man dafür um eine Beisteuer nach, den Ziehbrunnen mit einer Pumpe versehen zu können. Der Antrag wurde mit der Bemerkung abgeschlagen, daß man auf bessere und friedlichere Zeiten warten solle. Im folgenden Jahr wurde der Antrag erneut gestellt, unter dem Hinweis, daß der Brunnen als einziger zwischen Neureut und Mühlburg viel stärker von Fremden, statt von den Einheimischen benutzt werde und vor allem von den durchmarschierenden Soldaten ruiniert worden sei. Man wies ferner darauf hin, daß eine Erneuerung der Kette teurer käme als die Pumpe. Hierauf wurde schließlich angesichts der Mittellosigkeit der Gemeinde die Hälfte der anfallenden Kosten von der Landeskostenkasse übernommen.

Die Geschichte der Welschneureuter Wasserversorgung zeigt, daß der Ansiedlung keine gedeihliche wirtschaftliche Entwicklung beschieden war. Eine gewisse Änderung trat ein, als ganz in der Nähe Karlsruhe gegründet wurde. Jetzt fanden viele Welschneureuter ihren Verdienst in der neuen Residenz, besonders aufgrund der dortigen Bautätigkeit. Die Welschneureuter Frauen wurden die Waschfrauen von Karlsruhe, indem sie entweder in die Stadt gingen und dort die Wäsche der Residenzler wuschen oder die Wäsche in der Stadt abholten und zu Hause wuschen und auf den Wiesen bleichten. Bis zum Beginn des 20. Jahrhunderts hat diese Dienstleistung der Welschneureuter für die Karlsruher angehalten. Eine weitere Verdienstmöglichkeit war die Belieferung der Stadt mit Milch, was natürlich nur so weit möglich war, wie es der bescheidene Viehbestand erlaubte.

Der Sandboden der Äcker gab nicht viel her; gelegentlich wurden selbst die Kartoffeln von Engerlingen zernagt und von den Wildschweinen zerwühlt. Mißjahre mußten hier also noch viel einschneidender wirken als im deutschen Dorf. Die Welschneureuter waren daher kaum in der Lage, ihren steuerlichen Verpflichtungen nachzukommen. Schon am Ende der Freijahre, als sie anfangen sollten, Hubenzins und -gült sowie den Forsthafen zu entrichten, konnten sie diese Abgaben nicht leisten. Zuvor war ihnen nur die Schatzung, eine Vermögenssteuer und eine Kopfsteuer auferlegt gewesen. Mit den neuen Abgaben kamen sie mehr und mehr in Rückstand, so daß sie ihnen von Zeit zu Zeit erlassen werden mußten. Es wurde ihnen schließlich gestattet, den Forsthafer in Geld zu begleichen.

Selbstverständlich wurde versucht, die Erträge zu verbessern. So machte man den Versuch, den Sandboden durch Vermischung mit der darunterliegenden Lehmschicht zu verbessern. Dies konnte wegen des Arbeitsaufwands natürlich nur teilweise geschehen. Trotz ihrer Mittellosigkeit nahmen die Welschneureuter 1765 auch an dem Kanalbau von Mühlburg nach Schröck teil, durch den eine Bewässerung der Wiesen und damit eine Ertragssteigerung erzielt werden konnte. Eine Verbesserung des Bodens durch Stalldung konnte wegen des geringen Viehstandes ebenfalls nur in Ansätzen erfolgen. Es fehlte überdies an Stroh, so daß man meistens nur Laubstreu hatte. Die Möglichkeit, Stalldung in ausreichenden Mengen zu beschaffen, ergab sich schließlich zu Beginn des 19. Jahrhunderts, als in Karlsruhe die großen Kasernen gebaut wurden. Hiervon Nutzen zu ziehen, setzte natürlich den Besitz eines geeigneten Fuhrwerks voraus, das wohl nicht viele besaßen.

Als besonders hinderlich für das wirtschaftliche Fortkommen der Neureuter wurde eine Bestimmung angesehen, wonach die Landportionen im Erbgang nur in vier Teile geteilt und eventuelle weitere Kinder nur in Geld abgefunden werden durften. Außerdem konnten diese Viertelportionen nur insgesamt und nicht in Teilstücken verkauft werden. So war man gezwungen, Schulden zu machen, bis diese den Wert einer Viertelportion erreichten. Man lieh Geld nicht nur bei Privatleuten in Karlsruhe, sondern auch bei den herrschaftlichen Kassen. So sind uns zwei Geldentlehnungen aus der fürstlichen Gymnasienverrechnung in Karlsruhe bekannt. 1775 lieh sich Daniel Bourdailler dort 100 Gulden, 1798 Jean Pierre Gros ebensoviel.

Es ist nicht verwunderlich, daß die Bevölkerung von Welschneureut stark fluktuierte. Gelegentlich sind auch Rückwanderungen in die Schweiz, vielleicht sogar nach Frankreich vorgekommen. Als nach 1709 das Auswandern nach Amerika in Süddeutschland mehr und mehr Anreiz bot, wagte auch mancher die Fahrt über den Ozean. Besonders 1737 emigrierten einige Familien nach Pennsylvanien.

Durch die Abwanderung der ursprünglich französischen Bevölkerung kamen nunmehr auch Einheimische nach Welschneureut, obwohl die Kolonisten anfänglich versuchten, ein Verbot dieser Zuwanderung durchzusetzen. Dies gelang nicht, und so sind bereits in der Huldigungsliste von 1738 schon eine ganze Reihe deutscher Namen, zunächst unter den Hintersassen, zu finden. Im Laufe der Zeit konnten diese aber das Bürgerrecht erwerben. Die Huldigungsliste von 1811 zeigt dann, daß das Verhältnis von deutschen und französischen Namen ungefähr ausgeglichen war.

Die Steuerrückstände, die bis zum Beginn des 19. Jahrhunderts zu beträchtlichen Summen aufgelaufen waren, machen deutlich, daß die landwirtschaftliche Basis von Welschneureut viel zu schmal war. Abhilfe konnte hier nur die vor allem in der zweiten Hälfte des 19. Jahrhunderts stattfindende Industrialisierung von Karlsruhe schaffen, als dann viele Welschneureuter — trotz der Entfernung — einen Arbeitsplatz fanden.

11. Gastwirtschaften in Teutschneureut

In früheren Zeiten waren die Wirtschaften für das dörfliche Leben von größerer Wichtigkeit als heute. Es waren dies die Orte, wo man Fremde treffen und mit Einheimischen zusammensitzen konnte, wo Nachrichten von außerhalb und die Neuigkeiten des Dorfes ausgetauscht wurden. Für ein Dorf an der Landstraße — wie Neureut — war es wichtig, daß es Wirtschaften gab, in denen die durchreisenden Fremden sich erfrischen und wo sie ein Nachtlager finden konnten. Es hat daher sicher schon vor der ersten Erwähnung am Anfang des 18. Jahrhunderts Wirtschaften in Neureut gegeben. Es ist aber erklärlich, daß erst in späterer Zeit davon die Rede ist, da die früheren wohl die Wirren des Holländischen und Pfälzischen Krieges nicht überstanden hatten.

Die neuerrichteten Wirtschaften mußten nun von der Landesherrschaft eine Konzession erhalten, die in verschiedenen Abstufungen ausgegeben wurde. Man hat dabei unterschieden zwischen Strauß- und Schildwirtschaften, wobei die Straußwirtschaft (ähnlich wie die heute noch vielerorts bekannte Besenwirtschaft) nur vorübergehend, etwa nur zu bestimmten Jahreszeiten, geöffnet war, während die Schildwirtschaft, die durch ein Wirtshausschild gekennzeichnet war, ständig geöffnet hatte. Der Wirt hatte das Recht, aber auch die Pflicht, sein Haus täglich für die Fremden offen zu halten.

Eine Übersicht über die Teutschneureuter Wirtschaften gewinnen wir erstmals 1713, als berichtet wird, daß im Sommer in allen drei Wirtschaften des Ortes Einquartierung hoher Offiziere war, so daß die Wirte Hans Michael Linder, Rudolf Gimpel und Louis Hirschfeld ihre Häuser nicht mehr für das allgemeine Publikum offenhalten konnten. Sie beantragten daher, für diese Zeit vom Umgeld, der Getränkesteuer, befreit zu werden. Nachträglich meldete sich auch noch Paul Niclaus, der eine Straußwirtschaft hatte, für die er ebenfalls die den anderen gewährte Steuerbefreiung bekam.

Die Wirtschaft von Hans Michael Linder wurde etwa seit 1706 betrieben, bis er sie aufgeben mußte, weil er Schultheiß wurde. Nachdem er dieses Amt wieder abgegeben hatte, suchte er um die Wirtschaftsgerechtigkeit nach, die ihm, da er in seinem Schultheißenamt einige finanzielle Einbußen erlitten hatte, auch gewährt wurde. 1721 erhielt er auf seinen Antrag die Schildgerechtigkeit, und jetzt konnte er sein Haus den „Löwen" nennen. 1735 gab er die Wirtschaft wieder auf, wobei ihm die Beibehaltung des Tavernenrechts gnadenhalber gestattet wurde, d. h. er konnte jederzeit wieder ohne große Formalitäten die Wirtschaft eröffnen.

Rudolf Gimpel war 1697 aus Straßburg nach Neureut zugezogen. Er betrieb am Ort ebenfalls eine Straußwirtschaft. Ihm wurde 1714 das Tavernenrecht verliehen und zugleich gestattet, ein Schild „Zum Straßburger Münster" auszuhängen. 1724 suchte sein Sohn Daniel um die Erlaubnis zum Bierbrauen nach, was ihm aber abgeschlagen wurde. 1726 stellte er einen erneuten Antrag, mit der Begründung, daß es oft vorkomme, daß in Neureut, „da die Landstraße durchgeht, manchmal Fremde ankommen, welche gar keinen Wein trinken und deswegen nach einem Glas Bier fragen, so auch öfters bei vorfallenden Krankheiten geschieht, hingegen bei uns nicht zu bekommen ist, weswegen ich gern selbiges wiederum selbsten brauen wollte". Man hätte es freilich lieber gesehen, wenn Gimpel das Bier von der herrschaftlichen Brauerei in Gottesaue bezogen hätte, erlaubte ihm aber 1727 das Brauen bis auf weiteres. 1736 wurde das Bierbrauen auf dem Lande generell verboten und auch die Gimpelsche Brauerei mußte wieder ihren Betrieb einstellen. Vermutlich wollte man mit dieser Maßnahme dem Absatz des Weins aus dem Oberland etwas aufhelfen. Als aber zwei Jahre später der Wein knapp und teuer wurde, mußte man Gimpel das Brauen wieder gestatten. 1747 wurde das Brauen auf dem Land wieder untersagt, jedoch wurde Gimpel erlaubt, die zwei Malter Malz, die er noch im Vorrat hatte, für seinen Hausgebrauch zu verwenden. Inzwischen hatten die Gimpels den Namen ihrer Wirtschaft geändert; aus dem „Straßburger Münster" war jetzt der „Grüne Baum" geworden.

Von der Straußwirtschaft des Paul Niclaus war 1713 schon die Rede gewesen. Er stellte 1742 den Antrag, eine Schildwirtschaft einrichten zu dürfen. Diese Konzession wurde ihm 1743 erteilt. Er nannte sein Haus „Zum schwarzen Bären", das in der Konzessionsurkunde folgendermaßen beschrieben wurde: „an der Landstraßen gelegen, mit zwei Stuben, einem großen Hof, einer Scheuer und zwei Stallungen versehen, machet von Welschneureut her den Anfang des teutschen Dorfs, gränzet an des Welschneureuter Fleckens Allmandweg und das Dorf hinab an Martin Grebers Wittib Hofraite". Zur Schildwirtschaftsgerechtigkeit des „Schwarzen Bären", der später einfach „Bären" genannt wurde, gehörte übrigens, daß, in Ermanglung einer Gemeindestube, dort auch die Gemeindezehrungen abgehalten werden durften. Dies waren Mahlzeiten, die sich die Gemeindeväter zum Abschluß wichtiger Geschäfte, etwa der Erstellung der jährlichen Gemeinderechnung, auf Kosten des Fleckens genehmigten.

Ebenfalls 1742 suchte der Bürger und Bäcker Michael Kaufmann zu Teutschneureut um eine Konzession zur Errichtung einer Straußwirtschaft nach, da er damit seiner schlecht gehenden Bäckerei aufhelfen wollte. Die Wirtschaftsgerechtigkeit wurde ihm im selben Jahr erteilt. 1750 richteten jedoch Gimpel, Niclaus und die übrigen Schildwirte zu Neureut eine Eingabe an den Markgrafen und baten, die Wirtschaft des Kaufmanns wieder zu schließen, da dieser sich ja mit seinem Bäckerhandwerk ernähren könne. Es seien zusammen fünf Schildwirte in Teutsch- und Welschneureut, so daß die Wirtschaft des Kaufmann unnötig sei. Man wollte daher Kaufmann 1751 die Konzession nicht mehr verlängern. Dieser wehrte sich dagegen und brachte vor, daß der Kantenwirt Racine in Welschneureut seine Wirtschaft aufgeben wolle. Das Oberamt hingegen war der Ansicht, daß „wegen der schlechten Passage von Fremden und Rarheit des Geldes bei den Inwohnern" alle Wirtschaften nur wenig Betrieb hätten, so daß die Straußwirtschaft von Kaufmann unnötig sei. Hier muß gesagt werden, daß in den 1750er Jahren eine Teuerung herrschte, so daß es nicht unbegründet war, daß die Wirtschaft schließen mußte.

1748 stellte Franz Georg Baumgärtner ein Gesuch um Erteilung der Schildgerechtigkeit für sein Haus mit der Bezeichnung zur „Krone". In ihren Stellungnahmen hatten weder die Gemeinde noch die drei übrigen Schildwirte zu Neureut etwas dagegen einzuwenden. Das Haus des Baumgärtner besaß zwei Stockwerke, zwei Stuben, sechs Kammern, eine Scheuer und einen Stall für zehn bis zwölf Pferde und ein Küchengärtlein am Haus. Es lag oben im Dorf, drei Häuser von der Wirtschaft zum „Bären" entfernt. Die Konzession wurde Baumgärtner 1748 erteilt mit der Maßgabe, daß er, wie die anderen Wirte auch, von den ausgeschenkten Getränken das Umgeld zu entrichten habe. Dies könne entweder mit einer jährlich auszuhandelnden Pauschale oder nach den tatsächlich ausgeschenkten Mengen geschehen. Eine weitere wichtige Bestimmung, die in der Urkunde zu finden ist, besagt, daß er und die anderen Wirte nichts dagegen haben dürften, wenn jemand in seinem eigenen Haus eine Hochzeit feiere und dabei Getränke ausschenke. 1758 wurde Baumgärtner zum Anwalt ernannt und mußte daher die Wirtschaft einstellen. Er erhielt aber die Erlaubnis, diese wieder eröffnen zu dürfen, sobald er das Amt wieder aufgeben würde.

Es zeigt sich, daß die ältesten Neureuter Wirtschaften auf die Zeit um 1700 zurückgehen, und die heute noch bestehenden auf eine Tradition von mehr als zweieinhalb Jahrhunderten zurückblicken können. Interessant ist, daß das Bier damals nicht die Rolle spielte wie heute. Die Gimpelsche Brauerei war nur kurzfristig in Betrieb gewesen, so daß der Wein, den man wohl aus der Pfalz oder aus dem Markgräfler Land bezog, als das wichtigste Getränk galt. Daneben kam gerade in jener Zeit der Apfelmost als Ersatz für den Wein auf, da viele Weinberge in Süddeutschland durch die Kriegsereignisse entweder vernichtet oder vernachlässigt worden waren. Erst 1816 erhielt in Neureut der Küfermeister Georg Michael Striby die Erlaubnis zur Errichtung eines Bierausschanks. Das Bräuhaus des Ph. Fr. Gimpel zum „Grünen Baum" wird 1825 im Flurbuch genannt. 1821 erhielt der Metzgermeister Wilhelm Striby die Konzession zum Betreiben einer Schildwirtschaft. So konnte anläßlich einer Erhebung 1826 festgestellt werden, daß folgende Wirtschaften in Teutschneureut bestanden: Striby zum „Waldhorn", Striby zum „Bären", Gimpel zum „Grünen Baum", Gräber zum „Löwen", Nagel zur „Krone" und die Straußwirtschaft des Michael Striby, die im selben Jahr an Georg Jakob Weinbrecht überging.

12. Gastwirtschaften in Welschneureut

Die Refugianten hatten anfänglich in ihrer Kolonie einen regen Weinausschank betrieben, worüber man sich — vermutlich in Neureut — beschwerte, weil die Kolonisten für den ausgeschenkten Wein kein Umgeld abführten. Sicher war es ihnen nur darum zu tun, die ihnen im Freiheitsbrief verbürgte Befreiung vom Umgeld auszunützen. Es scheint aber damals keine Wirtschaft entstanden zu sein, allenfalls eine Straußwirtschaft, denn die Konzessionen für die Welschneureuter Wirtschaften erscheinen erst recht spät. Anläßlich einer Erhebung im Jahre 1835 wird festgestellt, daß es drei Gastwirtschaften am Ort gibt, nämlich den „Hirsch", den „Anker" und die „Kante" (Kanne). Aus den Konzessionen, die man damals einsah, war zu entnehmen, daß der „Hirsch" das älteste Gasthaus in Welschneureut war, dessen Konzession aus dem Jahre 1781 stammte. Der „Hirsch" war zuvor eine Straußwirtschaft gewesen und der Wirt Kaspar Popp hatte die Schildgerechtigkeit erhalten. Für die „Kante" erhielt sie Daniel Marche 1798. Auch die „Kante" hatte vorher als Straußwirtschaft bestanden; sie wird schon 1751 als solche genannt. Der „Anker" war erst 1832 eröffnet worden. Die Straußwirtschaft der Geschwister Marche bestand seit 1808. Die Inhaber versuchten mehrfach, die Schildgerechtigkeit für ihre Wirtschaft zu erhalten, was die beiden anderen Wirte durch Eingaben zu verhindern suchten. Die übrige Gemeinde stand jedoch auf Seiten der Geschwister Marche, und man ließ in einer Stellungnahme vom Jahre 1835 keinen guten Faden an den Wirten von „Hirsch" und „Kante". Der Hirschwirt habe keinen guten Tropfen, hieß es, und würde sich nur wenig um seine Gäste kümmern. Der Kantenwirt habe sein Haus verpachtet, und die Pächter müßten sehen, wie sie mit allerhand „Ränk und Schwenk" ihr Auskommen fänden. Weiter wird im Gutachten der Gemeindeverwaltung ausgeführt, daß Welschneureut von vielen Fremden besucht werde, nicht nur wegen der Landstraße, sondern auch von Karlsruher Spaziergängern, die die angenehmen Spazierwege durch den Hardtwald hinaus nach Welschneureut benutzen. Überdies sei zu erwarten, daß der Zollverein, eine Zollunion der deutschen Staaten, der Baden erst im laufenden Jahr beigetreten war, den Verkehr beträchtlich vermehren würde, da der Ort an der Grenze zur bayerischen Pfalz liege. Im Gegensatz zu den beiden Schildwirtschaften werde die Straußwirtschaft sehr gut geführt, und vor allem sei sie in der Lage, bei Einquartierungen die Offiziere aufzunehmen, da das Haus entsprechend eingerichtet sei.

Es ist zu vermerken, daß hinter dem Gegensatz zwischen den Wirten und der Gemeinde ein gutes Stück Gemeindepolitik steckte. Da die Wirte in jener Zeit sicher zu den wohlhabendsten Einwohnern zählten, versuchten sie sicher auch, die Dinge in ihrem Sinne zu lenken. Es ist deshalb nicht verwunderlich, daß sie dann gelegentlich die ganze Gemeinde gegen sich hatten. Als um so einsichtsvoller muß daher die in Teutschneureut zu beobachtende allgemeine Bestimmung angesehen werden, die es den Wirten verbot, ein Gemeindeamt anzunehmen.

Der Streit zwischen der Gemeinde Welschneureut und den beiden Wirten zum „Hirsch" und zur „Kante" ging schließlich so aus, daß die beiden Geschwister Marche 1836 die Schildgerechtigkeit für ihre Wirtschaft zum „Engel" erhielten. Alllerdings war es nur die Personalgerechtigkeit, d.h. die Konzession war den Inhabern auf Lebenszeit verliehen worden. Die Wirtschaften zum „Hirsch" und zum „Anker" besaßen die Realwirtschaftsgerechtigkeit. Dies bedeutete, daß die Konzession als dingliches Recht auf dem Grundstück ruhte und unabhängig vom Inhaber war, also auch mit dem Grundstück verkauft und verpachtet werden konnte. Es leuchtet ein, daß die Realwirtschaftsgerechtigkeit natürlich begehrter und nicht so leicht zu bekommen war. Noch 1840 wurde ein entsprechendes Gesuch der Inhaber von „Engel" und „Anker" vom Bezirksamt abgelehnt.

13. Neureuter Gesundheitswesen

Am 31. Januar 1787 berichtete Pfarrer Greiner von Teutschneureut an das Oberamt und Physikat (Amtsarzt) zu Karlsruhe: „Seit einigen Wochen herrscht allhier eine sonderbare Krankheit, die wahrscheinlich eine Wirkung der beständig nebligen Witterung ist. Die Patienten bekommen einige Tage Kopfweh, darauf folgen erstaunende Ohrenschmerzen, da hinter den Ohren erhöhte Bückel und Knörren entstehen. Die Wangen geschwellen sehr stark und der Hals so sehr, daß man nicht schlucken kann. Bei einigen, wo die Geschwulst nur auf einer Seite, dauert das Übel nur acht Tag und dann nennen sie die Leute den Wochentölpel. Bei anderen dauert es aber noch viel länger, die Ohren und Wangenschmerzen aber sind auch um so viel heftiger; wo sich dies einfindet, heißen sie es die Ohrenklamm. Diese wunderbare Krankheit stellte sich anfangs bloß bei den Kindern ein. Man bedenke, daß nur allein von Schulkindern 60 bis 80 damit geplagt wurden. Jetzt reißt sie auch unter den Alten und Erwachsenen ein und greift sie sehr hart an."

Auf den Hilferuf des Pfarrers begab sich Oberamtsphysikus Dr. Maler nach Welsch- und Teutschneureut und stellte bei den Patienten fest, daß die Krankheit „vorzüglich in einer Geschwulst der Ohrendrüsen und der Mandeln des Halses bestehe". Er empfahl den Leuten, sich vor Erkältung zu schützen, verschrieb Holdertee, heiße Fußbäder und Umschläge von Kamillen- und Holderblüten. Der Arzt hatte festgestellt, daß die Krankheit bei den Kindern oft noch mit einem scharlachroten Ausschlag verbunden war, der zwar nach einigen Tagen wieder von allein verschwand, jedoch gefährlich wurde, wenn die Leute zu früh an die Luft gingen und dadurch wieder einen Rückfall erlitten.

Die Verordnungen des Physikus trugen alsbald Früchte, denn der Pfarrer berichtete am 16. Februar, „daß das Übel größtenteils behoben und soviel wir in Erfahrung bringen können, nur zwei Alte, ein Schulknab und etwa drei Kinder noch damit geplagt werden". Es half freilich nicht nur die ärztliche Kunst; „bei der Jugend vertreibens die Bürger durch Sympathie: sie gehen hin, nehmen das Halsband einer Geiß, legen es den Kindern um den Hals, verbinden denselben und in 24 Stunden sollen die Kinder wieder zur Ruhe kommen! Die Folgen davon sind uns bis dahin noch unbekannt, es sey denn, daß diese schlecht kurierte Übel bei einigen die Flecken hervorgebracht haben mögen. Doch läßt vermuten, daß bei einer zu erfolgenden warmen Witterung, wann die Leute sich warm schaffen und die Pori geöffnet werden, die Evaporation befördert wird und die ungesunden Säfte fortgeschafft werden", schreibt der Pfarrer. Im August 1787 grassierte die Ruhr in Neureut, so daß Pfarrer Greiner abermals den Physikus zu Hilfe rufen mußte. Im folgenden Winter, im Februar 1788, gab es wieder eine Epidemie unter den Kindern in Neureut, mit einem Ausschlag, den man die „Flecken" nannte. Pfarrer und Schultheiß führten in ihrem Bericht dieses Übel auf die „höchst ungesunde Witterung und stinkenden Nebel" zurück und rieten den Eltern, ihre Kinder bis zu ihrer völligen Wiederherstellung nicht in die Schule zu schicken, sondern lieber daheim zu behalten. Jetzt nahm sich wieder der Landphysikus Dr. Maler der Kranken an, wofür ihm der fürstliche Hofrat seine Anerkennung aussprach.

Im Juli 1789 brach abermals die Ruhrkrankheit in Welschneureut aus, so daß wir wohl annehmen dürfen, daß wir es hier mit jahreszeitlich wiederkehrenden Krankheiten zu tun haben: im Winter das Scharlachfieber und im Sommer die Ruhr, Infektionskrankheiten, die sich durch die beengten Wohnverhältnisse und mangelnde Hygiene rasch zu Epidemien ausweiten konnten. Die ärztliche Versorgung der Neureuter Bevölkerung geschah also — wenn man nicht auf Hausmittelchen oder Quacksalber zurückgriff — durch den örtlichen Barbier, und nur in Seuchenfällen kam der Landphysikus, der staatlich angestellte Bezirksarzt, aus Karlsruhe.

Zum ersten Mal hören wir 1816 von einem „Chirurgus" in Neureut. Es ist Friedrich Karl Schöpflin, der, seiner Vorbildung nach zu urteilen, nicht viel mehr als ein Barbier, aber immerhin staatlich geprüft war und unter der Aufsicht des Karlsruher Landphysikus stand. Der „Oberwundarzt und Geburtshelfer" Schöpflin berichtete am 1. Juli 1817, es seien im verflossenen halben Jahr „keine richtigen chirurgischen Fälle" vorgekommen, „nur einige Abszesse und ein einfacher Beinbruch, welche Schäden durch die gewöhnlichen äußerlichen Mittel bald geheilt waren. In dem geburtshilflichen Fache ergab sich keine Gelegenheit Hilfe zu leisten." Man schien sich also in Neureut nicht so schnell an diesen Vertreter der ärztlichen Kunst gewöhnt zu haben.

Im Frühjahr 1800 wütete eine Blatternepidemie in Neureut. In Welschneureut waren es 42 Kinder, die erkrankten, wovon allein 16 starben. Chirurgus Föckler von Eggenstein klagte, daß er unmöglich alle Kranken besuchen könne. Die wochenlang dauernde Seuche mit vielen Todesopfern hatte immerhin die Wirkung, daß die Leute andernorts, z. B. in Eggenstein, sich entschlossen, ihre Kinder gegen die Blattern impfen zu lassen, was ihnen vorher vom Pfarrer vergeblich empfohlen worden war. Im Juli 1800, nach Abklingen der Blatternepidemie, berichtete Pfarrer Amberger von Teutschneureut, daß, nach Auskunft der Kirchenbücher, zwar ungefähr alle fünf Jahre die Blattern vorkämen, jedoch noch nie so schlimm wie in diesem Jahr, indem von 105 Kindern allein 39, also etwa zwei Fünftel, gestorben seien. Als 1827 bei einem nichtgeimpften Kind in Welschneureut wieder die Blattern ausbrachen, wurde die Familie deshalb, um der Ansteckungsgefahr vorzubeugen, in ihrem Haus isoliert und ständig bewacht. Es zeigte sich, daß das Kind offensichtlich von der Wäsche angesteckt worden war, die aus dem Karlsruher Militärhospital nach Neureut zum Waschen gegeben worden war.

Die ärztliche Versorgung in Notfällen, z. B. bei Ertrunkenen, wurde durch eine 1826 angeschaffte „Notkiste" sichergestellt, die anregende Arzneien, wie Kampferöl und Salmiakgeist enthielt, die auch bei Scheintoten angewandt werden sollten.

Die Berichte zeigen, daß früher epidemische Krankheiten, die je nach Jahreszeit wechselten, von Zeit zu Zeit auftraten und gewissermaßen zum Alltag gehört haben. Eine geregelte ärztliche Versorgung gab es in früheren Jahrhunderten nicht, nur Hausmittel verschiedener Art. Erst gegen Ende des 18. Jahrhunderts setzte sich aufgrund der in der Medizin gemachten Fortschritte ein anderes Denken durch. Die ärztliche Versorgung wurde verbessert, vermutlich auch durch die Nähe der Residenzstadt. Mit dem „Chirurgus" bekam Neureut dann auch einen medizinisch vorgebildeten Mann, dem freilich anfänglich das Gebiet der Geburtshilfe verschlossen blieb, das von alters her von den örtlichen Hebammen versehen wurde. Ein Erfolg der Medizin gerade in jenen Jahren vor 1800 war die Impfung gegen Blattern oder Pocken, die von dem englischen Arzt Jenner erstmals 1796 vorgenommen, wissenschaftlich ausgewertet und propagiert wurde. Interessant ist, daß es gerade die Pfarrer waren, die den Leuten die Schutzimpfung empfahlen, wenngleich es erst einer Reihe von Todesfällen bedurfte, bis die Impfung allgemein akzeptiert wurde.

14. Neureuter Familiengeschichten

Die Geschichte eines Ortes wird auch bestimmt durch die Geschichte der Familien, die diesen Ort im Laufe der Zeit bewohnten. Immer wieder gab es Familien, die einige Generationen lang im Ort eine bedeutende Rolle gespielt haben, dann aber entweder ausstarben oder wegzogen, so daß von ihnen nach einiger Zeit kaum mehr eine Spur zu finden war. Zu diesen zählt die Familie Gimpel, die im ganzen 18. Jahrhundert zu den tonangebenden Familien in Teutschneureut gehörte.

Im Jahre 1805 bat der Alt-Schultheiß Philipp Friedrich Gimpel von Neureut das Kurfürstlich Badische Hofratskollegium um die Abschrift des seinen Vorfahren verliehenen Freibriefes. Bei den daraufhin gemachten Nachforschungen im Archiv stellte sich heraus, daß an Rudolf Gimpel von Straßburg, der sich 1697 in Neureut bürgerlich niedergelassen hatte, 1712 die Befreiung von der Leibeigenschaft erteilt worden war. Rudolf Gimpel muß wohl zu den Straßburgern gehört haben, die nach der Besetzung der Stadt durch Frankreich im Jahre

1681 ihre Heimat verließen und sich anderwärts seßhaft machten. Ob er jedoch durch Zufall nach Neureut gekommen war oder ob er schon vorher Verbindungen hierher hatte, muß dahingestellt bleiben. Immerhin ist 1702 ein weiterer Straßburger, Stephan Schrapp, als Besitzer von Gütern in Neureut genannt, ebenso wie Rudolf Gimpel, der fünf Jahre nach seiner Ankunft in Neureut bereits über dreieinhalb Hubenviertel verfügte. Bei der Huldigung für den Markgrafen Karl Wilhelm im Jahre 1709 erscheinen Rudolf Gimpel und seine beiden Söhne Daniel und Rudolf als Hintersassen; sie waren zu der Zeit also noch nicht im Besitz des Bürgerrechts. In der für die Huldigung angefertigten Liste wird vermerkt, daß die Gimpel sich wegen der Huldigung beschwerten. Offensichtlich hatten sie diesen Akt als Anerkennung der Leibeigenschaft verstanden und vermutlich war Rudolf Gimpel bei seiner Ansiedlung in Neureut versprochen worden, daß er von der Leibeigenschaft befreit werden sollte, ähnlich wie später auch die Refugianten in ihrem Freibrief von der Leibeigenschaft ausgenommen wurden. Erst 1712 erhielt Rudolf Gimpel ein entsprechendes Privileg, das ihm 1738 von der Vormundschaftsregierung des Markgrafen Karl Friedrich nochmals bestätigt wurde. Rudolf Gimpel muß sich besonderer Wertschätzung erfreut haben, denn 1736 wurde ihm vom Markgrafen die Befreiung von Einquartierungen des fürstlichen Kontingents in Friedenszeiten erteilt. Die Familie Gimpel hatte damit eine bessere Rechtsstellung als die übrigen Dorfeinwohner, und Rudolf Gimpel ist sicher bald nach 1709 als Bürger in Neureut angenommen worden. Die Gimpels hielten auch recht viel auf ihre Befreiung von der Leibeigenschaft, denn die Erben des Daniel Gimpel, des Sohnes von Rudolf, protestierten 1756 gegen die Entrichtung des Totenschillings, der beim Tod eines Leibeigenen erhoben wurde.

Rudolf Gimpel hat wohl von Anfang an eine Straußwirtschaft in Neureut betrieben, bis ihm 1714 die Schildgerechtigkeit verliehen wurde. Zur Erinnerung an seine Heimat nannte er die Wirtschaft „Zum Straßburger Münster"; 1726 hieß sein Sohn Daniel der „Münsterwirt". Rudolf Gimpel scheint alsbald Schultheiß in Neureut geworden zu sein; schon 1721 wird er als solcher genannt. Da sich der Beruf eines Wirts mit dem Amt des Schultheißen nicht vertrug, dürfte Rudolf Gimpel zu dieser Zeit die Wirtschaft bereits an seinen Sohn Daniel abgegeben haben. Ähnlich wird es auch Daniel gemacht haben, der schließlich das Schultheißenamt von seinem Vater übernahm und bereits 1738, anläßlich der Huldigung, als Inhaber dieses Amtes erwähnt wird. Die damals angefertigte Huldigungsliste nennt außer ihm noch seinen Vater Rudolf (I.), „so aber blind und nicht mehr aus dem Haus kommt", dessen 18jährigen Enkel Heinrich, „so zu Durlach und das Küferhandwerk erlernet" und Rudolf (III.), der anscheinend daheim die Wirtschaft betrieb. Nicht in der Liste erscheint der 1725 geborene Philipp Friedrich, eben jener Alt-Schultheiß, der sich 1805 wegen der Befreiung seiner Familie von der Leibeigenschaft erkundigte. Ohne Zweifel hatte er durch seinen Großvater von dieser Befreiung gewußt. Philipp Friedrich Gimpel (†1807) wird zwischen 1788 und 1793 als Schultheiß genannt; von 1776—1781 war er Bürgermeister. Das Schultheißenamt war also während drei Generationen — freilich mit Unterbrechungen — in Händen dieser Familie gewesen.

Ähnlich stellten ja in beiden Gemeinden die Familien Layh und Durand über Generationen hinweg die Schulmeister.

Interessant ist nun, daß Heinrich Gimpel, der 1738 in Durlach das Küferhandwerk erlernte, in die Heimat des Großvaters, nach Straßburg, zurückwanderte. Er verheiratete sich dort 1748. Er muß in der ehemaligen Reichsstadt eine geachtete Stellung eingenommen haben, denn er wurde schließlich Ratsmitglied. Seine Tochter heiratete in die elsässische Pfarrerfamilie Schott ein, die vor allem im Münsterviertel viele Geistliche stellte. Ein heute lebender Nachkomme der Tochter Heinrich Gimpels und des Johann Christian Schott, der bei einer Behörde der Europäischen Gemeinschaft arbeitet, war bei der Erforschung seines Stammbaums auf die Spur gestoßen, die nach Neureut führte. Er besuchte 1977 Neureut, aber die Familie Gimpel, die vor zweihundert Jahren im Ort eine große Rolle gespielt hatte, war dort nicht mehr bekannt. In Linkenheim ist jedoch heute noch ein anderer Zweig dieser Familie ansässig.

Eine andere Geschichte ist die der Familie Baumgärtner. Franz Georg Baumgärtner wird zwischen 1771 und 1785 als Schultheiß von Neureut genannt. Zu ihm kam eines Tages, etliche Monate vor seinem Tod 1785, ein Mann aus Germersheim und erzählte ihm, daß man in München Nachkommen der Familie Baumgärtner am Rhein suche, denn diese hätten in München eine große Erbschaft von einem verstorbenen Herrn von Baumgarten zu machen. Der Germersheimer, der ebenfalls Baumgärtner hieß, gab an, daß er und seine Verwandten der Sache nachgegangen seien, jedoch habe man ihnen erklärt, daß es lutherische Baumgärtner sein müßten, keine katholischen. Vielleicht gehöre er, der Schultheiß, zu diesem lutherischen Zweig der Familie.

Schultheiß Baumgärtner machte sich zunächst nichts aus der Sache, kam dann aber ins Nachdenken, da er wußte, daß seine Familie vor hundert Jahren aus Nürnberg gekommen war. Sein Großvater, so wurde in der Familie überliefert, hatte drei Brüder gehabt, und der Vater des Schultheißen hatte vor 70 oder 80 Jahren in Wien von einem seiner Brüder eine Erbschaft erheben sollen und sei zu diesem Zweck mit seiner Frau nach Wien gereist. Dort hätte man ihm aber erklärt, daß er katholisch werden müsse, um die Erbschaft antreten zu können, worauf er das Erbe ausgeschlagen hatte. Schultheiß Baumgärtner erinnerte sich ferner, daß seine Eltern erzählt hatten, sie hätten in Wien einen Vetter namens Baumgärtner, der den Adel erhalten habe. Es schien ihm deshalb möglich, daß einer der drei Brüder seines Großvaters katholisch geworden sei und seinerzeit das Wiener Erbe angetreten habe. Schultheiß Baumgärtner und seine Verwandtschaft zogen daraufhin weitere Erkundigungen ein und erfuhren, daß vor einigen Jahren in München ein Baron von Baumgarten gestorben sei, der nur seine Witwe als Nutznießerin seines Vermögens und sonst keine Anverwandten hinterlassen habe. Der inzwischen verstorbene Schultheiß Baumgärtner, so berichtete seine Neureuter Verwandtschaft, führte seine Vorfahren auf einen Nürnberger Geistlichen namens Baumgarten zurück, der drei Söhne hatte, wovon einer David hieß und die anderen beiden in Kriegsdienste traten. Der Sohn dieses David v. Baumgarten, der um 1562 gelebt haben soll, war ebenfalls Pfarrer in Nürnberg, dessen Sohn wiederum Präzeptor daselbst. Der Sohn des Präzeptors war Leutnant in einem Kreisregiment, hatte 13 Kinder, von denen Schultheiß Baumgärtner, der über 80 Jahre alt wurde, das jüngste war. Beachtlich ist, daß Baumgärtner seine Stammreihe bis zu seinem Ururgroßvater zurückführen konnte, wenngleich er über sie auch nicht viel wußte. Offensichtlich führten aber die Neureuter Baumgärtner sich auf das Nürnberger Patriziergeschlecht Baumgartner zurück, denn David Baumgartner hat tatsächlich gelebt. Er war kaiserlicher Rat und schloß sich, weil er hoch verschuldet war, der fränkischen Adelsverschwörung des Wilhelm von Grumbach an und wurde 1567 deswegen in Gotha hingerichtet. Wann die Baumgärtner nach Neureut gekommen waren, ist nicht genau bekannt. Sie erscheinen nicht in den Huldigungslisten von 1709 und 1738; erst in der von Pfarrer Roller 1763 angefertigten Haushaltungsliste kommt Franz Baumgärtner vor.

Die Familie Baumgärtner wandte sich nach dem Tode des Schultheißen über Mittelsmänner an die markgräfliche Regierung, damit diese von der bayerischen Regierung Näheres erfahre. Selbst der Markgraf war an der Sache interessiert und wünschte, daß die Angelegenheit in seiner Gegenwart vom Geheimen Rat behandelt werden sollte. Die Antwort der kurfürstlichen Pfalz-Bayerischen Regierung vom 26. April 1786 gab der ganzen Angelegenheit freilich ein etwas anderes Licht. In dem Schreiben wurde ausgeführt, daß sich im Münchener „Institut der Englischen Fräulein" eine Tochter des Gabriel v. Baumgarten namens Elisabeth befunden habe, die ein Vermögen von mehreren tausend Gulden hinterlassen habe. Dieses Erbe sei von mehreren Seiten beansprucht worden. So habe man schon am 14. Februar 1778 durch Veröffentlichung in der Zeitung diejenigen binnen drei Monaten vorgeladen, die einen Anspruch auf dieses Erbe zu machen hätten. Im übrigen hätte das verstorbene Fräulein von Baumgarten insgesamt 11 000 Gulden an fromme Stiftungen vermacht.

Hier endete für die Familie Baumgärtner vorläufig der Traum vom großen Geld. Zum einen war die Frist längst verstrichen, zum andern war von dem Erbe wohl nicht mehr allzuviel übrig. Die Sache blieb aber noch einige Zeit in frischer Erinnerung, denn noch 1802 wandte sich ein französischer Hauptmann namens Laurent an die markgräfliche Regierung mit der Bitte, ihm die seinerzeit gewechselten Schreiben abschriftlich zukommen zu lassen. Dieser Leutnant war der Tochtermann einer geborenen Baumgärtner, hatte offenbar von der Familie seiner Frau die Geschichte erzählt bekommen, kam eigens von Landau nach Karlsruhe, um dort die fraglichen Schriftstücke zu erheben. Sicher konnte er sich davon überzeugen, daß auch für ihn in München nichts mehr zu holen war.

15. Neureut in den französischen Revolutionskriegen und den napoleonischen Kriegen

Als am 14. Juli 1789 das Pariser Volk das Staatsgefängnis Bastille stürmte, ahnte in Neureut wohl niemand, daß die Auswirkungen dieser Bewegung

alsbald auch unsere badischen Dörfer berühren würden. Es ist wohl anzunehmen, daß man in Neureut davon gehört und gesprochen hat, was sich
drüben in Frankreich tat: die Beseitigung der Vorrechte des Adels, die Erklärung der Menschenrechte, die Säkularisierung des Kirchenguts, schließlich
die Schaffung der Verfassung, die eine Volksvertretung als gesetzgebende
Körperschaft einsetzte. Im Juni 1791 versuchte der französische König Ludwig XVI. ins Ausland zu fliehen, wurde aber kurz vor dem Grenzübertritt erkannt
und nach Paris zurückgebracht.

Im Herbst 1791 scheint man in Baden das Übergreifen der Revolution in Gestalt revolutionärer Volksmassen befürchtet zu haben, denn man musterte die
Mannschaft in den Orten für eine „allenfallsige Defension am Rhein". In
Teutschneureut fanden sich 73 Männer, die für den Wehrdienst brauchbar erschienen, in Welschneureut 26. Immerhin besaßen sechs Neureuter eine militärische Ausbildung: drei hatten beim Leibregiment gedient, die anderen waren
Füsiliere gewesen. Insgesamt wurden in 22 Orten des Oberamts Karlsruhe
(ohne die Stadt Karlsruhe) 1152 Mann gemustert. Die Musterung der Waffen im
folgenden Jahr ergab, daß in Teutschneureut sieben brauchbare und zwölf
unbrauchbare Flinten vorhanden waren, in Welschneureut je vier. 1794 gab es
in Teutschneureut elf brauchbare und neun unbrauchbare Gewehre, in Welschneureut sechs brauchbare und zehn unbrauchbare.

Kriegsbegeisterung war nicht zu verzeichnen. Der Förster in Graben, der die
Gewehre in seinem Amtsbezirk zu inspizieren hatte, berichtet am 20. Januar
1794 an das Karlsruher Oberforstamt, daß viele Leute der Meinung seien, die
Franzosen würden ihnen nichts zuleide tun, und sie hätten deshalb kein
Interesse an den Kriegsvorbereitungen. In Neureut wird es nicht anders ausge-
sehen haben.

Es war eine Situation, ähnlich wie zu Beginn des Dreißigjährigen Krieges, wo
auch das Landesaufgebot zur Verteidigung des Vaterlandes ausgehoben worden war. Auch in Frankreich war das Volk aufgeboten worden, da Preußen und
Österreich 1793 zugunsten des französischen Königs in das Geschehen eingriffen. Die „Campagne in Frankreich", wie sie Goethe nannte, der im Heer der
Verbündeten dabei war, scheiterte kläglich; die französische Revolutionsarmee
besetzte Speyer, Worms und Mainz. 1793 wurde der französische König zum
Tode verurteilt und hingerichtet. In Baden fühlte man sich von der Revolution
aufs äußerste bedroht, zumal der Markgraf auch in die Koalition gegen Frankreich eingetreten war.

Im Mai 1794 mußten deshalb die in der Hand der Bürger befindlichen Gewehre, ob brauchbar oder reparaturbedürftig, an das Oberforstamt in Karlsruhe
zur Bewaffnung des Landesaufgebots für die „Defension des Vaterlandes"
abgeliefert werden. Aus Welschneureut kamen 16, aus Teutschneureut 21 Gewehre. Diese wurden nach ihrem Wert geschätzt, die Besitzer wurden dementsprechend entschädigt, und die zur Landmiliz Ausgehobenen in den einzelnen
Orten damit ausgerüstet. Zum Einsatz kam dieses Landesaufgebot offensichtlich nicht mehr, denn 1800 befahl die Regierung, die ausgeteilten Gewehre

wieder abzuliefern. Hierbei stellte es sich heraus, daß das Welschneureuter Aufgebot schon 1796, nach dem Abzug der Franzosen, seine Ausrüstung abgegeben hatte, bis auf eine Flinte und eine Patronentasche des Heinrich Gros, die diesem von den Franzosen weggenommen worden waren. Die Teutschneureuter lieferten erst auf den genannten Befehl ihre „Armaturstücke" wieder ab. 1795 war nämlich Preußen aus der Koalition gegen Frankreich ausgeschieden und Süddeutschland damit den Franzosen preisgegeben. Die französischen Heere unter Moreau marschierten auch in Baden ein, und erst bei Würzburg und Amberg konnten sie von dem Erzherzog Karl geschlagen werden, worauf sie sich wieder über den Rhein zurückzogen.

Ein recht anschauliches Bild davon, was der Einfall der französischen Revolutionsheere bedeutete, gibt uns die Kriegsschadensmeldung der Gemeinde Welschneureut, die sich auf insgesamt 636 Gulden belief, wobei Pfarrer Gachnang allein einen Schaden von 229 Gulden zu verzeichnen hatte. Die Meldung besteht aus einer mit viel Sorgfalt erstellten Liste der weggenommenen „Effekten". Außer der Fourage, die wohl nicht nur von den Franzosen, sondern auch von den hier operierenden österreichischen Truppen weggenommen worden war, nämlich Heu, Stroh und Vieh, sind auch andere Gegenstände aufgeführt, die die Soldaten für mitnehmenswert erachtet hatten. Unter anderem enthält die Liste ein Paar Schuhe, sechs Pfund Schmalz, ein Hemd, ein Leintuch, Strümpfe, zwei Krüge voll Öl, einen Schuhmacherhammer, ein Schwein usw. Man bekommt fast den Eindruck, als ob sich die französische Armee hier neu eingekleidet habe und auch in einem Dorf, das wie Welschneureut nicht gerade als wohlhabend zu bezeichnen war, noch Brauchbares für diesen Zweck gefunden habe.

Besonders detailliert ist der Bericht des Pfarrers. Er wurde schon am 10. Juli 1796 von Angehörigen der sich zurückziehenden österreichischen Armee behelligt. Zwei Infanteristen, die bei der „Retirade" hintennach kamen, und den wohl etwas ungeordneten Rückmarsch für Beutezüge auf eigene Faust benützten, erleichterten den Pfarrer um etwa 36 Gulden. Doch schon am folgenden Tag kam die Vorhut der französischen Armee in Gestalt einer Husarenpatrouille, die den Pfarrer gleich dreimal aufsuchte. Für diese Gäste mußte er zunächst seinen Geldbeutel ausleeren, wobei ihm freilich nur die großen Geldstücke genommen wurden, während er die Kupferkreuzer behalten durfte. Schließlich ging es auch noch ans Ersparte, denn der Pfarrer, der bei allen drei Besuchen noch mißhandelt wurde, mußte auch noch seine „Schatulle" herausrücken. Dazuhin kleideten die Husaren sich noch bei ihm ein, denn er wurde all seiner Hemden beraubt, bis auf zwei ganze und vier geflickte. Am 16. Juli wurden Pfarrer Gachnang wieder fünf Gulden abgenommen, am 18. kamen mittags 20—30 französische Infanteristen, die den „sehr nützlich angelegten Garten" verheerten, drei Schweine mitnahmen und die Pfarrersfamilie zu Tode ängstigten, indem sie drohten, ins Haus einzubrechen. Außerdem wurden dem Pfarrer noch zwei Ohm Wein abgenommen, und überdies hatte er seit 12. Juli vier bis sechs Mann täglich am Tisch und mußte ihnen „gute Aufwartung" machen. Offensichtlich hatte der Pfarrer diese Gäste noch am 28. Juli, an dem er seinen Bericht schrieb.

Diesen kriegerischen Auseinandersetzungen war die Markgrafschaft Baden hilflos preisgegeben. Klugerweise vermied man es, das Landesaufgebot gegen die französischen Truppen ins Feld zu führen, die 1799/1800, anläßlich des Zweiten Koalitionskrieges, wieder im Land waren. Inzwischen war der Stern Napoleons aufgegangen. 1799 machte er sich zum Ersten Konsul der Französischen Republik, 1804 krönte er sich zum Kaiser der Franzosen. Nachdem er im Dritten Koalitionskrieg seine Gegner in der Schlacht von Austerlitz 1805 geschlagen hatte, gründete er den Rheinbund, eine Vereinigung süddeutscher Fürsten unter französischer Oberherrschaft. Markgraf Karl Friedrich, erst 1803 zum Kurfürsten aufgestiegen, wurde nun Großherzog. Er blieb jedoch, trotz der Vergrößerung seines Landes, ein Satellit Frankreichs, dessen Landeskinder als Soldaten für die Ziele Napoleons kämpfen mußten. Für das Land selber brachten die insgesamt mehr als zwei Jahrzehnte anhaltenden Kriege mit ihren Truppendurchmärschen laufend neue Lasten aller Art. Nicht zu gering wurde der Holzbedarf für die Wachfeuer, besonders am Rhein, eingeschätzt, und der sorglose Umgang der Soldaten mit dem ohnehin knappen Brennstoff verursachte viel Ärger, abgesehen davon, daß das Holz in der Fron geschlagen und herbeigeschafft werden mußte. Dazu kamen die Fuhrfronen zur Unterstützung der militärischen Operationen: Munitionstransporte und Bagagefuhren, aber auch die Beförderung von Verwundeten und Kranken und nicht zuletzt die Kontributionen in Geld und Naturalien für die Ansammlung der Kriegsvorräte.

Zur Bestreitung der Kriegskosten, die durch Einquartierung französischer Truppen entstanden waren, sowie durch die Entschädigung der Kriegsfuhrfröner, der Einwohner, die mit ihren Gespannen Fuhren für militärische Zwecke unternommen hatten, mußte die Gemeinde Teutschneureut bis Anfang 1797 insgesamt ein Kapital von 2000 Gulden aufnehmen und dann nochmals 1500 Gulden ausleihen. Dieses Geld hoffte man durch den Verkauf von Holz aus dem Gemeindewald wieder nach und nach zurückzahlen zu können.

1800 mußten wieder 500 Gulden, 1807 sogar 1100 Gulden aufgenommen werden, um die Kriegskosten, die zum Teil von der Stadt Karlsruhe verauslagt worden waren und nun auf die Dörfer des Amtes umgelegt wurden, bezahlen zu können. Immerhin erfüllte sich die Erwartung der Teutschneureuter, daß sie durch die Einnahmen aus ihrem Gemeindewald ihre Schulden würden abtragen können. 1822 war es so weit, während andere Gemeinden noch bis in die dreißiger Jahre hinein an ihren Kriegsschulden zu zahlen hatten.

VII. Im Großherzogtum Baden

1. Geschichtlicher Überblick

Auf dem Wiener Kongreß 1815 wurden die in der napoleonischen Zeit vorgenommenen Gebietsveränderungen anerkannt, und das Großherzogtum Baden trat dem Deutschen Bund bei. Dies war ein Staatenbund, der 35 Fürstenstaaten unter dem Vorsitz Österreichs vereinigte, schließlich aber an der Auseinandersetzung der beiden tonangebenden Mächte Preußen und Österreich scheiterte.

Innenpolitisch bildete die noch von Großherzog Karl (1811—1818) erlassene Verfassung einen Abschluß der großen Umwälzungen, die durch die Französische Revolution eingeleitet worden waren. Das Kernstück der Verfassung bestand in der Einrichtung einer Volksvertretung mit zwei Kammern, der sog. Landstände. In der ersten Kammer waren Adel, Geistlichkeit und Hochschulen, in der zweiten Städte und Ämter vertreten. Den Landständen oblag die Steuerbewilligung und die Genehmigung der Gesetze. Diese Verfassung hat das staatliche Leben Badens bis zum Ende des Ersten Weltkrieges bestimmt.

In die Regierungszeit des Großherzogs Karl fällt auch der Beginn der Rheinregulierung unter Tulla.

Großherzog Ludwig (1818—1830) war gegenüber der für damalige Verhältnisse modernen Verfassung reaktionär gesinnt und versuchte daher die Rechte der Landstände zu beschneiden. In seine Zeit fällt aber auch schon ein Teil der Ablösung der Feudallasten, die noch aus der Vergangenheit herrührten. Diese Modernisierung wurde unter seinem Nachfolger Großherzog Leopold tatkräftig fortgesetzt.

1831 wurde die badische Gemeindeordnung erlassen, die den Kommunen die Befugnis übertrug, ihre Angelegenheiten im Rahmen der Gesetze selbst zu regeln. Die aus allen Gemeindebürgern zusammengesetzte Gemeindeversammlung wählte den Gemeinderat, dessen Vorsitzender der Bürgermeister war. Der Ratschreiber war für die Führung der Protokolle, der öffentlichen Bücher und für die Kanzleigeschäfte verantwortlich. In einigen Grundzügen ist diese Gemeindeordnung noch heute wirksam.

Das einschneidendste Ereignis während der Regierung des Großherzogs Leopold war die Revolution 1848/49. Der Februaraufstand in Paris 1848 gab besonders für Baden das Signal zu Kundgebungen und Versammlungen im ganzen Land. Die dort geforderten bürgerlichen Freiheiten, Abschaffung der Zensur, Aufstellung von Bürgerwehren und Einrichtung von Geschworenengerichten wurden von der Regierung im März bewilligt. Über allem stand jedoch der Ruf nach der deutschen Einheit, die von republikanisch gesinnten Kräften wie Hecker und Struve in einer Deutschen Republik verwirklicht werden sollte. Diese revolutionäre Bewegung scheiterte, zumal auch Truppen anderer Bundesstaaten ins Land gerufen wurden. Im Frühjahr 1849 kam es jedoch, gestützt auf das meuternde badische Militär, zu einer provisorischen republikanischen Regierung, in Karlsruhe, so daß der Großherzog ins Exil nach Frankfurt gehen mußte. Doch bald rückten preußische Truppen unter Führung des Prinzen Wilhelm, des späteren Kaisers Wilhelm I., in der Pfalz und in Baden ein und schlugen die Revolution nieder. Auch die von den Aufständischen besetzte Festung Rastatt konnte nicht mehr lange gehalten werden und mußte sich ergeben. Eine Reihe von Revolutionären wurde hingerichtet. Das ganze Land war bis 1852 unter Ausnahmerecht, das von der preußischen Besatzung garantiert wurde, gestellt.

Großherzog Friedrich I. (1852—1907) verstand es, das badische Volk wieder mit seinem Regentenhause auszusöhnen, und wurde dadurch zum Urbild des Landesvaters, zu dem alle aufsahen.

Im Krieg von 1866 stand Baden auf der Seite Österreichs. Bei den Kämpfen der verbündeten bayerischen, badischen und württembergischen Truppen an Main und Tauber gegen die Preußen fielen 23 badische Soldaten, darunter auch zwei Männer aus Neureut: Carl Crocoll von Welschneureut und Ludwig Mainzer von Teutschneureut. Man findet ihre Namen auf dem Denkmal, das an das Gefecht bei Hundheim am 23. Juli 1866 erinnert.

Da Baden gleich nach dem Krieg eine Militärkonvention mit Preußen einging, kämpfte es 1870 auf dessen Seite gegen Frankreich. Ein Soldat aus Welschneureut fiel in diesem Krieg. Am 18. Januar 1871 rief dann Großherzog Friedrich I. seinen Schwiegervater, den preußischen König Wilhelm I., zum Deutschen Kaiser aus. Baden war nun ein Teil des Deutschen Reiches.

Die Zeit zwischen dem Krieg von 1870/71 und dem Ersten Weltkrieg war vor allem gekennzeichnet durch einen wirtschaftlichen Aufschwung, der durch neue technische Entwicklungen ermöglicht wurde. Mit dem Wachsen der Karlsruher Industrie wurden die beiden Teile Neureuts mehr und mehr zu Arbeiterwohngemeinden. Zunächst wurde diese Entwicklung noch nicht durch den Bau der 1870 in Betrieb genommenen Verbindungsbahn Mühlburg-Graben beeinflußt, da Neureut erst später einen Bahnhof an dieser Strecke erhielt. Nachteilig wirkte sich jedoch aus, daß nach dem Bau des Karlsruher Hauptbahnhofs, kurz vor dem Ersten Weltkrieg, der Bahnhof am Mühlburger Tor wegfiel und es damit keine günstige Verbindung zum Stadtzentrum mehr gab. Andererseits wurde im Zuge dieser Umstellung auch ein neuer Bahnhof auf Teutschneureuter Gemarkung errichtet. Eine Straßenbahn, welche die Hardtdörfer, besonders aber Neureut mit Karlsruhe verbinden sollte, kam wegen des Kriegsausbruchs nicht mehr zustande. Immerhin gelang es noch in den ersten Kriegsmonaten, Teutsch- und Welschneureut zu elektrifizieren.

Im Verlauf des Ersten Weltkriegs fielen 103 Soldaten aus Teutschneureut, 45 aus Welschneureut. Der unglückliche Ausgang des Krieges veränderte abermals die politische Landschaft. Kaiser Wilhelm II. hatte abdanken müssen, und wie alle anderen deutschen Fürsten mußte auch Großherzog Friedrich II. (1907—1918) diesen Schritt tun. Am 14. November 1918 wurde in Baden die Republik ausgerufen.

2. Vogt Beck

Seit 1809 trug der für die Dörfer von der Staatsbehörde ernannte Ortsvor-
gesetzte, also der bisherige Schultheiß, den Titel „Vogt", wie es schon früher im
Breisgau üblich gewesen war. Der erste Teutschneureuter Vogt hieß Striby; er
wurde allerdings schon 1810 vom Kronenwirt Nagel denunziert mit dem Vorwurf, er habe es in seiner Amtsführung zu einigen Unregelmäßigkeiten kommen
lassen. Striby wurde abgesetzt, und als provisorischer Vogt fungierte nun Wirt
Gimpel zum „Grünen Baum". Hiergegen protestierten aber die beiden anderen
Wirte im Ort, der Löwenwirt Gräber und der Bärenwirt Striby. Die Bürgerschaft
hing teils Striby, teils Gimpel an. Die Behörden, bis hinauf ins Innenministerium,
beklagten den „Parteiengeist" in Teutschneureut, der aus den vielfältigen Ver-
wandtschaftsbeziehungen der Einwohner käme. Als Gimpel im Frühjahr 1814
starb, wurde Striby wiederum für drei Monate, gewissermaßen zur Wiederherstellung seiner Ehre, zum Vogt ernannt. Sein Nachfolger war dann Jakob Beck,
der ein tüchtiger Mann gewesen sein muß und es auch verstand, seine
Leistungen gebührend herauszustellen. Als er 1815 das Innenministerium um
Zuteilung eines Gemeindewiesenstücks als Besoldungserhöhung bat, legte er
dem Gesuch gleich drei Bescheinigungen bei, in denen bestätigt wurde, daß er
sich namentlich für die Verbesserung von Straßen und Wegen und für die
Melioration der Wiesen Verdienste erworben hatte. Vogt Beck hatte auch hier
Erfolg: das Innenministerium ordnete an, daß ihm eine Wiese von zweieinhalb
Morgen als Besoldungserhöhung verliehen werden sollte.

Vogt Beck blieb weiterhin eifrig um das Wohl seiner Gemeinde bemüht. Unter
seiner Leitung wurden die Neureuter Felder umzäunt, damit das Wild aus dem
Hardtwald keinen Schaden mehr anrichten konnte. Zum Abschluß dieser Arbeit
hielt er am 8. Juli 1818 eine Dankrede, in der er den Großherzog, das
Innenministerium, die Forstbehörde und zum Schluß auch die arbeitsame,
eigene Gemeinde hochleben ließ. Diese Rede reichte er, da er nicht gewohnt
war, sein Licht unter den Scheffel zu stellen, dem Innenministerium ein. Das
Ministerium ließ sich von den anderen Behörden, dem Landamt, dem Oberforstamt und dem Kreisdirektorium berichten und das letztere nahm keinen Anstand, „den braven Mann zur angemessenen Belohnung ehrerbietig zu empfehlen". Auf Antrag des Innenministeriums verlieh Großherzog Karl am 14. November 1818 dem Vogt Beck „die goldene Civil-Verdienst-Medaille zum Be-
weise Unserer Zufriedenheit mit den von ihm der ihm anvertrauten Gemeinde
geleisteten vielen nützlichen Dienste, so wie zu seiner und anderer Gemeinds-
vorsteher Aufmunterung".

Jedoch der so tüchtige Vogt Beck blieb in seinem Amt nicht unangefochten.
1822 beschwerten sich zwei Teutschneureuter Bürger im Namen ihrer Mit-
bürger — 125 an der Zahl — beim Innenministerium darüber, daß eine von ihnen
beim Landamt Karlsruhe vorgebrachte Klage abgewiesen worden sei. Diese
Dienstaufsichtsbeschwerde ließ durchblicken, um was es ging: Vogt Beck
wurde als ein Mann bezeichnet, der vor wenigen Jahren noch das Almosen des

Fleckens bezogen habe und nun ein reicher Mann sei. Es stellte sich heraus, daß man gegen den Vogt nicht weniger als 79 Beschwerdepunkte vorgebracht hatte. Die allermeisten bezogen sich auf angebliche Unrichtigkeiten bei der Abgabe von Holz aus dem Gemeindewald. Auch sonst wurde dem Vogt vorgeworfen, daß er nur in seine Tasche gewirtschaftet habe, so daß trotz des großen Holzverkaufs die Gemeindekasse leer sei. Selbst das große Werk des Vogts, die Waldeinzäunung, wurde angefeindet; sie sei — obwohl in der Fron errichtet — der Gemeinde teurer zu stehen gekommen, als solche Arbeiten gewöhnlich von der Herrschaft vergeben werden. Dies hätten die Zechereien verursacht, die bei dieser Gelegenheit abgehalten worden seien. Ebenso wäre bei Holzverkäufen zu viel für die Bewirtung aufgewendet worden, wie überhaupt die Diäten, die der Vogt im Jahr eingestrichen habe, eine beträchtliche Summe ausgemacht hätten. Man klagte auch darüber, daß der Vogt zum Maienstecken ermuntert habe, wodurch nicht nur schönes Holz verdorben worden, sondern auch viele Händel entstanden seien. Das Landesamt Karlsruhe wurde mit der neuerlichen Untersuchung der Vorwürfe beauftragt. Trotz mehrfacher Mahnungen des Neureuter Bürgerausschusses und des Drängens der vorgesetzten Stelle, des Kreisdirektoriums des Murg- und Pfinz-Kreises, legte das Landamt die Untersuchungsergebnisse nicht vor, so daß eine Strafe gegen das Amt ausgesprochen und schließlich Vogt Beck 1824 auch, weil einige der Vorwürfe wahrscheinlich doch stichhaltig waren, seines Amtes enthoben wurde.

Das Ortsgericht — das war damals die Gemeindevertretung — trat jedoch für Beck ein und bat, die Denunzianten abzuweisen. Als man einen provisorischen Vogt bestellen und dazu Anwalt Breithaupt verpflichten wollte, entgegnete dieser mit Ausflüchten. Auch Beck wehrte sich weiterhin mit Hilfe seines Advokaten Sommerschu, der mehrere große Rekursschriften verfaßte, mit dem Ziel, Vogt Beck von allen Klagepunkten reinzuwaschen. So ging die Sache jahrelang hin und her, bis man sich schließlich 1828 zu einem Vergleich bequemte, wonach die Klage des Bürgerausschusses gegen Beck zurückgenommen und diesem für seine Auslagen ein Ersatz versprochen wurde. Beck verzichtete danach förmlich auf sein Amt. Der Friede im Dorf schien nunmehr wiederhergestellt zu sein. Günstig hatte sich für Beck ausgewirkt, daß man einen Schullehrer namens Fieß festgenommen hatte, der sich verschiedener Betrügereien schuldig gemacht und angeblich aus Habsucht auch den Neureuter Bürgerausschuß zu seiner Klage veranlaßt haben soll.

3. Die bauliche Entwicklung von Teutsch- und Welschneureut

Die allgemeine Bevölkerungszunahme im 18. und 19. Jahrhundert machte auch in Teutschneureut eine Erweiterung des Dorfes notwendig. Erstmals hören wir davon im Jahre 1812 in einem Gutachten des Landesbaumeisters Frommel, der Bauplätze für die baulustigen Neureuter ausfindig zu machen hatte. Er bemerkte hier, die Orte der Unteren Hardt, also auch Neureut, hätten eine „so gute", und „wohl geordnete Anlage früherer Zeit, daß es in der That auffällt, wenn die Fortsezung jener Anlagen in den letzten 20—60 Jahren in allen Dörfern durch Verengung der Ein- und Ausgänge, schrege oder irreguläre Stellung der Gebäude" verändert worden wäre, „als hätte sie der Zufall oder vielmehr der Eigensinn der Erbauer oder die Chicane des vormaligen Gutseigentümer dahin geworfen. Es springt durch diesen Abstand die strenge Sorgfalt in die Augen, die damals für derartige Anlagen, trotz allen den Schwürigkeiten und scheinbaren Aufopferung von Seiten der Gutseigenthümer, angewendet wurden."

Seither waren die Teutschneureuter Bürger, die keinen Bauplatz besaßen, genötigt, den Viehtrieb auf der Nordseite des Orts, gegen den Rhein hin zu überbauen, wozu ein „schmaler Allmendstrich" Gelegenheit gab. Da dieser einzige verfügbare Streifen Landes recht schmal war, entstanden hier nur kleine Anwesen. Es wurde nun neues Bauland am nördlichen Ende des Dorfes gegenüber dem Wirtshaus zum „Grünen Baum" ausgewiesen. Da somit aber „Teutschneureuth, das im Zusammenhang mit Welschneureuth ohnehin schon ermüdend lang ist", noch weiter in die Länge gedehnt wurde, erschloß man weitere Bauplätze in der Mitte des Ortes, die wegen des billigeren Bodens auch für die ärmeren Bürger erschwinglich waren, während das erstere Baugebiet den wohlhabenderen vorbehalten war, wie z. B. dem Vogt Striby und dem Grünbaumwirt Gimpel.

Man war bedacht, die Erweiterung des Dorfes planvoll zu gestalten und keine Bausünden durchgehen zu lassen. 1814 wurde der Bäckermeister Jakob Friedrich Nagel gerügt, weil er seinen Neubau bis an die Straße vorgeschoben und die Flucht der übrigen Häuser verlassen hatte. Dies war allein den Wirtshäusern vorbehalten.

Jeder Bürger war bestrebt, zu einem eigenen Haus zu kommen. Dies ist ersichtlich aus den vielen Gesuchen aus dem 18. Jahrhundert, die an das Forstamt um Bauholz gerichtet wurden. Man wollte nicht mehr „im Hauszins sitzen", da dies auf die Dauer zu kostspielig war. Man wollte lieber ein — wenn auch bescheidenes — Häuslein bauen. Was man dazu brauchte, waren einige eichene und „forlene" Stämme, welche die Ärmsten aus dem herrschaftlichen Wald auch gelegentlich kostenlos bekamen. Sonst war die Forsttaxe, ein Festpreis, zu zahlen. Mit dem Holz wurde sehr sparsam umgegangen und die Wünsche um Bauholz oder um Zaunstecken genau geprüft und gelegentlich die Zuteilung auch gekürzt. In den Gesuchen ist daher stets davon die Rede, daß das Gebäude, für dessen Reparatur man das Holz benötigte, gerade am Einfallen sei und falls erforderlich, wurde diese Aussage noch vom Schultheißen bestätigt.

1831 wurde erneut der Wunsch nach Bauplätzen geäußert. Im Ort war in der Reihe der Häuser kein Platz mehr frei, so daß neue Bauplätze ausgewiesen werden mußten. Dieser weiterhin anhaltende Zustand führte schließlich 1854 dazu, daß ein Ortsbauplan erstellt und zwischen Mitteltorstraße und Kirchhof neues Baugelände geschaffen wurde.

Abb. rechte Seite: VII/3 Ortsplan 1865.

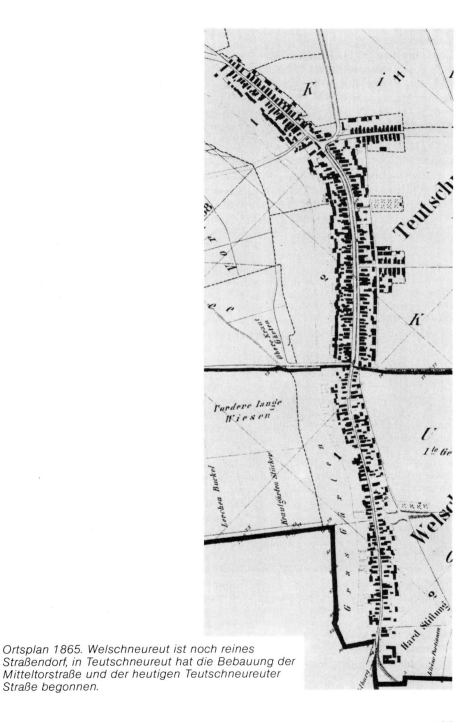

Ortsplan 1865. Welschneureut ist noch reines Straßendorf, in Teutschneureut hat die Bebauung der Mitteltorstraße und der heutigen Teutschneureuter Straße begonnen.

133

Die rege private Bautätigkeit war bedingt durch das rasche Wachstum der Bevölkerung in den beiden Gemeinden. Im Laufe des 19. Jahrhunderts hat sich die Bevölkerung von Teutschneureut ungefähr verdreifacht, die von Welschneureut etwa vervierfacht. Während Welschneureut 1816 jedoch 67 Häuser besaß, waren es 1890 erst 146. Dies hatte eine Überbelegung der Häuser zur Folge, über die 1899 berichtet wird: „Alle Winkel der ohnehin nicht großen Häuser wurden als Wohnraum ausgenutzt. Nach der Volkszählung im Jahre 1890 bewohnten 113 Haushaltungen zwei Wohnräume, 71 Haushaltungen dagegen nur einen Wohnraum. 79 Gebäude waren mit einer Haushaltung, 69 dagegen mit zwei und mehr Haushaltungen belegt. 94 Gebäude waren von mehr als sechs Personen bewohnt. 105 Haushaltungen wohnten in 67 Häusern zur Miete." Der Überbelegung der Häuser wurde auch zugeschrieben, daß rund 30 % der Todesfälle in der Gemeinde auf Tuberkulose zurückzuführen waren. Allerdings war der Prozentsatz in Teutschneureut, das bessere bauliche Verhältnisse aufwies, nicht wesentlich geringer.

Das „Mitteltor" vor seiner Umgestaltung um 1900. Die erste Querstraße zur Hauptstraße deutet sich an.

Der privaten Bautätigkeit entsprach auch die öffentliche, insbesondere in der zweiten Hälfte des 19. Jahrhunderts. 1856 wurde der Neubau des Teutschneureuter Rathauses notwendig. Das alte hatte knapp hundert Jahre lang seinen Dienst getan. Der Bauplan sah vor, daß im unteren Stockwerk der Lehrerwohnung eingerichtet, im oberen Stockwerk die Räumlichkeiten für das Rathaus geschaffen werden sollten. Das Rathaus war 1857 fertiggestellt und zur vollständigen Zufriedenheit der Gemeinde ausgefallen. Es dient heute noch, allerdings erheblich vergrößert, seinem Zweck.

Bis 1910 war die Bebauung des einstigen „Mittelweges" (heutige Mitteltorstraße) weiter vorangeschritten.

1876/77 wurde in Teutschneureut eine neue Schule gebaut, die 1959 abgerissen wurde. Daneben existierte damals noch das ältere Schulhaus, das weiterhin benutzt wurde, auch als man 1908/09 ein drittes Schulhaus baute. Dieses neue Schulhaus wurde als schönes zweistöckiges Jugendstilgebäude mit hohem Dach und einem Dachreiter errichtet, enthielt vier Schulsäle und zwei Lehrerwohnungen. Es wurde am 4. Juli 1909 feierlich eingeweiht. Unter anderem wurde die Feier durch Vorträge des Gesangvereins „Edelweiß" verschönert und klang in einem gemütlichen Beisammensein im „Waldhorn" aus.

Das Neureuter Ortsbild — zumindest im alten Ortsteil — wird heute noch durch die 1884—1888 errichtete Kirche mit ihrem hoch aufragenden neugotischen Turm bestimmt. Schon früher war die alte Kirche als zu klein befunden worden. 1860 stellte man fest, daß sie etwa nur 5/12 der Einwohner fassen konnte, der Kirchenbesuch aber sich in den letzten Jahren so verstärkt hatte, daß sich 7/12 bis 8/12 der Einwohner zum Gottesdienst in der Kirche einfanden. Die nunmehr baupflichtige Hofdomänenkammer sah sich aber nicht in der Lage, die geplante Erweiterung vor 1864 in Angriff zu nehmen. Immer wieder mußte man in der Folgezeit darauf drängen, in dieser Sache — entweder Erweiterung oder

Neue Schulhäuser errichtete die Gemeinde Teutschneureut in den Jahren 1877 (hinteres Gebäude) und 1909 (vorne). Das ältere Gebäude mußte 1959 der Erweiterung der jetzigen Nordschule weichen.

Neubau der Kirche — etwas zu unternehmen. 1867 lagen bereits ein Kostenvoranschlag und ein genehmigter Plan vor. 1870 wies der Gemeinderat darauf hin, daß der Kirchenraum, dessen Äußeres wegen der bevorstehenden Veränderung recht vernachlässigt wirkte, bis in die hintersten Ecken, wo der Geistliche weder gesehen noch verstanden werden könne, besetzt wäre, da im Ort ein sehr starker Kirchenbesuch üblich sei. Es dauerte jedoch immer noch etliche Jahre, bis der Neubau, nach Plänen von Baurat Dyckerhoff, zustande kam. Später wurde jedoch gelegentlich geäußert, daß der damals gewählte neugotische Stil nicht für eine Dorfgemeinde passe. Außerdem schien der Kirchgang später nachgelassen zu haben, denn für die Zeit nach dem Ersten Weltkrieg ist festzustellen, daß die Kirche nur an hohen Festtagen voll besetzt war.

Die ärmere Gemeinde Welschneureut war freilich nicht in der Lage, umfangreiche Bauten zu erstellen. 1823 wollte man ein neues Hirten- und Wachhaus bauen, da das alte baufällig und einsturzgefährdet war. Da kein Gemeindeeinkommen vorhanden war, bat man um unentgeltliche Abgabe von Bauholz aus dem Hardtwald. Das Oberforstamt erklärte jedoch, daß Bauholz gegen Entrichtung der Hardtwaldtaxe für die alten Hausplätze zu haben sei, nicht aber für öffentliche Bauten. Daraufhin unterblieb der Bau, so daß zwei Jahre später die Bauinspektion nur berichten konnte, daß das Haus immer noch baufällig sei und wegen fehlender Mittel kein neues errichtet werden könne. 1835 ver-

Der alte Ortsmittelpunkt von Teutschneureut: Rathaus, Schule, Pfarrhaus und Kirche.

steigerte man das Haus schließlich und bot dem nun obdachlos gewordenen Hirten einen Ersatz, indem man an die Rückseite des Rathauses eine Wohnstube für ihn anbaute. Den Mietzins benutzte man dann dazu, die Jagd- und Herrenfronen abzulösen. Erst 1894 konnte schließlich der Bau eines Wach- und Spritzenhauses mit Arrestlokal erfolgen.

Was die kirchlichen Gebäude in Welschneureut betrifft, so herrschte noch bis weit ins 19. Jahrhundert hinein der alte Zustand, daß Gottesdienstraum und Pfarrwohnung sich unter einem Dach befanden. Auch hier war inzwischen die Kirche zu klein geworden, und man war sich darüber im klaren, daß vor einer Erweiterung zunächst eine neue Pfarrerwohnung geschaffen werden mußte. 1870 konnte ein neues Pfarrhaus gebaut werden, wodurch die Mittel der Gemeinde zunächst einmal erschöpft waren.

Das neue Pfarrhaus wurde als eines der stattlichsten Gebäude des Ortes gerühmt. Die alte Pfarrwohnung in der Kirche wurde vermietet, bis man endlich 1897 an den längst fälligen Umbau der Kirche gehen konnte. Am Palmsonntag 1898 konnte dann die erweiterte und neu hergerichtete Kirche eingeweiht werden.

Auch in Welschneureut konnte noch vor dem Ersten Weltkrieg ein neues Schulhaus errichtet werden, obwohl man erst 1884 das heutige alte Schulhaus erbaut hatte. Wahrscheinlich wurde der Entschluß dadurch erleichtert, daß neben einer Kapitalaufnahme auch staatliche Mittel in Anspruch genommen werden

Einstmaliger zentraler Punkt in Welschneureut an der Einmündung der „Klamm", der heutigen Welschneureuter Straße. Links das Rathaus, das bis 1884 gleichzeitig Schulhaus war (abgebrochen 1979). Rechts das Wacht- und Spritzenhaus, in einigem Abstand die Kirche.

konnten, die für bedürftige Gemeinden gewährt wurden. Das neue Schulhaus, das im Aussehen dem kurz zuvor in Teutschneureut errichteten gleicht, konnte am 19. Mai 1912 eingeweiht werden. Auch hier beging man dieses Ereignis mit einem Festakt, mit Gesangsvorträgen des Sängerbundes und der Konkordia und beschloß den Tag mit einem Beisammensein im „Engel". Im übrigen wurde auch in Welschneureut das alte Schulhaus weiterhin neben dem neuen benutzt.

Zu dem 1884 erbauten Welschneureuter Schulhaus (rechts) kam 1912 ein weiterer Neubau.

Hauptstraße in Welschneureut um 1910.

Zum Bauwesen gehört natürlich auch die Feuerwehr. Hierbei kann die Teutschneureuter Wehr auf ein beträchtliches Alter zurückblicken. 1927 fand man nämlich im Feuerwehrgeräteschuppen eine alte Feuerwehrfahne aus dem Jahre 1844, die den Theaterbrand 1847 in Karlsruhe mitgemacht hatte. Der Teutschneureuter Einwohnerschaft war übrigens damals der ausdrückliche Dank des Großherzogs für ihre Mithilfe bei der Eindämmung des Brandes, der zahlreiche Todesopfer gefordert hatte, ausgesprochen worden. Die Fahrspritze, mit der man seinerzeit den Karlsruhern zu Hilfe geeilt war, stand noch 1912 im Dienst. In Welschneureut hingegen besaß man lange Zeit nur eine Handfeuerspritze und mußte sich daher im Bedarfsfall auf die Teutschneureuter Fahrspritze verlassen, bis man endlich 1867 auch eine solche anschaffen konnte. Eine Welschneureuter Freiwillige Feuerwehr wurde dann 1886 gegründet.

4. Landwirtschaft und Handwerk

Die Landwirtschaft war noch zu Beginn des 19. Jahrhunderts der Haupterwerbszweig der Neureuter, etwa ab 1870 wurde sie zunehmend im Nebenbetrieb geführt. Aber auch sonst sind in jener Zeit Veränderungen in der bis dahin üblichen Wirtschaftsweise zu beobachten. Anläßlich der Schulvisitation in Teutschneureut 1812 kam zur Sprache, daß alljährlich 2000 Gulden für den Kauf von Stalldung nach auswärts gingen, besonders nach Durlach und Karlsruhe. Diese unnötige Ausgabe wäre zu verhindern, wenn man die Stallfütterung einführte. Bis zu jenem Zeitpunkt gingen ca. 200 Stück Pferde und Weidevieh für etwa 30 Wochen im Jahr auf die Weide. Von einer vollständigen Einführung der Stallfütterung wollte man in Neureut nichts wissen, erbot sich aber, das Gewann Egelsee als Wiese herzurichten. Daß die Pferde weiterhin auf die Weide gingen, hielt man für unbedingt erforderlich, da die Aufzucht der Pferde im Stall diese bei der Bewegung hemmen und untauglich machen würde. Andererseits würde die Herrichtung der Pferdeweiden zu Wiesen den Vorteil haben, daß man den Heuertrag gewinnbringend versteigern könnte, und so auch für die ärmeren Bürger die Möglichkeit bestünde, sich eine Kuh zu halten. Für die Herrichtung des Egelsees zur Wiese, im Jahre 1815, war allerdings nötig, daß Dämme und Schleusen für eine geregelte Bewässerung eingerichtet wurden. Für die Pferdenachzucht wurde dann eine eigene Fohlenweide abgezäunt.

Die Rinder wurden teils in die herrschaftlichen Waldungen, teils in die Gemeindewälder getrieben, wofür ein eigener Gemeindehirt angestellt war. 1829 wurde vom Landamt angeordnet, daß dieser Viehtrieb eingestellt und die Weideplätze und das übrige Allmendgut unter die Berechtigten verteilt werden müssen. Dem Gemeindehirten wurde bei Strafe von zehn Reichstalern verboten, sein Horn zu blasen, mit dem er sonst das Vieh zum Weidgang versammelte. Eine solche Veränderung einer von altersher bestehenden Gewohnheit, wie es in einer Gegenvorstellung der Neureuter heißt, konnte natürlich nicht ohne weiteres vor sich gehen. Trotz des Verbots fuhr der Kuhhirte, auf

Begehren einer Anzahl Bürger, wieder mit dem Vieh in den Hardtwald und wurde deswegen für zwei Tage in Karlsruhe in den Turm gelegt. Hierauf wurde eine Expertenkommission nach Neureut gesandt, um die Gemarkung und die Viehweide im Hardtwald zu besichtigen. Man stellte fest, daß auf der Gemarkung genügend Viehfutter wachse, wenngleich auch — verglichen mit umliegenden Gemeinden — nur ein unbedeutender Kleeanbau betrieben werde. Die Viehweide im Hardtwald, zu der das Vieh eine Stunde lang zu gehen hatte, wurde als ungeeignet befunden, da sich das Vieh von dem dort wachsenden Gras nur kümmerlich ernähren könne. Schließlich setzte sich, gegen den Widerstand des Bürgerausschusses, doch die Stallfütterung durch, worauf sich — nach Angabe des Ortsvorstands — der Viehbestand im Ort merklich hob.

Im Zuge dieser Umstellungen wurden 1827 die Allmendwiesen im Egelsee unter den Gemeindebürgern aufgeteilt, wobei die einzelnen Stücke durch das Los angewiesen wurden und ein Kaufpreis in die Gemeindekasse entrichtet werden mußte.

Auch die Urbarmachung von Ödland, mit der man schon im vorausgegangenen Jahrhundert begonnen hatte, wurde fortgesetzt. 1828 rodete man ein zwölf Morgen großes Stück Land im Füllbruch, das nur mit schlechten Birken und Erlen bestanden war und keinen Ertrag abwarf. Diese Fläche wurde ebenfalls als Wiese angelegt.

Der Stand der Teutschneureuter Landwirtschaft wurde 1852 folgendermaßen charakterisiert: „Die Einwohner ernähren sich vorzugsweise von Ackerbau und Viehzucht. Die Gemarkung ist ihrer Größe nach vollkommen genügend, um sämtliche Bewohner zu ernähren, da pro Kopf durchschnittlich einzweidrittel, auf eine Familie achteinhalb Morgen kommen. Der Boden besteht auf dem Hochgestade, dem größten Teil der Gemarkung, aus einem leichten Sand, der reichlicher Düngung bedarf, um gute Erträge zu liefern und dem sogenannten Dammfelde, das zum größten Teil aus einer fetten Tonerde besteht, stellenweise auch aus Torf. Der Anbau von Handelsgewächsen, es sind dies Hanf, Tabak und Runkelrüben, ist nicht unbedeutend, größere Summen werden aber aus dem Verkauf von Kartoffeln, die im Sandfeld gut geraten, erlöst. Die Wiesen müssen durch Entwässerung verbessert werden. In neuerer Zeit wird der Obstanbau gepflegt, so sind im Frühjahr 1852 ungefähr 1000 Obstbäume in der Gemarkung gesetzt worden. Es besteht eine Baumschule von einviertel Morgen mit 300 Obstbäumen. Der Viehstand ist im allgemeinen gut, er beträgt 107 Pferde, 375 Kühe, 188 Kalbinnen, drei Zuchtstiere, 259 Schweine, fünf Zuchteber, sieben Schafe und sieben Ziegen."

1857 mußten wegen Futtermangels viele Kühe abgeschafft werden. Es wurde deshalb seitens des Landamtes darauf gedrängt, endlich die schon früher angemahnte Verbesserung der Wässerungseinrichtung für die Wiesen vorzunehmen, um dort mehr Futter zu gewinnen.

Daß der landwirtschaftliche Verein, der 1819 in Baden gegründet wurde, um fortschrittliche Bewirtschaftungsmethoden bekannt zu machen, 1852 in Teutschneureut nur sieben Mitglieder zählte, mag vielleicht auf die konser-

vative Haltung der Neureuter, wie sie sich auch bei der Einführung der Stallfütterung gezeigt hatte, schließen lassen. Andererseits dürfte sich um diese Zeit
schon der Umschwung zur Nebenerwerbslandwirtschaft angebahnt haben.
Zwar wurde damals noch gesagt: „Der Hauptnahrungszweig der Einwohner ist
Ackerbau mit Viehzucht und ausgebreitetem Milchhandel nach der Residenz-
Stadt", doch wurde bereits eingeräumt, daß täglich 300 Leute aus Teutschneureut nach Karlsruhe gingen, wo sie vorzugsweise als Maurer beschäftigt
waren. Die Einwohnerzahl des Dorfes betrug damals rund 1400, so daß man —
da 300 Arbeitskräfte bereits auswärts arbeiteten — sagen kann, daß der Wandel
vom Bauerndorf zur Arbeitergemeinde in vollem Gange war.

*Bis in das 20. Jahrhundert hinein prägte die Landwirt-
schaft das örtliche Leben. Charakteristisch für die Neureuter Kleinlandwirte waren die Kuhgespanne.*

Über Welschneureut wird 1854 gesagt, daß sich die Einwohner von „Ackerbau,
Rindviehzucht und Taglohn in der benachbarten Residenz" ernährten. Über
den Stand der Landwirtschaft heißt es: „Der Boden besteht größtenteils aus
Sand und ist nur dann, wann er reichlich gedüngt wird, ergiebig. Gerade aus
dem bezeichneten Umstande halten die Einwohner ihre Düngemittel sehr zu
Rat; es befinden sich in allen Höfen ausgemauerte Düngerstätten, aus denen
der Pfuhl fleißig ausgeführt wird. Die Wiesen liegen unterhalb des Hochgestades in der Niederung und werden aus dem Landgraben gewässert. Die
frühere Wässerungseinrichtung ist auf unterhalb liegender Teutschneureuter
Gemarkung sehr verdorben und bedarf einer Reparation." Die Gemeindebaum-

schule sei vernachlässigt und auch zu klein. Das Faselvieh dagegen wurde gut beurteilt. Der Welschneureuter Viehstand war, der Größe der Gemarkung entsprechend, nicht sehr groß. Er belief sich 1852 auf 59 Pferde, 145 Kühe, 91 Kalbinnen, zwei Zuchtstiere, 80 Schafe, ein Zuchteber, vier Schafe und zehn Ziegen.

In Welschneureut muß sich der Wandel vom Bauerndorf zum Arbeiterdorf entsprechend der geringeren landwirtschaftlichen Fläche und der 1024 Einwohner (nach dem Stand von 1867) noch schneller vollzogen haben, zumal schon 1852 neben dem Ackerbau der „Taglohn in der Residenz" und die „Reinigung der Wäsche aus Karlsruhe" als hauptsächliche Erwerbszweige angegeben werden. 1871 arbeitete schon dreiviertel der männlichen Einwohner von Welschneureut in Karlsruhe. Auch die weibliche Bevölkerung war 1871, wenigstens zu einem gewissen Teil, erwerbsmäßig auf Karlsruhe orientiert: „Ein besonderer Erwerbszweig der Frauen von Welschneureut ist die Wäscherei für hiesige (Karlsruher) Stadtbewohner, deren Kundschaft sich schon seit Jahren erhält, circa 50 verschiedene Häuser beschäftigen sich damit."

Alles in Handarbeit, das Getreideschneiden . . .

. . . und das Dreschen.

Die Landwirtschaft mußte zu dieser Zeit also schon Nebenerwerb gewesen sein. Dies ist besonders daran abzulesen, daß keine Handelsgewächse angebaut wurden, die, wie der Tabak, eine intensive Bearbeitung erfordern. Es wurde lediglich der Eigenbedarf an Getreide und Kartoffeln angebaut, wobei ein etwaiger Überschuß an Kartoffeln nach Karlsruhe oder Mühlburg verkauft wurde. Immerhin legte man in Welschneureut noch viel Wert auf die Rindviehzucht. Die Karlsruher Metzger kauften daher gern am Ort ein, und drei Händler sammelten die anfallende Milch und brachten sie ebenfalls nach Karlsruhe.

Was das örtliche Handwerk anbelangt, so war dies 1852, jenes Jahr, für das wir eine genaue Statistik besitzen, offenbar noch völlig auf die Bedürfnisse der beiden Dörfer mit ihrer noch überwiegend agrarischen Struktur ausgerichtet. Es gab in Teutschneureut sechs Schuster, zehn Schneider, 14 Weber, fünf Krämer, sechs Wirte, zwei Bäcker, drei Schmiede, drei Wagner, zwei Hafner, vier Maurer, drei Zimmerleute, drei Schreiner, ein Färber, zwei Sattler, ein Stricker, ein Kübler und ein Küfer. In Welschneureut zählte man einen Bäcker, drei Schreiner, zwei Metzger, drei Schlosser, zwei Schneider, einen Tüncher, einen Küfer, sechs Weber, fünf Wirte und drei Krämer. Es kann als sicher gelten, daß keiner dieser Handwerker nur diesen Beruf ausübte. Sehr wahrscheinlich haben alle noch nebenher Landwirtschaft betrieben, wie es damals der Struktur des ländlichen Handwerks entsprach. Je mehr Einwohner der beiden Dörfer nun in Karlsruhe arbeiteten, um so mehr nahm auch die Zahl dieser örtlichen Handwerker ab, sei es, daß sie selbst einen Arbeitsplatz in Karlsruhe fanden, der ihnen mehr zu versprechen schien als die selbständige Existenz auf dem Dorf, sei es auch, daß die Dorfbewohner, die täglich in die Stadt kamen, ihren Bedarf an handwerklichen Erzeugnissen dort deckten.

Der Dorfschmied als Universalhandwerker; hier bei der Bearbeitung eines Holzpfluges.

5. Hardtwaldberechtigung und Bürgernutzen

Die uralte Hardtwaldberechtigung wurde durch einen Vertrag vom 13. August 1828 auf eine neue Grundlage gestellt, in dem insbesondere der Holzbezug der Hardtgemeinden geregelt wurde. Wegen des Bauholzes wurde festgelegt, daß nur die Besitzer der 1813 bebauten Hausplätze zum unentgeltlichen Bezug des Bauholzes berechtigt seien. Dies waren z. B. in Teutschneureut 101 Hausplätze. Bezüglich der Menge des für den einzelnen Hausplatz zur Verfügung

145

stehenden Bauholzes wurde verordnet, daß nur so viel Holz zugeteilt werden dürfe, wie für ein Gebäude der alten Größe nötig sei. Auch der Brennholzbezug aus dem Hardtwald war auf den Stand von 1813 festgeschrieben, wonach Teutschneureut 861 Klafter jährlich zu erhalten hatte. Die Verteilung erfolgte so, daß der verheiratete, über 25 Jahre alte Bürger, der kein Pferd besaß, vier Klafter, mit einem Pferd fünf Klafter und mit zwei oder mehr Pferden sechs Klafter erhielt. Die Anzahl der Pferde bildete die Bemessungsgrundlage, weil der Holzberechtigte als Gegenleistung die unentgeltliche Leistung von Fuhr- und Handfronen bei Einfriedigungs- und Kulturarbeiten, die Lieferung des erforderlichen Waldsamens sowie die Bezahlung der Rittgelder und sonstigen Diäten für das Forstpersonal gegenüberstand. 1870 waren diese Leistungen pauschal auf einen Gulden 29 Kreuzer je Klafter veranschlagt.

Mädchen und Frauen aus Teutschneureut bei Waldkulturarbeiten, die man damals immer noch „die Fron" nannte.

Durch das Wachstum der Gemeinden über den Stand von 1813 hinaus ergab sich die Entwicklung, daß immer mehr Bürger ohne Gabholzbezug blieben, da die für das ganze Dorf zu verabreichende Menge nicht für alle ausreichte. 1870 stellte sich die Situation in Teutschneureut so dar, daß 228 Bürger je vier bis sechs Klafter Holz erhielten und der Rest, ungefähr ein Drittel der Bürger, warten mußte, bis von den ersteren einer starb und damit ein Anteil frei wurde. Es bestand somit eine Art Warteliste, auf der die Bürger, je nach Alter, nachrückten. Man wurde schließlich über 30 Jahre alt, bis man in den Kreis der Berechtigten aufstieg. Dies war natürlich kein allzu erfreulicher Zustand, und seitens des Bezirksamts wurde öfters gemahnt. doch innerhalb des Dorfes den Verteilungsmodus zu ändern, damit jeder zum Zuge käme. Doch in keiner der Hardtgemeinden wollte man eine Veränderung vornehmen, weil man der Ansicht war, daß damit der Hardtwaldvertrag einseitig von den Gemeinden gebrochen werden würde. Es ist schwer zu entscheiden, inwieweit diese Haltung nur eine Ausrede war und im Gemeinderat und Bürgerausschuß nur Berechtigte saßen, die nichts abgeben wollten, oder ob es tatsächlich darum ging, den Vertrag zu erfüllen. Dieser verbot nämlich den Verkauf des Gabholzes, und vermutlich nahm man an, daß eine Veränderung des Verteilerschlüssels als Holzverkauf ausgelegt werden könne. Gleichwohl bestätigte das Innenministerium die von der Verwaltung geäußerte Auffassung, daß dies nicht der Fall sein könne; auch die Forstverwaltung hätte eine gerechtere Verteilung des Gabholzes lieber gesehen, weil man glaubte, daß dadurch die Forstfrevel, also die Holzdiebstähle, verringert werden könnten. Zu einer Änderung kam es aber trotz allem nicht.

Der Bürgernutzen in Teutschneureut beschränkte sich jedoch nicht auf das Gabholz aus dem Hardtwald, vielmehr hatte jeder Bürger noch die Nutznießung eines Stückes Acker und Wiese zu beanspruchen. 1852 waren dies ein Viertel Wiesen und 20 Ruten Acker. Kam jemand von außerhalb in den Ort, so konnte er sich in den Bürgernutzen — Gabholz und Allmendgenuß — einkaufen. Der Einkaufspreis war wegen der Verbindung mit den Waldfronen ebenfalls nach der Pferdezahl gestaffelt und betrug nach dem Stand von 1852 für Leute ohne Gespann 272 Gulden, für solche mit einem Pferd 317 Gulden, für diejenigen mit zwei Pferden 362 Gulden. Für den Fall, daß sich ein Bürger, der sich so eingekauft hatte, weitere Pferde anschaffen würde, sollte er je Pferd noch 45 Gulden entrichten.

1867 wurde das Einkaufsgeld neu berechnet und belief sich nun (ohne Staffelung) auf 187 Gulden. Die Differenz kam wohl daher, daß auch die sich einkaufenden Bürger warten mußten, bis sie an der Reihe waren. Dennoch war der Einkaufspreis nicht unbeträchtlich, wenn man bedenkt, daß bei niedrigen Holzpreisen der Wert des Holzes und derjenige der Gegenleistungen ungefähr gleich waren, und nur bei höheren Holzpreisen, wie es etwa 1867 der Fall war, mit dem Holzbezug ein Gewinn verbunden war.

In Welschneureut war der Bürgernutzen auf den Gabholzbezug beschränkt, da keinerlei Allmende vorhanden war. Lediglich der Weidgang auf den ca. 30 Morgen Wiesen auf Teutschneureuter Gemarkung kam noch hinzu. Das Welschneureuter Gabholz, nach dem Stand von 1813, belief sich auf 391 Klafter, das Einkaufsgeld in den Bürgernutzen betrug 323 Gulden 45 Kreuzer, das Bürgerrecht allein 13 Gulden 46 Kreuzer, während es in Teutschneureut — alles nach dem Stand von 1852 — 21 Gulden 36 Kreuzer kostete. Hierzu muß bemerkt werden, daß früher zwischen Bürgern und Hintersassen unterschieden wurde, wobei nur die ersteren das passive und aktive Wahlrecht für Gemeindeämter, den Allmendnutzen und den Zugang zu sonstigen Rechten des Ortes, wie etwa der Hardtwaldberechtigung, hatten. Nach dem Bürgerrechtsgesetz von 1831 erhielten die Hintersassen zwar das volle Staatsbürgerrecht, waren damit aber noch keine Ortsbürger. Dieses Recht konnte man entweder durch Geburt oder durch Einkauf erwerben und wurde durch Eintrag ins Bürgerbuch festgehalten.

Die mit dem Gesetz von 1831 bezweckte Gleichstellung aller Staatsbürger scheiterte daran, daß man den Bürgernutzen nicht unbegrenzt ausdehnen konnte, so daß es weiter voll- und minderwertige Bürger gab. Die Gesetzgebung wirkte deshalb in den kommenden Jahren darauf hin, den Gemeinden die Möglichkeit zur Aufhebung des Bürgernutzens zu geben, eine Entwicklung, die erst in neuerer Zeit, nämlich durch die Gemeindeordnung 1956 abgeschlossen wurde.

Die Unterschiedlichkeit des Bürgernutzens zwischen Teutsch- und Welschneureut war übrigens das Haupthemmnis dafür, daß die beiden Dörfer nicht schon vor 1935 vereinigt wurden. Besonders nach dem Ersten Weltkrieg machte man seitens der Innenverwaltung des Landes den Vorschlag, die beiden unmittelbar benachbarten Gemeinden der Verwaltungsvereinfachung wegen zusammenzulegen. In Teutschneureut wurde dies stets deswegen abgelehnt, weil man befürchtete, daß dann der Bürgernutzen auf alle verteilt und damit für diejenigen, die mehr hatten, vermindert werden würde. Auch hier war es derselbe Grund, der auch die Änderung des Verteilerschlüssels beim Gabholz verhinderte. Erst im Dritten Reich setzte man sich über die von Teutschneureut vorgebrachten Bedenken hinweg und vereinigte die beiden Dörfer, allerdings mit der Zusage, daß sich am Bürgernutzen nichts ändern sollte.

Die Hardtwaldberechtigung im alten Sinne hörte auf, als der Wald aufgrund der Gemeindeordnung von 1922 als abgesonderte Gemarkung unter die angrenzenden Gemeinden aufgeteilt werden mußte. So erhielten auch Teutsch- und Welschneureut 1930 ihre Anteile, wodurch die Gemarkungen zwar vergrößert, aber kein Eigentumsrecht an den zugeteilten Waldungen begründet wurde.

6. Der Teutschneureuter Zehntwald

1755 hatte man in Teutschneureut beschlossen, den Ertrag des Zehntwaldes, der 1751 der Gemeinde wieder zugesprochen worden war, für die Deckung der Gemeindeschulden zu verwenden. Das Bauholz aus dem Wald wurde an die Gemeindeangehörigen um einen Anerkennungsbetrag abgegeben, der Zehnte an die Herrschaft in Geld abgeliefert. Der Wald stellte ein juristisches Kuriosum dar, über das sich eine ganze Reihe von Verwaltungsbeamten die Köpfe zerbrach. Er war nämlich keine Allmend, sondern Privateigentum. Gleichwohl hatte die Gemeinde die Nutznießung davon. Niemand konnte später erklären, wie es zu diesem merkwürdigen Rechtsverhältnis gekommen war. Begründet war dies darin, daß die Besitzer des Zehntwaldes 1755 lieber auf die Nutzung verzichteten, als jährliche Umlagen für die Ausgaben der Gemeinde zu erheben. Der Wald gehörte nämlich zu den einzelnen Hubengütern und stellte eigentlich nur deren Verlängerung dar.

Als nun 1822 die Gemeinde schuldenfrei war, forderte ein Teil der Hubenbesitzer, daß man jetzt den Zehntwald aufteile. Aus diesem Anlaß stellte ein Gutachter die Situation folgendermaßen dar: „Huben sind einzelne Teile der Gemarkung, welche in Maden zerlegt sind, ein Maden enthält drei Morgen. Unter diesen drei Morgen sind Äcker, Wiesen und Wald. Der Maden fängt unten gegen den Rhein an und geht durch die Gemarkung durch bis ans entgegengesetzte Ende, nämlich den herrschaftlichen Hardtwald, Karlsruhe zu . . . Die Maden selbst sind nicht einmal umsteint, bloße Furchen bezeichnen ihre Breite. Im Wald sind weder Furchen noch Steine. Nur dann kann jeder Maden- oder Hubenbesitzer sein Stück Wald finden, wenn er seine Ackerlinie durch den Wald, bis an die Gemarkungsgrenze fortsetzt. Auf dem Papier, nämlich in der Steueraufnahme, ist jedem Eigentümer sein Waldplatz nach Morgen, Viertel und Ruten anzugeben, in natura ist er dennoch nicht abgeteilt. Der Waldplatz besteht demnach gleichsam aus lauter Aktien." Es hätte selbstverständlich keinen Sinn gehabt, den Wald ebenso wie die Wiesen und Felder aufzuteilen, es wäre sonst eine forstliche Bewirtschaftung unmöglich geworden. Man ließ also die Besitzverhältnisse zunächst auf sich beruhen und regelte 1827 lediglich die Verwaltung des Waldes neu. Das Holz wurde jetzt versteigert, und der Erlös floß weiterhin in die Gemeindekasse. Dies ließ jedoch einige Gemeindeglieder nicht ruhen, zumal die Kreisregierung plante, den Zehntwald der Gemeinde als Eigentum zuzusprechen, um endlich mit der juristischen Unmöglichkeit aufzuräumen, daß die Gemeinde den im Privatbesitz befindlichen Wald nutzte. Dagegen erhoben aber die Hubenbesitzer unter Anführung des Altvogts Beck Einspruch. Sie führten aus, daß die Fläche ursprünglich zu den Huben gehört habe, daß es aber durch die in den Kriegszeiten erfolgte Bevölkerungsabnahme nicht mehr möglich gewesen sei, diese Fläche zu bebauen und der Wald durch Samenanflug zustande gekommen sei. Im Jahre 1707 hätte es nur noch 21 Bürger in Neureut gegeben, die dieses Feld von mehr als 2000 Morgen nicht mehr hätten bestellen können. Auch vor fünfzig und sechzig Jahren sei noch das Heidefeld brachgelegen und nicht bebaut worden, so daß das badische Militär darauf hätte exerzieren können, weil damals höchstens 45—48 Bürger in Teutschneureut gewesen seien.

Gegen den Einspruch der Hubenbesitzer widersetzten sich natürlich diejenigen Einwohner, die keine Hube besaßen. Sie führten vor allem an, daß die Erträge des Waldes für die Gemeindekasse sehr vorteilhaft seien, und die Abgabe von Bauholz zu einem geringen Preis an alle Bürger eine sehr wohltätige Einrichtung sei. Die beiden Parteien wurden zur Austragung des Streits an die Gerichte verwiesen.

Es gelang nun den Hubenbesitzern tatsächlich, ihr Eigentumsrecht anerkannt zu bekommen. Immerhin war die Gemeinde selbst mit 80—90 Morgen als Besitzer beteiligt, die jedoch nicht an einem Stück lagen. Aus forstpolizeilichen Gründen war selbstverständlich nur eine gemeinsame Bewirtschaftung des Waldes möglich, so daß durch die Vermittlung des Landamtes Karlsruhe 1832 endlich ein Statut für die Gesellschaft der Waldeigentümer zustande kam, die unter der Leitung eines Waldvorstands, dem der Waldausschuß zur Seite stand, die Bewirtschaftung gemeinschaftlich betrieb und die Rechnungsführung einem Waldrechner anvertraute. Die erzielten Überschüsse wurden an die Eigentümer nach dem Verhältnis ihrer Besitzanteile weitergegeben. Diese Verfahrensweise war juristisch gesehen wiederum recht problematisch, denn entweder handelte es sich nun um ein ungeteiltes Eigentum der Berechtigten oder um einen Besitz, an dem die Beteiligten nur Nutzungsrechte hatten; in diesem Fall traf aber beides zu. Doch man ließ die Sache auf sich beruhen, da man immerhin eine Form gefunden hatte, mit der die Beteiligten zufrieden waren.

Bei Errichtung des Lagerbuchs erhielt der Zehntwald eine Lagerbuchnummer; als Besitzer wurde die Zehntwaldgenossenschaft Teutschneureut eingetragen. Im Grundbuch aber wurde jedem Besitzer eine Fläche eingetragen, ohne daß man deren Lage näher bezeichnete. Bei Erbteilungen wurde deshalb nicht die nur auf dem Papier stehende Parzelle aufgeteilt, sondern einfach Bruchteile angenommen, wie z. B. 1/8 von 1/56 von drei Morgen ein Viertel und 25 Ruten. 1897 war die Zahl der Eigentümer auf 397 angewachsen, von denen keiner wußte, wo sich nun sein Waldeigentum befand, so daß der Wald als ungeteiltes Miteigentum betrachtet werden mußte. Man sah deshalb von der Frage nach dem Eigentum ab und nahm alle Waldberechtigten in das Grundbuch auf, mit Angabe der von ihnen beanspruchten Fläche, wobei man davon absah, das alte Morgenmaß in das neue Hektarmaß umzurechnen, um die Sache nicht noch mehr zu komplizieren. Im übrigen war bis zum Ersten Weltkrieg die großherzogliche Hofdomänenverwaltung der größte Teilhaber am Zehntwald geworden, da sie systematisch frei werdende Waldanteile aufkaufte, um damit den Hardtwald zu vergrößern. Was die jagdliche Seite des Zehntwaldes betraf, so wurde diese Fläche bei Errichtung des großherzoglichen Wildgeheges zum Park hinzugenommen. Um das Wild vom Jungwald fernzuhalten, mußten Zäune gebaut werden, für die das Hofforstamt unentgeltlich das Material lieferte. Immer wieder, so etwa 1848, wurden Stimmen laut, die forderten, den Zehntwald wieder aus dem Wildpark herauszunehmen.

Die Nähe des Wildparks zu den Feldern war natürlich die Ursache für manchen Wildschaden, der trotz der Einzäunung der Felder unter Vogt Beck auftrat. 1855 war durch die Vermittlung des Landamtes beim Hofforstamt die Zusicherung erreicht worden, daß das Wild durch häufigere Treibjagden dezimiert werden sollte. Zwei Jahre später war der Wildschaden immer noch sehr groß, obwohl im Winter davor mehrere Treibjagden veranstaltet worden waren. Allerdings war der angerichtete Schaden größtenteils zur Zufriedenheit der Geschädigten ersetzt worden.

Einen Wandel brachte hier erst die „Revolution" von 1918. Das Wild im großherzoglichen Wildpark wurde von Unbefugten abgeschossen und der Wildpark aufgehoben.

7. Die Ablösung der Feudallasten

Der Vorgang der Ablösung der Feudallasten, der sich in den deutschen Staaten vorwiegend in der ersten Hälfte des 19. Jahrhunderts vollzog und vor allem in Preußen als „Bauernbefreiung" bekannt ist, hat im altbadischen Gebiet, zu dem

Neureut zählt, wenig Dramatisches. Bei den Feudallasten handelte es sich um die Rechtsstellung der Untertanen und des von ihnen bearbeiteten Bodens sowie der damit verbundenen Abgaben. Man kann also die Feudallasten in Personallasten und Grundlasten aufteilen.

Schon in der Markgrafschaft Baden wurde unter Karl Friedrich 1783 mit der Ablösung der Feudallasten begonnen, und zwar durch die Aufhebung der Leibeigenschaft. Diese bestand hierzulande nur in einer recht abgemilderten Form, im Grunde nur als Pflicht zu gewissen Abgaben. Andererseits war die Leibeigenschaft auch Ausdruck für das Untertanenverhältnis, das durch die Abschaffung der Leibeigenschaft nicht berührt wurde. In Neureut bestand die Leibeigenschaft ebenfalls nur noch als Rechtsbegriff für das Untertanenverhältnis, da das Dorf 1563 dem Markgrafen Karl II. den Todesfall oder das Hauptrecht, die beim Tode des Leibeigenen fällige Abgabe, abgelöst hatte. Insofern konnte man sagen, daß die Leibeigenschaft für Neureut nicht bestand. Lediglich bei den Huldigungen für den Landesherrn zeigte sich für Neureut wieder, daß die Dorfbewohner leibeigen waren, da sie im Huldigungseid versprechen mußten, nicht ohne Erlaubnis außer Landes zu ziehen. Diese Erlaubnis, die sogenannte Manumission, konnte gegen Entrichtung der Nachsteuer, d. h. eines Prozentsatzes vom ausgeführten Vermögen, erlangt werden. Die Welschneureuter Kolonisten hingegen waren von vorneherein von der Leibeigenschaft freigestellt, wie sich auch bei ihrer gesondert abgelegten Huldigung 1709 zeigte. Sie waren daher auch ungebundener, konnten also ohne Erlaubnis außer Landes ziehen, mußten aber von dem im Land erworbenen Vermögen die Nachsteuer entrichten.

Die Ablösung der Feudallasten wurde in Baden 1820 wieder fortgesetzt, zunächst mit der Möglichkeit, die Grundzinse abzulösen. Hierzu gehörten die Neureuter Hubenzinse oder die Hubengült, für die eine Ablösungssumme festgelegt wurde, die sich auf ungefähr das 20fache des jährlichen Reinertrages belief. Bei dieser Berechnung gab es Meinungsverschiedenheiten, denn die Ablösungssumme wurde von den beiden Gemeinden als zu hoch erachtet, und drei Jahre lang ging es mit Einsprüchen und Gegendarstellungen der Domänenverwaltung hin und her. Auf Neureuter Seite tat sich hier besonders der streitbare Vogt Beck hervor, aber auch dessen Einsatz nützte nichts. Die festgesetzte Ablösungssumme mußte bezahlt werden. Bei Teutschneureut handelte es sich um 4 054 Gulden 5 Kreuzer, die bereits im Januar 1827 entrichtet worden waren. Es heißt daher im Flurbuch: „... sind nun obige Lasten für immer abgelöst, also sämtliche Güter des Banns keine andere Abgabe mehr als die herrschaftlichen Steuern und den Zehnten ... zu geben schuldig."

1831 wurden die Fronen aufgehoben, d. h. sie mußten ebenfalls abgelöst werden. Die Berechnung der Ablösungssumme war hier ungleich schwieriger und gab noch mehr Anlaß zu Streitigkeiten, da es sich um Naturalleistungen handelte, die andererseits aber auch nicht ohne Gegenleistungen seitens der Herrschaft verrichtet wurden. Es ging also darum, die beiden Leistungen gegeneinander aufzurechnen und daraus dann die Ablösungssumme festzusetzen. Ein Beispiel dafür ist die Herrenfron, zu der die Gemeinden Teutsch-neureut, Hagsfeld, Rintheim, Knielingen, Eggenstein, Welschneureut, Wolfarts-weier und Aue verpflichtet waren. Diese Fronpflicht stammte noch aus der Zeit des Klosters Gottesaue und bestand darin, daß die genannten Gemeinden dazu verpflichtet waren, die ehemaligen Klosterwiesen und jetzigen Kammer-gutswiesen zu Gottesaue in der Fron zu mähen, das Gras zu dörren und das Heu einzuführen. Für jede Fuhre hatte man einen halben Maß Wein und ein Pfund Brot gereicht. Der Obmann der Fröner, der die ganze Sache leitete, erhielt ein Maß Wein oder zwei Maß Bier und ein Pfund Brot. Die von den fronpflichtigen Gemeinden zu leistende Entschädigung wurde auf 838 Gulden 37½ Kreuzer berechnet, der Anteil von Teutschneureut auf 122 Gulden 59½ Kreuzer, der von Welschneureut auf 59 Gulden 33½ Kreuzer. Auch hier kam es zum Streit, denn von Teutschneureut wurde eingewandt, daß man diesen Frondienst zwar bis vor etwa zehn Jahren geleistet habe, seitdem aber nicht mehr. Dahinter stand der alte Gedanke, daß das, was von der Herrschaft nicht ständig gefordert wird, schließlich sein Recht verliere. Hier war es aber anders, denn die Domänenver-waltung wies nach, daß der Frondienst nur deswegen nicht mehr gefordert wurde, weil die Selbstverwaltung des Gottesauer Kammerguts 1820 aufge-geben und die Wiesen verpachtet worden waren. So half auch hier die Be-schreitung des Rechtsweges nichts, und die festgesetzte Summe mußte bezahlt werden.

Ähnlich gestaltete sich die Ablösung der Jagdfronen. Auch hier wurde die Ab-lösungssumme für zu hoch erachtet und eingewandt, daß man diesen Fron-dienst nicht unentgeltlich verrichtet habe und außerdem auch Laub im Hardt-wald sammeln durfte. Die Ablösung der Waldfronen war daher recht schwierig und zog sich lange hin. Die mit dem Holzbezug aus dem Hardtwald ver-bundenen Fronen wurden sogar erst 1899 nach einem Prozeß in Geld abge-löst. Es gab auch andere, unvorhergesehene Schwierigkeiten. So beklagte sich 1828 Pfarrer Bender von Teutschneureut beim Landamt in Karlsruhe, daß die Bauern ihm nicht mehr die schuldigen Fuhrfronen leisten wollten. Er verwies auf seine Kompetenz, seine Gehaltsbeschreibung, in der es hieß, daß er zur Bear-beitung seiner Äcker, zur Heimführung seines Weins, des Holzes, Heus usw. Fuhrfronen von den Bürgern beanspruchen dürfe, die diese ihm unentgeltlich gegen ein paar Gläser Wein und Stück Brot zu leisten schuldig seien. Er selbst, so schreibt Bender, habe diese Fuhrfronen, seit er in Neureut sei, in Anspruch genommen, nun gebe es aber seit einiger Zeit Widerspenstige, die ihm er-klärten, sie seien dem Pfarrer keine Fron schuldig und die die Fuhrfron ver-weigerten, auch „wenn ihnen der Büttel bietet". Die Ortsvorgesetzten, Vogt Grether und Stabhalter Breithaupt, äußerten sich in ihrem Bericht zu dieser An-gelegenheit recht salomonisch: die Widerspenstigen würden eben zu denen gehören, die alles besser wissen und machen wollten. Im örtlichen Lager- oder Flurbuch sei zwar über die Fronen für den Pfarrer nichts zu finden, doch seien sie seit Menschengedenken üblich. Dennoch entschied das Landamt, daß der Pfarrer keine Fronen zu beanspruchen habe und verwies ihn, falls er gegen diesen Bescheid Einspruch erheben wollte, auf den Rechtsweg.

Bei manchen der in jener Zeit abgelösten Abgaben, wie etwa bei den Hubenzinsen mag, so weit sie in Geld zu entrichten waren, der Verwaltungsaufwand größer gewesen sein als der Reinertrag, da diese Jahrhunderte früher festgesetzten Abgaben durch die Geldentwertung ihre ursprüngliche Bedeutung verloren hatten. Anders war es jedoch bei den ertragsabhängigen Abgaben wie dem Zehnten. Hierbei hatte die Herrschaft von jeder Vermehrung der Anbaufläche und von jeder Ertragssteigerung profitiert, jedoch auch in Fehljahren entsprechend weniger erhalten. Daher war die Ablösung des Zehnten das Kernstück des Abbaus der feudalen Lasten, da es hierbei um wesentlich höhere Summen ging. Die gesetzliche Grundlage für die Zehntablösung wurde 1833 geschaffen. Von der Ablösungssumme trug die Staatskasse ein Fünftel, das übrige war von den Pflichtigen aufzubringen. Es versteht sich, daß es einige Jahre dauerte, bis die Ablösungskapitalien beschafft waren. Das Teutschneureuter Zehntablösungskapital belief sich auf 23 009 Gulden 20 Kreuzer, davon stand 1852 noch ein Rest von 2 740 Gulden aus, den man in den beiden folgenden Jahren abtragen wollte. Die Summen wurden dadurch aufgebracht, daß der Zehnte weiterhin in natura abgeliefert oder versteigert wurde. Das Welschneureuter Zehntablösungskapital belief sich auf 9 429 Gulden 15 Kreuzer, wovon 1852 noch 82 Gulden ein Kreuzer ausstanden, die im folgenden Jahr entrichtet wurden.

Die Ablösung der Feudallasten war für Neureut kurz nach 1850 abgeschlossen, wenn man von den oben erwähnten Schwierigkeiten bei der Ablösung der Waldfronen absieht. Dies entspricht dem allgemeinen Vorgang im altbadischen Bereich, wo es keine Grund- oder Standesherren gab, und der Übergang zu einem modernen Steuer- und Abgabensystem dadurch erleichtert wurde.

8. Revolution 1848/49

Aus Teutsch- und Welschneureut ist nicht viel an revolutionärer Aktivität zu berichten. Der Gemeinderat Jakob Meinzer von Teutschneureut besuchte am 31. Mai 1849 eine Volksversammlung in Karlsruhe. Aktenkundig wurde außerdem, daß in Teutschneureut selbst einige Unzufriedene die Unruhe der Revolutionszeit dazu benutzten, um den Ortsvorgesetzten (Bürgermeister, Rechner, Ratsschreiber, Gemeinderäte) die Fensterscheiben einzuwerfen. Das Landamt ordnete im Falle des Bürgermeisters Breithaupt eine Umlage auf alle Gemeindebürger an, um auf diese Weise die Reparaturkosten zu begleichen.

Drei Neureuter wurden als Soldaten in die revolutionären Ereignisse hineingezogen. Jakob Friedrich Stober, Soldat beim 1.Infanterie-Regiment und Friedrich Glutsch, Soldat beim Pionier-Detachement wurden wegen „Tödtung" (später hieß es Verwundung) zu fünf Jahren Zuchthaus verurteilt. Offenbar geht diese Anklage auf einen Vorfall bei der Meuterei des badischen Militärs zurück. Den beiden wurde jedoch nach der Übernahme der Regierungsgewalt durch den revolutionären Landesausschuß die Strafe erlassen. Sie wurden aber erneut verhaftet, als die Revolution niedergeschlagen worden war. Erst 1852 wurden sie aus dem Zuchthaus Bruchsal entlassen.

Karl Renaud aus Welschneureut hatte bei den Revolutionstruppen, und zwar bei der ungarischen Legion, als Gemeiner gedient und war in Gefangenschaft gekommen. Im August 1849 wurde er zur Auswanderung nach Amerika verurteilt. Er erklärte sich dazu bereit, gab aber an, daß er keine Mittel zur Auswanderung besitze. Seine Vergehen scheinen jedoch nicht allzu groß gewesen zu sein, denn 1850 wird berichtet, daß die Untersuchung gegen ihn ruhe.

Nach Niederschlagung der Revolution mußten die Jagdpächter Bärenwirt Meinzer, Baumwirt Gimpel und Kronenwirt Meinzer ihre Jagdgewehre abgeben. Auch dem Waldhüter Linder wurde das Gewehr von einem Gendarmen abgenommen. Kronenwirt Meinzer verkaufte 1850 mit Genehmigung des Landamtes sein immer noch beschlagnahmtes Gewehr an den Glaser Michael Meinzer, der nach Amerika auswanderte und das Gewehr mitnehmen durfte.

9. Kirchliche Verhältnisse

Schon immer war über die schlechte Neureuter Pfarrbesoldung geklagt worden. Um diesem Übelstand abzuhelfen, schlug man 1811 vor, die Pfarreien Welsch- und Teutschneureut zusammenzulegen. Ein von dem Teutschneureuter Pfarrer Stein verfaßtes Memorandum gab an, daß die Welschneureuter „bei der neuen Ordnung der Dinge" diesen Schritt erwarteten. Hatte man doch in den Jahren zuvor die Auflösung der mittelalterlichen Staatsgebilde des Reichs erlebt und ihre Verschmelzung zu größeren Staaten. Aus der bescheidenen Markgrafschaft Baden war das Großherzogtum geworden, und landschaftliche und konfessionelle Unterschiede wurden ohne großes Federlesen auf die Seite geschoben. Bei dieser großen Flurbereinigung mußte es doch ein Leichtes sein, auch die beiden Kirchengemeinden zu verschmelzen, wenngleich sie auch bekenntnismäßig unterschieden waren. Welschneureut hatte damals 74 Familien und 395 Seelen, worunter 232 reformierter Religion waren; Teutschneureut zählte 157 Familien und 714 Seelen, sämtliche lutherischer Konfession. Pfarrer Stein hatte freilich die Rechnung ohne den Wirt gemacht. Der reformierte Inspektor Caseus zu Weingarten hatte, zu einem Gutachten aufgefordert, die Bedingung gestellt, daß eine vereinigte Pfarrstelle abwechselnd mit reformierten und lutherischen Pfarrern besetzt werden sollte. Die Welschneureuter selbst verwiesen auf ihr Ansiedlungsprivileg, wonach sie das Recht auf einen eigenen Pfarrer hatten, der — wie sie durchblicken ließen — von seinem Einkommen „honett" leben konnte, so daß bei einem Freiwerden der Stelle kein Mangel an Bewerbern war.

So war es weniger der Unterschied des Bekenntnisses, als vielmehr die Berufung auf das alte Herkommen, das jetzt eine Vereinigung der beiden Pfarreien verhinderte, zumal der lutherische Pfarrer Stein von Teutschneureut, nach dem Abzug des reformierten Pfarrers Gaa von Welschneureut, auch diese Gemeinde mitversah. So bahnte sich hier schon im kleinen die badische Union von 1821 an, in der die reformierte und die lutherische Kirche des Landes zusammengeschlossen wurden. Diese Union war verwaltungsmäßig schon vorbereitet worden durch die Vereinigung des reformierten Kirchenrats der rechtsrheinischen Kurpfalz, die an Baden gefallen war, mit dem lutherischen Kirchenrat in Karlsruhe 1807 zum Evangelischen Oberkirchenrat, der 1809 eine Sektion, eine Abteilung des Innenministeriums wurde. Nachdem die Union erfolgt war, kamen erst recht wieder die Pläne zu einer Vereinigung der beiden Kirchengemeinden auf. 1827 schlugen die Pfarrer Grohe von Welschneureut und Bender von Teutschneureut eine Vereinigung ihrer beiden Pfarreien vor. Man könne in der Mitte der beiden Orte eine Kirche bauen, Schule und Friedhof sollten weiterhin getrennt bleiben. Die Doppelbesoldung wäre reichlich für einen Pfarrer. Doch es regten sich in der Folgezeit in beiden Orten Widersprüche gegen die Vereinigung, so daß es beim Denkmodell geblieben ist und die beiden Pfarreien bis heute noch bestehen.

Was das Gemeindeleben anbelangte, so hatte wohl das Auftreten des Pietismus anfänglich etwas Schwierigkeiten verursacht. Es gelang aber in beiden Gemeinden, diese Bewegung in kirchliche Bahnen zu lenken. 1870 heißt es über Teutschneureut: „Ortsgeistlicher ist schon seit über zehn Jahren Pfarrer Sachs, zugleich Dekan der Landdiözese Karlsruhe; derselbe ist ein entschiedener Anhänger der streng kirchlichen Richtung, und es wird wohl seinem Einflusse hauptsächlich zuzuschreiben sein, daß die Bürgerschaft, in welcher anfangs der 1850er Jahre der Pietismus wenigstens noch nicht überwog, heute fast durchweg dieser Richtung huldigt." Da gerade in diesem Jahr die Ziviltrauung, also die standesamtliche Eheschließung, eingeführt worden war, wird in jenem Bericht noch hervorgehoben: „Besondere Abneigung oder Mißtrauen gegen die neueren staatlichen Einrichtungen und Gesetze trat übrigens in der Gemeinde nicht hervor, ein frischer Kranz ziert gegenwärtig die eine Eheverkündigung enthaltende Rathaustafel."

Über Welschneureut wurde 1871 gesagt, daß der Ort „überhaupt zu den ruhigsten des Bezirks" zähle, und die größere Zahl ihrer Bewohner kirchlich einer seht strengen, frommen Richtung huldige. „Der vorherrschenden Richtung gehört auch der Ortsgeistliche Pfarrer Hofert an — seit drei Jahren dort —; die Gemeinde ist mit ihm zufrieden, wie auch er keine Klage zu äußern hatte."

In Verbindung mit der Kirche stand der Frauenverein, da die Frau des Pfarrers zumeist die Vorsitzende war, und der Pfarrer als Beirat fungierte. Der Teutschneureuter Frauenverein entstand 1859, und der Grund für seine Entstehung war — wie anderwärts auch — eine drohende Verwicklung der deutschen Staaten in den italienischen Einigungskrieg. Dieser Frauenverein richtete sich nach den Statuten des „Badischen Frauenvereins" und sollte im Ernstfall als Hilfsorganisation dienen. Hierfür wurden vorsorglich Haussammlungen veranstaltet, um Geld und Verbandsstoffe vorrätig zu haben. Durch den raschen Friedensschluß bestand die 1859 befürchtete Kriegsgefahr nicht mehr, so daß die Vereine — auch in Welschneureut wurde ein solcher gegründet — sich der örtlichen Krankenpflege widmeten. Mit den Beiträgen der Mitglieder konnten dann Diakonissen angestellt werden, welche die Kranken versorgten. Dies war um so wichtiger, als erst nach dem Ersten Weltkrieg ein Arzt nach Teutschneureut kam, und bis dahin der nächste Arzt entweder in Eggenstein oder Mühlburg aufgesucht werden mußte. 1899 waren in Welschneureut eine, in Teutschneureut gar zwei Diakonissen tätig.

Ein Wandel der kirchlichen Verhältnisse zeichnete sich kurz vor dem Ersten Weltkrieg — zumindest in Teutschneureut — durch den 1909 in den Ort gekommenen Pfarrer Gräbener ab. Über ihn wird 1910 berichtet: „Pfarrer Gräbener, selbst ein Teutschneureuter Kind" (sein Vater war 1883—1881 hier Pfarrer gewesen) „gehört nicht mehr der orthodoxen, sonder einer vermittelnden Richtung an und hat es in der kurzen Zeit seiner Tätigkeit schon verstanden, sich die Achtung und Liebe der ganzen Gemeinde zu erringen. Auf der Stelle früherer ständiger politischer und religiöser Kämpfe herrscht nach dieser Richtung hin jetzt völliger Friede." Pfarrer Gräbener gehörte also der liberalen Schule an, während seine Vorgänger offenbar mehr der pietistischen Richtung zuzurechnen gewesen waren. Der Wandel zeigte sich auch daran, daß der Pfarrer sich auch auf nichtkirchlichen Gebieten engagierte: 1912, als die Frage des Bahnhofbaus anstand, machte er sich zum Sprecher seiner Gemeinde. In der Folgezeit griff er in weitere Gemeindeangelegenheiten ein, besonders als es um die Elektrizitätsversorgung ging, so daß das Bezirksamt glaubte, daß er sich Dinge anmaße, die eigentlich Sache des Bürgermeisters seien. Während des Ersten Weltkriegs stand Pfarrer Gräbener als Landwehroffizier im Felde und kehrte dann wieder in seine Gemeinde zurück. Er war führend im Militärvereinsverband tätig und als Autorität auf dem Gebiet der Geflügel- und Bienenzucht, des Obst- und Gemüseanbaus bekannt, darüberhinaus Ehrenbürger von Neureut. Er starb 1924, kurz nachdem er Neureut verlassen und ans Diakonissenhaus in Karlsruhe versetzt worden war.

Es ist schwer zu entscheiden, ob es auch an der Person des Pfarrers Gräbener und an seiner vielseitigen Tätigkeit gelegen hatte, daß man nach dem Ersten Weltkrieg die neue Kirche als zu groß empfand. Vorher war immer betont worden, daß der Kirchenbesuch sehr gut sei, obwohl in der Gemeinde zu einem hohen Prozentsatz sozialdemokratisch gewählt wurde. Sicher ist aber, daß der Erste Weltkrieg — wie auch anderwärts — alte Bindungen gelockert und die früher so kirchliche Haltung der Neureuter verändert hat.

10. Henhöfer und Neureut

1817 war eine pietistische Versammlung, gebildet aus Teutsch- und Welschneureuter Bürgern, gegründet worden. Eine solche außerordentliche Aktivität fand natürlich das Mißfallen der geistlichen und weltlichen Oberen. Der Welschneureuter Pfarrer soll sich sogar so weit vergessen haben, daß er das Haus, in dem sich die Leute zu ihren Erbauungsstunden versammelten, eine Teufelskapelle genannt haben soll. Er wurde durch den Kirchenrat und Dekan Knittel von Karlsruhe zurechtgewiesen, der offenbar ein Herz für die Pietisten hatte. Auch die Vögte der beiden Dörfer suchten die Versammlung zu verhindern, insbesondere Vogt Beck von Teutschneureut, der die Besucher, die aus seinem Ort kamen, mit einer Geldstrafe belegte. Georg Friedrich und Konrad Merz sowie Florian Stober richteten daher an die Kirchenbehörde den Antrag, ihre Versammlung offiziell zu genehmigen, „da sie keinen andern Zweck hat, als uns in der rein christlichen Religion zu vervollkommnen, im Glauben an den Herrn mehr zu stärken, in der Hoffnung fester zu werden und in der Liebe uns immer mehr zu verbinden und auf unsere künftige Bestimmung uns gehörig vorzubereiten". Die erbetene Genehmigung wurde erteilt, sofern die Pietisten bei ihren Versammlungen die bestehenden Gesetze beachten, und solange sie sich dabei keine Unordnungen zuschulden kommen ließen.

Es war eine religiös aufgewühlte Zeit, die auf die zwei Jahrzehnte Kriege und Unruhen folgte. Nicht nur in Neureut, sondern auch an vielen anderen Orten taten sich Leute zusammen, die in der offiziellen Kirche nicht mehr das fanden, was sie suchten, denn vielfach hatten die Pfarrer eine rationalistische Auffassung von ihrem Amt; ihre Predigten waren lehrhaft und vermochten ihren Gemeindegliedern nicht mehr den Trost und die Geborgenheit zu vermitteln, die diese suchten. Es bildeten sich daher Laiengruppen, sogenannte Stunden, die miteinander ihren eigenen Weg suchten. So entstand eine Vielfalt von Gruppierungen, von denen es manche nicht beim Bibelstudium und beim Singen frommer Lieder bewenden ließen, sondern sogar mit der Kirche brachen, ihre Kinder nicht mehr in die Schule schickten, weil sie auch eine kirchliche Anstalt war, und den Huldigungseid auf den Landesherrn verweigerten, weil Jesus in der Bergpredigt den Schwur verboten hatte. Eben solche Leute hatte es vor wenigen Jahren im Württembergischen, in der Maulbronner Gegend gegeben, von denen schließlich ein großer Teil im Jahre 1803 unter ihrem Führer Georg Rapp nach Amerika ausgewandert war. Damals waren auch badische Untertanen beteiligt gewesen, und die Unruhe, der Widerstand gegen die weltliche und geistliche Obrigkeit, hielt noch lange an. Es ist deshalb nicht verwunderlich, daß man auf solche Gruppen, die sich von der Kirche absonderten, auch wenn sie sich nicht kirchenfeindlich verhielten, ein wachsames Auge hatte und es versteht sich, daß auch der eifrige Vogt Beck sich verpflichtet fühlte, hier einzuschreiten.

Das Gesuch der drei Pietisten aus Neureut an die Kirchenbehörde zeigt einen theologisch gebildeten Verfasser. Es kann durchaus ein Laie gewesen sein, womöglich einer, der durch die Schule des ebenfalls pietistisch beeinflußten Welschneureuter Pfarrers Gachnang (1777—1801) gegangen war. Wir wissen nicht, von wem die Formulierungen des zitierten Gesuchs stammten, doch die Pietisten auf der Hardt sollten nur wenige Jahre später einen führenden Mann erhalten, der für die nächsten Jahrzehnte das kirchliche Leben der Hardtgemeinden gestalten sollte. Es war dies Aloys Henhöfer, geboren 1789 in Völkersbach als Sohn frommer katholischer Eltern. Er war zum Priester bestimmt und in

Mühlhausen bei Pforzheim, seiner ersten Pfarrstelle, hatten seine Predigten großen Zulauf von Katholiken wie Protestanten. Sie bewirkten, daß eines Tages ein Teil seiner Gemeinde mit der Grundherrschaft, einem Herrn von Gemmingen, zur evangelischen Kirche übertrat. Henhöfer folgte diesem Schritt und wurde dann vom Großherzog auf das evangelische Pfarramt in Graben, kurz darauf nach Spöck versetzt. Dort wirkte er 35 Jahre lang. Seine Predigten hatten gewaltigen Zulauf von der ganzen Hardt. Diese Erweckungsbewegung trug natürlich auch in Neureut ihre Früchte, da dadurch das kirchliche und sittliche Leben in den beiden Gemeinden geprägt wurde. Von Teutschneureut wird z. B. 1852, anläßlich der Ortsbereisung durch den Amtmann, gesagt, daß der Wirtshausbesuch in der Gemeinde gering sei und die Feierabendstunde pünktlich eingehalten werde. Auch von Welschneureut wird 1871 berichtet, daß die größere Zahl der Bewohner kirchlich einer sehr strengen und frommen Richtung folge.

Das insgesamt sehr kirchliche Gepräge der beiden Dörfer verlor sich erst nach dem Ersten Weltkrieg, ist aber ohne Zweifel auf den Einfluß des in Spöck verstorbenen Henhöfer zurückzuführen. Ein bleibendes Andenken an Henhöfer ist das auf Welschneureuter Gemarkung errichtete und 1851 eröffnete Hardthaus, in dem auch Henhöfers Witwe ihren Lebensabend verbrachte.

Ein Kennzeichen des Pietismus im 19. Jahrhundert war das starke soziale Engagement, das sich besonders in der Gründung von Anstalten, wie dem Hardthaus, zeigte. Viele Werke der inneren Mission haben damals ihren Anfang genommen, da man so der leiblichen wie auch der geistlichen Not des benachteiligten Mitmenschen abzuhelfen suchte. Auch Henhöfer hatte seinen Schülern, die das Hardthaus gründeten, diese Pflicht zur sozialen Tat auferlegt. Interessant ist, daß er dabei politisch recht konservativ war und während der Revolution 1849 nach Stuttgart ausweichen mußte. Immerhin scheint aber die verhältnismäßig geringe Beteiligung von Neureuter Bürgern an der Revolution auf den Einfluß Henhöfers zurückgegangen zu sein.

Nicht nur das Hardthaus, sondern auch die Kindergärten in Teutsch- und Welschneureut verdanken ihre Entstehung dem Wirken Henhöfers, denn die damals sogenannten Kleinkinderschulen wurden zunächst auf privater Basis von den pietistischen Kreisen in beiden Gemeinden eingerichtet. Die Gründungsgeschichte des Teutschneureuter Kindergartens zeigt allerdings auch, daß das Verhältnis von Pietismus und Kirche damals nicht immer unproblematisch war, vor allem, wenn sich ein anders denkender Pfarrer am Ort befand.

Der Plan zur Gründung einer Kinderschule oder Kleinkinderbewahranstalt wurde 1852 in Teutschneureut von einigen Bürgern betrieben, die den Pfarrer zu bewegen suchten, sich für diese Sache bei den Schulbehörden zu verwenden. Die Ansichten, wie dieser Kindergarten ins Werk gesetzt werden sollte, waren jedoch geteilt. Der neue Pfarrer Schellenberg, der in jenem Jahr in den Ort gekommen war, äußerte die Ansicht, daß man ein Mädchen aus dem Ort zur Leitung dieses Kindergartens berufen könne, „in dem zur Beaufsichtigung kleiner Kinder keine großen Kenntnisse erforderlich seien". Die Befürworter der

In der Kinderschule anno 1895.

Kinderschule wollten jedoch eine „gläubige Person" von außerhalb holen, um so den Einfluß des „ungläubigen" Pfarrers und des Schullehrers im Ort zu schwächen. Anscheinend hatten nun die schon länger im Dorf zu beobachtenden Differenzen einen neuen Charakter angenommen, indem jetzt auf der einen Seite die pietistische Gruppe stand und auf der anderen die große Masse der „Kirchenchristen". Der Gemeinderat hatte es aus diesem Grund — da er durch die Einrichtung der Kinderschule neue Zwietracht im Ort befürchtete — abgelehnt, das Gesuch um Errichtung der Kinderschule zu unterstützen. Die Ermahnungen des Pfarrers, doch den Vorschriften zu folgen und die Berufung der für die Kinderschule einzustellenden Lehrerin der zuständigen Schulbehörde zu überlassen, wurde von den Pietisten in den Wind geschlagen. Der ehemalige Kirchengemeinderat Nagel, offensichtlich das Haupt der Pietisten, erklärte eines Tages dem Pfarrer, daß am nächsten Tage die von ihnen vorgesehene Lehrerin kommen werde und er sein Kind zu ihr schicken würde. Der Pfarrer verglich dieses Vorgehen mit dem Freischärlertum des Jahres 1849, nur eben auf kirchlichem statt auf politischem Gebiet. Die Lehrerin aus Nonnenweier kam tatsächlich. Die Kinderschule wurde eingerichtet und von den Kindern der Pietisten besucht. Andere Kinder wurden angeblich durch Verteilen von Brezeln herbeigelockt.

Für den Pfarrer war diese Eigenmächtigkeit ein Umgehen von Gesetz und Ordnung. Er rief deshalb die Bezirksschulvisitatur zu Hilfe und beantragte die Schließung der Kinderschule, nachdem dafür im Ort auch kein Bedürfnis bestehe. Der Dekan und frühere Neureuter Pfarrer Cnefelius stimmte diesem Gesuch zu, indem er daran erinnerte, daß die hauptsächlichen Befürworter der Kinderschule, der Krämer Wilhelm Stober und der Waldhornwirt Striby, von der Freischarenzeit, d. h. von der Revolution her, bekannte Leute seien. Trotz dieser Verdächtigungen kam es aber nicht zum Verbot, denn 1870 heißt es, daß seit etwa 20 Jahren eine Kleinkinderschule am Ort, unter Aufsicht des Geistlichen und zweier Vorstandsmitglieder, bestehe. In Welschneureut wurde die Kinderschule 1854 gegründet und erhielt 1865 sogar ein eigenes Haus. Ohne Zweifel haben sich die Kinderschulen segensreich für die beiden Dörfer ausgewirkt, da sich in der folgenden Zeit mehr und mehr die Sitte einbürgerte, daß die Männer nach Karlsruhe zur Arbeit gingen, während die Bestellung der Felder von den Frauen verrichtet wurde, die damit weniger Zeit für die Erziehung ihrer kleinen Kinder hatten.

11. Das Hardthaus

Seit der Gründung des Hallischen Waisenhauses durch August Hermann Francke im Jahre 1698 wurde die Gründung von Anstalten durch die pietistischen Kreise betrieben. So hat die von Henhöfer hervorgerufene Erweckungsbewegung insgesamt acht Rettungshäuser geschaffen, von denen eines das Hardthaus in Welschneureut war. Die Pfarrer Käß in Graben und Dietz in Friedrichstal, die zu den Schülern Henhöfers gehörten, faßten schon in den dreißiger Jahren den Plan zu einem Rettungshaus für verwahrloste Kinder. Die behördliche Genehmigung zur Errichtung des Hauses wurde 1847 erteilt, nachdem einige Widerstände, die sich gegen diesen Plan gerichtet hatten, überwunden waren. 1848 wurde der Platz in Welschneureut angekauft und mit dem Bau begonnen. Die revolutionären Ereignisse im Jahre 1849, die preußische Besetzung und deren Kosten hinderten den Fortgang des Werkes und verminderten insbesondere auch die Spenden, auf die man angewiesen war. Hilfe kam nun wieder aus Basel, woher Welschneureut hundert Jahre lang seine Pfarrer bezogen und auch manche finanzielle Hilfe für seine kirchlichen Bedürfnisse erhalten hatte. So konnte 1850 die Bautätigkeit fortgesetzt werden, so daß das Haus 1851 für die ersten Kinder geöffnet und am 18. Juni feierlich eingeweiht werden konnte.

1854 waren es bereits 56 Kinder, denen im Hardthaus eine Heimat geboten wurde, und in der Folgezeit waren es stets 70—80 Pfleglinge, so daß bald Anbauten notwendig wurden. Es herrschte der Grundsatz, die Kinder durch Arbeit zu erziehen, weshalb mit dem Haus ein größerer landwirtschaftlicher Betrieb verbunden war, zu dem der Großherzog 18 Morgen Wald hergegeben hatte, die allerdings zuerst hatten gerodet werden müssen. Die Jahresfeste der Anstalt, bei denen stets Tausende zusammenkamen und bekannte Prediger wie Henhöfer, Stöcker und Busch hörten, waren der Treffpunkt für die der Erweckungsbewegung angehörenden Kreise, die mit ihren Spenden das ganze Werk trugen. Der Freundeskreis bewährte sich, als 1886 durch den Leichtsinn

Das Hardthaus nach seiner Fertigstellung 1851.

zweier Knaben ein Feuer entstand, das Scheuer und Stall mit Heu-, Stroh- und Holzvorräten vernichtete. Als nach dem Ersten Weltkrieg die Arbeit aus Mangel an Unterstützung beinahe aufgegeben werden mußte, halfen ehemalige Zöglinge, die es inzwischen in Amerika zu etwas gebracht hatten.

Das Hardthaus war von den Amtmännern bei ihren Ortsbereisungen stets auch besucht worden, wobei in den Berichten immer die Vorbildlichkeit der Anstalt, insbesondere auch der gute Stand des landwirtschaftlichen Betriebs, hervorgehoben wurde. Im Dritten Reich mußte jedoch 1936 die bis dahin übliche Arbeit mit schulpflichtigen Jugendlichen aufgegeben werden, weshalb nun, in Zusammenarbeit mit dem Gesamtverband für Innere Mission in Baden und dem Diakonissenmutterhaus Bethlehem in Karlsruhe, daran gegangen wurde, das Haus als Heim für schulentlassene Mädchen weiterzuführen.

Im Krieg wurde das Hardthaus schwer getroffen. Beim Luftangriff auf Karlsruhe am 27. September 1944 fielen zahlreiche Brandbomben auf das Haus, das fast völlig ausbrannte. Zur Unterbringung der Mädchen stellte die Gemeinde Neureut hierauf drei Schulsäle zur Verfügung. In den kritischen Tagen der Besetzung lag das Hardthaus noch einmal unter Beschuß, jedoch ging alles, auch der Einmarsch der französischen Truppen, glimpflich vorüber.

Als im September 1945 in Neureut wieder die Schule beginnen sollte, mußten die Schulsäle geräumt werden, und man zog wieder auf das Anstaltsgelände in ein Nebengebäude. Das zerstörte Hauptgebäude konnte dann noch vor der Währungsreform 1948 wiederhergestellt und zugleich mit dem Jahresfest am

17. Juli 1949 eingeweiht werden. 1951 beging das Hardthaus die Feier seines 100 jährigen Bestehens. Derzeit wird es von der Hardtstiftung als Mädchen- und Mütterheim geführt.

Erziehung durch Arbeit: Hardthauskinder.

12. Auswanderung

Die Auswanderung ist eine der bedeutendsten sozialgeschichtlichen Erscheinungen des 19. Jahrhunderts, vor allem in Baden, wo es wohl keine Gemeinde gab, die nicht von dieser Bewegung ergriffen worden wäre. Die Auswanderung vollzog sich nicht stetig, sondern in Wellenbewegungen. Zeiten mit geringerer Auswanderungsquote wechselten ab mit solchen, in denen ein richtiges Fieber herrschte. Bestimmend für die Stärke der Auswanderung waren die jeweiligen Gründe, welche die Auswanderer dazu bewogen, die Heimat zu verlassen und die Verlockungen, die vom jeweiligen Ziel ausgingen.

Die Auswanderung aus dem südwestdeutschen Raum begann 1709 mit dem Zug von mehr als 10000 Pfälzern nach England, von wo sie in die amerikanischen Kolonien verschifft zu werden hofften. Das Schicksal der vielen, die bei diesem Unternehmen den Tod fanden, mußte auch in der Heimat bekannt geworden sein, dennoch blieb Amerika künftig ein ständiges Auswanderungsziel. Hinzu traten im 18. Jahrhundert noch andere Bestimmungsorte wie Russisch-Polen, Westpreußen oder die Länder der Donaumonarchie; im 19. Jahrhundert das französische Nordafrika, Südamerika und Australien.

Die Auswanderung aus Neureut setzte schon im 18. Jahrhundert ein. Genauere Informationen über die Auswanderung aus Neureut haben wir ungefähr seit 1830. Dies hängt einmal damit zusammen, daß um diese Zeit ein rationelles Verfahren zur verwaltungsmäßigen Behandlung der Auswanderung entwickelt worden war, das uns hinreichendes Quellenmaterial hinterlassen hat; zum anderen ist in der Zeit zwischen 1830 und 1870, besonders aber in den Jahren vor und nach 1850, ein nicht wieder erreichter Höhepunkt der Auswanderung festzustellen. 1850—1855 sind aus Baden, mit einer Gesamtbevölkerung von 1,3 Millionen, allein 60000 nach Amerika ausgewandert, also fast 5%. Für Neureut liegen diese Zahlen sogar noch höher. Selbst aus dem an sich besser gestellten Teutschneureut wanderten im selben Zeitraum 111 Menschen aus; bei einer Einwohnerzahl von 1239 (1849) sind dies also fast 9%! Es muß hierbei berücksichtigt werden, daß die Statistik nur diejenigen Auswanderer erfassen konnte, die legal auswanderten. Der Vorgang war der, daß der Auswanderungswillige seinen Antrag über die Gemeindebehörde an das Bezirksamt stellte. Dort wurde vor allem geprüft, ob der Auswanderungslustige keine Schulden hinterließ, bei jungen Männern auch, ob sie ihrer Wehrpflicht genügt hatten. Das förmliche Verfahren war deshalb notwendig, weil die Auswanderung den Verzicht auf das Orts- und Staatsbürgerrecht bedeutete. Die Auswanderungsanträge wurden in der Regel genehmigt. Nur wenn jemand ungetilgte Schulden hatte, sich dem Wehrdienst oder einer etwaigen Strafverfolgung entziehen wollte, machte er sich heimlich davon. Es muß daher auch eine „schwarze" Auswanderung angenommen werden, die gelegentlich zahlenmäßig ebenso hoch gelegen haben dürfte, wie die legale. Dies war wohl besonders für die Revolutionszeit 1848/49 der Fall. Gelegentlich erscheint ein solcher Fall von illegaler Auswanderung in den Akten, wenn ein Ausgewanderter nach Jahren zurückgekehrt war und erst dann sein Gesuch stellte, weil diese Legalisierung etwa für die Erhebung einer Erbschaft notwendig war.

Die nachstehenden Listen geben die Namen derjenigen Auswanderer an, wie sie in den Auswanderungsakten erscheinen. Als weitere Einschränkung muß gesagt werden, daß es lediglich die Namen der Haushaltungsvorstände sind. Es steht also hinter einem solchen Namen gelegentlich eine sieben- bis achtköpfige Familie. Die Zahl der tatsächlich Ausgewanderten mit Einschluß der Familienangehörigen liegt also drei- bis viermal höher.

Als Auswanderungsziel überwog natürlich Amerika. Dies war zunächst begründet durch die günstigen Verkehrsverbindungen. Man fuhr einfach den Rhein hinunter und bestieg dann in einer der niederländischen Seestädte das Schiff zur Überfahrt über den Ozean. Erst in den sechziger Jahren, mit dem Aufkommen der Eisenbahnen, erscheint Le Havre als Ausgangspunkt für die Überfahrt. Die deutschen Häfen wurden erst spät, etwa ab 1880, von Auswanderern aus unserem Raum aufgesucht. Die Beliebtheit Amerikas als Auswanderungsziel lag vor allem auch daran, daß die Emigranten in den 1830er und 1840er Jahren nicht mehr aufs Geradewohl losfahren mußten. Vielmehr wußte man um diese Zeit durch Briefe und Berichte bereits ausgewanderter Freunde und Verwandter, was einen erwartete, und wohin man sich bei der Ankunft zu wenden hatte. Andere Auswanderungsziele, zu denen man so gut wie keine Verbindungen hatte, waren weniger beliebt. Recht häufig erscheint auch Russisch-Polen, wenngleich auch die beiden Pioniere, die 1833 ausgewanderten Georg Friedrich Stober und Martin Buchleither, im folgenden Jahr wieder zurückkamen. Stober wollte hierauf 1835 nach Amerika emigrieren. Relativ häufig wurde auch Afrika als Ziel ins Auge gefaßt, womit sicher das seit 1830 von Frankreich besetzte Algerien gemeint war, wie aus dem einmal genannten Bestimmungsort Oran hervorgeht. Es fällt auf, daß sich vor allem Welschneureuter dorthin wandten. Ansonsten erscheint nur noch Brasilien als Zielland einer Auswanderung.

Die Organisation der Auswanderung, vor allem in andere Länder als Nordamerika, lag in den Händen von Werbern, die von Dorf zu Dorf gingen und die Auswanderungswilligen sammelten. Dies galt besonders für Ziele in Rußland und Nordafrika. Für Amerika gab es damals in allen größeren Städten richtige Agenturen, bei denen man die Überfahrt buchen konnte. Die Zeiten, in denen es möglich war, mittellos nach Amerika auszuwandern, um drüben dann die Überfahrt abzuverdienen, war nach der großen Auswanderungswelle im Hungerjahr 1816/17 vorbei. Dies bedeutete, daß man über gewisse Mittel für die Reise und den Neuanfang verfügen mußte, die meist durch den Verkauf von Hab und Gut gewonnen worden waren. Gelegentlich erhielten die Auswanderer auch eine Unterstützung, und wenn es auch nur der Nachlaß der ausstehenden Gemeindesteuern war, welche die Welschneureuter Gemeindeversammlung 1854 einer Gruppe von Auswanderern nach Afrika bewilligte. Die Gemeindeverwaltungen sahen jedoch bald, daß ihnen damit die ganz Armen verblieben, die den Gemeindesäckel belasteten. Auch die Politiker kamen auf den Gedanken, die sozialen Probleme des Landes dadurch zu lösen, daß man die Unvermögenden mit einer einmaligen Reisebeihilfe aus dem Land schaffte, anstatt sie ihr Leben lang auf Kosten der öffentlichen Fürsorge zu unterhalten. Bald „spedierte" man auf diese Weise auch für unverbesserlich gehaltene Kriminelle nach Amerika oder begnadigte sie sogar zur Auswanderung. Dergleichen

Fälle kamen auch in Neureut vor, wenngleich auch der chronisch leere Gemeindesäckel von Welschneureut nur in einem Fall, bei einem unverbesserlichen Müßiggänger, Bettler und Revolutionär herhalten mußte. Auch moralische Probleme wurden auf diese Weise gelöst. So wurde in Teutschneureut einmal die Auswanderung einer unehelichen Mutter mit ihrem Kind unterstützt, wobei vermerkt wurde, daß der Kindesvater ebenfalls auswandere. Die beiden besaßen offenbar nicht die Mittel, um in der Heimat einen eigenen Hausstand zu gründen. Immerhin hatte das Mädchen Verwandte in St. Louis, die ihnen vermutlich weitergeholfen haben. Soweit wir sehen, wurde die Auswanderungserlaubnis immer erteilt. Es wurden sogar Wehrpflichtige, die gerade ihre Dienstzeit ableisteten, mit Erlaubnis des Kriegsministeriums vorzeitig entlassen, allerdings mit der Verpflichtung, daß sie ihre Zeit vollends ausdienen müßten, falls sie wieder zurückkommen sollten. Dies ist z. B. der Fall bei den beiden ältesten Söhnen des 1852 ausgewanderten Jakob Friedrich Linder von Teutschneureut. Der 1859 erneut ausgewanderte Jakob Wilhelm Grether war schon 1850 mit seinen Eltern nach Amerika gegangen, dann aber zurückgekehrt, um seiner Wehrpflicht zu genügen. Als dann 1861—1865 in Amerika der Bürgerkrieg wütete, trat mancher, der in Mannheim, Karlsruhe oder Rastatt Soldat gewesen war, in die Unionstruppen ein, die ausgebildete Soldaten gerne aufnahmen. Im übrigen soll der Anteil der Badener bei der Unionsartillerie am höchsten gewesen sein. Man war sich in Deutschland im klaren darüber, was der Kriegsausbruch drüben bedeutete; der 1861 auswandernde Philipp Gottlieb Meinzer erklärte, daß er trotzdem gehen wolle.

Nicht nur unternehmungslustige junge Leute verließen die Heimat. Es waren auch vielköpfige Familien, bei denen selbst Großmutter oder Großvater mitgenommen wurden. Manchmal reisten die alten Eltern noch nach, wie der 62 jährige Bernhard Meinzer, der 1852 zu seinen beiden Kindern nach Amerika fuhr. Interessant ist, daß nicht wenige junge Mädchen die Reise wagten, wie die 18 und 19 Jahre alten Schwestern Müller von Welschneureut. Trotz ihres jugendlichen Alters war ihr Unternehmen wohl kalkuliert. Sie beantragten keine Auswanderungsgenehmigung, sondern lediglich einen Reisepaß. Sie erklärten vor dem Amt, daß sie in New York Verwandte hätten, die sich in guten Vermögensumständen befänden und sie aufgefordert hätten, zu kommen. Jetzt wollten sie sich „verlässigen", ob sie drüben ihr Glück machen können. Nicht wenige waren klug genug, diesen Weg zu wählen, um sich so die Rückkehr offen zu halten. Überhaupt waren die Ausgewanderten für die Daheimgebliebenen nicht vollständig aus dem Gesichtskreis verschwunden. Ein reger Briefverkehr ging hin und her, es kamen auch Besuche von drüben, wie die Frau des 1854 ausgewanderten Friedrich Marche, die 1859 wieder zurückkam und im folgenden Jahr zu ihren Kindern zurückreiste.

Es entsprach der allgemeinen Entwicklung, daß die Auswanderungswelle aus Neureut nach 1870 fast aufhörte. Inzwischen nahm man, wie anderwärts auch, am allgemeinen Aufschwung teil, der sich besonders in Neureut durch die Nähe zur Stadt auswirkte. Nur noch vereinzelt fanden jetzt noch Auswanderungen statt. Eine vermehrte Auswanderung war noch einmal nach dem Ersten Weltkrieg, besonders in der Zeit der Wirtschaftskrise, zu verzeichnen. Diese Bewegung reicht aber zahlenmäßig nicht entfernt an die Massenauswanderung um 1850 heran. Der Grund dafür war vor allem, daß die Vereinigten Staaten eine Quotenregelung eingeführt hatten, welche die Zahl der Einwanderung drastisch einschränkte.

Auswanderer im 18. Jahrhundert
(zusammengestellt von Mathias Volk)

Teutschneureut	Auswander-Jahr	Ziel	Vermerke
Adam, Ludwig	1782	Ungarn	mit Familie
Eichsteller, Anna-Marg.	1761	unbekannt	
Barth, Catharina	1790	Ungarn	
Barth, Jakob	1790/91	Ungarn	4 Söhne und Tochter
Baumann, Michael	1798	Ungarn	
Baumann, Philipp	1809	Rußland	
Beringer, Ludwig	1790/91	Ungarn	
Beßer, Jakob	1744	unbekannt	desertierte als Grenadier
Biedermann, Martin	1769	Spanien	4 Kinder
Boch, Andreas	1737	unbekannt	mit Ehefrau Elisabeth Scholl aus Graben
Brunner (Brunn), Florian	1750	Amerika	
Braun, Jak. Flor.	1752	unbekannt	
Bruns (Brunn), Florian	1798	Westpreußen	
Braun, Friedrich	1798	Westpreußen	
Dillmann, Hans-Georg	1751	unbekannt	
Doll, Jakob	1767	unbekannt	
Gimpel, Johann	1783	Westpreußen	
Forler, Jung-Jakob	1750	unbekannt	
Fröhlich, Heinrich	1798	Westpreußen	
Geißler, Joh. Andreas	1751	Frankreich	
Greber, Michael	1782	Polen	5 Kinder
Gula, Matthäus	1761	Jütland	mit Ehefr. Magd. Frenzin aus Tenningen
Hart, Jakob	1791	Ungarn	
Hauer, Jakob	1729	unbekannt	
Hauer, Michael	1737	Amerika	
Hauer, Florian	1784	Ungarn	mit 7 Personen
Hauer, Konrad	1789	Ungarn	mit 7 Personen
Hauer, Johann Konrad	1784	Ungarn	
Hofsäß, Johann	1750	unbekannt	mit Ehefr. u. 3 Kinder

Hoß, Eva	1764	unbekannt	
Küchler (Kühle), Johann	1737	Amerika	6 Kinder
Kohler, Jakob	1789	Ungarn	
Laubhahn, Jakob	1754	Ungarn	
Laubhans Witwe, Katharina	1760	Jütland	1 Kind
Linder, Johann	1803	Polen	mit Ehefrau
Meinzer, Florian	1791/92	Ungarn	2 Kinder
Metz, Georg	1761	Jütland	mit Ehefrau Rosina Stober u. 2 Kindern
Müller, Catharina	1761	Dänemark	
Nagel, Jakob	1746	unbekannt	
Neigum, Matthäus	1809	Rußland	
Nikolaus, Jakob	1737	Amerika	
Salzmann, Konrad	1790	Ungarn	
Sutter, Michael	1789	Ungarn	mit Ehefrau
Sutter, Michael	1790	Ungarn	
Sutter, Joh. Bernh.	1790	Ungarn	
Schaldecker, Johann	1791/92	Ungarn	
Stober, Friedrich	1746	Ungarn	
Ulrich, Martin	1761	Jütland	Wwe. Salzmann
Stober, Rosina	1761	Jütland	mit Georg Metz
Strübi, Bernhard	1770	Ungarn	mit Ehefrau
Strieby, Marg. Kath.	1786	Ungarn	
Ulrich, Bernhard	1761	Jütland	mit Ehefrau Marg. Linder u. 7 Kindern
Weinbrecht, Elisabeth	1771	unbekannt	

Welschneureut	Auswander-Jahr	Ziel	Vermerke
Ackermann, Elisabeth Cath.	1771	Amerika	mit Tochtermann Sebastian Wulle
Angelberger, Andreas	1798	Polen	mit Familie
Bauer, Georg	1749	unbekannt	mit Kinder
Boeuf, Zacharias	1798	Ungarn	mit Familie
Boeuf, Johann	1798	unbekannt	
Bellet, Jean, Noe	1737	unbekannt	mit Ehefrau Anna Clupp, 1 Kind
Dunke(in), Susanne	1797	Ungarn	
Feiler, Tobias	?	unbekannt	
Feiler, Catharina	1803	Preußen	
Forler, Jakob	1750	unbekannt	
Gierich, Florian	1728	unbekannt	Kriegsdienst
Glaser, Johann	1761	Jütland	mit Ehefrau Elisabeth Heideker u. 6 Kinder
Guler Michel's Witwe	1798	Ungarn	1 Kind

Igel's Witwe	1787	Ungarn	
Kesinger, Andreas	1737	Amerika	mit Ehefrau Susanna Fischer u. 4 Kinder
Künzlerin, Friederike	1797	Ungarn	mit einem Kaiserl. Sol.
Krauß, Jakob	1798	Westpreußen	
Crevesac	1700	unbekannt	mit Frau als Unruhestifter fortzuweisen
Crevesac, Jaque	1737	Amerika	mit Ehefrau Anna Bone u. 2 Kinder
Ronyne	1784	Stettin	Geburtsort sein. Frau
Liphard, Magdalena	1790	Ungarn	mit Ehemann Florian Spähe
Martin, Matthias	1741	unbekannt	Geburtsort Balingen mit 3 Kinder
Lorenz, Johann	1748	unbekannt	
Renaud, Friedrich	1798	Westpreußen	mit Ehefrau
Martin, Jean	1771	Amerika	2 Kinder / m. El. Ackermann n. Sohn
Meunier (Munier), David	1771	Preußen	
Nicklin, Gottlieb	1761	Jütland	mit Ehefrau Cath. Lacher
Reuther, Georg,	1790	Ungarn	
Schantz, Jakob	1737	Amerika	
Schantz, Daniel	1792	Preußen	
Schnürle, Christof	1798	Westpreußen	
Schweinfurth, Gottfried	1789	Ungarn	mit Ehefrau
Weinhard, Christian	1771	Zweibrückischen	wegen Religionsverschiedenheit
Wulle, Sebastian	1771	Amerika	

Quellen:
Hacker, Auswanderungen aus Baden und dem Breisgau
Alb. Fleitz, Die Auswanderung nach dem Südosten aus der unteren Markgrafschaft Baden – Durlach (Zulassungsarbeit 1939).
Dr. Stumpf, Die Auswanderung aus Deutschland nach Rußland in den Jahren 1763 – 1862.
Heimatbücher Franzfeld, Torschau, Kubin.
Ausgewertetes Material des GLA und der Kirchenbücher in Teutsch- und Welschneureut.

Auswanderer aus Teutschneureut 1833 – 1889

Jahr	Name	Ziel
1833	Georg Friedrich Stober	Polen (Lowitsch)
1835	Georg Michael Meinzer	Nordamerika
1847	Johann Daniel Brun	Nordamerika
	Simon Kessel	Nordamerika
	Georg Adam Linder	Nordamerika

	Philipp Meinzer	Nordamerika
	Georg Michael Ulrich	Nordamerika
1848	Georg Friedrich Meinzer	Nordamerika
	Johann Wendel Meinzer	Nordamerika
	Wendel Meinzer	Nordamerika
	Philipp Nagel	Nordamerika
1849	Georg Jakob Grether	Nordamerika
	Christoph Wilhelm Meinzer	Nordamerika
	Jakob Friedrich Nagel	Nordamerika
	Martin Linder Wwe.	Nordamerika
	Karl Philipp Ulrich	Nordamerika
1850	Christoph Wilhelm Meinzer	Nordamerika
	Georg Michael Meinzer	Nordamerika
	Johann Michael Baumann	Nordamerika
	Georg Michael Knobloch	Nordamerika
	Ludwig Brunn	Nordamerika
	Georg Friedrich Stober	Nordamerika
1852	August Baumann	Nordamerika
	Christine Barbara Baumann	Nordamerika
	Wilhelm Baumann Wwe.	Nordamerika
	Philipp Kühlwein	Nordamerika
	Jakob Friedrich Linder	Nordamerika
	Bernhard Meinzer	Nordamerika
	Georg Adam Meinzer	Nordamerika
	Jakob Gustav Meinzer	Nordamerika
	Friedrich Schönweis	Nordamerika
	Philipp Stotz	Nordamerika
	Johann Wilhelm Stober	Nordamerika
	Michael Striby	Nordamerika
1853	Georg Jakob Ehrmann	Afrika (Algerien?)
	Margarete Knobloch	Nordamerika
	Florian Linder	Nordamerika
	Karl Meinzer	Nordamerika
	Karl Ott	Nordamerika
	Martin Wohlwend	Nordamerika
1854	Georg Jakob Breithaupt	Nordamerika
	Georg Jakob Federlechner Wwe.	Nordamerika
	Johannes Gleisner	Afrika, dann Amerika
	Christoph Heck	Nordamerika
	Johann Kühlwein Wwe.	Nordamerika
	Philipp Adam Stober	Nordamerika
1856	Georg Jakob Federlechner	Nordamerika
	Christine Ulrich	Nordamerika
1857	Anna Maria Stober	Nordamerika
	Margarete Stober	Nordamerika
	Anna Maria Weick	Nordamerika

1859	Jakob Wilhelm Grether	Nordamerika
1860	Florian Grether	Nordamerika
1861	Philipp Gottlieb Meinzer	Nordamerika
1865	Jakob Ott	Nordamerika
1870	Philipp Ott	Nordamerika
1880	Julius Grether	Nordamerika
1882	Karl Friedrich Federlechner	Nordamerika
1883	Friedrich Baumann	Nordamerika
1889	Karl Wilhelm Ott	Nordamerika

Auswanderer aus Welschneureut 1832 – 1867

Jahr	Name	Ziel
1832	Martin Buchleither	Polen (Lowitsch)
	Jung Peter Gros	Russisch Polen
1833	Johann Dunke	Nordamerika
	Wilhelm Dunke	Nordamerika
1834	Martin Ruf I	Russisch Polen
1845	Martin Ruf II	Algerien
1848	Alt Friedrich Gros Wwe.	Nordamerika
1850	Georg Marche Witwe	Nordamerika
1851	Martin Dunke	Nordamerika
	Karl Renaud	Nordamerika
1852	Katharina Müller	Nordamerika
	Magdalene Müller	Nordamerika
1853	Jakob Crocoll	Nordamerika
	Johann Dunke I	Afrika (Algerien?)
	Johann Dunke II	Nordamerika
	Johann Peter Grether	Afrika (Algerien?)
	Johann Müller	Nordamerika
1854	Christoph Merz	Afrika (Algerien?)
	Jakob Crocoll	Afrika (Algerien?)
	Ludwig Marche	Afrika (Algerien?)
	Peter Herb	Afrika (Algerien?)
	Philipp Herlan	Afrika (Algerien?)
	Christoph Marche	Afrika (Algerien?)
	Jakob Dunke Wwe.	Afrika (Algerien?)
	Margarete Dunke	Nordamerika
	Wilhelm Gros	Nordamerika
	Friedrich Marche	Nordamerika
	Margareta Hügle	Afrika (Oran)
	Ludwig Karrer	Nordamerika
	Heinrich Kern	Nordamerika

	Johann Merz	Nordamerika
	Jakob Friedrich Marche	Nordamerika
	Wilhelm Marche Wwe.	Nordamerika
	Wilhelm Marche led.	Nordamerika
1858	Jakob Schmidt	Nordamerika
1863	Ludwig Marche	Nordamerika
1865	Jakob Friedrich Crocoll	Nordamerika
	Jakob Marche	Nordamerika
	Johanna Pfulb	Nordamerika
1867	August Troy'	Brasilien

13. Vom Bauerndorf zum Arbeiterdorf

Es wurde schon gezeigt, daß in Teutsch- und Welschneureut zwischen 1850 und 1870 der Umschwung von der rein landwirtschaftlichen zur Arbeiterwohngemeinde erfolgte. In Welschneureut war man zwar schon früher darauf angewiesen, in der Residenz eine Verdienstmöglichkeit zu finden, bei Teutschneureut ist es aber bemerkenswert, daß, trotz einer großen Gemarkung, der Verdienst in der Stadt gerne wahrgenommen und die Landwirtschaft mehr und mehr im Nebenberuf betrieben wurde. Interessant ist auch, daß sich bei beiden Gemeinden eine Spezialisierung auf das Baufach herausbildete, wobei freilich offen bleiben muß, was der Grund dafür war. Neureut, das Maurerdorf, hatte als solches eine sichere Existenzgrundlage in der Zeit, in der in Karlsruhe die repräsentativen Großbauten errichtet wurden, wie die Kunsthalle, das Hoftheater, die Kunstakademie, und die Stadt nach Westen erweitert wurde. Die Karlsruher Bautätigkeit spiegelte sich also in der Beschäftigungslage der Neureuter Maurer; als sie einige Jahre vor dem Ersten Weltkrieg zum Erliegen kam — der 1913 fertiggestellte Hauptbahnhof war der letzte, etwas verspätete Großbau — mußten sich die Neureuter Maurer nach anderen Arbeitsplätzen umsehen.

Während es 1870 noch 300 Maurer gewesen waren, die von Teutschneureut täglich in die Stadt gingen, waren es 1873 schon 350, die dort einen Verdienst fanden, der ihnen in Verbindung mit einigen guten Ernten eine sichtliche Vermehrung des Wohlstands brachte. Negative Folgen glaubte man 1876 in Welschneureut zu entdecken, indem festgestellt wurde, daß unter der heranwachsenden Jugend, die meist schon vor der Schulentlassung nach Karlsruhe zu Maurern in die Arbeit ging, große Zuchtlosigkeit herrsche. Die meisten dieser jungen Leute würden bald ziemlich viel verdienen, hätten ihren Eltern nur ein geringes Kostgeld abzugeben und würden das Übrige nach ihrem Belieben verwenden; „eine Kontrolle über ihren Fleiß und ihr Betragen in der Stadt kann meist nicht mehr stattfinden. So kommt es, daß von den jungen Burschen nicht wenige in Müßigkeit, Liederlichkeit oder Verbrechen untergehen." Allerdings mußte gleichzeitig eingeräumt werden, daß die Zahl der „Polizeiübertretungen" gegen früher nicht zugenommen hatte. Das schlechte Urteil über die Welschneureuter Jugend scheint demnach nur auf drei zweifelhafte Existenzen aus dem Ort beruht zu haben, die amtsbekannte Landstreicher und Müßiggänger waren und allen Besserungsversuchen, vom Arbeitshaus bis zum Zellengefängnis, zu trotzen wußten. Davon abgesehen wurde auch 1881 festgestellt, daß die Welschneureuter Bevölkerung sich vorzugsweise ernährte „durch Betrieb des Maurergewerbes, für welches in Karlsruhe und Umgebung für längere Zeit noch Gelegenheit zu lohnendem Verdienst geboten ist".

1895 wurde in Teutschneureut festgestellt, daß ungefähr 600 männliche Personen täglich, meistens als Bauhandwerker, nach Karlsruhe zur Arbeit gingen. Hinzu kamen noch 50—60 Mädchen, die in verschiedenen Fabriken arbeiteten. Hierdurch bestand in der Landwirtschaft, so weit sie nicht durch Frauen und Kinder betrieben wurde, großer Arbeitskräftemangel, dem man durch Maschinen abzuhelfen suchte. So wurde eine Dampfdreschmaschine aufgestellt, die regen Zuspruch fand. Wie schon früher die Jugendarbeit, so brachte nun auch die neu auftretende Frauenarbeit in den Fabriken neue Probleme mit sich. Der Gemeinderat beschwerte sich nämlich darüber, daß in den Arbeiterzügen nach Karlsruhe die Frauen nicht mehr in besonderen Wagenabteilungen säßen und daher während der Fahrt vielfach Ungehörigkeiten vorkämen. Die Sache wurde an die Großherzogliche Eisenbahninspektion weitergeleitet. Es ist jedoch nicht bekannt, ob etwas dagegen unternommen wurde.

Dorfstraße in Teutschneureut um 1910.

1899 war die Teutschneureuter Landwirtschaft voll in die Hände der Frauen über-
gegangen. Die Männer fuhren — größtenteils als Maurer — nach Karlsruhe. Sie
verdienten etwa 4,00 Mark täglich, die Fabrikarbeiterinnen 1,40—1,50 Mark.

Auch Welschneureut hatte zu dieser Zeit, wie die anderen Orte im Umkreis von
Karlsruhe, wie Rintheim, Hagsfeld, Bulach und Grünwinkel, nunmehr einen
industriellen Charakter angenommen. Sie waren allesamt Arbeiterdörfer geworden. Allerdings führte man in Welschneureut die hohe, etwa 30 prozentige
Sterblichkeit an Lungenschwindsucht unter anderem auf die Betätigung im
Baugewerbe zurück, „bei welchem die Arbeiter den wechselnden Witterungs-
einflüssen ausgesetzt sind". Als weiterer Grund für die vielen Tuberkulosefälle
wurden die beengten Wohnverhältnisse in Welschneureut angesehen. Doch
wurde auch hier Abhilfe geschaffen, indem von den Arbeitern insgesamt elf
Häuser erbaut wurden, die vor allem von der Versicherungsanstalt Baden durch
günstige Darlehen gefördert wurden. „Beachtet man", fährt der Berichterstatter
fort, „daß der Arbeiter durch den Bau eines eigenen Hauses nicht nur zur
Sparsamkeit und Genügsamkeit gezwungen wird, sondern vor allem auch in
ihm durch den Besitz eines eigenen Heims der Sinn für Familie und Vaterland
geweckt und anerzogen wird, so wird man aus diesen, wie aus gesundheits-
und sittlichkeitspolizeilichen Erwägungen, eine weitere Erbauung von Wohnhäusern weitgehend und tunlichst fördern müssen."

Trotz der kleinen Gemarkung von 222 ha, wobei 1899 auf ein ha 5,4 Personen
kamen, während in Baden 1,04, im gesamten Reich 0,83 Personen auf einen ha
entfielen, hatte Welschneureut doch eine Steigerung seines Wohlstandes
erfahren, obwohl 1816 nur 1,8 Personen auf einen ha kamen. Zwar war die Folge
dieses Bevölkerungswachstums zunächst eine starke Auswanderung, doch
konnte die Verdreifachung der Bevölkerung, dank „dem Aufblühen von Karlsruhe und der gewaltigen Entwicklung seiner Industrie", verkraftet werden.
Positiv wurde vermerkt, daß die Entwicklung von Karlsruhe wenigstens in der
nächsten Umgebung nicht zur Landflucht geführt hatte. „Um der großen
vorteilhaften Bedeutung willen, welche der Dezentralisation der Arbeiterbevölkerung und ihrer Verteilung auf dem Lande auf wirtschaftlichem, sozialem
und politischem Gebiete zukommt, werden alle Einrichtungen, welche dieselbe
fördern, nach Möglichkeit zu unterstützen sein. Insbesondere wird die Erbauung der projektierten Straßenbahn von Karlsruhe nach Welschneureut und
den anderen Dörfern am Rhein aus diesem Gesichtspunkt zu beurteilen sein."
Erkannt wurde auch, daß sich in Welschneureut ein geschlossener Arbeiter-
stand herausgebildet hatte und die Bauern hinter den Arbeitern an Zahl und
Bedeutung weit zurückgetreten waren. „Heute gibt der Arbeiter Welschneureut
das charakteristische Gepräge, nicht so wie es früher war, der Bauer und Handwerker."

Die Orientierung nach Karlsruhe war so stark, daß von jeder Familie in Welschneureut durchschnittlich zwei Personen täglich zur Arbeit in die Stadt fuhren;
insgesamt etwa 350 Arbeitskräfte bei einer Gesamtbevölkerung von rund 1200.
Nach der Berufszählung von 1895 waren 311 Personen in Industrie und Ge-

werbe und nur 135 Personen in der Landwirtschaft tätig. Lediglich 60 Personen betrieben die Landwirtschaft noch als selbständigen Hauptberuf gegenüber 144, für die die Landwirtschaft Nebenberuf neben Industrie und Gewerbe war.

Das dörfliche Handwerk war 1899 in Welschneureut fast ganz verschwunden. Es fanden sich noch zwei Schreiner, ein Schlosser, ein Schmied, zwei Schneider, vier Schuhmacher. Die Arbeiter in Welschneureut stellten 1895 im Baugewerbe 205 Erwerbstätige, in der Bekleidungsindustrie 30, in der Nahrungs- und Genußmittelindustrie 20, in der Eisenindustrie 21 Personen. Interessant ist, wie sich die einzelnen Dörfer rund um Karlsruhe spezialisiert hatten: Rintheim, Hagsfeld, Rüppurr und Beiertheim lieferten die Arbeiter für die Eisenindustrie, Grünwinkel, Daxlanden und Hagsfeld jene für die Nahrungs- und Genußmittelindustrie, wie z. B. Tabakverarbeitung und Brauereien. Aus Bulach kamen die Arbeitskräfte für die Bekleidungsindustrie, namentlich für die Wäschereien. Welschneureut, Teutschneureut, Knielingen und Daxlanden hingegen hatten das Monopol auf das Baugewerbe, wobei Welschneureut vor allem die Tüncher und Anstreicher stellte, obwohl die Maurer am Ort zahlenmäßig am stärksten vertreten waren. Die früher so stark betriebene Wäscherei war nunmehr in Welschneureut fast ganz weggefallen; nur noch zwei bis drei Frauen beschäftigten sich damit. Dafür hatten Bulach und Beiertheim, die beide über fließendes Wasser verfügten, diesen Erwerbszweig übernommen. Eine einleuchtende Erklärung für die Spezialisierung der einzelnen Dörfer ist die, daß frei werdende Arbeitsstellen dem Nachbarn oder Freund mitgeteilt wurden, wodurch die betreffenden Arbeitsplätze dann im Dorf blieben.

Von den Tünchern in Welschneureut arbeiteten die meisten als selbständige Meister, vielfach auch zwei bis drei Meister zusammen. Von den Maurern waren die wenigsten als Meister, die meisten als Poliere beschäftigt. Als gelernte Arbeiter erhielten die Welschneureuter einen guten Lohn, in der Stunde 37—39 Pfennig, was bei einem Elfstundentag 4,00 bis 5,00 Mark ausmachte.

Infolge der großen Entfernung des Bahnhofs vom Ort benutzen 1899 nur etwa 50 Arbeiter die Bahn, um nach Karlsruhe zu kommen. Etwa 40 fuhren mit dem Fahrrad, die übrigen gingen zu Fuß den sechs km weiten Weg. Der Bau der projektierten Straßenbahn wäre deshalb wünschenswert und sicher rentabel gewesen.

Die frühe übliche Sitte, daß den Arbeitern das Mittagessen an die Arbeitsstelle in Karlsruhe gebracht wurde, war nur noch in den Dörfern üblich, deren Arbeiter in einigen, ganz bestimmten Fabriken arbeiteten, nicht jedoch in Welschneureut, weil die Bauarbeiter sich immer auf verschiedenen Baustellen befanden.

Die Frauen und Mädchen, die von Welschneureut nach Karlsruhe zur Arbeit gingen, waren im Botanischen Garten oder in der Patronenfabrik beschäftigt. Die meisten Frauen blieben jedoch zu Hause, um die Landwirtschaft zu bestellen; lediglich etwa 20 gingen als Wasch- oder Putzfrauen in die Stadt.

In der Erntezeit blieb der Mann einige Nachmittage daheim, um der Frau zu helfen. Die Umwandlung der Landwirtschaft zum Nebenbetrieb zeigte sich auch in der Zunahme der Ziegenhaltung, da die Ziege mit geringen Mitteln beschafft und unterhalten werden konnte. Aus demselben Grund vermehrte sich auch die Schweinezucht, und zwar derartig, daß sogar in Durlach und Mühlburg Schweine auf dem Markt verkauft werden konnten.

Angesichts der vollzogenen Umwandlung Welschneureuts vom Bauerndorf zum Arbeiterdorf wird 1899 hervorgehoben, daß es der Gemeinde gelungen sei, „in erfolgreicher Weise die Strömungen, welche anderwärts als Begleiterscheinungen jenes Wirtschaftsprozesses aufgetreten sind und äußerlich sich in dem Anwachsen der Sozialdemokratie kund getan haben, einzudämmen und zurückzuhalten. Allerdings hat diese Partei auch in Welschneureut Eingang gefunden, dagegen hat sie hier noch nicht, wie in anderen, vorwiegend von Arbeitern bewohnten Gemeinden, die numerische Überlegenheit über die staatserhaltenden Parteien." Es wird dann weiter ausgeführt, daß bei der Stichwahl zur Reichstagswahl 1898, bei der im Wahlbezirk der Kandidat der SPD gegen die übrigen Parteien stand, beide Gegner je 96 Stimmen erhielten. Gleichwohl wird aber betont, daß diese 96 Wähler nicht als überzeugte Sozialdemokraten anzusehen seien; „von dem Ortsgeistlichen wurde darauf hingewiesen, daß die meisten dieser sozialdemokratischen Wähler sogar regelmäßige Besucher des sonntäglichen Gottesdienstes seien." Offenbar haben also die Welschneureuter, die damals sozialdemokratisch wählten, aus ihrer Meinung keinen Hehl gemacht. Interessant ist jedoch, daß sie ihre politische Überzeugung in Einklang zu bringen wußten mit der hergebrachten kirchlichen Sitte des Dorfes. Dies entsprach natürlich ihrem Stand als Arbeiterbauern, die sich auch ökonomisch in zwei verschiedenen Bereichen bewegten.

Die Welschneureuter Bauarbeiter waren auch gewerkschaflich organisiert. Nach einem Bericht von 1906 gehörten alle dem sozialdemokratischen Maurerverband an. Auch das Vereinsleben am Ort bekam seine für eine Arbeiterbevölkerung typische Ausgestaltung. Schon 1899 wird ein Fußballverein und ein Radfahrverein erwähnt.

Auch in Teutschneureut hatten sich die Verhältnisse ähnlich wie in Welschneureut entwickelt. Den dortigen Ortsvorgesetzten wurde 1906 bescheinigt, daß sie die Geschicke der Gemeinde gut zu lenken wüßten, „obwohl mit der stetigen Zunahme industrieller Arbeiter das Eindringen sozialdemokratischer Lehren und Tendenzen" den Dienst nicht unerheblich erschwerte. In dem betreffenden Jahr wurden 326 Maurer in Teutschneureut gezählt, die täglich nach Karlsruhe fuhren; dazu noch 119 männliche Arbeiter und 29 weibliche, die in anderen Industrien beschäftigt waren. Von den 2150 Einwohnern des Ortes waren also allein 474 Auspendler. Dabei wurde auch hier die Nebenerwerbslandwirtschaft in einem solchen Maße betrieben, daß fast 95 % aller Haushaltungen auch landwirtschaftlich tätig waren. Nach Angabe des Gemeinderats verdienten die Leute gut, und man rühmte sich, daß das Geld „im Gegensatz zu Welschneureut — meist gut angewendet und weniger in den Wirtschaften verjubelt wird." Die schon etliche Jahre am Ort bestehende Spar- und Vorschußkasse machte daher glänzende Geschäfte.

Lackfabrik Baur an der Linkenheimer Landstraße.

Am Ort selbst waren nun auch einige kleinere industrielle Unternehmungen entstanden. Es handelte sich hierbei um eine Lackfabrik, eine Zementfabrik und eine Dampfsägerei, die zur Gemeindeumlage beisteuern mußten. Hinzu kam noch die Karlsruher Abfuhrgesellschaft, die ihren Sitz auf dem Rosenhof hatte.

Die politischen Verhältnisse in Welschneureut entwickelten sich folgerichtig hin zu einer Vormachtstellung der Sozialdemokratie. Bei der Reichstagswahl 1903 und der Landtagswahl 1906 wurden für die Kandidaten der SPD mehr Stimmen als für alle anderen abgegeben. Auch jetzt behalf sich der Gemeinderat wieder mit dem Hinweis, daß nicht alle wirkliche Sozialdemokraten seien und suchte dies damit zu belegen, daß sich bei der Bürgermeisterwahl 1905 der vormalige Amtsinhaber gegen einen sozialdemokratischen Kandidaten erfolgreich durchgesetzt hatte. Ferner wäre auch der Kirchenbesuch noch ziemlich gut, „ganz anders wie z. B. in Hagsfeld, wo er sehr zu wünschen übrig läßt. Pfarrer Braun erklärt, er könne den Christenlehrunterricht bis zum 4. Jahrgang abhalten, d. h. bis zum 18. Lebensjahr der Schüler, er sei immer gut besucht. Ein Zeichen, daß zum Mindesten die Jugend von den sozialdemokratischen Lehren nicht ganz ergriffen ist." Ein Leser dieses Berichts merkte zu diesen Ausführungen an: „. . . oder der Pfarrer sehr beliebt ist!"

Die Karlsruher Bautätigkeit kam offensichtlich schon vor 1910 ins Stocken, denn in jenem Jahr wurde registriert, daß Welschneureut nicht mehr das aus-

Gebäude der Matzenfabrik Strauß, die 1914 ihren Betrieb aufnahm.

schließliche Maurerdorf war, und zahlreiche Arbeitskräfte, die früher im Baugewerbe tätig gewesen waren, in andere Beschäftigungszweige übergewechselt wären, so z. B. in das Gaswerk oder in die Patronenfabrik. Von der Gemeinde werde beklagt, daß dadurch die alte Verbindung zwischen den Bauunternehmern, ihren Meistern und den Welschneureuter Bauarbeitern abgerissen wäre. Denn früher seien die Arbeitgeber und die Meister aus der Stadt ins Dorf gekommen, um mit ihren Arbeitern die Kirchweihe und andere Feste zu begehen. Diese Sitte wäre ganz im Abgang begriffen, und die Arbeiter würden jetzt mehr ihr Klassenbewußtsein hervorheben.

Dementsprechend stellte man auch wieder ein Anwachsen der Sozialdemokratie fest, für die bei den zurückliegenden Wahlen doppelt so viel Stimmen wie für die anderen Parteien abgegeben worden waren. Auch in Welschneureut behalfen sich die Ortsoberen gegenüber dem Bezirksamt angesichts dieser Entwicklung mit der Auskunft, daß nicht alle, die sozialdemokratisch gewählt hätten, auch organisierte Genossen seien. Der sozialdemokratische Wahlverein am Ort hätte nur 50 Mitglieder.(Dies ist übrigens das erste Anzeichen für die Bildung einer Parteiorganisation in Welschneureut.) Es saßen auch zwei Sozialdemokraten im Gemeinderat. Der Bürgermeister mußte den beiden aber eine gute Zusammenarbeit bescheinigen. „Ihre aktive Teilnahme an den

Arbeiten des Gemeinderats sei jedenfalls besser als ihre frühere Agitation und hindere sie außerdem, diese letztere gegen alles, was vom Gemeinderat kam, durchzuführen."

Diese beiden ersten sozialdemokratischen Gemeinderäte in Welschneureut wurden 1912 auch noch eigens charakterisiert. Der eine war der Schreinermeister Wilhelm Boeuf, der 1908 bei der Bürgermeisterwahl gegen Heinrich Gros, der als Sieger aus der Wahl hervorgegangen war, kandidiert hatte. „Er verfügt über ein nicht gewöhnliches Maß von politischer und allgemeiner Bildung, die er sich durch angestrengtes Selbststudium erworben haben soll. Er war auch längere Jahre in der Fremde und hat demgemäß einen weiteren Horizont als die meisten seiner Amtsgenossen. Auch der zweite Sozialdemokrat im Gemeinderat, Maurerpolier Müller, ist ein intelligenter Mann."

Die gesamte Entwicklung zum Arbeiterdorf war kurz vor dem Ersten Weltkrieg abgeschlossen. Die nach Karlsruhe gehenden Arbeitskräfte — aus Teutschneureut ca. 600, aus Welschneureut etwa 300 — verteilten sich nun auf alle Industrien der Stadt. Auch die Frauen und Mädchen arbeiteten nicht mehr bevorzugt im Botanischen Garten, an dessen Stelle war unter anderem die Parfümeriefabrik Wolf & Sohn getreten. Die Entwicklung zum Arbeiterdorf zeigte sich ferner im wachsenden Einfluß der Sozialdemokratie, die der Arbeiterschaft im Kaiserreich eine politische und kulturelle Heimat bot.

Beim Bau des Abzugskanals vom Klärwerk bis zur Alb (1912/1913) fanden auch viele Neureuter Arbeit.

178

War seither noch die Nebenerwerbslandwirtschaft von einiger Bedeutung, so begann sich diese nun auch zu wandeln. Auch die aufwendige Großviehhaltung wurde mehr und mehr aufgegeben. An deren Stelle trat nunmehr die Haltung von Kleinvieh, wie Ziegen und Schafe; auch die für Arbeitersiedlungen charakteristische Kaninchenzucht kam nach und nach auf.

Es versteht sich, daß diese Entwicklung — wenn sie nicht durch den Ersten Weltkrieg unterbrochen worden wäre — sehr rasch dazu geführt hätte, daß die beiden Dörfer in wenigen Jahren reine Arbeiterwohngemeinden geworden wären. Diese Entwicklung wäre verstärkt worden, wenn der vor dem Krieg projektierte Straßenbahnbau, der dann erst 1979 eingeweiht werden konnte, noch vor 1914 fertiggestellt worden wäre. An dieser Einzelheit zeigt sich, daß die durch den Ersten Weltkrieg und die nachfolgenden Notjahre unterbrochene Entwicklung sich erst nach dem Zweiten Weltkrieg wieder richtig fortsetzen konnte.

14. Welschneureut — am Ende des 19. Jahrhunderts

Aus dem Jahre 1898 ist ein Vortrag über „Geschichte, wirschaftliche und soziale Verhältnisse der Gemeinde Welschneureut" von dem Steuerkommissär Stork überliefert. Dieser Vortrag wurde auszugsweise in einer Fachzeitschrift abgedruckt und dürfte nicht allgemein bekannt sein. Deshalb, und weil die Schilderungen der sozialen Verhältnisse im Ort offensichtlich auf eigene Anschauungen zurückgehen, lohnt sich hier ein Abdruck der entsprechenden Abschnitte. Die Ausführungen geben ein interessantes und wohl auch der Wirklichkeit entsprechendes Bild der Verhältnisse in Welschneureut, die gelegentlich mit denen in Friedrichstal verglichen werden:

„Die Bewohner Welschneureuts sind im ganzen verträglich, weniger lebhaft und laut bei ihren Unterhaltungen, als die Bewohner der unteren Hardtorte. Es besteht dort ein Turnverein, ein Feuerwehrverein, zwei Vereine junger Leute im Alter von 16—20 Jahren mit Studentenmützen, ein 100 Mitglieder starker Militärverein und ein Gesangverein.

Die Familienväter pflegen in der Stadt in Wirtschaften und Volksküchen ihr Mittagsmahl zu verzehren; die Frau bereitet für sich und die Kinder einen Kaffee als Mittagsmahl. Sie hätte wegen der ihr obliegenden Feldgeschäfte schon gar nicht Zeit, einen anderen Imbiß zu bereiten. Fleisch kommt selten auf den Tisch.

Die Alten klagen über den Luxus der Jüngeren beiderlei Geschlechts in Kleidern. Ehedem habe niemand daran gedacht, die Schuhe zu reinigen; heute dagegen mache man keinen Ausgang mehr ohne gewichste Schuhe oder Stiefel. Die Mädchen arbeiten in den Zigarrenfabriken und in der Patronenfabrik (in Karlsruhe). Das Düngerfahren und -verteilen, das Pflügen, Säen, Eggen nebst anderen landwirtschaftlichen Arbeiten in Feld, Scheuer und Stall liegt in der Regel der Frau ob. Sie versteht diese Arbeiten besser als der Mann, der tagsüber dem Verdienst in der Stadt nachgeht. Daß hierbei die Schule, die Erziehung der Jugend und das Familienleben not leiden, ist nicht zu verwundern. Also hier, wie allerwärts dieselbe Erfahrung, daß, wo das richtige Familienband fehlt, das einheitliche gemeinsame Arbeiten gestört ist, auch der Wohlstand keine festen Wurzeln zu fassen vermag und ebenso rasch zerrinnt, als er zusammengerafft worden.

Sehr schlecht war es bisher in Welschneureut um die Wohnungsverhältnisse bestellt. Ein Drittel der Familien wohnt in Miete; denn es fehlt an Mitteln zum Erbauen neuer Häuser. Drei, ja vier Familien, wohnen in einem einstöckigen Häuschen mit Giebelwohnung. Der Mittelstand begnügt sich mit einer Stube und einer Schlafkammer nebst Küche. Die wohlhabenden Familien, zehn bis zwölf an der Zahl, sind im Besitze von drei Wohnräumen. Diese sind zum Teil tapeziert und wohnlich eingerichtet. Auf zierliche Fenstervorhänge wird auch von ärmeren Familien gesehen.

Während der Friedrichstaler größere Beträge an barem Gelde beim Absatz des Tabaks und nach der Kartoffelernte auf einmal einnimmt, fließt dem Welschneureuter aus dem Erlös für Milch täglich, und an Arbeitslöhnen jeden Zahltag, Geld in kleineren Beträgen zu, wovon ein namhafter Teil in den Wirtschaften Karlsruhes hängen bleibt. Es fehlt ihm deshalb der Anreiz, eine kleine Summe seines Einkommens für unvorhergesehene Fälle oder zur Vergrößerung seiner Wohn- und Ökonomiegebäude zurückzulegen.

Bei Hochzeiten hat jeder Teilnehmer ein Rosmarinsträußchen in der Hand; die Braut auf dem Gesangbuch ein weißes Taschentuch und eine Zitrone. Zitrone und Taschentuch werden als Opfer auf den Altar niedergelegt. Am Hochzeitstische wird je nach Wohlhabenheit und der Zahl der von Bräutigam und Braut mitgebrachten Äcker scharf gegessen und getrunken. Freudenschüsse beim Kirchgang dürfen nicht fehlen. Die Neuvermählten leisten am zweiten, in anderen Hardtorten auch am dritten und vierten Tage unter kurzweiligen Scherzen den Hochzeitsgästen jeweils Gesellschaft.

Bei den Begräbnissen bekommen die Sargträger nach uraltem Herkommen ein Salbeiblatt. Das Salbeiblatt mag ursprünglich den Zweck gehabt haben, in Zeiten ansteckender Krankheiten, die in dem sumpfigen Gelände nicht selten waren, bei vorgeschrittener Verwesung den üblen Geruch der Leiche abzuschwächen. Hernach wird das Blatt mit dem Sarge der Erde übergeben. Der Trauerflor, stets auf der linken Seite getragen, reicht vom Hut bis zu den Knien.

Mitglied des Veteranen-Vereins ist jeder, der einmal einen Säbel getragen. Wenn er auch keine Begeisterung empfindet für das Militärwesen, so erheischt es schon die Dorfpolitik, wegen der ‚Freundschaft' und der Kundschaft Mitglied des Vereins zu sein. Gleichzeitig gehört er auch anderen Verbindungen an. An den vielen Vereinsfesten beteiligen sich indessen mehr die Jüngeren. Der ältere Bürger beschaut sich ohne besondere Feststimmung den Festzug; betrachtet den beschärpten Vetter mit der Fahne nebst den Festjungfrauen und staunt über die ausgiebige Stimme des Ratschreibers oder Lehrers, dessen Festrede er schon woanders gehört zu haben glaubt.

Den mühsamen, aber lohnenden Tabakbau in größeren Verhältnissen zu betreiben, dazu können sich die Welschneureuter nicht entschließen. ‚Unser Boden' — sagen sie — ‚braucht viel kräftigeren Dünger; in die Kasernen der Stadt zu fahren ist es zu weit, und haben wir dazu auch keine Zeit.' Der Friedrichstaler dagegen schirrt früh morgens zwei Uhr sein Rößlein und fährt in die Kasernen von Gottesau und Bruchsal. Er legt einen mehr als dreimal weiteren Weg zurück und beweist, daß einem Boden, der zu bestimmten Kulturarten sich nicht eignet, auf künstlichem Wege durch geeignete Pflanzennährstoffe hohe Erträge abgerungen werden können. Mittels Zupacht von Grundstücken benachbarter Gemarkungen hat eine beträchtliche Zahl Landwirte Friedrichstals den Wirtschaftsbetrieb erweitert.

Das Gleiche von den Welschneureutern zu erwarten, obgleich der wenige auf ihre Gemarkung gepflanzte Tabak im Jahr 1897 den Friedrichstaler an Güte übertraf, wäre ein Verkennen ihrer geschichtlichen Entwicklung. Der Welschneureuter geht dem sicheren, täglich und wöchentlich-fälligen Verdienst in der Residenz nach, während der Friedrichstaler in den beiden Tabakfabriken des Ortes und — bei den günstigen Bahnverbindungen — auch in auswärtigen Großbetrieben zwar lohnenden Verdienst fände, sich aber lieber mit dem Bau von Handelsgewächsen, der Butter- und Käsebereitung befaßt.

Der Kartoffel- und Körnerbau, die Milchwirtschaft und Schweinezucht gehen mit dem Tabakbau Hand in Hand. Dabei spielt die einsichtsvolle erfahrene Hausfrau eine sehr wichtige Rolle. Der Umstand, daß — im Gegensatz zu Welschneureut — die Väter bei andersgearteter Beschäftigung an der Erziehung der weiblichen Jugend mitwirken können, das Vorbild an den in allen Zweigen des Hauswesens erfahrenen, in der Landwirtschaft mitschaffenden Müttern, die ausgiebigere Ernährung, der religiöse Sinn, alles trug zu dem Wohlstande bei, dessen sich die Friedrichstaler erfreuen.

In benachbarten Dörfern wird zwar stärker gebechert, als in Welschneureut; doch sind auch hier schon junge Männer an den Folgen übermäßigen Alkoholgenusses erkrankt und gestorben. Und wie das auch anderwärts vorgekommen ist, gab es, wenngleich nur vereinzelt, Familienväter, die statt sich und ihre Familien hinreichend zu ernähren, den Lohn schon in der Stadt regelmäßig vertranken und es der Gemeinde überließen, die Angehörigen zu verpflegen. Hier bewährt sich wieder einmal die alte Erfahrung: je schlechter der Mensch sich nährt, desto größer ist sein Verbrauch an Alkohol, desto leichter verfällt er dem Laster der Trunksucht.

Unter den herrschenden Krankheiten fordert die Lungenschwindsucht die meisten Opfer. In neuerer Zeit beginnen sich die ökonomischen und sozialen Verhältnisse der Gemeinde Welschneureuts zu bessern. Die Gemeindeleitung ist in bewährter Hand, der Wohnungsnot wird trotz Platzmangels in der kleinen Gemarkung durch den Neubau mehrerer Wohnstätten abzuhelfen gesucht. Dank der guten Seelsorge, die sich vom Streite über Lehrmeinungen der Kirche fern hält, beginnt sich der religiöse Sinn der Bewohner — rückwirkend auf die Jugenderziehung — weiter zu befestigen. Acht junge Leute im Alter von 16—19

Jahren besuchen den Winter über die Baugewerkeschule. Der Spar- und Vorschußverein zählt nach dem Stande vom 1. August 1898 155 Mitglieder und die Guthaben derselben sind, einschließlich der Spareinlagen, gestiegen auf 57500 Mark.

Nimmt die Arbeiterbewegung einen friedlichen Verlauf, wozu die staatlichen, kirchlichen und kommunalen Organe in richtiger Erkenntnis der Strömungen und Forderungen unserer Zeit wesentlich beitragen können, so wird auch die Gemeinde Welschneureut einer glücklichen Zukunft entgegengehen."

15. Das 200jährige Jubiläum von Welschneureut

Es ist nicht bekannt, ob man 1799 der 100jährigen Wiederkehr des Tages der Koloniegründung gedacht hat. Vermutlich haben die Zeitumstände eine solche Feier, wie sie 1899 begangen wurde, nicht erlaubt. Über jene schrieb Pfarrer Askani:

„Der 29. Oktober 1899 war ein besonderer Gedenktag der Gemeinde: das 200jährige Jubiläum der Gründung. Der Besuch war ein ganz gewaltiger. Von allen Seiten kamen Festgäste herbei, besonders auch von den zwei anderen badischen Waldensergemeinden Palmbach und Untermutschelbach und der Wallonengemeinde Friedrichstal. Das ganze Dorf hatte ein prächtiges Festkleid angelegt; die Häuser waren ohne Ausnahme mit Kränzen geschmückt; längs der Straßenseite standen Tannen- und Fichtenbäumchen. An den drei Eingängen ins Dorf waren Triumphbögen errichtet, an denen der von Pfarrer Braun gedichtete Festgruß den Gästen ein Willkomm entgegenbrachte: ‚Seid willkommen, all ihr Gäste, seid gegrüßt von Nah und Fern — Heut, an userm Jubelfeste, preiset mit uns Gott, den Herrn.' Außerdem waren auch an vielen Häusern besondere Sprüche angebracht. Einer hieß: ‚Zweihundert Jahre sind es heut, daß evangelische Waldenserleut vertrieben um Gottes reine Lehre. Wie damals kehrt wieder um zu eurem Gott und Heiligtum, zu unsers Heilands Ehre.' Ein anderer berichtete: ‚Einst hat in dunkler Glaubensnacht Ein Badner Fürst uns Schutz gebracht, Drum halten wir mit Herz und Hand Zum Fürstenhaus, zum Vaterland.' Ferner: ‚Heute vor 200 Jahren zogen die Waldenserscharen in die Mark von Baden ein. Hoch den wackern braven Lieben, die vom Vaterland vertrieben, zogen in ein neues ein.' Weiterhin: ‚Wie immer haben unsre Alten Getreu am Glauben festgehalten, So wollen wir auch stets aufs neue Bewahren unsres Glaubens Treue, Und stehen fest wie eine Eiche Zu Badens Fürst, zum Deutschen Reiche.' Über dem Haupteingang an der Kirche war das Waldenserwappen angebracht worden in tannengrün und mit Fähnchen geschmückt. Der französische Spruch, der einstens am Kanzeldeckel stand, wurde zum Feste über die vordere Tür geschrieben und neben der Kanzel an der Hinterwand die Inschrift über die Erbauung der Kirche neu eingesetzt, nachdem man sie bei dem Erweiterungsumbau unter dem Verputz vorgefunden hatte, aber damals beseitigen mußte. Am Festtag früh um sechs Uhr wurde durch einen Posaunenbläser des Hardthauses der Gemeinde der erste Festgruß dargebracht mit den

Liedern ‚Lobet den Herrn, o meine Seele' und ‚Ein feste Burg ist unser Gott'. Danach wurde mit allen Glocken geläutet und mit Böllern geschossen. Der Festgottesdienst begann um zehn Uhr und wurde von Pfarrer Hecht (hier 1863—66) mit einer Begrüßungsansprache über Ephes. 4, 23 (Erneuert euch im Geiste eures Gemütes) und einem Eingangsgebet eröffnet. Die Festpredigt hielt der damalige Ortsgeistliche Pfarrer Braun über Psalm 22,5: ‚Unsere Väter hofften auf Gott,, und da sie hofften, half er ihnen aus.' Er bezeichnete das Jubiläum als eine Gnadenhöhe in der Geschichte der Gemeinde, auf der wir einen dankbaren Rückblick in die Vergangenheit werfen, einen bußfertigen Einblick in unser Herz, und einen glaubensfreudigen Ausblick in die Zukunft.

Bürgermeister und Gemeinderat von Welschneureut anläßlich einer Festveranstaltung um die Jahrhundertwende. Obere R.: v.l. Gros, Marquetant, Gem.-Räte. Mittl. R.: Renaud, Crocoll, Weis, Ruf, Gem.-Räte. Untere R.: Merz, Ratschreiber, Angelberger, Bürgermeister, Gros, Gemeinderechner.

Hierauf überbrachte Prälat D. Schmidt, an 1. Kor. 12, 26 anknüpfend, die Glück-wünsche des Evangelischen Oberkirchenrats und der ganzen badischen Landeskirche und schloß mit der Mahnung, der Väter zu gedenken die ja, wie der HERR selbst, auf die feiernde Gemeinde herabschauten. Pfarrer Meerwein von Palmbach, welcher an der Spitze von 30 Gemeindegliedern er-schienen war, überbrachte die Grüße seiner Waldenser Schwesternge-meinden (Hebr. 12, 1.2.). Die Schlußansprache hielt Pfarrer (später Dekan) Roth von Friedrichstal, der im Namen seiner wallonischen Gemeinde grüßte (Matth. 5, 16). Als Festangebinde des Kirchenbezirks Karlsruhe-Land über-brachte er eine Gabe von 219,00 Mark zur Erweiterung der Kinderschule. Er schloß den Hauptgottesdienst mit Gebet und Segen. Im ‚Engel' war Festessen. Pfarrer Braun gedachte dabei der treuen Fürsorge des Landesfürsten, an den ein Huldigungstelegramm abgesandt wurde. Herr Geh. Regierungsrat Fehren-bach, der, wie auch Herr Oberamtmann Jakob, zum Feste erschienen war, wünschte der Gemeinde auch fernerhin ein segensreiches Gedeihen, während Herr Pfarrer Roth den weltlichen Behörden, Pfarrer Hecht den geistlichen Be-hörden gebührenden Dank zollten. Bürgermeister Angelberger dankte allen er-schienenen Gästen für ihr Erscheinen: dadurch habe das Fest seine über eine Ortsfeier hinausgehende Bedeutung erhalten. Am Nachmittag wurde dann noch eine kirchliche Nachfeier gehalten, wobei der Sohn des langjährigen Orts-geistlichen Pfarrer Hofert eine warm empfundene Ansprache hielt über Psalm 103, 1—4. Hernach hielt Herr Pfarrer Märkt von Pinache, welcher die Glück-wünsche der württembergischen Waldensergemeinden überbrachte, einen Vortrag über das Wesen und Treiben der jetzigen Waldenser. Bei der Nachfeier sangen auch die Kinder des Hardthauses. Pfarrer Hecht schloß die Feier mit Gebet. Im Laufe des Nachmittags kam von Großherzog Friedrich ein Tele-gramm aus Baden-Baden-Schloß mit den Worten: ‚Ich danke der Gemeinde Welschneureut von Herzen für Ihre treue Begrüßung bei Anlaß Ihrer 200jähri-gen Jubelfeier. Ich nehme aufrichtigen Anteil an dieser seltenen Feier und freue mich mit der Gemeinde über ihre kräftige Entwicklung und ihren religiösen Aufschwung. Möge Gottes Gnade auch fortan über Ihnen Allen walten. Friedrich, Großherzog.'"

16. Neue technische Errungenschaften

Das 19. Jahrhundert und die Zeit bis zum Ersten Weltkrieg waren dadurch gekennzeichnet, daß technische Neuerungen sich so allgemein durchsetzten, daß fast jedermann davon berührt und sein Leben dadurch beeinflußt wurde. Hierher gehört das Transportwesen, das durch den raschen Ausbau der Eisen-bahnen — in Baden seit 1840 — eine entscheidende Verbesserung erfuhr. Ferner ist die Energieversorgung durch Gas und Elektrizität und schließlich die Wasserversorgung durch den Bau von Wasserleitungen zu nennen. Dies ist die Reihenfolge, in der die neuen technischen Errungenschaften in Neureut ein-geführt wurden, die durch die besonderen Gegebenheiten der beiden Dörfer bedingt war.

Die erste badische Eisenbahn war 1840 zwischen Heidelberg und Mannheim errichtet worden. Ihre Fortsetzung nach Karlsruhe erhielt diese Strecke 1843. Hierdurch wurde natürlich von der durch Neureut führenden Landstraße viel Verkehr abgezogen, so daß die Gemeinden am Rhein einen Ausgleich in Gestalt einer eigenen Bahnstrecke forderten. 1869—70 wurde eine Bahnlinie von Mannheim über Schwetzingen—Graben—Linkenheim—Neureut nach Karlsruhe gebaut. Für Neureut bildete die Streckenführung allerdings keinen Gewinn, denn man beschwerte sich, daß diese Bahn nur Nachteile und nicht den geringsten Nutzen brachte, da die Gemeinde nicht einmal eine Haltestelle bekommen habe, obwohl man bereit gewesen wäre, unentgeltlich Gelände für eine eigene Station herzugeben. Ein entsprechendes Gesuch war jedoch vom Handelsministerium abgelehnt worden. Man verwies die Neureuter auf die Eggensteiner Bahnstation, so daß die meisten auf die Benutzung der Bahn verzichteten. Die Trasse ging nämlich damals östlich an Neureut vorbei und verlief in gerader Linie durch die heutige Erzbergerstraße zum Mühlburger Tor, wo sich ein Bahnhof befand, und weiter durch die Mathystraße zum alten Hauptbahnhof am Ettlinger Tor.

Bahnwärterhaus am Blankenlocher Weg; abgebrochen 1982.

Die Neureuter, die nun in stetig wachsender Anzahl zur Arbeit in die Stadt gingen, konnten somit aus der Bahn nur einen geringen Nutzen ziehen, so daß viele es vorzogen, den Weg zu Fuß oder mit dem Fahrrad zurückzulegen. Eindeutig verschlechtert wurde jedoch die Situation, als mit der Verlegung des Karlsruher Hauptbahnhofs an seinen jetzigen Platz der stadtnahe Bahnhof am Mühlburger Tor entfiel. Die Bahnstrecke wurde nun zwar näher zu Neureut verlegt, das einen eigenen Bahnhof erhielt, doch lief die Strecke jetzt über Mühlburg und Knielingen und führte nicht mehr ins Stadtzentrum. Es lag nun nahe, die Hardtdörfer über Neureut, Linkenheim bis nach Rußheim mit einer elektrischen Straßenbahn direkt mit der Stadt zu verbinden. Im Winter 1913/14 waren die Verhandlungen mit der Stadt so weit gediehen, daß der Bau einer Straßenbahnlinie von der Moltkestraße, teilweise unter Benutzung der alten Bahntrasse, nach Teutschneureut beschlossen wurde. Die Bahn sollte zum Neureuter Bahnhof und weiter bis zum Ortsende geführt werden, wo ein kleiner Wagenschuppen geplant war. Bei Kriegsbeginn 1914 wurden die noch im Anfangsstadium stehenden Arbeiten eingestellt. Alle Versuche, das Projekt nach dem Kriege weiterzuführen, scheiterten, und erst 1979 konnte die schon über 60 Jahre projektierte Nordbahn ihren Betrieb aufnehmen.

Ein anderes Projekt, das in dieselbe Zeit fiel, war die Versorgung von Neureut mit Elektrizität. Im November 1913 wurde eine Fragebogenaktion „über die Einführung von elektrischem Licht und elektrischer Kraft in den Gemeinden Teutsch- und Welschneureut" durchgeführt. Bei einem positiven Ergebnis sollte das elektrische Netz noch im Winter 1913/14 eingerichtet werden. Der Strom sollte von der Stadt Karlsruhe geliefert werden, die ohnehin eine Leitung zu ihrem in jenen Jahren erbauten Klärwerk am Südende von Welschneureut gebaut hatte. Für die Hausbesitzer würden nur die Kosten für die Leitungen im Haus und für die nötigen Glühlampen anfallen; die Kilowattstunde sollte 45 Pfennig, für Kraftzwecke 25 Pfennig kosten. Eine Vergleichsberechnung machte den Leuten das elektrische Licht schmackhaft: eine elektrische Zimmerlampe von 25 Kerzen kostete in der Stunde 1,25 Pfennig, eine Petroleumlampe gleicher Leuchtkraft jedoch 1,8 Pfennig. „Die Petroleumlampe muß immer wieder gereinigt und gefüllt werden, was beim elektrischen Licht fortfällt, auch kann man die elektrische Lampe jeden Augenblick ausmachen und wieder anzünden, sie brennt also kürzere Zeit wie die Petroleumlampe und kommt dadurch noch billiger. Besonderen Vorteil bietet die elektrische Beleuchtung in Stall und Scheune. Bei vier bis fünf Lampen in einem Haus stellt sich der ganze Jahresbedarf auf etwa 15,00 Mark für die ganze Haushaltung." Zusätzlich zu diesen schriftlichen Aufklärungen wurden am 9. November noch in jeder Gemeinde Vorträge abgehalten. Die Fragebogenaktion ergab, daß sich jeder Haushalt vier bis fünf Lampen leisten zu können glaubte. Es ist kein Fragebogen zu finden, auf dem die Einführung der elektrischen Leitung abgelehnt wurde. Auf die Frage, ob „zum Betrieb von einem Motor elektrische Kraft gewünscht" werde, wurde meistens ablehnend geantwortet, einige waren unschlüssig und nur ganz wenige glaubten, so etwas brauchen zu können.

Aufgrund dieses eindeutigen Ergebnisses wurden von der Gemeinde, die das Ortsnetz zu erstellen hatte, Angebote eingeholt und dem billigsten Bieter der Auftrag erteilt. Die Anlage für Teutschneureut — für das allein noch Unterlagen vorhanden sind — sollte bis 15. August 1914 erstellt werden. Für jede Woche Verzug durften 1 % der Gesamtkosten abgezogen werden. Der Kriegsausbruch verhinderte jedoch die termingerechte Fertigstellung; erst Ende 1914 war es soweit. Infolge des Kriegsausbruchs verzichtete man jedoch auf die Erhebung der Konventionalstrafe. Man war froh, nun einen Ersatz für die seitherige Petroleumbeleuchtung zu haben, denn das bisher aus Amerika gelieferte Öl begann jetzt, rar zu werden.

Der Vertrag mit der Stadt Karlsruhe sah vor, daß die Gemeinden den Strom von der Stadt beziehen und ihrerseits gegen Aufpreis an die Abnehmer weitergeben sollten. Für die Abwicklung dieses Verfahrens wurde ein Lichtmeister angestellt.

Verhandlungen über eine Gasversorgung von Teutsch- und Welschneureut durch Karlsruhe hatten schon früher stattgefunden. Auch Eggenstein sollte hiervon profitieren. Bei einer Erhebung 1910 zeigte es sich, daß in Neureut knapp die Hälfte der Haushalte bereit war, Gas zu beziehen, während sich in Eggenstein nicht die erforderliche Zahl fand. Man ging aber davon aus, daß sich während der Rohrverlegungsarbeiten noch mehr Gasbezieher melden würden, um eine gewisse Mindestabnahme sicherzustellen. Deshalb war die Stadt bereit, auch mit Teutsch- und Welschneureut allein in Verhandlungen zu treten. Beide Gemeinden sollten jährlich die Abnahme von 130 000 cbm Gas garantieren, wobei die Kosten wegen des Neubaus der Rohrleitung etwas über dem Karlsruher Abnahmepreis lagen. Falls jedoch das Garantiequantum überschritten werden würde, sollte eine Preisermäßigung eintreten. Im Sommer 1910 beschloß jedoch der Bürgerausschuß von Teutschneureut, den Gasbezug um ein Jahr zu verschieben, weil die Gemeinde wegen der Hochwasserschäden nicht in der Lage sein würde, das Abnahmequantum zu garantieren. 1911 machte die Stadt Karlsruhe ein erneutes Angebot mit niedrigerer Abnahmegarantie, setzte aber voraus, daß die Gemeinden beim Bau des Karlsruher Klärwerks keine Schwierigkeiten bereiten würden. Das Klärwerk wurde im selben Jahr auf Welschneureuter Gemarkung gebaut, wobei übrigens beim Auspumpen der Baugrube am Südrand des Ortes zwei Brunnen versiegten, so daß Wassermangel eintrat. Die Stadt stellte hierauf einen ihrer Gießwagen auf, an dem sich die Welschneureuter mit Wasser versorgen konnten.

Die Verhandlungen über die Gasversorgung wurden nun nicht mehr weitergeführt. Sicher hat auch hier der Kriegsbeginn alle weiteren Überlegungen verhindert.

Auffallend ist, daß Neureut vor dem Ersten Weltkrieg noch keine Wasserleitung hatte. Dies wurde einfach nicht für notwendig erachtet, da viele Haushaltungen eigene Brunnen besaßen und man diese als ausreichend ansah. So wurde die Wasserleitung erst 1951 gebaut. Der Anlaß dazu in der noch wenig kapitalkräftigen Zeit war der Bau der amerikanischen Kasernen auf dem Exerzierplatzgelände. Diese mußten von Neureut aus mit Wasser versorgt werden, so daß der Bau der Wasserleitung auch der Gemeinde zugute kam.

17. Der Erste Weltkrieg

Den Ersten Weltkrieg hat man in Neureut sicher nicht anders erlebt als in vergleichbaren Gemeinden. Nicht ohne Begeisterung war man 1914 hinausgezogen, im Glauben, daß man wieder daheim sein werde, wenn das Laub falle. Doch bald geriet der Vormarsch überall ins Stocken, die Grabenkämpfe begannen, die Siegesmeldungen hörten auf, und die Begeisterung in der Heimat ließ nach: der Kriegsalltag hatte begonnen. Im Dezember 1914 waren allein aus Teutschneureut schon ungefähr 300 Mann im Felde, und an über 200 Familien wurde Kriegsunterstützung ausbezahlt. 15 junge Männer waren als Kriegsfreiwillige hinausgezogen.

Drei Kirchenglocken mußte die Ev. Kirchengemeinde Teutschneureut der Kriegswirtschaft zur Verfügung stellen.

Die alsbald beginnenden Probleme mit der Nahrungsmittelversorgung wurden in jenem Dezember 1914 in Neureut noch nicht so stark verspürt. Man beschwerte sich darüber, daß es verboten worden war, junge Rinder und Schweine zu schlachten, weil man gewohnt war, im Herbst ein Stück Vieh zu verkaufen, um damit Steuern und sonstige Verbindlichkeiten zu bezahlen. Als weitere Maßnahme für die Sicherung der Ernährung waren Höchstpreise für Kartoffeln festgesetzt worden. In Neureut zweifelte man, ob diese Richtlinie einzuhalten sein würde, denn die Händler hatten schon zu hohen Preisen eingekauft und die Kartoffeln in der Hoffnung auf Preissteigerungen gehortet. Immerhin gönnten die Neureuter den Händlern einen eventuellen Verlust, da diese sich auch sonst an der Arbeit des kleinen Bauern bereichert hätten.

Froh war man, noch vor Jahresende elektrisches Licht zu bekommen. Aus Mangel an Petroleum war die Ortsbeleuchtung schon weitgehend eingestellt worden. Mit der elektrischen Straßenbeleuchtung konnte man dann auch die Nachtwache einstellen, die seit Jahrhunderten allnächtlich in den Dörfern herumgegangen war.

Zu Kriegsbeginn war in der Neureuter Gemarkung im Kirchfeld, teilweise auch im Zehntwald, ein etwa 150 Hektar großes Gelände für die Anlegung eines Exerzierplatzes angekauft worden. Dieser Platz bildete den Ersatz für einen aufgelassenen Truppenübungsplatz in Mörsch. Was auf diesem Exerzierplatz geübt wurde, war draußen an den Fronten blutiger Ernst: im Verlauf des Ersten Weltkrieges sind 45 Soldaten aus Welschneureut und 103 Soldaten aus Teutschneureut gefallen.

Vormilitärische Ausbildung 1917/18 bei der freiwilligen Jugendwehr.

VIII. Weimarer Zeit, Drittes Reich und Zweiter Weltkrieg

1. Geschichtlicher Überblick

Als sich im Herbst 1918 die Erkenntnis durchsetzte, daß das Deutsche Reich nicht mehr in der Lage war, den Krieg fortzusetzen, brach damit auch das politische System zusammen. Es hätte dazu des Aufstands der Kieler Matrosen nicht bedurft, wie auch das Randalieren des Matrosen Heinrich Klumpp und einiger betrunkener Kumpane vor dem Karlsruher Schloß am 11. November und die Flucht des Großherzogs noch lange keine Revolution war.

Schon am 11. November hatte in Baden eine Provisorische Regierung die Macht übernommen und wenige Tage später den Auftrag zur Ausarbeitung einer neuen Verfassung erteilt. Die Wahl zur Badischen Verfassungsgebenden Nationalversammlung, welche die Verfassung beraten und zur Volksabstimmung stellen sollte, fand am 5. Januar 1919 statt. Die Ausrufung einer Räterepublik in Mannheim im Februar 1919 änderte nichts am Gang der Dinge. Einschneidender waren der Versailler Friedensvertrag und seine Folgen, da Baden, das nunmehr Grenzland war, der Einmarsch französischer Truppen drohte, als das Reich zögerte, die harten Friedensbedingungen anzunehmen. Diese Befürchtung war nicht unberechtigt, denn im Ruhrkampf, dem Streit um die an Frankreich zu liefernden Reparationen, wurden 1923/24 Offenburg und die Rheinhäfen Mannheim und Karlsruhe besetzt, ganz zu schweigen von Kehl, das als Brückenkopf von 1919 bis 1930 von den Franzosen besetzt blieb.

Mit Ausnahme der Mannheimer Räterepublik von 1919 blieb Baden in der Weimarer Zeit von größeren politischen Unruhen, wie den Vorgängen um die bayerische Räterepublik, dem Spartakusaufstand im Ruhrgebiet oder ähnlichen Kämpfen verschont. Die Ermordung des Reichsfinanzministers Dr. Matthias Erzberger in Bad Griesbach am 26. August 1921 durch rechtsradikale Elemente brachte allerdings auch den politischen Terror nach Baden. Es blieb auch weiterhin keineswegs von einzelnen Vorfällen verschont, die sich gelegentlich zu größeren Unruhen hätten ausweiten können, wenn nicht der langjährige Innenminister Adam Remmele (1919—1929) es durch mutiges und tatkräftiges Eingreifen verstanden hätte, dergleichen Ansätze im Keime zu ersticken. Insgesamt besaß aber Baden eine gewisse Stabilität, die auf dem Ausgleich der politischen Kräfte, einer Koalition zwischen dem Zentrum und der Sozialdemokratie, beruhte. Erst die Frage des Abschlusses eines Konkordats zwischen der Republik Baden und dem Heiligen Stuhl ließ 1932 diese Koalition zerbrechen, und die Sozialdemokraten schieden aus der Regierung aus.

In den Badischen Landtag waren Nationalsozialisten erst durch die Wahl von 1929 mit sechs Abgeordneten gekommen. Im Reich hingegen führten die Schwierigkeiten einer Regierungsbildung nach den Reichstagswahlen vom

6. November 1932 schließlich dazu, daß Reichspräsident Hindenburg am 30. Januar 1933 Adolf Hitler zu Reichskanzler ernannte. Bei der erneuten Reichstagswahl am 5. März erreichten die Nationalsozialisten zusammen mit der „Kampffront Schwarz—Weiß—Rot" eine zwar knappe, aber absolute Mehrheit. Der daraufhin zusammengetretene Reichstag beschloß gegen die Stimmen der Sozialdemokraten — die Kommunisten waren wegen des ihnen zur Last gelegten Reichstagsbrandes ausgeschlossen — am 24. März das Ermächtigungsgesetz. Es befugte die Reichsregierung, außerhalb des in der Verfassung vorgeschriebenen Verfahrens und von der Verfassung abweichende Gesetze „zur Behebung der Not von Volk und Reich" zu erlassen. Der Weg ins Dritte Reich war damit verfassungsmäßig geebnet.

Die Weimarer Verfassung hatte in ihrem § 48 nicht nur diese Möglichkeit des Ermächtigungsgesetzes geboten, sie gab auch der Reichsregierung durch ihre Abkehr vom förderalistischen Prinzip die Möglichkeit zum unmittelbaren Eingriff in die Belange der Länder. So hatte 1932 die Reichsregierung unter Papen einfach die preußische Regierung abgesetzt, und nach der Machtergreifung Hitlers wurde nun die Gleichschaltung der Länderregierungen vorgenommen. Am 8. März traf in Karlsruhe ein Telegramm ein, das der badischen Regierung ihre Absetzung und die Einsetzung des Abgeordneten der NSDAP Robert Wagner als Reichskommissar bekanntgab. Wagner ließ sich noch Zeit, bis am 11. März die Ratifizierung des Konkordats abgeschlossen war, um dann dem Staatspräsidenten seine Absetzung zu erklären und ihn in Schutzhaft nehmen zu lassen. Die verfassungsmäßige Regierung wurde aus dem Amt gedrängt und die nationalsozialistische unter Gauleiter und Reichsstatthalter Wagner trat an ihre Stelle.

Die Demokratie ist freilich nicht ganz kampflos abgetreten. Voraus gingen harte politische Auseinandersetzungen, die damals freilich sehr schnell ins Handgreifliche übergingen, zumal die Parteien ihre militärisch organisierten und uniformierten Schutztruppen hatten, die sich gegenseitig sogenannte „Saalschlachten" lieferten. Als richtige paramilitärische Truppe mußten die SA und die SS der NSDAP angesehen werden, die auch die reale Macht darstellten, auf die gestützt Wagner die Regierung übernehmen konnte.

Diese Machtergreifung mußte andererseits aber auch nicht gegen einen überwiegenden Teil der Bevölkerung durchgesetzt werden, und die Hauptgegner der neuen Machthaber, insbesondere die früheren Regierungsmitglieder und die Funktionsträger der linken Parteien SPD und KPD verschwanden in den Konzentrationslagern. Das unpolitische Volk war froh, daß die politischen Auseinandersetzungen aufhörten und war mit der neuen „Ordnung" zufrieden oder stellte sich eben auf den „Boden der Tatsachen".

Die neuen Machthaber versuchten, zunächst das Hauptproblem, die Arbeitslosigkeit, mit den herkömmlichen Methoden zu bekämpfen, indem man Meliorationen, Straßenbau und andere Arbeitsbeschaffungsprojekte weiterführte. Alsbald kam aber die Hitlerregierung in den Genuß der noch von ihren Vorgängern ausgehandelten Erleichterungen des Versailler Friedensvertrags und des Wegfalls der Reparationen, die den ehemaligen Kriegsgegnern zu leisten waren. Dann zeigte auch die zunächst heimlich, dann offen betriebene Aufrüstung, wohin der Weg gehen sollte. Jegliche Kritik an diesem Kurs wurde unterdrückt, die politische Opposition — so weit sie nicht vertrieben, gefangen oder ermordet war — mußte schweigen. Auch die „Idealisten" in der NSDAP, die nichts anderes wollten, als die Not Deutschlands zu beheben, sahen nicht nur der politischen, sondern auch der rassischen Verfolgung zu.

Das Ende des Dritten Reiches ist bekannt: Millionen von Kriegsopfern und Heimatvertriebenen, Kriegsschäden an Sachwerten, die kaum zu beziffern sind. Die Folgen des mutwillig vom Zaun gebrochenen Zweiten Weltkrieges waren ungleich schwerer und betrafen jedes Dorf und jede Familie viel unmittelbarer als die Folgen des Ersten Weltkrieges. Um wieviel schwerer mußte 1945 der Neuanfang sein als 1918!

2. Neureut nach dem Ersten Weltkrieg

Nachdem die politischen Verhältnisse sich einigermaßen stabilisiert hatten, wollte man in Neureut an die vor dem Krieg nicht mehr erreichte Durchführung des Straßenbahnprojekts gehen. Es wurde aber bald klar, daß man dies, der Zeitumstände wegen, verschieben mußte, zumal andere Probleme mehr drängten. Im Vordergrund stand hier zunächst die Wohnungsnot, die einmal durch die völlige Einstellung der Bautätigkeit während des Krieges entstanden

Luftbild 1927. Der Ort wird größer.

war, zum anderen wohl auch daher kam, daß Hunderttausende, denen es bis dahin durch den Krieg verwehrt gewesen war, nun eine Familie und eine eigene Existenz gründen wollten. Die Wohnungsnot hatte eine Überbelegung des vorhandenen Wohnraums zur Folge, was sich in beiden Gemeinden in zahlreichen Klagen und Auseinandersetzungen zwischen Mietern und Vermietern äußerte. Immerhin konnten bis zur Inflation noch einige Häuser erstellt werden. So wurden in Teuschneureut 1920 vier, 1921 acht, 1922 zwölf, 1923 jedoch nur noch ein Haus fertiggestellt. In jenem letzten Jahr wurde in Welschneureut noch rege gebaut, so daß alsbald zehn Häuser bezogen werden konnten. Als die Inflation im Jahre 1923 die Bautätigkeit dann zum Stillstand brachte, war die Wohnungsnot noch immer nicht beseitigt. Erst 1928 konnte man in beiden Gemeinden feststellen, dieses Problem nunmehr zufriedenstellend gelöst zu haben.

Besonders ausgeprägt war in jener Zeit der genossenschaftliche Siedlungsgedanke, d. h. die gegenseitige Hilfeleistung bei der Neuerrichtung von Wohnraum. So hatte sich 1925 in Teutschneureut eine Siedlungsgesellschaft mit 16 Mitgliedern, die vorwiegend Arbeiter waren, gebildet. Die Gesellschaft hatte bis 1927 schon vier Doppelhäuser errichtet und vier weitere in der Planung. Im Gegensatz zu dieser örtlichen Initiative hatte sich auf dem jetzt wieder landwirtschaftlich genutzen Exerzierplatz eine Siedlungsgesellschaft aufgetan, die ihren Sitz in Karlsruhe hatte und sich „Schaffergilde" nannte. Die Schaffergilde führte als Signet in ihrem Briefkopf das Ei des Kolumbus. Die führenden Leute schienen also der Auffassung gewesen zu sein, daß sie die Patentlösung für die Behebung der Wohnungsnot gefunden hätten. Seitens der Gemeinde

In Welschneureut sind um 1930 die Konturen des Straßendorfes noch deutlich erkennbar. Wie eine Streusiedlung wirken die Neubauten im Ostteil des Ortes.

Teutschneureut wurden jedoch gegen das Siedlungsprojekt auf dem Exerzierplatz Einwände erhoben, da man nicht unerhebliche Folgelasten auf sich
zukommen sah. Andererseits sollte der Wohnungsbau gefördert werden, und
dies scheint dann bei den Verhandlungenn, die bis zum Staatsministerium
gingen, den Ausschlag gegeben zu haben. Die Schaffergilde bekam 1928 ein
Erbbaurecht auf dem Exerzierplatz eingeräumt und wollte bis 1931 eine erste
Serie von 20 Häusern erstellen. 1932 ging die Schaffergilde jedoch in Konkurs,
vermutlich stand dieser im Zusammenhang mit der damals allgemein
schlechten Wirtschaftslage. Das Siedlungsprojekt konnte bis 1935 fortgeführt
werden, und die damals errichteten Häuser bildeten dann den Kern der nach
dem Zweiten Weltkrieg errichteten Kirchfeld-Siedlung. Auch in Welschneureut
hatte sich in der sogenannten Gartensiedlung am Hardtwaldrand eine solche
Siedlungsgenossenschaft aufgetan, die 1921 zwei Wohnhäuser errichtete.

*Umgeben von Ödland bildete sich am Rande des Karlsruher Flugplatzes eine
Gartensiedlung, die spätere „Heide".*

Kennzeichnend für die Zeit nach dem Ersten Weltkrieg ist die instabile wirtschaftliche Lage, die sich im Arbeitslosenproblem und dann auch in der immer
schärfer werdenden politischen Auseinandersetzung äußerte. Die Kriegsfolgen
machten sich auf wirtschaftlichem Gebiet nicht so schnell bemerkbar; noch
1921 waren in Welschneureut nur wenige erwerbslos. Mit der zunehmenden
Inflation stieg aber auch die Zahl der Arbeitslosen. 1923 waren in Welschneureut von 800 Arbeitern nur noch 350 beschäftigt, es gab 20 bis 30 Kurzarbeiter und 100 Erwerbslose. 75 Arbeiter aus dem Ort befanden sich im damals
französisch besetzten Saargebiet als Gastarbeiter, wo sie vorwiegend als
Maurer tätig waren.

1924 zählte man in Teutschneureut 160 Erwerbslose und 60 Kurzarbeiter. Insgesamt waren es nur noch 90 Leute, die täglich zur Arbeit nach Karlsruhe fuhren. 25 Werktätige hatten ebenfalls im Saargebiet Arbeit gefunden und konnten nur alle paar Wochen über Sonn- oder Feiertage ihre Familien besuchen. Nach der Währungsreform 1924 begann ein langsamer wirtschaftlicher Aufschwung. 1927 wurden bereits 800 Arbeiter und Angestellte gezählt, die täglich nach Karlsruhe gingen; dieselbe Zahl wurde im folgenden Jahr in Welschneureut festgestellt. Entsprechend war nun auch die Zahl der Arbeitslosen und Erwerbslosen gesunken, um dann wieder nach 1929, in der Weltwirtschaftskrise, in vorher nie gekannte Höhen zu steigen.

*1923 entstand die „Rüppurr-Fayence",
die Neureuter Majolikafabrik*

Immerhin war man in Neureut in der Lage gewesen, das Problem der Arbeitslosigkeit durch den landwirtschaftlichen Unterbau einigermaßen aufzufangen, über den man immer noch verfügte. So war nach dem Ersten Weltkrieg wieder eine Verbesserung der Landwirtschaft festzustellen. Im Gegensatz zur Vorkriegszeit wurde das verfügbare Land jetzt wieder voll bebaut; seit 1924 waren im Tiefgestade Meliorationen vorgenommen worden, um die Be- und Entwässerung dieses Geländes zu verbessern. Die strukturellen Veränderungen in der Landwirtschaft gingen in dieser Zeit aber immer noch weiter. Der Großviehbestand sank; nach einer anfänglichen Zunahme der Ziegenhaltung nahm auch diese wieder ab, während die Schweinehaltung ausgedehnt wurde. Trotz der nun vermehrten Bedeutung der Landwirtschaft änderte sich also ihre Stellung als Nebenerwerb nicht mehr. Durch die in Welschneureut beträchtlich geringere Fläche ging dort die Entwicklung sogar dahin, daß man vermehrt zum Obst- und Gemüseanbau sowie zur Geflügelzucht überging und somit zu einer Intensivierung der Bodennutzung.

Die insgesamt schlechte Wirtschaftslage jener Zeit ermöglichte keine öffentlichen Bauten. Trotzdem konnte die evangelische Kirchengemeinde in Teutschneureut ein Gemeindehaus errichten, das 1927 in Gebrauch genommen werden konnte. Dankbar war man in beiden Gemeinden, daß man schon vor dem Krieg Schulhäuser erstellt hatte, die dem Bedarf für einige Zeit gerecht werden würden. Ebenso war man froh, daß man noch Gelegenheit gehabt hatte, die Elektrizität einzuführen. Kanalisationsarbeiten wurden vor allem im Rahmen von Arbeitsbeschaffungsmaßnahmen vorgenommen. Demgegenüber mußte die Errichtung eines Wasserleitungsnetzes wieder zurückgestellt werden, da man außerstande war, die erforderlichen Mittel dafür aufzubringen. In Teutsch-neureut, wo jedes Haus seinen Brunnen hatte, machte man deswegen aus der Not eine Tugend und behauptete, daß das Leitungswasser nicht so frisch sein könne wie das Brunnenwasser. Man verwies auch auf die winterlichen Rohr-brüche durch Einfrieren der Leitungen. Das Fehlen der Straßenbahnlinie wurde nicht mehr so stark als Benachteiligung empfunden, als 1925 eine private Buslinie zwischen Eggenstein und Karlsruhe eingerichtet wurde, die später in die Hände der Reichspost überging. Überhaupt machte sich jetzt auch die Motorisierung bemerkbar. 1927 wurde über die Staubentwicklung in der Haupt-straße durch den starken Kraftfahrzeugverkehr geklagt und eine neue Teer-decke verlangt. Zu weit vorspringende Gartenzäune mußten zurückverlegt werden, um den Kindern einen sicheren Schulweg zu ermöglichen.

Teilweise in Notstandsarbeit wurden im Tiefgestade Be- und Entwässerungs-gräben angelegt.

Daneben sind auch weitere Veränderungen der Verhältnisse festzustellen. Wie üblich wurde in der Nachkriegszeit über die Jugend geklagt, deren Sparsam-keit und Arbeitswille zu wünschen übrig ließe. Pfarrer Askani von Welsch-neureut äußerte sich 1924 betrübt über die Vergnügungssucht in seiner Gemeinde, die sich in mancherlei Vereinsfestlichkeiten und 1922 gar in der Gründung der Tanzgesellschaft „Excelsior" bemerkbar machte. Hingegen klagten 1929 die Wirte, daß sonntags nur noch ein paar alte Leute in die Wirtschaften kämen, während die Jugend lieber auf die Sportplätze oder in die Stadt ginge. Die jahrhundertelangen Klagen über die häufigen Wirtshausbesuche, gerade seitens der Jugend, schienen plötzlich überflüssig geworden zu sein.

Eine wichtige Veränderung ergab sich für die beiden Gemeinden dadurch, daß sich 1929 endlich ein Arzt in Teutschneureut niederließ, nachdem sich in den Jahren zuvor die Karlsruher Ortskrankenkasse vergeblich darum bemüht hatte und einem solchen Arzt sogar ein Haus bauen wollte. Zum Thema der medizinischen Versorgung gehört auch, daß 1929 in Teutschneureut einige Frauen zur Entbindung nach Karlsruhe gingen, und 1930 die Welschneureuter Hebammen sich über die Konkurrenz der Landesfrauenklinik beschwerten. Als ein bedenkliches Zeichen der Zeit wurde es hingegen 1927 in Teutschneureut angesehen, daß die ersten beiden Ehescheidungsprozesse des Dorfes nunmehr beim Karlsruher Landgericht anhängig waren.

Zuletzt mag noch bei dem Thema „Veränderung der Lebensgewohnheiten" erwähnt werden, daß 1929 die ersten elektrischen Staubsauger und Bügeleisen in Teutschneureut verwendet wurden.

Der Welschneureuter Friedhof um 1930.

3. Die Anfänge der NSDAP in Neureut

Neureut hatte mit seiner überwiegenden Arbeiterbevölkerung einen traditionellen Stamm von Sozialdemokraten, besonders in Welschneureut, wo schon früh ein Sozialdemokratischer Wahlverein erwähnt wird. Daneben besaßen die bürgerlichen Parteien in beiden Orten, besonders in Teutschneureut, ihre Anhänger. Eine Ortsgruppe Neureut der KPD wird 1931 genannt. Daraus geht hervor, daß die Kommunisten zumindest in ihrer Organisation bereits die Vereinigung der beiden Gemeinden vollzogen hatten. Im selben Jahr werden dann auch Ortsgruppen der NSDAP angeführt, ohne daß gesagt werden kann, wann sie gegründet wurden. Schon vorher fanden aber Veranstaltungen der NSDAP in Neureut statt.

Die erste Veranstaltung hielt die NSDAP in Welschneureut am 1. Mai 1929 im „Engel" ab. Wir wissen deswegen darüber Bescheid, weil politische Veranstaltungen in jenen Jahren beim Bezirksamt angemeldet und von der Polizei überwacht werden mußten, um Ausschreitungen zu verhindern. Auf jener ersten Veranstaltung trat, nach dem Bericht der Karlsruher Gendarmerie, als Redner „ein gewisser Robert (?) Wagner, Gauleiter der nationalsozialistischen Partei, aus Karlsruhe auf. Er sprach vorwiegend über die Befreiung des Joches des heutigen Staatswesens." Es handelte sich übrigens um denselben Wagner, der genau vier Jahre später an der Spitze des badischen Staatswesens stand. Bei jener Welschneureuter Veranstaltung hatte er etwa 160 Zuhörer. Es wurden aber von der „unauffällig", durch sechs Gendarmen beobachteten Veranstaltung keine besonderen Vorfälle gemeldet. Am 30. Juli 1931 wird dann eine Ortsgruppe Welschneureut der NSDAP erwähnt. Leiter war Karl Buchleither, später Bürgermeister von Neureut.

Die Wirtschafts- und Finanzkrise des Jahres 1931 beflügelte den Rechtsradikalismus. Auf einer Veranstaltung der NSDAP in Welschneureut am 24. Oktober sprach ein Parteigenosse Schirmer aus Heidelberg über „Brüning am Ende, Hitler am Anfang". Da die Regierung des Reichskanzlers Brüning nur noch mit Notverordnungen regieren konnte, glaubte man das Heil von Hitler erwarten zu dürfen. Am 28. Januar 1931 referierte Friedhelm Kemper aus Karlsruhe in Welschneureut über das Thema „Nationaler oder internationaler Sozialismus". Auch Kemper war ein prominenter Nationalsozialist. Er war Führer der badischen Hitlerjugend.

In Teutschneureut wird am 23. Oktober 1931 eine Ortsgruppe der NSDAP genannt. Stellvertretender Ortsgruppenleiter war Karl Hespelt, der sich seit 1932 Ortsgruppenleiter nannte und 1933 Bürgermeister wurde. Am 6. März 1932 sprach ein gewisser Walter Köhler über das Thema „Hitler und Hindenburg". Anlaß war die bevorstehende Reichspräsidentenwahl am 15. März, für die Hindenburg als Kandidat der republikanisch-demokratischen Parteien, Hitler (NSDAP), Thälmann (KPD) und Duesterberg (DNVP) zur Wahl standen. Das Bezirksamt hatte für die Wahlveranstaltung die Auflage gemacht, daß außer Redner und Versammlungsleiter nur in Teutschneureut wohnhafte Personen an der Versammlung teilnehmen durften. Der Redner wurde übrigens im folgenden Jahr badischer Ministerpräsident sowie Finanz- und Wirtschaftsminister.

Nachdem Hitler von Hindenburg zum Reichskanzler ernannt worden war und die Reichstagswahl vom 5. März 1933 anstand, meldete Ortsgruppenleiter

Hespelt auf den 22. Februar eine Veranstaltung mit dem Thema „Deutschlands Wiederaufstieg" an. Die Vorankündigung unterzeichnete er mit „Heil Hitler". Am Donnerstag vor der entscheidenden Wahl veranstaltete die NSDAP abends um sieben Uhr einen Aufmarsch durch sämtliche Straßen von Teutsch- und Welschneureut. Eine Rede des Reichskanzlers Hitler sollte dann auf dem Schulplatz übertragen werden. Die Gendarmerie berichtete, daß diese Veranstaltung „ohne jede Störung und in aller Ordnung verlaufen" sei. Die Rede war allerdings nicht auf dem Schulplatz, sondern in den Saal „Zum Waldhorn" übertragen worden. Am folgenden Sonntag fand die Reichstagswahl statt, die Hitler zur Mehrheit verhalf und schließlich auch zur Machtergreifung der NSDAP in den Ländern und den Gemeinden führte.

4. Die „Machtergreifung" in Neureut

Auf die „Gleichschaltung" der Länder nach der Reichstagswahl vom 5. März 1933, bei der die NSDAP und die ihr verbundenen Splitterparteien die Mehrheit erhalten hatten, folgte auch eine Gleichschaltung der Gemeinden. Grundlage dafür waren zwei Gesetze, die von Reichsstatthalter Wagner am 4. April und 4. Mai 1933 beschlossen wurden. Ihnen zufolge lief die Amtszeit der bis dahin tätigen Gemeinderäte zum 30. April 1933 aus, und es mußte durch Umrechnung der bei der Reichstagswahl in der Gemeinde abgegebenen Stimmen ein neuer Gemeinderat gebildet werden, der im Falle von Teutschneureut sechs Mitglieder haben sollte. Diese sechs neuen Gemeinderäte, von denen vier der NSDAP und je einer der SPD bzw. der Kampffront Schwarz-Weiß-Rot, einem rechten Parteienbündnis unter Führung der Deutschnationalen, angehörten, wurden am 18. Mai verpflichtet. Die beiden Gemeinderäte von der SPD und der Kampffront weigerten sich jedoch, das dabei auf die Reichs- und Landesregierung ausgebrachte „Sieg Heil" mitzumachen und die Hand zum Hitlergruß zu erheben. Fraktionsführer Hespelt von der NSDAP beantragte deshalb beim Bezirksamt, die beiden, falls sie von ihren Parteien nicht zurückgezogen werden würden, aus ihrem Amt zu entfernen. Es handelte sich hierbei um den Buchdrucker Adolf Nagel (SPD) und den Bahnarbeiter Emil Glutsch (Kampffront). Glutsch trat hierauf zurück, und an seine Stelle rückte Karl Brunn nach. Für die Entfernung von Nagel bot sich eine Handhabe durch eine Rundverfügung vom 24. Juni 1933, die die „Auflösung der kommunistischen und sozialdemokratischen Partei Deutschlands" aufgrund von § 1 der Verordnung zum Schutz von Volk und Staat vom 28. Februar 1933 anordnete. Im Herbst trat noch Gemeinderat Jakob Ehrmann zurück, weil er bei der Neubesetzung der Polizeidienerstelle Anstoß daran genommen hatte, daß der Bürgermeister darauf bestanden hatte, daß die Stelle mit einem SA-Mann besetzt wurde.

Bürgermeister von Teutschneureut war seit dem 29. August 1930 Gemeinderat Emil Ulrich. Er war damals vom Innenministerium ernannt worden, da bei drei Wahlgängen keiner der Bewerber die erforderliche Stimmenzahl auf sich vereinigen konnte. Am 7. März 1933 wurde vom Bezirksamt angeordnet, eine Neu-

Aufmarsch der SA 1933.

wahl einzuleiten. Bürgermeister Ulrich bat mit einem Schreiben vom 15. März „mit Rücksicht auf die derzeitigen politischen Verhältnisse", die Angelegenheit noch 14 bis 20 Tage zurückstellen zu dürfen. Diesem Vorschlag wurde zugestimmt. Die Neuwahl wurde auf den 20. Juli anberaumt, da, infolge einer Notverordnung vom 19. März, die Amtszeit der gegenwärtigen Bürgermeister nicht vor dem 1. Juni enden sollte. Der aufgrund der Gemeindeordnung vom Bürgerausschuß gewählte Bürgermeister wurde nun der Ortsruppenleiter der NSDAP Karl Hespelt, der 12 von 15 abgegebenen Stimmen erhielt. Seine Amtsperiode sollte neun Jahre dauern. Im Herbst 1935 trat Hespelt jedoch zurück, da er eine Stelle beim Milchwirtschaftsverband Baden-Pfalz erhalten hatte, die vermutlich einträglicher war als der Bürgermeisterposten, der lediglich 235 Mark im Monat abwarf. Der Vorgänger hatte etwa 100 Mark mehr bekommen. Mit der niedrigeren Einstufung von Hespelt hatten die Nationalsozialisten ein Beispiel für die übrigen Gemeindebeamten geben wollen.

In Welschneureut war seit 1919 der Tüncher Karl Friedrich Merz Bürgermeister. 1928 war er in diesem Amt bestätigt worden. Im Zuge der Gleichschaltung wurde ihm — vermutlich nicht ohne Druck — das Amt stückweise abgenommen. Auf eine Verfügung des Bezirksamts vom 13. März beschloß der Gemeinderat, die Verwaltung der Ortspolizei dem Malermeister Friedrich Buchleither zu übertragen. Am 17. März erklärte Merz schließlich, daß er wegen Krankheit bis auf weiteres einen Urlaub antreten werde. Mit seiner Stellvertretung wurde Buchleither betraut. Am 25. März legte Merz dann eine Bestätigung vor, daß er aus der SPD ausgetreten sei und fügte dem noch eine weitere Erklärung bei, in der er dem Landrat versicherte, „daß ich bereit bin, am Aufbau unseres Vaterlandes tatkräftig mitzuwirken und mich jederzeit hinter die aufbauenden nationalen Parteien stelle". Er machte sich offensichtlich Hoffnungen, wieder das Bürgermeisteramt antreten zu können, denn Buchleither beschwerte sich beim Bezirksamt über Merz, daß dieser überall erzähle, er würde im Mai wieder Bürgermeister werden. Die Handhabe für die Entfernung von Merz, die von Buchleither betrieben wurde, war dann das von der Reichsregierung am 7. April 1933 erlassene Gesetz zur Wiederherstellung des Berufsbeamtentums, das in seinem § 4 bestimmte, daß „Beamte, die nach ihrer bisherigen politischen Betätigung nicht die Gewähr dafür bieten, daß sie jederzeit rückhaltlos für den nationalen Staat eintreten", aus dem Dienst entlassen werden konnten. Dies war bei Merz als ehemaligem Mitglied der am 24. Juni 1933 verbotenen SPD gegeben. Er wurde deshalb aus dem Dienst entlassen. Bei der Wahl am 4. September erhielt der Kandidat der NSDAP, Ortsgruppenleiter Karl Buchleither, jedoch nur fünf Stimmen, der Gegenkandidat, sein Bruder, Malermeister Fritz Buchleither, erhielt acht Stimmen. Der Kreisleiter der NSDAP erklärte hierauf dem Landrat, daß die Wahl „für uns", d. h. für die NSDAP, als ungültig anzusehen sei. Fritz Buchleither erklärte hierauf dem Bezirksamt, daß er die auf ihn gefallene Wahl nicht annehme. Karl Buchleither, Ortsgruppenführer und Schneidermeister, wurde hierauf vom Innenministerium für zwei Jahre, jederzeit widerruflich, zum Bürgermeister von Welschneureut ernannt. Er trat seinen Dienst am 30. September 1933 an. 1935 wurde Buchleither fest als ehrenamtlicher Bürgermeister angestellt.

Umzug zum Erntedankfest 1933.

In Welschneureut scheint man die Sozialdemokraten, die dort eine sehr lange Tradition hatten, schon frühzeitig, d. h. bald nach den Wahlen am 5. März, unter Druck gesetzt zu haben. Denn am 23. März teilte der Vorstand des Sozialdemokratischen Vereins Welschneureut, Wilhelm Merz (Plattenleger), dem Bürgermeisteramt mit, daß Gemeinderat Max Durand aus der SPD ausgetreten sei, ebenso die beiden nachrückenden Bewerber Oskar Herb und Heinrich Dunke, so daß der nächste Bewerber Wilhelm Merz (Zimmermann) sei. Der Sozialdemokratische Verein in Welschneureut löste sich, laut Schreiben an das Bürgermeisteramt vom 16. Mai, auf, so daß Gemeinderat Emil Crocoll (Zimmermann) und die Bürgerausschußmitglieder Wilhelm Merz (Plattenleger) und Wilhelm Merz (Zimmermann) ihre Ämter niederlegten. Infolge des unerwünschten Ergebnisses bei der Bürgermeisterwahl forderte die Kreisleitung der NSDAP hierauf eine Neuwahl von Gemeinderat und Gemeindeausschuß. Die Auflösung erfolgte aufgrund des Gleichschaltungsgesetzes. Die von der Ortsgruppe der NSDAP vorgeschlagenen Kandidaten wurden hierauf vom Bezirksamt ernannt.

Die Nationalsozialisten hatten somit in Neureut die Macht ergriffen. Sie hatten dies „legal" getan, d. h. aufgrund von Gesetzen und Verordnungen, die im Reichsgesetzblatt und im Badischen Gesetz- und Verordnungsblatt publiziert, nicht aber auf demokratische Weise zustandegekommen waren. Dennoch mußte das, was „amtlich" war, auch rechtens sein. Die wenigen, die es besser wußten, schwiegen lieber. Die für einige Vertreter der badischen SPD am 16. Mai 1933 veranstaltete Ausfahrt von Karlsruhe ins Konzentrationslager Kislau hatte sicher nicht ihre Wirkung auf das einfache Parteimitglied verfehlt.

Nach der Verfolgung der politisch Andersdenkenden kam alsbald auch die Verfolgung der Menschen, die einer anderen als der „arischen Rasse" angehörten. Dem Matzenbäcker Strauß, der mit seinem Betrieb schon etliche Jahre in Neureut ansässig war, gelang es jedoch 1936 auszuwandern und so der Vernichtung zu entgehen.

5. Die Eingliederung der Gemeinde Welschneureut in die Gemeinde Teutschneureut

Die bereits in der Weimarer Zeit begonnenen Bestrebungen zur Neugliederung der Verwaltung auf allen Stufen wurden im Dritten Reich fortgesetzt. Der badische Innenminister ordnete 1935 die Vereinigung von Gemeinden, „zwecks Stärkung sowohl der Verwaltungskraft als auch der wirtschaftlichen Leistungsfähigkeit", an. Im Bezirksamt Karlsruhe kam für eine solche Vereinigung Teutsch- und Welschneureut in Frage. Zu einer ersten Besprechung dieser Angelegenheit trafen sich am 14. März 1935 die Vertreter des Bezirksamts, der Kreisleitung der NSDAP und der beiden Gemeinden auf dem Rathaus in Teutschneureut. Der Landrat empfahl den beiden Gemeinden eine gütliche Einigung in der Weise, daß Welschneureut in Teutschneureut eingegliedert werde und die damit entstehende neue Gemeinde mit 4398 Einwohnern und 1899 ha Gemarkung den Namen Neureut annehme. „Falls keine Einigung erfolge, sei mit behördlicher Anordnung der Eingliederung zu rechnen." Kreisleiter Worch wies darauf hin, daß die Eingliederung im Gesamtinteresse des deutschen Volkes geschehen müsse und die Gemeinderäte dies gegenüber dem lokalen Interesse zu vertreten hätten. Die beiden Bürgermeister stimmten der Eingliederung zu. Lediglich einige Gemeinderäte von Teutschneureut erhoben Bedenken und forderten, daß die Gemeindeumlage durch die Eingliederung nicht wesentlich erhöht und vor allem der Bürgernutzen getrennt erhalten bleiben solle.

In einer Vereinbarung vom 10. September 1935 stimmten die Vertreter der beiden Gemeinden formell der Eingliederung zu. Demnach sollte die Gemeindeverwaltung in das Teutschneureuter Rathaus verlegt, die Grundbuchgeschäfte jedoch von Welschneureut bis auf weiteres im dortigen Rathaus fortgeführt werden. Der Bürgernutzen der beiden Gemeindeteile blieb getrennt, wie es von Anfang an verlangt worden war. Die Beamten und Angestellten wurden sämtlich übernommen, auch die Schule und der Friedhof in Welschneureut blieben erhalten. Lediglich die Welschneureuter Farrenhaltung wurde in den Teutschneureuter Farrenstall verlegt, wodurch ein Farrenwärter eingespart wurde. Der bis dahin ehrenamtliche Bürgermeister Hespelt von Teutschneureut trat zugunsten von Bürgermeister Buchleither von Welschneureut zurück. Den Zeitpunkt der Eingliederung bestimmte Reichsstatthalter Wagner auf 1. November 1935 und verfügte gleichzeitig die Annahme des Namens „Neureut (Baden)" durch die neue Gemeinde.

Gemeindesiegel im Wandel der Zeiten.

Die feierliche Vereinigung der Gemeinden fand am 2. November 1935 statt. „Der Führer", die nationalsozialistische Tageszeitung von Karlsruhe, brachte darüber folgenden Bericht unter dem Titel „Teutsch- und Welschneureut vereinigt": „Freitagabend fand auf dem Rathaus des neuen Dorfes Neureut, zu dem die beiden Nachbardörfer Welsch- und Teutschneureut vereinigt wurden, die Vereidigung der Beigeordneten und Gemeinderäte statt, an die sich eine Gemeindefeier zur Vereinigung anschloß. Bei der Vereidigung waren zugegen als Vertreter der Partei Kreisleiter Worch, als Vertreter der Behörden Landrat Wintermantel, Schulrat Weinzapf für die Schulbehörde, verschiedene Bürgermeister aus der Umgebung und die Vertreter der Parteigliederungen.

Landrat Wintermantel eröffnete die Feier und gab einen kurzen Rückblick über die Geschichte der beiden Gemeinden und erläuterte die Gründe, die zur Zusammenlegung geführt haben. Sodann vereidigte er den Bürgermeister der neuen Gemeinde, Pg. Buchleither, auf sein neues Amt. Der Bürgermeister gelobte, im Sinne Adolf Hitlers seine ganze Kraft einzusetzen zum Wohle der Gemeinde. Er bat, ihm das nötige Vertrauen entgegenzubringen, ohne das ein gedeihlicher Aufbau nicht gelingen könne. Hierauf nahm er die Verpflichtung der Beigeordneten und Gemeinderäte vor. Zu Beigeordneten sind ernannt: Bäckermeister Gustav Baumann und Unternehmer Hermann Stober. Der Gemeinderat setzt sich zusammen aus: Emil Baumann, Ortsbauernführer; Gottlob Gros, Werkschreiber; Friedrich Meinzer, Rangierer; Max Motz, Bäckermeister; Adolf Stern, Schmiedemeister und Wilhelm Stolz, Kreiskassenleiter.

Nach der feierlichen Verpflichtung sprach Kreisleiter Worch mahnende Worte zur Einigkeit im nationalsozialistischen Sinne. Er erinnerte daran, wie in den letzten Tagen die Grenzpfähle zwischen den einzelnen Ländern fielen. Wieviel mehr müßten Gemeinden, die schon bisher ihrer wirtschaftlichen Struktur nach eigentlich zusammengehörten, sich in dieser neuen Einigkeit zusammenfinden. Kreisleiter Worch umriß sodann in kurzen Worten die Pflichten der Beigeordneten und Gemeinderäte und schloß mit Dankesworten an den ausgeschiedenen Bürgermeister von Teutschneureut, Hespelt, und an die ausgeschiedenen Gemeinderäte und wünschte der Gemeinde vollen Erfolg in der weiteren Aufbauarbeit.

Bürgermeister Buchleither schloß die Vereidigung mit einem Sieg Heil auf die neu ernannte Gemeinde, auf Volk und Führer.

Die ganze Gemeinde feiert

Kurz nach acht Uhr begann im Saale des Gasthauses zum „Lamm", der mit den Symbolen des Neuen Reiches sinnreich geschmückt war, die eigentliche Gemeindefeier, zu der Volksgenossen und Volksgenossinnen aus beiden bisherigen Ortschaften zahlreich erschienen waren sowie die Formationen der Parteigliederungen. Auch Kreisleiter Worch und Landrat Wintermantel waren bei dieser Feier zugegen.

Bürgermeister Pg. Buchleither eröffnete nach einem Musikvortrag der Standartenkapelle R/109 die Feier, indem er sich den Volksgenossen als das neue

Ortsoberhaupt vorstellte. Er erinnerte daran, daß durch die Entschließung des Reichsstatthalters vom 11. Oktober die beiden Gemeinden Welsch- und Teutschneureut zu einer einzigen Gemeinde vereinigt worden seien. Diese Entschließung sei nach reiflicher Erwägung entstanden. Besonders aus dem Gesichtspunkt heraus, daß damit dem Wohle der beiden Gemeinden am besten gedient sei. Diejenigen, die damit sich noch nicht abfinden könnten, mögen sich sagen, daß im Rahmen des nationalsozialistischen Aufbaus gerade die letzte Verwaltungszelle des Staates, die Gemeinde, zur Gesundung gebracht werden müsse. Pg. Buchleither bat um das Vertrauen aller für seine Mitarbeiter und für sich. Er bat weiter, alle Bedenken beiseite zu stellen und nur auf das Wohl der Gesamtheit bedacht zu sein. Der neue Mitarbeiterstab setze sich aus alten Kämpfern zusammen, die gewiß Garantie dafür seien, daß die Arbeit im Sinne unseres Führers begonnen werde. Aber nur durch das geschlossene Zusammenwirken aller könne das gesteckte Ziel erreicht werden, und wenn alle zusammenständen, dann müsse es auch vorwärtsgehen.

Landrat Wintermantel hob noch einmal die Wichtigkeit und Zweckmäßigkeit des Zusammenschlusses hervor. Er versicherte, daß nicht etwa vom grünen Tisch aus gehandelt worden sei, sondern daß, Dank des Verständnisses und des Weitblickes der beteiligten Gemeindeorgane der beiden Gemeinden, eine gütliche Vereinbarung über alle Punkte zustande gekommen sei. Er wies anhand der geschichtlichen Entwicklung der beiden Gemeinden die Notwendigkeit der Zusammenlegung nach. Mit ihrer 1900 Hektar großen Fläche und ihren 4400 Einwohnern sei Neureut nun die zweitgrößte Gemeinde im Bezirk Karlsruhe. Landrat Wintermantel erläuterte hierauf verschiedene Punkte der Gemeindeverwaltung und gab ein Bild von den Verbesserungen, die sich jetzt schon aus der Vereinigung erkennen ließen. Er bat die Volksgenossen, nicht kleinlich oder engherzig zu sein, sondern der neuen Gemeindeverwaltung das nötige Vertrauen entgegenzubringen und sie mit Rat und Tat zu unterstützen als treue Gefolgschaft nach dem Grundsatz der Bewegung: Gemeinnutz geht vor Eigennutz!

Kreisleiter Worch ging in seiner Rede aus von dem Wort, das Reichsminister Frick vor einigen Tagen zu den deutschen Beamten sprach: Erst seid ihr Deutsche, dann Beamte. Dieses Wort möchte er auch an die Bevölkerung der neuen Gemeinde richten: „Erst seid ihr Deutsche, dann erst Neureuter!" Von diesem Gesichtspunkt aus sei es leicht zu begreifen, warum die beiden Gemeinden zusammengelegt worden sind. Auch dieser Schritt sei im Rahmen des großen Aufbauwerkes geschehen. Pg. Worch umreißt noch einmal die Pflichten und Rechte von Bürgermeister und Mitarbeitern und spricht sodann über einige Dinge, die zur Zeit im Vordergrund des Interesses stehen, so vor allem über die Erzeugungsschlacht. Er erläuterte die Notwendigkeit der äußersten Bodennutzung, gerade auch für Neureut, wo es gelte, Arbeiterbevölkerung wieder der Scholle zuzuführen. Pg. Worch appellierte an alle anwesenden Volksgenossen, das Winterhilfswerk des deutschen Volkes zu unterstützen. Jeder könne entbehren und jeder müsse entbehren. Hier scheiden sich die

Geister, hier zeige es sich, wer wahrhaft nationalsozialistisch handele. Er erinnert noch an die Notwendigkeit der Erziehung der Jugend in der Staatsjugend, streift das Verhältnis von Partei, Staat und Kirche und schloß mit der Mahnung an alle, zusammenzustehen, damit das Aufbauwerk gelinge, damit in diesem neuen großen Deutschland Neureut eine gesunde und stolze Gemeinde werde.

Den offiziellen Teil beschloß eine Totenehrung. Bürgermeister Pg. Buchleither erinnerte daran, daß von den 1500, die aus den beiden Dörfern auszogen, die Heimat zu schützen, 150 im Kampfe geblieben seien, deren Vermächtnis, das Deutschland, für das sie ihr Leben gaben, aufzubauen und zu erhalten unsere oberste Pflicht sei. Mit dem Lied der Jugend „Vorwärts, Vorwärts" war die offizielle Feier beendet. Sie war umrahmt von Vorträgen der SA-Kapelle und der vier Gesangvereine der Großgemeinde."

Die Aufrüstung beginnt; Rekrutenmusterung 1935.

6. Neureut im Zweiten Weltkrieg

Von Herbst 1938 bis Frühjahr 1939 waren in Neureut mehrere hundert Bauarbeiter einquartiert. Was sie bauten, wurde mit dem nichtssagenden Titel

„Westbauten" bezeichnet und ist besser als „Westwall" bekannt. Es handelte sich hier um eine Befestigungslinie am Oberrhein, die in einer Breite von drei bis fünf km ausgebaut wurde und hauptsächlich aus betonierten Unterständen für Maschinengewehre und Geschütze bestand. Diese Befestigungen folgten an sich dem Grenzverlauf, d. h. sie gingen südlich von Karlsruhe auf das linke Rheinufer hinüber, wurden aber rechts des Rheins — um Karlsruhe zu decken — noch bis Germersheim fortgeführt. Auf Neureuter Gemarkung wurden acht Bunker gebaut sowie drei Stollen als Mannschaftsunterstände. Neureut drohte also in einer kommenden Auseinandersetzung mit Frankreich, zum Frontgebiet zu werden.

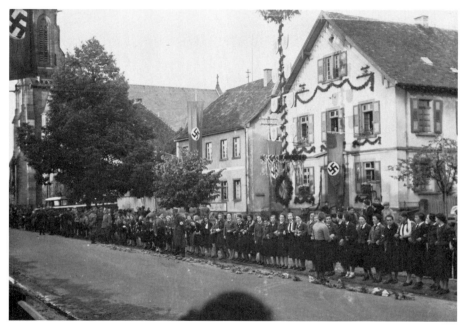

Auf der Fahrt zur Besichtigung des Westwalls, im Mai 1939, kam Hitler auch durch Neureut, wo er mit Festschmuck und Ehrenspalier erwartet wurde.

Dem deutschen Angriff auf Polen am 1. September 1939 folgte jedoch kein Entlastungsangriff der Alliierten im Westen, obwohl ein englisch-französisches Ultimatum an Deutschland am 3. September ausgelaufen war. Der unfertige Westwall hatte noch keine Bewährungsprobe zu bestehen; die Westmächte standen Gewehr bei Fuß. Schon am 28. August 1939 waren in den Gemeinden des Kreises Karlsruhe Plakate angeschlagen worden, die mit dem Datum vom Vortag bekanntmachten, daß der Oberbefehlshaber des Heeres, Generaloberst v. Brauchitsch, im Operationsgebiet die vollziehende Gewalt übernommen habe, und der Kreis Karlsruhe zum Operationsgebiet gehöre. Neureut war also Kriegsgebiet.

Zwar konnte Neureut nach Schluß des Frankreichfeldzugs im Sommer 1940 nicht mehr als Operationsgebiet der deutschen Truppen angesehen werden, dafür aber bald — wie das gesamte Reichsgebiet — als Operationsgebiet der feindlichen Luftwaffe. Auf Neureut mußte sich besonders die Nähe der Großstadt Karlsruhe auswirken, die natürlich zuallererst das Ziel von Luftangriffen war. Bei den zahlreichen Angriffen auf Karlsruhe wurde häufig auch Neureut in Mitleidenschaft gezogen.

Die ersten Bombenabwürfe auf Neureuter Gemarkung scheinen eher zufällig gewesen zu sein. Im Dezember 1940 fiel die erste Sprengbombe, am 6. Mai

Vom ersten Kriegstage an waren Lebensmittel, Textilien, Schuhe und vieles andere rationiert und nur auf Karten erhältlich.

1941 waren es schon vier, am 5./6. August 1941 wieder zwei. In der Nacht vom 17./18. September 1941 warfen drei Flugzeuge fünf Sprengbomben am Klammweg ab, wobei 20 Wohngebäude, vermutlich durch Luftdruck, beschädigt wurden und ein Brand im Staatswald entstand, der durch 18 Phosphorkanister entfacht worden war. In der folgenden Nacht fielen wieder fünf Sprengbomben.

Ein Jahr später, am 3. September 1942 zwischen 2.45 und 4.00 Uhr, fand ein Angriff auf Karlsruhe statt, der 30 Todesopfer forderte. In Neureut fielen 37 Sprengbomben, wobei ein Haus beschädigt und Flurschaden angerichtet wurde. Im Jahre 1943 begannen die vernichtenden Luftangriffe auf die deutschen Großstädte, die sich in ihrer Intensität mehr und mehr steigerten und ein vorher nicht geahntes Ausmaß annahmen. Der erste Angriff dieser Art auf Karlsruhe und Umgebung erfolgte am 25. April 1944, 0.40—1.00 Uhr. Die Abschlußmeldung aus Neureut über diesen Angriff redet von sechs Sprengbomben, sechs Minen, 2900 Stabbrandbomben, 900 Phosphorbrandbomben, 9 Phosphorkanistern und 100000 Flugblättern, die auf Neureuter Gemarkung abgeworfen worden waren. Zwei Männer und sieben Frauen wurden verwundet, 27 Personen obdachlos. Acht Wohngebäude waren total beschädigt, leichte Schäden waren immerhin noch an 200 Gebäuden zu verzeichnen. Die Neureuter Feuerwehr und der Selbstschutz sowie 20 Mann eines Wehrmachtskommandos, verstärkt durch die Feuerwehr von Friedrichstal, hatten sechs Stunden lang mit den Bränden zu kämpfen.

Wiederum griff man für die Kriegswirtschaft auf das Metall der Kirchenglocken zurück.

Im September 1944 ging eine ganze Serie von Angriffen auf Karlsruhe und Umgebung nieder. Am 5. September ein Doppelangriff um 2.00 Uhr und von 11.00—13.00 Uhr, der 37. und der 38. Angriff auf das Gebiet des Kreises Karlsruhe. Die Luftwarnung war — wohl beim zweiten Angriff — zu spät erfolgt. In Neureut wurden durch eine Luftmine an der ehemaligen Schulstraße (heute Welschneureuter Straße) elf Menschen, darunter eine fünfköpfige Familie, getötet. Zeitbomben gingen am Gäßle, beim ehemaligen Hummelstall in der Kirchfeldstraße und neben dem „Strauß" in der Hauptstraße nieder. Der nächste Angriff erfolgte nur wenige Tage später, am 8. September, wobei jedoch in Neureut keine Personenschäden, sondern nur Gebäudeschäden zu verzeichnen waren.

Die Ruine der kriegszerstörten Welschneureuter Kirche.

Die meisten Zerstörungen hat wohl in Neureut der 42. Angriff auf Karlsruhe am 27. September 1944 hervorgerufen. Total zerstört wurden 18 Häuser, ebenso die Welschneureuter Kirche und das Hardthaus, die Lackfabrik sowie eine ganze Reihe von Nebengebäuden wie Scheunen, Ställe, Geräteschuppen usw. Dieses Mal hatte Neureut ein Todesopfer und eine Anzahl Verletzte zu verzeichnen. Der letzte, in der Reihe der großen Angriffe auf Karlsruhe fand am 4. Dezember 1944 statt und forderte dort 375 Menschenleben. Neureut kam deswegen glimpflich davon, weil die Bomber von Osten nach Westen einflogen und die Einschläge daher meist zwischen Durlach und Knielingen lagen.

Zur selben Stunde war auch Heilbronn angegriffen worden, wo 6530 Tote festgestellt wurden, die zumeist in den Kellern der enggebauten Innenstadt erstickt waren.

Fast zwei Wochen vor dem letzten großen Luftangriff auf Karlsruhe am 4. Dezember 1944 war Straßburg überraschend von der 7. US-Armee eingenommen worden. Die Alliierten standen am Rhein, im Nordelsaß und in Lothringen unweit des Westwalls. Das Oberrheingebiet war nun tatsächlich Frontgebiet geworden. Es mußte für einen klar denkenden Beobachter längst schon die Stunde für eine deutsche Kapitulation gekommen sein. Doch die Westmächte kamen den Winter über nur wenig voran, und auf deutscher Seite hielt man mit einer Mischung von Furcht und Hoffnung den Willen zum Widerstand aufrecht: Furcht vor dem Terror des Naziregimes, das den „Defaitismus" verfolgte, und Hoffnung auf die Wunderwaffen, die die entscheidende Wende bringen sollten.

Am 15. März 1945 begann schließlich der amerikanisch-französische Angriff auf die Front zwischen Hagenau und Saarbrücken, die Pfalz wurde besetzt, und am 25. März standen die Alliierten am pfälzischen Rheinufer bereit zum Übersetzen.

Mit der seit der Invasion im Juni 1944 von Westen her immer näher rückenden Front wuchs die Gefährdung der Bevölkerung durch die Jabos, die feindlichen Tiefflieger. Jedes Fahrzeug, jedes Fuhrwerk und selbst einzelne Personen liefen Gefahr, von den unvermutet auftauchenden Jabos angegriffen zu werden. Die in Karlsruhe tätigen Einwohner hatten Schwierigkeiten, ihre Arbeitsplätze zu erreichen. Bald konnte man sich am Tage kaum noch auf der Straße bewegen oder Feldarbeiten verrichten. Zuletzt mußte wegen der ständigen Luftgefahr das Leben, vor allem bei Familien mit kleinen Kindern, in den Keller verlegt werden, wo ohnehin jeder die Nacht verbrachte. Viele verließen auch Neureut und suchten bei Verwandten und Bekannten in weniger gefährdeten Orten Unterschlupf.

Mit der Besetzung der Pfalz rückte Neureut auch noch in die Reichweite der gegnerischen Geschütze. In den letzten Kriegstagen häuften sich die Feuerüberfälle der feindlichen Artillerie, die sich besonders gegen die Kirche in Teutschneureut richteten, auf deren Turm ein deutscher Beobachtungsposten vermutet wurde. Am 2. April fanden so fünf Personen durch Granaten den Tod.

Die Front kam glücklicherweise am Rhein nicht zum Stillstand. Der Oberbefehlshaber der französischen Truppen, General de Lattre de Tassigny, der sich den Oberrhein bis einschließlich Speyer als Ausgangsposition gesichert hatte, ging ohne Zögern auf die rechtsrheinische Seite über. Fern von den Westwallbefestigungen, die den Oberrhein bis Karlsruhe sicherten, überquerten die französischen Truppen am 31. März den Strom an drei Stellen, nämlich südlich von Speyer, bei Lingenfeld und Mechtersheim, am 2. April auch noch bei Leimersheim. Drei Kolonnen der 9. französischen Kolonialinfanteriedivision marschierten nun auf Karlsruhe zu: am Rhein entlang, durch den Hardtwald und östlich des Hardtwaldes. In der Kriegsgeschichte des Oberbefehlshabers de Lattre ist das Kriegsende für Neureut in drei Sätzen abgehandelt: „Nachdem sie sich des Ortes Leopoldshafen bemächtigt hatten, erobern die Kolonialtruppen am 3. April planmäßig die entlang des Rheindamms gestaffelten Bunker. Jeder von ihnen erfordert eine Unternehmung für sich und der Vormarsch geht langsam. Nichtsdestoweniger werden Teutschneureut und Knielingen, 3 km von Karlsruhe entfernt, erreicht."

Hinter den dürren Worten des Generalstäblers läßt sich das Erleben der noch verbliebenen Neureuter Einwohner an jenem Tag heute nur noch erahnen. Dieser 3. April, ein Osterdienstag, war ein warmer und sonniger Frühlingstag. Erste Kunde vom Herannahen des Feindes brachte ein Radfahrer, der nach Eggenstein wollte, und wegen des Vormarsches der feindlichen Truppen umkehren mußte. Er brachte die Meldung, daß die gegnerischen Soldaten Farbige seien, was jedoch nicht zutraf. Die um die Mittagszeit, zwischen 13.00 und 14.00 Uhr einrückenden Soldaten waren Franzosen, denen allerdings Marokkaner folgten. Die auf der Landstraße, von Eggenstein her, vorgehenden Franzosen wurden durch ein Flugzeug, das über ihnen kreiste, dirigiert. Vor Neureut leisteten ihnen wenige deutsche Soldaten durch gelegentliche Gewehrschüsse noch etwas Widerstand. Diese zogen sich dann im Laufschritt durch die Straßen von Neureut zurück und verließen den Ort, ohne daß es zu Kampfhandlungen gekommen wäre. Den abziehenden Deutschen folgten die Franzosen, die mit aufgepflanztem Bajonett in Reihe hintereinander am Straßenrand vorgingen. Währenddessen hockten die Einwohner verängstigt in ihren Kellern und warteten darauf, daß die Häuser durchsucht wurden.

Den einrückenden feindlichen Soldaten ging der Ruf voraus, daß sie nicht vor Vergewaltigungen zurückschreckten. Diese Befürchtung bewahrheitete sich, in den ersten Wochen der Besetzung wurden zahlreiche Frauen Opfer solcher Übergriffe. Manche verkleideten sich zu ihrem Schutz, verbarrikadierten Hofeingänge und Haustüren und sicherten sich Fluchtwege, um sich vor nächtlichen Überfällen, die meist von Marokkanern ausgeführt wurden, retten zu können. Ansonsten nahmen sich die französischen Soldaten was sie brauchten und wollten. Nichts war vor ihnen sicher, besonders auf das Federvieh hatten sie es abgesehen. Auch anderes, vor allem Fahrräder, ließen sie mitgehen. Radios und Fotoapparate mußten auf dem Rathaus abgegeben werden, dazu hatte jede Familie einen vollständigen Anzug und andere Kleidungsstücke abzuliefern.

Mit der Besetzung kamen die russischen und polnischen Fremdarbeiter, die in der Forstnerkaserne untergebracht waren, auf freien Fuß. Sie machten sich jetzt daran, das Unrecht, das ihnen in den zurückliegenden Jahren angetan worden war, zu vergelten. Wiederholt verübten sie bei Tag und Nacht Überfälle auf das Dorf, nahmen Kühe, Ziegen und andere Haustiere, aber auch Gebrauchsgegenstände weg. Niemand konnte sich mehr allein aus dem Haus wagen. Wer wieder anfangen konnte, in Karlsruhe zu arbeiten, schloß sich einer der Gruppen an, die sich mit Fahrrädern oder auf Fuhrwerken auf den Weg machten. Ohnehin bestand anfänglich eine Ausgangssperre, so daß man nur zu bestimmten Zeiten das Haus verlassen konnte. Für Feldarbeiten wurden besondere Ausweise benötigt.

Die Versorgung der Bevölkerung, die bis zum Einmarsch — wenn auch mit immer kleiner werdenden Rationen — funktioniert hatte, verschlechterte sich infolge der chaotischen Zustände. Die Verhältnisse besserten sich, als im Juli 1945 die Franzosen sich auf ihre Besatzungszone südlich der Autobahn Karlsruhe-Ulm zurückzogen und die Amerikaner den Kreis Karlsruhe besetzten. Dankbar wurde empfunden, daß die neue Besatzungsmacht die Fremdarbeiter zur Ordnung brachte.

Die Angehörigen der ehemaligen NSDAP mußten sofort nach der Besetzung Hausdurchsuchungen über sich ergehen lassen. Die Maßnahmen gegen die Parteigenossen gingen nicht ohne Denunziationen vor sich. Eine Anzahl von ihnen war einige Zeit in der Knielinger Kaserne interniert. Verschiedene kamen nach Hohenasperg bei Ludwigsburg und mußten dort wegen ihrer politischen Tätigkeit im Dritten Reich kürzere oder längere Haftstrafen verbüßen.

Wenn auch das Dritte Reich und der Zweite Weltkrieg für Neureut am 3. April 1945 zu Ende gingen, so blieben doch die Folgen noch lange gegenwärtig. Neureut zählte 238 Gefallene an den Fronten und 31 Einwohner, die Opfer der Kriegsereignisse geworden waren. Über das Schicksal vieler Soldaten wußten die Angehörigen nichts; waren sie gefallen, verwundet, gefangen?

IX. Vom Zweiten Weltkrieg bis zur Eingemeindung in die Stadt Karlsruhe

1. Geschichtlicher Überblick

Bei der Besetzung Badens im April 1945 war den Franzosen ein viel größeres Stück des Landes als Besatzungsgebiet zugefallen, als ursprünglich geplant war. Zwei Landeshauptstädte, Karlsruhe und Stuttgart, waren in ihrer Hand. Da die Amerikaner aber die Autobahn Karlsruhe—Ulm als Verbindung zum ebenfalls von ihnen besetzten Bayern in der Hand haben wollten, mußten sich die Franzosen im Juli 1945 aus den Kreisen nördlich dieser Linie zurückziehen. Baden und Württemberg waren nun jeweils in zwei Zonen geteilt. Als die Besatzungsmächte wieder die Bildung von Länderregierungen zuließen, war es nicht mehr möglich, die beiden Länder innerhalb ihrer alten Grenzen wieder zu errichten. In der amerikanischen Zone kam es zu einem Zusammenschluß von Nordbaden und Nordwürttemberg mit Regierungssitz in Stuttgart, wobei dem badischen Landesteil gewisse Sonderrechte zuerkannt wurden, die von einem Präsidenten des Landesbezirks Baden in Karlsruhe wahrgenommen wurden. In der französischen Zone bildete sich ein Land Baden mit der Hauptstadt Freiburg sowie ein Land Württemberg-Hohenzollern mit Regierungssitz in Tübingen. Die Vereinigung dieser drei Länder zum heutigen Land Baden-Württemberg gelang schließlich 1952 nach langwierigen Verhandlungen und einer Volksabstimmung, wobei sich insgesamt eine Mehrheit für den Zusammenschluß entschied. Ein 1970 durchgeführter Volksentscheid bestätigte dieses Ergebnis.

Die Probleme der Nachkriegszeit waren zunächst bestimmt von den elementaren menschlichen Bedürfnissen, von Nahrungsmittelknappheit und Wohnungsnot. Verstärkt wurde diese Problematik noch durch die Ankunft von Millionen von Flüchtlingen und Vertriebenen aus dem Osten. Es gelang nur unter größter Anstrengung, diese Menschen unterzubringen, zu ernähren und in den Wirtschaftsprozeß einzugliedern. Durch die Währungsreform vom 20. Juni 1948 wurde die Wirtschaft auf eine neue Grundlage gestellt. Infolge des sich seit Kriegsende mehr und mehr steigernden Gegensatzes zwischen Ost und West, der 1948 in der Berlin-Blockade gipfelte, gingen die Westmächte, besonders aber die USA, von ihrer bis dahin üblichen Besatzungspolitik ab und begannen den Wiederaufbau West-Deutschlands zu fördern. Die im Rahmen des Marshall-Plans zur Verfügung gestellten ERP-Mittel waren die Grundlage für den Wiederaufbau Europas. Das Jahr 1949 brachte auch die Gründung der Bundesrepublik, die zunächst noch unter der Oberhoheit der Westalliierten stand, dann aber 1955 als souveräner Staat die Selbständigkeit erlangte. Bedingung dafür war ein Beitrag der Bundesrepublik für die Verteidigung des freien Westens, d. h. die Wiederbewaffnung oder die Schaffung der Bundeswehr. Daß dies nur kurze Zeit nach Kriegsende möglich war, ist Ergebnis der Weltsituation jener Jahre, des Kalten Krieges, der aus dem Gegensatz zwischen dem Osten und dem Westen entstand. Die Kehrseite der Wirtschaftswunderjahre waren daher eine ständige Kriegsfurcht, die Angst vor der atomaren Auseinandersetzung.

Das Grundgesetz der Bundesrepublik hat gegenüber der Verfassung der Weimarer Republik einen föderativen Charakter, d. h. die Länder besitzen ein großes Maß an Selbständigkeit. Der gelungene Zusammenschluß von Württemberg und Baden ließ auch nicht mehr die wirtschaftlich nachteilige Grenzlandsituation für Baden aufkommen, wie nach dem Ersten Weltkrieg. Vielmehr konnte sich der „Südweststaat" zu einem der wirtschaftlich bedeutendsten Bundesländer entwickeln.

Die Vereinigung der beiden ehemals selbständigen Länder mußte auf vielen Gebieten eine Annäherung und Angleichung bringen, nicht zuletzt auch eine gemeinsame Rechtsordnung schaffen. Im Bereich der Gemeinden geschah dies durch die 1956 in Kraft tretende Gemeindeordnung, die auf der verfassungsmäßigen Garantie der gemeindlichen Selbstverwaltung aufbaut. Die rasche Veränderung der gesellschaftlichen Verhältnisse in den Jahren nach Kriegsende machten schließlich auch eine Gemeindereform notwendig, die zum Ziel hatte, den Bürgern bessere und gleichwertige Lebensverhältnisse zu sichern. Ein 1967 erlassenes Gesetz zur Stärkung der Verwaltungskraft kleinerer Gemeinden eröffnete die Möglichkeit für freiwillige Zusammenschlüsse, wobei entweder die Einheitsgemeinde oder eine Verwaltungsgemeinschaft als Organisationsform vorgesehen wurde. Ein Sonderproblem der Gemeindereform war die Regelung der Stadt-Umland-Beziehungen, besonders bei den sich mehr und mehr ausdehnenden großen Städten. Die Gemeindegrenzen mußten bei der ständigen Zunahme der Wohn- und Industriebebauung vielfach hinderlich wirken, so daß diesen Städten die Möglichkeit zur Eingemeindung auch bei solchen Gemeinden gegeben wurde, die für sich ohne weiteres lebensfähig gewesen wären.

Es dürfte noch zu früh sein, über die Verwaltungsreform und besonders über ihr Kernstück, die Gemeindereform, ein Urteil zu fällen. Diese Reformen werden einzig und allein an der Verwirklichung ihrer Ziele zu messen sein, nämlich dem Bürger bessere und gleichwertige Lebensverhältnisse zu schaffen, um so die verfassungsrechtlichen Grundsätze des sozialen Rechtsstaats und der staatsbürgerlichen Gleichbehandlung zu erfüllen.

2. Neureut in der Nachkriegszeit

Von der französischen Militärregierung wurde schon Ende Juni 1945 die Frage aufgeworfen, ob die 1935 mehr oder weniger zwangsweise vereinigten Gemeinden Teutsch- und Welschneureut wieder getrennt werden sollten. Für die Beantwortung dieser Frage sollte maßgebend sein, ob sich die Bevölkerung inzwischen mit der Eingliederung von Welsch- und Teutschneureut abgefunden habe und ob ein harmonisches Gemeinschaftsleben entstanden sei. Ferner sollte geprüft werden, ob sich die Erwartungen, die damals in wirtschaftlicher und finanzieller Hinsicht an die Zusammenlegung geknüpft habe, erfüllt hätten. Bürgermeister Klotz von Neureut berichtete am 31. Juli 1945 an den Landrat, der damals seinen Sitz in Ettlingen hatte, daß man zu dieser Frage die Vertreter der früher maßgebenden politischen Parteien, nämlich der bürgerlichen Vereinigung, der SPD und KPD gehört habe, die als Gemeinderäte, Bürgerausschußmitglieder oder Gemeindebeamte tätig gewesen seien. Die bürgerliche Vereinigung von Welschneureut brachte den Wunsch der Landwirte nach einer Trennung der beiden Gemeinden zum Ausdruck, da die Wege zum Rathaus, Fasel-, Eber- und Ziegenstall zu weit seien und man 1935 nur einen Posten, nämlich den des Farrenhalters eingespart habe. Überdies hätte sich die Gabholzabgabe seit 1935 verschlechtert; und nun würde die gänzliche Aufhebung drohen. Vor allem aber sollte die im Dritten Reich eingeführte Gabholzabfindung rückgängig gemacht werden.

Der Bürgermeister wies in seiner Stellungnahme darauf hin, daß der Wiederaufbau, vor allem des schwer getroffenen Welschneureut, nur mit gemeinsamer Anstrengung zu schaffen sei. Außerdem sei nach der Zusammenlegung die Gemeindeumlage für die Welschneureuter gesenkt worden und müßte im Falle einer Trennung wieder erhöht werden. Die Vertreter von SPD und KPD sprachen sich im übrigen gegen die Trennung aus, ebenso die überwiegende Zahl der Vertreter von Teutschneureut. Dies ist um so interessanter, als die Gegner einer Zusammenlegung der Gemeinden in den zwanziger Jahren vor allem in Teutschneureut zu finden waren. Von einer wirtschaftlichen Entwicklung konnte seit 1935 nicht die Rede sein. Es wurde keine weitere Industrie angesiedelt, und die örtlichen Arbeitskräfte pendelten weiterhin nach Karlsruhe. Die Landwirtschaft war in den letzten zehn Jahren weiter zurückgegangen. Die Vereinigung der beiden Gemeinden war insgesamt doch positiv zu bewerten, man ließ diese Angelegenheit beim Landratsamt auf sich beruhen.

Im Jahre 1947 wurde die Frage der Trennung der beiden Gemeinden wieder akut. Im „Feldschlößchen" tagte am 2. März eine Bürgerversammlung, bei der in einer Abstimmung 129 Anwesende die Frage „Soll die Gemeinde Welschneureut wieder selbständig werden?" mit ja beantworteten, 20 mit nein, und 27 unentschieden waren. Eine zweite Bürgerversammlung am 30. März erbrachte in einer namentlichen Abstimmung das Ergebnis, daß 446 für die Selbständigkeit waren, 35 dagegen und 418 unentschieden. Die hohe Zahl der Unentschiedenen erklärte man damit, daß die ehemaligen Parteigenossen (der NSDAP) nicht mehr bereit wären, sich für irgend etwas einzusetzen. So wurde an Bürgermeister Gier die Bitte gerichtet, darauf hinzuwirken, daß die Vereinigung der beiden Gemeinden wieder aufgehoben würde. Die Erhöhung der Gemeindeumlage wollte man „im Hinblick auf die Freiheit und Selbständigkeit, die Welschneureut dann wieder hat", gerne auf sich nehmen.

Seitens der Gemeindeverwaltung wurde dem Wunsch der Welschneureuter nichts in den Weg gelegt. Man betonte zwar, daß man stets versucht habe, bei den Welschneureutern kein Gefühl der Benachteiligung aufkommen zu lassen, doch bestünden durch die herkunftsmäßige Verschiedenheit eben doch Unterschiede, die sich beim besten Willen nicht ausgleichen ließen. Im übrigen hatte die Verwaltung gegen eine Trennung nichts einzuwenden: durch die Erhöhung der Bevölkerungszahl von 4500 im Jahre 1935 auf 6000 im Jahre 1947 sei bedeutende Mehrarbeit entstanden; außerdem stünden in Welschneureut die erforderlichen öffentlichen Gebäude noch zur Verfügung.

Gegen die Welschneureuter „Separatisten" erhob sich nun eine zweite Bewegung, vor allem in der Gartensiedlung, die unter dem Motto „Wir sind gegen die Trennung" eine bedeutende Anzahl von Anhängern um sich scharte und sich in Versammlungen am 8. und 9. Mai 1948, ebenfalls im „Feldschlößchen", konstituierte. Diese Aktion gab, verbunden mit einer Abstimmung im Gemeinderat, der sich mit elf zu sieben Stimmen gegen eine Trennung aussprach, den Ausschlag. Der Kreistag entschied sich ebenfalls für die vereinigte Gemeinde Neureut, so daß sich die Befürworter einer Trennung endlich zufrieden gaben.

Man hatte in jener Zeit gewiß auch noch andere Sorgen, als sich zu überlegen, ob jene Maßnahme aus dem Jahre 1935 rückgängig gemacht werden sollte. Im Vordergrund standen zunächst einmal die Versorgung der Bevölkerung und der Wiederaufbau. Wie nach dem Ersten Weltkrieg wurde jetzt wieder der Exerzierplatz unter den Pflug genommen, bis man daran ging, auf diesem Gelände eine Siedlung und dann wieder Kasernen zu bauen.

Beim Wiederaufbau der Welschneureuter Kirche 1950.

Die neue Kirche prägt nun das Ortsbild.

Historischer Festzug anläßlich der 250-Jahrfeier der ehemaligen Gemeinde Welschneureut.

Bald nach der Währungsreform ging man daran, auch die 1944 zerstörte Kirche im Ortsteil Welschneureut wieder aufzubauen. Am 17. Juni 1950 war die Grundsteinlegung, und ein Jahr später konnte das Jubiäum der Gemeinde, auf dessen termingerechte Feier man 1949 verzichtet hatte, in der neuen Kirche gefeiert werden. Die Festfolge war ähnlich der von 1899, mit Gottesdiensten und Ansprachen verschiedener Behördenvertreter. Auch Delegationen aus Palmbach und Mutschelbach fehlten nicht, und ein Festzug sowie ein Festspiel mit dem Titel „Die Waldenser" von Hermann Vortisch, das im „Feldschlößchen" aufgeführt wurde, lockten viele Besucher an.

Es wurde aber nicht nur wiederaufgebaut, auch andere Projekte, die man früher nicht hatte durchführen oder fertigstellen können, gelangten jetzt zur Vollendung. Zu nennen wäre die Einrichung einer gemeindlichen Wasserversorgung im Jahre 1951 und der Bau einer modernen Kanalisation im folgenden Jahr. Auch auf anderen Gebieten wurde Neues geschaffen oder doch zumindest versucht. Der Karlsruher Landrat Josef Groß veranstaltete in den Gemeinden des Kreises Ausspracheabende, damit Bevölkerung und Verwaltung in direktem Kontakt über die Lösung der anstehenden Probleme diskutieren konnten. Ein erstes solches „Forum" fand am 28. September 1948 in Neureut statt. Hierbei anwesend waren ein Vertreter des amerikanischen Stadtkommandanten sowie Angehörige der Militärregierung, der Landrat und weitere Mitarbeiter des Landratsamtes. Zur Sprache kamen allgemeine Fragen, wie der durch die Währungsreform ausgelöste Preisanstieg oder Probleme der Ent-

Seit dem Jahre 1951 besitzt Neureut eine zentrale Wasserversorgung.

nazifizierung. Auch die im Jahr der Berlin-Blockade akute Kriegsfurcht fand Ausdruck in der Frage, ob Deutsche wieder Waffen tragen oder im Kriegsfall Hilfsdienste leisten müßten. Dies wurde vom Vertreter des Stadtkommandanten rundweg verneint. Natürlich kamen auch lokale Probleme zur Sprache, wie die Baulanderschließung oder die alte Sorge um den Nahverkehr nach Karlsruhe. Im folgenden Jahr wurde in Neureut noch ein Jugendforum veranstaltet, das allerdings nur wenige Besucher hatte. Im Jahre 1951 fand noch ein weiteres Gemeindeforum statt, das sich ausschließlich mit den Projekten befaßte, die im Ort gerade anstanden, wie Wasserversorgung, Kanalisation und Wohnungsbau. Es scheint dies das letzte Mal gewesen zu sein, daß man derart versuchte, „Bürgernähe" praktisch auszuüben.

Ohne maschinelle Hilfsmittel vollzog sich in den fünfziger Jahren der Bau der Ortskanalisation.

3. Neureut wird größer

Das rasche Wachstum von Neureut nach dem Kriege zeigt sich daran, daß Mitte Oktober 1955 die Zehntausender-Marke überschritten wurde. Am 1. Januar 1956 zählte man schon 10 054 Einwohner, wovon 3 441 Flüchtlinge waren. Im alten Ort wohnten 6 310 Personen, davon 899 Flüchtlinge; die Kirchfeldsiedlung hatte 523 Einwohner mit 64 Flüchtlingen und in der „Neuen Siedlung" lebten 3 221 Menschen, unter denen die Flüchtlinge mit 2 478 Personen weitaus überwogen. 35 000 Flüchtlinge und Vertriebene wurden in den Jahren nach dem Krieg dem Kreis Karlsruhe zugewiesen. Sie konnten zum Teil nur unter primitivsten Verhältnissen untergebracht werden. So entstand der Plan, auf dem Neureuter Exerzierplatz eine Siedlung für 10 000 Menschen zu errichten. Dieser Plan konnte freilich nicht ganz durchgeführt werden, da der

Überbauung des Geländes durch eine teilweise Beschlagnahme der Besatzungsmacht Einhalt geboten wurde. So entstand bis 1960 im Anschluß an die alte 1929—1935 errichtete Kirchfeldsiedlung die neue Siedlung mit 296 Siedlerstellen und rund 4000 Einwohnern.

Heimatvertriebene beginnen mit der Bebauung des Exerzierplatzes. In Eigenarbeit werden Mauersteine hergestellt.

Es waren Flüchtlinge und Vertriebene aus Ungarn und Jugoslawien sowie aus dem Sudentenland, die im Herbst 1949 daran gingen, sich selbst ihre Häuser zu bauen. Die Eigenleistung der Siedler wurde unterstützt durch Landesmittel und Geldern aus ERP-Mitteln. Weihnachten 1949 standen bereits die ersten Häuser; bis Anfang 1951 waren es 200 Häuser mit 1500 Einwohnern. Der Rückschlag kam schon Ende 1950, als klar wurde, daß der Exerzierplatz nicht vollständig überbaut werden konnte, weil dort Kasernen für die amerikanische Armee errichtet werden sollten. Immerhin war die Siedlung zu diesem Zeitpunkt schon so groß, daß sie etwa ein Drittel der ursprünglich geplanten Einwohnerzahl umfaßte. Aus der Nachbarschaft zu den Kasernen ergaben sich anfänglich nicht unbedeutende Probleme, die sich teilweise recht störend auswirkten.

Die Einwohner der Kirchfeldsiedlung entfalteten ein eigenständiges Gemeinschaftsleben. Der Beweis dafür ist der Bau einer katholischen Kirche, die 1952 begonnen und an Weihnachten 1953 eingeweiht werden konnte. Im folgenden Jahr wurde das Luther-Haus der evangelischen Gemeinde der Siedlung in Dienst gestellt. Das schlagartige Anwachsen der Neureuter Bevölkerung durch den Bau der Siedlung brachte große Schulprobleme mit sich. Die Schüler aus der Siedlung hatten einen Schulweg von anderthalb bis zwei km. Die insgesamt 1000 Neureuter Schulkinder, von denen ungefähr ein Drittel aus der Siedlung kam, wurden in den vorhandenen 12 Schulsälen von 15 Lehrern unterrichtet, wobei die Klassen bis zu 70 Schüler umfaßten. Die Finanzlage der Gemeinde war durch den Bau der Wasserversorgung und der Kanalisation ziemlich angespannt, so daß man für den 1953 begonnenen Bau der Waldschule vor allem auf Zuschüsse angewiesen war. Als die Schule am 28. August 1954 eingeweiht wurde, konnten hier nun 350 Schüler unterrichtet werden, die bis dahin zur Nordschule hatten gehen müssen.

Familien, Verwandte und Freunde, alles half zusammen, um sich eine neue Behausung zu schaffen.

Auf diese Weise entstand Straßenzug um Straßenzug.

Mit eigenen Kirchen und einer eigenen Schule war die Kirchfeldsiedlung als dritter eigenständiger Ortsteil zu den beiden alten hinzugetreten. Ein vierter Ortsteil entstand ab 1950 aus der ehemaligen Gartensiedlung, die nunmehr „Ortsteil Heide" genannt wurde. Fast 12 000 Einwohner zählte Neureut mit seinen vier Ortsteilen, als man 1960 die 850-Jahr-Feier von Neureut beging. Mit dieser Einwohnerzahl war Neureut die größte Landgemeinde in Baden-Württemberg.

Die Bewohner der Kirchfeldsiedlung feiern ihr erstes Heimatfest.

Wenig betriebsam stellt sich die Hauptstraße noch in den frühen fünfziger Jahren dar

. . . doch die danach einsetzende Verkehrsflut einschließlich des Militärverkehrs machte das Wohnen an dieser Straße nahezu unerträglich.

Ende der sechziger Jahre erkannten Gemeinderat und Gemeindeverwaltung, daß das Nebeneinander der Ortsteile durch die Schaffung eines neuen Zentrums beseitigt und vor allem die weitere Bebauung koordiniert werden mußte. Der 1968 hierfür erstellte Flächennutzungsplan sah den neuen Ortskern zwischen der Linkenheimer Landstraße und der stillgelegten Bahnlinie Karlsruhe-Graben vor. In diesem Neuen Zentrum sollten unter anderem Rathaus, Schulen, ein Einkaufszentrum und ein katholisches Gemeindezentrum errichtet werden. Neureut sollte damit alle modernen Einrichtungen, die ein Gemeinwesen dieser Größe benötigt, in zentraler Lage vereinigt erhalten. Mit diesem Plan war gleichzeitig durch die Ausweisung von Gewerbegebiet auch die Gelegenheit gegeben, in Neureut eine eigenständige Industrie anzusiedeln, durch die sich der Ort von der Wohngemeinde zu einem Ort mit eigener Wirtschaftskraft entwickeln sollte. Die Chancen dafür standen nicht schlecht, zumal Neureut zweifellos einmal von der Nähe zu Karlsruhe, zum andern aber auch von der zentralen Lage des Oberrheingebiets im Wirtschaftsraum der EG profitiert hätte.

Es wurde auch begonnen, diesen Plan, der eine Weiterentwicklung von Neureut bis zu einer Einwohnerzahl von 30000 Personen vorsah, in die Wirklichkeit umzusetzen. Ein Gymnasium wurde 1969 gegründet, das zunächst in der Waldschule untergebracht war, dann aber in den 1973 eingeweihten 1. Bauabschnitt des neuen Schulzentrums einziehen konnte. Die Errichtung einer Realschule wurde vom Oberschulamt Anfang 1972 für das Schuljahr 1972/73 genehmigt.

Die Bebauung des Orts schob sich in seiner gesamten Ausdehnung bis zur Bahnlinie vor.

*Amtswechsel im Neureuter
Rathaus.
Bürgermeister Adolf Ehrmann
und sein Nachfolger
Hermann Meinzer (Januar 1965)*

Die Pläne für das Neue Zentrum konnten schließlich aus zweierlei Gründen nicht mehr voll verwirklicht werden. Zum einen stellte sich Anfang der siebziger Jahre heraus, daß der Bevölkerungszuwachs nicht mehr in dem erwarteten Maße eintreten würde. Zum andern wurde Neureut schließlich nach Karlsruhe eingemeindet, wodurch die vorherigen Planungsgrundlagen wenigstens zum Teil hinfällig wurden. War man nach dem Flächennutzungsplan von 1968 noch davon ausgegangen, daß Neureut im Jahre 1990 eine Bevölkerung von 30000 Menschen haben würde, so konnte man jetzt mit nur etwa 15000 rechnen. Dies wäre freilich kein Hinderungsgrund dafür gewesen, die Pläne für das Neue Zentrum voll zu realisieren, aber die Eingemeindung machte z. B. den Bau eines neuen Verwaltungszentrums überflüssig. Dennoch konnte noch die Badnerland-Halle errichtet werden, zu deren Bau im Herbst 1974, ein halbes Jahr vor der Eingemeindung, der erste Spatenstich getan wurde.

Der Sprung über die Bahnlinie: Das Schulzentrum . . .

. . . und erste Hochhäuser.

4. Der Kampf um die Eingemeindung von Neureut nach Karlsruhe

Seit 1967 das Gesetz zur Stärkung der Verwaltungskraft kleinerer Gemeinden erlassen und damit die Gebietsreform eingeleitet worden war, lag für Neureut das Thema Eingemeindung nach Karlsruhe in der Luft. Für Karlsruhe war nach dem Anschluß der Städte Mühlburg im Jahre 1886 und Durlach 1938 damit die Möglichkeit geboten, noch weiter auszugreifen und auch Neureut zu vereinnahmen, das der Stadt mindestens ebenso nahe lag wie etwa Durlach. Der Neureuter Flächennutzungsplan von 1968 zeigte auf, daß die Gemeinde in Zukunft selbständig zu bleiben gedachte. Derselbe Optimismus kam auch in einem Interview zum Ausdruck, das Bürgermeister Hermann Meinzer im Februar 1968 den „Badischen Neuesten Nachrichten" gab. Da die Einwohnerzahl von Neureut um diese Zeit schon über 13000 betrug, hielt er die Gemeinde für groß genug, ihre Angelegenheiten selbständig verwalten zu können, ohne eingemeindet werden zu müssen. Er bejahte gleichwohl eine enge Zusammenarbeit mit Karlsruhe, die bereits auf vielen Gebieten stattfände. Als weitere Möglichkeit für Neureut sah er noch ein Zusammengehen mit Eggenstein, vielleicht auch mit Leopoldshafen, als möglich an. In diesem Fall wären die für eine „Große Kreisstadt" erforderlichen 20000 Einwohner erreicht, und die so zusammengeschlossenen Hardtgemeinden hätten die Möglichkeit, als eigenständiger Gegenpol zur Stadt Karlsruhe zu wirken.

Die „Bürgerinitiative gegen die Zwangseingemeindung" organisiert den Widerstand Neureuts.

Die Frage der Eingemeindung trat im Jahre 1973 in ein akutes Stadium. Im Februar wurde eine Bürgerinitiative gegründet, die der Landesregierung und dem Landtag eine Resolution überreichte, in welcher der Wille der Gemeinde zur Selbstbestimmung dokumentiert wurde. Für den 18. März 1973 wurde eine Bürgeranhörung anberaumt, in der die Einwohner selbst ihren Willen für oder gegen die Eingemeindung bekunden sollten. Wenige Tage davor fand in Neureut eine Kundgebung gegen die Eingemeindung statt, an der sich alle Parteien und sämtliche 33 Vereine des Ortes beteiligten. Hier wurde dem einmütigen Willen gegen eine Eingemeindung Ausdruck verliehen, zugleich aber betont, daß man zu nachbarschaftlicher Zusammenarbeit mit Karlsruhe bereit sei. In der Bürgeranhörung wurde die Frage gestellt: „Sind Sie für die Eingemeindung Neureuts nach Karlsruhe?" Auf diese Frage antworteten von 6547 Bürgern, die gültige Stimmen abgaben — immerhin 79,9 % der Stimmberechtigten — 96,9 % mit nein, 2,8 % mit ja. Selbst im Stimmbezirk Heide, welcher der Stadt am nächsten lag, gab es eine Abstimmungsbeteiligung von 69,9 %, wovon 91,7 % gegen die Eingemeindung nach Karlsruhe stimmten. Man hoffte nun, daß dieses eindeutige Abstimmungsergebnis in Stuttgart seine entsprechende Würdigung finden würde.

Protestkundgebung in der Sporthalle.

Die Entscheidung der Neureuter war um so beachtenswerter, als sich Stupferich, Hohenwettersbach und Wolfartsweier zuvor schon freiwillig zu einer Eingemeindung entschlossen hatten. Lediglich Grötzingen sträubte sich wie Neureut gegen einen Anschluß an Karlsruhe. Wenige Wochen später wurde die Einweihung des ersten Bauabschnitts des Bildungszentrums zur Demonstration des Selbstbehauptungswillens von Neureut und des Leistungsvermögens der größten Gemeinde des Landes. In dem Bildungszentrum, dessen Vollendung für das Jahr 1976 geplant war, sollten eine zweizügige Hauptschule, eine dreizügige Realschule und ein vierzügiges Gymnasium für insgesamt 2000 Schüler untergebracht werden.

Auch der Neureuter Gemeinderat bekräftigte nochmals das Votum der Bürger, indem er Anfang Mai 1973 feststellte, daß Neureut bereits die Kriterien der Gemeindereform für eine selbständige Gemeinde erfülle und daß man einen Zusammenschluß mit Eggenstein und Leopoldshafen vorziehen würde, falls die Selbständigkeit von Neureut nicht erhalten werden könne. Trotz eines Beschlusses des Verwaltungsreformausschusses des Landtags, wonach Blankenloch und Neureut nicht nach Karlsruhe eingemeindet werden sollten, hielt aber die Landesregierung an diesem Ziel fest. Eine Kundgebung in Neureut am 20. Juli 1973, an der 1500 Bürger teilnahmen, verwahrte sich gegen diese Entscheidung.

Da die Bürgeranhörung am 18. März 1973 nur eine informative Bedeutung hatte, fand am 20. Januar 1974 die gesetzliche Anhörung statt. Auch diesmal war am Freitagabend vor der Abstimmung eine Kundgebung, an der nunmehr — wie man schätzte — jeder zweite Neureuter teilnahm. Bei einer Beteiligung von 81,2 % waren bei der Bürgeranhörung 96,1 % gegen die Eingemeindung; die Stimmung hatte sich gegenüber dem Vorjahr also nicht verändert. Die Landesregierung ging jedoch über dieses eindeutige Votum hinweg und hielt in ihrem Gesetzentwurf weiterhin an dem Eingemeindungsplan fest, weil sonst die Absicht des Reformkonzepts vereitelt zu werden drohte. Dies galt für Neureut, jedoch nicht für Blankenloch, das sich mit Friedrichstal, Spöck und Staffort zur Gemeinde Stutensee zusammenschließen konnte. Die Entscheidung im Falle Neureut wurde mit den engen baulichen und sozioökonomischen Verflechtungen sowie mit dem Verlauf der Gemarkungsgrenze begründet, die sich störend auf die Gesamtentwicklung der Stadt Karlsruhe auswirken würde. Ministerpräsident Filbinger betonte zwar, daß man Verständnis für die starke Bindung der Bürger an ihre bisherige Gemeinde habe, daß aber die Regierung bei den Bürgern andererseits auch Verständnis dafür erwarten müsse, daß die Entscheidungsbefugnis für die Gemeindereform nicht im lokalen Bereich liegen könne. In Neureut war diese Haltung der Regierung erwartet worden. Man setzte deshalb die Hoffnung auf den Landtag, daß dieser bei der Beschlußfassung über die Reformgesetze die Neureuter Argumente und besonders die beiden Bürgeranhörungen würdigen werde.

Alle Anzeichen deuteten jedoch darauf hin, daß auch im Landtag die Entscheidung gegen Neureut fallen würde, zumal sich die CDU-Fraktion als die stärkste im Landtag vertretene Partei in einer Klausurtagung in Bad Herrenalb für den Anschluß von Neureut an Karlsruhe entschlossen hatte. Oberbürgermeister Dullenkopf von Karlsruhe machte hierauf ein erneutes Angebot an Bürgermeister Meinzer, Gespräche über eine freiwillige Eingliederung aufzunehmen,

Der Neureuter Gemeinderat im Jahre 1973. Er sprach sich geschlossen gegen die Eingemeindung nach Karlsruhe aus. Von links: W. Stober, F. Ruf, R. Linder, E. Dunke, K. Meinzer, H. Dunke, R. Wöhrle, K. Mädecke, M. Crocoll, Ratschreiber H. Grether, Bürgermeister H. Meinzer, E. Nagel, Rechnungsamtsleiter W. Meinzer, Ortsbaumeister G. Durand, H. Tobiasch, Ratschreiber K. Ehrmann, A. Eichsteller, K. Merz, G. Kretzschmar, Dr. E. Knobloch, J. Lorenz, H. Fr. v. Loeper, G. Falkenstein. Es fehlen: F. Müller, H. Müller.

zumal ein solcher Zusammenschluß — auch in finanzieller Hinsicht — einer durch Gesetz verfügten Eingliederung vorzuziehen sei. Neureut gab aber noch nicht auf. Der Vorstand des CDU-Ortsverbandes trat geschlossen zurück, weil er die Beschlüsse der Landtagsfraktion im Ort nicht vertreten konnte. Gleichzeitig nahmen am 28. Februar, anläßlich der ersten Lesung der Schlußgesetze zur Gemeindereform im Landtag, 200 Neureuter an einer Demonstration in der Stuttgarter Innenstadt teil, die von der Vereinigung der Bürgerinitiativen Baden-Württembergs gegen die Zielplanung der Landesregierung stattfand. Dennoch wurde an diesem Tag der Regierungsentwurf vom Landtag gebilligt. In Neureut wollte man jedoch immer noch keine Verhandlungen mit Karlsruhe aufnehmen, weil man sich durch das Ergebnis der Bürgeranhörung verpflichtet sah und andererseits auch den Landtag nicht aus seiner Verantwortung entlassen wollte.

Neue Hoffnungen schöpfte man, als Anfang April der Süddeutsche Rundfunk in der Reihe „Lokaltermin" eine Fernsehdiskussion in Neureut veranstaltete. Hierzu erschienen die Fraktionsvorsitzenden der drei im Landtag vertretenen Parteien, nämlich Lothar Späth (CDU), Dr. Rudolf Schieler (SPD) und Dr. Peter Brandenburg (FDP) sowie Hans Albrecht als stellvertretender Vorsitzender des Verwaltungsausschusses. Neureut war durch Bürgermeister Meinzer und den Vorsitzenden der „Bürgerinitiative Neureut" Eugen Rögele vertreten. Der Fraktionsvorsitzende der Regierungspartei hatte in dieser Diskussion in der Neureuter Sporthalle vor 1000 Besuchern keinen leichten Stand, denn die geplante Eingemeindung weckte für Neureut Erinnerungen an die Zusammenlegung der beiden Gemeinden im Jahre 1935, die ebenfalls ohne Rücksicht auf die Meinung der Beteiligten verfügt worden war. Immerhin war dem Fraktionsvorsitzenden Späth das Zugeständnis abzuringen, daß er versprach, noch einmal nach Neureut zu kommen, um sich weiter zu informieren und zu diskutieren.

Diese Diskussion mit dem Gemeinderat fand schon Ende April statt. An ihr nahmen auch der Vorsitzende des Sonderausschusses für Gemeindereform des Landtags, MdL Gomeringer sowie Landrat Dr. Ditteney und der Kreisvorsitzende der CDU, Dr. Vetter, teil. Bürgermeister Meinzer stellte einleitend fest, daß Neureut für Karlsruhe eine Entlastungsfunktion ausübe, da es über alle Versorgungseinrichtungen und eine gut ausgebaute Infrastruktur für seine 13 645 Einwohner verfüge. Er verwies darauf, daß in den vergangenen Jahren eine Ablösungsbewegung von der Stadt eingetreten sei, vor allem im Bereich der Arbeitsplätze, von denen sich bereits 2000 am Ort befänden, während rund 3200 Beschäftigte noch nach Karlsruhe einpendelten. Entlastend für Karlsruhe wirke Neureut neuerdings auch auf dem Gebiet des Schulwesens, da man inzwischen — mit Ausnahme des gewerblichen Sektors — alle Schularten am Ort habe. Vor allem sah er auch bürgerschaftliche Initiative und Engagement gefährdet. Fraktionsvorsitzender Späth legte dar, daß man die Stellung von Karlsruhe stärken müsse, das bei der Gründung des Landes Baden-Württemberg im Jahre 1952 den größten Funktionsverlust erlitten habe. Karlsruhe habe seither nur Orte im Süden und Osten eingemeindet, die teilweise weiter entfernt lägen als Neureut. Gerade in Richtung Neureut, im Bereich des Flugplatzes, wäre eine großangelegte Stadtentwicklung denkbar. Der Vorsitzende des Reformausschusses, MdL Gomeringer, räumte ein, daß Neureut tatsächlich einen Problemfall der Gemeindereform darstelle, da es als Gemeinde durchaus funktionsfähig sei. Landrat Dr. Ditteney betonte, daß das Ziel, nämlich die Ordnung der Stadtentwicklung, nicht nur durch eine Eingemeindung zu lösen sei, sondern auch durch einen Nachbarschaftsverband. Im übrigen, so kam bei der Diskussion noch zur Sprache, könne eine bauliche Entwicklung in Richtung Neureut nicht stattfinden, da das Klärwerk und die Raffinerien dazwischen lägen. Fraktionsvorsitzender Späth räumte ebenfalls ein, daß der Fall Neureut nicht mit anderen Gemeinden zu vergleichen sei und versprach, daß eine Entscheidung erst in der letzten Phase fallen würde.

Am 12. Juli kam dann der Ausschuß für Gemeindereform der CDU-Landtagsfraktion nach Neureut, wie Späth bei der Diskussion im Gemeinderat versprochen hatte. Hier bekamen sowohl die Vertreter von Neureut als auch Oberbürgermeister Dullenkopf von Karlsruhe Gelegenheit, ihre Standpunkte darzustellen. Dullenkopf bestätigte zwar die Funktionsfähigkeit von Neureut, wies aber darauf hin, daß ein hoher Grad an Verflechtung mit der Stadt bestehe, die im übrigen auch von Auszehrung und Überalterung bedroht sei. Er gab zu erkennen, daß die Stadt weiterhin gewillt sei, die Eingemeindungen auch in Richtung Neureut fortzusetzen.

In der zweiten Lesung des Schlußgesetzes zur Gemeindereform am 25. Juli entschied der Landtag mit großer Mehrheit für eine Eingemeindung von Neureut. Nachdem alles versucht worden war, diese Entscheidung im Sinne Neureuts zu beeinflussen, wurde nun deutlich, daß in der dritten Lesung dieselbe Entscheidung fallen würde. In Neureut wurde dies mit einer Demonstraion am 28. Juni beantwortet, an der rund 2000 Bürger teilnahmen. Die Stimmung war so gereizt, daß eine Gruppe von etwa 100 Neureutern am Abend die B 36 in Höhe des Karlsruher Klärwerks durch zusammengeschobene Fuhrwerke absperrte und sich dadurch ein Fahrzeugstau bildete; die deswegen ausgerückte Polizei brauchte jedoch nicht einzugreifen, weil die Sperre geräumt wurde, um die Feuerwehr wegen eines Brandfalls durchzulassen.

Die dritte Lesung des Reformgesetzes brachte die erwartete Entscheidung: 62 Abgeordnete des Landtags stimmten für, 55 gegen die Eingemeindung von Neureut in die Stadt Karlsruhe. Die Gemeinde strengte daher beim Staatsgerichtshof eine Klage gegen das Land an, welcher der Kreis beitrat, dem durch die Eingemeindung Neureuts ebenfalls ein großer Verlust erwachsen würde. Da eine Entscheidung des Staatsgerichtshofs erst im folgenden Jahr zu erwarten war, konnte man im Herbst 1974 noch mit den Arbeiten zum Bau der Mehrzweckhalle beginnen, die 1968 in den Planungen für das Neue Zentrum projektiert worden war.

Die mündliche Verhandlung vor dem Staatsgerichtshof fand am 31. Januar 1975 im „Weißen Saal" des Stuttgarter Schlosses statt und wurde von zahlreichen Neureutern besucht. Die Rechtsvertreter des Landtags, der Landesregierung und der Stadt Karlsruhe legten dar, daß auch leistungsstarken Gemeinden die kommunale Eigenständigkeit genommen werden könne, wenn die Eingemeindung zum Wohl eines größeren Gesamtraums erfolge. In diesem Sinne habe der Staatsgerichtshof in ähnlich gelagerten Fällen entschieden. Der Vertreter Neureuts, Professor Dr. Roman Schnur von der Universität Tübingen, hielt dem entgegen, daß es sich hier nicht um eine hinreichende Begründung handle und das eindeutige Votum der Neureuter Bevölkerung beachtet werden müsse. Der Staatsgerichtshof nahm sich zwei Wochen Zeit für die Urteilsfindung, ein Zeichen, daß die Neureuter Klage ernst genommen wurde. Dennoch wurde dem Neureuter Antrag nicht stattgegeben, und damit sollte die Eingemeindung nach Ausschöpfung aller verfassungsmäßigen Möglichkeiten doch noch Wirklichkeit werden. Binnen acht Wochen war mit der Stadt Karlsruhe eine entsprechende Vereinbarung auszuhandeln. Das Urteil rief in Neureut natürlich große Enttäuschung hervor. Man fühlte den Willen der Bevölkerung mißachtet.

Die Bürger protestieren gegen die Eingemeindung: Ein kilometerlanger Demonstrationszug bewegt sich durch die Straßen Neureuts.

Gleichwohl mußte man sich in Neureut nun doch mit der Entscheidung abfinden. Drei Mitglieder des Neureuter Gemeinderats waren als Vertreter des Ortes in den Karlsruher Gemeinderat zu entsenden, jedoch nur für kurze Zeit, da auf den 20. April 1975 Gemeinderatswahlen angesetzt waren. Die drei ersten Vertreter Neureuts im Karlsruher Stadtparlaments waren Emil Nagel (CDU), Edmund Dunke (SPD) und Gerhard Kretzschmar (FDP). Sie wurden am 21. Februar in den Karlsruher Stadtrat aufgenommen.

In den Verhandlungen über den Eingemeindungsvertrag konnte Karlsruhe verständlicherweise nicht über die Zugeständnisse hinausgehen, die den übrigen eingemeindeten Orten gemacht worden waren. Immerhin wurde Neureut ein beachtliches Investitionsprogramm zugebilligt, vor allem für das Neue Zentrum, wo die Festhalle und der Ausbau des Schulzentrums an erster Stelle standen. Ferner sah man einen weiteren Ausbau der Schulen und der Freizeitanlagen vor. Der Vertrag wurde am 2. April 1975 von dem Neureuter Gemeinderat in seiner letzten Sitzung mit 18 : 2 Stimmen angenommen. Hermann Meinzer, noch amtierender Bürgermeister, erklärte sich bereit, als Ortsvorsteher weiterhin für das Wohl von Neureut zu wirken.

Oberbürgermeister Dullenkopf und Bürgermeister Meinzer unterzeichnen am 10. April 1975 den Eingliederungsvertrag.

Der Eingemeindungsvertrag wurde am 10. April in Karlsruhe im Haus Solms unterzeichnet. Bürgermeister Meinzer wies in seiner Ansprache nochmals darauf hin, daß die größte Gemeinde des Landes nunmehr in Karlsruhe aufgehe, eine Gemeinde, die für sich allein lebensfähig gewesen wäre, zumal Neureut eine Vielzahl öffentlicher Einrichtungen, einen leistungsfähigen Eigenbetrieb und eine gute Infrastruktur besäße. Neureut sei deshalb ein großes Geschenk für die Stadt, die dies stets würdigen solle. Meinzer bescheinigte gleichzeitig auch der Stadtverwaltung ein faires Verhalten bei den Verhandlungen und wünschte zum Schluß ein „herzliches Glückauf für eine gemeinsame Zukunft".

236

Trotz des einigermaßen versöhnlichen Ausklangs des Kampfes um die Einge-
meindung von Neureut nach Karlsruhe gab es noch ein Nachspiel. Am 12. April
wurde von Angehörigen der Bürgerinitiative am Hintereingang des Neureuter
Rathauses ein Gedenkstein in Form eines Grabsteins aufgestellt, in dessen
Fundament eine Kupferrolle mit einer Dokumentation des Kampfes der Neu-
reuter um ihre Selbständigkeit eingemauert war. Der Stein trug folgende
Inschrift: „Am 1. Januar 1975 wurde Neureut, mit 14000 Einwohnern größte
Landgemeinde in Baden-Württemberg, durch die CDU-Landesregierung nach
Karlsruhe zwangseingemeindet. Dies geschah, obwohl sich in zwei Abstim-
mungen Neureuts Bürger mit 96 Prozent gegen die Eingemeindung aus-
sprachen. Recht wurde gesprochen nicht dem, der Recht hat, sondern dem, der
Macht hat." Besonders am Schlußsatz nahm man im Karlsruher Rathaus An-
stoß. Der Oberbürgermeister verlangte daher die sofortige Entfernung des
Steines, zumal er auch im öffentlichen Straßenraum stand und für seine Aufstellung keine Genehmigung eingeholt worden war.

Stein des
Anstoßes:
Der
Grabstein.

237

Gleichzeitig bot der Oberbürgermeister aber an, daß man im Foyer des Rathauses eine Gedenktafel aufstellen könne, auf der die Geschichte des Ortes mit den Entscheidungen des Landtags und des Staatsgerichtshofs verzeichnet sein sollten. Die Enthüllung dieser Gedenktafel im Foyer des Rathauses fand am 21. Juni 1977 statt. Die Tafel, gewissermaßen eine steinerne Ortschronik, enthält den folgenden Text:

„Die selbständige Gemeinde Neureut wurde durch das vom Landtag am 19. 7. 1974 beschlossene Gemeindereformgesetz und das Urteil des Staatsgerichtshofes vom 14. 2. 1975 in die Stadt Karlsruhe eingemeindet.

Diese Eingemeindung erfolgte gegen den einstimmigen Beschluß des Gemeinderates und gegen den Willen der Bürger Neureuts. Bei zwei Bürgeranhörungen entschieden sich mehr als 96 v. H. gegen eine Eingliederung.

1110 wird Neureut, eine Gründung der Gottesauer Mönche, unter dem Namen „Novale" erstmals urkundlich erwähnt.

1699 finden im Süden Neureuts die wegen ihres evangelischen Glaubens vertriebenen Waldenser eine neue Heimat. Es entsteht Teutschneureut und Welschneureut.

1935 werden beide Orte zur Gemeinde Neureut/Baden zusammengeschlossen.

1950 finden abermals Vertriebene in Neureut eine neue Heimat. Es entwickelt sich die Kirchfeldsiedlung.

1975 muß Neureut, mit 13600 Einwohnern größte Landgemeinde Baden-Württembergs, seine Selbständigkeit aufgeben.

Der Eingliederungsvertrag mit der Stadt Karlsruhe garantiert für 50 Jahre die Ortschaftsverfassung."

Nach der Eingemeindung:
Das Rathaus blieb im Dorf. Aus der seitherigen Gemeindeverwaltung wurde die
Ortsverwaltung Neureut.

Beginn einer gemeinsamen Zukunft:
Oberbürgermeister Dullenkopf und Ortsvorsteher H. Meinzer bei der Grundsteinlegung im Foyer der Badnerlandhalle. (Dez. 1975).

Die Badnerlandhalle, Ende 1974 begonnen, wurde im Jahre 1977 fertiggestellt.

Die Straßenbahn fährt nach Neureut! Einweihung im Oktober 1979.

240

Entlastung für die Hauptstraße: Mitten durch die Wiesenlandschaft verläuft die neue Ortsumgehungsstraße.

Im Neuen Zentrum Neureut.

Quellen und Literatur zum ersten Teil

Abkürzungen

BNN = Archiv der „Badischen Neuesten Nachrichten" Zeitungsausschnittsammlung über Neureut

GAN = Gemeindearchiv Neureut

GLA = Generallandesarchiv Karlsruhe

RMB = Regesten der Markgrafen von Baden und Hachberg Bd. 1,3,4 (Karlsruhe 1900—1915)

ZGO = Zeitschrift für die Geschichte des Oberrheins

Landesgeschichte und Landeskunde

Die grundlegenden Werke der Landesgeschichte und Landeskunde, die für die Darstellung ständig herangezogen wurden, werden nachstehend aufgeführt. Es wird deshalb im folgenden darauf verzichtet, sie jeweils wieder eigens nachzuweisen:

Karl *Brunner,* Badische Geschichte (Leipzig 1904).

Karl *Stiefel,* Baden 1648—1952 Bd. I—II (^{2} Karlsruhe 1979).

Berthold *Sütterlin,* Geschichte Badens, Bd. I Frühzeit und Mittelalter (^{2} Karlsruhe 1968).

Badische Geschichte. Vom Großherzogtum bis zur Gegenwart. Hg. von der Landeszentrale für politische Bildung (Stuttgart 1979).

Das Land Baden-Württemberg. Amtliche Beschreibung nach Kreisen und Gemeinden, hg. von der Landesarchivdirektion Baden-Württemberg Bd. I ff. (Stuttgart 1974 ff.).

Historischer Atlas von Baden-Württemberg, hg. von der Kommission für geschichtliche Landeskunde in Baden-Württemberg unter Mitwirkung zahlreicher Fachgelehrter (Stuttgart 1972 ff.).

Die Kunstdenkmäler Badens Bd. IX,5 Die Kunstdenkmäler des Amtsbezirks Karlsruhe Land, bearbeitet von Emil *Lacroix,* Peter *Hirschfeld* und Wilhelm *Paeseler* (Karlsruhe 1937).

Ortsgeschichte

Das nachstehend aufgeführte ortsgeschichtliche Schrifttum, das ständig herangezogen wurde, wird in den Nachweisen nur dann (mit abgekürzten Titeln) angegeben, wenn die Darstellung zu einem wesentlichen Teil darauf aufbaut.

Friedrich *Askani,* Welschneureut. Aus der Geschichte der Gemeinde (Karlsruhe 1924).

Karl *Blau,* Zur Entwicklung der ländlichen Siedlung am Oberrhein (= Siedlungsstudien Heft 2, 1934).

Gustav *Rommel*, Geschichte der Kirche und Pfarrei Eggenstein (Eggenstein 1931).

Ders., Der Karlsruher Hardtwald mit Wildpark, Fasanengarten und Stutensee (Karlsruhe 1933).

Karl *Schnürer* und Max *Löffler*, 1200 Jahre. Eggenstein im Wandel der Zeiten. Bearb. aus nachgelassenen Papieren des verstorbenen Konrektors Oskar *Hotz* (Eggenstein 1965).

Manfred *Schwerdtfeger*, Zwischen Heide und Strom. Geschichte und Geschichten einer badischen Gemeinde. Neureut 1110—1960 (Neureut 1960).

Rüdiger *Stenzel*, Geschichte von Linkenheim. Mit Beiträgen von Hanno *Hafner*, Fritz *Mack*, Wolfgang *Nagel*, Paul *Waibel* (Linkenheim 1969).

I. Die Landschaft

Geologische Spezialkarte des Großherzogtums Baden. Erläuterungen zu den Blättern Karlsruhe und Daxlanden (Nr. 50 und 51) von H. *Thürach* (Heidelberg 1911). - Freundl. Mitteilung der Landessammlungen für Naturkunde, Karlsruhe. - Freundliche Mitteilung des Landesdenkmalamts Baden-Württemberg, Außenstelle Karlsruhe, Abt. Bodendenkmalpflege. - Philipp *Filtzinger*, Dieter *Planck*, Bernhard *Cämmerer*, Die Römer in Baden-Württemberg (Stuttgart und Aalen 1976) S. 319 ff.

II. Mittelalter

1. Die Gründung des Dorfes

GLA A 118 (1110 VIII 16); 38/105 (1260 IV 15).
Ernst *Schneider*, Die Stadtgemarkung Karlsruhe im Spiegel der Flurnamen (Karlsruhe 1965). - Rüdiger *Stenzel*, Abgegangene Siedlungen zwischen Rhein und Enz, Murg und Angelbach. In: Oberrheinische Studien III (1975) S. 87—162, bes. S. 107ff.

2. Der Streit um Neureut zwischen Kloster Gottesaue und Markgraf Rudolf I.

GLA A 118 (1110 VIII 16); 38/105 (1260 IV 15); E 254 (1260/61?); E 255 (1261 XII 2).
Günther *Haselier*, Art. Gottesaue. In: Germania Benedictina Bd. 5 Baden-Württemberg (München 1975) S. 253-260.

3. Neureut und das Kloster Gottesaue

GLA 38/105 (1473 IV 6); ebd. (1477 II 6); 38/52 (1479 VIII 29).

4. Neureut und die Markgrafen von Baden

GLA 38/65 (1272 IX 21); 38/165 (1275 X 4); 38/90 (1283 X 16); ebd. (1288 XII 13);

RMB 1874 (1399 VI 23); RMB 2296 (1406 V 17); GLA D 238 (1355 VIII 20); RMB 5128 (1431 VIII 23); RMB 7496 (1453 IV 11).

5. Die kirchlichen Verhältnisse

GLA 38/51 (1261 VI 28); 38/105 (1459 V 11).
Rommel, Eggenstein.

6. Der Hardtwald

GLA 74/232oa.
Rommel, Hardtwald. - Alfons *Schäfer,* Staufische Reichslandpolitik und hoch-adlige Herrschaftsbildung im Uf- und Pfinzgau und im Nordwestschwarzwald vom 11.—13. Jahrhundert. In: ZGO 117 (1969) S. 179—244.

III. Beginn der Neuzeit

1. Bauernkrieg

GLA 74/5002. -
Günther *Franz,* Der deutsche Bauernkrieg ([7] Darmstadt 1965).

2. Reformation

Die Kirchenordnungen von 1556 in der Kurpfalz und in der Markgrafschaft Baden-Durlach hg. von Fritz *Hauss* und Hans Georg *Zier* (= Veröffentlichungen des Vereins für Kirchengeschichte in der evang. Landeskirche Badens Bd. 16, 1956).

3. Wendelin Gürrich, Vater und Sohn

Kurt *Hannemann,* Unbekannter Heimatbrief aus Melanchthons letztem Lebens-jahr. In: Philipp Melanchthon 1497—1560. Gedenkschrift zum 400. Todestag des Reformators 19. April 1560/1960 hg. von Georg *Urban* ([2] Bretten 1960) S. 83—92. - *Ders.,* Wendelin Gürrich der Ältere und der Jüngere (um 1495—1561): Lebenswege und Schicksale. In: ZGO 126 (1978) S. 145—221.

4. Bevölkerung und Gemarkung zwischen Mittelalter und Neuzeit

GLA 66/2940—2942.

5. Von der Reformation zum Dreißigjährigen Krieg

GLA 67/101 Bl. 159—160; ebd. Bl. 66f.; 38/105 (1590 XII 28); 38/51 (1621 IV 23).

IV. Das Jahrhundert der europäischen Kriege

Hieronymus *Nopp,* Geschichte der Stadt und ehemaligen Reichsfestung Philippsburg (Philippsburg 1881).

1. Dreißigjähriger Krieg

GLA 167/87.
Friedrich *Wielandt,* Ein Fund badischer Kippermünzen aus dem Dreißigjährigen Krieg. In: Blätter für Münzfreunde und Münzforschung 23 (1959) S. 29—35.
E. *von Czihak* (Hg.), Tagebücher des Abts Benedict von Gottesau 1636—1641. In: ZGO 43 (1889) S. 343—383, hier S. 360.

2. Die Kriege Ludwigs XIV.

GLA 167/91, 116, 123, 127—129, 137, 143.

3. Polnischer und Österreichischer Erbfolgekrieg

GLA 148/262f.

V. Die Gründung von Welschneureut

1. Der Ursprung der Waldenser

Heinrich *Böhmer,* Art. Waldenser. In: Realencyclopädie für protestantische Theologie und Kirche Bd. 20 (^{3} Leipzig 1908) S. 799—840. - Theo *Kiefner,* Waldenser auf dem Weg aus der alten in die neue Heimat. In: Blätter für württembergische Kirchengeschichte 76 (1976) S. 184—197. - Freundl. Mitteilung von Pfarrer Dr. Theo Kiefner, Calw, - *Askani - Blau -* H. W. *Collum,* Die fremdländischen Protestanten in der Kolonie Welsch-Neureut. In: Der Deutsche Hugenott 34 (1970) S. 107—113, 35 (1971) S. 14—22.

2. Die Aufnahme der Flüchtlinge in Baden-Durlach

GLA 167/11.

3. Der markgräfliche Freiheitsbrief

GLA 229/74 025; 167/11.

4. Die Errichtung der Kolonie Neureut

GLA 167/11; 229/73 944f., 73 990; 357/5972, 5974; 66/5875.

5. Die ersten Welschneureuter Kolonisten

GLA 167/11; 66/5875; 74/5025.
Hermann *Jacob,* Einwohnerbuch der Markgrafschaft Baden-Durlach im Jahre 1709 (Schopfloch 1935) S. 34—36.

VI. Teutsch- und Welschneureut im 18. Jahrhundert

1. Geschichtlicher Überblick

2. Neureut im Jahre 1702, eine Bestandsaufnahme

GLA 66/5546f.

3. Die Bevölkerungsentwicklung im 18. Jahrhundert

GLA 66/2940—2942, 5546, 5875; 74/5023, 5025; 148/222, 240, 289f., 339; 236/1610.

4. Dorfleben in Neureut: Kirche, Schule und Gemeinde

GLA 148/212—220; 231f., 234, 236—243, 245f., 248—253, 255—257; 229/73 953.

5. Kirchen- und Schulgebäude in Teutschneureut

GLA 148/335; 229/73 928, 73 934, 73 952—73 955, 73 958, 73 964, 73 966, 73 979, 73 994f.; 357/5869, 6050.
Freundl. Mitteilungen des Bürgermeisteramts und des Evang. Pfarramts Langenargen.

6. Kirchliche Verhältnisse der Kolonie Neureut

GLA 357/5979, 5992f.

7. Die Schule in Welschneureut

GLA 357/6047, 6049f.

8. Der Hardtwald

GLA 167/37; 229/73 937, 73 947, 74 000, 74 003. -
Rommel, Hardtwald.

9. Landwirtschaft

GLA 148/110; 167/206; 229/73 929, 73 948f., 73 982, 73 984, 74 002, 74 010.
Blau, S. 30ff.

10. Die wirtschaftlichen Verhältnisse in Welschneureut

GLA 38/105 (1775 III 27), (1798 II 22).
Askani, Blau.

11. Gastwirtschaften in Teutschneureut

GLA 229/74 005—74 009; 357/5879.

12. Gastwirtschaften in Welschneureut

GLA 357/5977f.

13. Neureuter Gesundheitswesen

GLA 148/294, 297, 300f.

14. Neureuter Familiengeschichten

Gimpel: GLA 148/157, 250—255, 262, 294; 229/73 923, 73 930, 73 985 ff., 74 007. - *Baumgärtner:* GLA 229/73 951.

15. Neureut in den französischen Revolutionskriegen und den napoleonischen Kriegen

GLA 148/265—272, 275—284, 312; 229/73 940; 357/6002.

VII. Im Großherzogtum Baden

Grundlegend für die Geschichte von Teutsch- und Welschneureut 1852—1934 sind die Protokolle der Ortsbereisungen, die im Rahmen der durch das Bezirksamt ausgeführten Kommunalaufsicht entstanden sind. Die Protokolle werden im Folgenden immer wieder für die Darstellung herangezogen und sollen deshalb hier ein für alle Mal nachgewiesen werden: **Teutschneureut:** GLA 357/5856, 6278, Zug. 1973/28 Nr. 3023f. **Welschneureut:** GLA 357/5969, 6282, Zug. 1973/28 Nr. 3025f.

1. Geschichtlicher Überblick

2. Vogt Beck

GLA 229/73 933, 73 942, 73 999.

3. Die bauliche Entwicklung von Teutsch- und Welschneureut

GLA 229/73 920f., 73 967; 357/5869, 5899, 5969, 5972f., 6278, Zug. 1973/28 Nr. 3023—3025, 3130, 3171. - GAN A 28f., 86, 90, 234, 265.

4. Landwirtschaft und Handwerk

GLA 357/5865-5867, 5892-5894.

5. Hardtwaldberechtigung und Bürgernutzen

GLA 357/5856, 5969, 6278, 6282. - GAN A 120f.; Bürgerbuch.

6. Der Teutschneureuter Zehntwald

GLA 234/507; 236/13 363; 357/5853, 5855f. - GAN A 110.

7. Die Ablösung der Feudallasten

GLA 357/5965—5968, 6054—6056. - GAN A 99, 114, 133f.; B 68. - Christof *Dipper,* Die Bauernbefreiung in Deutschland (Stuttgart 1980) S. 82ff.

8. Revolution 1848/49

GAN - GLA Kartei Revolution 1848/49.

9. Kirchliche Verhältnisse

GLA 229/73 978; 357/5980; Ortsbereisungen.

10. Henhöfer und Neureut

GLA 229/73 989; 357/5961. -
K. F. *Ledderhose,* Art. Henhöfer. In: Realencyclopädie für protestantische Theologie und Kirche Bd. 7 (^{3} Leipzig 1899) S. 674—677. - *Askani.*

11. Das Hardthaus

Hundert Jahre Erziehungsarbeit im Hardthaus Neureut 1851—1951 hg. vom Vorstand der Hardtstiftung in Neureut.

12. Auswanderung

GLA 357/5900—5949, 6003—6040, 7320—7324.
Hermann *Ehmer, Die Auswanderung aus Südwestdeutschland nach Nordamerika. In: USA und Baden-Württemberg in ihren geschichtlichen Beziehungen hg. von der Landesarchivdirektion Baden-Württemberg in Verbindung mit dem Württembergischen Geschichts- und Altertumsverein (Stuttgart 1976) S. 41—49.*

13. Vom Bauerndorf zum Arbeiterdorf

Ortsbereisungen.

14. Welschneureut am Ende des 19. Jahrhunderts

Stork, Geschichte, wirtschaftliche und soziale Verhältnisse der Gemeinde Welschneureuth. In: Zeitschrift des Vereins badischer Finanzassistenten Nr. 1—3 (1899).

15. Das 200jährige Jubiläum von Welschneureut

Askani.

16. Neue technische Errungenschaften

GLA 357 Zug. 1973/28 Nr. 3101, 3162. - GAN A 266-270.

17. Der Erste Weltkrieg

Ortsbereisungen; GLA 357 Zug. 1973/28 Nr. 3186.

VIII. Weimarer Zeit, Drittes Reich und Zweiter Weltkrieg

1. Geschichtlicher Überblick

2. Neureut nach dem Ersten Weltkrieg

Ortsbereisungen. - GAN A 77-84, 141.

3. Die Anfänge der NSDAP in Neureut

GLA 357 Zug. 1973/28 Nr. 3149—3151.

4. Die „Machtergreifung" in Neureut

GLA 357 Zug. 1975/28 Nr. 3028f., 3031f.

5. Die Eingliederung der Gemeinde Welschneureut in die Gemeinde Teutschneureut

GLA 357 Zug. 1973/28 Nr. 3022. - „Der Führer", 3. November 1935.

6. Neureut im Zweiten Weltkrieg

GLA 357 Zug. 1973/28 Nr. 1507, 1580—1585, 1594, 1596.

Hansmartin *Schwarzmaier,* Der Luftkrieg. In: Der deutsche Südwesten zur Stunde Null. Zusammenbruch und Neuanfang im Jahr 1945 in Dokumenten und Bildern. Hg. vom Generallandesarchiv Karlsruhe in Verbindung mit der Arbeitsgemeinschaft für geschichtliche Landeskunde am Oberrhein (Karlsruhe 1975) S. 57—75.

Hermann *Ehmer,* Die Besetzung Südwestdeutschlands. In: ebd. S. 92—116. *Ders.,* Die Besetzung Badens im April 1945. In: Landesgeschichte und Zeit-geschichte: Kriegsende 1945 und demokratischer Neubeginn am Oberrhein. Hg. von Hansmartin *Schwarzmaier (=* Oberrheinische Studien Bd.V, 1980) S. 35—58.

IX. Vom Zweiten Weltkrieg bis zur Eingemeindung in die Stadt Karlsruhe

1. Geschichtlicher Überblick

2. Neureut in der Nachkriegszeit

GLA 357 Zug. 1973/28 Nr. 3037, 3045. - GAN A 152 - BNN.

3. Neureut wird größer

GLA 357 Zug. 1973/28 Nr. 3049. - BNN.
Gemeinde Neureut. Flächennutzungsplan 1968. Erläuterungsbericht. Aufge-stellt im Auftrag der Gemeinde Neureut von Dr.-Ing. *Backhaus* und Dr.-Ing. *Brosinsky* (Karlsruhe 1968). - Das neue Schulzentrum Neureut. 1. Abschnitt 1973 hg. vom Bürgermeisteramt Neureut (Neureut 1973).

4. Der Kampf um die Eingemeindung von Neureut nach Karlsruhe

BNN.

Neureut aus der Vogelperspektive, 1983.

ZWEITER TEIL

PAUL WAIBEL
UND
WILHELM MEINZER

Das Leben in Neureut

Obwohl die schriftlichen Quellen für das Leben in Neureut spärlich sind und zumeist nicht weit zurückreichen, gehört auch dieser zweite Teil unseres Buches noch zur *Geschichte* von Neureut. Der Verfasser des ersten Teils hat die Geschichte des Ortes bis in unsere Tage hinein geführt. Von hier gehen wir nun wieder rückwärts, um aus mündlicher Überlieferung, persönlicher Erinnerung und kritischer Beobachtung der heutigen Verhältnisse ein noch schärferes Bild vom Leben in Neureut zu gewinnen.

Heimatgruß

Ich liebe im Frühling die sonnige Hardt,
die Heimat mit Fluren und Wiesen.
Die Lerche singt jubelnd im Himmelsblau
ihr Lied überm Land, das wir lieben.
Für dich hab ich all meine Lieder gespart,
für dich meine Heimat, die sonnige Hardt.

Ich liebe im Sommer die sonnige Hardt,
wenn golden die Halme prangen.
Da bin ich durch Wiesen und Ährenfeld
mit meinem Mädel gegangen.
Für dich hab ich all meine Lieder gespart,
für dich und die Heimat, die sonnige Hardt.

Ich liebe im Herbst die sonnige Hardt,
hab manche Garbe gebunden.
Als Krone der Ernte, ich sag's voll Dank,
hab ich meine Liebste gefunden.
Für dich hab ich all meine Lieder gespart,
für dich und die Heimat, die sonnige Hardt.

Neureut, mein Dorf auf der sonnigen Hardt,
soll weiter das Leben uns süßen.
Und kommst du dahin, o vergiß es nicht,
mein Dorf, mein Dorf zu grüßen.
Für dich hab ich all meine Lieder gespart,
für dich und die Heimat, die sonnige Hardt.

Adolf Ehrmann (1960)

I. Die Mundarten in Neureut

Von Paul Waibel

Vorbemerkung: TN — Teutschneureut, WN — Welschneureut
Es wurde keine besondere Lautschrift angewandt. Lediglich das offene o wurde durch Halbfettdruck hervorgehoben. Es kommt in der Schriftsprache nur als Kürze vor (Korn). In TN und WN erscheint es auch als Länge, TN Fl**oo**sch (Fleisch), Schd**oo**i (Stein), WN B**oo** (Bahn), **oo**fange (anfangen).
Zwei Selbstlaute bedeuten Länge der Silbe, zwei Mitlaute deren Kürze.

1. Grundsätzliches zur Mundart

Zunächst schulde ich dem Leser eine Erklärung, mit welchem Recht ich hier eine Darstellung der Neureuter Mundarten gebe, obwohl ich weder aus Neureut stamme noch da lebe. Zum ersten Mal beschäftigte ich mich mit Neureut vor 50 Jahren, als ich die Mundarten zwischen Karlsruhe und Heidelberg untersuchte[1]. Teutschneureut und Welschneureut waren damals noch selbständig, obwohl sie schon zusammengebaut waren. An den Häusern und der Straßenbreite ließ sich leicht feststellen, wo Welschneureut aufhörte und Teutschneureut anfing. Die Welschneureuter Kirche trug damals noch ihre französische Inschrift über dem Eingang. Ich erwartete, noch einige romanische Sprachreste finden zu können. Einige Fremdwörter waren die ganze Ausbeute, vis à vis (gegenüber) oder Pa(ra)plü (Regenschirm); die aber gibt es überall am Oberrhein.

Statt dessen stellten sich große Unterschiede in den Mundarten beider Dörfer heraus. Die Neureuter auf beiden Seiten wußten darüber bestens Bescheid, sonst im Land war die Tatsache unbekannt. Als ich Anfang der siebziger Jahre die Tonbandaufnahmen kennenlernte, die Prof. Dr. Künzig (Freiburg) 1955 in Neureut gemacht hatte, war mein Erstaunen groß: die Unterschiede der beiden Dialekte schienen nicht mehr zu bestehen! Inzwischen waren allerdings die beiden Orte vereinigt worden, Nationalsozialismus und Zweiter Weltkrieg über das Land hinweggegangen, viele Heimatvertriebene nach Neureut gekommen. Sollten dadurch die alten Dialektunterschiede getilgt worden sein? Was war noch geblieben davon? Mit diesen Fragen ging ich an die neue Untersuchung der Sprachverhältnisse heran.

Neureut war inzwischen zu einer der größten Gemeinden Badens geworden und wurde schließlich nach Karlsruhe eingemeindet. Diese Tatsachen mußten

---

[1] Waibel, Die Mundarten im rechtsrheinischen Bereich des ehemaligen Fürstbistums Speyer. Diss. Heidelberg 1932.

Französische Inschrift über der Eingangstür der 1944 zerstörten Welschneureuter Kirche.

schnell die alten Mundarten auflösen, zumal die Landwirtschaft weiter zurückging. Die Aufzeichnung der Mundarten war unumgänglich geworden, es war keine Zeit zu verlieren. In Neureut begriff Herr Oberamtsrat Wilhelm Meinzer die Aufgabe sofort und förderte das Unternehmen auf vielerlei Weise. Er organisierte Versammlungen in der Badnerlandhalle und legte schon 1978 wertvolle Zusammenstellungen über mundartliche Eigenheiten vor. 1980 folgte eine mehrseitige Ausarbeitung der wichtigsten Lautmerkmale der beiden Ortsmundarten. Darüberhinaus konnte ich alle Fragen mit ihm besprechen. Ich möchte ihm an dieser Stelle für seine Unterstützung herzlich danken. Von großem Wert war auch die rege Beteiligung aus der Bevölkerung, die die Aufnahmen zu ihrer Sache machte. Allen Teilnehmern schulde ich vielen Dank. Ein Mann sei besonders hervorgehoben: Frieder Ruf, der leider bald danach einem Herzschlag erlag. Keine Stimme ist so oft auf den Bändern zu vernehmen wie seine.

Man wird mich fragen, warum ich die Ausarbeitungen von Wilhelm Meinzer nicht wörtlich in diesen Bericht aufgenommen habe. Schließlich ist er der erste gebürtige Neureuter, der sich mit seiner Muttersprache eingehend befaßte und zu klaren Ergebnissen kam. Er hat aber ein Verfahren gewählt, das zwar jedem Neureuter einleuchten wird, für eine wissenschaftliche Darstellung jedoch nicht geeignet ist: er vergleicht die Neureuter Mundarten mit der heutigen Schriftsprache. Dadurch entsteht aber der Eindruck, die Mundarten seien Veränderungen oder gar Verfälschungen der geschriebenen Hochsprache.

Dem sollen die wissenschaftlichen Erkenntnisse gegenübergestellt werden: Die Mundarten kommen nicht von der Schriftsprache, sondern diese hat sich in langer Entwicklung über die Mundarten erhoben. Vor tausend Jahren hatten die Alemannen und Franken noch keine Schrift, sie konnten aber sehr wohl s p r e c h e n ! Ihre Sprache lebt zum Teil in den heutigen Mundarten weiter. Der Mönch Otfrid drüben im elsässischen Weißenburg war einer der ersten, die versuchten, „in fränkischer Zunge" zu schreiben. Das „Volk" hatte zu der Kunst des Lesens und Schreibens lange keinen Zugang. Melken, mahlen, mähen, weiden, „zackern" (pflügen), eggen, fischen und jagen konnte man lernen, ohne schreiben zu können. Auch als längst die allgemeine Schulpflicht eingeführt war und jeder lesen und schreiben konnte, reichte es bei vielen im Alter nicht einmal mehr zu einem Brief, die Hand war von der täglichen Arbeit zu schwer geworden.

Unsere Mundarten sind seit der Frühzeit von Generation zu Generation mündlich weitergegeben worden. Sie lebten n e b e n der Schriftsprache, veränderten sich auch, duldeten fremde Einflüsse, natürlich auch von seiten der Schriftsprache. Die Veränderungen gingen sehr langsam vor sich, denn es leben immer mehrere Generationen miteinander und müssen sich verstehen können. Bis eine Neuerung sich endlich durchsetzt, können hundert und mehr Jahre vergehen. Auch heute, wo der Einfluß der Hochsprache durch Rundfunk und Fernsehen immer stärker wird, gibt es für das alltägliche Leben in der Familie, im Dorf, vom Ort zum Nachbarort daneben immer noch den Dialekt. Die Zahl der Mundartsprecher nimmt ab. So sind auch die meisten Neureuter heute schon „mehrsprachig". Je nach dem Gegenüber und dem Zweck der Äußerung richtet man seine Sprechweise ein.

Es ist also höchste Zeit, auch in Neureut die Wendungen und Laute der mundartlichen Sprechweise festzuhalten. Das haben auch die vielen Teilnehmer an unseren Gesprächen in der Badnerlandhalle gespürt und verstanden. Ihr Eifer war oft nicht zu bremsen. Denn vielen ist noch bewußt, was „echt" ist. Manchmal kam es vor, daß jemand einen Sprachgebrauch richtig erklärte, dann aber im Lauf des Gesprächs die eben noch abgelehnte Aussprache selbst anwandte. Oder das Umgekehrte, etwa in der Art des „aba":

Sagt mer bei Euch auch „aba"?
Aba, des sagemer net!

Viele Eigenheiten sind unbewußt. Da ist es manchmal gut, wenn ein Ortsfremder die Mundart studiert.

Zum Schluß dieser Einführung noch ein Wort zu den Ortsteilen Heide und Kirch-feldsiedlung. Viele Bewohner werden sich wundern, daß hier immer von Teutsch- und Welschneureut geredet wird, obwohl diese beiden Orte schon seit 45 Jahren nicht mehr bestehen. Trotz aller Mischung gibt es hier noch genug ortsgebürtige Familien, die es möglich machen, die alten Unterschiede in die Gegenwart hinein zu verfolgen. Die neuen Ortsteile sind zu jung, als daß sich schon eine erkennbare sprachliche Gemeinsamkeit hätte herausbilden können.

2. Alte und neue Aufzeichnungen

40 Sätze in Neureuter Mundart (1887)

Die große Umfrage, die der Rheinländer Georg Wenker in über 40000 Schul-orte verschickte, erreichte Neureut im Jahre 1887. 40 Sätze waren für das ganze Deutsche Reich in die örtliche Mundart zu übertragen. Die Lehrer in Teutsch- und Welschneureut stammten beide nicht vom Ort. Sie zogen daher Schüler heran. Man muß bedenken, daß die Aufgabe für die Lehrer nicht einfach war. Sie mußten gegen ihre Berufsaufgabe, den Schülern deutsche Rechtschreibung und hochdeutsche Aussprache beizubringen, verstoßen. Nun waren auf einmal die Schüler Autorität. So erklärt sich, daß nicht alles einwandfrei niederge-schrieben wurde. Hinderlich war vor allem, daß die Neureuter Laute nicht alle mit den Buchstaben unseres ABC erfaßt werden können. Phonetische Schu-lung besaßen die Lehrer nicht. Der Teutschneureuter Lehrer half sich mit Akzenten, die er vom Französischen her kannte, und mit Strichen über den Selbstlauten, um die Länge auszudrücken; mit kleinen Bogen gab er in einzel-nen Fällen auffällige Kürze wieder. Um einen Eindruck zu vermitteln, geben wir die ersten vier Sätze:

Satz 1: Im Winter fliegen die trockenen Blätter durch die Luft.

TN: Em Wender fliege die truckene Blätter en de Luft rum.
WN: Am Winder fliege die druckene Blädder än der Luft rum.

Satz 2: Es hört gleich auf zu schneien, dann wird das Wetter wieder besser.

TN: 'S hört glei uff z'schneeä, nohrd werds Wedder widder bessr.
WN: S' hert glei uf ze schneea, nord werd's Wedder besser.

Satz 3: Tu Kohlen in den Ofen, daß die Milch bald anfängt zu kochen.

TN: Du Kohle en de Offe, daß d Millich ball anfangt[2] z'koche.
WN: Dhu Kohle an de Ofe, daß d'Milch ball z'koche kummt.

---

[2] Die Akzente, Striche und Bogen, namentlich im TN-Übertragungstext, können im Druck nicht wiedergegeben werden. Das gilt besonders für das Nasalzeichen, das der Lehrer unter n setzt, wenn es nicht gesprochen wird. Im Satz 3 ist anfangt „aafangt" zu lesen, wobei aa genäselt ist.

Satz 4: Der gute alte Mann ist mit dem Pferd durch das Eis gebrochen . . .

TN: De gut alt Mann isch mit'm Gaul dorichs Eis broche . . .

WN: De gut alt Mann isch mid'm Pferd (Gaul) durch's Eis broche . . .

Wer die mundartlichen Sätze mit den schriftdeutschen vergleicht und dann die Welschneureuter Sätze mit den Teutschneureuter, erkennt die Vor- und Nachteile des Verfahrens. Man tut gut, sich die mundartlichen Sätze laut vorzusprechen.

Daß in WN die Schüler die Sätze allein übertragen haben, macht sich zum Nachteil bemerkbar, wenn wir lesen „in eirern Garten bauen", „Man muß schreie". Der Lehrer verstand nicht alles, was die Schüler sagten.

Von solchen Fällen abgesehen, sind aber die beiden Übertragungen von hohem Wert, stammen sie doch aus einer Zeit, aus der wir sonst keine Nachricht über die Neureuter Mundart haben.

Andererseits sind viele Eigenheiten gut erfaßt, so wenn wir in WN lesen „ih mahn ih hebse dorchgloffe", „sunschd verschteht er es net" (wobei „es" uns bedeutet), „die hennse verkaafe welle", „die Baure hen Schof for's Dorf brocht" (noch genauer ist hier TN mit „D'Bauere hen Scheefle brocht").

Weitere Einzelheiten werden bei der Behandlung der Lautunterschiede besprochen.

1929 und 1955

Die Ergebnisse meiner Aufnahmen aus den Jahren 1928/29 sind in meiner Dissertation (Heidelberg 1932) niedergelegt. Beide Neureut erscheinen auf der zugehörigen Karte als Sprachinseln sowohl gegen Knielingen als auch gegen Eggenstein. In meinem Text sind die Verhältnisse auf den S. 124/126 dargestellt und zusammenfassend besprochen, Einzelheiten S. 55/56. 1,929 bestanden beide Neureut noch als selbständige Gemeinden sowohl politisch als auch kirchlich; auch die Schulen waren getrennt. Dies waren günstige Voraussetzungen für die Erhaltung der Sonderstellung von Welschneureut. Daß bei der Gründung von WN nicht einfach die Mundart von TN übernommen und nachgeahmt wurde, brachte ich damals in Verbindung mit dem gespannten Verhältnis zwischen dem lutherischen „deutschen" Dorf und dem reformierten „welschen". Allerdings ging ich damals davon aus, daß die einwandernden „Colonisten" eine in ihrer Herkunft und Sprache einheitliche Gruppe gewesen seien. Dies hat sich inzwischen als irrig erwiesen.

Warum die Mundart von Teutschneureut nicht mit denen von Eggenstein und Knielingen übereinstimmt, läßt sich nicht bestimmt sagen. Die Gründung von Karlsruhe mag alten Zusammenhang mit Hagsfeld-Grötzingen versperrt haben. In der Zeit zwischen dem Dreißigjährigen Krieg und der Gründung von Welschneureut hat keine wesentliche Zuwanderung stattgefunden, so daß die Besonderheiten der Teutschneureuter Mundart in die Zeit vorher verlegt werden müssen. Auch wenn Neureut auf alter Eggensteiner Gemarkung entstanden ist, müssen nicht Eggensteiner die ersten Siedler gewesen sein. Zudem gab es mehrere Siedlungskerne von Neureut. Linksrheinische Beziehungen von Neureut, die ich auch erwogen habe, sind sowohl nach den Mundarten als auch nach den Gemarkungsgrenzen auszuschließen. Neureut hatte nie eine Rheingrenze.

Einige Zeilen aus den Aufnahmen des Deutschen Spracharchivs 1955 in Neureut (Tonbandaufnahmen, geleitet von Prof. Dr. Künzig, Freiburg)[3]:

Wooasch in dääre Nachd, des war widder so was!
Ich heb oifach koi Aag zubrochd. Iwweraal Schnooge, des isch was des Johr, des kommd von dem viile Räjewedder doo . .
Ja, so gehd mer's aa, die halb Nachd liggd mer so rum, un morjens, wänn's Zeid wäär zum Uffschdeh, na kennd mer schloofe . . .
Friier, bei de Seldaade, do had mer ewe aa rausgmißd. Un in Nääret, doo ware die Laid no viil miider wi mir haid, doo isch's morjeds scho um fenfe losgange, doo henn se uf Karlsruh laafe misse . . .

Kaum bisch richdich zum Haus drin, haaißt's scho:
's gehd ins Fillbruch odder ins Egglsee ins Meehe. Mensch, do kannsch grad noch schnell was nunnerwergle, un dann nix wi ab! Des isch genau des, was i ned laide kann. Wann ii ooweds hooimkomm un heb de ganze Daag gschaffd, do willi mei Ruh hoo . . .

Die Aufnahmen von 1955 machen keinen Unterschied zwischen TN und WN. Der Grund: Die Sprecher waren alle Teutschneureuter. Wir wollen an ein paar Wörtern zeigen, wie der Text in WN gelautet hätte:

TN	1 wooasch	2 Aag	3 kommd von	6 Seldaade	7 fenfe	10 Egglsee
WN	waaisch	Aug	kummd vun	Soldaade	finfe	Eegelsee

Die Texte zeigen aber auch, daß die Annäherung der Mundart an die Schriftsprache seit 1887 Fortschritte gemacht hat:
Zeile 4[4] rum, morjens, 6 gmißd, 8 misse, 9 drin, haaißt's. 10 ins, 11 nunner, 12 hooimkomm, hätten 1887 und 1929 in TN noch gelautet: rom, morjeds, gmiißd, miiße, dren, hoosd's, ens, nonner, hoomkomm.
Die Tonbandaufnahmen von 1955 sind so entschieden auf die gegenwärtige Mundart ausgerichtet, daß man sogar den Unterschied zwischen Welsch- und

---

[3] Mit freundlicher Genehmigung von Frau Dr. Knetschke, Leiterin des Deutschen Spracharchivs, Institut für deutsche Sprache, Mannheim.

[4] Diese Zahlen beziehen sich auf die Zeilen des obigen Textes.

Teutschneureut nicht berücksichtigte, der bekannt war. Auch aus dem Inhalt der Gespräche geht der Verzicht auf historische Verbindungen hervor.

1978/80

Bewußt lenkte ich daher bei meinen eigenen Aufnahmen den Blick der Sprecher auf ihre Erinnerungen. Wilhelm Meinzer unterstützte mich bei seinen Beiträgen in diesem Bestreben, das auch von allen Teilnehmern der Gesprächsrunden gebilligt wurde. Die Eingemeindung in den Stadtverband muß nicht die Rückbesinnung auf die eigene Vergangenheit unterbinden. Es gelang so, an die Mundartstudien von 1929 anzuknüpfen, für viele Erscheinungen Klarheit zu gewinnen und das damals gewonnene Bild abzurunden. Unaufhaltsam geht der Weg der Mundart zu einer überörtlichen Gemeinschaftssprache weiter. Dieser Weg ist in Neureut schon lange vor der Eingemeindung beschritten worden, kein Wunder bei der Ausdehnung der Wohngebiete und der Zunahme der Bevölkerung, die keine Bindung mehr an das „Straßendorf" von einst hat. Dieses Dorf am Hochgestade hatte sich eine Mundart geschaffen, die so eigenartig war, daß die Nachbarn im „welschen" Dorf sie nicht übernahmen. In unseren Tagen freilich nähern sich die Sprachen der beiden Teile von einst, jedes der beiden Dörfer rückt von den alten Besonderheiten ab, und es ist gut, daß vor der Jahrhundertwende noch einmal eine Bestandsaufnahme gemacht wird. Die vielen Geschichten, die das Tonband aufgezeichnet hat, können wir nur zum Teil in Mundart bringen, aber wir werden die hochdeutschen Texte mit Neureuter Ausdrücken und Redensarten spicken. An die vielen Vereine ergeht der Aufruf, bei den Gemeinschaftsveranstaltungen, nicht nur an Fastnacht, immer wieder der alten Mundart Raum zu geben und die jungen Kräfte auf dieses Feld hinzuweisen. Erfolg und Beifall ist ihnen sicher, wenn die Aufgabe nur ehrlich angepackt wird.

3. Geschichtliche Voraussetzungen

Neureut, Neeret und die deutsche Sprachgeschichte

Wie die Gründer und die ersten Bewohner von Neureut sprachen, wissen wir zwar nicht genau, aber einige Hinweise gibt uns der Ortsname Neureut. Das Kloster Gottesau gehörte zum Ufgau in „Ostfranken", dessen Vorort Forchheim keine zehn km von Neureut entfernt lag. Die ersten Gottesauer Mönche kamen aus Hirsau. Das Kloster war also oberdeutsch geprägt. Das geht auch aus dem Namen der „neuen Rodung" hervor, die nicht „Neurod" genannt wurde, wie es in der nahen Pfalz üblich war. Dort drüben sagte man wie heute noch Palz, Parrer, Peif (Pfalz, Pfarrer, Pfeife). Gemäß der Herkunft der Gründer von Neureut, des Markgrafen und des Klosters, war in Neureut also die Lautverschiebung durchgeführt.

Der Name Neureut sagt uns noch mehr. Für das anfängliche Niuriute lesen wir 1477 Nü(w)rüt, 1535 aber schon Neureuth. Wir erkennen, daß die Zweiung der alten langen Laute unser Gebiet erreicht hat (neuhochdeutsche Diphthongierung: aus Wip wurde Weib, aus Hus Haus und aus Rüte Reut). Das gilt für die Schriftsprache. Wann die Zweiung die gesprochene Sprache, die Mundart, erreicht hat, wissen wir nicht. Wir hören aber schon in Durmersheim Wiib, Huus, Litt (Leute). Da man in Neureut Weib, Haus, Leit und so auch Feier (Feuer) spricht, sollte man annehmen, daß der Ortsname Neureut zu Neireit geworden wäre. Warum sagt man aber Neeret?

Längere Zeit glaubte man, die Welschneureuter hätten „Neureut" französisch ausgesprochen: in der Tat könnte sich aus Nöröt „Neeret" ergeben. Doch läßt diese Erklärung die Betonung des Wortes außer acht. Der Ton liegt auf Nee-, die zweite Silbe ist unbetont und dadurch abgeschwächt. Erst recht gilt das für die Ableitung „Nééreter". Nie hört man „Nerééter", obwohl doch die schriftsprachliche Form Neureut, Neureuter und das umgangssprachliche Neireit, Neireiter vielfach auf dem zweiten eu bzw. ei betont sind. Diese Beobachtungen sprechen für deutschen Ursprung von Neeret, Neereter. Bei dem schlechten Verhältnis von „teutschen" und „welschen" Neureutern wäre es zudem absurd, wenn die TNer mit ihrer alten Tradition die WNer Aussprache „ihres" Ortsnamens übernommen hätten.

Inzwischen ist es gelungen, einen Beleg für „Neret" zu finden, der fünf Jahre älter ist als die Ankunft der Flüchtlinge von 1699! Die Badische Landesbibliothek besitzt eine Karte aus dem Jahre 1694, auf der Neureut mit dem Namen Neret eingetragen ist. Damit ist bewiesen, daß Neeret nicht von den Welschneureutern stammt. (Kartenausschnitt s. S. 263).

Wir sind also verpflichtet nachzuweisen, wie ohne französischen Einfluß „Neeret" entstanden sein könnte. Dabei können wir von einer Form ausgehen, die schon die Abschwächung der 2. Silbe „-reut" zeigt, also etwa Niu-ret, Nii-ret. Durch diese Aussprache verliert -reut seinen Sinn, es bleibt nur Nii- übrig, dessen Bedeutung ohne „reut" auch verloren geht. Daß dies so ist, sehen wir an Bildungen des 18. Jahrhunderts ebenfalls auf einer Karte: Alt-Neret und Neu-Neret. So werden TN und WN bezeichnet. Nicht in Neureut selbst, aber in der Nachbarschaft konnte die Lautgruppe -iir zu -eer werden, Biire (Birnen), verleere (verlieren). Doch ist es mißlich, einen Lautwandel zu bemühen, der am Ort selbst nicht nachgewiesen ist.

Deshalb geben wir einer anderen Möglichkeit den Vorzug. Unabhängig voneinander kommen 1477, 1484 und 1527 die Formen Nünrut, Nunryth und Nunrith vor. Wie es zu diesen Schreibungen kam, läßt sich nur vermuten. Ob man damit versuchte, das sinnlos gewordene Niiret mit Sinn zu erfüllen oder ob etwa in der örtlichen Aussprache der Vokal der 1. Silbe stark nasaliert[5] wurde, möge dahingestellt bleiben — jedenfalls läßt sich aus diesen Formen mit -n ein „Nee(n)-" entwickeln. In TN sagt man Heener (Hühner), verdeene (verdienen).

---

5 sog. progressive Nasalierung, d. h. der Vokal wird nicht wie sonst durch den folgenden, sondern durch den vorangehenden Nasallaut (n) beeinflußt, so daß Nünruth usw. entstehen konnte.

Die Mundartform „Neeret" stammt nicht von den Welschneureutern. Die Landkarte aus dem Jahre 1694 mit dem Ortsnamen „Neret" liefert den Beweis. Vgl. S. 334.

Unversehens sind wir mit diesen Ableitungen viel weiter zurückgekommen, als wir angenommen hatten. Gleichzeitig wäre für den genannten Lautwandel ein höheres Alter vorausgesetzt, als man bisher annahm.

Als aus Niuriute einmal mundartlich Neireit geworden war, konnte der Wandel zu ee(n) nicht mehr erfolgen: nie hört man neben Neeret und Neireit die Form „Neiret". Neeret konnte nur aus dem uralten Niiret, Nii(n)ret entstehen.

Neeret ist also ein Ehrenname der Neureuter, kein Spottname wie Holzbiire (Knielingen) oder Krapplumpe (Eggenstein), sondern alte Überlieferung der Neureuter. Der Name gilt sowohl für die TNer wie die WNer, und wenn die WNer den Namen nicht aufgebracht haben, so haben sie ihn doch gefördert. Denn das steht fest: in den Anfängen verwendeten die WNer ihn gern; er kam ihnen entgegen.

Die Welschneureuter lernen Deutsch

Die 1699 eingewanderten Gründer von Welschneureut waren reformierter Religion und französischer Sprache. Schon diese Tatsache — es wird in den Quellen nie etwas anderes angegeben — zeigt, daß sie keine Waldenser aus den piemontesischen Tälern waren. Es waren zumeist innerfranzösische Hugenotten, die nach der Aufhebung des Ediktes von Nantes (1685) zu den Waldensern geflüchtet waren, mit diesen Piemont verlassen mußten und eine Zeitlang in der Schweiz Asyl genossen, bis der Markgraf sich bereit erklärte, sie aufzunehmen. Eine geschlossene, einheitliche Gruppe waren sie nicht, wie man früher angenommen hatte. Von Anfang an waren auch einige Deutsche dabei; später erfahren wir auch von Lutheranern unter ihnen, die in Teutschneureut eingepfarrt wurden. Von diesen konnten sie Deutsch lernen, soweit sie es brauchten. Es steht fest, daß sie nicht das Teutschneureuter Deutsch übernahmen, wie man vielleicht annehmen könnte, wenn man nicht berücksichtigt, daß sie anderer Religion waren.

1784 erfahren wir in den Akten, daß Pfarrer Gachnang beantragt, die bis dahin alle 14 Tage stattfindende französische Predigt und französische Betstunde nur noch alle vier Wochen abzuhalten. Durch die Vermischung mit Deutschen sei es in den 85 Jahren seit Entstehung der Colonie so weit gekommen, daß der größte Teil nur „schwäbisch oder pfälzisch Deutsch" spreche. Schon lange existierten keine französischen Schulen mehr in Neureut, in denen die Kinder Französisch-Unterricht bekommen konnten. (GLA 229/74075).

Es haben also knapp drei Generationen genügt, um den Sprachwandel herbeizuführen, eine erstaunlich kurze Zeit. Heute ist nicht mehr der geringste Rest französischer Artikulation festzustellen, selbst die Gutturallaute sind deutsch. Wieweit das 1784 schon erreicht war, können wir nicht wissen. Da fast alle Abweichungen des welschen Dialekts auf dem Weg zur Schriftsprache liegen, scheint die nahe Stadt eine Rolle gespielt zu haben, in der die Handwerker ihr Brot verdienten, besonders als Maurer.

Welsch und Deutsch

Als bald nach der Entstehung der „französischen Colonie Neureut" das neue Dorf den Namen „Welschneureut" erhielt und das bisherige „Neureut" mit „Teutschneureut" bezeichnet wurde, lagen die Begriffe „Welsch" und „Deutsch" schon tausend Jahre fest. Die beiden Namen waren zu Beginn zutreffend, insofern sie die beiden Orte nach ihrer verschiedenen Herkunft und Sprache unterschieden. Schon nach hundert Jahren und erst recht bei der Vereinigung 1935 waren sie überholt. Es wird oft gefragt, wie sich die ungewohnte Form „Teutsch" erklärt. Sie entspricht der Schreibgewohnheit des 18. Jahrhunderts. Erst als die Sprachforscher den Sinn und die Herkunft des Wortes erkannt hatten — es kommt von althochdeutsch diot (Volk) — setzte sich die Schreibung „Deutsch" durch. Neureut aber blieb bei seinem anlautenden T bis zum Ende.

Übernamen

Neben den amtlichen Ortsnamen, die schon viele hundert Jahre alt sind, gibt es zwischen den Orten selbst auch Übernamen, die von den Betroffenen nicht immer gern gehört werden, weil sie von gutmütigem Spott bis zu scharfer Kritik gehen. Die Karlsruher sind im ganzen Land als die „Brigande" verschrien, die Mühlburger als „Schwanzbrigande", die Knielinger sind die „Holzbiire", die Egg'steiner die „Krapplumpe" (weil sie das Krappgeld, die Einnahmen aus dem Krappanbau, angeblich gleich in Karlsruhe versoffen). Das sind Übernamen. Der Name Neeret für Neureut ist nicht so zu verstehen. Es handelt sich um die Neureuter Aussprache des Ortsnamens Neureut, wie wir oben dargelegt haben. Aber ungerupft kommen die Neereter nicht davon.

Die „Daidsche" nennen die „Welsche" die „Welschekauder". Das Wort bezeichnet eigentlich den Truthahn. Vielleicht spielte bei der Namengebung die Beobachtung des lebhafteren Wesens der französischen Einwanderer eine Rolle, die leicht „hochgingen" und unverständlich sprachen, weil sie eben „welschten". Die Antwort „daidsche Kauder" von seiten der Welschen ist etwas billig; sie könnte allerdings auch auf die altertümliche Sprache der Teutschneureuter anspielen.

Viel besser ist der Name „Spundefresser". Spunde (vom Faßspund) sind die aus Kartoffelbrei mit dem Fettlöffel ausgestochenen Klöße, die offenbar ein Leibgericht des alten Dorfes waren. Sie stopften, d. h. sie machten satt, auch ohne Fleisch. Die Teutschneureuter übernahmen den Namen; sie reden von „Schbondefresser" und setzten einen, in Stein gehauen, als Denkmal und Symbol vor ihr Rathaus, als es nur noch e i n Neureut gab. Abgesehen von den sachlichen Bezeichnungen „owwe" und „unne" (wobei die Welschen natürlich die „Oberen" sind!) gibt es noch den Namen „Kiehbaach" oder „Kiehbaacher" für die Teutschneureuter, eine Anspielung darauf, daß sie Kühe hatten, während die Welschneureuter sich mit Ziegen begnügen mußten. Vielleicht wollte man den sozialen Unterschied, der darin lag, herunterspielen, indem man aus Kiehbaach „Katzebaach" machte. Wenn die Teutschneureuter die Welschen auch Schagaagele nennen, kommt in der Verkleinerung wieder etwas von dem Selbstbewußtsein der alten Neureuter zum Ausdruck. Wahrscheinlich meint der Name den französischen Vornamen Jacques, der in den von Collum zusammengestellten Namenlisten der Einwanderer immerhin zehnmal vorkommt.

4. Kleine Neureuter Sprachlehre

Laute

Wir stellen hier systematisch nach Lauten geordnet zusammen, was in beiden Orten verschieden gesprochen wurde und zum Teil noch wird. Wir folgen dabei möglichst den Ausarbeitungen von W. Meinzer und fügen am Ende jedes Unterabschnittes besondere Fälle an.

*„Altes" ei: h**oo**lich — haailich*

Es stehen sich gegenüber in TN Fl**oo**sch (Fleisch), WN Flaaisch. Ebenso: Leiter, Reiher, Geiß (Ziege), Eiter, Heiland, Heiliger Geist. Auch M**oo**idle gehört hierher, 1887 Moidle geschrieben (nicht vom schriftsprachlichen Mädle, sondern von Maidle). Altes öu (entrundet) geht gleich: Fr**oo**d (Freude), L**oo**fl (Läufel, d. i. grüne Nußschale); ausl**oo**fle (die Nuß aus der Schale befreien). Im Auslaut ist das i von ei hörbar: **Oo**i (Ei), H**oo**i (Heu), in WN Aai, Haai. — Zu Geiß gehört G**oo**shäddl „junge Ziege" in TN. Vor n und m haben beide Orte den verdumpften Laut **oo**i, der früher durch die Nase gesprochen wurde: n**oo**i (nein), ebenso einer, eins, kein(er), klein, Stein und (im mundartlichen Auslaut) Gm**oo**i (Gemeinde), daneben in TN die Gm**oo**skaß, die Gemeindekasse. — L**oo**dsl/Laaidsl (Leitseil) mit verkürzter zweiter Silbe.

W**oo**ße (Weizen, zu altem „Weißen"; in WN ist kennzeichnenderweise die schriftsprachliche Wortform „Weizen" fortgesetzt: Waaize). Man muß ferner zwei schriftsprachlich gleich aussehende Wörter unterscheiden: Weide (Viehweide) und Weide (Baum). Die erste heißt in TN W**oo**d, WN Waaid; der Baum Weid (altes langes i). Ähnlich R**oo**f/Raaif: (am Wagen) gegenüber Reife (gefrorener Tau). Taufen, Taufe wird in Neureut wie in der ganzen Unteren Hardt „täufen, Täuf(et)" gesprochen: d**oo**fe/daaife und D**oo**fed/Daaifed. Natürlich wird auch das „amtliche" Wort Taufe gebraucht.

*Gedehntes a vor n: aafange — **oo**fange. Wu gehsch naa — n**oo**?*

Besonders die Vorsilbe an- ist hier beteiligt, die vielen Zeit- und Hauptwörtern vorangesetzt wird: anfangen, angeben, anzünden, Anfang, Anfall, Anwand. Überall wurde hier früher a durch die Nase gesprochen und gedehnt. In WN unterblieb dann die Näselung und es entstand **oo**; in TN blieb man bei a, auch als die Näselung aufgegeben wurde. W. Meinzer schreibt für den WNer Laut oor: oorziege (anziehen), oorschaffe (anschaffen), Oorgewwer (Angeber), Boorhof (Bahnhof), wu gehsch noor (-nan, eigentlich „hinan" im Sinne von „hin"). Man vergleiche dazu, was oben zu dieser Schreibung gesagt wurde: auch hier wird durch sie angedeutet, daß **oo** weit hinten im Gaumen gesprochen wird.

1887 erhalten wir keinen Bescheid über die damalige Aussprache; beide Lehrer schreiben „na", wobei der TNer das Nasalzeichen unter n setzt, womit er andeutet, daß es nicht gesprochen wird und dafür der vorhergehende Selbstlaut (Vokal) genäselt ist. Ich möchte annehmen, daß der Lehrer in WN mit seinem na schon den heutigen Laut meint, für den er keinen Buchstaben hatte. (Er schreibt auch „nai" für nooi!) Zwei Beobachtungen erlauben diese Annahme: 1. ist das Verhältnis aa/oo nicht auf TN und WN beschränkt, 2. gebrauchen Schüler aus der Karlsruher Gegend im Französisch-Unterricht, wenn sie französisch „en, dans, dent" sprechen sollen, eben diesen offenen o-Laut, sie sprechen also statt a(n)**oo**. Wir halten uns bei diesem Laut so lange auf, weil ich 1929/30 beobachtet habe, daß in mehr als 20 Orten das Verhältnis von TN und WN wiederkehrt: wo man für altes ei (s.o.) ooi spricht, hat man für an aa; wo man aai spricht, hat man **oo**.

Einige weitere Beispiele für den Unterschied aa/oo: den Bannwald nennen die TNer Baawall, die WNer B**oo**wald. W. Meinzer erwähnt für TN Baa (Bahn) und gibt dazu den Ausdruck Baa mache, im Winter „bahnen", d.h. den Schnee wegräumen. — In den Wörtern laam (lahm) und (der) Faane (die Fahne) in TN, WN: l**oo**m, F**oo**ne haben wir dieselben Laute, aber n und m bleiben erhalten.

*Heutiges schriftdeutsches au vor m: Baam — B**oo**m*

Noch in einem weiteren Fall haben wir dasselbe Verhältnis TN aa, WN **oo**: in „Baum". 1929 schlossen sich auch Traum, Schaum, Zaum, Saum mit den Zeitwörtern träumen (ohne Umlaut, also draame „träumen") an, ferner das Zeitwort (auf-)räumen. Heute werden diese Wörter fast nur noch wie in der Schriftsprache ausgesprochen, aber W. Meinzer erwähnt doch noch Baam, Saam (Saum) und das Wörtchen kaam (kaum). 1887 kommt nur „drei Apfelbäumchen" vor. Hierfür schreibt TN Apfelbämlen, WN Epfelbemle, also nahezu gleich. Auch Sprachkundige meinen oft, beemlen zeige schon den Laufwandel äu zu ää, wie wir ihn in der Pfalz haben. Das ist aber unrichtig. Es handelt sich bei Baam/Beem einfach um einen Umlaut wie in Apfel - Äpfel, stark - stärker, lahm - lähmen. Sowohl Baam wie B**oo**m (Bööm) konnten zu einer Mehrzahl Beem oder Bääm gelangen.

Schriftdeutsches au vor anderen Selbstlauten: laafe, Aag - Aaug (Auge)

Während laafe (laufen), kaafe, Draaf (Traufe), Fraa, Mehrzahl Fraawe, Raaf (Raufe), Schdaab, schdaawich (staubig) in TN und WN gleich gesprochen werden, hat TN vor Gaumenlauten auch das au in einen Einlaut verwandelt. WN bleibt bei au. Es handelt sich um einen weiteren Fall, in dem WN sich von TN unterscheidet. Haa heißt „die Hau" (Hacke) in TN, Haau in WN, ebenso TN haare (hauen), WN haauge. 1887 schon lesen wir „hage - hauge", „Das Auge" lautet Aag in TN, Aaug in WN, Mehrzahl Aare - Aauge. 1887 lesen wir in TN Ageblickle, in WN Augeblick.

W. Meinzer führt für TN noch an: Raarch, d. i. Rauch. Er schreibt nach aa das gleiche r, das wir schon zweimal kennengelernt haben und das auch hier wieder die kehlige Aussprache des a ausdrücken soll.

Erwähnt sei noch aa (auch), das weit über Neureut hinaus gebräuchlich ist. 1887 wird dafür ah in TN, a in WN geschrieben.

i- und u-Laute vor n und m: onnedrenn (untendrin) - unnedrinn

Onnedrenn in TN, unnedrinn in WN -, dieser weitere Gegensatz zwischen TN und WN ist 1887 gut belegt. Hier eine Übersicht:

Übersicht auf Seite 268 oben.

1	Hochdt.	ich bin	sind	in	Wind	Kind	trinken	fünf
	TN	ih ben	sen	en	Wend	Ken(d)	trenke	fenf
	WN	ih bin	sin	in	Wind	Kind	trinke	(fünf)

2	Hochdt.	unten	h(ier) unten	„nummen"	(nur) Pfund	Hund	gefunden
	TN	onne	honne	nomme	Pfonn	Hond	gfonne
	WN	unne	hunne	numme	Pfund	Hund	gfunne

3	Hochdt.	kommen	sonst	vom	von	ohne
	TN	komme	sonscht	vom	von	ohne
	WN	kumme	sunscht	vum	vun	uhne

Die in den drei Listen angeführten Beispiele von 1887 zeigen schon deutlich, daß es sich um eine tiefgreifende Erscheinung handelt. Man spricht von der „schwäbischen Senkung". Sie hat wohl im 18. Jahrhundert den südlichen Teil der Markgrafschaft Baden-Durlach geradezu überschwemmt. Vielleicht ist sie erst 1565 mit der Verlegung ihrer Residenz von Pforzheim nach Durlach importiert worden. Neureut ist ihr äußerster Vorposten im Westen und Norden. In Eggenstein hört man davon nichts mehr. WN mag einmal daran teilgenommen haben, denn 1929 fand ich Hembeer (Himbeeren) und Strempf (Strümpfe) und 1978 hörte ich immer wieder gromm (krumm) und Grombier (Grundbirne, Kartoffel). Das führt zu der Möglichkeit, daß WN infolge seiner stärkeren Stadtbezogenheit die Senkung abbaute, als Karlsruhe sie im 19. Jahrhundert aufgab. Jedenfalls ist der Unterschied zwischen TN und WN hier am markantesten, obwohl die Senkung inzwischen auch in TN an Boden verloren hat.

Die dritte Liste oben zeigt, daß Wörter, die in der Schriftsprache o eingeführt haben (kommen usw.), in TN in schriftsprachlicher Form erscheinen, während hier WN von der Schriftsprache abweicht.

W. Meinzer führt zahlreiche Beispiele an: benne (binden), fenne, henne (hinten), hennere (nach hinten), hennedrenn wohne (hintendrin wohnen), fenster (finster), Wendel (Windel), Fengerreng (Fingerring), Hemmel, Schemmel u. a. Zu u/o gibt es weniger Belege: so gfonne, Wonner, onner. Dazu Schongge (Schinken, also eigentlich „Schunken") und Schbond (Spund) mit Spondefresser. 1929 fand ich außerdem noch aazenne (anzünden), Kemmich und Kemmel (Kümmel), Honger, Kombf (Kumpf, d. i. Wetzsteinbehälter), gnongg (genug) und gombe (pumpen).

Auch gedehntes i, ü ist zu ee geworden: hee (hin, d. i. tot, kaputt), Scheebooi (Schienbein), Eemes (Imbiß), 1929 auch Eeme (Bienen), Reeme (Riemen); bei W. Meinzer finde ich noch die Namen Kathree (Kathrine), Chrischdee (Christine). 1978 höre ich auch Mascheene (Maschinen) und Heenle (kleines Huhn), während älteres Hoo, Heener von den schriftsprachlichen Wörtern verdrängt scheint. Schon 1817 Christena (Christine) s. S. 405.

In den TNer Tonbandaufnahmen (1955) findet man kaum ein Beispiel dazu, aber auch auf meinen Bändern (1978) ist wenig davon zu hören. Die Neureuter haben ein Sätzchen erfunden, in dem eine Reihe der bisher behandelten Unterschiede vorkommt:

WN: Geh mool hinere, hols Laaiderle un schmaiß de Gaaiße s Haai nai.

TN: Geh mool henne, hols **Loo**derle un schmeiß de **Goo**ße s **Hoo**i nei.

Bei den Wochentagsnamen schreibt der Teutschneureuter Lehrer 1887 merkwürdigerweise Sunntag, Muntag, Dunnerschtag und so auch Dienschdag: weder 1929 noch 1978 kann ich die u bestätigen; sie widersprechen auch (außer Dienstag) den Aufnahmen von 1955, wo eigens nach den Wochentagsnamen gefragt war und nie u erscheint. Wahrscheinlich liegt ein Irrtum des Lehrers vor.

i, ü und u vor r: Kerch - Kirch, Dorschd, Worschd - Durschd, Wurschd

WN behält in den meisten Fällen die schriftsprachlichen Laute, während TN die fränkische Senkung eingeführt hat. Schwäbisches und Fränkisches überschneiden sich also in TN. Allerdings lesen wir 1887 Worscht und Dorscht ebenfalls in WN. Auch Berscht (Bürste) ist dort angegeben. Es besteht kein Grund, an der Richtigkeit dieser Angaben zu zweifeln, obwohl man heute in WN Kirch, Kirsch, Wurscht sagt. In allen diesen Fällen kann die Schriftsprache eingewirkt haben.

Altes langes a: Oowed (Abend)

Wie in der weiten Umgegend ist in beiden Neureut das alte lange „a" zu oo geworden. W. Meinzer nennt Schdrooß, Woog (Waage), Hooge (Haken), Groom (Kram), Nood (Naht), Schoof (Schaf), schloofe, roode und hoo, die Grundform von haben (eigentlich haan). Die Gruppe ist natürlich viel größer: doo, nooh (nahe), nooch (nach), bloose usw. 1887 lesen wir für TN du(n) getan, für WN dhun (das auslautende n ist sicher falsch).

In TN habe ich 1929 und 1978 mehrfach doo gehört, die eigentlich regelmäßig zu erwartende Form, die hoo entspricht. Für dieses hoo (haben, Grundform) nennt WN 1887 hawwe, sicher dort schon gebräuchlich. Es ist die umgangssprachliche Form, die heute fast schon die Regel geworden ist. 1955 hören wir sehr oft aa, das in der Umschrift des Deutschen Spracharchivs (Mannheim) oft mit a und einem o darüber bezeichnet ist. Dies ist ein hinten im Gaumen gesprochenes a, das nach o hin klingt. Es zeigt die Zerstörung des alten Mundartgefüges. Südlich von Karlsruhe spricht man in der alten Mundart offenes o, für Neureut kann es nicht gelten. Die Neureuter offenen a oder o sind auf Einfluß der Schrift zurückzuführen. Man will Oowed sagen, weiß aber, daß „Abend" mit a geschrieben wird, und so entsteht aus der Kombination ein offenes Verlegenheits-**oo**. Nicht nur in Neureut ist das zu beobachten. Es handelt sich also um eine Übergangsform, die bald durch volles aa ersetzt werden wird.

269

Hierher gehören auch Moo (Mond), Oomed (Öhmd), Soome (Samen) und „ohne", für das wir 1887 in WN „uhne" lesen, entsprechend dem oben angeführten dhun, dessen u durch uhne bestätigt wird.

Altes langes i und u: Waib, Haus, Leid (Leute)

Wie eingangs schon erwähnt, ist die neuhochdeutsche Zweiung sowohl in TN wie in WN völlig durchgeführt. Das Ergebnis ist dasselbe wie in der Schriftsprache. Davon weicht eigentlich nur „auf" ab, das als uff erscheint. Diese „regelmäßige" Abweichung mag verwundern. Sie geht darauf zurück, daß schon im Mittelhochdeutschen vor vielen hundert Jahren die Kurzform uf mit kurzem u bestand. (Vgl. ich „euch" unten S. 272).

Für „Schaum" hörte ich 1929 Schaum und Schaam (TN). Dieses „Schaam" ist eine Parallele zu kaam (kaum) und Baam (Baum), s. o. In den angeführten Wörtern folgt m auf den Zwielaut. Der Reim könnte diese Wörter zu einer Gruppe zusammengeschlossen haben. Schon mittelhochdeutsch sind schoum und schûm belegt.

Auslautendes -nd und -ld: Kenn (Kind), Wall (Wald) in TN

Bevor wir uns den Lauten in nebentonigen Silben zuwenden, sei einiges über die Mitlaute (Konsonanten) gesagt, weil sich hier auch noch ein Unterschied zwischen WN und TN zeigt. TN gleicht nämlich in einigen Wörtern d oder t an vorausgehendes n oder l an, WN tut das nicht. TN nimmt damit teil an einem Vorgang, der sich weiter südlich abspielt und von Durmersheim südwärts erhalten hat. Dort sagt man Waid (Wind), ja sogar Fail (Feld), dies freilich nur noch in wenigen Orten. Da nördlich von Neureut genau an der alten Grenze des badischen Landes Kinn und Wall aufhören und durch Kind und Wald abgelöst werden, haben wir ein Recht, den Zusammenhang mit dem Neureuter Vorgang zu sehen. Es sind gleichsam die letzten Wellen, die Neureut noch erreicht haben. Denn daß WN Feld und Wald sagt, geht eben darauf zurück, daß zur Zeit seiner Entstehung die „Wellen" abgeebbt waren.

1887 lesen wir in TN Fell, Ken (Kind), Pfonn (Pfund), aber schon Hond (Hund) und Hand. W. Meinzer führt noch zusätzlich Enn (Ende), Renn (Rind) an. Die von ihm erwähnten ball (bald) und gell (gelt) gibt es 1887 wie heute in WN und weit darüber hinaus. 1929 und 1978 fällt mir in TN noch Sann (Sand) mit Sannbuckel, Sann-griib (Sandgrube) auf. W. Meinzer nennt aber auch Wörter, bei denen d nicht an l angeglichen ist: Gold, Geld und Held.

b zwischen Selbstlauten und nach l und r:
Gawwel (Gabel), schderwe (sterben) und halwer (halb)

Dieser Lautvorgang müßte eigentlich nicht erwähnt werden, denn er ist nicht strittig zwischen TN und WN. Er ist weit verbreitet im fränkischen Bereich, ja sogar im Französischen und Englischen. Wir müssen ihn aber erwähnen, weil eigenartigerweise in der lautgetreuen Übertragung der Tonbänder von 1955 deutlich zu hörender Reibelaut w immer wieder mit b wiedergegeben ist. Die

Ursache für dieses Verhalten liegt vielleicht darin, daß dem Übertragenden die Aussprache w so selbstverständlich war, daß er sie gar nicht wahrnahm. Es ist möglich, daß ihm die Neureuter Artikulation des w zwischen beiden Lippen fremd war. Der TNer Lehrer von 1887 schreibt teils v, teils w. In beiden Fällen meint er einen stimmhaften Reibelaut: sauver, awer, ove (oben).

In ebbes (etwas), ebber (jemand) spricht und schreibt man b bzw. Doppellaut, weil diese Wörter aus etewer, etewas entstanden sind. Dagegen eewe (eben).

g zwischen Selbstlauten als Gaumen-r: TN Warre (Wagen), WN Waare

In der Endung -ig wird g ebenfalls zum Reibelaut. Beide Lehrer von 1887 verwenden das an sich mundartfremde Wort „artig". Der WNer Lehrer schreibt sogar „arti". Das ist irrig. Der TNer schreibt artich. Sonst scheint kein Reibelaut zu entstehen. „Scheint": denn die tatsächliche Artikulation bleibt weitgehend unbewußt. Die Schriftsprache stellt keine Zeichen zur Verfügung. Am ehesten wird r der Aussprache zwischen Selbstlauten gerecht. Man muß natürlich erwähnen, daß das nur für Gaumen-r gilt. In Warre (TN) - Waare (WN) wird ein stimmhafter Reibelaut g schwach angeschlagen, der wie Gaumen-r klingt. Durch die oben erwähnte TNer Eigenart, daß au vor g und ch zum Einlaut wird, entstehen Dubletten zwischen TN und WN in „Auge(n)", hauen: TN Aare, WN Aauge, TN haare, WN haaue, aber i haug. Ebenso ist g nach r oder l behandelt. Das als g geplante „Geräusch" nähert sich einem j. 1887 wird weder r noch j erwähnt. Es steht immer g.

Betonung

Im Gegensatz zum Französischen betont das Deutsche die Stammsilbe eines Wortes viel stärker als die Nebensilben. Das gilt auch für Neureut, Welschneureut eingeschlossen. Es gehört wohl zu den stärksten Merkmalen der Eindeutschung, daß die deutsche Betonung völlig eingeführt worden ist. Spätestens hier muß ausgesprochen werden, was schon, während wir die TNer und WNer Mundart miteinander verglichen, hätte gesagt werden können, absichtlich aber zurückgehalten wurde: Die Besonderheiten der Mundart von Welschneureut beruhen nicht auf der französischen Artikulationsweise der ersten Einwanderer, sondern auf anderen, deutschsprachigen Vorbildern. Es muß stärker als bisher auf die deutschsprachigen, teilweise lutherischen Mitbewohner von Welschneureut und ihre Herkunft geachtet werden. Schon 1780 sagt ein TNer Pfarrer, mehr als die Hälfte der WNer Einwohner seien nicht französischsprachig. Auch wenn wir zugutehalten, daß dies eine Zweckbehauptung sein kann, beweist doch das sprachliche Ergebnis, daß der Einfluß der deutschsprachigen WNer (zusammen mit dem der Nachbarn und dem von Pfarrer Gachnang oben angeführten Argument, es habe an französischem Unterricht gefehlt) entscheidend war.

In einem neuen Wort allerdings findet man eine Betonung, die im Widerspruch zu stehen scheint zu der vorgetragenen Ansicht, daß die französische Betonung nicht nachgewirkt habe. In dem Namen der neuen großen Halle in

Neureut, der Badnerlandhalle, hört man eigenartigerweise immer wieder die Betonung auf „Land", so daß man schreiben müßte „Badner Landhalle", was 1980 sogar auf Plakaten gedruckt wurde. Diese Aussprache ist allerdings so merkwürdig, weil niemand auf den Gedanken kommt, das sprachliche Vorbild, die Schwabenlandhalle in Fellbach, entsprechend „Schwaben Landhalle" zu betonen. Merkwürdig auch, weil im Badnerlied, für das man eigens Neureuter Strophen angehängt hat, immer nur der Stamm „Bad-" betont ist. Offensichtlich wird in Badnerlandhalle „Badner" nicht als „(Land) der Badener" aufgefaßt, sondern als Eigenschaftswort (Adjektiv), das Badener Land — das badische Land. Eine solche Verwechslung ist in „Schwabenlandhalle" nicht möglich. Es ist also nichts mit einem im Unterbewußtsein etwa noch vorhandenen Hang zur schwebenden Betonung wie im Französischen. Zudem hat eine Nachprüfung ergeben, daß auch die TNer „Badner Landhalle" sprechen.

Die Nebensilben

Die deutsche Betonung hat in beiden Neureut dazu geführt, daß in nahezu allen Endungen die Selbstlaute zu e abgeschwächt sind, bzw. zu einem Laut, der einem e ähnlich ist. Das ist zwar im Schriftdeutschen auch ähnlich (im Gegensatz zu älteren Sprachstufen und zum Alemannischen), die Tatsache fällt aber in Neureut besonders auf, weil hier auch die Endung -n weggefallen ist, so daß wir 1887 lesen: fliege, druckene, ze (zu), Kohle, Ofe, koche, broche, gfalle, Woche, gschtorwe usw. Dasselbe gilt auch für die Endung -rn, die als re erscheint (annere, Ohre, Bauere, gfahre [gefahren]). Die hochdeutsche Endung -eln in handeln, Windeln wird zu -le: handle, Wendle (TN), Windle (WN).

Ebenso ist die Verkleinerungssilbe -lein, alemannisch -li, zu -le geworden: TN 1887 Moidle, Stickle, Vögele, Maierle, Scheefle (Schäfchen), Ageblickle und bißle, das schon in Eggenstein „bißl" heißt.

Eine Ausnahme bilden eigentlich nur die sog. Sproßvokale. Das sind Selbstlaute, die neu entstehen. 1887 lesen wir in TN: Milich, starik, dorich (durch), Koreb, Bärig; in WN, wo der Lehrer darauf offenbar weniger geachtet hat, zusätzlich noch: elef (11), Helem, Hanef (Hanf). Die Aussprache ist heute noch so. Es lassen sich zahlreiche Ergänzungen bieten, so gmolige (gemolken), Äreble (Erdbeeren), schdärewe (sterben), ärewe (erben), Erebse (Erbsen).

Selbst die Fürwörter „uns" und „euch" sind verkürzt und erscheinen schon 1887 als „es" und „ich". WN 1887: sunscht verschteht er es net, bei es (bei uns), TN und WN ih verschteh ich[6] net (euch nicht). „ihn" 1887 in TN und WN: hättsch du en kennt; „ihnen": TN, WN von (bzw. vun) ene. mich, dich = me, de, „sie" = se. Einmal in TN: er will em zwoi Haiser baue; „em" steht für das rückbezügliche „sich".

6 „ich" ist das mittelhochdeutsche iuch (euch), gesprochen „üch", entrundet „ich". Betont wurde iuch zu aich (euch), unbetont blieb „ich" erhalten (vergleiche oben uf „auf").

„e" erscheint auch in den auf der zweiten Silbe betonten Wörtern Salat und Soldat, die Selaad und Seldaad gesprochen werden. Buben spielen „Seldääderles".

Kürzung und Dehnung

Hier werden Neureuter Mundarten mit der Schriftsprache verglichen.

Neureuter Wörter sind kürzer als die entsprechenden der Schriftsprache; die unbetonte Endung ist aufgegeben:

weibliche: Ähr, Ehr, Biir (Birne), Bluum, Buuch (Buche), Eich, Eern (Ernte), Latt, Sonn und viele andere, aber Kiche (Küche);

männliche: Aff, Kääs, Bott (Bote), der Schorz;

sächliche: Enn (Ende), Eck, Aaug (TN Aag).

Umgekehrt sind einige Wörter mit anderer Endung versehen und erscheinen so länger: der Flecke (Fleck), der Haane (Hahn in der Technik; das Tier: Goggler); der Bagge (Backe), der Zehe (Zeh), der Fahne sind männlich gebraucht.

Nicht die Endung, sondern der Wortstamm erscheint gekürzt: Sibb (Sieb), Radd (Wagenrad; das Fahrrad ist „s Raad"), Schdubb (Stube), die Bass (Base) aber „s Baasegeddle" (Patin), Graas (Gras), aber „der Grassgaarde" (Grasgarten, Flurname).

Vor der Endung -en ist in TN der Stamm oft kurz: Bodde, Hosse, Offe, Haffe, Warre (Wagen), aber Beese (Besen), Laade (Fenster-, Kauf-); in WN Boode, Hoose, Oofe, Waare (Wagen).

Ebenso vor -er: Keffer (Käfer), Ziffer (Kleinvieh), Hawwer (Hafer), awwer (aber), iwwer (über), newwer (neben), in WN aber Kääfer; siehe unten Fuuder.

Ebenso vor -el: Gawwel (Gabel), Nawwel (Nabel), Newwel (Nebel), Naggel (Nagel), Zwiwwel (Zwiebel), Riggl (Riegel), Voggel (Vogel), Biwwel (Bibel), Dreschpfleggel (Dreschflegel); in WN aber Naagel, Zwiiwel, Voogel, Nääwel, Riigel usw. Aggle (Grannen) in TN, Aagle in WN. beggle (bügeln, alt), WN biigle. Immer: Noodel (Nadel). Der Selbstlaut wird im Gegensatz zur Schriftsprache lang gesprochen: Gaarde (Garten), waarde (warten), Muuld (Mulde), Fuuder und fiidere (Futter, füttern), Waalhols (Wellholz), auswaale (auswälzen). Der Flurname Bannwald (oft „Bahnwald" geschrieben) heißt Baa(n)wall in TN, Boowald in WN. Buuch, Biicher (Buch, Bücher), Duuch, Diicher (Tuch, Tücher) werden durch städtische Buch, Tuch verdrängt. Das alte Muuder (Mutter) ist nicht mehr zu hören. Etwas standhafter sind bei alten Leuten die gedehnten i muus (muß), miise (müssen).

Das Zeitwort und seine Beugung (Konjugation)

Das Zeitwort ist die Seele des Satzes. Kein Wunder, daß sich vielerlei Besonderheiten erhalten oder herausgebildet haben.

Zunächst fallen die Mehrzahlformen auf: mer henn (haben), denn (tun), lenn (lassen), senn (sind) TN; WN: sinn; henn und lenn haben im Alemannischen noch wun (wollen) und min (müssen) neben sich; sie heißen in Neureut mer welle und mer miise. Zu gee-e (gehn) und schdee-e (stehn) werden genn und schdenn gebildet; in mer werre (werden) ist d an r angeglichen wie in Bärr (Bürde).

Die alte Grundform (Infinitiv) von „haben" heißt hoo(n). Dafür lesen wir schon 1887 in WN hawwe. Diese umgangssprachliche Form der Gegend hat sich inzwischen auch in TN durchgesetzt. Mehr Eigenart zeigen die Mittelwörter der Vergangenheit: ghatt (gehabt), gwest (gewesen); die starke Form gwää, die schon in Daxlanden daneben tritt, kommt in Neureut schon 1887 nicht mehr vor. gange (gegangen), gschdanne (gestanden), worre zeigen nur lautliche Besonderheiten; stärker weichen ab gschbauchd (gespien), gschraue (geschrien), khangge (gehangen), khengt (gehängt) und in TN das fast unverständliche, aber regelmäßig nach Neureuter Gesetzen gebildete khaare (gehauen), wofür WN khau(g)e sagt.

Umlaut in der zweiten und dritten Person der Einzahl kennt man nicht: weitgehend ist der gleiche Selbstlaut in allen sechs Personen eingeführt: i eß, du esch, er eßt, mer esse usw. In Neureut fängt die Katz kai Meis, se fangt se. So auch er nemmt, gebt (gibt), leest (liest), vergeßt, freßt. Nur wenige Kilometer weiter nördlich (und noch näher drüben in der Pfalz) hört man secht (sagt), mecht (macht), drechd (trägt), left (läuft), ja sogar hecht (haut). In allen diesen Wörtern hat Neureut keinen Umlaut, sagt also saagd, machd, draagd, laafd, haagd bzw. haaugd. Dieselbe Angleichung auch in därfe (dürfen): i därf, du därfsch, er därf, mer därfe usw. (ä ist nicht Umlaut, sondern Senkung von ü, i vor r).

Am eigenartigsten hat sich die zweite Person der Einzahl entwickelt: „Die ganz Woch schaffsch un machsch un duusch un wärgelsch un rännsch rom" heißt es in einem Zwiegespräch von 1955, das mit der Frage endet: „verschdehsch?" Hier fehlt ja überall das Fürwort „du"! Die zweite Person der Einzahl ist die einzige, die man auch ohne Fürwort versteht. Woher kommt das? „verschdehsch" ist aus der häufigen Frageform entstanden: verschdehschd du? verschdehschde, verschdehsch. In der Endung der zweiten Person -sch steckt also „du". Irgendwann hat sich der Brauch herausgebildet, in der Gruppe -schd auch das auslautende d wegzulassen, wie es auch bei „isch" der Fall ist, im Gegensatz zu schwäbischem „ischt". Zu den Eigenarten des deutschen Satzbaus gehört es, daß die Fragestellung auch in nicht fragenden Sätzen verwendet wird: so wenn der Nebensatz dem Hauptsatz vorangeht: „Wann des ned verschdehsch, kannsch de heimgeige" heißt auch hochdeutsch: „Wenn du das nicht verstehst, k a n n s t d u dich heimgeigen." Ja, es genügt, daß der Satz mit einer Umstandsbestimmung eingeleitet ist, um auch hier die Fragestellung zu verwenden: jetzt kommt er, dann kommt er, morgen kommt er. Das wird alles in der Mundart genau so vollzogen, und so erklärt sich, daß die eigenartigen Formen auf -sch nicht nur in den Fragesätzen verwendet werden. Und schließlich kann auch der Fragesatz zum Befehl werden: Aus „kommst du her?" entwickelt sich: kommst du her!!!

Weil namentlich im Gespräch die zweite Person der Einzahl naturgemäß sehr häufig vorkommt, drängt sich dem Hörenden das hier behandelte -sch, zusammen mit isch (ist), als wesentliches Bau- und Klangelement der Mundart auf.

Was wir oben über die Nebensilben auseinandergesetzt haben, greift bei der Beugung des Zeitworts ein: -e der Endung fällt in der südfränkischen Mundart von Neureut weg, -en wird auf -e beschränkt: i lees — mer leese (ich lese — wir lesen), i schreib — mer schreiwe. Bei den meisten Zeitwörtern beschränkt sich der Unterschied zwischen Einzahl und Mehrzahl auf die Endung null (lees, schreib) in der Einzahl, die Endung -e in der Mehrzahl. Gegenüber dem Verfahren der Schriftsprache (Einzahl Endung -e, Mehrzahl Endung -en) bedeutet das Verfahren der Mundart eine Vereinfachung, wie in der „Beugung" der Hauptwörter, auf die nicht weiter eingegangen werden soll, die Mundart sich fortschrittlich zeigt, wenn sie für den einzigen Fall, der noch deutlich sich von den übrigen abhebt, den Wesfall (Genitiv), dasselbe Verfahren anwendet wie etwa das Französische oder Englische: „von dem Mann" entspricht genau französisch de l'homme oder englisch of the man.

Wenn wir in diesem Abschnitt über die Zeitwörter und ihre Beugung stärker als sonst Ausblicke geboten haben auf Fragen, die über das nur Mundartliche hinausgehen, dann geschah das, um dem Leser zu zeigen, daß die Mundart sich selbständig entwickelt und nicht nur ein verdünnter Aufguß der „Hochsprache" ist. Natürlich sind der „selbständigen" Entwicklung Grenzen gesetzt: sie liegen in der Verständlichkeit, besser: Verstehbarkeit der Sprachformen, die sich im mundartlichen Bereich entwickeln.

Satzbau

Die mündliche Rede ist spontan, die schriftliche kann geplant werden. Daher reiht der Neureuter, wenn er erzählt, seine Sätze aneinander. Er bildet keine Perioden, die schwer zu verstehen sind, sondern hängt mit und, dann, da, nohrd, nordich einen Gedanken an den anderen. Sätze wie „als er gekommen war; nachdem er das gesagt hatte; während er sprach" kennt er nicht. Ganz fremd ist ihm die Unterordnung im Satz freilich nicht. Es gibt Relativsätze, aber er leitet sie alle mit „wo" ein, das früher „wu" hieß. Sonst kennt er zur Einleitung des Nebensatzes nur noch wann, wenn, wie, was, daß, aber er gebraucht diese Wörtchen selten. „daß" wird oft zusätzlich zu anderen Bindewörtern gebraucht: „guck wie viel Uhr daß isch" oder „froog en, warum daß er ned komme isch". Das ist freilich umständlicher als „frag ihn, warum er nicht kam". Noch weniger würde er sagen „frag ihn nach dem Grund seiner Abwesenheit"!

Knappheit der Ausdrucksweise, Kürze und Präzision sind keine Ideale für ihn, wenn es um einen Bericht oder eine Erzählung geht. Wenn man sich nach der Arbeit zusammensetzt, hat man auch Zeit, den andern anzuhören. Wenn ich um eine Erklärung bat, habe ich oft erlebt, daß man daran eine Geschichte anschloß, die zehnmal so lang war wie die gegebene Erklärung. Zu der Langatmigkeit gehört auch, daß es außer „war" keine Formen der Erzählzeit gibt. Statt der schriftdeutschen ging, kam, lief, gebraucht man nur die dreimal so langen „isch er gange", „isch er komme", „isch er gloffe".

Da man den Wesfall nicht kennt, gebraucht man Umschreibungen: s Haus von meim Vadder, seinere Mudder ihr Kochdopf. Freilich die erstarrten Wesfall-wörter leben : morjeds, middags, ooweds, nachts, sonndags, faierdags, wärr-dags (werktags). Vergessen wir nicht das Kloster Gottesau, den Grundherrn von Neureut. Sein Name enthält „Gott" im Wesfall. Er wurde gesprochen und ge-schrieben zu „Gotzau". Er lebt in Flurnamen weiter. Die Leideform (Passiv) wird gern durch Hilfszeitwörter umschrieben: die Kerl keere verschlaare (gehören - sie sollten verschlagen werden), die Erwet krieg i ned gschafft (die Arbeit wird von mir nicht fertiggestellt).

Zum Schluß noch eine Wendung im Wesfall: „des hasch wohr." „des", eigentlich „dessen": damit hast du recht.

5. Erinnerungen und Erzählungen

Gärred

Genüßlich erzählen die Welschneureuter von einer Frau „aus em Daitsche", die am Neureuter Bahnhof „e Biljettle" nach Karlsruhe verlangte. „Haabaahoof" soll sie gesagt haben. Der Beamte am Schalter, übrigens ein Neureuter, in belei-digtem Ton: „Das heißt nicht ,Habahof': Hauptbahnhof! Haben wir denn einen Gänsestall hier?"

Darauf die Frau:
„Wann des en Gänseschdall isch, dann isch der Gärred aa debai!"

Gärred, muß man wissen, ist der Gänserich. Das Wort erinnert an den Gänseruf „gerr, gerr!" Davon hat das männliche Tier seinen Namen bekommen. Nicht etwa in Neureut. Schon in der mittelalterlichen fränkischen Tierfabel, also vor vielen Jahrhunderten, kommt dieser Name, ins Lateinische übersetzt, vor, und zwar als „Gerardus", d. h. Gerhard. Der Name entspricht dem Raginhart, wie der Fuchs dort heißt. Es ist unser Reinhard. Im französischen renard (Fuchs) lebt dieser Name noch heute weiter. Bevor die Straßen geteert und von den Autos beschlagnahmt wurden, waren sie das Reich der Hühner und Gänse, die sich dort mit den Pferde- und Kuhfuhrwerken gut vertrugen. Kam die Gänseherde abends von der Gänswood (WN : Gänswaaid) zurück, war ihnen der Gänse-marsch zu langweilig. Viel lieber flogen sie mit weit ausgespannten Flügeln durch die Hauptstraße. Es war ein herrliches Bild! Wer ihnen begegnete, wich ihnen gern aus, denn sie flogen in Augenhöhe. Einem Menschen hätte ein Zusammenstoß mehr geschadet als den Vögeln.

D Gänswaaid (WN)

Sie liegt auf Teutschneureuter Seite und habe ursprünglich zur Gemeinde Teutschneureut gehört, die sie an WN auf 99 Jahre verpachtet habe. Die Daitsche hätten „das verbaßt" (den Termin für die Pacht) „un dodurch hen die Welschnäreder die Genswaaid kriegt". Frieder Ruf, der das erzählt, gibt als Quelle an: „Des had mir en Mann verzählt, der viel iwwer unser Dorf gwißt hat, der

Quettebaart hat mer zu em gsaagt." Eine Ehrung für den Reichsbahninspektor Heinrich Gros, der leider von seinen Forschungen und Kenntnissen zu wenig schriftlich hinterlassen hat.

Der Gänshert-Max

Er war nebenberuflich Frisör. Seine Spezialität war Hundefleisch, erzählt Frieder Ruf. Ab und zu habe bei einem Bauer ein Hund gefehlt. „Der had ned suuche brauche, den had der Max schun gfresse ghatt!"

Vier Neereder Familiennamen

In Neureut gibt es ein Sprichwort: „Nix hat er, der Nelles hats". Wenn ein Neureuter diesen Spruch zitiert, lacht alles verständnisvoll. Die Ortsfremden schauen betreten drein, weil sie nicht verstehen können, was gemeint ist.

Nix ist ein Neureuter Familienname. Als Hans Nix eines Tages von Karlsruhe nach Neureut zurückfuhr, nahm er einen anderen Neereter auf dem Fahrrad mit. Das war damals schon polizeilich verboten. Ein Schutzmann erwischte ihn und fragte ihn nach seinem Namen. „Nix!" „Sie solle Ihren Name sage!" „Nix."

Der Schutzmann nahm ihn mit zur Wache. Dort wurde er eingesperrt, weil er seinen Namen nicht angeben wollte. Erst nach ein paar Stunden wurde er freigelassen, als sich das Mißverständnis aufgeklärt hatte. Weiter zu unserer Geschichte: Auch Nelles ist ein Familienname; daß „hat er" und „hat's" es aber auch sind, ist der Witz an der Geschichte. Es handelt sich um die Namen Harder (gesprochen Hadder) und Hatz!

Milchhex

So nennt man in Teutschneureut eine Kuh, die viel Milch gibt. Ein Erstling (eine Kuh, die das erste Mal kalbt) kann noch nicht so viel Milch bringen. Diese Erfahrung ist in das Merkverschen gebracht:

s erschtmool daß kaam **woo**sch,
s zw**oo**tmool wie e G**oo**ß,
s drittmool wie e Kuh!

Krumme Furchen

„Der zackert wie e Sai sooicht": diese Neureuter Redensart wird von einer 80jährigen Teutschneureuterin genannt. Der Sinn ist klar: krumm. Die Redensart erinnert an eine plattdeutsche Wendung, die kürzlich durch die Presse ging: „wie der Bulle pißt." Noch in einer anderen Hinsicht ist sie interessant: Sau wird „Sai" gesprochen, etwas, was ich sonst nie angetroffen habe. Es liegt aber kein Versprecher vor. In anderem Zusammenhang nannte dieselbe Frau die Farbe braun „brai". Halten wir hier die letzten Zipfel eines verklungenen Lautwandels? Das Wort „zackern" ist weit verbreitet und bedeutet „pflügen". Es ist zusammengesetzt aus „ze acker gehn", was durch die Form „zackergen" bewiesen wird. Dazu gehört das Neureuter „zackertraiwe": wer pflügt, kann sich nicht gleichzeitig um das Zugtier kümmern. Diese Aufgabe nimmt ein Bub oder Mädchen ab, die Pferd oder Kuh „treiben". Daß ein Vorwort oder ein Artikel ganz mit dem folgenden Hauptwort zusammenwächst, zeigt das häufige „Naschd", entstanden aus „ein Ast".

Schweinehut (erzählt von Emma Linder †)

Zeerscht hat mer d Sai hole misse im Dorf. D Laid hen d Sai rausgjaagt zum Hof. Mir hen schwer z schaffe ghat, d Sai am Schwenzle rumziege oder an de Ohrlappe, bis se de Weg gwißt hen. Do isch mer d Trift nausgange bis an de Wald bis bereits fast am Rosehof. Dort wars Leejer (Lager).

Middags isch mer widder rai. Am elfe. Da had als mei(n) Mann bloose. Do hen d Leit gwißt, jetz kummt de Sauherd, un hen s Deerle ufgmacht. Später ware's die Sai so gwehnt, daß jede de Hof gwißt hat, wu se nai muuß.

Später hemmir nimmi uffbasse brauche, awer bis s soweit war, do hemmer gschwitzt for lauter Rumrenne. Un dann wenn e Sau deckt worre isch, hat se en große Strich ufs Kreiz kriegt. Do hen d Leit gwißt, die isch deckt worre an dem Daag.

Un dann de anner Morje, wammer widder ausfahre sin, sin d Leit hauß gschdanne am Deerle un hen maim Mann Geld gewwe, was jeder gwellt hat, s ain viel, s anner wennich, wie s halt gwest isch.

Zwischenruf: Er hat als gsagt: Du, aier Sau had g'ewwert heit. (Erzählerin bestreitet:) Des hat er net saare brauche, er hat se jo zaichelt!

Awer morjets, wann er dorch isch, hat er grufe: Sai raus! Er hat als grufe, so im Spaßweg:

> Sai raus!
> Wer koi zwoi hat,
> laß drei raus!

Des isch sei Spaß gwest bei dem Gscheft.

Wie die Sai dann Jung ghatt henn — sie ware so vierzeh Daag ald, na hat mer de Saiverschneider bschtelle misse.

6. Aus dem Neureuter Wortschatz

Um den Rahmen dieses Beitrags nicht zu sprengen, können wir aus dem Wortschatz nur eine kleine Auswahl bieten. Wir beschränken uns dabei auf die Landwirtschaft, weil sie einmal alles Leben in Neureut beherrschte und so der bäuerliche Wortschatz auf ein hohes Alter zurückblicken kann, in unseren Tagen durch die moderne Technik aber immer mehr zurückgedrängt wird. Unsere Auswahl soll ältere Neureuter veranlassen, alles aufzuzeichnen, was ihnen noch geläufig ist, notwendigerweise aber hier fehlen muß.

Wie in den vorangehenden Abschnitten immer wieder betont wurde, gehört zu den grundlegenden Eigenheiten der Neureuter Sprache der Unterschied zwischen TN und WN. So ist es auch im Wortschatz. In TN gibt es Wörter, die der WNer nie gebraucht. Dazu gehören 1. die TNer Zooi (Zeine), wofür man in WN „Korb" sagt, 2. der TNer Schaltkarch, den man in WN nicht kennt (man hat nur den Schubkarch), und 3. das TNer Zeitwort „worwe". Ist das Gras gemäht, worbt es der TNer, d. h. er wirft es zum Trocknen auseinander, während der WNer es „verzettelt" oder „verschmeißt". In allen drei Fällen benutzt der TNer das alte Wort der Bauern auf der Unteren Hardt, während die eingewanderten WNer diese Tradition nicht kennen. Im Wald „rechle" die TNer „Moschd" (Moos), die WNer Laab (Laub). Im Herbst „zackere" die TNer den Acker „uff", während die WNer ihn „uffhewe". In der kalten Jahreszeit schützen die TNer das Vieh mit einem „Kuhdeppich", die WNer mit einem „Kuhdecker". Dazu kommen die eigentlichen Wörter der TNer Hubenordnung Halbviertel, Halbdritteile und Maden, während die WNer „Portionen" haben.

Daß die TNer Sprache die alte Überlieferung fortsetzt, an der die WNer keinen Anteil haben, sieht man an den drei Formen des Zahlworts „zwei" in TN: zwee Epfel, zwu Biire, zw**oo**i **Oo**ja (zwei Äpfel, zwei Birnen, zwei Eier), während WN jedesmal „zwaai" sagt. Natürlich geht die Unterscheidung auch in TN zurück; dabei hält sich der Unterschied besser, wenn das Zahlwort Personen meint: Ein Mann hat vier Kinder, zwei Buben und zwei Mädchen. Es ist klar, was er meint, wenn er sagt „die zwee schaffe in der Stadt." Die Städte haben die alte Unterscheidung längst aufgegeben, und wie in anderen Fällen scheint auch hier WN sich an den städtischen Gebrauch anzuschließen.

Kleine Auswahl aus dem landwirtschaftlichen Wortschatz von Neureut

Soweit es möglich ist, wurde ein schriftdeutsches Stichwort gegeben. Diese Stichwörter sind nach dem ABC angeordnet. Neureuter uff findet man unter auf, raus und rein unter heraus, herein. Lange Selbstlaute sind verdoppelt. Die Verdoppelung der Mitlaute bedeutet Kürze des vorangehenden Selbstlautes. Die Betonung ist durch einen Akzent angegeben, sofern es nötig ist. Der Akzent geht der betonten Silbe voran — 'ableege bedeutet, daß „ab" betont ist, ver'leege, daß leege betont ist.

ablegen, 'ableege: beim Umbau des Dielenwagens zum Erntewagen die Dielen entfernen; s. auflegen.

abzackern 'abzaggere: Furche gegen das Nachbargrundstück ziehen, s. aufzackern.

Ageln, w.: Aggle TN, Aagle WN, Grannen des Getreides.

aufg(e)legen, mda. uffglegge: TN das gemähte Getreide mit einer Sichel geordnet auseinanderlegen; zu Lege „Schicht".

aufheben 'uffheewe WN — aufzackern TN.

auflegen 'uffleege: beim Umbau des Wagens die für den Erntewagen erforderlichen Teile (Leitern usw.) einsetzen.

aufzackern 'uffzaggere TN: den Acker im Herbst umpflügen ohne Saat.

ausgehülcht: auskelichd ausgehöhlt (zu Hulich „Höhle").

ausmerzeln ausmerzle WN vernichten, vertilgen.

Bandlier, frz. bandoulière „Schulterriemen", Bündel eingefädelter Tabakblätter.

Barg, m., verschnittenes männliches junges Schwein; Bärgle, Verkleinerung.

Barn, m. mda. Baa(r)n: Futterraum neben dem Stall.

binden, TN benne, Garben binden und heimschaffen.

Boll, w., großer Schöpfer mit Stiel, beim Schlachten gebraucht.

Brühe, w., mda. Brii: 1. genießbare Flüssigkeit, Suppe, Kaffee; 2. Mistbrühe, Jauche.

Brühkasten, m., zu Brühe 2: hölzerner Behälter zum Jauchefahren, zum Aufbau auf den Bauernwagen konstruiert.

Brühschapf, w., zum Schöpfen der Jauche.

Brühschaufel, w., dasselbe, aus Holz.

Brunnenbirne, w., TN Bronnebiir, Birnensorte.

Brunnenteuchel, m., Hauptbestandteil der ortsüblichen Holzbrunnen, der Länge nach durchbohrter Forlenstamm; vgl. Teichelholz im Zehntwald.

Bürdenröhrle, s., Schilfrohr, in Notzeiten verfüttert (1945).

Damenschenkel, Birnensorte.

dengeln mda. dengle, die Sense schärfen..

Dengelstock, m., Amboß zum Dengeln.

Dielenwagen, m., mda. TN Dillewarre, WN Diilewaare, Bauernwagen mit Seitenbrettern vor dem Umbau zum Heu- oder Erntewagen.

Doppeltüre, w., Haustür, mit einem unteren und gewöhnlich geschlossenen Teil und einem oberen, offenen.

Dunggrube, w., gemauerte Grube zum Aufnehmen der Jauche mit direktem Zufluß vom Stall.

Eber, m., mda. Ewwer, männliches Zuchtschwein; ebrig, mda. ewerich, brünstig.

Egge, w., mda. Eeg. Eggenzahn, mda. Ejezaa (n) TN, -**zoo** WN, als Setzholz verwendet; aber Eggenstein: Eggschdooi; geegd, ge-eggt.

Ern, m., mda. Eern: Vorplatz im Haus vor Küche, Stube, Kammer, Steg.

Ernte, w., Ährn; Ährnstrickle: Kordel mit Endhölzchen zum Garbenbinden (TN); in WN habe man nur „Strohsailer" verwendet.

Falch, w., TN Fallich, einfarbig dunkle Kuh.

fixen, gfigst, mit einer Gerte schlagen; fitzen.

Flittich, m., Flügel (eines Vogels, veraltet); Gittergestell am Sensenwurf, zum Getreidemähen angebracht (TN); in WN vereinzelt „Flattich".

Frankenbirne, TN mda. Frankebiir: frühere gute Birnensorte.

Futterkammer, w., TN mda. Fuuderkammer, nur für WN bezeugt, = Barn.

Futterleierle, s., TN: drehbare Trommel zum Schnitzeln von Rüben.

Geißenschinder, m., TN G**oo**se-, WN Gaaißeschinner: rauher NOWind.

Geißelstab, m., TN G**oo**sl-, WN Gaaislschdabbe: Peitschenstiel.

Geißhirtle, s., G**oo**s-, Gaaishertle, kleine süße Birnensorte, benannt nach dem Geißhirt, der ein Bub sein konnte.

Gelberüben, mda. Geeleriiwe („Möhren" nicht gebräuchlich).

Geleg, TN mda. Glegg „Armvoll Getreide". Vgl. aufgelegen.

Gerret „Gänserich"; in der uralten Tierfabel heißt er Ger(h)ardus, wohl nach dem Schrei.

Gockler „Hahn", lautmalend, vgl. frz. coq und cocorico.

Grastuch, mda. TN Grassduuch; dient zum Grasholen in kleinen Mengen.

Gräwle, s., kleiner Graben, speziell gepflasterte Straßenrinne.

Grundbirne, w., Grommbiir: Kartoffel; das Wort hat nichts mit „krumm" zu tun; vielmehr mit „Grund"; -ndb- zu mb angeglichen wie Hamball „Handballen".

Haber, m., mda Hawwer: Hafer. Vgl. Hube — Hufe.

Halbdritteil, s., mda. TN Halbdriddooile, Bruchteil einer Hube, s. S. 335f.

Halbviertel, s., mda. TN Halbvertl, Bruchteil einer Hube, s. S. 335f.

Haue, w., mda. TN Haa, WN Haau, große Hacke.

Hauklotz, mda. TN Haaglotz, WN Haauglotz, Hackklotz.

Haus, Häuser 1. Haus; 2. Öhr, in dem der Stiel der Axt o.ä. festgehalten wird.

herausmachen mda. ausmache: Kartoffeln ernten.

heruntermachen mda. ronner-, runnermache: Getreide mähen.

Herzdrücker: Birnensorte (rauh).

Heustall, mda. TN H**oo**i-, WN Haaischdall: Heuspeicher.

Hirsch-, Hirsegras, Unkraut. Mda. Herschgras.

Hummel, m., 1. Insekt; 2. Zuchtstier, Hummelstall = Farrenstall; Hummelmann „Farrenwärter".

Kaute w., Kaud, Vertiefung, besonders Grube zum Überwintern von Rüben.

Kauter TN Kauder: Truthahn; welsche Kauder ist ein Übername der WNer.

Käutel, m., mda. Kaidl, Täuberich.

Kipperle, s., kleinstes Stück Acker, Teil eines Madens.

Knecht, mda. Gnechd: wird heute fast ausschließlich als Anrede an einen kleinen Bub gebraucht. Vgl. Magd.

Kropfen, m., mda. groobfe, Haken zum Verziehen von Mist (Mischdgroobfe); vgl. Mistkropfen.

Kuhdecke(r) WN Kuhdecke.

Kuhteppich, TN mda. Kuudebbich „Kuhdecke".

Kumpf, m., Wetzsteinbehälter (Kuhhorn oder aus Holz geschnitzt).

Künstlicher: Kunstdünger.

Läger, s., Weide. Sauläjer „Sauweide".

Läufer, m., mda. Laaifer, (TN) **Loo**fer: Über drei Wochen altes Ferkel.

Landwiede, mhd. lancwide, WN Landwid, TN Landwick: die lange Stange, die Vorder- und Hinterteil des Bauernwagens verbindet. Eigentliche Bedeutung „Langholz". Dieser Sinn ist fremd geworden, so daß das Wort vielerlei Entstellungen ausgesetzt ist.

Laub, mda. Laab; Laab (als Streu) „rechle" (im Wald); vgl. Moos. Laabschild: Holzgestell zum Hochladen von Heu und Getreide. Das Wort kommt wohl von „laden"; die Form Laab verrät, daß man die Schilder auch zum Transport von Laub verwendete.

Lederapfel, mda. Ledder-, Apfelsorte.

Leierle, s., Kurbel zum Auf- und Zudrehen an Handmaschinen.

Leinreben, w., Kletterpflanze, Liane; s. Weinreben.

Leiter, w., mda. TN **Loo**der, WN Laaider; Leiterwagen; umgebauter Wagen.

Leuchse, w., mda. TN Lais, WN Laigs: hölzerne Stütze für die Leitern des Erntewagens.

Lose, w., mda. Loos: Mutterschwein. Ersttragende sind „Leesle".

Mag, Magsamen, mda. Maag, Maagsoome: Mohn

Mahden, m., Ackerstreifen, s. S. 335f.

Mähriemen, m., Gürtel, der beim Mähen getragen wurde.

Milchhex(e), w., Kuh, die besonders viel Milch gibt.

Milchsäule, s., Ferkel bis zum Alter von drei Wochen.

Mistkropfen, m., zweizinkiger Haken.

Mörsel, m., mda. Märschel: Axt mit verstärktem Helm; dient zum Einschlagen von Holzkeilen beim Holzspalten.

Minze, w., Katze (Kindersprache).

Most, m., 1. Most (Getränk), 2. Moos.

Peterling, m., Petersilie.

Pferch, m., mda. Pferrich, Umzäunung für die Schafherde bei Nacht. — pferchen: in den Pferch einsperren; pf. lassen durch Schafe düngen lassen.

Pflugkärchle, s., Pflugkarren mit zwei Rädern.

Pfahlhape, mda. Pfoolhäb: Werkzeug für die Waldarbeit; mit der Pf. gschnitzelt (geschnitzt): grober Mensch.

Quetsche, mda. Quetsch, w., Zwetschge; Quetsch, m., Zwetschgenwasser.

Quette, w., mda. Quedd, Unkraut, Gras mit unausrottbaren Wurzeln.

Quettenhaken, m., mda. Queddehooge: vierzinkiger Haken zum Quetten herausmachen.

Rahne, rote, w., rote Rübe.

Raller, m., Kater.

Raupen, m., mda. Raube, Jungstier (zur Zucht).

Raufe, w., mda. Raaf: leiterähnliches Gestell zum Heufüttern.

Raufladen, m., Öffnung zwischen Scheune und Stall zum Heufüttern.

raus s. heraus.

Reihscheit, s., Widerlager der Wagendeichsel.

rinderig, mda. TN rennerich, WN rinnerich: brünstig (Kuh).

Sandgrube, TN Sann-griib, w.

Sannkaut, w., Sandloch.

Sandmann, m., Silbersandverkäufer.

Saufen, s., Tränke, Kühfutter aus Rübenschnitzeln, Kleie, Malz und warmem Wasser.

Saumarkt, mda. Saimarik (TN).

Sauohren, s., Breitwegerich.

Schaf, s., Schoof, Mehrz. Schääf; Schoof, m. = Schafhammel.

Schafnase, w., Apfelsorte.

Schäfzel, s., Zinnkraut, Schachtelhalm.

Schaltkarch, m., Schubkarren (nur TN).

Scheck, w., rotgefleckte Kuh.

Scheide, w., m., Scheidgraben; TN Sch**oo**d, WN Schaaid.

Scheuer, w., Scheune.

Schlagraum, m., TN Schlagg-roum: im Gegensatz zum Sterholz das versteigerte Ast- oder Gipfelholz.

Schopf, m., Schuppen für Holz u. dgl.

Simmer, s., TN Semmere, WN Simmerich: altes Hohlmaß.

spreiten, mda. TN schbr**oo**de, WN schbraaide: ausbreiten, verteilen, z. B. Mist.

Stallgasse, mda. Schdallgass: Rinne zum Abfluß der Jauche im Stall.

Strohseil, mda. WN Schdroosaail: Stroh zum Binden von Garben (anstelle der TNer Erntestrickle).

verschmeißen, verzetteln, TN *worwe:* gemähtes Gras zum Trocknen auseinanderwerfen.

zackern, mda. zaggere, pflügen (aus: ze Acker gehn); vgl. ab-, aufzackern.

zackertreiben, mda. zaggertraiwe „zum Acker treiben": Kinder treiben das Vieh beim Pflügen.

Zeine, w., TN mda. Z**oo**i; fehlt in WN.

II. Neureuter Flurnamen

von Paul Waibel

Zu den Flurnamen

Die Flurnamen gehören zu den ältesten Zeugnissen der Geschichte eines Dorfes. Schon als kleines Kind lernt der Bauer sie kennen, von der Saat bis zur Ernte begleiten sie ihn. Auch die wenigen Handwerker im Ort treiben Landwirtschaft, selbst Pfarrer und Lehrer mußten es tun. Freilich ließ die *Herrschaft* die Namen aufschreiben. Die Schreiber waren meistens nicht vom Ort und mußten die ihnen fremden Namen sich verständlich machen. Mancher Irrtum stellte sich da ein. Sollte man Rhein oder Rain, Grabenpfad oder Krappenpfad, Glamm, Clamm oder Klamm schreiben?

Durch große Verluste an Archivalien ist die Zahl der Neureuter Flurnamen geringer als in anderen Orten. Dazu kommt seine Eigenart: die Flur ist in Huben eingeteilt, in Streifen liegen die Felder nebeneinander, ziehen kilometerweit parallel miteinander. 1702 hat der Renovator einfach den Nachbarn rechts und links genannt, den Anfang aber an der Landstraße und das Ende am Wald gar nicht mehr, weil Anfang und Ende für alle dieselben waren. Allein schon dadurch verringert sich die Zahl der Neureuter Flurnamen erheblich.

Wir haben den Begriff „Flurname" daher nicht eng ausgelegt, sondern auch viele Namen im Dorf wie Kirche und Rathaus, dann die Wege und Brücken, Abgaben und Maße, Wappen usw. aufgenommen, wenn sich darin etwas fand, das eigentümlich neureuterisch war, also etwa Huben und Maden.

Um Platz zu sparen, haben wir die Quellen, aus denen unser Wissen kommt, abgekürzt genannt.

Abkürzungen für die Flurnamensammlung

Askani: Fr. Askani, Welschneureut, 1924.
Ehrendenkmal: Carl Meerwein, 1826.
Rommel: Gustav Rommel, Der Karlsruher Hardtwald, 1933.
E. Schneider: Ernst Schneider, Die Stadtgemarkung Karlsruhe im Spiegel der Flurnamen, 1963.
Schwerdtfeger: Manfred Schwerdtfeger, Zwischen Heide und Strom, 1960.

Bl.: Blatt.
BLB: Badische Landesbibliothek.
BadWb.: Badisches Wörterbuch.
GAN: Gemeindearchiv Neureut.
GLA: Generallandesarchiv.
TN: Teutschneureut.
WN: Welschneureut.

1535 = GLA 66/2941; 1563 = GLA 66/2942; 1701 = GLA 66/5875; 1702 lh = GLA 66/5546 (landesherrlich); 1702 g = GLA 66/5547 (geistliche Verwaltung).

Plan Schwenck: GLA H/Neureut Nr. 1 u. BLB.

Plan Hardt: GLA Hfk Hc 8 (schwarz), 1752.

GLA 66/4244: Forstlagerbuch 1757.

GLA Plan WN Nr. 1: von 1791 (Bannwald).

GLA TN Nr. 2: Situationsplan TNer Weiden, ohne Jahr.

1825: Bann- oder Flurbuch TN, GAN B 68.

1827: Flurbuch TN, GAN B 69.

Plan Weiß: GLA TN Nr. 1 (Zehntwald), 1842.

1865: Gemarkungsplan TN und WN 1 : 10000.

Die meisten Flurnamen sind den älteren Neureutern, die noch von Kindheit an in der Landwirtschaft tätig waren, ohne Erklärung verständlich. Bei den Jüngeren und erst recht bei den Zugezogenen ohne landwirtschaftliche Tradition fehlt solche Kenntnis oft. Zwar sind beim Vorkommen eines Namens in alphabetischer Reihenfolge Erklärungen gegeben; es kommt aber oft vor, daß in Wortzusammensetzungen oder in den zitierten Belegen solche Wörter schon an früheren Stellen auftauchen und so nicht verstanden werden. Vor allem handelt es sich um altes Wortgut unserer Sprache, um Ausdrücke, die durch die Eigenart unserer Landschaft bedingt sind oder um Sachen, für die unsere Schriftsprache keine einheitlichen Benennungen gefunden hat. Um den Lesern behilflich zu sein, geben wir im folgenden eine Liste solcher Wörter.

Allmende: Teile der Gemarkung, die nicht im Besitz von einzelnen sind, also allen gemeinsam gehören.

Angewann, Anwander: mda. Awenner: Teile am Rand eines Ackers, wo der Nachbar das Recht hat, den Pflug zu wenden.

Bannwald: der öffentlichen Benutzung entzogener Wald; solcher Wald ist „gebannt".

Berain: altes Lagerbuch, in dem die Grundstücke und ihre Besitzer mit Grenzen, Nachbarn und Umfang aufgezeichnet sind.

Berg: vielfach, von der Niederung her gesehen, das Hochgestade.

Bleuel, Breche: Ort, wo der gedörrte Hanf bearbeitet wurde.

Bruch: (sprich Bruuch): feuchtes Gebiet, das bei Hochwasser regelmäßig überschwemmt wurde.

Buckel: Hügel.

Busch: Wäldchen, Hecke.

Dolen, m.: (gedeckter) Abzugsgraben.

Etter: Zaun; der bewohnte, früher eingezäunte Teil des Dorfes.

Falltor: Tor im Dorfzaun, das sich von selbst wieder schließt.

Farren: 1. Farn, 2. Stier (in Neureut Hummel).

Faude: Sumpfgras (Carex).

Flecken: kleines Dorf.

Gehürst: Dorngestrüpp.

Gewand, Gewann, w.: aus mehreren Äckern bestehender Teil der Flur.

Hardt, w.: hier Weidewald, auch Bezeichnung für die Landschaft zwischen Wald und Hochgestade, wo die Dörfer standen.

Hube: schriftdeutsch Hufe; einem einzelnen Bauer zugeteilter Streifen, bestehend aus Äckern und Wiesen, später auch Wald.

Klamm, w.: (von klemmen); tiefer gelegene Stelle zwischen zwei Höhen.

Kolben, m.: ursprgl. Keule; Fruchtstände von Sumpfpflanzen, Rohrkolben.

Ma(h)den, m.: kleinster Bruchteil einer Hube; s. S. 335f.

Mar (Meer): alte Bezeichnung für stehendes Wasser.

Ort: 1. Spitze, Ende; 2. Ortschaft.

Ortsetter: s. Etter.

Rain: ungepflügter Teil; in Neureut Hochgestade und sein Abfall; vgl. Bruhrain (aus Bruch-).

reuten: roden, austrocknen.

Richtstatt: nicht im Sinne einer Gerichtstätte gebraucht; nur für eine im Wald gehauene gerade Bahn.

Salle: Salweide.

Scheid, m.: Grenze der Gemarkung, auch eines Gewannes.

Schlag, m.: Waldabteilung.

Schlauch: Abzugsgraben; heute meist ohne Wasser, sich lange hinziehende Vertiefung im Gelände.

Sohl(e), Suhl: versumpfte Stelle, in der sich das Vieh kühlt.

Specke, Spöck, w.: Knüppeldamm durch Wasser oder Sumpf.

Teichel, Deuchel, m.: durchbohrter Stamm zur Wasserzu- oder -ableitung.

Trift, w., (von treiben): Weg, auf dem das Vieh zur Weide geht.

Wasen, m.: mit Gras bewachsene, aber nicht geschnittene und nicht bewässerte Fläche.

Wette (von waten): Pferdeschwemme, Dorfweiher.

Wengert, Wingert: Weingarten.

Wutsch: Füllen.

zackern: pflügen.

Zelge: süddeutscher Ausdruck der Dreifelderwirtschaft; dritter Teil der Flur, mit gleicher Frucht.

Zehnt, m.: der zehnte Teil der Ernte; alte Abgabe von 10 %.

zwerch: quer; vgl. Zwerchfell.

Weitere Erklärungen findet der Leser im besten Flurnamenwerk unserer Gegend: Ernst *Schneider,* Die Stadtgemarkung Karlsruhe im Spiegel der Flurnamen, Karlsruhe 1965; hier sind auch die Flurnamen des Nachbarortes Knielingen behandelt, die für die Neureuter Verhältnisse sehr wichtig sind. Leider sind die Flurnamen von Eggenstein bei *Hotz* S. 70—76 nicht von gleichem Wert; die Angaben sind ungenau, oberflächlich und vom Setzer entstellt dargeboten. Eine gründliche Bearbeitung durch einen Fachmann wäre dringend erforderlich und könnte auch zahlreiche offene Fragen der Neureuter Flurnamen lösen.

Akazien-Plantage (im Bannwald): 1791 GLA Plan WN Nr. 1. Botanisch ist „Akazie" die Robinia pseudoacacia.

Algier: Nach Schwerdtfeger S. 259 Ortsteil von WN (s. Türkei).

[Alhuser: Personenname GLA 1479
Der Name ist hier aufgenommen, weil er an die abgegangene Siedlung Alstat erinnert. Al-huser könnte sog. Klammerform zu Al(stat)huser sein (vgl. Feldsee für Feld(berg)see). Vgl. Bergerhuser: der am Berg (Hochgestade) sein Haus hat. Alhuser und Bergerhuser wären dann die ursprünglichsten Neureuter Namen, die aus den örtlichen Gegebenheiten gebildet wären. Außerhalb der Städte zieht sich die Bildung von Familiennamen bis ins 15. Jh. hin.]

Allmendacker: Allmendacker, darauf die Straß der Länge nach hinabgehet GLA 1702 Ih, Bl. 124.

Allmendbruchwiesen: Kühwiesen, auf die Allmendbruch- und Heidelburger Wiesen stoßend 1827 Bl.96a. (Die A.) *stoßen an die WNer hintere lange Wiesen an* 1827 Bl.21a (= Große Bruchallmend, s.d.).

Allmende, mda. das Allmend: *deß dorffs allmeindt* 1535, 1563 uö. *underseits des fleckens allmend* 1665 GLA 38/105 Nr. 12. 1683 ebd. Nr.16.

Allmendgut: am Bärenweg 1827 Bl.101ff; *A. Fuchsäcker* 1825 Bl.159; *A. am Hagsfelder Weg* 1827 Bl.159; *A. zwischen dem Kirch- und Gottesauerfeld* 1825 Bl.146ff; *A. bis Holzweg* 1825 Bl.146a; *A. bis Spitzacker* ebd. Bl.147a; *A. am Mittelweg.* 1827 Bl.115f; *A. oben dem Viehtrieb* 1825 Bl.121f, s.Viehtrieb; *A. unten dem Viehtrieb 1. Gewann* 1825; *A. am WNer Scheid* 1825 Bl.29b; (Waldhornwirt Striby): *A. bei seinem Haus am Dorf* 1825 Bl.123. Außerdem werden 1827 als Allmendgut bezeichnet: Eberwiese, Gänsweid, Jägerwiese, Insel, Krautgartenwiesen, Langes Bruch, Schloßrückenwiesen, Weidengärten, Zehntwaldanteil der Gemeinde, s.d. Im Lauf des 19. Jhs. gingen zahlreiche Allmendgüter in Privatbesitz über. Die allgemeine Aufhebung der Allmende erfolgte am 1.4.1956 mit Inkrafttreten der Gemeindeordnung für Baden-Württemberg.

Allmend-Krautgärten: (TN grenzt gegen Abend) *an die A. Kr. und Egelsee* 1827 GAN B69 Bl.53.

Allmendküheäckerlein s. Kuhacker.

Allmendweg: des Fleckens A. (WN) 1822 GLA 22/74005.

Allmendwegacker: 1563 Bl.444.

Alstat: ursprünglicher Name von Altstatt, s. S. 289.

Alte Bach (mda. Baach): TN ist noch im 19. Jh. zur Beteiligung an der Säuberung im Frondienst der A. B. oder Pfinzbach bei Blankenloch verpflichtet. 1844 GAN A 439. Woher diese fortgeschriebene Verpflichtung stammt, war schon damals unbekannt.

Alter Blankenlocher Weg: Von Mühlburg—Neureut nach Blankenloch—Staffort, als Feld- und Waldweg teilweise erhalten. Rommel S. 19.

Alter Durlacher Weg s. Durlacher Weg.

Alter Eggensteiner Weg: Alter Beiertheimer Viehtriebweg von Beiertheim nordwärts durch die Karlsruher Westendstraße (die heutige Reinhold-Frank-Straße) gegen das Waldsträßle (s.d.) und weiter zur späteren Eggensteiner Allee. Rommel S.1.

Alter Graben: An der Grenze zwischen TN und Knielingen. 1827 wird ein Stein mitten *im alten Graben* erwähnt. 1825 hören wir von Neubruchackerstücken zwischen dem alten und neuen Graben. Er ist auch auf dem Plan TN Nr. 2 des GLA eingezeichnet.

Alter Holzweg: er bildete zwischen Dorf und Wald die Grenze zwischen Kirchfeld und Gottesauerfeld. s. Holzweg. — Alter Stein s. Abb. S. 338.

Alter Lauf: Waldname im Unteren Dicken Jagen, also im TNer Zehntwald. Rommel S. 41.

Alter Mühlbach: GLA Plan TN Nr. 2.

Alter Neureuter Weg: Vom Linkenheimer Tor in Karlsruhe am Engländerplatz vorbei nordwestwärts. Als Waldweg noch teilweise erhalten. Kreuzte das Schwabensträßchen, zur WNer Allee. Rommel S. 16.

Alter Postweg: 1791 GLA Plan WN Nr. 1. 1799 GLA 229/74029. Teil der Poststraße Mühlburg-Linkenheim-Graben. Rommel S. 50. Vgl. Postbuckel. Heute Straßenname im Ortsteil Heide.

Alter Rheindamm: (Rheindamm vor Tulla) 1825, 1827; s. Rheindohl.

Alter Wässerungsgraben: (An der Grenze zwischen TN und WN). 1825, 1827.

Alte Viehtrift: (WN) s. Viehtrift.

Altneureut: 1711, GLA 229/74038 (= Teutschneureut). Schon 1701 u. 1702 wird zwischen den „alten" und den „neuen" Einwohnern von Neureut unterschieden oder den „alten" Einwohnern und den „Refugianten". Wenig später ersetzt durch TN bzw. WN.) Alt Neret 1753 Karte BLB Go 35 (vgl. Neu-Neret).

Altrhein: So wird der „Bodensee" westl. Neureut 1754 bezeichnet. BLB Go 22.

Altstatt (vgl. Alstat): Die vor der Gründung von Neureut schon bestehende Siedlung, deren Name im Eggensteiner Altstätter Feld weiterlebt. S. Heidelburg, Eichstätt, Hochstetten.

Altwasser: 1702 lh. „Altwasser" ist gestrichen und dafür „Landstraße und Berg"
eingesetzt. Wahrscheinlich stand in der Vorlage, dem inzwischen ver-
lorenen Berain von 1566, „Altwasser", ein Hinweis darauf, daß der
Egelsee damals noch z.T. unter Wasser stand.

Amtmannshaus: ¼ Acker im Kirchenfeld bey des Amptmanns Hauß aus 1661
GLA 38/105 Nr. 9. Sinn: ausgehend vom Haus des Amtmanns. Offenbar
saß der Mühlburger Amtmann nach einem der Kriege des 17. Jahrhun-
derts in Neureut. In den „Heimatglocken" April 1933 S. 14 ist zu lesen,
Amtmann Scütz (Schütz) habe nach dem Dreißigjährigen Krieg etwa zehn
Jahre in Neureut gewohnt. Beleg fehlt. Vielleicht gehört zum ehemaligen
Haus des Amtmanns das Wappen am heutigen ev. Pfarrhaus.

Angewann: Auf die A. und den Dammweg stoßend. 1871 GAN B 226. S. 43.

Anwandacker: 1563 S. 444.

*Anwander: 3 Morgen Ackhers genannt der Anwander, zeucht vom Stockh-
ackher zwischen den Huebäckern hinab, biß uff dem feldt Erhardts
ackher* 1702 lh, Bl. 124. *Neben Louis le Sene und denen Anwändern*
1725 GLA 229/74065, Bl. 10b. Das seltene Vorkommen hängt wohl mit
der Hubenordnung zusammen. Die Ackerstreifen zogen parallel bis zu
einem Querweg, wo man wenden konnte.

Bahnwald: (s. Bannwald.) Die Schreibung Bahn- erklärt sich aus der Mundart;
der Name hat nichts mit einer „Bahn" zu tun. Der Wald ist gebannt,
d.h. der allgemeinen Benutzung entzogen.

Bahnwaldschlag: 1798 GLA 229/74030.

Bachenweg (baacheweeg): setzt die Grenze WN/TN vom Bärenweg aus in die
Niederung fort. Der Name scheint „Bachweg" zu bedeuten, nach den
Bächen, die aus dem Hochgestade austreten bzw. nach den Bächen
oder Gräben in der Niederung, die der Weg schneidet. Auffällig ist das
Fehlen des Umlautes (Bäche). Da der Bachenweg zur Oberen Speck
(s.d.) führte, könnte man auch frz. bac heranziehen, das „Fähre" bedeutet;
noch näher käme frz. baquet „Waschfaß". In Bachenweg würde dann eine
Erinnerung an das Französische der Einwanderer stecken.

Bannwald: (Nach der Mundart oft Bahnwald geschrieben). Zog von Neureut
nach Mühlburg. Herrschaftlicher Besitz. 1799/1800 wurde der Wald gerodet und zu Ackerland von WN gemacht, das dafür seine entlegensten
Äcker hergeben mußte, die aufgeforstet und zur Gemarkung Hardtwald
geschlagen wurden: *in dem Grohenberg beim Bahnwald* 1700 GLA
229/74036. *Vieheweg, der in den so genannten Bannwald zeucht* 1701
GLA Berain WN S. 35. *Nerether Bannwald Eckensteiner Forst* 1739 GLA

229/73933. *Herrschaftl. WNer Bannwald* 1791 GLA Plan WN Nr. 1. Ausstockung 1799 GLA 229/74 029; Eintauschung des Bannwalds 1802
GLA 229/74033.

Bannwaldgraben: 1700 GLA/74 040, Bl. 7.

Bannwaldweg: 1701; bildet die Grenze der Gem. WN.

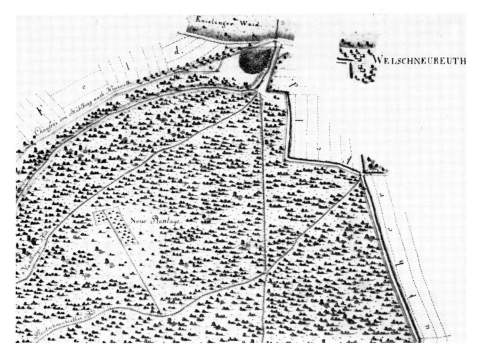

Der Bannwald reichte bis zum Ortsrand von Welschneureut.

Bannzaun: Dorf- oder Bannzaun, s. Dorfzaun.

Bärenweg, Bärenwirtsweg: (Vier Steine) stehen ober dem so genannten Bärenwirtsweg 1825 Bl. 23 Allmendgut; 1827 Bl. 100.

Baufeldweg: Gewann Kirchfeld Nr. 497 am B. 1871 GAN B 226 (das bebaute
Feld im Gegensatz zu Wiesen, Wald). Heutige Straße Am Baufeld jenseits
der Linkenheimer Landstraße.

Baufeldschlag: 1842 Plan Weiß.

Baumgärten: Baum- und Grasgärten 1807 GLA 229/74037. — zu Under Nurith
baumgarten gezunt (eingezäunt) 1459 GLA 38/105.

Baumschule: Vogt Beck ließ eine nächst dem Ort gelegene „Wasserschlucht"
mit „herbeigeführter und mit Sand vermischter Schlammerde" auffüllen
und auf dem gewonnenen Gelände eine Baumschule anlegen. Ehren-

Der Bärenweg bildete die Grenze zwischen Teutsch- und Welschneureut, benannt nach dem Bärenwirtshaus.

denkmal S. 25. *Die Gemeinde-Baumschule neben dem Viehetrieb* 1825. *an den Schofäckern und Gemeinde-Baumschule* 1861 GAN B 226 S. 11.

Beiertheimer Bronnen: 1756 GLA 229/73943 S. 20. *B. Brünnele* 1756 GLA 229/4244. Beiertheim hatte Weidrecht im Hardtwald. Beierder Brinnele; mündlich.

Beiertheimer Weg: gegen den B. Weg GLA 229/74040 S. 35. Vgl. Linnacker Weg.

Berg: So hieß das Hochgestade, das die Gemarkung N. teilt: *stößt vorn an den Berg gegen der Landstraß* 1701 GLA 229/74040; *neben dem Berg* 1702g; *unter dem Berg* 1825; *gegen den Berg* zu 1825. Höheres Alter der Bezeichnung Berg für das Hochgestade geht aus dem Gottesauer Berain von 1535 hervor (GLA 66/2941), wo mehrfach von der berchsyte (Bergseite) gesprochen wird. Vgl. Rain, Hoh-hamm, „Berg" in Gartenberg, Grohenberg und die folgenden Namen.

Bergäcker: s. Kleine Klamm.

[Bergerhuser: Personenname GLA 1479, s. Alhuser].

Berglach(en): mündlich, Gewann-Name; Berglachenweg.

Bergloch: s. Rheindohl.

Bergseite: s. Berg (am Ende); Feldseite.

Bergstücker: Wiesenstreifen in der Niederung entlang des „Berges" bei den Hochstetten.

Binsenschlauchweg: angrenzend an die Gemarkung Neureut. Vgl. Schlauch.

Blankenlocher Weg: Im Gottsauer Feld (1827) *und im Kirchfeld* 1867 GAN B 226 uö, Gem.Plan 1865. — *Oberhalb des Bl.Wegs* bei Neureut am Wald. Rommel S. 75.

Blättlen: s. Plättle.

Bläuelloch, Bleuelloch: einen Gemeindeplatz, das Pleyelloch genannt. Dieser Platz liegt ohngefähr in der Mitte des Dorfes WN und ist zu einem Häuschen hinlänglich 1802 GLA 229/74033. — *Die Breche oder das Bläuelloch,* vgl. Breche, Hanfrötze.

Blindpferdsweide: Unerklärlicher Name bei Meerwein, Ehrendenkmal S. 24. „Pferd"s. in Pferdsweide.

Bocksbirnenbaum: beym Bocks-Bierenbaum 1702 lh Bl. 180a, 230 a. Schon 1468 werden in der Nachbarschaft Birnbäume als Grenzmarken genannt.

Bodensee: Altrhein zwischen Knielingen und Eggenstein. Neureut wurde durch einen Geländetausch erst 1956 Anlieger. *Abfluß aus der* (Zeinich-) *Schleuse nach dem sog. Bodensee* 1901 GAN A 936.

Breche: sog. Brech oder Pleyelloch mitten im Dorf (WN) 1809 GLA 229/74033. Die Hanfbreche lag zwar in WN, es ist aber anzunehmen, daß sie ursprünglich zu TN gehörte und damals außerhalb dieses Dorfes lag.

Brenntes Äckerlin: Wald 1739 GLA 229/73923. *unten am Brennten Äckerlein, wo WNer und TNer Markung sich scheidet* 1751 GLA 229/73943. (Im Wald zwischen Eggensteiner und TNer Allee) 1752 Plan von der Hardt. Ursprung des Namens nicht bekannt.

Bruch: (mhd. bruoch, mda Bruuch, bedeutet Sumpf, feuchte Wiese, wie wir sie in der Niederung bei Neureut vor der Rheinregulierung vorfanden, z.T. heute noch finden.) Ohne unterscheidende Zusammensetzungen erscheint Bruch 1563, im WNer Berain von 1701 *(Allmendt im Bruch),* 1702 lh, auf den Plänen als *Neureuter Bruch* (1752). (Diese Allmende wird vor 1827 „verteilt".) Vgl. Kleines, Langes, Oberes Bruch, Füllbruch. Viele solche Namen auch in Knielingen (E. Schneider) und Eggenstein (Hotz).

Bruchallmend: s. Große Bruchallmend und Allmendbruchwiesen.

Bruchgraben: im Untern Damm ein Acker und Wiese vom Br. bis an den Rheinwald 1867 GAN B 226, S. 18. (Grenzsteine weggekommen infolge der Regulierung des Br.) 1889 GAN B 226 S. 96. *Verbesserung und Vertiefung des Br.* 1920 GAN A 449.

Bruchschläuche: Besonders tief gelegener Streifen im Bruch, der im Winter meist Wasser führte oder künstlich bewässert wurde. Eisfläche war Neureuter Schlittschuhbahn. Ab 1955 mit Müll aufgefüllt und zu Ackerland angelegt. (mündlich).

Die weite Eisfläche in den „Bruchschläuchen".

Bruchstücker: TNer Allmend im Bruch. Jeder Allmendberechtigte bekam ein „Bruchstückle", also ein Stück Wiese zugeteilt. Außerdem umfaßte das „Allmend" zuletzt ein Heidelburgerstück („e **Hoo**delborg") sowie einen Krautgarten. S. a. Kleine Bruchstücker.

Bruchweg: GAN 1227, S. 78b.

Bruchwiesen: unterhalb der Br. zwischen dem Eggensteiner dieffen bruch zu einer und dem Langbruch zur andern Seithen 1701 GLA 229/74040, Bl. 13; *an die Bruchwiesen stoßend* 1825 (vgl. Farrenkolben).

Brücke: oben an der Brück zwischen Knielingen und WN nächst der Sandgrube. 1701. GLA 229/74049; *neben dem Graben mit dem steinernen Brückle* 1825 GAN Bl. 14b. Vgl. Spöck.

Brunnen: an der Landstraß mitten im Ort 1796 GLA 229/74013 (der einzige Brunnen von Mühlburg bis Neureut soll aus einem Zieh- in einen Pumpbrunnen umgewandelt werden).
Im Hardtwald (Zehntwald) sind für das Weidevieh Viehbrunnen angelegt. Vgl. Beiertheimer Bronnen, Kühbronnen, Kühlagerbronnen.

Brunnengraben: stößt vornen uf den Br. 1798 GLA 38/105; *am Brunnengraben* 1902 WN B 54 S. 5; *Vertiefung und Verlegung des Br. auf der Gem. WN:* 1925 GAN A 453.

Brunnenlöcher: hinter ihren Häusern im Wiesenthal, wo es fließende Quellen hat, sog. Br. 1801 GLA 229/74013.

Buckelschlag: (Wald); 1842 Plan Weiß; 1865 Gem. Plan; Rommel S. 64.

Burgel Sohl: (Wald, aus dem WNern Eichenholz zum Hausbau bewilligt wird) 1738 GLA 229/73923, Sohl = Suhl.

Bürgerzehntwald: Ehrendenkmal S. 23; s. Zehntwald.

*Busch: ein halb Viertel Ackers im Kirchfeld mit Wiesen oben am Busch ...
underseit des Fleckens Allmend* 1683 GLA 38/105. 1702 l öfter *„oben am
Busch", „ober dem Busch", „oberhalb dem Busch".* (Auffällig, daß nie
Äcker unterhalb des Busches genannt werden: dort war Allmende.
Danach dürfte der Busch ein kleines, wohl der Gemeinde gehöriges
Wäldchen gewesen sein, das man brauchte, ehe der Zehntwald angelegt
wurde. Vgl. Neureuter Büschlein, Busch im Eck, Heidelburg, 1803.)

Busch im Eck: An der Grenze zwischen TN und Eggenstein: *im Weidengarten
B.i.E., wo das Füllbruch anfanget.* 1825 Bl. 16b.

Caducäcker: (Kein Flurname, caducus (lat.) bedeutet verfallen, herrenlos.)
*Caducacker, so 4 Morgen, 3 Viertel seyn soll, wovon aber nicht 1 Quart ge-
bauet werden kann.* 1743 GLA 66/5546, Bl. 222.

Canal: s. Wässerungskanal.

Carlsruhe: s. Karlsruhe.

Clamm s. Klamm: große, kleine Klamm; Klammweg.

Colonie Neüreüth = Welschneureut: So bei der Gründung benannt, noch 1711
GLA 229/74038.

Damm = Dammfeld, s.d. *Martin Meinzer im Damm* 1825, Bl. 118b.

Dammacker: einzelner Acker im Dammfeld. 1807, 1809 GLA 229/74071 1825
Bl. 139b *„hat den Dammacker und Wise"* (= Dammwiese s.d.).

Dammfeld: Errichtung ihres neuen Dammfelds 1767 GLA 229/73924; *zwischen
den beyden Dammfeldern gegen dem Wässerungs-Canal über* 1768 GLA
229/73981; *Äcker im Dammfeld* 1776 GLA 229/74043; *die in den TNer
Dammfeldern gelegenen Stücker* 1807, 1809 GLA 229/74071. *Die Anlegung des zu TN gegen den Wässerungskanal über liegenden schlechten Stück Wiesenfeldes von 66 Morgen zu Dammfeldern* 1810 GLA
229/73981. (Offenbar steht die Anlage des Dammfeldes in Zusammenhang mit der Anlage des Zehntwaldes. Die Besitzer von Huben wurden im
Damm entschädigt. Allerdings dürfen Hubengüter im Dammfeld stückweise verkauft werden. (s. Kirchfeld und Maden.)
1825 umfassen Äcker im Dammfeld 73 Morgen (Bl. 26a). Die Hubenordnung wird zunächst beibehalten. Der Hubenbesitz setzt sich zusammen
aus Wald, Acker, Damm und evtl. Wiese.
Siehe Kleines, Mittleres, Großes Dammfeld; später heißt das Kleine
Dammfeld „unteres", das Große „oberes" Dammf. (Karten Schwenck in
der BLB Go22 von 1785, Go23 von 1787.)

*Auf der Gemarkungskarte von 1793 sind die seit der Mitte des 18. Jahrhunderts
angelegten Dammfelder bereits eingezeichnet. Nördlich vom Dorfe ist der weit in die
Niederung hineinreichende „Sporn" (Gewanne Weingärten und Hochstetten) deutlich erkennbar.*

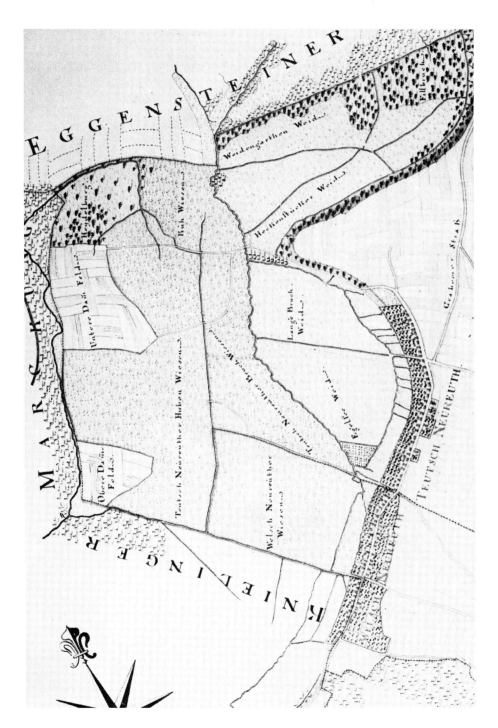

Dammweg: Oberer, Mittlerer, Unterer. Die erst allmählich angelegten und ausgebauten Wege zu den Dammfeldern.

Dammwiese: von drei Maden die Dammwiese und Acker (= Dammacker) 1825 Bl. 101a. (Diese Angaben stehen unter der Überschrift „Sandfeld,Hubengut im Kirchfeld".)

Deutscher Pfad: im Neureuter Bannwald, Rommel S. 17. Vgl. TNer Pfad.

Deutschneureuter Pfad: s.Teutsch-.

Dickenjagen-Schlag: (Wald, an der Grenze zwischen Zehnt- und Hardtwald s. Junger Dickenjagenschlag. Auf dem Plan von 1842 heißt die Waldabteilung „Dickes Jagen".)

Diebsweg: zieht im Hardtwald quer zu den Alleen auf die Südspitze von WN. 1752 Plan von der Hardt. Wie sonst dürfte auch hier der Name nichts mit „Dieben" zu tun haben.

Dohl: (An der Grenze Knielingen-TN.) *von dem neu angebauten Dohl bei des Nägelins Schlauch* 1825, Bl. 19b. (1827 heißt es für Dohl „Schleuse".) *Dohl im Dammfeld* 1841 GAN 153 s. Rheindohl, Schloßrück.

Dohlgraben: Beim Rheindohl; mündlich. Dazu Dohlgrabenschließe.

Dorf: (Da die Huben vom Dorf ausgingen, erscheint der Name 1702 lh sehr häufig:) *unden uffs dorf, unden am dorf, unterhalb dem dorf, oben im dorf, mittel uffs dorf.* 1752: *oben auff das dorff,* 1759: *unten im Dorff.* Es ergibt sich also eine Dreiteilung: oben, mitten, unten im Dorf.

Dorfäcker in TN: GLA H 81 Rheinstrom. Im Dorf selbst gelegene Äcker.

Dorfzaun: (Hube) *im Neureuter mitteln veldt, stost vornen uff den dorff zaun* 1586 GLA 38/105 Nr. 8; 1756 GAN Plan für Bau des Pfarrhauses.

Dragonerlager: im Hardtwald, (mündlich). Alte Belege fehlen.

Dreiangel: Dreieck im Dorf, das von den Straßen nach Eggenstein und zum Zinken gebildet wird. Mündlich.

Durlacher Weg: auch Oberer Durlacher Weg im ältesten WN Berain von 1701 GLA 229/74040 Bl. 13a (Der Alte Durlacher Weg führte von Durlach nach Eggenstein, Plan Schwenck 1752, und berührte am Dreispitzschlag den TNer Zehntwald.) 1825 Bl. 5b, 1827 Bl. 6b.

Eberacker: in der 4. Gewand (WN) 1803 GLA 229/74029.

Eberwiese: Allmendgut. Lage nicht bekannt. 1827 Bl. 189b.

Eckenstein: s. Eggenstein.

Egelsee: (Aussprache: Eggelsee). Weiden in der Niederung auf den Plänen des 18. Jahrhunderts. *Vorderer und hinterer Egelsee* GLA Plan TN Nr. 2, durch den Mühlbach getrennt. Während heute der vordere E. dem Ort näher liegt, ist es (wohl versehentlich) auf diesem Plan umgekehrt. *Kleebau auf dem Egelsee* 1780 GLA 229/73984. *unter die Bürgerschaft vertheilt 1827 Bl. 190—208. Im Egelsee „Grasgarten"* 1827 Bl. 230; 1861 GAN B 226 S. 5. Zum Namen Egelsee s. Egelseewiesen (am Ende).

Im „Egelsee".

Egelseegäßle: Schmaler Zugangsweg vom Dorf (Zinken) zu den Egelseewiesen, also nicht gleich Egelseeweg; s.a. Gäßle.

Egelseeweg: 1861 GAN B 226 S. 6.

Egelseewiesen: 1861 GAN B 226 S. 5; 1862 ebd. S. 15. Während sonst der
häufige Name Egelsee mit Blutegeln in Verbindung gebracht wird, ist in
Neureut zu erwägen, ob der Name nicht mit dem von Eggenstein zu-
sammenhängt.

Eggenstein: Neureut ist auf Gemarkung Eggenstein entstanden und 1260
daraus gelöst worden: *super Novali et plantatione ville site citra terminos
et limites ville in Eckenstein spectantis ad praedium dicti conventus*
(Gotesouwe) 1260GLA 38/105.

Eggensteiner Allee: die vom Karlsruher Schloß ausgehende Waldfächerstraße
nach Eggenstein. Nach 1769 Grenze des TNer Zehntwaldes; teilweise
überschreitet die Grenze die Allee 1825 Bl. 3a; 1827, Bl. 3b.

Eggensteiner Forst: der dem markgräflichen Forstbeamten in Eggenstein
unterstehende Teil des herrschaftlichen Hardtwaldes (vgl. Hotz S. 69). Der
Wald war den Gemeinden der Unteren Hardt zur Nutzung als Weide

überlassen (Waldgenossenschaft, aus der Eggenstein um 1700 ausgeschieden war). 1742 GLA 229/73923 S. 86.

Eggenstein-Hagsfelder Weg: die Forlen vom Eckensteiner Haßfelter Weeg bis an die Lange Richtstatt 1742 GLA 229/73923 S. 59. 1825, 1827. (Die Pläne nennen den Weg Hagsfelder Eggensteiner Weg.)

Eggensteiner Scheide: „in der Tiefe" 1825 Bl. 12a.

Eggensteiner Straße: heutige Grabener Straße in Neureut.

Eichen: Zwey Hubenviertel Acker im Gottesauer Feld unten bei den Eichen. 1792 GLA 229 /73950 S. 26. Als Flurname (nordöstlicher Teil des Gottesauer Feldes, auf den Zehntwald stoßend) mündlich überliefert und bis heute im Sprachgebrauch. Fehlt auf dem Gemarkungsplan von 1865.

Eisenbahn: Nach Anordnung des Geomäther („Feldvermesser") Volmer von Knielingen haben die hiesigen Steinsetzer Jacob Ehrmann, Jacob Meinzer und Michael Weinbrecht vom 1. Okt. 1869 bis zum 22. Okt. 1870 an der Eisenbahn, welche über die hiesige Gemarkung zieht, die Furchstein herausgenommen und dann innen und ausen der Bahngränz in der Grundeigenthums Furchen gesetzt, so wie auch weitläuffig Gewannensteine und die Eisenbahnstein an die Bahngrenze gesetzt und zwar ausen und innerhalb von dem Eggensteiner Viehtrieb bis an den so genannten Bährenweg. 1870 GAN B 226 S. 36f. — *auf das Bahngebiet und die neu Straße stoßend;* ebd. 1871, S. 45. Vgl. auch S. 54.

(Erd-klotz) Unter den Anordnungen des Vogts Beck wird angeführt: „*die Hinwegschaffung eines hohen, längst (= längs) der Landstraße gelegen gewesenen Erdklotzes, wodurch der Ablauf des Wassers aus dem Dorfe gänzlich gesperrt wurde.*" Er ergab „*10000 Wägen voll.*" Ehrendenkmal S. 24.

Erhardts Acker: s. Anwander und Feld Erhart.

Ettergärten: Gärten innerhalb des Ortsetters. 1739 GLA 229/73923.

Falltor: ein halb viertel im Kürchenvelt unden am Falldor 1664 GLA 38/105, Nr. 11. Falltor ist ein herablaßbares Holztor, um das Weidevieh vom angebauten Ackerland abzuhalteǹ.

Farrenkolben: an die Bruch- und Kirchfeldwiesen stoßend 1825 Bl. 87; *grenzt gegen Morgen an die Bruchwiesen, gegen Mitternacht an den Farrenspöckweg, gegen Abend an die Kirchfeldwiesen.* 1827 Bl. 95a. Nicht nach dem Zuchttier, sondern nach der Farnpflanze benannt.

Farrenspöckweg (vgl. Spöck). Grenzt an Farrenkolben an. 1827 Bl. 95a, 96a.

Faudenstücker: in der WNer Niederung gelegen, so naß, daß Kühe oder Pferde oft einsanken. Der Name gehört daher zu der Sumpfpflanze Faude (carex), vgl. Derwein in der Festschrift für Eugen Fehrle (1940). Der Vogt heißt in der Gegend nie „Vaut", allerdings kam in Eggenstein der Familiennamen Fauth vor (Hotz S. 96); die Schreibung Vautenstücker hat keine Beweiskraft.

Feld Erhardt: 24 Morgen ackhers genandt der feldt Erhardt, stost hinten uff die Hardt und herein uff die Straßen 1702 lh Bl. 124. *biß uff den feldt Erhardts Ackher* 1702 lh. Das merkwürdige zweimalige „der feldt" erklärt sich aus dem Gottesauer Berain von 1563 für Eggenstein. Hier wird ein Erhardt Feldt genannt, der dem Acker seinen Namen gegeben haben dürfte. Der Name Feldt ist vermutlich aus Valentin (Velten) entstanden.

Feldseite: Die Häuser werden (oben, mitten und unten im Dorf) nach Feldseite und Rheinseite (Rainseite) unterschieden. 1825 ,Bl. 51a.

Fischbau bei Musall, Pfalzatlas 1969, Karten 1 + 2) wohl Verlesung für Fischber, s. Fisper.

Fisper (mda. Fischber). *Schleusenanlage beim sog. Fischper,* GAN A 932 (1851). Benennung nach dem Fisperwald auf Gemkg. Eggenstein und Knielingen. Der Name geht wohl auf Fischmar zurück (in Eggenstein Fischmarfeld, Fischmaräcker). Vgl. Merewiesen.

Fis(ch)perdohlen: Herstellung des F. GAN A 932. Vgl. Fisper, Rheindohl.

Flecken(s)äcker (Allmendacker): ein bei Eintauschung des Bannwalds zum angrenzenden Fleckensacker gezognes Stück 1802 GLA 229/74033. Auch: *des Fleckens Agger* 1702 lh, Bl. 176 uö. *neben des Fleckens Neureuth Egger* 1702 lh, Bl. 21a. *Fleckenäcker Friedr. Ehrmann* 1861 GAN B 226, S. 8. — s. auch Pfarräcker.

Fleckenstücker (WN) s. Pfarräcker. Fleckenswiesen s. Große Allmend.

Französische Colonie zu Neureut = Welschneureut 1798 GLA 229/74029.

Friedensbäume (im Dreiangel): drei Kastanienbäume, die 1871 zur Erinnerung an den 70er Krieg gepflanzt wurden.

Froschgraben: s. oben S. 110f. Wässerung; zugeschüttet; mdl. (WN) F. (Neureuter Wassergraben): *ein alter Wasserlauf von Mühlburg her, der im Westen den Hardtwald begrenzt. Er hängt mit der Alb zusammen. Zieht zum Hardthaus,* Rommel S. 28.

Fuchsäcker: Allmendgut 1825/ Bl. 159f; von den Fuchsäckern an bis an die Schafäcker 1861 GAN B 226, S. 11.

Fuchsloch: mündlich; früher auch in Eggenstein, Hotz S. 70.

Füllbruch 1) TN: *grenzt an den Rain* (Hochgestade), *Eggensteiner Markung, Weidengarten und Gänsweid.* (Der Name bedeutet Füllenbruch, es fehlt aber an einem Beweis, daß Neureuter ihre Fohlen hier, so weit vom Ort entfernt, geweidet haben.) *Im Weidengarten Busch im Eck, wo das Füllbruch anfanget* 1825, Bl. 16b; Fillbruch : Plan Schwenck; Weide GLA Plan TN Nr. 2; Wiesen 1827, Bl. 209—225. 1865. Gemarkungsplan.

2) WN: *Allmendt, Füllbruch genannt* 1701 GLA 229/74040.

Galgenbuckel: Vermutlich der Knielinger Galgenbuckel südl. von WN., am Durlacher Weg. Schwerdtfeger S. 260. Schneider S. 69 und 115. Musall Karte 26 „Justice".

Gänsweid: 1) TN: GLA Plan TN Nr. 2; *Allmend* 1827 GAN Bl. 189b; Plan 1:10000; *Kulturverbesserungen im Gewann Gänsweid* GAN A 454.

2) WN: *im Gewann Junkerschritt.*

Gartenberg (Gaardeberg): der Abfall des Hochgestades hinter den Scheunen von WN und TN. S. „Volkskundliches" S. 344: Quellen im Gartenberg, gefaßt.

Gaß: ½ *Hubenviertel Ackers und Wiesen bey der Gaß* 1702 lh, Bl. 141; *im Kürchenvelt unterhalb der gaß* 1661 GLA 38/105; *unterhalb der gaß, unden an der gaß* 1702 lh häufig.

Gäßle: mündlich; Weg zur Niederung; s. Egelseegäßle.

Gehürst: Ein halben Morgen Aggers zwischen der großen Clamm zur obern und Pierre Brunn zur undern seithen gelegen . . . Diese agger, so noch lauter Gehürst, will die gantze Colonie gesamter Hand außreutten und alljährlich anblümen (einsäen) *und sodann den Ertrag zur Bestreitung der gemeine Fleckenskösten employieren.* WN 1701 GLA 66/5875, S. 25. *weilen die nechst der großen Clamm wohnende Refugianten meistens mit ihren portionen in das Gehürst verwißen werden müssen . . .* ebd. S. 36.

Gemeindebaumschule: s. Baumschule.

Gemeindenachtwachhaus: 1869 GAN 226 S. 32; s. Wachthaus.

Gemeindswiesen an der Grenze Knielingen-TN: zwischen dem Knielinger Fisperwald und den hiesigen Gemeindswiesen 1825 Bl. 17b.

Genossenschaftswald: vom Bärenweg bis zum G. 1860 GAN B 226, S. 2 uö. 1885 wird ein *Genossenschaftswaldhüter* erwähnt, Ortsbereisung TN GAN A 153, (Es kann sich nur um einen Teil des Zehntwaldes handeln.)

Gewand: 1., 2., 3., 4. Gewann, WN 1803 GLA 229/74029.

Glamm: s. Klamm.

v.-Glaubitz-Allee: vorübergehender Name der TNer Allee bzw. des Klammwegs.

Gottesacker: die ursprüngliche Bezeichnung für den Kirchhof, heute Friedhof. 1725 GLA 229/74065; 1772 Gottsacker Mauer GLA 229/74066; Kirchhof oder G. 1757 GLA 229/73956; der dermahlige alte Begräbnisacker bei der Kirch 1757.

Gottsackertor: GLA 229/73950 S. 36.

Gottesau: Benediktinerkloster, s. oben S. 10.

Gottesauerfeld: (benannt nach dem Benediktinerkloster Gottesaue; der Name tritt erst auf, nachdem das Kloster aufgehoben und in markgräflichen Besitz gelangt war. Naturgemäß hieß bis dahin das Feld in Gottesauer Berainen „Neureuter Feld", s.d.). Die ältesten Belege für den Namen Gottesauer Feld stammen von 1661 und 1664, GLA 38/105 Nr. 9 und 11; 1701 GLA 229/74040; 1702 lh, Bl. 211ff, 1739 GLA 38/105. *Gottesauer oder* (!) *Kirchfeld* 1751 GLA 229/73943 Bl. 12: *mit Hubsteinen umsteint.* Dagegen ist sonst immer G.F. und Kirchfeld unterschieden, so:) 1825

Bl. 65a-66, 146a-190a; 1827 *Hubengut* Bl. 161-186; *Allmendgut* Bl. 167 175, 178, 226. *G. Huebenfeld und Wald* 1756 GLA 229/73943, S. 26.

Gottesauer Hof- oder Hubengüter: 1743 GLA 229/73949.

Gottliebisches Gut: das sogenannte Gottl. Guth im WNer Bann seye in acht Theile getheilt, welche so schmal und sich in die Krümme ziehen, auch so ungleichförmig seyen, daß kein Eigenthümer ohne Schaden seiner Nachbarn seinen Antheil pflügen oder seine Früchte einheimsen könne... (Es wird daher vorgeschlagen, ihnen ein Stück des angrenzenden Fleckenackers zu überlassen) 1802 GLA 229/74033.

Grabemer Straß: Plan Schwenck. Straße nach Graben, heute wieder Grabener Straße, zeitweise Eggensteiner Straße.

Graben: Es ist sinnlos, hier alle Entwässerungs- und Abzugsgräben aufzuzählen, die (namentlich in der Niederung) auf Neureuter Gemarkung entstanden sind. Es werden nur zwei Gruppen aufgenommen: 1. Namen, bei denen „Graben" näher bestimmt ist (s. Alter Gr., Alter Wässerungsgr., Bannwaldgraben, Brunnengraben, Dohlgraben, Froschgraben usw.). 2. Gräben, die zugleich Grenzen sind, besonders gegen Knielingen, Eggenstein, TN/WN. Im Bulacher Dorfbuch des 17. Jahrhunderts, erhalten in Abschriften des 18. Jahrhunderts, ist der Grundsatz ausgesprochen: „In diesem Land sind Wasserläuf Grenzen!" Das gilt auch für Neureut, wenn wir „Wasserläufe" durch „Gräben" ersetzen.
a) TN / WN: sowohl im Dorf wie im Gelände werden die Gemarkungen durch einen Graben getrennt *(au deça du fossé diesseits des Grabens)*. Er zog von der Landstraße den Bachenweg hinab in die Niederung und wurde als „die *Schaid*" bezeichnet (s. Scheid, Scheidgraben, Scheidweg);
b) WN/ Knielingen außerdem Spöck;
c) TN/Eggenstein außerdem Viehweg, Viehtrift, Viehtrieb.
Vielfach stehen in den Gräben die „Markstein", s. Scheidgraben.

Grabenäcker: in Gr. oberhalb der kleinen Glamen 1661 GLA 38/105 Nr. 9; *Gr. bey der kleinen Klammen,* ebd. Nr. 12; GLA 229/74040, S. 8.

Grabenpfad: 1861 GAN B 226, S. 8. Wohl = Krappenpfad, s.d.

Grabenstücker: (WN); (stoßen an) *TNer Obere Dammwiesen* 1825 Bl. 21a; TN: an der Grenze gegen Knielingen 1825 Bl. 21a; 1856 Plan GLA H/Rheinstrom 81.

Grabenstückwiesen: (WN) an der Grenze gegen TN 1825, Bl. 22b.

Grabenwiesen = Grabenstückwiesen.

Grasgärten: (sowohl in WN wie in TN parallel zur Straße ziehende Streifen am Hochgestade); *Stücklin Graßgärten bey der Kirch* 1702g; GLA 66/5547, Bl. 49b.

Grohenberg: Die Häuser oberhalb der kleinen Klamm aber stehen auf dem Gr. neben der Landstraß hinauf bis an die Große Klamm, welch letztere Knielinger Gemarkung WN 1701 GLA 229/74040, S. 23b; *Herrschafts-,*

Bann- oder Marckstein auszugraben und zu versetzen unterhalb der sog. Großen Clamm in dem Gr., bey dem Bahnwald 1700 GLA 229/74036. (Gehört wohl zu dem Familiennamen Grohe, der in Eggenstein 1702 vorkommt (Christian Grohe GLA 66/5546, Bl. 194b). Vgl. in Knielingen Grohenäcker 1780 Knielingen, E. Schneider S. 166; Grohen (Acker) 1870 (Gemarkungsplan). In der Mundart bedeutet groo „grau".

Große Allmend: TN drei große Stückwiesen, welche die G.A. genannt werden. Pfarrbesoldung 1760—80. Kirchenbuch TN; an der Grenze gegen WN (Plättlein) 1825, Bl. 22a.

Große Bruchallmend: TN. an der Grenze gegen WN (hintere lange Wiesen) 1825 Bl. 21b. Vgl. TNer Allmend-Bruchwiesen 1827 Bl. 21a.

Große Klamm: war ursprünglich Knielinger Gemarkung 1701 GLA 229/74040 Bl. 23b. Beim heutigen Hardthaus.

Große Zelg: ein firtel Ackers in der großen Zelg gelegen 1564 GLA 38/105 nr. 3. Zelg ist ein Ausdruck der Dreifelderwirtschaft; einer der wenigen Belege dafür in TN.

Grüner Weg: erst im 19. Jahrhundert belegt, im Kirchfeld. GAN B 226: *vom Heideweg bis Gr. W., vom Gr. Weg bis zum Wald; vom Holzweg zum grünen Weg.* Die Erinnerung an den alten Grünen Weg hält heute die Straße Grüner Weg jenseits der Linkenheimer Landstraße fest.

[*Hafte:* Neureuter Gemeindewappen.
In von Gold und Rot gespaltenem Schild eine Haspe (Hafte, Hefte) in verwechselten Farben. Verliehen 1959, erloschen 1975. Geht auf das Gemeindesiegel zurück, das im 18. Jahrhundert auftaucht. Auf wenigen Gemarkungssteinen noch erhalten. Die Hafte drückt Zusammengehörigkeit aus, was für Neureut schon galt, als es, vom Markgrafen und Abt gegründet, zu e i n e r Gemeinde wurde.]

Hagsfelder Eggensteiner Weg: 1751 GLA 229/73943, Bl. 23b, 24b; 1825; s.a. Eggensteiner Hagsfelder Weg.

Am Hagsfelder Weg: Allmendgut 1827, Bl. 159—161.

Hamm, s. Hoh-Hamm: Das zwischen Forchheim und Linkenheim häufige Wort für einen Damm fehlt in Neureut, das keine Rheingemeinde ist. Vielleicht spricht das Fehlen aber auch für andere Herkunft der Neureuter.

Hanfrötze: GAN A 227, S. 4, 6, 12, 15 uö. Lage s. Breche; vgl. auch Bleuelloch.

Hardt = Hardtwald: s.d. 1563 GLA 66/2942; *zwischen der Hardt und dem Bruch* 1702 lh; *Hirschsprung in der Hardt* 1710 GLA 229/74022.

Hardthaus: s. oben S. 160f.

Hardthausbuckel: WN, mündlich, s. Grohenberg.

Hardtwald: bis an den Hardtwald, allwo die Huben sich endigen 1701 WN Berain S. 35; *bis an die Hardtwäldt* 229/74046; *herrschaftlicher Hardtwald* 1825 Bl. 9b; *Haardtwald außen dem WNer Feld* 182/5 Bl. 23b. Eggenstein scheidet um 1700 aus der Hardtwaldgenossenschaft aus, bleibt aber Sitz des markgräfl. Forstbeamten, vgl. Hotz S. 69. — Aufteilung gem. Gemeindeordnung von 1922.

Hausacker: am Haußagger 1702lh, Bl. 169, 195. Lage?

Hebammenacker: Neubruch in der 1. Gewand neben dem H. WN 1803 GLA 229/7402g. Diente wohl zur Besoldung der Hebamme.

Heckenstücker: „Weide" Pläne Schwenck von 1754 und 1787.

Heide: Kurze Zelgenäcker oder Heyden 1716 GLA 229/73947; *Äcker auf der sog. Heyden* 1775 GLA 229/73950 S. 9, *Fäld auf der Heyde,* ebd. Heide (Ortsteil) s. Alter Postweg, Heidenfeld, Heidenweg, Neureuter Heiden.

Heidel: zur Neureuter Heidelburg vgl. am (heute) gegenüberliegenden Rheinufer den Flurnamen Heidel.

Heidelburg: Der eigenartigste Name auf Neureuter Gemarkung. Er taucht urkundlich zwar erst im 18. Jahrhundert auf, ist aber zweifellos viel älter. Man möchte ihn in Verbindung bringen mit der 1261 erwähnten Curia Alstat und dem Altstetter Feld auf Eggensteiner Gemarkung, die angrenzen, aber ebenfalls Rätsel aufgeben. [Unter den Eggensteiner Flurnamen (Hotz S. 76) erscheint das Gewann Auf die Heidelburg (ohne Jahr) und (S. 70) als ausgegangener Name „Auf den Burggraben", den wir mit Vorbehalt auf die Heidelburg beziehen]. Heidelburg erscheint am frühesten auf den Plänen des 18. Jahrhunderts. Warum nicht früher in den Lagerbüchern? Das erfahren wir 1769: *„Stuck Allmend, die Heidelburg genannt, welches der Tröckene nichts erträgt"* (GLA 229/73924 I) und: *„... worauf ein Geholtz von Eichen steht"* (ebenda); *„die Neureuter sog. Commun Waldungen mit alleinigem Ausschluß eines Districts von etlich und 30 Morgen, die Heidelburg genannt, kein Eigenthum der Gemeinde, sondern der dortigen Hubenbesitzer"* 1797 GLA 229/73940 Bl. 9. *Die Ausstockung des auf TNer Gemarkung auf der sog. Heidelburg stehenden Busches und der Optierung des Landes zu Ackerfeld* GLA 229/74002.

Heidelburg, mda. e **Hoo**delborg. Allmendstück s. Bruchstücker.

Heidelburger Äcker: Kühewiesen auf die H.Ä. stoßend 1825, Bl. 86; (Allmende) *vertheilt* 1827 Bl. 188b.

Heidelburger Dammfeld: 1825 Bl. 13b.

Heidelburger Feld: die Grenze gegen Eggenstein geht von da weiter fort, längs dem Eggensteiner Altstädterfeld. Neureuterseits aber endigt sich das Heidelburgerfeld und gehet neben dem Graben mit dem steinernen Brückle an das hiesige Neubruchfeld 1825 Bl. 14b.

Heidelburgergraben: (Kühewiesen grenzen) *gegen Westen an den H. Gr.* 1827 Bl. 96a. Der H.Gr. durchfließt die Gewann Heidelburg, führt unter dem Hochwasserdamm durch und mündet in den Altrhein (Kl. Bodensee); mdl. s. Schloßrück.

Heidelburgergrabenschleuse: s. H.Graben. — Im Neureuter Schleusenbuch finden wir den Eintrag des Schleusenmeisters, daß die Schleuse total verrostet sei. 1944 Wasserwirtschaftsamt Karlsruhe, GAN A 938.

Heidelburger Weg: Bruchgraben, H.W. und Krautgärten 1861 GAN B. 226 S. 7.

Heidelburger Wiesen: 1825. Bl. 88—84; *Kühwiesen, auf die Allmendbruch und H.W. stoßend* 1825 Bl. 88a; 1827 Bl. 96a; *Allmend* Bl. 189b.

Heidelgraben: auf Gemarkung Knielingen 1764/Spez. 54646 (nach Ernst Schneider, S. 12).

Heidenacker: (Neureuter-Heide); Rommel S. 34; s. Heide.

Heidenfeld (s. Heide): (Tausch) *Bahnwald gegen Heidenfeld* 1800 GLA 229/74030. ein Stück von ihrem untern Heidenfeld. 1801 (WN), GLA 229/74029). Nach W. Meinzer (mündl.) nicht nur der heutige Ortsteil Heide. — GLA H 81 Rheinstrom.

Heidenschlag: beim Hirschhornschlag (Zehntwald) Rommel S. 39.

Heidenweg: 1827 Bl. 161a; *Im Kirchfeld am Viehtrieb oben vom H. bis an den Wald* 1867 GAN B 226 S. 128; *Gewann Kirchfeld... am H.* 1871 GAN B 226; S. 49/185, 50/187.

Herrschaftswald: vom Mühlburger Fußpfaden bis an den H. gegen Karlsruhe stoßend 1775 GLA 38/105 Nr. 24. (Der Herrschaftswald ist der Hardtwald außerhalb des Neureuter Zehntwaldes.)

Heuweg (Klosterweg): von Gottesau nach Neureut, Rommel S. 15 u. 50 Ableitung von Heu = Hau (Wald).

Heuwegschlag: (Wald) 1842 GLA Plan TN Nr. 1; 1865 Übersichtsplan; s. Heuweg.

hinten am Dorf: vom Bärenweg bis an die Trift und von h.a.D. bis an den Genossenschaftswald 1861 GAN B 226 S. 7.

Hinterer Egelsee: 1827 Bl. 188b; GLA Plan TN Nr. 2 als Weide; s. Egelsee.

Hintere lange Wiesen: (WN) *am Bachenweg und dem neuen Wässerungsgraben* 1825 Bl. 21b; *welschneureuterseits die h.l.W., TN die große Bruchallmend* 1863 GAN (WN) S. 102.

Hirschsprung (Hardtwald): 1710 GLA 229/74022. *Forlen gegen dem Hirschsprung im Hardtwald;* GLA 1752 Plan von der Haardt; 1822 GLA 229/73999.

Hirtenäcker (entlang dem Mittelweg): Eigentum der Gemeinde vorbehalten (1825).

Hirtenhaus: 1772 GLA 229/73999, Bl. 14b.

Hirten Jagen: südlich der Heidelburg; GLA/ Plan von der Hardt.

Hirtenwiesen: an der Grenze Knielingen/TN 1825 Bl. 17b.

Hochgestade: s. Berg, Rain, Quellenbach (1836), Hoh-Hamm.

Hochstetten: mundartl. Hooschded, Sporn des Hochgestades nördl. von TN. s. Riegel Hochstetten, Spitzhochstetten, vgl. R. Stenzel, Oberrh. Studien III (Karlsruhe 1975) S. 107—110.

Hochstettenweg: s. Viehweg.

Hoher Wald: 1825 Bl. 6a.

Hoh-Hamm: s. Hamm. Hochgestade nördlich von TN. GLA H/TN Nr. 2.

Höhe: uff der Höhe 1702 lh Bl. 140 uö; *unterhalb der Höhe* ebd. Bl. 158.

Holzweg: Alter H. von Linkenheimer Straße zum Gottesauerfeld bis Holzweg 1825 Bl. 146a; vom Straßenacker bis an H.; vom H. bis an Wald 1827 Bl. 179a; 1871—1874 GAN B 226 S. 53, 61, 66, 70. (Linkenheimer Straße im Beleg von 1825 meint die spätere Grabener Straße).

Holzwegäcker: von dem Fuchsweg bis an die H. zwischen der Straße und neuem Weg 1861 GAN B 226, S. 12.

Hortacker: zwei Morgen Allmendtaggers am Hordtagger 1702 GLA 66/5547, Bl. 51; *Hubengut im Kirchfeld: Allmendgut* 1825 Bl. 136a; 1861 GAN B 226, S. 8; *an dem Hordacker am Holzweg* ebd. S. 11. Vgl. den Knielinger Fln. Horten. E. Schneider S. 166.

[huba, Hube: de qualibet huba (von jeder Hube) 1260 GLA 38/105. Die Neureuter Flur ist von Anfang an durch die Hubenverfassung bestimmt. Die in der rechtsgeschichtlichen Literatur heute herrschende Form „Hufe" kommt in Neureut oder in Gottesau oder in der markgräflichen Kanzlei nie vor. Es wird daher auch hier der oberdeutsche Ausdruck „Hube" gebraucht. Merkwürdig ist, daß bis ins 18. Jahrhundert hinein das Wort mit ue (Huebe) geschrieben wird (ahd. huoba), wohl durch Einfluß älterer Quellen (mhd. huobe). Für eine etwaige Aussprache „Hübe" fehlen alle Anhaltspunkte.].

Hubäcker: zwischen den Huebäckern hinab (1702) s. Anwander; vgl. Hubsacker (1567).

Huben: ... Hardtwald allwo die Huben sich endigen 1701 Berain WN, S. 35 *Huben von der Landstraß bis zum Wald* 1702 GLA 5546, Bl. 133 *auf den ehemaligen Huben zu WN* 1802 GLA 229/74070, S. 23.

Hubengut: Gültbriefe TN von 1739, 1750, 1752 GLA 38/105, Nr. 19—21. *Hierbey ist zu wissen, daß die sämbtlichen Huebengüthere zum Theil uff das Dorf, anderseits aber uff die Landstraß und den Berg stoßend* 1702 lh, Bl. 134b. Vgl. Viehweg, ebd. Bl. 12. *Alle Güter hiesiger Gemarkung sind frei eigene Güter und werden Huben Güter genandt, und dürfen im Sandfeld madenweise* (s. Made) *und im Dammfeld stückweise verkauft wie auch verpfändet werden* 1825, Bl. 26a.

Hubengut im Gottesauer Feld: 1750 GLA 38/105 Nr. 20; 1825 Bl. 151—155, 161—171, 172—187.

Hubengut im Kirchfeld: 1752 GLA 38/105, Nr. 21; im K. 1825, Bl. 156—158; *im Kirchfeld unter dem Viehetrieb* 1825, Bl. 124—146.

Hubengut: samt Zehndprivatwald in Äckern und Wisen bestehend 1825 Bl.29b.

Hubenstein: Weeg, der... uff den letzteren Hueben Stein zugehet 1701 GLA 229/74040; *Bezirk mit H. umsteint* 1751 GLA 229/73943.

Hubenwiesen: TNer H. unterschieden von WNer Wiesen 1787 BLB/Go 23.

Hubsacker: ab meiner halben Huebs Acker im Unteren Neureuter Veldt gelegen 1567 GLA 38/105 Nr. 7 = Acker von ½ Hube.

Hühnerhaag: herrschaftlicher Forlenwald, aus dem Stammholz zum Hausbau in WN geliefert wird. 1738/39 GLA 22/73923

Hundsbrunnen: nahe am H. und Sohl vorbei (zieht die Grenze zwischen Zehntwald und Herrschaftswald) 1825, Bl. 7b. *Hundsbrönnele* Plan GLA Hfk Hc 8. An Grabener Allee und Neureut - Hagsfelder Weg. Rommel S. 29; vgl. E. Schneider S. 38: Hundsbrunnensuhl.

Insel: Wiesen (Allmendgut) 1827 B. 189b; Inselwiese 1825, Bl. 16a.

Jägerwiese: an der Grenze TN/Eggenstein 1825, Bl. 15b. Allmend 1827, Bl.189b.

Junger Dickenjagenschlag: (zwei Grenzsteine zwischen Zehntwald und Hardtwald) *stehen im j. D.* 1825 Bl. 7b; *aus dem j. D. hinaus* ebd. Bl. 8a. Vgl. Dickenjagenschlag.

Junkertschritt: Die Gemeinde TN hat im Jahr 1699 bey Anfang des Orts Welschneureuth ein Stück Wiesenland, den Jungerschritt genannt, von ca. 27 Morgen zur ewigen Nutznießung gegen Zahlung einer Recognition von jährlichen drei Gulden an WN abgetreten. Im Jahr 1800 hat es die Gemeinde dahier (= TN) *wieder gerauhen* (= gereut) *und wollten gegen die Abgabe des Stück Wiesenlands wieder Einsprache erheben. Allein da es 65 (?) Jahre der Gem. WN schon in Nutznießung war, so wurde die hiesige Gemeinde mit ihrer Einsprache abgewiesen* 1825 Bl. 29a. Junkerschritt 1827. . . . *so daß* (die Gemeinde WN) *sogar genöthiget ist, ein Stück Feld zu Roßweyde, den Junkers Schritt genannt, von der Gemeinde TN um jährl. 3 fl. in Pacht zu nehmen.* 1798 GLA 229/74030.
Zur Erklärung des Namens: Die Neureuter Überlieferung kennt keinen „Junker", auf den Junker(t)schritt zurückgehen könnte. Bei der Lage nahe am Dorf könnte man an „Jungherde" denken, mit der das Wort struot (Stritt wie in Strittmatter) zusammengesetzt sein könnte. Doch fehlt dieses schwäbisch-alemannische Wort in der Gegend. Wir ziehen deshalb vor, den Namen mit dem Familiennamen Junker in Verbindung zu bringen. Im Gottesauer Berain von 1535 wird für Eggenstein ein *alt Junker Hanns(en)* genannt. Ein Angehöriger dieser Familie könnte das Gelände unterhalb des Hochgestades gerodet haben. Es wäre dann „Junkers Ritt", d.i. Junkers Reut, genannt und nach den Regeln der Mundart „Junkerschritt" gesprochen worden. Durch falsche Abtrennung (Junkerschritt) könnte daraus der heutige amtliche Name entstanden sein. In Frage käme auch Michael Junger, Schultheiß von Knielingen, 1477 GLA 38/105, Nr. 1. Vgl. Rütten, Rüttenquellen.

Nördlich des Bachenweges, also auf früher Teutschneureuter Gemarkung liegt der „Junkertschritt". Hier ist neuerdings ein Gewerbegebiet mit Lagerplätzen entstanden.

Kalkofen: (WN) Bauholz bewilligt zum Bau eines Kalkofens 1768 GLA 229/74035

Karlsruher Fußpfad: zwischen dem herrschaftl. Forlenwäldlein und dem von hier (TN) *erst neu angelegten Forlenwäldlein* 1825 Bl. 23b.

Karlsruher Weg auf Schreck: Plan Schwenck; *zwischen dem Eggensteiner, Karlsruher und Linkenheimer Weg* (das Gelände) *zu Wald anlegen* 1769 GLA 229/73924 I; (die Grenze TN - Eggenstein) *geht über den K.W.* 1825 Bl. 12a; *ein großer Stein über dem Karlsruher Weg herein* 1825 Bl. 24a.

Kartoffelschlag: auf den Plänen 1842 und 1865 im Zehntwald; der Name ist nicht volkstümlich.

Kene Ling = Knielingen: aux Bourgeois de K.L. 1710 GLA 229/74025 (WN, franz. Eingabe).

Kiesgrub: am Rain (Hochgestade) 1825 Bl. 29b u. 67a; *grenzt gegen Morgen und Abend an das Gotsauer Feld, gegen Mitternacht an den Rain, gegen Mittag an den Viehweg* 1827 Bl. 81. Wohl am Fuchsloch.

Kinderschulbuckel (Kinnerschuulbugl) WN mündlich.

Kirche: Sie ist Orientierungspunkt für die Lage von Grundstücken. *hinder der Kirchen* 1702 Ih, Bl. 195, *under(halb) der K., unden an der K., oben an der K.* usw. Zustand der Kirche nach dem pfälz.-orleanischen Krieg in der Eggensteiner Kirchenvisitation 24. Mai 1699: Die Kirche zu Neureut ist in einem miserablen Stand. Sie siehet inwendig mehr einem Roßstall als Gotteshaus gleich, hat wenig Stühle und eine zerstückte Kanzel . . . Heimatglocken Juni 1930 S. 2 (K. Ulrich).

Kirchenbuckel: ein halber K., nebenstuck genannt 1798 GLA 38/105 Nr. 24 (WN); mündl.: Kärchebuggl (WN).

Kirchenfeld, Kirchfeld: im Kürchen-, Kirchenfelt 1661 GLA 38/105 Nr. 9; *ein halb Virtel und fünff Morgen im K.* 1682 GLA 38/105; *eine gantze Hueben im K.* 1701 GLA 229/74040, S. 50; *ein halb Viertel Hubenguth im Kirchfeld oben auff das dorff stoßend* 1754 GLA 38105 Nr. 21 uö. *Hubenguth* 1827 Bl. 104—112, 118—132, 135—146, 149—158; *nicht Hubenguth* ebd. 113—115; *Allmendgut am Viehtrieb* ebd. 132b; *Allmendgut* 147f. Kirchf.: Wald, Sandacker, Dammacker 1827 Bl. 225.

Bis an die Kirche reichten die Äcker des Teutschneureuter Kirchfelds, bevor sich die Ortsbebauung immer weiter nach Osten ausdehnte.

Kirchfeldergasse: Herstellung der K. in TN. 1873 Bericht des Wasenmeisters GAN A 153. Die heutige Kirchfeldstraße.

Kirchfeldsiedlung: s. S. 220f.

Kirchfeldwiesen: Farrenkolben an die Bruch- und K. stoßend 1825 Bl. 87.

Kirchhof: Gras und Bäume (gehören) zu den Nutznießungen des Pfarrers, 1760/80 TNer Pfarrbesoldung, Kirchenbuch TN.

Kirchhofmauer: älter Gottsackermauer 1772 GLA 229/74066.

Kirschbaumpfad: im Bannwald, Rommel S. 17.

Kirschenbaumweg: im Bannwald bei WN 1781 GLA Plan WN Nr. 1.

Klamm: ursprünglich kleine Klamm, große Klamm in WN, s. d., heute beschränkt auf den Weg zur Heide. Klamm gehört zu „klemmen" und bezeichnet eingeengte Stellen oder Einsenkungen im Gelände. Für Knielingen vgl. E. Schneider S. 71.

Klammbrücke: (beim Hardthaus) 1905 Geol. Spezialkarte.

Klammgärtle: (südl. des Hardthauses) mit eigener Lagerbuch-Nr.

Klamm(en)weg: den sog. K. 1799 GLA 229/74029. Weg zur Heide, mündlich. K. = TNer Allee bzw. ihre Fortsetzung, Rommel S. 18 und 22.

Klammwegsiedlung: älterer Name des heutigen Ortsteils Heide 1914, Rommel S. 22.

Kleine Allmend: (Von Stein 17) *geht die Grenze* (zwischen TN und Eggenstein) *in gerader Linie zwischen der Kleinen Allmend Neureuter Seits und dem Altstätter Feld* (Egg.) fort 1827 Bl. 15a—1825 Bl. 15a + b. Drei kleinere Stücke (von den Fleckenswiesen), welche die K.A. heißen. Pfarrbesoldung 1760—80. Kirchenbuch TN.

Kleine Bruchstücker: Weide GLA TN Plan Nr. 2. *Im Kleinen Bruch heute Straße nördlich vom Unteren Dammweg. — Industriegebiet in der Rheinaue.*

Kleine Klamm: bey der kl. Klamm 1665 GLA 38/105 Nr. 12; oberhalb der kl. Klamm 1661 ebd. Nr. 9. *Die Häußer so unterhalb der kl. Klamm stehen, seindt auf den Bergäckern, die oberhalb der kleinen Klammen aber stehen auff dem Grohenberg* 1701 GLA 229/74040, Bl. 23b; *den wallons so unterhalb der kl. Kl. wohnhaft sind,* ebd. S. 13. *Kleine Clamm oder Scheidweg* 1701 Berain WN S. 35.

Kleine Portionen: (WN) (liegen zwischen dem Ort und dem Neureuter Bannwald, auf der dritten Seite begrenzt vom) *Carlsruher Weeg auf Neureut* 1757 GLA 229/4422, Plan 2. (Sie liegen östlich der Hardt-Stiftung: 1865 Gemarkungsplan; jetzt sind sie überbaut.) - Rommel S. 41.

Klosterweg (Heuweg): von Gottesaue nach Neureut. Rommel S. 15 u. 56.

Knielinger Bruch: in der Niederung, südwestl. an WN anschließend; teilweise an WN verpachtet.

Knielinger Grabenstück: (WN) 1798 GLA 38/105; 1863 GAN (WN) Güterverzeichnis; 1902 GAN B 54, S. 5 (WN).

Knielinger Scheide: Gewann mittlerer Damm... vom Dammweg bis K. gespalten GAN B226, S. 42 Nr. 165; *vom Bruchgraben bis K.* ebd. Nr. 166; S. 43 Nr. 167.

Knielinger Scheidgraben: 1701 Berain WN S. IV; (identisch mit dem Neureuter Scheidgraben in Knielingen. E. Schneider S. 13). Vgl. Spöck (1701).

Knielinger Weg: die Spöck genannt. 1700 GLA 229/74031.

Knielinger Wiesenscheidgraben: 1798 GLA 38/105, Nr. 24.

Koch-, Baum- und Grasgärten: (gelten als Zubehör zum Haus als „freie Güter"; sie sind nach Morgen, Vierteln und Ruten berechnet) 1825 Bl. 36a ff. Vgl. Krautgärten.

Kolbenäcker: (Oberfeld) 1700 GLA 229/74040 Bl. 7 uö., vgl. Farrenkolben und E. Schneider S. 59 (kolbenartiger Fruchtstand von Sumpfpflanzen?).

Kolbengasse: ackher bey der Kolbengaß 1661 GLA 38/105 Nr. 9. Es handelt sich nicht um eine Gasse im Dorf (die gibt es 1661 noch nicht!). E. Schneider S. 93 belegt zahlreiche Gassen im Feld: zum Schutz der Felder eingezäunte Viehtriebgasse.

Krappenpfad (Kirchfeld): Im Steinsetzerbuch TN GAN B 226 S. 19 öfter erwähnt (S. 19, 39, 42, 47). Vgl. Grabenpfad. Krappenpfad dürfte die richtige Schreibung sein.

Krautgärten: Kraut- und Grasgarten 1701 GLA 66/5875; südwestl. des Gewanns Hochstetten 1865, Gemarkungs-Plan; *„verteilt Gemeindsgut",* grenzt W an die Grasgärten, S an den WN Scheid, N Egelsee, O WNer Waid 1827 Bl. 189. Heutige Obere Krautgärten.

Krautgartengraben: 1902 GAN B 54 S. 5.

Krautgartenstück: ein halbes K. 1798 GLA 38/105. *in der ersten Abteilung, Krautgartenstück genannt* 1778 GLA 229/74018 (WN). -stücker: (WN) anschließend an die Grasgärten 1865, heute Wiesen 1863 GAN B 1, S. 108.

Krautstücker (für Kraut-garten-stücker): Verteilung beantragt 1844 GAN A 934.

Kreuzsteine: bey den Creutz Steinen 1701 GLA 66/5875 (WN) S. 1. Es ist nicht ersichtlich, ob es sich um Steine handelt, die mit einem Kreuz bezeichnet sind oder um Steine bei einem (früheren?) Feldkreuz.

Kuhacker: Teil des Gottesauer Feldes 1730 GLA 229/7948 S. 6r. *Kühäckerle (1 Huebenviertel im Gottesawerfeldt) unden am Küheäggerlen neben Martin Imbers falliment von Schreckh* 1702 lh, Bl. 127. — *Allmendgut* 1825 Bl. 182a; *Waldanteil von dem Allmend Kühe Äckerlein,* ebd. Bl. 183a.

Kühbach: neben der K. 1702 g GLA 66/5547, Bl. 52b.

Kuhbach Brücke: 1. WN: beim Bachenweg; 2. TN: unterer Dammweg zur Heidelburg. (Mundartl. Kuhbaach, älter Kiibaachbrik).

Kühbächer Brücke: (TN): Vor dem Bau dieser Brücke fuhr man mit den Wagen durch die Kühbach (kiibaach) durch (Furt); mündl. und geol. Spezialkarte.

Kuhbronnen: Plan von der Hardt, Legende Nr. 88 (TN) und 92 (WN).

Kuhlagerbrunnen: (im Zehntwald) Pläne von 1842 und 1865.

Kuhlagerschlag: (im Zehntwald) Pläne von 1842 und 1865.

Kühewiesen: auf das Eggensteiner Allstetter Feld stoßend 1825 Bl. 29b; *auf die Heidelburger Äcker stoßend,* ebd. Bl. 86a; *auf die Allmendbruch- und Heidelburger Wiesen stoßend* ebd. Bl. 88—93; Plan Schwenck BLB Go 22; Gewann Kuhwiesen 1874 GAN S. 68, 78, 81, 101.

Kummerstück (Knielingen): dient zur Bezeichnung von Neureuter Feldern im Oberen Damm; 1825 Bl. 17b, ebenso 1827; *im Oberen Damm nächst dem K.* 1827 Bl. 18a. Benannt nach dem Kirchenrat Kummer. Vgl. E.Schneider.

Kurze Zelgenäcker: K. Z. oder Heyden 1716 GLA 229/73947; 1730 GLA 229/73948.

Lammbuckel: (WN) mündlich: junger Name (zum Lamm).

Landgraben: die aus dem Landgraben bei Mühlberg auf die TNer und WNer und Knielinger Weiden sich ziehende Trübwässerung 1780 GLA 229/73982; 1798 GLA 229/74020; *Reinigung des Landgrabens* GAN A 953 (1823ff).

Landstraße: (Die Straße Mühlburg — Eggenstein, an der ursprünglich alle Häuser von Neureut standen und von der aus die Huben sich bis zum Wald erstreckten.) 1701 GLA 229/74040 S. 23b. 1825, 1827. Die Straße war gepflastert: *neben der Landstraße dem Pflaster stehend.* 1825, Bl. 21b.

Langbruch: stost forn an den Berg 1700 GLA 229/74040 S. 13 *Langenbruch* 1702 g GLA 66/5547. Bl. 52b. Allmend 1827 Bl. 189b. Weiden (nördl. von TN) Plan Schwenck. Kulturverbesserungen 1925 ff GAN A 454.

Lange Allee: WNer Allee. Rommel S. 18 Nr. 16.

Lange Hecke: Das Closter Gotzow hat klein und groß zehenden zu Nuwriet im undern feld, fecht an in der Lanngin Heckenn 1535 GLA 66/2941, Bl. 189b. *im Undern feldt so anfahet in der langen Hecken* 1563 GLA 229/2942; *bis an die langen Hecken bis zu den steinen, die das Ober- und Unterfeld scheiden* 1702 GLA 66/5546, Bl. 123b.

Lange Richtstatt: 1742 GLA 229/73923, Bl. 59. Der Name weist auf ehem. Wald (Bannwald). 1956 teilweise an Karlsruhe abgetreten (Tausch).

Lange Trank (Tränk?): im Wald beim Carlsruher Weg auf Neureut 1757 GLA 229/4422.

Lange Wiese: eine halbe l.W. in der 3.Theilung 1798 GLA 38/105. 1882 GAN A 231, GAN A 937. WN südl. des Bachenweges.

Leilachgraben: 1865 Gem.-Übersichtsplan, zwischen Vorderem und Hinterem Egelsee. (Leilach = Leintuch, wohl nach der Bodenfarbe.)

Leilichbach (der spätere Leilachgraben): BLB Go 22 (um 1785) heute Weißer Graben, s.d.

Lerchenbuckel: (TN) 1. Teil der Heidelburg: kleine Erhöhung, der L genannt (Ing. Hochstetter) 1769 GLA 229/73924 I. 2. (WN) 1863 GAN (WN) S. 111. 1865 Gem.-Plan.

Lieselesweg: (mündl.). Frühere Belege fehlen.

Lindacker: (Wald, aus dem den WNern Holz zum Hausbau gestellt wird) 1738 GLA 229/73923. S. Linnacker Weg, Mühlburger Pfad.

Linkenheimer Allee: eine der vom Karlsruher Schloß ausgehenden Fächerstraßen im Hardtwald 1756 GLA 229/73943 S. 21 1825 S. 3b geht die Grenze zwischen Zehntwald und Herrschaftswald über die LA.

Linkenheimer Straße: (angelegt 1826 ff im Zusammenhang mit den Plänen, in Schröck (Leopoldshafen) einen Hafen anzulegen. Die Straße stellt die Verbindungslinie zwischen den Kirchtürmen von Eggenstein und St. Stefan in Karlsruhe dar. Vgl. Hotz, Eggenstein S. 69. Rommel S. 67 (1834/35). - L. Str. = Grabener Str. s. Holzweg 1825.

Die alte Linkenheimer (Land-)Straße um 1925.

Linnacker Weg (Mühlburger): (Weg,) *der überzwerch durch die Hueben gegen dem Beiertheimer Weg uff den letzteren Huebenstein zugeht* 1701 GLA 229/74040. [Linnacker ist Lindacker östlich Eggenstein; siehe südlich davon „Beiertheimer Blöße", vgl. E. Schneider S. 87 und Lindacker. Der „überzwerche Pfad" von Mühlburg nach Neureut wird schon 1468 erwähnt (GLA 66/6656).]

Maden: m. Rest der alten Hubenordnung. Im Kirchfeld war ein Maden einsechzehntel Hube, der vierte Teil einer Viertelhube. Nur in TN, in WN

„Viertel". Die Maden zogen vom Wald bis zur Landstraße und von da bis ins Dammfeld. Da es wegen der Abgaben, die aus den Huben und ihren Teilen berechnet wurden, verboten war, sie querzuteilen, entstanden unwirtschaftliche Längsstreifen von mehreren Kilometern Länge; s. unten S. 335f.

Das Wort Maden kommt von „mähen", vgl. Rheinisches Wörterbuch V 7097: „das mit der Sense auf einen langgestreckten Haufen zusammengemähte Gras (auch Getreide). Auch als Maß für die Breite der Streifen." Maß für die Breite der Streifen war Maden auch in TN. Da im 19. Jahrhundert die Querteilung erlaubt wurde, konnte Maden nicht mehr als Flächenmaß benutzt werden. Das Wort ist noch bekannt und gilt als Neureuter Eigenart. Der Name ist den wenigen übrigen Maden verblieben, auch nachdem sie geteilt waren.

Marksteine: der Vieheweeg... und stehen die Marckstein darauff 1702 lh, Bl.12; s. Viehweg.

Maulbeerplantage: (Seidenraupenzucht) bei WN, Rommel S. 31 und 101.

Merewiese: merewieße in der marckt, zweng und Bande (Bann) *der von nüwrüt* 1477 GLA 38/105. (Streit zwischen der Gemeinde Neureut und dem Kl. Gottesau. Der Name dürfte zusammenhängen mit dem Eggensteiner Fisch m a r , Segel m a r . Zu „Meer" als oberdeutschem Flurnamen s. E. Schneider, S. 31f mit Literatur.) Vgl. S. 11f.

Michael Kerns Holzremis: an der Grenze TN/WN. 1827 Bl. 24a.

Mitteldammäcker: s. Mittleres Dammfeld.

Mitteldammweg: 1861 GAN B 226 S. 9. s. Dammweg.

Mittelfeld: Ein halben Viertel Ackers einer huoben im Neureuter M. 1586 GLA 38/105 Nr. 8.

Mitteltorstraße: in der von der M. bis zur Neugasse führenden Kirchfelderstraße 1870 GAN A 153 (TN). - Heutiger Straßenname.

Mittelweg: (TN) *Allmendgut am M.* 1825 Bl. 108a; *unten am M.* Bl.109a; 1827 Bl. 116f; *Steine am M.* 1862 GAN B 226, S. 14. *Bankett auf der südl. Seite des M's von der Chaussee bis zum Eisenbahnübergang* 1873 GAN A 153 Nr. 21920. Heute Neureuter Querallee.

Mittleres Tor: 1702 lh Bl. 133. Vgl. Mitteltorstraße.

Mittlerer Damm: Grenze Knielingen/TN. *Neureuterseits der m. D., Knielingerseits das Kummerstück* 1825 Bl. 19b.

Mittlerer Weg: (im Gewann Egelsee) 1871 GAN B 226 S. 49.

Mittleres Dammfeld: 1803 GLA 229/74010.

Mittlere Wiesen: an den m. W. Steinlinien verändert und im Oberen Damm einfiesiert (einvisiert) 1861 GAN B 226, S. 9.

Mühlbach (trennt Vorderen und Hinteren Egelsee): GLA/Plan TN Nr. 2.

Mühlburger Pfad, M. Fußpfad: vom Mühlburger Fußpfad an bis an den sog. Schlaiffweg 1754 GLA 38/105 Nr. 22; vom M. Fußpfaden an bis an den herrschaftl. Waldt gegen Carlsruhe stoßend 1775 GLA 38/105, Nr. 24; 1791 Plan WN. GAN A 231. (Dasselbe wie Mühlburger Fußweg 1738 GLA 38/105, Nr. 18).

Mühlburger Stafforter Weg: die Grenze des Zehnt- und des herrschaftl. Waldes geht über den M. St. Weg 1825 Bl. 9a, 1827 Bl. 10a.

Mühlburger Weg auf Staffort: 1752 Plan von der Haart; 1756 Plan.

Mühlgraben: 1. das vordere Eck des Eggensteiner Altstädterfelds gegen den Mühlgraben und neureuterseits die sog. Inselwies und ebenfalls der Mühlgraben. 1825 Bl. 16a. 2. erinnerlich M. für den Neugraben (Mühlburger Graben).

des Nägeles Schlauch: Dohl bei des N. Schl. 1825 Bl. 19b, Nageles 1827 Bl. 19b.

Nebenstuck: ein halber Kirchenbuckel, nebenstuck genannt 1798 GLA 38/105, Nr. 34.

Neubruch: mda. Neibrichle. (WN) (Das durch den Geländetausch um 1800 und die Abholzung des Bannwalds gewonnene Feld) 1800 GLA 229/74030 N. in der 3. Gewand 1803 GLA 229/74029. 1865 Gemarkungsplan.

Neubruch-Äcker: 1827 Bl. 22a. (TN) (N..Ackerstücke an der Grenze TN/WN) zwischen dem alten und neuen Graben 1825 Bl. 22b. Neubruchackerstücklein (an der Grenze TN/Eggenstein) 1825 Bl. 15a.

Neubruchfeld: (bei der Heidelburg, TN) 1825 Bl. 14b.

Neubrücke: Reinigung des Neugrabens nicht nur bis zur Neubrücke, sondern bis zur Schaafbrücke (wohl nicht Gem. Neureut) 1876 GAN A 935.

Neue Anlage: im Obernfeld 1825 Bl. 26. am Mittelweg, welchen . . . gepflastert sehen wünscht 1841 GAN A 153.

Neue Bauanlage: auf den Zimmerplatz stoßend 1868 GAN B 226, S. 32 die Gränzen an den zwei Straßen an der n. B. aufgesteckt und Einfüßiert (einvisiert) 1870 GAN B 226 S. 34. drei Hausplätz an der n. B. der Kürchhofstraß vermessen, ebd. S. 35.

Neue Plantage im Bannwald (WN): 1791 GLA Plan WN Nr. 1. S. Akazien, Maulbeer.

Neuer Feldweg: zwischen der kleinen Clamm oder dem neuen Feldweg GLA 66/5875 b S. 1.

Neuer Kirchhofweg 1868 GAN (TN) B 226 S. 32.

Neuer Wässerungsgraben: über den n. W. welschneureuterseits, die hintere lange Wiesen und teutschneureuterseits die große Bruchallmend 1825 Bl. 21b.

Neuer Weg: 1701 GLA 66/5875. Anderer „neuer Weg": vom neuen Weg bis an den Rheinwald 1868 GAN B 226 S. 30.

Neugasse: 1. *in der von der Mitteltorstraße bis zur Neugasse führenden Kirchfelderstraße*
2. *an der neuen Gaß der Trift* 1860 GAN B 226 S. 2.

Neugraben (Fortsetzung des Landgrabens): *so daß beim Öffnen* (der Schleuse) *das Wasser aus dem Landgraben in den N. hereinfällt* 1860 GAN A 935.

Neu-Neret: (WN) 1753 BLB Go 35, vgl. Alt-Neret.

Neureut, mundartlich Nehret: s. Mundart.

Neureuter Bannwald: die Forlen bey dem Brennten Äckerlin, die Eichen in denen Neureuther Bannwäldt, Beedes Eckensteiner Forsts 1739 GLA 229/73923. Siehe Bannwald.

Neureuter Büschlein: unsern acker am Nunrither Buschlin zwuschen den zweien straßen, deren die ein von Mülnberg und die ander von Knulingen hinab gein Nunrit zu und furab gein Graben ziehen, am undern ende, als die zwo Straßen zusammenstoßen des orts understeint, am obern ende gegen Knulingen almendacker streckend, und hat dieser acker zuvor zu der hart gehört 1527 GLA 67/54, Bl. 251 b. (Nach dieser Beschreibung hat das „Büschlein" nichts mit dem „Busch" zu tun (s.d.), sondern lag oberhalb von WN im Winkel der (Knielinger) Eggensteiner Straße und der (Mühlburger) Neureuter Straße von heute. Es handelt sich um das von E. Schneider S. 42 genannte (Knielinger) Büschle, das 1660 erwähnt wird und auf dem Gemarkungsplan Knielingen von 1870 noch eingezeichnet ist. Daß der Acker von 1527 ursprünglich zur Hardt gehörte, scheint bemerkenswert.)

Neureuter Feld (Sammelbezeichnung des Klosters Gottesaue für die Neureuter Grundstücke): *Schwartz Berchtold von Durlach der hat gesagt, das er vor funfzig jaren gesenhen hab das der Herren von Gotzaw scheffer dickt* (oft) *mit den schaffen uf dem nuwrutter feld gefaren sy und der von Nuwrutt scheffer by im gestanden sy und der von Gotzaw schaff hierher giengen und der von nuwrutt dorthin* 1473, GLA 38/105 Nr. 26. Vgl. Nehrendter Feld 1711 / Rommel S. 6.

Neureuter Hagsfelder Weg: (mündl.); vgl. Hagsfelder Weg.

Neureuter Heiden: Waldblöße. Rommel S. 39.

Neureuter Hütte: an der Grabener Allee; Rommel S. 24; an der Linkenheimer Allee ehemals mit Brunnen und alter Linde; Rommel S. 24.

Neureuter Mittelfeld: ein halben Viertel Ackers einer Huoben im N. M. gelegen 1586 GLA 38/105, Nr. 9.

Neureuter Mühlburger Fußpfad: s. Mühlburger Pfad, Fußpfad; *eine halbe Portion Acker von N. M. F. an bis an den herrschaftl. Wald gegen Karlsruhe stoßend* 1738 GLA 38/105.

Neureuter Querallee: s. Zwerchallee.

Neureuter Scheidgraben: s. Knielinger Scheidgraben.

Neureuter Wald: Neureuther eigentümlicher Wald welcher 1752 versteint worden (Zehntwald) 1752 Plan von der Hardt.

Neureuter Wassergraben (Froschgraben s.d.): Rommel S. 28.

Novale (Neubruch): Novale ante ipsam cellam (vor dem Kloster Gottesau) 1110 GLA a 118. Der Entfernung wegen dürfte hiermit kaum Neureut gemeint sein. — super novali et plantatione ville site citra terminos et limites ville in Eckenstein spectantis ad predium dicti conventus (über die Neuanlage eines Dorfes innerhalb der Grenzmarken des Dorfes Eggenstein) 1260 GLA 38/105.

Obere Colonie = WN: GLA 167/11.

Obere Hecke: unden an der oberen Hardt 1702/GLA 66/5540; S. 205b.

Oberer Damm: grenzt gegen Morgen und Mittag an die Kirchfeldwiesen, gegen Mitternacht an die Mitteldammäcker, gegen Abend den Knielinger Wald (Erlen) 1827 Bl. 86. Von der Grenze am hintern Eck des O. D. ziehet ein Graben bis auf (Stein) No. 6, welcher die Grenze scheidet. 1827 Bl. 18a. Im Obern Damm (Maden). 1825 Bl. 74—85.

Obere Dammfelder: 1752 GLA Plan Schwenck.

Obere Dammwiesen: 1825 Bl. 21b; Grenze TN/WN: auf WNer Seite die Grabenstückwiesen, ebd. Bl. 22/23.

Obere Kuhbach: s. Kuhbach, wohl bis zur Brücke.

Oberer Durlacher Weg: 1701 GLA 229/74040 S. 1.

Oberer Egelsee: Grasgarten, Wiesen 1827 Bl. 229, 231.

Oberer Hagsfelderwegschlag: (Zehntwald) Plan 1842, 1865 Gem.Plan. Vgl. Unterer H.

Oberer Hirschbrunftschlag: (Zehntwald); auch -brunst. Pläne 1842 u. 1865.

Oberer Wäldleschlag: Pläne 1842 und 1865.

Oberes Feld, Oberfeld: (TN) zu den steinen, so das Ober- und Unterfeld scheiden 1702 Ih, Bl. 123; vgl. Lange Hecken und Oberneureut. Neue Anlagen im Obernfeld 1825 Bl. 26a.
(WN) ägger im Obern Feldt, unterhalb der kleinen Klamm 1700 GLA 229/74040 Bl. 9b; Oberfeld, ebd.

Oberfeld: s. Oberes Feld.

Oberer Durlacher Weg: s. Durlacher Weg.

Oberes Bruch: Wiesen in dem O.B. 1700 GLA 229/74031.

Obere Speck: dasjenige Stück Bruch so zwischen der Oberen Speck und dem Knielinger Scheidgraben gelegen (ist) 1701 GLA 66/5875; vgl. Spöck.

Obere Wiesen: 1702 Ih., Bl. 140, 156 uö.

Oberneureut s. Unterneureut.

Oberneureuter Feld: Aller großer und kleiner Fruchtzehendt, uff allen Äckheren und Güethern in dem Oberneüreüther feldt, so anfahet am Bahnwaldt und geht zwischen der Hardt und dem Bruch herab bis an die Lange Heckhen zu den Steinen, so das Ober- und Unterfeldt scheiden 1702 Ih., Bl. 123b. Vgl. R. Stenzel, ORh Studien 3, S. 109f.

Obertor: s. Tor obererseits.

Orgelwiese: ein alter Stein, welcher bey der O. stehet 1825, Bl. 15b; 1827, Bl. 15b. (Die Wiese gehörte zum Deputat des Schulmeisters für das Orgelspielen.) Kirchenbuch TN, 1787 TNer Schulbesoldung.

Ortsetter: „Gewann Ortsetter" 1869 GAN (WN) (Etter bedeutet eigentlich die Umzäunung, die das Dorf früher umschloß.)

Ortsteine: vier Ortsteyne und zwene nebensteyne der lenge herab an der Merewisen gesetzt 1477 GLA 38/105. Vgl. Merewiesen. (Ortstein, von ort „Spitze", bezeichnet Stein an einer Ecke des abgegrenzten Geländes.)

Palisaden: von da geht die Grenze über die Eggensteiner Allee durch die P. der Einzäunung im Graben fort 1825 Bl. 3a.

des Paules Weg: von dem Haardwald außen dem WNer Feld und bis in das Dorf des Paules Weg herein 1825 Bl. 23b.

Pfad: Grenze TN/WN: *Pfad hinter dem Ort neben dem Weg* 1825, Bl. 25a. (WN) südwestl. der heutigen WNer Straße. 's Pfad in WN hinter den Scheunen am Feld, parallel zur Hauptstraße. — Pfädle für Abkürzungswege (TN), die immer wieder umgepflügt werden. Vgl. Mühlburger Pfad, Krappenpfad.

Pfarräcker: 1781 GLA 38/105 Nr. 25.

Pfarrgarten: uff dem Pfarrgarten 1702 Ih. Bl. 145; *uff den Pf. stoßend* GLA 66/5540 Bl. 187b, 192b; *hinter dem Pf.* 1702 Ih Bl. 202.

Pfarrhaus: Ein schönes Pf., Hof und Garten, Stall u. Scheuer, Schopf. TNer Kirchenbuch.

Pfarrhausplatz: hinter dem Pf. GLA 1702 Ih. Bl. 159.

Pfarrplatz = *Pfarrhausplatz:* 1757 GLA 229/73956 Bl. 4.

Pfarrwiese: Allmendacker in der Heidelburg. TNer Pfarrbesoldung 1760/1780 Kirchenbuch TN.

Pferdsweid: Pf. der Gem. TN welch letztere Pferdswaide die Gem. WN zur ewigen Nutznießung im Besitz hat 1825 Bl. 21b; vgl. Fillbruch, Junkertschritt.

Pferdswette: weiter den Bachenweg hinein gegen den Wiesen und der Pferdswette (von anderer Hand „wette" gestrichen und durch „schwemme" ersetzt) 1825 Bl. 21b.

Pferdschwenke: hinter der Pf. („schwenke" gestrichen und durch „schwemme" ersetzt.) 1825 Bl. 21b. (Wette, zu waten, ist das alte Wort, das 1825 nicht mehr verstanden wird.)

Die Teutschneureuter Pfarrscheuer beim Abbruch um 1926.

Pfistersacker: 24 Morgen ungefehrlich, genandt der Pfisters Acker, stost hinten uff die Hardt und vornen an den Vieheweg GLA 1702 lh. Bl. 124. (Unklar, ob es sich um den Namen Pfister oder um die Berufsbezeichnung Pfister — lat. pistor Bäcker, Klosterbäcker — handelt.)

Pflaster: durch das Ort über das Pfl. gerade fort bis hinter des Jakob Marschen Hauß oberseits dem Bachenweg, und unterseits die Behausung des Bärenwirts Striby 1825 Bl. 25b. — *Der oberhalb der Kirche* (von TN) *anfangende und sich bis an den Ort WN neben dem Straßenpflaster hinziehende freie Platz, welcher gegenwärtig ganz öde und unbenutzt daliegt, eignet sich sehr gut zur Anlage einer schattigen Promenade und wird in diesem Zustand eine große Annehmlichkeit dem Orte TN gewähren.* 1836 GAN A 153.

Plattenweg: beym Pl. 1702 lh. Bl. 139b. Bedeutung unklar.

Plättlen: 1803 WN *in den Blättlen neben Deutschneureuter Markung;* 1865 Gemarkungsplan (WN, Spitze der WNer Gemarkung, zwei Gewanne).

Plättleinwiesen (WN) an der Grenze zu TN: *WN die Pl. und TNseits die groß allmend* 1825 Bl. 22a; *WN die Pl. und TNerseits die Neubruch-Ackerstücke zwischen dem alten und neuen Graben* ebd. Bl. 22b.

Pleyelloch s. Bleuelloch, Breche.

Portion: (WN) *halbe Portion Ackerfeldts* 1775 GLA 38/105; *eine andere Feldeintheilung in Viertel und Morgen-Mees und die Aufhebung der bisherigen Portionen unumgänglich nöthig* 1798 GLA 229/74029; s. kleine Portionen.

318

Postbuckel: (Erhebung im Ortsteil Heide, an der früher der Postweg vorbei-führte), mündlich.

Postweg: s. Alter Postweg.

Privatwald, Privatzehntwald = Zehntwald der Gemeinde TN im Gegensatz zum herrschaftl. Wald: Der Stein Nr. 59 (dreiseitig) scheidet den herrschaftl. Haardwald vom Privatwald und den P. vom Eggensteiner Gemeindswald 1825 Bl. 10a; *zwischen dem herrschaftl. und hiesigen (= TNer) Privat-zehntwald* 1827 Bl. 2.

Quellenbach: Der Abzug des Wassers im unteren Dorf wird dadurch bewirkt werden können, wenn in der Nähe der tiefsten Stelle eine Rinne zwischen zwey Hofraithen durchgezogen und über das Hochgestade bis an den Qu. unter demselben geführt wird 1836 GAN (TN) A 153 S. 3. Vermutlich beim heutigen Gäßle.

Quellengraben: 1. Quellenbach; dem Hochgestade entlang ziehender Graben zur Aufnahme des aus dem Hochgestade austretenden Wassers. Noch Ende der 20er Jahre soll am Quellengraben Wäsche geschwenkt und ge-bleicht worden sein; mündl. 2. *Q. zunächst bei der Landstraße,* Grenze TN/Eggenstein 1825 Bl. 13; *daß nicht die Steine von hier bis an den Qu., sondern lediglich der Graben, ob er gleich keine gerade Linie, sondern links und rechts ziehet, den Scheid der beiden Gemeinden macht* ebd. 1825 Bl. 16a; 1827 Bl. 16a; *Eck am Qu.* 1827 Bl. 17a.

Rain = Hochgestade: („Rain" ist die alte Bezeichnung, „Hochgestade" seit Tulla). *Von diesem Grenzstein zieht sich die Grenze Eggenstein /TN dem Rain zu* 1827 Bl. 14a. *Rigelhochstetten grenzt an den Rain an,* ebd. Bl. 79; *zwischen dem Rain und der Landstraße liegend* 1825 Bl. 63a; *Kiesgrub am Rain,* ebd. Bl. 67a. *am Rhein* (! *= Rain) gegen Eggenstein* 1860 B 226 S. 2.

Rang: (WN) *auf den Buschel beim 1. alten Weg* 1895 GAN B 54 S. 1; *beim 2. neuen Weg am Rang,* ebd. — „Rang" bedeutet Wegebiegung. „Buschel" s. Neureuter Büschlein.

Rathaus: worinnen bisher der Pfarrer wohnt und Schule gehalten worden 1756 GAN Plan Bau neues Pfarrhaus.

Rathausplatz: (1 Hubenviertel Ackers und Wiesen) uff dem Rathaußplatz 1702 Ih Bl. 141a; *hinter des dorffs Rathaußplatz* ebd. Bl. 145.

Rheinaue: ohne alte Belege, kein volkstümlicher Flurname.

Rheindamm: 1767 GLA 229/73924 II *alter Rh.* 1825 Bl. 13a.

Rheindohl (verschrieben: Rheildohl): von dem alten Rheindamm zunächst dem Rh. bis zu dem.. Stein ... unter dem Berg und bis zu dem Quellengraben 1825 Bl. 13a. — *Rh- (= Fischberdohl bei TN); Untauglichkeit des hiesigen Rheindohls, (er bestehe bloß) aus zwey von Stein aufgeführten Seiten-wänden, ohne Gewölbe* 1831 GAN A 932; *den Fischperthol zu belassen,*

Treibeis auf dem Rhein im Winter 1929.

weil er schon seit urdenklichen Zeiten besteht 1857 ebd. (Von den Dammkostenbeiträgen beim Rheindohl sind betroffen in TN: Oberdammfeld, Grabenstücker, Unterdammfeld, Kühwiesen, Heidelburg, Bruchwiesen, Bergloch = Berglachen?, Egelsee, Gänsweid, Weidengärten, Füllbruch, obere Krautgärten; in WN Gewann lange Wiesen 1882 GAN A 937.

Rheinseite: (Die Häuser in TN werden nach Rhein- und Feldseite unterschieden) 1825 Bl. 37a ff.

Rheinwald: im Unteren Damm Acker und Wiese ... vom Bruchgraben bis zum Rh. 1867 GAN B 226 S. 18.

Riegel: oberhalb dem Riegel 1702 lh Bl. 138 uö.
    unden am Riegel ebd. Bl. 153 uö; *oben am R.* ebd. Bl. 163 uö; *uff dem R.* ebd. Bl. 166 uö; *unterhalb dem R.* ebd. Bl. 176. (zur Erklärung des Namens s. Riegel Hochstetten am Ende).

Riegel Hochstetten: grenzt im Osten an die Landstraße, im S. und W. an das Gottsauer Feld, im N. an den Rain 1827 Bl. 78b; *zwischen dem Rain und der Landstraße liegend* 1825 Bl. 29a, 63a; 1872 GAN (TN) B 226 S. 56. 1865 Gemarkungsplan (Hochstetten ist der weit nach NW in die Niederung vorstoßende Sporn des Hochgestades; mhd, rigel „kleine Anhöhe, steiler Absatz eines Berges" paßt genau; anders E. Schneider (Querbalken), was auch namengebend sein könnte. R. Stenzel (Oberrheinische Studien III S. 109) vermutet hier ein abgegangenes Dorf (Alstat? s. Altstatt, mit dem Gottesauer Ausbauhof Altstetter Hof in der Niederung, vgl. Unterneureut 1479). Gegenüber den parallelen Streifen der TNer Huben fällt hier die andere Richtung der Furchen auf.

Riegel Hofstatt (wohl = Hochstetten): 1702 lh Bl. 143. (Die mundartl. Aussprache Hohschded, mit Ton auf Hoh-, begünstigt die verschiedenen Verhochdeutschungen. Doch könnte Hof- auch auf alten Zusammenhang mit dem Altstetter Hof schließen lassen.)

Rintheimer (- Knielinger) Weg: 1752 Plan von der Hardt.

Rintheimer Querallee: überquert die nach 1715 im Hardtwald geschaffenen, vom Karlsruher Schloß ausgehenden Alleen. 1731 GLA Bl. 23. Teilweise im Zug eines alten Weges Rintheim-Neureut in Verbindung mit dem Klosterweg. Davon Abzweigung nach Knielingen, Rommel S. 19. 1825 geht die Grenze zwischen TNer Zehntwald und „Herrschaftswald" über R.Q. weg. Bl. 4a.

Rintheimer überzwercher Alleeweg: 1722 GLA 229/74003, Bl. 23. Vgl. Zwerchallee und Rintheimer Querallee.

Rosenhof: (mundartl. Roosehoof); angelegt zur Lagerung der Karlsruher Latrinen i.J. 1873 (Rommel S. 37, s. auch S. 70).

Römerstraße (im Hardtwald) Rommel S. 14 u. 43, Hotz S. 14.

Roßwingert: GAN B 69, Bl. 63 liegt ein Zettel, der sich auf Hauptbuch S. 36 No. 7 beruft, wonach die R. alle verpachtet seien.

Rütten (am Egelsee, dicht am Hochgestade): GLA Plan TN Nr. 2.

Rüttenquellen: in der Niederung unterhalb des Hochgestades am Beginn des Weißen Grabens. Geol. Spezialkarte. Ist Rut in Rintheim 1748 und 1864 bei E. Schneider S. 168 und in Beiertheim (Schneider S. 85), beide nicht = Reute!, zu vergleichen? Oder Quappe, mhd. rutte, auf lat. rubeta zurückgehend (s. Kluge-Mitzka, Etym. WB. unter Aalquappe) Vgl. Junkertschritt, dessen 2. Teil, Schritt, auf Rütte zurückgehen könnte, Junkers - Rütt?

Sallenbusch: im Füllbruch. S. 1861 GAN B 226 S. 10 (zu mhd. salhe „Salweide").

Sand: im Sand 1825 Bl. 138a (Abkürzung für Sandfeld, Gegensatz: im Damm).

Sandacker: 1825 Bl. 139b.

Sandfeld: 1. *Äcker im S.; 1055 Morgen* 1825 Bl. 26a; *Hubengüter im Sandfeld dürfen madenweise* (s. Made) *verkauft wie auch verpfändet werden,* ebd. (im Dammfeld dürfen sie stückweise verkauft werden). *Allmendgut am WNer Scheid* 1825 Bl. 75—78; *Hubengut im Kirchfeld,* ebd. Bl. 98—120; *im Gottesauer Feld ober dem Viehtrieb* ebd. Bl. 188—190; 2. Weg (TN) GAN B 226 S. 15.

Sandgrube: (TN) (mundartl. sanngriib) (an der Spitze des Hochstetter Sporns); (WN) *an der Brück zwischen Knielingen und WN nächst der S.* GLA 229/74049; *die vor dem Ort liegende S.* (WN) 1809 GLA 229/74033.

Saubächle: mündl.

Saubollegaß: (mündl.) — heute TNer Straße, früher Neugaß.

Sau-, Säulager: (mundartl. Sailäjer) im TNer Zehntwald 1822 GLA 229/73999, Bl. 11; Plan von 1842; mündl.

Die Sandgrube mußte dem Bau der Umgehungsstraße (1980) weichen. Hier konnte zuvor jeder Bürger Sand für den eigenen Bedarf entnehmen.

Saulägerbrunnen: 1981 mdl.; Saulagerbrunnen am Neureuter Wald, Viehtrieb dahin, Rommel S. 29.

Saulagerschlag: Im Zehntwald; Pläne von 1842 und 1865.

Sauwäldle: in der langen Richtstatt (WN).

Schafäcker: Allmendgut 1825 Bl. 171f. *Schofäcker* 1861 GAN B 226 S. 11. Lage? (TN).

Schafbrücke: (Reinigung des Neugrabens) *nicht nur bis zur Neubrücke, sondern bis zur Schafbrücke* 1876 GAN A 935 (wohl nicht auf Neureuter Gemarkung, aber nahe dabei.)

Schafgarten: grenzt gegen Morgen an den Rain, gg. Mittag an die Grasgärten(?), gg. Abend an den Egelsee, gegen Mitternacht an die Krautgärten. 1827, Bl. 100; ebd. Bl. 53a; Bl. 228.

Schafgärtenwiesen: 1825 Bl. 94a.

Schecken Jagen: Wald, *aus dem WNern Holz zum Hausbau bewilligt wird.* 1739 GLA 229/73923.

Scheid, die: Grenze zwischen TN und WN am Bärenweg, mündl. s. Scheidweg.

Scheid, der: bis an den eigentlichen Scheidgraben, welcher den Scheid zwischen beyden Gemeinden bis an den Berg an den dortigen Quellengraben ausmachet 1825 Bl. 16a; *bis an die Landstraße und den Eggensteiner Scheid* (von anderer Hand „verbessert" in „die Scheide"; ebd. Bl. 12a).

Scheidfluß (= Scheidgraben) der Gemeinde Sch. 1862 GAN B 226 S. 14.

Scheidgraben: (trennt herrschaftl. Hardtwald von TNer Zehntwald; weiterhin „Graben" genannt. In ihm stehen die Marksteine). 1827 Bl. 2b; (an der Grenze Knielingen/TN) *Stein 10 am Schluß des Scheidgrabens* 1825 Bl. 19b (der Graben heißt in Knielingen Neureuter Scheidgraben, E. Schneider S. 13); (zwischen TN und WN) 1825 Bl. 22b; 1702 *(bei den Oberen Wiesen)* GLA 66/5546, Bl. 188b; (Sch. an der Grenze gegen Eggenstein s.Text bei Scheid 1825 Bl. 16a).

Scheidweg: (zwischen) der kleinen Clamm oder dem Scheidweg 1701 Berain WN S. 35.

Schillingallee: WNer Allee, Rommel S. 19.

Schlauch: Gotzawer Velt im Sch. 1661 GLA 38/105 Nr. 9; *wiesen im Sch.* 1702 lh Bl. 137f uö. 1702g GLA 66/5547, Bl. 48b. Lage: Gottsauer Feld. *Dohl bei des Nägeleins Schl.* 1825 Bl. 19b. Vgl. Binsenschlauch E. Schneider S. 17; s. a. Bruchschläuche.

Schleifweg: biß an den sog. schlaiffweg 1754 GLA 38/105 Nr. 22; GLA 229/74040 S. 10.

Schließe (= Schleuse): GLA Plan TN Nr. 2.

Schloßrück (= Schleusenrücken) (bei der Heidelburg), GLA H Rheinstrom 81 von 1856. S. Heidelburger Graben.

Schloßrückwiesen: Allmend 1827 Bl. 189b.

Schnapsweg: (WN) Weg hinter den Scheunen, heute überbaut (Oberfeld) mdl.

Schulacker: (WN) s. Pfarracker; 1781 GLA 38/105, Nr. 25.

Schulberg: (WN) mündlich; „Der Weg am alten WNer Rathaus hieß Schulberg, wohl nach dem 1815 erbauten Schulhaus, das gleichzeitig Rathaus war." (mündl.).

Schulhaus: (Gewann Kirchfeld TN); Schulhausbauplatz mit Steinen versehen 1877 GAN B 226 S. 75.

Schulwiese: (neben der Pfarrwiese) 1787 TNer Schulbesoldung, Kirchenbuch TN.

See: (südl.WN) 1757 GLA 229/4422, Plan 2 (Fortsetzung der breiten in Mühlburg mit dem Oberen See beginnenden Rinne auf dem Hochgestade, die mit dem Unteren See bis Neureut reicht. Sie ist auf der Karte vom Ende des 16. Jahrhunderts noch eingezeichnet, 1702 liegt sie trocken und ist bebaut. Vgl. E. Schneider S. 32f.)

Im See: im Neureuter Bannwald, Rommel S. 41 (ehemals Knielinger Gemarkung).

Segelmar: (unter den Eggensteiner Flurnamen genannt bei Hotz S. 78 aus dem Jahre 1584. Die Namen Fischmar und Segelmar mit ihrem gemeinsamen Grundwort -mar und die Lage dieser Örtlichkeiten legen einen Zusammenhang mit der Merewiese nahe; s.d.).

Der Welschneureuter Schulberg mit der Turnhalle um 1956. Die anschließenden Wiesen liegen schon auf Knielinger Gemarkung.

Sohl: nahe am Hundsbrunnen Sohl 1825 Bl. 7b, 1827 Bl. 7a (Vgl. E. Schneider S. 38: *Hundsbrunnensuhl.* Suhl(e) dürfte auch dem Neureuter Sohl zugrundeliegen.

Spitzacker: in Spitzäckern . . . GLA 229/74040 S. 10; *Allmendguth die Spitzäcker genandt* 1825 Bl. 146a; *im Gottesauerfeld* 1865 Gem.Plan.

Spitzackerweg: (zieht vom Blankenlocher Weg im Gottesauer Feld in nordöstl. Richtung) 1865 Gem. Plan; *von der Alten Straß an bis an den sog. Spützackerweg* 1861 GAN B 226 S. 3 und mündlich.

Spitzhochstetten: 1825 Bl. 29b, 67 und 81. Name wohl nach der Spitze (in Neureut „dem Spitzen"), die durch die Einmündung des Viehwegs (s.d.) in die Landstraße nach Eggenstein entstanden ist. Vermutlich mit den Riegelhochstetten gleichzusetzen. Bemerkenswert ist, daß Riegelhochstetten, Viehwegäcker und Wengertäcker in Querrichtung zu den Huben verlaufen.

Spöck: Ein Stückh allmendt im Bruch oberhalb der Spöckh zeucht neben den Wallonen hinauf bis an den Knielinger Scheidgraben - - - und dann herab biß wieder an gedachte Spöck . . . GLA 229/74040 S. 13; *Knielinger Weg, die Spöck genannt* 1700 GLA 229/74031. Vgl. Obere Speck.

Stangenacker: (Waldparzellen im Bereich der Neureuter Alleen).

Steinernes Brückle: neben dem Graben mit dem st. Br. (im Heidelburger Feld) 1825 Bl. 14b.

Stockacker: 24 Morgen ungefährlich genannt der Stockhagger, stost hinauß an die Hardt und herein uff das Bruch 1702 Ih Bl. 124a.

Stockstücker: mündl. (der Name fehlt auf dem Gem.Pl. von 1865; wohl Stockacker).

Straßenäcker: im Sandfeld; *neben der Landstraße* 1825 Bl. 29a und 63a. 1827 Bl. 77b; 1861 GAN B 226/S. 3.

Streitweg: mündl.; (Name fehlt auf dem Plan von 1865).

Teichholz, Teichelholz: (Zehntwald, östl. des Gottesauer Feldes, jenseits der Linkenheimer Allee, getrennt durch die Hagsfelder Straße). Da es keine Wasserleitung (Teuchel) gab und auch kein Teich (= See) vorhanden ist, gewinnt die Neureuter Erklärung, daß von hier die Bäume für die Brunnenteuchel stammen, an Gewicht.

Teilung: eine halbe lange Wiesen in der dritten Theilung (WN) 1752 GLA 38/105.

Teutschneureuter Allee: (eine der vom Karlsruher Schloß ausgehenden Waldfächerstraßen, endet heute am Adenauerring): Pläne.

Teutsch- und Welschneureuter Allee: Plan von der Hardt.

Teutschneureuter Bruchwiesen: (in der Niederung) 1752 Plan Schwenck.

Teutschneureuter Hubenwiesen: Plan Schwenck (Sammelbezeichnung).

Teutschneureuter Pfad: Deutschneureuter . . . 1791, Plan Behrens GLA WN Nr. 1. *Deutscher Pfad,* Rommel S. 17.

Teutschneureuter Wiesen: Eggensteinische TNer Wiesen GLA Plan TN Nr. 22.

Teutschneureuter Zehntwald: (Am T. Z. heißt das Waldstück südl. des Rosenhofs, östl. der Linkenheimer Landstraße und nördl. des Rosenhofs, östl. der Linkenheimer Landstraße und nördl. des Kanalweges.)

Tiefgestade: (mündl.) gebildet nach „Hochgestade". Sprachl. unrichtig (Gestade = Ufer!).

Tiergarten: 1710 GLA 229/74022.

Tor obererseits: bis an das Thor hinter des Michael Keres Holzremis und dem Thor obererseits, und unterseits der Weeg 1825 Bl. 25a. S. Mittleres Tor, Falltor.

Tor an dem Bärenweg: 1841 GAN A 934.

Tor: zwischen dem Schul- und Rathaus (muß) *ein neues Thor an Stelle des vorhandenen ganz schadhaften angebracht werden* 1870 GAN (TN) A 153.

Torbrunnengraben: Verbesserung und Vertiefung des Bruchgrabens und des T. . .s 1920 GAN A 449.

Torlager: unter dem T. Porzellain Erde 1820/21 GLA 229/73941.

Torspitzen (Dorfspitzen?) Wegekreuzung im Dammfeld (mündlich).

Trift: s. a. Viehtrift. Ansetzung (von Bäumen) auf ihrer neuen Trift 1801 Rentcammerprotokoll 1800. Diese „neue Trift", 1825 noch „Viehetrieb" bezeichnet, führte über die heutige Teutschneureuterstraße (vorher Waldhornstraße, früher die „nei Gass" oder spöttisch „Saubollegaß", s.d.) geradewegs bis zum Saulager im Hardtwald, (mündlich). Der östlichste Teil dieser Strecke (von Linkenheimer Landstraße bis zum Hardtwald) führt neuerdings die Straßenbezeichnung „An der Trift".

Türkei: Ortsteil von WN; Schwerdtfeger S. 259 und mündlich. Südlicher Teil der WNer Hauptstraße. Der Name kommt von zurückgekehrten Auswanderern nach Algier (mda. *Alschir),* das bis 1830 unter *türkischer* Herrschaft stand.

Überzwerche Richtstatt: Die erste Portion, so oben an der Kirch zu Neureut anfahet, ziehet sich hinaus biß in den Hardtwald zur überzwerchen Richtstatt (WN) 1701. GLA 229/74040 S. 35.

Unterer Damm: Äcker im U.D., so nicht zu den Huben gehören 1825 Bl. 29b, Bl. 73. Im unteren Damm: *nicht Hubenguth* 1827 Bl. 84b; oben dem u.D. 1825 Bl. 18a.

Untere Dammfelder: Plan Schwenck.

Untere Dammseite: 1825 Bl. 18a.

Unterer Dammweg: mündl. heutige Straßenbezeichnung.

Unterer Egelsee: Grasgarten (nur Wiesen) 1827 Bl. 231f.

Unterer Hagsfelderwegschlag 1842 Plan Weiß, 1865 Gem.Pl. Vgl. Oberer H.

Unterer Hirschbrunftschlag: 1842 Plan Weiß, 1865 Gem.Pl.

Unterer See (ursprünglich Knielinger Gemarkung) *8 Morgen in dem Unteren See und Waldäckern* 1701 GLA 229/74040 S. 23v.

Unterer Wäldleschlag 1842 Plan Weiß, 1865 Gem.Pl.

Unteres Feld, Unteres Neureuter Feld: zu Nuwriet im undern Feld, fecht an in der lanngin Heckhen, da die stein stannd (stehen) *und get biß an die Hart und Eckensteiner marck* 1535, Bl. 189b. *zu Neureuth im Undern feldt, so anfahet in der langen Hecken und geet bis an die Hardt und Eckensteiner Marckh* 1563 Bl. 427. *ab meiner halben Huebs Acker im Undered Neureiter Veldt . . . gelegen* 1567 GLA 38/105 Nr. 7. *. . . und geht . . . bis an die Lange Heckhen zu den Steinen, so das Ober- und Unterfeldt scheiden* 1702 Ih, Bl. 123b. Der Wortlaut macht klar, daß 1702 „Ober- und Unterfeld" nicht etwa das WNer Ober- und Unterfeld meinen, sondern das Untere Feld von 1535 und 1563; s. Unterfeld, Unterneureut.

Unteres Heidenfeld: (WN); *gegen ein gleichgroßes Stück von ihrem U. H. überlassen* 1801 GLA 229/74029 II.

Unteres Neureuter Feld: s. Unteres Feld.

Unterfeld: 1. (TN) s. Unteres Feld, 1702. 2. (WN) *Acker im untern Feld* 1776 GLA
229/74013; (in Gewanne eingeteilt) 1863 GAN B 1 S. 65; 1865 Gem.Plan;
1895 GAN B 54 S. 1.

Unterneureut: (Zeugen bekunden) *das sye gehört hetten von iren alten, das zu
under nurith sy ein dorff gestanden und auch mit aller zuogehord hœr zu
der kirchen gen eckestein* 1459 GLA 38/105; *item sye haben auch gehört
von iren alten wie das ein schmid genant der arbeiter sy gesessen zu
under nurith der pfarret gen eckestein, auch wan ym syn vich angieng uber
die stein die da scheiden ober Nurith und under Nurith, so nement die von
ober Nurith ym das Vich und pfantten yn vor eyn Eynung,* ebd.; *sie haben
gesehen zuo under Nurith baumgarten gezünt dar yn heimpsbaum*
(= heimschbaum, d. i. nicht wild wachsende Obstbäume, sondern
„zahme", also gezogene, veredelte) *von epfeln und pirn und von pfrumen
baum gestanden syen, zuo einer urkund eins vergangen dorffs,* ebd.

Vautenstücker: (mda Faude-) 1863 GAN (WN) B 1 S. 113; 1865 Gem.Pl. (Der
Name ist von der Sumpfpflanze Faude - Carex - abgeleitet.) Fauth „Vogt"
kommt in der Überlieferung nur als Familienname vor. Vgl. E. Schneider
S. 59 und Anm. 34; s. Faudenstücker.

Viehbruchweg: der Dohlen im V. 1841 GAN A 934.

Viehtrieb (Eggensteiner Viehtrieb): Laut Grenzprotokoll von 1820 gehört (der
Egg. Viehtrieb) *von dem Stein Nr. 50 bis zu dem Stein Nr. 10 und auf die
Landstraße stoßend den beyden Gemeinden Egg. und TN gemeinschaftlich.* (Die Gem. Eggenstein darf ihr Vieh *„von unter dem Berg" herauf in
den V. treiben*) 1825 Bl. 13. *Antheil an dem Eggensteiner Gemeindsgut
ober dem V.* 1825 Bl. 188. *Sandfeld im Gottsauerfeld oben am V.* 1825 ebd.
Bl. 189a. *Allmendgut ober dem V.* ebd. Bl. 121—124.

*Viehtriebweg (Viehtreibweg): Der Gemeinderat wird in Erwägung ziehen, ob
nicht der V. zu verschmälern und dadurch zu beiden Seiten Ackerland zu
gewinnen sei* 1885 Ortsbereisung TN, GAN A 153, Punkt 128; s.Trift.

Viehtrift: 1. (= Eggensteiner Vieweg); *der Viehtrift nach bis auf die Landstraße*
1825, Bl. 11a. (Von Stein 59—68 bis zur Landstraße zog die Grenze
Egg./TN bis 1814. Durch Vergleich von 1816 wird bestimmt,) *daß die vier
Ruthen breite Viehtrift den beiden Gemeinden gemeinschaftlich gehören
soll* 1827 Bl. 11/12.
2. *Fäld auf der Heyde, zwei Stück Acker an der Vieh Drifft* (WN) 1775 GLA
229/73950 S. 10. *bedersei ts am sog. Postwägh zu unserer neuen Viehdrift*
1799 GLA 74029 II; *auf ihrer neuen Trift* 1801 GLA ebd.; *alte Viehtrift eingegangen* 1800 GLA 229/74030; *im alten Feld in der 1. Gewand neben
der V.* 1803 GLA 229/74024.

Viehweg: 1. *6 Morgen ackhers genannt der Vieheweg, ligt zum theil im undern
und zum theil im obern feldt zu beederseits zwischen den Huebguethern
und stehen die Marckhstein darauff* 1702 Ih Bl. 12.
2. *zwischen der großen Clamm und dem neu abgesteckten Vieheweg*

1701 Berain WN (a) S. 35. *an dem newen V.,* ebd.

3. *Von allen Seiten vom Gotsauer Feld eingeschlossen* 1827 Bl. 80a; 1865 Gem.Pl. (TN).

Der Viehweg führt vom Ortsausgang Zinken in nördlicher Richtung und trifft nach etwa 1,5 km auf die Landstraße nach Eggenstein, heute unterbrochen durch die gewerbliche Sandgewinnung am „Fuchsloch". Parallel zum Viehweg verläuft im Abstand von etwa 30 m der sogen. Hochstettenweg. Zwischen den beiden Wegen liegen quer zur allgemeinen Richtung des Neureuter Ackerfeldes (Huben) die Viehwegäcker (mündlich).

Viehwegäcker im Gottsauer Feld 1825 Bl. 28a, 65—66; 4 Abteilungen 1825 Bl. 66a. Zwei Abteilungen zählen zum Kirchfeld (mündlich).

Vogelherdschlag: Pläne 1842 und 1865 (Zehntwald); mündlich.

Vogelweide zu Neureut: weder Tauben noch Krähen noch andere Vögel fangen 1702 Ih, Bl. 126a.

Vordere Langenwiesen: die WNer (bei der Pferdweide) 1825 Bl. 21b 1863 GAN (WN) Bl. 1 S. 105; 1865 Gem.Pl. (WN).

Vorderer Egelsee: s. Egelsee.

Vorderer Viehweg: im Kirchfeldt vom fordern V. bis an die alte Straße 1868 GAN B 226 S. 32.

Vorderes Eck: (Grenze TN/Eggenstein, Mühlgraben, Inselwiese) 1825 Bl. 16a.

Wachthaus: (WN) 1807 GLA 229/74034.

Wachthütte: (WN) gegenüber vom WNer Rathaus; (TN) am Dreiangel.

Waid (bei der Kuhbacher Brücke): wohl Weidengewann 1882.

Wald: Anteil Wald vom Allmendguth 1825 Bl. 109a; 1827 Bl. 234 ff.

Waldäcker: (von der Knielinger Gemarkung haben die Refugianten) *ungefähr 8 Morgen in dem Unteren See und Waldäggern bekommen* 1701 GLA 229/74040 Bl. 24a; vgl. Unterer See.

Wäldleschlag: NW Ende des Zehntwaldes, anschließend ans Gottsauer Feld südl. der Straße Eggenstein-Hagsfeld. Geol. Spezialkarte.

Waldsträßlein: Von dem sog. W. den Karlsruher Fußpfad zwischen dem herrschaftl. Forlenwäldlein und dem von hier erst neu angelegten Forlenwäldlein stehen ober dem sog. Bärenwirts-Weeg bis auf das Feld vor die beyden Wäldlein heraus 4 Steine 1825 Bl. 23b.

Wässerungskanal: die aus dem Landgraben bey Mühlberg auf die TNer und WNer Wiesen und Knielinger Weiden sich hinziehende Trübwässerung 1768 GLA 229/73982; gegen dem Wässerungs Canal über, ebd. 1791 Plan WN, GLA Nr. 1; *die Brücke über den Canal* 1841 GAN A 934.

Weg: (nicht näher bestimmte Wege): *vornen uff den Weeg* 1701 Berain WN S. 3b; *im Weg herein gegen dem Ort zu* 1825 Bl. 24a; *Weg wo den mittel Damm und den unteren Damm scheitet* 1861 GAN B 226 S. 9. *zwischen den neuen und alten Weg ein neuer Stein gesetzt* 1895 GAN B 54 S. 1; *am Weg hinten am Dorf, vom Bärenweg bis an die Trift* 1860 GAN B 226 S. 1.

Weidengarten: (altes Weidegebiet an der Eggensteiner Grenze) 1702 lh GLA Bl. 52a. Weidergarten (verschrieben) 1785 BLB Go 22; *Wald, Allmend* 1827 Bl. 189b; *Acker im W.* 1822 GLA 73999 Bl. 18b; *Waid* GLA Plan TN Nr. 2; 1865 Gem.Pl.; s. Egelsee.

Weidengartenbusch: neben dem Graben am Eck des Weidengartebusches 1827 Bl. 16b; vgl. Busch am Eck (1825); Holzversteigerung in dem TNer W. s. Weidengartenwäldchen.

Weidengartenfeld: an das hintere Eck des Neureuter Weidengartenfeldes 1825 Bl. 16a.

Weidengartenwäldchen: 1828 GLA 229/73939, Bl. 5. *Holz-Versteigerung in dem TNer W.Wäldchen; schlechter Wuchs von Erlen und Birken* (soll zu Wiesen angelegt werden) ebd.

Weidengewann = Weidengärten: 1883 GAN A 937.

des Weinbrechts Acker: hiesigerseits 1825 Bl. 20a; *des Weinbrechts Acker und Wiese* ebd. (an der Grenze gegen Knielingen und den dortigen Erlenwald); *des Weinbrechts Wiesen* 1827 Bl. 20a.

Weingärten (mda. Wengerde) = *Weingartenäcker:* 1862 GAN B 226 S. 15, 1865 Gem.Pl. NW Spitze von Hochstetten.

Weingartenäcker ("Sandfeld"): 1825 Bl. 68—72. Durch das Abgraben der Gemeindesandgrube und neuerdings durch den Bau der Umgehungsstraße ging der größte Teil der Weingärtenäcker verloren (mündlich).

Weingärtenweg: (mundartl. *Wengerdweg*) 1860 GAN B 22b S. 2.

Weißer Graben: der weiße Graben, der die Inselwiese vom Weidengarten . . . trennt 1827 GAN B 69 Bl. 16a; *vom quer durch die Markungen laufenden W.Gr. geht ein Scheidgraben, welcher Eggenstein von Neureuth trennt.* ebd. 1865 Gem.Pl. und neuere Pläne. Verpachtung des Fischwassers 1885 GAN A 153. (Name wohl nach der Bodenfarbe; vgl. "Schwarzer Graben" gegen Knielingen).

Weißes Haus: An der Linkenheimer Straße am Waldrand. Erbaut 1891 als Gasthaus gegenüber dem städt. Rosenhof. Rommel S. 22.

Welscher Pfad: im Bannwald, Rommel S. 17.

Welschneureuter Allee: 1752 Plan Schwenck; 1791 Plan GLA WN Nr. 1, (auch Lange Allee, v. Schilling-Allee).

Welschneureuter Bannwald: (herrschaftl.) GLA WN Plan I.

Am Welschneureuter Brunnen: mündlich. Name fehlt auf Gem.Pl. von 1865, falls nicht = Saulagerbrunnen.

Welschneureuter Feld: Sammelbezeichnung 1752 GLA 229/4422 nördl. vom Karlsruher Weg. 1791 Plan GLA WN Nr. 1. (Stein), *welcher das W. F. von hiesiger (= TNer) Markung trennte. Nun hat WN dieses Feld gnädigster Herrschaft überlassen, höchstwelche es zu Wald angelegt hat.* 1827 GAN Bl. 2b.

Welschneureuter Scheid (Sandfeld): Allmendgut am W.Sch. 1825 Bl. 95/98.

Welschneureuter Wiesen: 1752 Plan Schwenck; GLA Plan TN Nr. 2 (an der Grenze Knielingen/TN/WN 1825 Bl. 20, 1827 Bl. 19b.

Wengert: s. Weingärten.

Wiesengraben (Gasthaus zur Kanne): hinten mit dem Graßgarten auf den W. stoßend 1778 GLA 229/74018.

Wiesental: hinter ihren Häusern im W., wo es fließende Quellen hat (WN) 1801 GLA 229/74013 I; *Wiesental beiderseitig* (Grenze TN/WN) 1825 Bl. 23a. Vgl. Brunnenlöcher.

Wutscheweid: am unteren Dammweg, (Wutsch = Fohlen). Vgl. Füllbruch.

Zehntprivatwald: s. Zehntwald; 1825 5a, 29b.

Zehntwald: Der hiesige (= TNer) Zehndwald stößt gegen S auf den herrschaftl. Haardwald, gegen W an Welschneureuter Markung, gegen O auf den Hagsfelder Weg, Eggensteiner Gemeinds- und Herrschaftswald, gegen N auf unser Privatackerfeld. Vom Haardwald ist er durch einen ausgeworfenen Scheidgraben getrennt, in welchem die Marksteine stehen 1827 Bl. 2. *Der Privatwald an der Haard (unterliegt) nach einem höchsten Rescript vom 8. Mai 1751 der Zehntabgabe, weil der Wald früher zehntbahres Feld gewesen* 1825 Bl. 27b. *Anteil am Zehendwald Allmend* 1827 Bl. 189b. (Der Name fehlt noch auf dem Plan Schwenck von 1752; er erscheint in dem Forstlagerbuch GLA 66/4244 und auf allen späteren Plänen.)

Zehntweg: s. TNer Zehntweg.

Zeinichdohl: des Zannichdohlens 1876 GAN A 936 (Die Schreibung Zannich entspricht der mda. Aussprache Z**oo**nich mit genäseltem **oo** in WN, Zaanich in TN. Der Name ist in Neureut nicht ererbt, sondern von Knielingen übernommen; er ist an „Zahn" statt an „Zein" angeschlossen). *Zäunigschleuse „auf Gem. Knielingen"* 1901 GAN A 936. *am Hauptrheindamm Nr. XXVIII auf den Gem. Knielingen und Neureut,* ebd. *Umbau der Zeinigschleuse auf Gem. Knielingen* GAN A 936.

Zeinigschleuse: s. Zeinichdohl. E. Schneider S. 107 leitet aus Belegen von 1482 und 1590 den Namen wohl mit Recht von mhd. zein „Reis, Rute, Rohr" ab, was der früheren Bewachsung mit Schilfrohr entspricht.

Zelge: s. Große Zelge (1564).

Zelgenäcker: in der Heide; s. Geschichtlicher Teil und Große Zelge.

Zeller Äcker? (ob = Zelgenäcker nach der mda. Aussprache Zelje?): GLA 229/73998.

Ziegelei: (WN) Gewann Ortsetter, Grundstück Nr. 144 *zur Errichtung einer Ziegelei abgegeben* WN 1872 GAN B 226 S. 59.

Zwerchallee: über die Zwerch Allée hinüber 1756 GLA 229/73943, Bl. 21.

Zwerchhag: (½ Hubenviertel) *unden bey dem Zwerchhaag* 1702 Ih Bl. 181.

III. Volkskundliches aus Neureut

von Paul Waibel und Wilhelm Meinzer

1. Hinführung zur Volkskunde

Alte Bräuche dürfen wir in Neureut nicht erwarten. Dazu haben der Dreißigjährige Krieg und die folgenden Auseinandersetzungen das Dorf zu schwer
heimgesucht. Die wenigen, die zurückkehrten, fanden die Häuser zerstört, die
jahrzehntelang unbebaute Flur verwildert vor. Da gab es keine Feste zu feiern,
alle Kraft mußte dem Wiederaufbau zugewandt werden. Wie der im einzelnen
vor sich ging, wissen wir nicht. Jedenfalls war am Ende des 17. Jhd. der Zustand
vor den Kriegen noch nicht wiederhergestellt, so daß man 1699 die Religionsflüchtlinge auf Neureuter Boden ansiedelte. Die Flüchtlinge, französischer
Sprache und reformierter Religion, kamen aus anderen Lebensverhältnissen,
als sie sie in Neureut und in der Markgrafschaft Baden-Durlach vorfanden.

Die alten Ordnungen waren von der Natur vorgezeichnet. Am Rand des Hochgestades standen die Häuser des alten Dorfes, die neuen Siedler schlossen
sich ihnen an. Sie mußten es tun, weil die Natur es so wollte: unten in der Niederung konnte man nicht wohnen, weil da „Bruch" war, sumpfiges Gebiet, auf dem
man nur das Vieh weiden lassen konnte. Oben auf dem Hochgestade lagen die
Äcker im Sandfeld. Dazwischen aber zog von jeher die Straße; schon als das
alte Neureut angelegt wurde, richtete man es so ein, daß die Landstraße auch
die Dorfstraße war, die Häuser an der Straße standen, sicher vor dem Wasser in
der Tiefe, aber so nahe wie möglich dabei: so konnten Mensch und Vieh leben.
Deshalb wurden nach den Kriegen die neuen Häuser von Teutschneureut
wieder dahin gebaut, deshalb folgten ihnen die Häuser des neuen Dorfes
Welschneureut, zunächst natürlich die primitiven Baracken.

Der Zwang der Naturverhältnisse bestimmte auch die Feldordnung. Dafür hatte
man die Hubenverfassung gewählt. Neureut war ein Rodungsdorf, wie schon
sein Name „Neu - reut" besagt. Von der eben erwähnten Straße aus zogen die
Gewanne in Streifen zum Wald hin, der mit zunehmender Rodung immer weiter
hinausgedrängt wurde, so daß das wohlbekannte Flurbild entstand: lauter
schmale Streifen liefen vom Hochgestade bis zum Hardtwald parallel nebeneinander her. Dieser Ordnung wurden auch die Welschneureuter unterworfen.
Aus Huben wurden „Portionen", sie zogen wie die Streifen im Feld des alten
Dorfes vom Hochgestade zum Hardtwald. Man wird fragen, woher man 1700
wußte, wie die Huben vor den Kriegen zogen. Sie waren abgesteint. Schon im
Jahr 1700 erfahren wir durch eine Beschwerde des alten Dorfes (GLA
229/74036), daß „die zu Neureut eingesessenen französischen Flüchtlinge
sich freventlicherdingen unternehmen, nicht nur diejenigen Steine, womit die
Hubengüter ordentlich untersteint gewesen, sondern auch herrschaftliche
Bann- oder Marksteine auszugraben und zu versetzen".

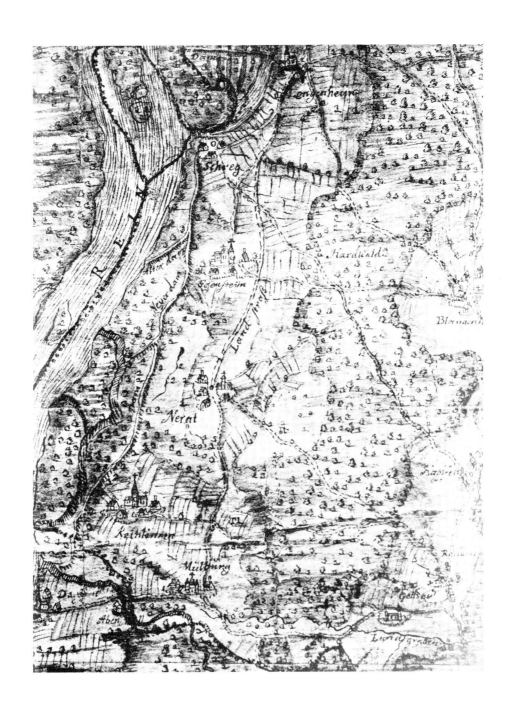

Neureut (Nerat) auf einer Landkarte vom Jahre 1690.

Bäume, Hecken, Pfrimmen (Ginster) wuchsen auf der Neureuter Flur, die meisten Menschen waren umgekommen, aber die Steine, die die Huben voneinander trennten, waren erhalten geblieben. Damals war auch das Mühlburger Lagerbuch von 1566 noch vorhanden, in dem der Neureuter Besitzstand eingetragen war. Inzwischen ist es verloren gegangen, ein unersetzlicher Verlust für die Neureuter Geschichte. Die ältesten Neureuter Traditionen sind trotzdem zu erkennen: man kann sie aus der Anlage des Dorfes an der Landstraße, auf dem Saum zwischen Niederung und Straße auf dem Hochgestade ablesen. Die Hubenordnung, der Neureut unterworfen war, wurde erst im 19. Jh. beseitigt. Bis dahin bestimmte sie das Leben des Dorfes.

Gelegentlich hört man die Meinung, die Hubenordnung sei erst nach dem Dreißigjährigen Krieg eingerichtet worden. Das ist irrig. Huben gehören zum mittelalterlichen Landausbau. Weltliche wie geistliche Herrschaften bedienten sich damals dieser Form.

Was die Neureuter aus der Dorfanlage und ihren Ordnungen gemacht haben, gehört in das Gebiet der Volkskunde, mit der wir uns auf den folgenden Seiten beschäftigen wollen.

Im heutigen Stadtteil Neureut hat sich schon vor der Eingemeindung ein Zug zur Stadt durchgesetzt. Gleichzeitig leben aber auch dörfliche Lebensformen weiter. Was in der Kirchfeldsiedlung oder in der Heide entstanden ist, hat teilweise keinen Zusammenhang mehr mit den Lebensformen der Bevölkerung vor 60 oder 80 Jahren. Umgekehrt leben in den Kernen der alten Dörfer Teutsch- und Welschneureut alte Formen weiter; man erzählt noch davon, man bekennt sich dazu. Längs der Hauptstraße haben die Häuser fast alle noch Scheunen, aber nicht alle sind heute noch mit Heu oder Frucht gefüllt. Von vielen stehen nur noch die Wände und das hohe Dach: sie sind zu Autogaragen umgebaut.

Die eindringenden modernen Lebensformen brauchen wir hier nicht hervorzuheben. Es geht um das, was nur den alten Ortsansässigen geläufig ist oder was versteckt weiterlebt. Dinge also, die in wenigen Jahrzehnten ganz verschwunden sein werden.

2. Feld und Weide

a) Feldmaße: Huben, Halbdritteile, Maden

Wer heute über die Neureuter Gemarkung geht, sieht zumeist großflächige Ackerfelder, auf denen in Monokultur Mais oder Getreide angepflanzt werden. Mit dieser Art von Bewirtschaftung rückten einige mit leistungsfähigen Maschinen ausgerüstete „Feierabendlandwirte" (in ganz Neureut gibt es 1982 nur noch einen hauptberuflichen Landwirt) der nach dem Zweiten Weltkrieg entstandenen „Sozialbrache" zu Leibe, als die eigentlichen Eigentümer ihre Nebenlandwirtschaften nach und nach aufgegeben hatten. Durch das Zusammenpflügen der Einzelparzellen ging der für Neureut typische Zuschnitt der Feldflur gänzlich verloren, deren kennzeichnendes Merkmal bis in die

jüngste Vergangenheit die sehr schmalen, unendlich langen Ackerstücke gewesen waren, im Volksmund die „Nereter Strumpfbändel" genannt. Wie kam es zu dieser sicherlich unwirtschaftlichen Einteilung?

Nach seiner Anlage ist das alte Neureut ein typisches Straßendorf. Seine Gemarkung war in sogenannte Huben eingeteilt, die sich als parallel verlaufende Ackerstreifen vom Dorf aus, später vom Dammfeld bis zum Hardtwald erstreckten. 56 derartige Huben soll es dereinst in Neureut gegeben haben, ein knappes Viertel davon mußte 1699 an die neue Kolonie Welschneureut abgetreten werden. Hiervon erhielten die Neuansiedler ihre „Portionen" zugeteilt, die jedoch nicht Gegenstand unserer Besprechung sein sollen.

Eine Teutschneureuter Hube im Kirchfeld umfaßte im Jahre 1702 mit Wiesen etwa 48 Morgen, eine Fläche, die einer Bauernfamilie durchaus Existenz bot. Demgegenüber enthält eine Hube im Gottesauer Feld, zu der keine Wiesen gehörten, nur 36 Morgen. Der Neureuter Zehntwald war als ehemaliges Ackerland Teil dieser Huben.

*Neureuter Feldflur mit schmalen langen Ackerstücken, „Nereter Strumpfbändel"
genannt.*

Die Unterscheidung zwischen den Gemarkungsteilen Kirchfeld und Gottesauer
Feld geht offensichtlich bis in die Frühzeit des Dorfes zurück. Zwischen dem
Markgrafen und dem Kloster Gottesaue muß anfänglich ein Streit über die Einkünfte aus dem neuen Dorfe bestanden haben, der auf eine Teilung der
zustehenden Rechte und schließlich auf eine Aufgliederung der Neureuter
Gemarkung in ein „unteres Feld" und ein „oberes Feld" hinauslief. Die Gemarkung wird in den Gottesauer Berainen des 16. Jahrhunderts und dem in die
gleiche Zeit zurückgreifenden Mühlburger weltlichen Lagerbuch von 1702 folgendermaßen beschrieben:

„. . . Aller großer und kleiner Zehendt von allen Äckern in dem oberen Neureuter
Feld, so anfanget an dem Bahnwald (Bannwald) und gehet zwischen der Hardt
und dem Bruch hinab bis an die langen Hecken zu den Steinen, die das Oberfeld und das Unterfeld scheiden, gehört höchstgedachtem gnädigsten Fürsten
und Herrn allein . . . Aber in dem unteren Neureuter Feld, das anfanget bei der
langen Hecken und gehet bis an die Hardt und an die Eggensteiner Markung,
gehört aller große Zehendt wie auch der klein dem Kloster . . .". Das Kloster
bestand seit der Mitte des 16. Jahrhunderts nicht mehr, aber die andere
Verfassung ließ den Klosterbesitz als Einheit bestehen. Es handelt sich 1702
mehr oder minder um eine Abschrift aus dem alten Lagerbuch von 1566 (verloren).

Im Laufe des 17. Jahrhunderts waren andere Bezeichnungen aufgetreten. Das untere Feld wird 1661 zum ersten Mal „Gottesauer Feld" benannt. Äcker im oberen Feld werden etwa zur gleichen Zeit als im „Kirchenfeld" gelegen bezeichnet. Beide Bezeichnungen fanden später Eingang in die Grundbücher. Die Grenze zwischen den beiden Gemarkungsteilen läßt sich heute anhand der Grundbücher genau lokalisieren. Sie verläuft entlang des „Alten Holzweges" bei der nördlichen Mauer des Neureuter Hauptfriedhofes und in Fortsetzung dieses Weges westwärts bis zum Viehweg, ostwärts bis zum Hardtwald. Entlang dieser Flucht müssen sich, einem Querriegel gleich, die „langen Hecken" gezogen haben, und es findet sich hier noch einer der in der Beschreibung angeführten Grenzsteine.

Die Grenze zwischen den beiden früheren Gemarkungsteilen „Kirchfeld" und „Gottesauerfeld" ist bis heute gekennzeichnet.

Die Aufteilung der Teutschneureuter Huben in kleinere Einheiten setzte schon sehr früh ein. Im Mühlburger Lagerbuch von 1702 ist überwiegend von Hubenvierteln, ja halben Hubenvierteln die Rede, und aus dem Neureuter Flurbuch von 1825 wissen wir, daß die Hubengüter zu jenem Zeitpunkt überwiegend in noch kleinere Stücke, die „Maden" aufgeteilt waren. Die Ackerbreite von zwei Maden wurde 1825 auch als „Halbviertel", eine solche von drei Maden als „Dritteil" bezeichnet. Um in jedem abgetrennten Teil einer Hube die Bestandteile Sandacker, Wald, Acker und Wiese im Dammfeld durchgängig zu erhalten, war vorgeschrieben, daß die Huben immerzu der Länge nach geteilt wurden.

Die Hubengüter waren im 19. Jahrhundert schon überwiegend in „Maden" aufgeteilt.

Ein durchgehender Maden vom Dammfeld bis zum Zehntwald umfaßte eine Fläche von etwa drei Morgen, ein „Halbviertel" demnach sechs Morgen. Selbstverständlich gab es hier Abweichungen, weil die Maden nicht einheitlich breit waren und auch in der Länge nicht genau übereinstimmen konnten. Mit Hilfe der Eintragungen im Teutschneureuter Flurbuch von 1825 sind wir in der Lage, die durchschnittliche Größe der vollen Huben rechnerisch zu ermitteln, indem wir die Fläche der dort ausgewiesenen „Halbviertel" mit acht multiplizieren:

Kirchfeldhube

Sandacker im Kirchfeld	32 Morgen
Wald (Zehntwald)	10 Morgen
Acker im unteren Damm	4 Morgen
Wiese im unteren Damm	2 Morgen
zusammen	48 Morgen

Huben im Gottesauer Feld

Sandacker	16 Morgen
Wald (Zehntwald)	20 Morgen
zusammen	36 Morgen

Nach der Ablösung der bislang auf den gültpflichtigen Hubengütern ruhenden Lehenslasten konnten ab dem Jahre 1830 die Güter nun auch stückweise, d. h. von Weg zu Weg, abgeteilt und verkauft werden. Die Hubenordnung war damit aufgehoben. Es setzte eine Verzettelung des Ackerlandes in unzählige kleine Parzellen ein. Der Länge nach ließen sich dabei die „Maden" nicht mehr teilen. Wenn diese Bezeichnung, wie auch „Halbviertel", trotzdem noch gebraucht werden, so charakterisieren sie damit nur noch die A c k e r b r e i t e , nicht jedoch eine bestimmte Fläche, wie es zuvor der Fall war.

Die gegenwärtigen Katasterpläne weisen die „Halbviertel"-Äcker unterschiedlich mit einer Breite von etwa 5,40 bis 6,20 m aus, die „Maden" mit der Hälfte davon, also 2,70 bis 3,10 m. Daraus läßt sich nun die Breite einer ganzen Hube berechnen:

1 Maden
    ursprüngl. Gesamtfläche ca. 3 Morgen, Ackerbreite ca. 02,70—03,10 m
1 Halbviertel (2 Maden)
    ursprüngl. Gesamtfläche ca. 6 Morgen, Ackerbreite ca. 05,40—06,20 m
1 Dritteil (3 Maden)
    ursprüngl. Gesamtfläche ca. 9 Morgen, Ackerbreite ca. 08,10—09,30 m
1 Viertelhube
    ursprüngl. Gesamtfläche ca. 12 Morgen, Ackerbreite ca. 10,80—12,40 m
1 halbe Hube
    ursprüngl. Gesamtfläche ca. 24 Morgen, Ackerbreite ca. 21,60—24,80 m
1 ganze Hube
    ursprüngl. Gesamtfläche ca. 48 Morgen, Ackerbreite ca. 43,20—49,60 m

Nicht in das oben dargestellte Teilungsschema schien das „Dritteil" zu passen, welches mit einer Ackerbreite von neun Metern wesentlich kleiner gewesen ist, als der dritte Teil einer Hube. Das Dritteil ist daher lediglich als eine „noch in drei Maden aufteilbare Fläche" zu verstehen. Wenn nun statt der Dreiteilung dieses Ackerstück nur halbiert wurde (was sehr oft vorkam), so entstand darauf das eineinhalb Maden breite berühmte Nereter „Halbdriddoile" (Halbdritteil) — etwas, was es in Baden offenbar sonst nirgends mehr gibt noch gab.

Die Neureuter Halbviertel, die „Halbdriddoile" und die Maden sind also Überbleibsel der alten Huben! Noch vor einer Generation feste Begriffe im örtlichen Sprachgebrauch, werden sie nach Abschluß der Flurbereinigung, die gerade im Gang ist, endgültig der Vergangenheit angehören.

W.M.

b) Hirten und Weiden

Es gibt heute in Neureut keine Hirten mehr, und doch haben die Weiden einmal einen großen Teil der Neureuter Gemarkung ausgemacht. Schon in den Papsturkunden des 13. Jahrhunderts ist von pascua (Weiden) die Rede, über Notariatsinstrumente des 15. Jahrhunderts geht's weiter bis hin zu den Karten

Noch bis in die 1930er Jahre zog der Teutschneureuter Sauhirt über die „Trift" zum Hardtwald.

des 18. Jahrhunderts. So lesen wir auf dem „Plan über die in das Oberamt Carlsruhe gehörige Orte Deutsch- und Welschneureut" Namen wie „Egelsee Weiden", „Lange Bruch Weiden", „Heckenstücker Weiden", „Weidengarten Weiden". Sie liegen alle in der Niederung. Aber auch auf dem Hochgestade finden wir den Namen „Viehtrift", und der so benannte Weg führt zur „Neureuter Weyd" im Hardtwald. Hiervon erzählt Emma Linder aus den dreißiger Jahren unseres Jahrhunderts. Im Zehntwald zeigt man noch heute eine Viehtränke, die als „Neureuther Bronnen" auf den Karten eingezeichnet ist, unweit des „Beyertheimer Bronnens", der zwischen Eggensteiner und Linkenheimer Allee im Wildpark lag. Wenn die beiden Brunnen so nahe beieinander liegen, denken wir an die Markgenossenschaft Untere Hardt, die vom Kloster Gottesaue für seine Dörfer geschaffen worden war und von ihm geschützt wurde. Diese Weidemarkgenossenschaft bestand auch in markgräflicher Zeit weiter, sie überlebte die Gründung von Karlsruhe, und lange kämpfte Beiertheim um seine dortigen Rechte, denn, wie die Beiertheimer klagen, der Herr Markgraf kann uns „sehr wehe tun".

Natürlich war es die „Sauwaid", um die es dort ging, wo die Eichen Jahr für Jahr ihre Früchte abwarfen („Eckerich"). Wir kennen dieses Wort heute nur noch von den Bucheckern. Die Älteren erinnern sich an die Suhlen dort, in denen sich die Schweine so wohl fühlten.

Noch länger bekannt als die Sauwaid im Hardtwald ist die Schäferei. 1473, also vor einem halben Jahrtausend, hat ein Notar eine Reihe von Gottesauer und

Schafherde am Großschneidersweg um 1930.

Rintheimer Schäfern verhört und ihre Aussagen besiegelt. Sie berichten alle, daß sie auf Neureuter Mark ihre Schafe geweidet hätten. Die Neureuter hätten sich beschwert: „du fährst zu wit!", hätten mit Pfändung gedroht, aber nie gewagt, ein Pfand zu nehmen. Bei dieser Gelegenheit erfahren wir auch, daß es in Neureut fünfzig Jahre vorher schon einen Schäfer gab: „der von Nuwritt scheffer." Er unterhält sich mit dem Gottesauer Schäfer. Sie sind offenbar einig geworden, denn jeder zog mit seiner Herde in einer anderen Richtung. Später hören wir von der Mühlburger Schäferei, die auch die Neureuter Weide gelegentlich benutzte. Ärgerlich wurde das, als die Schafe Neureuter Kleeäcker abweideten! (s. S. 11). An sich hatte man das Abweiden durch die Schafe gern. Das Gras wurde kurz gehalten und zugleich der Boden gedüngt.

Andere Weiden sind durch die Flurnamen bekannt: Fillbruch und Gänswaid. Allerdings ist es merkwürdig, daß das Fillbruch so weit vom Ort entfernt ist. Da aber in Durlach der gleiche Name einwandfrei auf „Füllen" (Fohlen) weist, wird auch in Neureut der Name die Pferdeweide bezeichnet haben. (Unter dem bekannten Vogt Beck wurden zwar Bruchgebiete „aufgefüllt", der Neureuter Name ist aber älter, und von früheren derartigen Maßnahmen wissen wir nichts.) Die Welschneureuter hatten ihre Pferdeweide im Junkertschritt, der auf Teutschneureuter Gemarkung liegt. Weil es den Welschen an geeignetem Gelände fehlte, pachteten sie den Junkertschritt als Roßweide, und als die Teutschneureuter später das Gewann zurückhaben wollten, kam es zu einem Prozeß, der zugunsten der Welschneureuter ausging. Beim Junkertschritt hatten die Welschneureuter auch ihre Gänsweide. Darauf muß man achten, wenn man den Namen Gänsweide hört; es gibt eine Teutschneureuter und eine Welschneureuter Gänsweid.

Bis etwa 1935 befand sich in dem Wäldchen rechts die Welschneureuter Gänswaid. Am Bachenweg die Kuhbachbrücke nebst einer Furt für Fuhrwerke.

Natürlich hatten die Hirten auch Hütten, in denen sie sich nachts oder bei schlechter Witterung aufhalten konnten. Die Hirtenäcker wurden von ihnen bebaut, der Ertrag war ein Teil ihrer geringen Besoldung durch die Gemeinde. Allgemein zählten die Hirten zu den ärmsten Gliedern der Gemeinde. Pfarrer und Lehrer waren nicht gut auf sie zu sprechen, weil sie dem Gottesdienst oft fernblieben oder die Kinder nicht zur Schule schickten.

Unter dem Markgrafen Karl Friedrich wurde auf der Hardt die Stallfütterung eingeführt. In Neureut bedeutete die Anordnung nicht das Ende der Weide. Vermutlich wußte man nicht, wie man sonst das Gelände in der Niederung, das immer wieder Überschwemmungen ausgesetzt war, nutzen sollte.

Wilhelm Linder überliefert einen Spruch des Kuhhirten, wenn er auszog: „Susann, laß d Kuh raus, heut isch gut Wetter drauß!". Von dem Kuhhirten, der eingesperrt wurde, weil er trotz eines Verbots morgens sein Horn blies, ist schon berichtet worden (s. S. 140).

c) Gartenberg und Grasgarten

Hier sind die Neureuter unter sich. Die Fremden fuhren früher mit ihren Kutschen vorn durch die Hauptstraße, später rasten hier die Autos durch, ehe die B 36 in die Niederung verlegt wurde. Die „Gärten" liegen am Hang des Hochgestades hinter oder unter den Scheunen und erlauben höchstens dem Fußgänger einen Einblick. Nicht als ob diese Gärten kunstvolle Anlagen wären. Ihre heimliche Schönheit kommt von der Art, wie jede Hausfrau sich die Beete ihres Küchengartens zurechtgemacht hat, mit Blumen und Bäumen dazwischen. Nichts Wohlgeordnetes, Planmäßiges ist hier zu finden. Auf der Welschneureuter Seite ist man vorsichtiger und hat alle Gärten eingezäunt, auf der Teutschneureuter Seite ist der Abfall weniger steil, dadurch weiter herabschwingend, manchmal auch etwas vernachlässigt. Hier finden sich aber auch die ersten Villen, wo der Architekt den Garten eingeplant hat. Hoffentlich verschonen die berechnenden Gedanken der Raumordner noch recht lange das Idyll von heute. Die Scheunen, die Rückseiten der Häuser oben an der Landstraße schützen die Gärten oben, und unten gehen sie in Gras- oder Baumgärten über, manchmal auch in kleine Weidewälder. Hier kann man sich wohl fühlen, und wenn ein Fest zu feiern ist in der Familie, kann man ein paar Tische im Freien aufstellen und ungestört feiern.

Die bevorzugte Wohnlage in Neureut war früher ein Haus an der Bergseite, wo man am Sonntag in der Frühe schnell ein paar Körbe Grünfutter für den Stall mähen konnte, ohne jemanden zu stören.

Früher sprudelten in den Gärten noch Quellen. Man war, weil es an Brunnen fehlte, darauf angewiesen. Im obersten „Fach", am halben Hang gefaßt, wurden die Quellen für Küche und Stall genutzt, während das mittlere und untere Fach dem Waschen und Schwenken diente. Wer wollte, konnte die Wäsche im anstoßenden Grasland bleichen. Noch weiter zurück standen da unten auch Waschhäuser. Seit im Laufe unseres Jahrhunderts die Quellen alle versiegt sind, fehlt dem Gartenberg dieses Stück Alltag.

d) Bürger, Bauer, Bettelmann

Von der sozialen Lage der Neureuter Bauern vor dem Dreißigjährigen Krieg erfahren wir wenig. Sie dürfte sich vom Durchschnitt der Zeit nicht allzusehr abgehoben haben, solange die Anbaufläche noch wuchs. Freilich läßt sich beobachten, daß die Zahl der Hübner zunimmt und die Huben durch die Erbteilung in kleinere Streifen aufgelöst werden, daß die Zahl von Eggensteiner Hubenbesitzern auf Neureuter Gemarkung, besonders im Gottesauer Teil, größer wurde. Wenn das auf eine Verschlechterung der Lage hinweist, sehen wir am Fall Wendelin Girrich (s. oben die Darstellung von Dr. Hannemann), daß Neureuter aus ihrem Stand ausbrechen konnten. Leider wissen wir nicht, ob zwei Neureuter, die 1590 Sebastian von Rüppurr 1200 Gulden leihen konnten, diesen Betrag erwirtschaftet hatten. Bei der Teilung dieses Darlehens (dessen größter Teil ins Neureuter „Almosen" geht) wird bestimmt, daß 100 Gulden davon zur „Unterhaltung der Music" verwendet werden. Natürlich handelt es sich um kirchliche Musik, aber die Tatsache zeigt doch, daß von den Einnahmen etwas übrig blieb und nicht alles zur Befriedigung des Lebensunterhalts draufging. Auch das Kruzifix in der Teutschneureuter alten Kirche, das aus jener Zeit stammt, läßt auf einen wohlhabenden Stifter schließen.

Doch handelt es sich um Einzelfälle. Das ist völlig anders nach dem Dreißigjährigen Krieg. Die Not ist allgemein geworden. Keine einzige Hube ist 1702 noch geschlossen vorhanden. Die Viertelhube ist jetzt die Einheit, und auch die ist in kleinere Stücke aufgeteilt („dritter Teil eines halben Hubenviertels"!). Ein großer Teil der Flur ist „zu Wald angeflogen". Es fehlt an Arbeitskräften, obwohl 1700 dem Dorf 430 Morgen weggenommen und den Flüchtlingen zugeteilt worden waren. Kaum waren aber ruhigere Zeiten gekommen, zeigte es sich, daß die Gemarkung von Teutschneureut für eine wachsende Bevölkerung zu klein geworden war. Knielingen und Eggenstein hatten schon seit dem 16. Jahrhundert Dammfelder. Nun ging auch Teutschneureut daran, das nähere und fruchtbarere Land in der Niederung zu erschließen. Man konnte auf die Rekultivierung der entlegensten Gemarkungsteile im Osten verzichten. So entstand der sog. Zehntwald, anschließend an den herrschaftlichen Hardtwald, so daß wir 1827 einen Teil der Huben aus Wald, Sandfeld, Wiesen und Dammfeld zusammengesetzt finden.

Solche Möglichkeiten hatte Welschneureut nicht. In welche üble Lage dieses Dorf drei Generationen seit seiner Gründung geraten war, erfahren wir 1798 aus einem Bericht des Teilungskommissars Welz. Das Elend ist so tief, daß er auf Mittel sinnt, das Dorf vor dem „völligen Untergang" zu retten. Er zeigt die Ursachen des Notstands und erwähnt dann, wie sich der größte Teil der Bevölkerung zu helfen versucht: „Er sucht seine Nahrung durch Reinigen der Karlsruher Wäsche mit gänzlicher Vernachlässigung des Ackerbaus. Sie holen die schwarze Wäsche auf Wägen (dahier) ab und bringen so die gereinigte wieder zurück, jedesmal fast mit Versäumung zweier Tage. Männer und Weiber geben sich mit diesem Geschäft ab und verwandlen sich so in Wäschweiber...". Wo die Welschneureuter die städtische Wäsche wuschen, ist klar: damals sprudelte noch fast in jedem Garten eine Quelle; sie wurden am Fuß des Hochgestades vom Quellengraben aufgenommen. Man erinnert sich noch, daß dort Waschhäuschen standen; noch als man längst lohnendere Stadtarbeit gefunden hatte, wuschen die Welschneureuterinnen dort die eigene Familienwäsche.

Aus der Schilderung von Welz spricht bei allem Verständnis auch ein Teil Verachtung: Männer als Waschweiber, Männer, die die Arbeit auf dem Acker vernachlässigen und sogar Bäckerbrot essen, entsprachen nicht seiner Vorstellung vom Bauerncharakter. Er denkt wohl an das Sprichwort „Bauernbrot macht Wangen rot, Bäckerbrot macht Wangen tot!". Dieser Abschnitt schließt bei ihm deshalb mit dem Ausruf: „Welch eine elende Lage eines Bauern!"

Welz erkennt aber auch die Ursache der Not: es sind die Bestimmungen bei der Landzuweisung im Jahre 1700. Die damals verteilten „Portionen" ziehen (wie die Teutschneureuter Huben, aus denen sie herausgeschnitten sind) vom Dorf zum Wald, „eine halbe Stunde lang". Hat der Besitzer einer Portion, also ein Bemittelter, vier Kinder, „so wird solche (Portion) nach seinem Tod der Breite nach in vier Teile geteilt, und jedes (Kind) erhält alsdann einen Riemen, der zwar eine halbe Stunde lang, allein nur einen guten Schritt breit ist...". „Will jemand sich von Schulden befreien, indem er einige Ackerstücke verkauft, so kann er das nicht tun, weil nie weniger als zweieinhalb Morgen auf einmal verkauft werden dürfen. Er muß warten, bis die Schulden sich so angehäuft haben, daß das ganze Gut verkauft werden muß, und er an den Bettelstab gebracht wird."

Eine Illustration des Sprichworts „... Bürger, Bauer, Bettelmann"! Der Bauer steht damals am Ende der sozialen Stufenleiter. Verliert er seinen „Stand", fällt er ins Nichts der Besitz-, Rechts- und Würdelosigkeit.

e) Ernteerträge

In vielen Briefen von Auswanderern werden die hohen Erträge russischer oder amerikanischer Böden geschildert. Wenn man in der Heimat davon las, staunte man darüber und sah sich hoffnungslos unterlegen.

Das folgende Briefstück macht den Eindruck, als wollte sich ein Daheimgebliebener wehren gegen die Unterschätzung der heimischen Leistung in Neureut. Das Blatt muß Beilage zu einem Brief gewesen sein. Es ist nicht datiert. Aber es muß zwischen 1856 und 1863 entstanden sein, weil die Frau des Schreibers Georg Michael Linder (1805—1894), Christina Linder (†1863) selbst mitunterschrieben hat. Zur Beurteilung der aufgezählten Erträge fehlen einige Angaben. Wir können aber davon ausgehen, daß es sich um den Ertrag des Hofes von Georg Michael Linder handelt. (Das damalige Hohlmaß, der *Sester* = 15 Liter. *Korn* = Roggen, *Spelz* = Dinkel, *f* = Gulden.) Er schreibt: „Wir haben auch ausgedroschen. 46 Sester Korn und 41 Sester Gerste, und früher haben wir, wie Du noch daheim warst, einmal sechs Sester und einmal zwölf Sester (gedroschen), und 14 Sester Weizen und 60 Sester Spelz gedroschen und sechs Wägen voll Kartoffeln, davon haben wir verkauft für 41 f. Zuckerrüben haben wir verkauft für 30 f und haben noch zwei Wägen für uns behalten; Weißrüben haben wir sechs Wägen voll, auch ungefähr fünf Sester Welschkorn, auch Gelberüben, auch viele Kohlraben, auch ordentlich Bohnen. Wofür wir dem Herrn danken und bitten, er möge es uns gesund und in Frieden genießen lassen. Es grüßen Dich alle Deine Freunde und Bekannte und wir, Deine mit Dir es wohlmeinende Eltern Michael Linder Christine Linderin."

Bei der Ernte 1947. Roggen („Korn") gedieh auf den mageren Sandböden in Neureut noch am besten.

Es ist anzunehmen, daß der zugehörige Brief gerichtet war an den 1852 nach Amerika ausgewanderten Sohn Michaels, Jacob Friedrich Linder, aus dessen Brief von 1856 wir einiges wiedergeben (s. S. 402). Jedenfalls gibt das Blatt Aufschluß über den Anbau in Neureut vor über einem Jahrhundert. Erstaunlich ist der noch hohe Anteil von Spelz, eine geringere, aber anspruchslosere und winterharte Weizenart. Der Anbau von Zuckerrüben kann nur wenige Jahre vor dem Brief begonnen haben, da die Zuckerfabrik Waghäusel erst 1837 die Produktion aufnahm. So begegnen sich im Anbauprogramm von Georg Michael Altes (Spelz) und Neues (Zuckerrüben).

Kennzeichnend für die pietistische Richtung der Familie Linder ist der religiöse Schluß des Briefes, der nüchtern einige Ertragsmengen aufgezählt hatte und trotzdem den Erntedank nicht vergißt.

f) Frösche, Störche und Schnaken

Störche waren im früheren Neureut sicherlich keine Seltenheit. Zahlreiche Wassergräben durchzogen einst die Niederung mit ihrem feuchten Wiesengelände. Selbst im Hochsommer füllten sich nach ergiebigen Regengüssen Senken und Mulden mit Wasser. Ein idealer Lebensraum für Frösche, und wo Frösche sind, finden sich auch Störche ein (früher „Sterk" oder „Storke").

Auf einer Fotografie, welche die Welschneureuter Kirche um die Jahrhundertwende darstellt, ist deutlich ein Storchennest zu erkennen. In gleichem Maße wie infolge des absinkenden Grundwasserspiegels Bäche austrockneten und Feuchtgebiete verschwanden, wurde auch der Storch seltener. Es bedeutete deshalb eine kleine Sensation, als sich im Frühjahr 1939 ein Storch auf dem Dache der Teutschneureuter Kirche niederließ. Sogar die „Heimatglocken"* berichteten damals darüber. Pfarrer Kaiser schrieb u. a.: „Am Dienstag nach dem 1. Mai — wir standen grad auf dem Weg zwischen der Kirche und dem Pfarrgarten — da, ein starkes Flügelschlagen, wir schauten auf, und hoch über unsern Häuptern segelte ein Storch durch die Lüfte und ließ sich auf den Hohlziegeln des Kirchendachs nieder. Wir hielten gerade Rat über die Einfriedung der Kirche. Mitten in unsere Beratung hinein sandte der Storch plötzlich ein so höhnisches Geklapper, daß einem aller Mut vergehen konnte. Da schlug es oben auf dem hohen Kirchturm viere; die Schule war aus. Wie immer, so strebten die Erst- und Zweitklässler dem Elternhaus zu. Plötzlich hatte einer den Storch auf dem Kirchendach erblickt. Aber das Geschrei und Halloh, das jetzt losging! Wie die Feuerreiter rannten sie daher, rannten sie um die Kirche. Hunderte von Stimmen riefen: „Storch, Storch, guter, bring mir einen Bruder; Storch, Storch, bester, bring mir eine Schwester!"

Es wäre unvollständig, im Zusammenhang mit den Fröschen und den Störchen nicht noch eine andere Tiergattung zu erwähnen, die ebenfalls in den Neureuter Feuchtgebieten beheimatet ist: die Schnaken, in Neureut „Schnooge" genannt. Wenn heute über die Schnakenplage geklagt wird, so muß man wissen, daß die

---

* Evangelischer Gemeindebote Teutschneureut, unter der Schriftleitung der jeweiligen Ortspfarrer als monatliches Mitteilungsblatt 1926—1939 erschienen.

Plagegeister jetzt zahlenmäßig nur einen Bruchteil der Schwärme ausmachen, die noch in den zwanziger und dreißiger Jahren über Neureut hereinbrachen.

Pfarrer Kaiser rechnete sie 1937 zu der Hardtplage Nummer eins, als er weiter schrieb: „Sie kommen aus der Rheinniederung und aus den großen tiefen Wiesen, durch die so stolz der Storch schreitet, wenn er auf Raub ausgeht. Aber auch die Schnaken gehören zum Landschaftsbild der Hardt wie die Frösche, die abends in den Sümpfen ihr vielstimmiges Konzert anstimmen."

Im Jahre 1932 widmete der Teutschneureuter Pfarrer Scheuerpflug den Schnaken in den „Heimatglocken" folgende Zeilen: „. . . Und die Schnaken! Zu früh hatte man sich gefreut, daß die Quälgeister in diesem Jahr das Kommen vergessen hätten. In den Tümpeln, die das Juli-Hochwasser hinterlassen hatte, brütete Frau Sonne Millionen und Milliarden von diesen Tierlein aus, und nun summen und sirren sie bei Tag und Nacht um Mensch und Vieh. Es war wie ein Nachspiel zu jener Stechmückenplage, die nach 2. Mose 8 der Herr über das verstockte Ägyptenland kommen ließ . . .".

Voller Ironie aber berichtete Pfarrer Wolfinger im Jahre 1926 ebenfalls in den Teutschneureuter „Heimatglocken": „Ein Unglück haben viele schon kommen sehen, als an einem der letzten Augusttage die Kunde umging, der Kirchturm brenne. Da standet ihr auf der Straße und glaubtet, oben in der Nähe der Turmspitze würde ein dünnes Rauchwölkchen aufsteigen. Und die Fragen gingen hin und her: Ist es Rauch oder nicht, brennt der Turm oder nicht? Bis endlich festgestellt wurde, daß das Rauchwölkchen kein Rauchwölkchen, sondern eine Wolke von Schnaken war. Die Schnaken hielten hier ihren ersten internationalen Kongreß ab mit nachfolgender Demonstration. Warum sollten sie es nicht tun, im Zeitalter der Tagungen und Demonstrationen? Leider sind wir nicht in der Lage, euch ihre Beschlüsse mitzuteilen, da wir die Schnakensprache nicht verstehen. Wir können aber begreifen, daß es euch angesichts dieses Massenaufmarsches „brenzlich" zumute ward."

W. M.

3. Das Neureuter Haus

a) Hausbau und Hofanlagen

Über die bauliche Ausdehnung des alten Neureut vor 1700 fehlen uns Hinweise oder Unterlagen. Beim Wiederaufbau des Dorfes nach 1700 wurde zunächst nur die Westseite der Straße bebaut. Diese Seite war bis in die jüngere Zeit begehrter Wohnplatz in Neureut, bot sich doch hier eine relativ große Hoffläche; dazu kam in Form des langgestreckten „Gartenbergs" hinter den Scheunen ein ausgedehnter Hausgarten. Daran schloß sich (schon in der Niederung) eine Wiese an, der sogenannte Grasgarten.

Auf dem Raum zwischen Landstraße und dem Abfall des Hochgestades mußte sich also das Neureuter Gehöft entfalten. Jenseits der Landstraße begannen die Huben, von ihnen durfte nichts abgezwackt werden. Wir wissen nicht, wie Häuser und Gehöfte vor dem Dreißigjährigen Krieg aussahen, aber wir können annehmen, daß sie den späteren im Grundaufbau ähnelten; die Giebel stehen zur Straße, der Eingang liegt an der Seite. An den Wohnteil schließen sich die „Schöpfe" an, und abgegrenzt wird der Hofbereich durch die quergestellte Scheune mit Stallungen, dicht am Abfall des Hochgestades. So eng wie die Häuser heute stehen, waren sie am Anfang sicher nicht angelegt. Wir dürfen annehmen, daß die ersten Häuser, als die Huben noch ungeteilt waren, den Huben gegenüberlagen, so daß sie einen Abstand von 40—50 Meter voneinander hatten. So erklärt sich das lange Straßendorf. Dies änderte sich, als die Huben im Erbgang geteilt wurden und neue Häuser in die Zwischenräume gestellt wurden.

Nach einer Planzeichnung aus dem Jahre 1790 befanden sich auf der östlichen Seite der Hauptstraße in TN noch keine Wohnhäuser. Lediglich die Kirche mit Friedhof, das Pfarrhaus, das Schulhaus und das Rathaus waren etwa in der Ortsmitte östlich der Straße angelegt. Nach 1790 ging die Bebauung an der Ostseite der Hauptstraße zügig voran. Im Teutschneureuter Bann- und Flurbuch von 1827 sind hier schon 68 Wohnhäuser und neun Hausplätze aufgeführt. An der Westseite waren es 86 Wohnhäuser und elf Hausplätze. Hierin kommt die Entwicklung der Einwohnerzahl zum Ausdruck, die sich von 425 im Jahre 1775 auf 1014 im Jahre 1831 erhöht hatte. Als danach an der Mitteltorstraße und an der Kirchfeldstraße das Bauen begann, verlor Neureut seine eigentliche Anlage als reines Straßendorf, was es sechshundert Jahre gewesen war.

Die Bausubstanz des ehemaligen Teutschneureut ist somit kaum älter als 200 Jahre. Das einzige Gebäude, welches den Dreißigjährigen Krieg überdauerte, die Kirche, wurde 1885 abgebrochen. Das Teutschneureuter Pfarrhaus wurde 1756 errichtet, die alte Schule (heute Rathaus-Nebengebäude) etwa im Jahre 1780. Von den Wohnhäusern der Hauptstraße dürften nur wenige in diese Zeit zurückgehen. Große, behäbige Fachwerkbauten, wie sie in älteren Ortschaften aus früheren Jahrhunderten noch erhalten sind, fehlen in Neureut gänzlich. Wenn es sie je gegeben haben sollte, wurden sie in den Kriegen des 17. Jahrhunderts zerstört. Die danach errichteten Wohnhäuser wurden als einstöckige Fachwerkbauten mit einfachen Mitteln erstellt. Grundrisse und Größenmerkmale waren ziemlich einheitlich.

Grundsätzlich war das Neureuter Haus so angelegt, daß der Eingang an der Seite lag. Über die Staffel, die steinerne Außentreppe, gelangte man in den Flur, den Ern, von dem aus Türen in die Küche und die Stuben führten. Eine Falltür im Ern überdeckte den Zugang zum Keller. Über die hölzerne Stiege (die Steg, die Innentreppe) ging es in den Speicher, wo das Getreide lagerte. Da oben war es eng, besonders wenn noch ein Schlafraum für die Kinder eingerichtet war. Nicht jedes Kind hatte sein eigenes Bett.

Im Haus wohnten zumeist zwei Familien, üblicherweise die Eltern und die Familie eines verheirateten Kindes. Jeder Familie standen eine Stube und eine Kammer zur Verfügung, entweder gegen die Vorderseite oder gegen die Hinterseite des Hauses, in der Küche wurde gemeinsam gewirtschaftet.

Im Laufe der Zeit hat man an die bestehenden Wohnhäuser Hinterhäuser angebaut, auch zusätzliche landwirtschaftliche Gebäude, also Schöpfe, Scheunen und Stallungen. Sicherlich war dieses zweite Haus innerhalb der Hofanlage
anfänglich für die eigenen Kinder gedacht. Durch Erbgang oder Verkäufe
kamen Vorder- und Hinterhaus in aller Regel rasch in verschiedene Hände.

So sind die für Neureut typischen, anderwärts jedoch selten anzutreffenden
Doppelhöfe entstanden. Zuweilen waren sogar vier verschiedene Wirtschafts-
einheiten innerhalb einer Hofanlage untergebracht. Wir finden diese zum Teil
heute noch an der Hauptstraße vor. Das Wohnen und Wirtschaften verschiedener Eigentümer auf einem gemeinsamen Grundstück brachte bei aller
nachbarschaftlichen Verbundenheit allerlei Probleme mit sich. Nicht umsonst
sprach man in früherer Zeit oft von „Streithöfen".

Problematisch war und ist diese Konstruktion auch in rechtlicher Hinsicht. Das
Bürgerliche Gesetzbuch von 1900 kennt nur ein einheitliches Eigentum von
Grundstück und den darauf erstellten Gebäuden. Die Handhabung geht auf
ältere Rechtsnormen zurück.

Die Anlage des Dorfes Welschneureut ist unter Abschnitt V näher beschrieben.
Man setzte dabei die Bebauung entlang der Straße unmittelbar südlich des bestehenden Dorfes Neureut fort. Allerdings gab es hier von Anfang an auch auf
der Ostseite Häuser. Erst um die Wende vom 19. zum 20. Jahrhundert begann
sich Welschneureut an der heutigen Welschneureuter Straße nach Osten aus-
zudehnen. Auch in Welschneureut findet man, wenngleich nicht so zahlreich,
Hinterhäuser und Doppelhöfe. Abweichend von Teutschneureut hatten die Bewohner der östlichen Hauptstraße Anteile an den Gartenbergen und den Grasgärten. Es bestanden Durchgangsrechte durch die gegenüberliegenden
Grundstücke. Wohnhäuser aus der Zeit der Ansiedlung finden sich im ehemaligen Welschneureut heute nicht mehr. Die älteste Bebauung reicht in die Mitte
oder das Ende des 18. Jahrhunderts zurück und gleicht weitgehend derjenigen
des übrigen Neureut.

Die nebenstehende Skizze nebst Erläuterungen zeigt Beispiele von Neureuter
Hofanlagen, vor allem von Doppelhöfen. Teilweise sind in neuerer Zeit durch
Vermessungen die Eigentumsverhältnisse etwas deutlicher herausgestellt wor-
den, doch läßt sich unschwer noch der ursprüngliche Zustand erkennen.

W. M.

NEUREUTER HOFANLAGEN

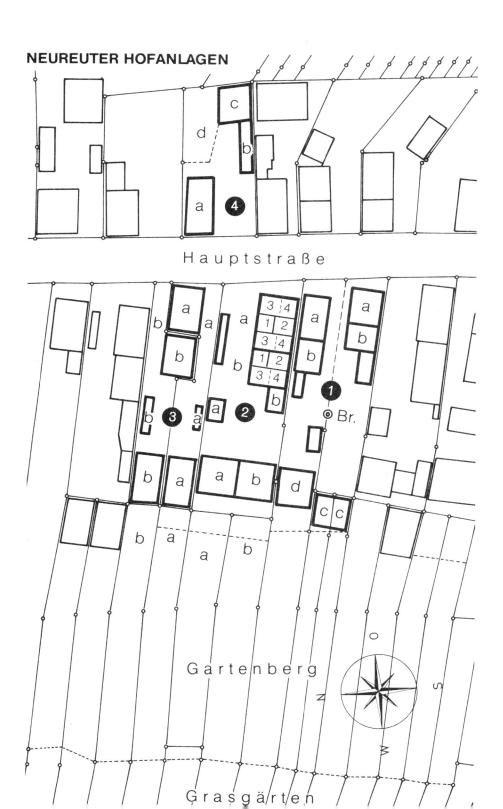

Hauptstraße

Gartenberg

Grasgärten

Erläuterungen zur umseitigen Skizze:

1. Doppelhof mit je zwei hintereinanderstehenden Wohnhäusern (a, b) für vier verschiedene Eigentümer auf früher gemeinsamem Grundstück. Gemeinsame Hofeinfahrt für alle. Scheune auf der einen Grundstückshälfte zweigeteilt (c), auf der anderen Hälfte Gemeinschaftsscheune (d) für zwei Eigentümer. Brunnen (Br.) für Gesamthof.

2. Hof mit zusammenhängendem Vorder- (a) und Hinterhaus (b) für zwei verschiedene Eigentümer auf gemeinsamem Grundstück. Schöpfe, Scheunen und Ställe (jeweils a, b) ebenfalls getrennt. Im Gegensatz zur Hofraite sind hinter den Scheunen der Gartenberg und der Grasgarten in Längsrichtung bereits aufgeteilt (jeweils a, b).

3. Vorder- und Hinterhaus (a, b) mit verschiedenen Eigentümern mit getrennten Hofeinfahrten und getrennten Scheunen. Das Grundstück ist durch Vermessung bereits aufgeteilt, ebenso Gartenberg und Grasgarten (jeweils a, b).

4. Einzelgehöft mit Wohnhaus (a), Schopf (b), Scheune und Stall (c), Hausgarten (d), in dieser Form überwiegend an der (später angelegten) Ostseite der Hauptstraße zu finden.

Beim Beispiel Nr. 2 wird gleichzeitig die Inneneinteilung des Neureuter Hauses schematisch aufgezeigt. 1 Hausflur (Ern), 2 Küche, 3 Wohnstube, 4 (Schlaf)Kammer, die von der Stube zumeist nur durch eine Halbwand getrennt ist. Der der Straße zugewandte Wohnteil des V o r d e r h a u s e s steht dem jeweiligen Eigentümer zu, während die rückwärtigen Räume bei gemeinsamer Küche entweder Altenteile sind oder als Wohnung eines verheirateten Kindes dienen.

Das H i n t e r h a u s weist vielfach neben der Küche nur einen Wohnteil auf.

Der Bauabstand zwischen den Wohnhäusern des Beispiels Nr. 1 und Nr. 2 (etwa 60 cm) wurde als „Winkele" bezeichnet.

Heutige Ansicht einer Hofanlage mit Vorder- und Hinterhaus.

b) Eine Neureuter Stube innen

In der Badischen Volkskunde von Eugen Fehrle (1924) entdeckte Wilhelm Meinzer das Bild einer „Bauernstube aus Mittelbaden" (dort Abb. 38). Diese Stube gehöre „zu einem im Jahre 1841 erbauten Haus in Teutschneureut bei Karlsruhe". Damit ist Neureut in dieser volkskundlichen Darstellung vertreten, während ihre Vorgängerin, das Badische Volksleben im 19. Jh. (1900), Neureut nicht erwähnt. Im Bildnachweis seines Buches gibt Fehrle an: „Federzeichnung von E. Linder, Rappenau." Dieser E. Linder mußte, das war klar, aus Neureut stammen. Nachfragen am Ort ergaben zunächst nichts. Erst die Angabe „Rappenau" führte auf den Autor der Zeichnung. Es ist der (spätere) Oberlehrer Fritz Linder, der in Teutschneureut am 1. 10. 1862 geboren ist. Als Lehrer im Hardthaus lernte er seine Kollegin Anna Muth (1863—1937) kennen, die aus Rappenau stammte und seine Frau wurde. Bei den Enkeln dieses Paares in Rot am See und in Rappenau sind so zahlreiche Überlieferungen aus Neureut aufbewahrt worden, daß dadurch unsere volkskundliche Darstellung für das 19. Jh. auf eine neue Grundlage gestellt werden konnte. Wir danken den lebenden Nachkommen von Fritz Linder (†1924) für die freundliche Art, mit der sie Einblick in ihre Neureuter Schätze gewährten und die Benutzung gestatteten. Dank ihrer Hilfe kann hier den heutigen Neureutern einiges vermittelt werden, was den Lebenden am Ort unbekannt ist.

Ein Glücksfall besonderer Art kam uns zu Hilfe. Bei der Durchsicht der „Heimatglocken" stieß Wilhelm Meinzer auf Erinnerungen des Bruders von Fritz Linder, des 1860 geborenen Hauptlehrers Wilhelm Linder in Durlach-Aue. Wir haben also aus dem gleichen Haus die bildliche Darstellung und eine schriftliche, die sich glücklich ergänzen.

Das Original der Federzeichnung von Fritz Linder ist zwar verschollen. Es wird aber durch die Photographie in Fehrles Buch vollgültig ersetzt. In Bad Rappenau sind zwei weitere Darstellungen derselben Stube vorhanden, ein Aquarell von 1904 und ein Ölbild von 1908. Fritz Linder hat also in drei verschiedenen Techniken dasselbe Objekt dargestellt. Das ist ein deutliches Zeichen für die Wertschätzung, die er seinem Neureuter Elternhaus bewahrte. Während Ölbild und Federzeichnung die Stube vom gleichen Standpunkt aus zeigen, ist die Perspektive auf der frühesten Darstellung, dem Aquarell, anders. Um dem Leser einen Vergleich zu ermöglichen, geben wir Aquarell und Federzeichnung auf den folgenden Seiten gegenübergestellt wieder. Durch den veränderten Standpunkt sind drei Seiten der Stube vollständig und die vierte zum Teil zu erkennen.

Das Aquarell: Zwischen dem geschlossenen Fenster und dem Ofen steht an der Wand das „Kanapee". Es ist ganz aus Holz, ohne jede Polsterung, wohl ein vom Meister zur Hochzeit gefertigtes Stück, denn in der Mitte steht die Jahreszahl 1858, das Hochzeitsjahr des Paares Wilhelm Linder und Eva Katharina Brunn, deren Initialen W. L. und E. K. B. unter Herzen links und rechts von der Jahreszahl stehen. Wir können wohl annehmen, daß das Sitzbrett hochgeklappt werden konnte, so daß man das Kanapee auch als Truhe verwenden konnte.

Aquarell von Fritz Linder.

Links vom Kanapee sehen wir den Ofen, der von der Küche aus geheizt wird; dahin führt das Abzugsrohr zurück. Darüber ist ein großes Trockengestell angebracht. Die Wand ist nicht bis zur Stubendecke hochgezogen. Auf ihr stehen die Milchtöpfe der Hausfrau. Auf der anderen Seite der Wand liegt die Kammer, die mitgewärmt werden soll. Ganz links führt eine Tür in die Kammer. Am Türpfosten hängt ein Kalender, in dem man den „Engelskalender" vermutet. Über der Tür ist der Platz für die Bücher der Familie. Rechts vom Kanapee führt die Tür in den Ern. In der Ecke steht die Kommode und unter dem Fenster der große Tisch. Die Bänke unter dem Fenster scheinen für die Kinder zu hoch. Sie sind vielleicht auch für den Besuch der Stundenleute bestimmt. An der Decke über dem Kanapee ist eine grüne Pflanze (?) zu erkennen. An dieser Stelle ist auf dem Ölbild das Christbäumchen, das noch an der Decke hing (s. Weihnachten).

Die Federzeichnung: Die Stube ist dieselbe, aber durch veränderte Blickrichtung scheint sie tiefer. Das Fenster ist nicht mehr zu sehen, dafür erfaßt unser Bild die gegenüberliegende Seite mit der Schwarzwalduhr, ihrem bemalten Zifferblatt, dem Pendel und den Gewichten. Darunter ist ein Uhrkästchen angebracht, sicher um zu verhindern, daß die kleinen Kinder an Ketten und Gewichten ziehen und so das Werk beschädigen. Daneben steht ein Schrank, der auf der Türseite bemalt ist, wie auf dem Ölbild zu erkennen ist. Davor steht ein Stuhl mit Spinnrad und der Kunkel. Auf dem Ölbild treten diese Teile durch ihre leuchtenden Farben stärker hervor. Auf der linken unteren Ecke der Zeichnung wird uns ein Rätsel aufgegeben. Der Tisch, der auf dem Aquarell unter dem Fenster stand, ist hierhergestellt, und darauf liegt eine Tafel, die bemalt ist. Wir

354

Federzeichnung von Fritz Linder.

drehen das Blatt um und erkennen deutlich in der Mitte eine Kirche, die in ihrer vereinfachten Form der alten Neureuter Kirche ähnelt. Was der Zeichner aber links und rechts davon gemalt oder geschrieben hat, ist nicht zu erkennen. Der Enkel des Zeichners meint, links könne ein Hobel als Hinweis auf den Schreinerberuf des Hausvaters angedeutet sein. Er wäre so groß wie die Kirche. Die Schultafel könnte Hinweis auf den Verfasser sein, ein Kind, und Kinder kümmern sich bei ihren Kritzeleien nicht um die Größenverhältnisse. Unerklärt bleibt bei alledem das „e" oder „l" am rechten Ende. Vielleicht findet ein Neureuter die Lösung?

Der Vorzug der Federzeichnung liegt in der Belebung des Bildes. Der Allvadder, der seine Zeitung liest, das Kätzchen, das auf dem Boden mit einem Wollknäul spielt, der aus dem Nähkorb neben dem Ofen gefallen ist —, verraten etwas von dem, was sonst in dieser Stube vor sich geht. Die Wäschestücke auf dem Trockengestell über dem Ofen sind vielleicht bei der herbstlichen Feldarbeit durchnäßt worden. Das alles trägt dazu bei, daß kein Sonntagsstubenbild gegeben wird, sondern die Momentaufnahme eines werktäglichen Feierabends. Das Spinnrad am einen Ende, die Stallaterne am Türpfosten auf der anderen Seite erinnern daran, daß in diesem Haus immer gearbeitet wird. Die Stallaterne, die auf dem Aquarell noch fehlt, ist bewußt an die Tür zum Ern gehängt. Sie erinnert an die Tagesarbeit draußen und an die letzten Verrichtungen, ehe man sich zur Ruhe legt.

Das Kienöfele: Auf allen drei Ausführungen hat Fritz Linder der Beleuchtung der Stube besondere Aufmerksamkeit zugewandt. Noch zu Beginn des Ersten Welt-

355

kriegs wurde in Neureut die elektrische Beleuchtung eingerichtet. Vorher hatte schon die Petroleumlampe für besseres Licht gesorgt, als es frühere Zeiten kannten. Zwar weiß man in Neureut unter den alten Leuten noch, daß man früher den Kienspan gebrauchte, aber wie der funktionierte, weiß heute niemand mehr.

Wir sehen es auf unseren Bildern. Der Großvater hat neben sich auf dem Kanapee ein Häufchen Kleinholz. Es ist besonderes Holz, Kienholz. Es kommt von der Forle (Kiefer, was eigentlich „Kienföhre" heißt) und entsteht durch die Harzigkeit dieses Baumes vor allem im Wurzelholz oder an Ästen. Früher kamen Bauernbuben in die Städte mit einem Sack voll Kienholz und verkauften ein Bündelchen für einen Zehner den Hausfrauen oder den Köchinnen zum raschen Anfeuern. Solches Kienholz verwendete man für das Kienöfele, aber nicht zur Heizung, sondern zur Beleuchtung, wie wir auf der Federzeichnung am deutlichsten erkennen können. Man verfolge einmal, mit welcher Sorgfalt Fritz Linder beobachtet, wie die Gegenstände in dem Raum Schatten werfen! Am auffälligsten sind wohl die Schatten des Ofens und des Ofenrohres. Linder hatte in Rembrandt ein Vorbild, der seine Gestalten gern aus dem Dunkel ins Licht treten ließ. So ist der lesende Großvater eine Figur in Rembrandtschem Stil.

Wilhelm Linder
und Eva Kath. Brunn
um 1875

Man hatte schon zur Kienspanzeit Halter erfunden, die man beliebig an die Stelle rücken konnte, wo man Licht brauchte. Im Gegensatz zu solchen „Spanstöcken" ist das Neureuter Kienöfele fest an seinen Platz gebunden. Dieser Nachteil des Kienöfele verhindert einen Mangel, den der Lichtspanstock hatte: der Kienspan verqualmte die Stube; wie wir namentlich auf dem Ölbild erkennen können, stand das Öfele in Verbindung mit dem Abzug, der den lästigen Qualm zur Küche und von da in den Schornstein ziehen ließ. Das war ein Fortschritt, den man sich bei Linders nicht entgehen ließ. Sie lasen viel und da man bei Tag zu arbeiten hatte, brauchte man Beleuchtung am Abend. Das Kienholz hatte man im Zehntwald zur Verfügung, und die Schreinerwerkstatt lieferte den Rohstoff für die Beleuchtung gratis —; das harzige Kienholz konnte man für Möbel nicht verwenden. In einem Vertrag der Brüder Wilhelm und Christoph Linder mit dem XIV. Armeekorps in Karlsruhe zur Lieferung von Kasernenschränken ist vorgeschrieben, daß „kiehnen" Holz (Forlenholz) zu verarbeiten sei. Petroleum und Kerzen kosteten Geld, das Kienholz hatte man umsonst, für den Abzug des Qualms war gesorgt: die Linder als sparsame Leute hielten vielleicht länger als andere im Ort an ihrem Kienöfele fest.

Wenn wir freilich die Bilder von Fritz Linder anschauen, will es uns scheinen, als ob der Sohn zu dem Licht, das abends in der Stube leuchtete, ein besonderes Verhältnis hätte. Besonders auf dem Aquarell tritt das hervor. Das Licht des Kienöfele steht in der Mitte des Bildes und erhellt die Stube. Es ist gewiß nicht das „große Licht", das dem „Volk" leuchtet, aber es erinnert daran, mahnt an das ewige Licht. Der Wahlspruch der Waldenser war „Lux lucet in tenebris" — das Licht leuchtet in der Finsternis. Wir haben gesehen, wie die Neureuter Pietisten im Hardthaus ein- und ausgingen. Sicher kannten auch sie dieses Wort.

Der Raum des Aquarells ist merkwürdig flach und starr. Im Lauf von Linders Bemühungen um das Thema „Kienöfele" belebte sich die Szene, die Stube bekam Tiefe, wurde inhaltsreicher und (in übertragenem Sinn) „farbiger". Der Großvater auf dem Bild liest Zeitung beim Kienöfelelicht, für den Sohn verklärt dieses Licht die Stube seiner Eltern.

4. Religion

a) Kirchenältester Abraham Guilliot, ein Hugenotte

In mehreren Quellen zur Welschneureuter Geschichte erscheint der Name Abraham Guilliot, aber nirgends erfährt man etwas anderes über ihn, als daß er „ancien", Ältester im Kirchengemeinderat von Welschneureut war. Sein Name fehlt auf allen Listen der Einwanderer, auch Kirchenbucheinträge sind von ihm keine in Neureut nachzuweisen. Er hat nie in Neureut gewohnt. Ab 1714 taucht er in Mühlburg als Schutzbürger des Gründers von Karlsruhe, Markgraf Karl Wilhelm, auf. Aus Akten und Einträgen in den (lutherischen) Kirchenbüchern von Mühlburg erfahren wir, daß er 1682 in der Champagne geboren ist, also drei Jahre vor der Aufhebung des Edikts von Nantes durch Ludwig XIV., das den französischen Protestanten 1598 Religionsfreiheit zugesichert hatte. Sein Geburtsort ist Loisy-en-Brie bei Châlons-sur-Marne. Sein Bruder ist Handschuhmacher in Amsterdam, seine Mutter wohnt bei ihm in Mühlburg. Von seinem Vater erfahren wir nichts. 1714 wird Abraham Guilliot Apotheker in Mühlburg. Wie er nach Mühlburg kam, ist uns nicht bekannt. Als Reformierter schloß er sich der nächsten reformierten Kirche, der in Welschneureut, an. Die Apotheke in Mühlburg ging schlecht. Guilliot konnte sich keinen Lehrling oder Gehilfen leisten. Da er zunächst unverheiratet blieb, trafen ihn die Aufforderungen, in Mühlburg Frondienst zu leisten, besonders hart. Er mußte seinen Laden in dieser Zeit schließen. Im Generallandesarchiv liegen viele Eingaben an den Markgrafen, die Guilliot selbst in französischer Sprache schrieb. Wir lernen ihn dadurch genauer kennen. Seine Schrift ist gestochen und schön zu nennen, sein Stil elegant, klar und bar all jener Schnörkel, mit denen seine deutschen Zeitgenossen in fast unerträglicher Weise ihre schriftlichen Äußerungen verzierten.

Mit seinen Landsleuten in Welschneureut dürfte er nicht viel mehr als die Sprache und die Religion gemein gehabt haben. Wir wissen nicht einmal, ob er als Kirchenältester seine Stimme erhoben oder sonst Einfluß auf die Gemeinde ausgeübt hat.

Sein Schicksal ist tragisch zu nennen. Seine Mutter stirbt 1736, er heiratet spät, schon 1741 stirbt seine Frau, er bleibt kinderlos. In dem stagnierenden Mühlburg findet er keine Anerkennung, erlebt er keinen Aufschwung. Er baut sich schließlich vom Geld seiner Frau ein Häuschen in Mühlburg. Nicht einmal seine Apotheke in Mühlburg bleibt erhalten. Nach seinem Tod (1758) wird sein Privileg auf die Apotheke in Graben übertragen. Ein Gebildeter, der in der Fremde keine Heimat findet. Erst 75 Jahre nach seinem Tod bekommt Mühlburg wieder eine Apotheke.

b) Der Pietismus in Neureut

Über die kirchlichen Verhältnisse in Neureut ist im ersten Teil dieses Buches an zahlreichen Stellen ausführlich berichtet worden (II/5, III/2, III/3, V, VI 4/6, VII 9/11).

Wenn wir hier noch einmal auf den Pietismus zu sprechen kommen, dann vor allem, weil in der aus Neureut stammenden Familie Linder so reiches Material aus dem letzten Jahrhundert erhalten geblieben ist, daß daraus die tiefe Einwirkung auf das Leben in Neureut und die Erfassung eines beträchtlichen Teils der Bevölkerung zu erkennen ist. Es handelt sich dabei nicht um Feiertagsbeschäftigung, sondern um eine das ganze Leben des einzelnen bestimmende Grundeinstellung. Man hörte auf, sich zu begnügen mit dem, was die Kirche lehrte, sondern wollte sein Leben ganz nach der christlichen Lehre ausrichten. Dazu dienten die „Stunden", in denen die Erweckten und „Bekehrten" sich vereinigten, um Glaubenserfahrungen auszutauschen, die Bibel zu lesen, die Losungen der Brüdergemeinde zu vernehmen und ins Dorf zu tragen. Die sich dazu bekannten, nannten sich „Bruder" und „Schwester" und faßten ihre Gemeinschaft als eine geistliche Familie auf. Wenn auch diese Bewegung zahlreiche Vorbilder hatte, die von außen einwirkten, ist doch hervorzuheben, daß Neureut dadurch tief erregt und erfaßt wurde. Es ist die erste Bewegung, von der wir hören, daß sie einen Teil der Gemeinde zu einer selbständigen geistigen Haltung führte.

Die Anfänge des Pietismus in Neureut lassen sich nicht genau festlegen. Wer in jener Zeit einen e i g e n e n Weg suchte, geriet in Konflikt mit Kirche und Staat. Wenn, wie oben berichtet, 1817 eine pietistische Versammlung von Teutsch- und Welschneureutern entstand, deckt sich das nahezu mit der Überlieferung in der Familie Linder, schon Georg Friedrich Linder (1772—1813) habe es mit den Stundenleuten gehalten (s. dazu auch S. 403ff. den Brief seines Bruders Johannes aus der Krim vom Jahre 1817). In Welschneureut hatte der Pietismus in Pfarrer Gachnang (gestorben 1801) früh einen Förderer gefunden. Das ist insofern verständlich, als die Erwählung des Einzelnen im Kalvinismus zu den Hauptsätzen der Lehre gehörte. Dieser Glaube hatte den Vorfahren der Welschneureuter die Kraft gegeben, die Heimat der Religion wegen zu verlassen. Es muß sie sehr enttäuscht haben, daß das Leben in der neuen Umgebung ihre Erwartungen nicht erfüllte. Wir haben oben gesehen, daß man ihnen vorwarf, sie vernachlässigten die Landwirtschaft und versuchten, in der nahen Stadt ihr Brot zu verdienen; sie ergriffen gern „allerlei Gelegenheiten, um ihren geringen Verdienst ohne Nutzen für ihre Familien zu verwenden". Ob dieses Urteil berechtigt war oder ob der Kommissar Welz, der diesen Vorwurf erhob, im agrarischen Denken des Landes zu jener Zeit befangen war, sei dahingestellt. Jedenfalls steckten die Welschneureuter in jener Zeit in einer schweren Krise, aus der ihnen Welz heraushelfen wollte. Es wäre durchaus möglich, daß einige Welschneureuter seine Vorwürfe teilten, aber nach einer anderen Abhilfe strebten und diese im Sinn der ausgewanderten Vorfahren zusammen mit dem Pfarrer in der Religion suchten.

Das 1715 gegründete Karlsruhe war mit den alten großen Städten, die in der Vorstellungswelt der Kalvinisten eine Rolle spielten, Genf, Paris oder Amsterdam, nicht zu vergleichen, aber die Welschneureuter begriffen schnell, daß die entstehende Stadt ihnen in den Bauberufen Verdienst bieten konnte; sie hatten einen Rückhalt in der Landwirtschaft, welche ihre Frauen übernahmen. In dieser Übergangsphase mag der Pietismus manchen von ihnen Halt geboten haben. Auch das von Karlsruhe ausgehende Wirken Jung-Stillings, der eine Erweckungsbewegung schuf, müßte berücksichtigt werden. (Jung-Stilling, 1740 geboren, starb in Karlsruhe 1817.)

Von Welschneureut könnte der Funke auf Teutschneureut übergesprungen sein, das durch seinen größeren Grundbesitz nicht so stark in die Krise geriet wie das neue Dorf. Ein intimer Kenner der Neureuter Verhältnisse weist darauf hin, daß die Welschneureuter gewohnt gewesen seien, in der I s o l a t i o n zu leben, und daher auf das Leben in ihrer Gemeinschaft vertrauten. Sie seien zudem durch ihre Herkunft viel beweglicher, im Denken wie im Sprechen, als die Teutschneureuter.

So aber war auch in Teutschneureut der Boden bereitet, als Pfarrer Henhöfer von Graben bzw. Spöck aus eine neue pietistische Welle auf der Hardt auslöste. Das Hardthaus (s. oben) wurde der Mittelpunkt der pietistischen Bewegung in Neureut. Die Hardtfeste dort nannte man in TN „Bedischdekerwe", die Versammlungen (Stunden) hießen „Schdonne", wer regelmäßig dahinging, war ein „Schdonnerenner", die Leiter, die Stundenhalter, hießen „Schdonnehälder". Es wird berichtet, die alte Kirche sei zu klein geworden, viele Teilnehmer mußten außen zuhören, und wenn die Anhänger aus anderen Gemeinden kamen, brachten sie Leitern mit, um besser hören zu können. Auf diese Zustände geht es angeblich zurück, daß Teutschneureut nach jahrzehntelangem Warten die große Kirche bekam. Inzwischen hatte die Bewegung die Hälfte der Bevölkerung erfaßt.

In jener Zeit hatten die meisten Neureuter keine Zeit, etwas von ihrem Leben niederzuschreiben. Daher sind uns die Erinnerungen des aus Teutschneureut stammenden Hauptlehrers Wilhelm Linder, die in den „Heimatglocken" veröffentlicht wurden, als Zeugnisse des damaligen Lebens besonders wichtig. Linder ist 1860 geboren. Er schreibt:

„Gut kann ich mich erinnern, daß, nachdem wir Kinder wieder einmal recht unartig gewesen waren, die Mutter mit uns niederkniete und mit uns für uns betete."

„Daheim wurden wir streng zur Arbeit angehalten. Es gab für uns in Haus, Hof, Scheune, Stall und Feld viel zu helfen, und oft beneideten wir unsere Altersgenossen, die dort beim Frankenbirnbaum Lochballes, Kappenballes, Hospeles und andere Spiele machen durften. Unser Vater wollte uns eben vor Müßiggang und seinen Folgen bewahren, und die Arbeit hat uns gar nichts geschadet."

Um den großen Frankenbirnbaum an der Hauptstraße spielten die Teutschneureuter Kinder.

„Wir hatten von Jugend auf das Glück, gute Freunde und getreue Nachbarn zu besitzen. Im Vorderhaus wohnte Großvaters Schwester, die Nagelsabe, mit ihren Kindern, Bas Juliane, Vetter Fritz und die anderen. Vorder- und Hinterhaus war stets ein Herz und eine Seele bis hinab zu den späteren Enkeln. Oft fanden wir bei unseren Freunden „vorn" Hilfe in der Not, um gelegentlich auch ihnen einen Liebesdienst erweisen zu können."

„Noch sehe ich dort im Hinterhaus Vater und Mutter links vom Tisch, Großvater rechts knien, um Gott zu danken und ihm alle Anliegen kindlich zu sagen. Besonders höre ich noch die gelesenen Psalmen, die sich mit den Jahren dem Gedächtnis besonders stark einprägten."

„Oft erzählte uns der liebe Vater biblische Geschichten und andere Geschichten, auch sang er sehr gern. Eines seiner Lieblingslieder war: „Ich will streben nach dem Leben . . .'"

„Schön war es morgens, während Vater und Mutter schon an der Arbeit waren, noch bei Großvater Brunn im Bett sein zu dürfen. Da wurden Purzelbäume geschlagen, gelernte Sprüchlein hergesagt und viel gesungen."

„Ein von Großvater gelerntes Morgengebet* ist mir bis heute (das heißt sechzig Jahre später) im Gedächtnis geblieben. Es heißt:

Die helle Sonn leucht' uns herfür,
fröhlich vom Schlaf aufstehen wir.
Gott Lob, der uns heut nacht
behütet hat vors Feindes Macht.
Herr Christ, den Tag uns auch behüt
vor Sünd und Schand durch deine Güt,
und laß die lieben Engelein
unsre treuen Hüter und Wächter sein,
daß unser Herz dir ghorsam leb,
deinem Wort und Will nicht widerstreb,
daß wir dich stets vor Augen han,
in allem, was wir fangen an,
daß unser Werk gerate wohl,
gleich was ein jeder ausrichten soll,
daß unsere Arbeit, Müh und Fleiß
gereich zu deines Namens Lob, Ehr und Preis.

Amen."

---

* Es handelt sich um ein Lied von Nikolaus Hermann (1480—1561). Tonsetzer war Melchior Vulpius (1609). Das Lied steht im Evang. Kirchengesangbuch Baden 1951. Es erscheint allerdings nicht im bis dahin geltenden Evang. Gesangbuch von 1882. (Nach Friedbert Linder und Wilhelm Meinzer).

c) Unterhaltung im Hause Linder

Einen Einblick in das Niveau der Unterhaltung im Hause Linder gewährt uns ein Eintrag der 19jährigen Luise Linder (1869—1889). Das Mädchen war krank und starb ein Jahr nach der Unterhaltung. In ein Wachstuch-Oktavheftchen trug es ein, was geschehen war.

„Ich sitze im Bett und häkle an einem Nachttischdeckchen, Allvater sitzt in der Stube und unterhält sich mit Karl und Julius (ihren Brüdern) über dies und das, stellt Vergleiche an zwischen der Jetztzeit und früher. Heute ist's Thema von den Erdbeben. Karl meint: In der Erde seien Baumstämme von früher, und wenn diese brennen, von dem Rauch entstehen die Erdbeben. Allvater sagt: daß dieses Menschen lehren, die nicht an Gott glauben, und erzählt von zwei Männern, wo der eine dem andern durch einen Globus bewiesen hat, daß der l. Gott die Erde erschaffen habe. Karl will wissen, was ein Globus ist. Allvater erklärt's ihm, daß es ein Ding sei wie ein Dreifuß mit einer runden Kugel. Es ist immer unterhaltend . . .“

Es ist nicht wichtig, welchen Standpunkt die eine oder die andere Seite einnimmt, vielmehr, worüber der Schreiner Georg Michael Linder (geb. 1805) und seine beiden Enkel diskutieren, aber auch, was das kranke Mädchen für aufschreibenswert hält und „unterhaltend“ findet. Im Hintergrund wird der Konflikt zwischen Wissenschaft und Glauben sichtbar. Das Wort „All-vater“ ist keine Blasphemie, sondern steht mundartlich für Alt-vater, Großvater.

d) Der Pietist Wilhelm Brunn

Der Teutschneureuter Wilhelm Brunn schreibt am 10.Juli 1852 an seine Eltern. Am 1. Juli war seine Pioniereinheit in Karlsruhe abmarschiert. Es ging durch den Hardtwald nach Graben, von da nach Wiesental. Hier war 1849 das bekannte Gefecht zwischen den Preußen und den Freischärlern. Darüber Wilhelm Brunn:

„In Wiesental . . . sahen wir die Denkzeichen der Revolution, z.B. in der neuen Kirche, die anno 1846 erbaut wurde . . . ; beim Hochaltar stecken vier und weiter herwärts eine Kartätschenkugel in den Fensterpfeilern, so auch in den benachbarten Häusern sind viele Kartätschen und Sechspfünder, eines derselben bewohnte ein Bäcker, welcher an der Mulde totgeschossen wurde. Auf dem Kirchhof liegen sechs preußische Husaren, darunter ein Major und ein Leutnant, welchen ein prächtiges Denkmal errichtet ist mit der Inschrift „Dem tapfern Befreiungsheer“. Hinter dem Friedhof aber (welche Schande für Baden) liegen etliche zwanzig badische Soldaten.“

Man muß dazu wissen, daß Verbrecher nicht auf dem Friedhof bestattet werden durften, sondern außerhalb an der Mauer. Die badischen Soldaten waren also Verbrechern gleichgesetzt. Das ist die „Schande“, die der junge Pionier empfindet. Der Marsch geht weiter über Hockenheim-Schwetzingen nach Mannheim. Er schildert den Dienst dort. Dieser sei

„nun bedeutend härter als in Karlsruh, doch macht mir das Brückenschlagen nicht viel Sorgen, weil ich arbeiten und denken gewöhnt bin."

> Aufschlußreich für ihn, daß er nicht nur die Arbeit, sondern auch das „Denken" erwähnt. Der Pionierdienst ist für ihn also nicht nur ein Drill. Er versucht die militärischen Aufgaben so zu bewältigen, wie er es von seinen „Stunden" gewöhnt ist, wo auch die denkende Mitarbeit gefordert wird. Er fährt fort:

„Das ist nun eine kurze Übersicht meines äußeren Lebens, aber ich will Euch auch noch mitteilen, wie es sonst um mich steht. Die vielen bösen Beispiele wirken nicht gut auf mein Geistesleben, denn ich bin sehr schwach, geistliche Nahrung weiß ich in Mannheim keine zu finden. In der Kirche habe ich bis jetzt noch kein L e b e n s w o r t gehört, denn der Unglaube hat kein Leben aus Gott, darum, wenn Ihrs erfahren könnt, so schreibt mir, wo ich mich hinzuwenden habe. Vor allem bitte ich Euch . . . auf den Knien für mich zu beten, daß der Herr mich stärke und kräftige, daß ich keinen Schaden nehme am Leib und an der Seele, denn es kostet Mühe, den guten Kampf zu kämpfen in dieser argen und verkehrten Welt . . ."

> Wie ein Prediger spricht der junge Brunn seine Eltern an: „Das menschliche Herz kann zu seiner Bewährung nicht lauter gute Tage brauchen!" Und von seinen Eltern gehen seine Gedanken zu seinem Heimatdorf Teutschneureut weiter:

„Welch süße Wonne würde es mir sein, wenn ich mein Neureut als eine b e k e h r t e G o t t e s f a m i l i e denken könnte, aber dazu fehlt noch viel, denn von den wenigen, die in die Stunde gehen, sind etliche noch sehr schwach, zum Teil auch noch weltlich gesinnt; darum so betet, daß Euch der Herr gnädig sei und Euch Kraft gebe, Seinen Namen zu bekennen und dem Evangelium würdiglich zu wandeln, damit durch Eure Schuld keine der teuer erkauften Seelen verloren gehe. Die Gnade unseres Herrn Jesu Christi sei mit Euch allen, Amen."

> Wir staunen über die Beredsamkeit dieses Neureuter Jungen. Wilhelm Brunn wollte Missionar werden. Er besuchte später in Basel das Missionshaus St. Chrischona. Seine theologische Ausbildung konnte er wegen Krankheit nicht abschließen.

5. Bräuche im Jahreslauf

a) Weihnachten

Dieses Fest wird heute in Neureut ähnlich wie überall in Deutschland gefeiert, anders in der Kirche als in der Familie und wieder anders als in den Vereinen.

Vergleichen wir mit unseren heutigen Feiern einmal die Schilderung des Festes, wie es vor hundert Jahren in Neureut begangen wurde. Wilhelm Linder erzählt davon im Jahre 1932:

„Am schönsten war es, wenn an Weihnachten ein kleines Christbäumchen mit strahlenden Lichtern, mit Äpfeln und Springerlein an der Decke hing und der

Vater die Weihnachtsgeschichte erzählte, wir mit in die Weihnachtslieder ein-
stimmen durften und sich dann jedes Kind an einem Lebkuchen mit Mandeln
gütlich tun konnte. War die Gabe auch nur gering, so war die Freude umso
größer."

Uns heute fällt an dieser Schilderung die Kargheit der Geschenke auf: sie be-
schränkten sich auf einen Mandellebkuchen, und damit waren die Kinder
glücklich! Vergessen wir über dem Staunen darüber nicht, was sonst gesagt ist.
Man hat schon einen Christbaum, aber es ist nur ein Bäumchen, und es hängt
an der Decke! Warum? Die Stuben waren eng. Aber das dürfte nicht der Haupt-
grund sein. Das Bäumchen sehen wir auf dem Ölbild vom Kienöfele, das der
Bruder von Wilhelm, Fritz Linder, 1908 schuf. Es hängt dort, wo sonst eine
Schale mit einer Hängepflanze gezeigt wird (vgl. S. 354f. beide Darstellungen). Es ist der Platz, wo in der alten Kirche die Ampel mit dem Ewigen Licht
leuchtet. Das Bäumchen mit den Kerzen bringt Licht in die Wohnstube hinein;
das Leben, die Wachstumsspitze des Bäumchens, ist den Menschen zugewandt. Anders in der Kirche: da s t e h t ein Christbaum, dessen Kerzen der
Kinderschulvater Wilhelm Stober auf einen Schlag mit einer Zündschnur ent-
zündet. Wilhelm Stober ist derselbe, der 1852 acht Tage ins Gefängnis mußte,
weil er gegen den Willen des Ortspfarrers die Kinderschule nach seinen Vorstellungen gegründet hatte.

b) Proß Neijohr
E Brezel wie e Scheiredor!

Die Neujahrsbräuche scheinen in Neureut in den Kriegszeiten ausgestorben zu
sein. In mehreren Hardtorten, so in Blankenloch oder Spöck, aber auch in
Eggenstein kennt man sie noch. Der Spruch unserer Überschrift ist Allgemein-
gut, aber niemand kann sagen, wer in Neureut die Brezel an Neujahr bekam
oder wer sie schenkte. Und doch haben wir eine Besonderheit festzustellen:
man sagte in Neureut nicht prost oder proscht, sondern — proß!

Schnell ist man mit der Erklärung zur Stelle: die Neureuter können halt nicht
Latein, und so haben sie „prosit" zu proß verkürzt. Es fragt sich nur, warum sie
dann beim Zutrinken oder Anstoßen „proscht" sagen können!

Ernst Ochs, der verdienstvolle Herausgeber des Badischen Wörterbuchs hat
herausgefunden, was in „proß" steckt. Vom Bodensee bis ins Bauland belegt er
das Wort „Broß", das Knospe bedeutet, manchmal auch „junger Trieb". Im
Taubergrund ist danach die Erdbeere benannt. Sie heißt dort „Brosselter" oder
„Brosselbeer". Das Knospen, Blühen, Fruchttragen und Entstehen neuer
Pflanzen an der Erdbeere ist für den Beobachter jedes Jahr ein Ereignis. So soll
das neue Jahr jedem, dem man „Proß Neujahr" wünscht, Wachsen und Gedeihen bringen, dasselbe was wir meinen, wenn wir Prosit oder Prost Neujahr
wünschen.

Es fällt auf, daß keine andere europäische Kultursprache prosit in Verbindung
mit Neujahr gebraucht. Auch bei uns ist die Form des Neujahrswunsches ver-

hältnismäßig jung. In der Zeit, wo man das Wort „Bruhrain" nicht mehr verstand und man es sich als „Prorhenus" (Vorrhein) erklärte, mag in akademischen Kreisen das „vornehmere" Prosit für älteres „broß" eingesetzt und nachgeahmt worden sein. Unterstützt wurde der Vorgang dadurch, daß unserer Schriftsprache das Wort brossen „sprießen" fehlt. Aber in allen süddeutschen Mundarten finden sich seine Spuren. So können die Neureuter getrost weiterhin „Proß Neijohr" wünschen, wenn sie nicht die ausführlichere Form wählen, die der Nachtwächter früher gebrauchte, wenn er an Neujahr ins Haus hineinrief: „Wilhelm, i wensch dir und deiner Fra un deim Dochdermann und seiner Fra und seine Kenner e glücklichs Neijohr!" So lesen wir es in den „Heimatglocken" April 1932, Seite 15. 120 Jahre ist diese Erinnerung alt.

c) Karfreitag im „Fischber"

An überlieferten Bräuchen ist Neureut nicht gerade reich. Umso beachtenswerter ist die bis in die Jahre nach dem Zweiten Weltkrieg noch geübte Sitte, an den Karfreitagen zum Rheinwald zu pilgern. Der Ausdruck „pilgern" ist hier nur im übertragenen Sinne zu verstehen, denn es handelt sich nicht um eine geschlossene Prozession, vielmehr machte man sich meist familienweise und völlig zwanglos auf den Weg. Doch dieser Gang, an dem sich nahezu das ganze Dorf beteiligte, schien mehr zu sein, als nur ein gewöhnlicher Frühlingsspaziergang.

Karfreitag! Vor bald 250 Jahren wurde er in der Markgrafschaft Baden-Durlach zu einem Buß- und Fasttag bestimmt. Überhaupt spielten in der Zeit nach dem Dreißigjährigen Krieg und den in den darauffolgenden Jahrzehnten erneut aufbrandenden Kriegs- und Notzeiten die Fast-, Buß- und Bettage eine große Rolle im kirchlichen Leben. Zeitweise ist sogar in jedem Monat ein Bußtag begangen worden, waren Tanzbelustigungen und Kirchweihen gänzlich verboten. Fastnachtsvergnügungen kannte man in den evangelischen Orten der Hardt ohnehin nicht. Der einzige Fastnachtsbrauch bestand im Backen von „Küchle", die es in Neureut in jedem Hause gab und von denen man sagt, daß sie vor der Reformation den Bewohnern der sieben Hardtdörfer bei der alljährlichen Fastenwallfahrt zum Kloster Gottesaue dargeboten worden seien.

Vor diesem überlieferten Hintergrund beging man den Karfreitag in Neureut bis in die jüngste Vergangenheit in strenger Form. Kein lautes Wort durfte aufkommen, und ein unbedachtes Kinderlachen unterband die Mutter oder Großmutter mit mahnendem Blick: „s isch Karfreidag!" Es war, als erlebten groß und klein in beklemmender Traurigkeit die Leidensgeschichte Jesu unmittelbar mit.

Die menschenleeren Straßen füllten sich erst beim Zusammenläuten zum Karfreitagsgottesdienst. Ganz in schwarz gekleidet strömten die Menschen zur Kirche. Noch in den dreißiger Jahren mußte der Mesner in der sehr geräumigen Teutschneureuter Kirche die Kinder auf die hintersten Orgelbänke verweisen oder gar nach Hause schicken, damit Platz für die Erwachsenen geschaffen werden konnte.

Zum Mittagsessen gab es zumeist Maultaschen („Mauldesche") oder auch Dampfnudeln. Niemandem wäre es eingefallen, an diesem Tage Fleisch zu essen! Bereits am Gründonnerstag kam Spinat oder Grünkraut auf den Tisch. Die später üblichen Fischmahlzeiten haben in Neureut keine lange Tradition, hatte doch dieser Ort seit seinem Bestehen keinen Zugang zu den Fischgründen des Rheins, weil die Nachbarorte Knielingen und Eggenstein gegenüber der Nachgründung Neureut ihre Gemarkungsteile am Rhein für sich behielten. Noch heute treffen am Hochwasserdamm der ehemals Knielinger Rheinwald und das Eggensteiner „Fischber" zusammen.

Das Fischber! So nennen die Eggensteiner seit alter Zeit den diesseits des Altrheins gelegenen Teil des Rheinwaldes, den sie, wie bereits erwähnt, mit Knielingen zu teilen hatten. Die Bedeutung des Namens „Fischber" oder der noch älteren Bezeichnung „Fischmar" liegt weitgehend im Dunkeln. Zu den ungelösten Rätseln aus der Vergangenheit gehört die Frage, warum es die Neureuter gerade am Karfreitag unwiderstehlich in diesen Wald zog. Die Tatsache, daß sowohl die Teutschneureuter als auch die Welschneureuter diesen Karfreitagsgang unternahmen — diese mehr südwärts dem Knielinger Teil zustrebend, jene nördlich davon das Eggensteiner „Fischber" bevorzugend — ließe an eine Entstehung dieses Brauches etwa um die Wende des 18. und des 19. Jahrhunderts denken. Möglich ist aber, daß dieser Brauch im alten Neureut schon vorher bestand und von den Welschneureutern allmählich mitübernommen wurde.

Hypothetisch bleiben muß sicherlich der Gedanke, dieser karfreitägliche Gang zum Rheinwald stände evtl. im Zusammenhang mit den Ereignissen des Dreißigjährigen Krieges, als die Neureuter nach dem Zeugnis ihres damaligen Ortspfarrers Buss im Rheinwald oft letzte Zuflucht fanden vor der mordwütigen Soldateska. In der Tat bekäme damit der Neureuter Karfreitagsgang zum Rheinwald einen realen Sinn. Zum Dank und Gedenken zog man an diesem höchsten kirchlichen Feiertag zu dem Wald, der einst Schutz und Geborgenheit vor Gefahr für Leib und Leben vermittelte. Zahllose Generationen taten es ihren Voreltern gleich, den Brauch damit erhaltend und weitertragend, wenngleich auch der eigentliche Grund hierfür in der Gegenwart nicht mehr erkennbar erscheint. Jedenfalls hielt es die Neureuter an diesem Tage nicht in ihren Behausungen. Nach der „zweiten Kirch", dem um 13 Uhr beginnenden Gottesdienst, strömten sie, einem Heerwurm gleich, auf den wenigen Zugangswegen dem Rheinwald zu, ohne daß es dazu einer Verabredung bedurft hätte. Zwar trug man immer noch das feierliche Schwarz, doch verdrängte nun eine heitere Gelassenheit die vormittägliche Trauerstimmung. Man begrüßte sich unterwegs durch fröhliche Zurufe. Meist lachte ja auch die Sonne vom blauen Himmel. Der Frühling war eingezogen, die ersten Blumen blühten, ein Hauch österlichen Auferstehungsahnens schien sich auszubreiten.

Im Walde verteilte sich der Strom etwas. Bald ließen sich die ersten Wanderer an einem sonnigen Plätzchen nieder, am Altrhein etwa, am „Dolgraben" oder am „Marktplätzle". Wer gut zu Fuß war, strebte ferneren Zielen zu, übers Pfeifer-

Rheinlauf und Rheinwald zwischen Knielingen und Eggenstein um 1785.

brückle zum offenen Rhein, der Alb entlang zum Steineck, zum Jägersteg oder gar zur Egg'steiner Bell.

Von der Tulla'schen Rheinregulierung und den darauf folgenden Dammbauten einmal abgesehen, blieb der Rheinwald bis in die Zeit vor dem Zweiten Weltkrieg von menschlichen Eingriffen weitgehend verschont. Teile davon waren bei Hochwasser überschwemmt und auch in den übrigen Zeiten morastig und schwer zugänglich — ein Stück unverfälschter Natur! Faszinierend wirkten die gewaltigen Wassermassen des Rheins, nach der Regulierung „Neuer Rhein" genannt. Beruhigung ging von den massigen Hochwasserdämmen aus, die Schutz vor der allgegenwärtigen Hochwassergefahr boten. Mündliche Überlieferungen über Überschwemmungskatastrophen vergangener Tage sind in Neureut zum Teil bis heute lebendig. Am Rheinufer ließ man sich bevorzugt zu einer Rast nieder, bestaunte die stampfenden Raddampfer, bewunderte die Geduld der Angler.

Über das frühere „Pfeifferbrückle"
führte einst der Weg zum offenen Rhein.

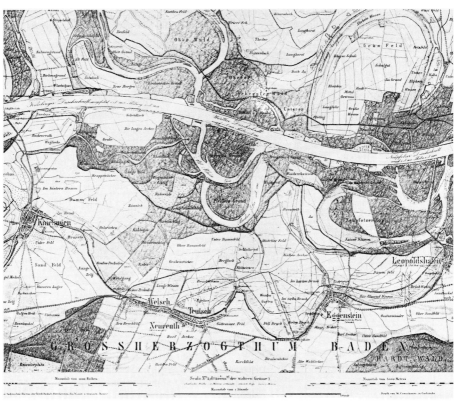

Die Landschaft nach der Tulla'schen Rheinregulierung. (um 1835)

368

Ohne ein Sträußchen Schlüsselblumen wollte an diesem Tage niemand den Heimweg antreten. Stolz schwangen die Buben ihren Haselstock, der während der Rast oft kunstvoll geschnitzt oder verziert wurde, und mancher Vater zauberte mit geübter Hand aus einem jungen Weidentrieb eine herrliche Kuckuckspfeife. Überhaupt der Kuckuck! Jeder freute sich über seinen Ruf, und wer beim ersten Kuckucksruf seinen Geldbeutel anfaßte, dem ging das ganze Jahr über das Geld nicht aus.

Grüppchenweise zeigten sich auch die Konfirmanden, die sich nunmehr zu den Erwachsenen zählten und trotz der Würde des Tages zu übermütigen Streichen aufgelegt waren. Manche neue Konfirmandenhose bekam dabei die ersten Risse.

Gegen Abend aber strömte es wieder dem Dorfe zu, in den Ställen wartete das Vieh, nochmals riefen die Glocken zum Gottesdienst. Müde hingen die Kinder an der Hand der Mutter, glückselig saß der Jüngste „hozzelbrie" auf der Schulter des Vaters. Ein erfüllter Tag! (Zu „hozzelbrie" s. S. 398).

W. M.

d) Maibräuche

Den ersten Hinweis auf Neureuter Maibräuche finden wir unter den Klagepunkten gegen den Vogt Beck (s. S. 131). Es wird ihm vorgeworfen, er habe dazu ermuntert, „Maien" zu stecken. Wahrscheinlich handelt es sich um junge Birken, die vor die Häuser gestellt wurden. „Grünen" nannte man das, in der Mundart „greene". In dem Tageheft der Luise Linder (gestorben 1889) lesen wir bei der Einweihung der neuen Teutschneureuter Kirche: Das ganze Dorf wurde „gekrönt". Später wurden aus solchen Stecken richtige Bäume, die die jüngeren Burschen des Ortes vor ihren Stammwirtschaften aufstellten, wobei jede Gruppe den Ehrgeiz hatte, den schönsten und größten Maien zu haben. Dieser Brauch, im Dritten Reich belebt, ist in den letzten 25 Jahren nach und nach eingeschlafen.

Die Nacht vor dem 1. Mai ist die Walpurgisnacht. Da wurden allerhand Streiche ausgeheckt und Schabernack getrieben. Mit Sägemehl oder Häcksel zeichnete man zuweilen und meist ohne Wissen der Betroffenen den Weg vom Haus eines Mädchens zu dem eines heimlichen Verehrers. Auf gleiche Weise wurde auch über sonstige geheime Verbindungen gespottet. Hatte ein Mädchen einen schlechten Ruf, so konnte eine Häckselspur gelegentlich auch zum Farrenstall führen.

Die Welschneureuterin Luise Durand hat in dem Gedicht „Unser Neret einst und jetzt" einige solcher Bräuche beschrieben, allerdings ohne den ersten Mai oder die Hexennacht zu erwähnen. Wir geben ihre Worte wieder, ohne sie als „Verse" zu kennzeichnen.

„En Nachtwechter hat's a einst gewe,/ der konnt als manchmol was erlewe./ Denn alle Stund macht er sei Runde./ Isch er drin im Wachthäusle gwest,/ mache d'Junge 's ganz Dörfle letz./ Die Wäge abmontiert,/ nuffzoge ins Kehlgebälk un uffmontiert./ Mit de Körb de Mischt nuffzoge/ un drowe glade, d

Balke henn sich ball boge!/ Des war e Leischtung, von der mer spricht,/ denn damals gab's noch kei elektrisch Licht./ For die arme Bauersleit/ war des b'stimmt koi arge Fraid./ Annere henn en Briihkaschde en d Tränke neigstellt/ un en dann mit Wasser gfüllt./ Des war for die Leit kooi Vergnüge,/ den Kaschde widder rauszuziege."

Ähnliche Streiche werden auch von anderen Nächten berichtet, so nach dem Tabakeinfädeln, oder von den Streitigkeiten zwischen Welsch- und Teutschneureutern.

Noch eine köstliche Episode weiß Luise Durand. Obwohl sie vor lauter Eifer am Ende die Reime vergißt (das Versmaß behandelt sie sowieso souverän), wollen wir hier die Verse richtig als Verse schreiben:

„Oimol isch em doch Angst worre, unserm Nachtwächter,
do isch em vergange sei Gelächter.
's kommt was 's Dorf nunnergrent un glebbert:
der Wächter nix wie nei un d'Dür zugschmettert.
Er hat durch de Dürspalt gschielt
gschpannt, was sich jetz abschpielt.
Er denkt: zum Dunnerkeitel
Des isch jo de wahrhaftig Deifel!
's war awwer bloß e Kuh, uff de Herner hat se e Malzfaß,
un mit dem isch se 's Dorf her- un norgrast.
So kennt mer fortmache bis morge frih,
denn e End find' mer do nie.

Diese Geschichten stehen sowohl für Walpurgisnachtsstreiche in Neret wie überhaupt für die Erfindungslust der Nereter. Auch wenn die Teutschneureuter die Welschneureuter für „Esel" halten, die Welsche haben ihre Streiche in Verse gebracht, wenn auch manchmal in holprige.
Das Gedicht stammt aus dem Jahr 1961.

Zum Schluß sei noch die Maientour erwähnt, die fast so obligatorisch wie der Karfreitagsgang zum Fischber war. Im Gegensatz zu heute steuerte man natürlich keinen Grillplatz an, sondern suchte Maiblümle und brachte einen großen Strauß mit heim.

Die Neureuter sind aufs Dichten und Reimen nicht versessen. Aber einen Reim haben sie sich nicht entgehen lassen:

Am erschde Mooi
schickd mer de Esel ins Hooi!
(Warum? Am 1. Mai gibt's noch kein Heu!)

Daß man am 1. Mai in den Mai „schickt", hängt wohl mit dem „Aprilschicken" zusammen. Wer sich da hereinlegen ließ, mußte sich den Zuruf „Aprillekuh" gefallen lassen.

Aber wehe, wenn das Aprilschicken über den ersten April ausgedehnt wurde. Dann hieß es:

De erschd April isch scho vorbei,
Du musch selwer de Esel sei!

e) Neureuter Kirchweih — einst und jetzt

Alljährlich am dritten Augustsonntag kehrt sie wieder, die Neureuter Kirchweih, ein Fest mit jahrhundertealter Tradition. In einer Aufzeichnung aus dem Jahre 1749 (GLA 148/234 Bl. 101) ist vermerkt:„Sie hielten die Kirchweyh Dom. 17. Trin.* (= 17. Sonntag nach Trinitatis), dazu sie keinen Grund wußten als bloß allein das Herkommen." Wie der Name sagt, handelt es sich um ein kirchliches Fest. Es nahm aber mehr und mehr weltliche Züge an. Diese „Verweltlichung" war sicherlich eine Folge der endlosen Kriege, die im 17. Jahrhundert in unserer Heimat tobten. Fremde Kriegsvölker brachten vielerlei Laster mit, so auch das Tabakrauchen und das Branntweintrinken. Das ehedem festgefügte sittliche Leben geriet aus den Fugen. Krieg und Lebenshunger waren schon immer enge Verbündete. Die badischen Markgrafen und kirchliche Stellen versuchten in wiederholten Anordnungen gegen diese Entwicklung anzugehen. So besagt z.B. eine markgräfliche Verlautbarung vom Jahre 1728, daß zur „Einführung guter Zucht und Ordnung" das Übersitzen in Wirtshäusern, das Nachtschwärmen und nächtliche „Herumvagieren" und selbst das Tanzen in den Wirtshäusern gänzlich eingestellt und nur an Kirchweihen und Hochzeiten bis 10 Uhr abends gestattet sein sollte. Derartige Anordnungen wiederholten sich immer wieder, ein Beweis dafür, daß sie nur wenig fruchteten.

Im Jahre 1775 verlangte Markgraf Carl Friedrich von den Ortsvorgesetzten und Pfarrern „alle bestmögliche Steuerung" wegen der „Unzucht des Tanzens über die Zeit, der Schwelgerei und Trunkenheit, Fluchens und Schwörens, der Kirchweyen, des Tanzens der Eltern von Kinder."

Einige Jahre zuvor, 1771, erging an alle Pfarrer der Markgrafschaft ein Befehl, wonach die Kirchweihen und Fastnachten gänzlich abgestellt und an „keinem Sonntag ein Tanz solle mehr erlaubt sein. Es soll aber nicht nur das Tanzen, sondern auch das bisher üblich gewesene Zechen, Saufen und Fressen an solchen Tagen gänzlich verboten sein."

Allmählich normalisierten sich die Verhältnisse, und die ehedem gelockerte Lebensweise machte in den evangelischen Dörfern der Markgrafschaft einer puritanischen Sittenstrenge Platz.

Tanzveranstaltungen waren selten, auch die Fastnacht spielte keine Rolle. Die Kirchweih als solche hat sich wohl weiterbehauptet, sie verwandelte sich jedoch zunehmend in ein Familienfest. Ein Hauch jener früheren überschäu-

---

* Der 17. Sonntag nach Trinitatis fällt je nach dem Ostertermin in die zweite Septemberhälfte bis Anfang Oktober. Wie es zu der Verlegung der Neureuter Kirchweih auf den dritten Augustsonntag kam, war nicht festzustellen.

menden Festesfreude ist der Kirchweih dennoch bis heute verblieben, auch in Neureut. Als einziges örtliches Vergnügen wurde die „Kerwe" zu einem Ereignis, auf das sich jung und alt freute und auf das man sich lange vorbereitete. Wochen vorher wurden im ganzen Ort die Häuser hergerichtet, die Fassaden geweißelt. Junge Burschen sparten das ganze Jahr über ihr Geld zusammen, um an diesem Tage richtig mitmachen zu können. Kinder verdienten sich ihr „Kerwegeld" fünfpfennigweise durch kleine Hilfen in der Nachbarschaft. Ohne den „Kerwekuchen" wäre das ganze Fest undenkbar gewesen. In jedem Haus wurden große Mengen davon gebacken, vor allem „Quetschekuche" und „Fensterleskuche". Meist wurden Verwandte und Geschäftskollegen aus der nahen Stadt eingeladen, doch reichte es allemal noch, daß am Kerwemontag der „Seihirt" in einem Rundgang durch das Dorf seinen Kerwekuchen abholen konnte. Am Sonntag kam in vielen Häusern ein „Kerwegockler" auf den Mittags- tisch. Zumeist im Frühjahr selbst aufgezogen und gut gefüttert, wurde daraus bis zum August ein Prachtstück, das mit „Füllsel" zubereitet, eine mehrköpfige Familie sättigen konnte.

An der Hauptstraße reihten sich die Kerwebuden aneinander (1949).

Entlang der Hauptstraße auf dem breiten Dorfanger reihten sich einst die Kerwebuden aneinander, wobei zusammen mit dem Betrieb in den Wirt- schaften sich eine wohl einmalige Atmosphäre entwickelte. Schon der Aufbau all der Karussells, Schießbuden, Schiffschaukeln, Zuckerstände usw. brachte die ganze Dorfjugend in interessierter Vorfreude auf die Beine.

In Welschneureut feierte man die Kerwe am gleichen Tage wie in Teutschneureut. Weil an der Hauptstraße kein Platz zur Verfügung stand, waren Fahrgeschäfte am Schulberg, beim Feldschlößle und in „Hirschwirts Hof" zu finden.

Viele Schausteller kamen jahrelang auf denselben Platz, und es entwickelten sich zwischen ihnen und den Anwohnern oft nachbarschaftliche Beziehungen. Die Schausteller wohnten ja in ihren Wagen an der Straße und waren auf gute Nachbarschaft aus vielerlei Gründen angewiesen. Man holte Wasser, die Pferde brauchten Futter und einen Stall. Überhaupt die Pferde! Vor dem Ersten Weltkrieg gab's noch keinen elektrischen Antrieb für die Karussells. Diese wurden vielmehr durch Pferde gezogen, die im Innenraum Stunde um Stunde ihre Kreise drehen mußten. Die Dorfbuben, gewohnt im Umgang mit Tieren, hatten oft Mitleid mit den Pferden und verhalfen ihnen zwischendurch zu einer Pause, indem sie das Karussell selber zogen — gegen einige Freikarten natürlich. Prächtig ausgestattet waren diese Karussells mit ihren holzgeschnitzten Pferden, bunten Kutschen, reichverzierten Spiegeln und glitzernden Messingstützen. Dazu gehörte eine kunstvolle Musikorgel mit allerlei Figuren, die sich im Takt bewegten. Kein Wunder, daß dieses Kunstwerk ständig umlagert war.

Bei aller Kerwestimmung gab es doch gewisse Ordnungsprinzipien. So durften die Schausteller sonntags ihre Geschäfte erst nach der Christenlehre, die von 13.00—14.00 Uhr dauerte, öffnen. Dann aber gab es kein Halten mehr! Die Dorfjugend stürzte sich auf die Karussells und die Schiffschaukeln, die ersten Zuckerstengel wurden gelutscht. In den Wirtshaussälen begann die Tanzmusik, Walzer, Schieber, Rheinländer; die Blechinstrumente schmetterten, es waren keine Lautsprecher erforderlich. Burschen und Mädchen fanden hier ihr Vergnügen und manch heimliches Paar zeigte sich beim Kirchweihtanz zum ersten Male der Öffentlichkeit. Am späten Nachmittag kamen dann auch die Älteren. „Wenn de Vadder mit de Mudder uff die Kerwe geht..." so sangen noch vor 50 Jahren die Kinder. Und fürwahr, für die Mutter war es oft die einzige Gelegenheit im ganzen Jahr, aus dem Haus zu kommen oder eine Wirtschaft zu besuchen. Kinder oder Enkel, Neffen und Nichten empfingen ihr Kerwegeld. Entlang der Hauptstraße drängten sich die Menschen.

In den Lokalen ging es hoch her. Es war der Stolz eines jeden Wirts, an diesen Tagen etwas Besonderes zu bieten. Meist reichte der Platz in den Wirtschaften nicht aus. Die Leute saßen dann noch draußen im schattigen Hof, in der Gartenwirtschaft. Neben den Neureutern waren es vor allem „Briganten" und Gäste aus den Nachbarorten, die die Wirtschaften bevölkerten.

Auch hier stand der Kerwekuchen auf den Tischen, gab es Kerwegöckler und Braten aller Art. Es wurde ausgiebig gespeist, auch am Wein wurde nicht gespart. Das warme Augustwetter machte Durst und am Abend hörte man überall singen. Dann und wann gab es auch Raufereien, der Büttel trat dann in Aktion. Und wenn gar nichts mehr half, mußte einer mal auch in der „Wachthütte" übernachten.

Am Kerwemontag ging kaum jemand ins Geschäft, auch die Landwirtschaft ruhte zumeist. Am Vormittag waren die Neureuter dann unter sich. Man besuchte seine Stammwirtschaft, wo in jüngster Zeit das mittlerweile schon zur Tradition gewordene „Saueressen", ein ähnlich wie Gulasch zubereitetes, vornehmlich aus zerkleinerten Innereien bestehendes Gericht, angeboten wird. Nachmittags und abends wiederholte oder verstärkte sich der Betrieb vom Sonntag noch einmal. Wiederum waren die Wirtschaften überfüllt, wiederum wurde getanzt, die Fahrgeschäfte und Schaubuden hatten Hochbetrieb, das letzte Kerwegeld mußte noch ausgegeben werden. Mit Wehmut sahen alt und jung die Kerwe ihrem Ende zugehen.

Nach dem Zweiten Weltkrieg war es zunächst nicht leicht, an die oben geschilderte alte Kerwetradition wieder anzuknüpfen. Die Zeit ist eine andere geworden. Neureuts Einwohnerzahl hatte sich verdreifacht, die unzähligen Möglichkeiten sich zu vergnügen und zu zerstreuen nahmen der Kerwe ihre „Einmaligkeit" im Jahresverlauf.

Ende der fünfziger Jahre mußte die Kerwe dem Straßenverkehr auf der Hauptstraße weichen. Sie wurde auf den Festplatz beim Hallenbad verlegt, und es schien zunächst, als sei damit ihr Ende gekommen. Doch weit gefehlt! Die Kerwe vermittelte den alten und neuen Neureutern den Weg zum Zusammenfinden, ein neues Heimatbewußtsein entstand. Nach wie vor ist ganz Neureut auf den Beinen, besitzt die Kerwe ihre Ausstrahlungskraft weit über Neureut hinaus. Und nach wie vor zieht es zur Kerwe viele auswärts wohnende Neureuter heim nach Neureut, sei es um Verwandte zu besuchen, Bekannte zu treffen oder einfach nur um bei einem Gang über den Festplatz, bei der Einkehr in einer Wirtschaft alte Jugenderinnerungen an sich vorbeiziehen zu lassen.

Die Gemeinde tat ein übriges dafür. In jedem zweiten Jahr findet anläßlich der Kerwe ein Heimatfest statt, das mithelfen soll, die Bindungen zwischen den Neureutern aus nah und fern enger zu knüpfen.

Die Neureuter Kerwe lebt! Sie hat trotz vieler Änderungen und Wandlungen ihren Reiz nicht verloren.

W. M.

6. Bräuche im Lebenslauf

a) Taufe, Konfirmation, Hochzeit

Um diese im Lebenslauf der Dorfbewohner wichtigen Ereignisse entwickelten sich in früherer Zeit allerlei Sitten und Gebräuche. Vielfach waren diese mit abergläubisch anmutenden Vorstellungen verwoben. Mit der Auflockerung der bäuerlichen Dorfstrukturen — ein Prozeß, der in Neureut schon im vorigen Jahrhundert einsetzte — verloren sich diese Bräuche mehr und mehr. Im Gedächtnis älterer Leute, deren Erinnerungsvermögen noch in die Zeit vor dem Ersten Weltkriege zurückreicht, leben Reste des damaligen Brauchtums fort.

Bei dem reichen Kindersegen vergangener Tage gehörte die Taufe nicht gerade zu den seltenen Familienfesten. Unter dem Beistand der Hebamme wurden die Kinder in aller Regel zuhause geboren. In den ersten Wochen betreute die Hebamme täglich die Mutter und das Neugeborene, und sie trug auch bei der bald danach an einem Sonntagnachmittag nach der Christenlehre stattfindenden Taufe das Kind zur Kirche. Zugegen waren hierbei der Vater des Täuflings und die Gevatterleute (Paten), die in Neureut „Baasegettle"* und „Pfetterich" hießen. Die Mutter durfte erst nach der Taufe das Haus verlassen. Zu Gevatterleuten baten die Kindeseltern gute Bekannte oder Freunde, seltener eigene Familienangehörige. Anschließend an den Kirchgang wurde daheim ein einfaches Mahl eingenommen; meist gab es Butter, Käse und Brot. Die Mutter vermied es vor der Geburt, sich zu erschrecken oder Schreckhaftes anzublicken. Sie bewahrte ihr Kind auch vor dem „bösen Blick" der als Hexen verdächtigten Frauen. Ein Kleinkind ließ man nicht in den Spiegel sehen, ebensowenig gab man es durch ein Fenster nach draußen. Auch auf den Friedhof wurde es nicht mitgenommen.

* Im Gegensatz zum Baasegettle wurde die eigentliche Base als „Bass" angesprochen, z.B. „Bass Luis"!

Zur Taufe unterwegs in die Kirche (um 1908).

Schulklasse um 1912.

Solange ein Kind nicht in die Kinderschule geschickt werden konnte, wurde es von einer „Kindsmagd" gehütet. Kindsmägde waren entweder ältere Geschwister oder Nachbarskinder.

Mit sechs Jahren kamen die Kinder dann in die „große" Schule. Noch nach dem Ersten Weltkrieg unterrichteten die Lehrer jeweils alle Schulfächer, so vor allem das Lesen, Schreiben und Rechnen, dazu das Singen, welches fast täglich geübt wurde. In der Religion gab es viel auswendig zu lernen, aus dem Gesangbuch, dem Katechismus und der biblischen Geschichte. Nebenher mußten die Mädchen noch in die Strickschule. Turnen hatten nur die Buben.

Oftmals behielt eine Klasse ihren Lehrer vom ersten bis zum achten Schuljahr. Bis zur dritten oder vierten Klasse kannte man kaum Schulhefte; die Schüler schrieben hauptsächlich auf die Tafel. Das Lesebuch vererbte sich innerhalb der Geschwisterreihe weiter, sonst waren kaum Schulbücher vorhanden.

Mit dem Schulabschluß am Ende der achten Klasse fiel die Konfirmation zusammen. Die Konfirmandenzeit war geprägt von dem tiefen Ernst des Konfirmandenunterrichts. Der regelmäßige Besuch der Gottesdienste galt als selbstverständlich. Als gern erfüllte Pflicht oblag den Buben der achten Klasse das Glockenläuten zu den Gottesdiensten, Hochzeiten und Beerdigungen. Der Mesmer bekam für das tägliche „Betlock"-Läuten (Betglocke) in der Frühe und am Abend, sowie das „Elfeläuten" bei der Ernte von jedem Bürger eine Garbe vors Haus gestellt. Später wurde daraus das Läutgarbengeld, also eine

Ablösung der Garbenspende in Geld. Noch bis zum Zweiten Weltkrieg ist das Läutgarbengeld in Teutschneureut erhoben worden.

Zur Ausschmückung der Kirche bei der Konfirmation holten die Buben Tannenreisig aus dem Wald; auch manche Buchshecke im Dorf wurde ihrer schönsten Zweige ledig. Unter Lachen und Scherzen und Schabernack flochten die Buben und Mädchen in der Scheune eines Mitkonfirmanden Kränze und Girlanden, die nachher die Eingangstüren zur Kirche und zum Pfarrhaus zierten. Am Samstagnachmittag suchten die Konfirmanden ihre Paten auf, um Abbitte für kleine oder größere Missetaten zu leisten: „Liebs Baasegettle un liewer Pfetterich, i mecht eich eilade zu meinere Konfirmation, un wann i eich ebbes z'leid doo hebb, sollt Ihr mirs verzeihe." Die Paten verziehen natürlich und überreichten dabei als Konfirmationsgeschenk einen stattlichen Hefekranz, in dessen Mitte, in einem weißen Tüchlein eingebunden, noch zwölf Eier Platz fanden. Oft erhielt der Konfirmand auch das Gesangbuch von seinen Paten.

Eine Woche vor der eigentlichen Konfirmation, die jeweils am Sonntag Judika stattfand, wurde die Konfirmandenprüfung abgehalten. Hier konnten die Konfirmanden in der vollbesetzten Kirche zeigen, was sie im Konfirmandenunterricht gelernt hatten. Ganze Bibelabschnitte, Psalmen und Lieder aus dem Gesangbuch waren auswendig vorzutragen, und die Angehörigen paßten gut auf, ob „ihr" Konfirmand „sei Sach" konnte, wievielmal er „drangekommen" ist.

Häusliche Konfirmationsfeste, wie wir sie heute kennen, kamen nach und nach ab den zwanziger Jahren auf. Zuvor beschied man sich in vielen Fällen mit einem Mittagessen. Am Nachmittag des Konfirmationstages unternahm der Pfarrer einen größeren Spaziergang mit seinen Konfirmanden.

Nach Schulentlassung und Konfirmation begann für die 14jährigen sogleich der „Ernst des Lebens". Für die Buben bedeutete dies den Eintritt in das Berufsleben. Die meisten von ihnen fingen am Osterdienstag ihre Lehrzeit an. Die Mädchen halfen durchweg in der elterlichen Landwirtschaft oder in der meist großen Haushaltung. Manche von ihnen fanden zuweilen Arbeit bei der „Frohnd" (Waldkulturarbeiten) im Hardtwald oder waren „in Stellung" (Dienstmädchen) in einem Karlsruher Bürgerhaushalt. Ab den dreißiger Jahren begannen vereinzelt auch die Mädchen, Berufe zu erlernen.

Das Zusammengehörigkeitsgefühl der „Schulkameraden" und Mitkonfirmanden dauerte über das ganze Leben an. Man traf sich regelmäßig an „runden" Geburtstagen oder Jubiläen.

Mit der Rekrutenmusterung und der anschließenden Militärzeit traten die jungen Männer in einen neuen Lebensabschnitt ein. Auf buntgeschmückten Leiterwagen fuhren die „Spielbuben" in Begleitung des Bürgermeisters nach Karlsruhe zum Musterungslokal. Singend kehrten sie am Nachmittag wieder in den Ort zurück, die farbigen Rekrutenbändel am Hut; singend zogen sie durch die Dorfstraßen von Wirtschaft zu Wirtschaft, schließlich von Haus zu Haus, um zum gemeinsamen Verzehr Eier zu sammeln. Viele der Rekruten hatten um diese Zeit schon eine „Bekanntschaft", und nach der Rückkehr vom Militär dauerte es nicht mehr lange, bis das Paar ans Heiraten dachte.

Im „Hochzichhaus", durchweg bei den Brauteltern, begannen umfangreiche Vorbereitungen mit Backen und Schlachten. Die vordere Stube und die anschließende Kammer wurden gänzlich ausgeräumt, um Platz für die Hochzeitsgesellschaft zu schaffen. Kinder und junge Leute saßen „hintendrin". Bis zum Anfang dieses Jahrhunderts fanden die Hochzeiten donnerstags statt und dauerten zuweilen zwei Tage. „Hochzeiter" und „Hochzeitere" (Bräutigam und Braut) kamen zum „Hochzichlade" in die Häuser der Gäste, die man laden wollte. Neben den Trauzeugen, die in der Regel dann auch Gevatterleute wurden, war die nähere „Freundschaft" (Verwandtschaft) eingeladen. Mehr als 25 Erwachsene kamen jedoch selten zusammen, dafür lud man aber zahlreiche Kinder aus der Nachbarschaft mit ein.

Hochzeitszug auf dem Wege zur Kirche (1937).

Unter Glockengeläut zog man in feierlichem Zuge zur Kirche. Nach den Kindern, die den Zug anführten, kam der Bräutigam inmitten der beiden Trauzeugen und die Braut zwischen zwei ledigen Mädchen, dann, ebenfalls in Dreierreihen, die Männer und anschließend die Frauen. Den Schluß bildeten die Hochzeiteltern und die Großeltern. Die Braut trug ein schwarzes Kleid und einen Kranz. Alle Hochzeitsgäste hielten einen Rosmarinzweig in den Händen. In den zwanziger Jahren setzte sich das weiße Brautkleid und auch die „Päärleshochzich" durch, bei der sich der Hochzeitszug paarweise formierte.

Solange der Zug unterwegs war, wurde von jungen Männern aus dem Bekanntenkreis kräftig geschossen. Auf dem Rückweg zum Hochzeitshaus spannten die „Läuterbuben" am Hoftor einen „Bändel" oder eine Schnur, um den Bräutigam aufzufordern, sich erkenntlich zu zeigen. Dieser Brauch war im letzten Jahrhundert schon üblich. Damals wurde beim Verlassen der Kirche „gesperrt".

Es begann nun ein reichhaltiges Festessen. An Kranke und Arme im Dorf schickte man von der Hochzeitssuppe. Unter Gesang zog gegen Abend die ganze Hochzeitsgesellschaft durch die Dorfstraßen und hielt Einkehr in den Stammwirtschaften des Bräutigams. Dann aber ging es zuhause wieder weiter, bis um Mitternacht ein lediges Mädchen, welches als nächstes selber heiraten würde, der Braut den Kranz abnahm. Diese Zeremonie war nun keineswegs das Zeichen zum Aufbruch; die Unentwegten saßen in aufgeräumter Stimmung zusammen bis in den frühen Morgen.

Am anderen Tage fanden sich zur Nachhochzeit die Gäste wieder ein. Einige der jungen Burschen unter den Hochzeitsgästen machten sich indessen auf den Weg zu den entfernteren Verwandten, die nicht zur Hochzeit geladen waren, und bewirteten diese mit Kuchen und Wein. Als Geschenk für das Hochzeitspaar brachten sie üblicherweise Eier und Mehl zurück.

Essen und Getränke waren vom Vortage noch genügend vorhanden, sodaß sich das Fest auch am zweiten Tage bis in die späten Abend hinzog. Getanzt wurde bei den früheren Neureuter Hochzeiten nicht, vielleicht weil es dazu in den kleinen Häusern einfach zu eng war.

W. M.

b) Pietistenhochzeitsbräuche

Die Pietisten in der Gemeinde nahmen die Hochzeit ernster. Die „Geschwister" der Hochzeitsleute (nicht die leiblichen Geschwister, sondern die Angehörigen des Jünglings- und des Jungfrauenvereins, die sich als Bruder und Schwester anredeten) brachten im Jahre 1858, als der Schreinermeister Wilhelm Linder und Eva Katharina Brunn heirateten, dem Paar ihre Wünsche in gereimter Form entgegen. Leider wissen wir nichts über die Verfasser der Verse und ob diese eigens zu diesem Fest entstanden sind oder ob sie einem älteren Brauch in der Brüdergemeinde entstammen. Wie dem auch sei, die Verse gaben dieser Hochzeit ihren eigenen Charakter. Die Gratulationen wurden von Herrn Friedbert Linder, dem Urenkel des Paares, mitgeteilt; Rechtschreibung und Interpunktion in heutiger Form:

„Der Jünglingsverein wünscht seinen beiden Geschwistern des Herrn Segen, daß sie sich als christliche und gottselige Eheleute untereinander herzlich lieben, schonende Geduld, nach des Heilands Sinn, untereinander haben und fleißig erwägen, was in Epheser 5, 22 — Schluß geschrieben steht. Auch wünschen wir folgendes:

I. Senke, o Vater, hernieder den göttlichen Frieden
    Auf die Verlobten, die du füreinander beschieden.
    HErr, sei ihr Teil.
    Segne mit Leben und Heil
    Deine Erlösten hienieden!

II. Führe sie, Jesu, du Heiland, auf ebenen Wegen,
Laß sie einander in liebender Treue sich pflegen.
Treibe zurück
Untreu und böses Geschick,
Gib ihnen himmlischen Segen!

III. HErr, du bist weise, du schenkest nicht immer uns Freuden,
Uns zu bekehren, zu heiligen schickst du auch Leiden,
Beugst unsern Sinn,
Trübest den reichsten Gewinn,
Doch nicht, um von uns zu scheiden.

IV. Laß sie nach freudigen Tagen, nach Sorgen und Weinen
Selig vor dir, o barmherziger Heiland, erscheinen,
Deiner Erbarmungen wert, daß sie verklärt,
Dort sich auf ewig vereinen.

Jakob Christian Linder, Friedrich Wilhelm Stober, Engelhardt Widmann, Johann Berhard Stolz, Matthias Korn, Philipp August Meinzer, Karl F. Ulrich, Wilhelm Friedrich Bitrolf, Karl Wilhelm Linder, Philipp Knobloch, Friedrich Wilhelm Stober, Christoph Linder, Julius Knobloch. „Den lieben Brautleuten."

Liebe Schwester, da nun der wichtige Tag für dich gekommen ist, an welchem du dich vieles verpflichtet hast, so wünschen deine Geschwister des Herrn Hilfe, daß du allem dem nachkommen kannst, was du gelobt hast. Der Herr möge dir die rechte Frauenzierde anlegen, daß du in aller Stille und Untertänigkeit dein Amt, welches dir nun der Herr anvertraut hat, verwalten mögest, und deinem Heilande dadurch Ehre bereiten, auf daß er dich auch einstens als eine geschmückte Braut in den Hochzeitssaal jenseits aufnehmen kann. Dies erflehen für dich von Herzen die Schwestern des Jungfrauenvereins.

Wenn Mann und Weib einträchtig gehn
Und unverrückt beisammenstehn
Im Bande reiner Liebe,
Da währt das Glück gar schön und klar.
Da sieht man, wie der Engel Schar
Im Himmel selbst sich freue.
Kein Sturm, kein Wurm
kann zerschlagen,
kann zernagen,
was Gott gibet
dem Paare, das in ihm sich liebet."

Johanna Langendörfer, Juliane Meinzer, Katharina Ulrich, Christine Ulrich, Eva Katharina Stober, Luise Ulrich, Juliane Knobloch, Christina Nagel.
„An Eva Katharina Brunn."

c) E Leichd

Solange jeder jeden im Dorf kannte, war auch die „Leichd", die Beerdigung, Sache des ganzen Dorfes. Die „Bieterin" verständigte die nähere Verwandtschaft, Nachbarn und Bekannte und „bot zur Leichd". Angehörige und Nachbarn hielten die Totenwache im Trauerhause, wo der Verstorbene im Sarg, der „Dodelad", aufgebahrt war und Besucher sich einfanden. Im Sterbezimmer brannte bis zur Beerdigung eine Öllampe; zuweilen wurden im Hause die Uhren angehalten. Bis in unser Jahrhundert hinein hielten sich die überlieferten Begräbnissitten. Eine große Trauergemeinde versammelte sich um das Trauerhaus. Nach dem Segen durch den Pfarrer wurde der Sarg auf den „Schragen", das Traggestell, gehoben und unter Glockengeläut bis zum Friedhof getragen.

Auf dem Schragen wurden einst die Särge zum Friedhof getragen.

Meistens waren es vier Männer aus der Nachbarschaft, die diese Pflicht übernahmen. Jeder der Träger bekam ein Taschentuch und einen Rosmarinzweig, der dann in das Grab geworfen wurde. Dem Sarg folgten der Pfarrer und die Angehörigen. Dahinter kamen die übrigen Beerdigungsteilnehmer, zuerst die Männer, dahinter Frauen und Mädchen. An bestimmten Stellen hielt der Zug an, damit der Sarg abgestellt werden konnte. Wie sie es schon am Trauerhaus getan hatten, sangen die Schüler der achten Klasse mit ihrem Lehrer dabei einen Trauerchoral. Ab 1936, also in der Nazizeit, hörte das Leichensingen durch die Schüler auf. Wenn der Trauerzug vorbeikam, falteten alle die Hände, denen der Zug begegnete. Männer und Kinder nahmen die Kappen ab. Der Schragen wurde nach dem Ersten Weltkrieg in Teutschneureut durch einen pferdegezogenen Leichenwagen ersetzt. In Welschneureut benutzte man einen Handwagen.

War ein kleines Kind gestorben, trug die Totenfrau den Sarg auf dem Kopf. Diese Frau hatte auch das Waschen und Ankleiden des Verstorbenen zu besorgen, oftmals war sie die Bieterin, die die Leichd ansagte. Auf die Bestattung (man sagte wie überall auf der Hardt „er isch vergrawe worre") folgte der Trauergottesdienst in der Kirche.

Der Leichenwagen.

Weil der Verkehr auf den Straßen zu stark geworden war, stellte man ab 1960 die Leichenzüge ein. In dem 1964 fertiggestellten neuen Neureuter Hauptfriedhof steht eine Kapelle zur Verfügung. Dadurch konnte der Kirchgang nach der Bestattung entfallen; er ist nur noch bei Beerdigungen auf dem ehemaligen Welschneureuter Friedhof und dem alten Nordfriedhof üblich.

Die Friedhofsarbeiten wurden bis 1964 ausschließlich von einem Totengräber versorgt. Dieses Amt vererbte sich in früherer Zeit vielfach in der Familie weiter.

7. Scherz und Ernst

a) Kleidung

Von einer eigentlichen Neureuter „Tracht" kann man nicht sprechen. Aus der Zeit vor dem Dreißigjährigen Krieg ist nichts überliefert, und danach waren die Zeiten lange unruhig. Das Dorf mußte neu besiedelt, neue Häuser gebaut werden, die Flur gerodet und neue Anbaugebiete (Dammfelder) erschlossen werden. Von den Nachbarn auf der Hardt kamen keine Anregungen; die barocke Prachtentfaltung katholischer Gebiete konnte in das evangelische Land nicht einziehen. Was in Erbschaftsverzeichnissen angeführt wird, macht einen ärmlichen Eindruck, beschränkt sich bei den Frauen auf den „Mutzen", den schwarzen Kittel und die Haube, die mit Bändern unter dem Kinn festgebunden wurde. Die Männer trugen noch lange den Dreispitzhut. Er gehörte zur Feiertagskleidung. Im letzten Jahrhundert kam der schwarze Gehrock dazu, der Kirchenrock. Dem entspricht auch die Erinnerung des Lehrers Wilhelm Linder aus Teutschneureut: „Die Frauen trugen zum Teil noch Spitzenhauben mit Bändern, die älteren Männer gingen im Dreispitzhut in die Kirche, und der alte Stegenlinder bedeckte das Haupt mit einer großen barettartigen Samtmütze." Diese Schilderung bezieht sich auf die Zeit vor dem 70er Krieg. Ein Einzelbild: „Lehrer Erles' alter Vater, der noch den Russenfeldzug mitgemacht hatte (1812), ließ es sich nicht nehmen, alljährlich an Kaisers Geburtstag in seiner alten Uniform und mit dem dazugehörigen Säbel zum Gottesdienst zu kommen!"

Neureuter Bauersfrauen in der Arbeitskleidung um 1910.

Im Winter kamen die Kinder mit Holzschuhen zur Schule. Auf dem Gang wurden die „Holzklebberle" fein säuberlich aneinandergereiht. Mit „geflickten Socken" betraten die Kinder das Schulzimmer. Im Sommer kam alles barfuß zur Schule.

Bei der Konfirmation, die ja mit der Schulentlassung zusammenfiel, waren die Buben früher wie die Erwachsenen angezogen. Sie trugen den schwarzen Kirchenrock und -Zylinder. Mancher erinnert sich noch an die häusliche Szene, bei der man den Zylinder mit Papier ausstopfen mußte, damit der Bub in der Kopfbedeckung nicht ertrank! Dann kam der schwarze oder dunkelblaue Konfirmandenanzug mit gleichem Hut auf, der in der Stadt schon länger üblich war.

Welschneureuter Konfirmanden um 1923. Die Mädchen trugen Kränzchen, allerdings nicht die Hardthausmädchen.

Die Mädchen trugen in Teutschneureut ein Sträußchen am schwarzen Kleid, in Welschneureut ein Kränzchen, vielleicht in Anlehnung an das französische Häubchen, das sogenannte Waldenserhäubchen, das man noch in manchen Häusern aufbewahrt. Eine ältere Fotografie zeigt Welschneureuterinnen, die alle die weiße Waldenserhaube tragen. Es dürfte sich nicht um eine echte Überlieferung aus der Zeit der Einwanderung handeln. Solche Hauben konnten bei Waldensertreffen erworben werden, an denen die Welschneureuter immer wieder teilnahmen, weil sie wie die württembergischen Waldenser Reformierte in lutherischer Umgebung waren.

Wie die Welschneureuterinnen sich zum Tanzen anzogen, hat Luise Durand selbst nicht miterlebt. Sie gibt Erzählungen wieder, wie sie eben im Dorf kursieren:

„Einst ginge die Mädle mit Bettkittel, em lange Unnerrock
un em farbige Halbschorz zum Tanz,
und holte sich trotzdem oft de Hochzeitskranz!"

Die Frauen trugen nicht nur bei der Arbeit, sondern auch am Sonntag beim Kirchgang das Kopftuch. Es gab zwar einen Barbier am Ort, aber keinen Friseur für die Frauen. Erst nach dem Ersten Weltkrieg fielen die Zöpfe der Mädchen, die man vorher jeden Morgen hatte flechten müssen.

Wann das „Fischeele" aufkam, ist nicht überliefert. Das Wort kommt aus dem Französischen (le fichu) und bezeichnet eigentlich ein Kopf- oder Schultertuch. Es scheint aber, daß man in Neureut auch die Bänderhauben so nannte, wie sie auf unserem Bild die „Nagelsabe" trägt, die Großmutter Nagel.

Die „Nagelsabe" mit Bänderhaube (vor 1900).

Eine französische Haube trägt diese Frau in Welschneureut um das Jahr 1870.

386

Teutschneureuter Familie im Jahr 1900. Das Kopftuch der Mutter ist das „Fischeele".

Frauen mit sog. „Waldenserhäubchen" bei der 250-Jahrfeier von Welschneureut 1951.

b) Spondefresser — der Übername der Teutschneureuter

Der Teutschneureuter Rudolf Stolz (vom Gässle, † 1958) hat in seinen alten Tagen den Pegasus angeschirrt und ein Gedicht verfaßt über das „Nereter Nationaldenkmal".

Man merkt's den Versen an, daß der Verfasser nicht gewohnt war, seine Nereter Heimatsprache zu schreiben. Im übrigen ist das Gedicht nicht geeignet, die Besonderheiten des Neureuter Dialekts zu zeigen, denn der Verfasser sagt selbst, er schreibe „in verbessertem Nereter Deitsch". Hören wir ihn:

> „E eignes Nationaldenkmal hat jetzt unser Dörfle,
> Guck sich's jeder aa un schpend dezu sei Scherfle.
> Es isch en Brunne, wie mer sieht, aus dem tut Wasser laufe,
> daß die, wo ufm Rathaus senn, net weit meh henn zum . . . Trinke.
> Un uf dem Brunne hockt e Krott, e drollichs Berschtle,
> doch in seim Teller hat's no net emol e Werschtle.
> Zu mir hat einer gsagt: des wär en Spundefresser,
> der bräucht zu seiner Esserei kei Gawwel un kei Messer.
> Ich werr emol ufs Rathaus geh un dort den Vorschlag mache,
> ob net die Gmeinderät bei em könnte abwechselnd wache . . .

Sie könnten ihm bei der Ablösung mehr Essen bringen. Doch der Bursch sei so anspruchslos: „er will doch nomme Schbonde"!

Was sind eigentlich „Schbonde"? Das Wort kommt vom Faßspund, dem Zapfen, mit dem man das Anstichloch verschließt. Mit einem solchen Faßspund sollen die aus Kartoffeln hergestellten Knöpfle, die man in Neureut gern ißt, eine gewisse Ähnlichkeit haben. Wir dürfen aber nicht übersehen, daß „Spund" auch ein Scheltwort ist für einen kleinen oder einen dummen Kerl.

Natürlich haben sich die Neureuter ihren Übernamen nicht selbst ausgesucht. Solche Namen werden einem ja von den lieben Nachbarn „aufgehängt". Wer mit einem Übernamen bedacht wird, hat keine Wahl. Man kennt ihn, aber gern hört man ihn nicht. Man verdrängt ihn nach Möglichkeit. So müssen wir die Reaktion von Rudolf Stolz verstehen, wenn er im weitern Ablauf des Gedichts Kritik an dem Namen und an dem Denkmal übt. Er legt sie den „Alten" in den Mund, die's ja besser wissen müssen. So läßt er die verstorbenen Neureuter aufmarschieren:

> Wenn unsre Ahne des Bild mal könnte sehe,
> Die würde bstimmt aus ihrem Grab ufstehe.
> Im Geistermarsch täte se vors Rathaus trete
> Un unsre Gmeinderät äso anrede:
> Was glaabt dann ihr, ware mir denn so verfresse?
> Des werre mir so schnell eich net vergesse!
> Mir henn aa andre Sache ghat, net bloß Grombieresponde.
> Ihr braichtet uns net wegen dem vor alle Leit neiztonke!
> Henn mir so wie ihr heit Fremde versorgt in Schare?
> Bei uns hats ghaaiße „gschafft" un immer widder „schbaare".

Der „Spundenfresserbrunnen" wurde 1951 errichtet.

„Mir henn a andre Sache ghat", meint oben Rudolf Stolz. Diese Bemerkung gibt Anlaß, ein paar Worte zur Küche der „Spondenfresser" zu sagen.

Die Neureuter Küche ist niemals üppig gewesen. Wenn nicht gerade frisch geschlachtet war, was meist nur einmal im Jahre geschah, kamen Fleischgerichte nur an Sonntagen auf den Tisch. Dazu wurden gerne die „selwergmachde" breiten Nudeln gegessen. An den Wochentagen gab es vor allem „ebbes guts, wo nix koschd un schnell fertich isch", etwa:

> Grombiereschnitz un Knepfle (Verheierde)
> Greeschde un Millich (Bratkartoffeln), auch mit Kaffee
> Grombieresubb un Verhackter (zerhackter Pfannkuchen)
> Grombiere-Kugle (Kartoffelklöße)
> Verdempfde (Kartoffeln) un griener Selad
> Buweschbitzle un Andive (Schupfnudeln und Endiviensalat)
> Rahmbläddle, Saure Bläddle, Braune Bläddle (jeweils als Eintopfgericht zubereitet)
> Abgschmälzde Schbätzle
> Grombiere un Bippeleskees (Schalenkartoffeln mit Quark)
> Dampfnudle un Schnitz (Dörrobst)

Dann gab's natürlich sehr oft „Kraut" in allen Variationen, Rotkraut, Weißkraut, Wirsching, Sauerkraut. Nicht umsonst hieß es in Neureut früher: „Kraut — fülld de beese Buwe d'Haut".

Hervorgehoben sei ein Gericht, Brotmehlkuche mit Grombieresupp. Die Sache kennt man auch sonst. Im Elsaß und im südlichen Baden nennt man sie Flammkuchen oder Waihe. Zusammengekratztes vom Brotteig und aus der Mulde (Muul) wurde mit dem „Wahlholz" („Wellholz") flach „ausgwahlt", mit Rahm bestrichen und mit dem roten Kochzucker, den es heute gar nicht mehr gibt, bestreut. „Kuchen aus Brotteig" würde man schriftdeutsch sagen, aber für die Neereter ist es „Brotmehlkuche", und dieses Wort ist original neureuterisch: es ist sonst nirgends belegt. Diese Kuchen wurden nicht etwa mit oder nach dem Brot gebacken, sondern vorher, und wenn sie fertig waren, hatte der Backofen gerade die richtige Temperatur zum Brotbacken. Frieder Ruf schwelgte beim Erzählen in Kindheitserinnerungen. Wenn die Mutter gerade nicht guckte, holte er sich mit dem Finger von dem „rode Zucker", und als es die Mutter dann doch merkte, „hat's e Letze gewe"!

Rudolf Stolz hat also recht, wenn er sich dagegen wehrt, daß man in Neureut nur „Schbonde" gegessen hätte. Es fällt aber auf, daß auf dem Speisezettel die Kartoffel überwiegt. Bevor sie eingeführt wurde, war Schmalhans erst recht Küchenmeister in Neureut.

c) Grombiire

Es ist nichts davon überliefert, daß die Teutschneureuter sich in ihren Eßgewohnheiten von ihren Nachbarn in Eggenstein oder Knielingen unterschieden hätten. Wenn ein Kartoffelgericht wie die Spunde ihnen ihren Übernamen verschafft hat, dann waren doch mit einiger Wahrscheinlichkeit nicht die Welschen, sondern ihre alten Nachbarn die Namengeber. Denn die Einwanderer von 1699 kamen aus Gegenden, in denen man andere Gerichte kannte. In Neureut mußten sie eben essen, was das Land hergab. Die Waldenser sollen ja die Kartoffel eingeführt haben, in Württemberg wenigstens. Wenn die Welschneureuter ihrer Herkunft nach zum größten Teil nicht Waldenser waren, so hatten sie doch Verbindung mit ihnen. So nahm schon 1703 der Welschneureuter Pfarrer Lautier an einer Synode in Knittlingen teil (nicht „Knielingen", wie Pfarrer Askani S. 19 schreibt). Dort kamen die „colonies vaudoises et françaises" zusammen (waldensische und französische Siedlungen). Das einigende Band war der Kalvinismus. Wenn auf diese Weise die Welschneureuter zu Waldensern wurden, können sie durch diese Verbindung auch die Kartoffeln und ihren Anbau kennengelernt haben. Zu allem Überfluß versah der obengenannte Pfarrer Lautier bis kurz vor seinem Tode auch die Kolonie Palmbach als Seelsorger. Schon vom Namen her erweisen sich aber die Palmbacher als echte Waldenser aus den piemontesischen Tälern, haben sie doch ihren heimischen Namen La Balme mitgebracht und in „Palmbach" verdeutscht!

So könnten die Kartoffeln nach Welschneureut gelangt sein, die Teutschneureuter hätten sie von den Welschneureutern übernommen. Allerdings hat diese Erklärung insofern einen „Haken", als die Art, wie die Kartoffeln gelegt werden, in den beiden Orten verschieden war. Die Welschen gruben Löcher, in die sie die Saatkartoffeln legten, während die Teutschneureuter sie in die Schar des fahrenden Pfluges warfen, der sie gleich zudeckte. Der Unterschied ist unabhängig voneinander von soviel Personen hervorgehoben worden, daß an der Wahrheit nicht zu zweifeln ist. Bemerkenswert ist immerhin, daß der Unterschied bis in unsere Zeit bestehen blieb.

Der Ausdruck „Spundenfresser" würde dann die Neureuter insgesamt treffen, also „Kartoffelfresser", und dann hätten die lieben Nachbarn in Eggenstein oder Knielingen den Namen erfunden, selbst wenn sie schon nach ein paar Jahren die Kartoffeln übernommen hätten. Ein Name wie Spundenfresser wird in einer Sekunde erfunden, und zweihundert Jahre lang wird man ihn nicht wieder los!

d) E jede guude Biir werd im Dorf gesse

Streit zwischen benachbarten Dörfern gibt es überall und gab es jederzeit. In den beiden Neureut hatten solche Auseinandersetzungen eine besondere Note. Die Dörfer waren nur durch „s Gräwle" voneinander getrennt, die „Scheid" am heutigen Bachenweg. Die Teutschneureuter fühlten sich als Ureinwohner, „miir ware z'eerscht doo!" Die Welschneureuter setzen diesem Anspruch ihren Stolz entgegen: sie hatten ihre Heimat um der Religion willen verlassen. Privilegien schützten sie. Bis Ende des 18. Jahrhunderts war die französische Sprache ein deutliches Kennzeichen der Einwanderer, dann bis 1821 die reformierte Religion im Gegensatz zur lutherischen der „Teutschen". Auch

An der „Schaid", der Grenze zwischen Teutsch- und Welschneureut kam es oft zu
Raufereien zwischen der beiderseitigen Dorfjugend.

danach erinnerten eigene Kirche und Schule, Pfarrer und Lehrer an die Besonderheit, und bis 1935 dauerte die politische Selbständigkeit der Gemeinde.

Die Teutschneureuter waren verärgert, daß die Welschen ihnen einen Teil ihrer
alten Gemarkung „weggenommen" hatten, die sie, die TNer, gerodet und bei zunehmender Bevölkerung bald selbst wieder hätten brauchen können, aber alle
ihre Anträge auf Rückgabe wurden von der staatlichen Verwaltung zurückge-
wiesen. So war das Verhältnis zwischen den beiden Dörfern vergiftet. Wenn man
heute ältere Neureuter nach dem früheren Verhältnis der beiden Dörfer fragt,
werden einem eine Menge Geschichten erzählt, was sich alles zutrug. Fast
immer ist es so, daß Welschneureuter bei Dunkelheit nach Teutschneureut
hinübergingen, um an einem Fest teilzunehmen. Das alte Dorf war das größere,
reichere, in dem mehr „los" war. Vor allem gab es da mehr Mädchen zum
Tanzen, und wahrscheinlich waren sie etwas schicker gekleidet als die Welschneureuterinnen, von denen wir oben hörten, wie sie zum Tanzen angezogen
waren. Nach der Menge der Geschichten müssen die Teutschneureuterinnen
eine starke Anziehungskraft auf die Welschneureuter Burschen ausgeübt
haben. Es mag sein, daß die Welschneureuterinnen in der Unterhaltung ihren
„deutschen" Konkurrenten überlegen waren. Jedenfalls kam es regelmäßig zu
Streitigkeiten, die Teutschneureuter Jugend rottete sich zusammen und versuchte, die Welschen zum Dorf hinauszutreiben. Um den Handgreiflichkeiten
zu entgehen, soll sich ein Welschneureuter sogar einmal an einem Samstagabend in einen „Brühkasten" geflüchtet haben, der an der Straße stand. Glücklicherweise war der vor dem Sonntag gesäubert worden. Jedenfalls überlebte
der Flüchtling so den Angriff der wütenden Teutschneureuter Burschen. Luise
Durand aus Welschneureut hat darüber diese Verse niedergeschrieben:

„Einst isch ganz unverdrosse/ a Gräwle iwwer de Bacheweg nunnergflosse/ Des war d'Schaid, des wußt jedes Kind/ doch die Schaid mehr hait nimmer findt./ An dem Gräwle, o Graus/ Sah es als gar schrecklich aus./ Denn boussierte oiner ruff und runter/ bekam er hier gewiß sein Zunder."

Die älteren Neureuter halfen nicht, die Streitigkeiten zu unterbinden. Die Jungen trugen ja nur aus, was die Alten selbst früher auch gemacht hatten. Die Alten stachelten die Eifersucht der Jungen noch an, indem sie ihnen predigten: „e jede guude Biir werd im Dorf gesse!" Der Raub der Sabinerinnen sollte sich in Teutschneureut nicht wiederholen!

In Knielingen wurden die Welschneureuter Burschen offenbar freundlicher aufgenommen. So versteht man den Stoßseufzer einer Welschneureuterin: „Mer könnt meine, die Knielinger Mädle hätte goldene Ärsch, daß unser Kerl alle do niwwer bussiere!"

e) Tabakeinfädeln

Die winterlichen „Kunkelstuben", die man auf der Hardt „Vorsetz" nannte, gab es auch in Neureut. Seit das Spinnrad abgeschafft wurde, sind sie verschwunden, aber auf die vergnüglichen Stunden, die sie brachten, wollte man nicht verzichten. In der religiös bestimmten „Strickstunde" war dafür kein Platz. So übertrugen sich die übermütigen Bräuche vom Winter in den Sommer und belebten die nüchterne Arbeit, die bis nach dem Ersten Weltkrieg alt und jung zusammenführte, wenn die Tabakernte begonnen hatte. Neureut hatte nicht den besten Boden zum Tabakbau, aber wer Tabak pflanzte, brauchte Hilfe, wenn die Blätter „gebrochen" waren. Sie mußten „eingefädelt" werden, d. h. die Rippen mit einer großen Nadel durchstochen und auf einer Schnur aufgereiht. Eine Arbeit, die die Frauen im Sitzen leisten konnten. Dabei wurde erzählt, manchmal auch gesungen. Die „Bandlier", so nannte man die Tabakbündel, hatten ihr Gewicht und mußten aufgehängt werden, um zu trocknen. Das war die Aufgabe der jungen Männer. War man fertig — es wurde oft spät in der Nacht — machte die Mutter den Kaffee (natürlich Malzkaffee) heiß und brachte den Quetschekuche, den sie auf dem großen viereckigen Blech gebacken hatte. Manchmal gab's auch „Schneckenudel", aber der „Quetschekuche" war saftiger und paßte besser in die Jahreszeit. War man stundenlang auf einem Spreusack gesessen, mußte man die steifen „Knochen" bewegen. Anlaß zu einem Spaziergang durch das Dorf. Die Jungen hatten schon während der Arbeit Pläne ausgeheckt, wie man die schlafenden Nachbarn ärgern könne. Wie nach der Vorsetz von einst klopfte man an die Fenster oder die hölzernen Läden, und wenn man richtig in Fahrt war, wurden „Hofdeerle" oder Fensterläden ausgehängt und in einen Garten oder auf einen Misthaufen geworfen. „Lauter so Zeigs hemmer als gmacht!" sagte voll Erinnerungsfreude eine ältere Frau, als sie von den Jugendstreichen erzählte. Natürlich wurde dabei gelacht. Dann ging's heim, denn am nächsten Morgen begann wieder die Arbeit in der Stadt, und damals wurde auch samstags noch „gschafft".

f) Eine Sage aus Neureut —
Der Neureuter Sonntagsschänder

> Die folgende Ortssage wurde von Arthur H a u e r (Spöck) aufgezeichnet, dem wir die Ortsgeschichte von Spöck verdanken (Das Hardtdorf Spöck, Bruchsal 1923). Die religiös aufgewühlte Zeit, die Neureut im letzten Jahrhundert erlebte, läßt die Entstehung der Geschichte begreifen.

An einem Sonntagmorgen war ein Bauersmann von Neureut in den Hardtwald gegangen, um dort ungesehen Laub zusammenzuziehen. Schon tags zuvor hatte er den Rechen im Buschwerk versteckt, und nun machte er sich an die Arbeit. Da schrie ihm plötzlich eine starke Stimme ins Ohr. Er fuhr auf, hielt inne, konnte jedoch niemand in weitem Umkreis erblicken. So arbeitete er weiter, doch alsbald erhielt er eine solch kräftige Ohrfeige, daß er zu Boden sank und die Besinnung verlor.

Als er wieder zu sich kam, war er sich klar, daß ihn für sein schändliches Beginnen am Sonntag eine Geisterhand gestraft hatte. Mit zitternden Gliedern erreichte er sein Haus und lag dann lange am bösen Nervenfieber darnieder.

Veröffentlicht von Gustav Rommel,
Der Karlsruher Hardtwald, Karlsruhe 1933, S. 76.

g) Hexen

Es gibt keine Hexen, man glaubt nicht an sie, Hexenprozesse oder Hexenverbrennungen sind aus der Neureuter Geschichte nicht bekannt. Und doch erinnert man sich an diese oder jene Frau, von der erzählt wurde, sie bringe Schaden in den Stall. Von anderen weiß man, daß sie „brauchen" konnten, d.h. krankes Vieh mit Säften und Sprüchen behandeln. Als es in Neureut noch keinen Arzt und auch keinen Viehdoktor gab, war man auf die erfahrenen Leute angewiesen, die helfen konnten. Wir haben auf S. 119 gesehen, wie man Kinder durch „Sympathie" zu heilen suchte oder wie man „Flecken", den „Wochentölpel" oder die „Ohrenklamm" behandelte. Da zögerte man im Stall noch weniger, ähnliche Mittel anzuwenden.

Die Sprache schleppt einen Rest des alten Hexenglaubens mit, wenn man etwa vom Hexenschuß spricht, also unterstellt, eine Hexe habe einen „angeschossen". Wenn jemand bei der Arbeit zur Eile getrieben wird, sagt er wohl „ich kann doch nicht hexen". Einen jungen Hund nennt man einen „Hexenforz", wenn er sich schnell dreht und wendet. Damit meint man sonst den Bovist, den runden Pilz, der reif seinen Inhalt in Wolken verstäubt. Im Gegensatz zur einfachen Stecknadel, der Gluuf, sprach man von der „Hexegluuf", wenn man eine Sicherheitsnadel meinte.

So ist es verständlich, wenn man eine alte Frau, die einem unheimlich ist, verdächtigt, sie könne das Vieh verhexen. Man hütet sich, sie in den Stall zu lassen. Plötzlich steht sie in der Stube oder ist plötzlich verschwunden, „als ob sie durchs Schlüsselloch schlupfen könnte". Wenn man sie fest ansah, konnte sie den Blick nicht aushalten und wich ihm aus.

Von der „alde Schwarz", die tiefdunkle Haare und ein „Horn" auf der Stirn hatte, erzählt man sich eine Geschichte, die zeigt, wie schnell das Aussehen oder das Verhalten einen Menschen in Verruf bringen kann. Die ald Schwarz warf einer Mutter vor, sie dulde, daß ihre Kinder „du" zu ihr sagten. (Es war früher üblich, daß die Kinder Eltern und Großeltern mit „Ihr" anredeten. Noch heute Lebende erinnern sich gut, daß sie zur „Abe" Ihr sagten.) Die Mutter fügte sich und verlangte von den Kindern das „Ihr". Als eines der Kinder Hunger hatte und zur Mutter sagte: „Schneid mer e Stück Brot", fuhr die Mutter es an: „Du sollst nicht „du" zu mir sagen!" Das Kind weinte und sagte: „Ich hab ja.gar net „du" gsagt!" (In der Befehlsform fehlt freilich das „du", trotzdem ist „schneid" die verpönte Einzahl!).

Daß die Kinder der Frau nicht gut auf die ald Schwarz zu sprechen waren und ihr später alles mögliche Schlechte anhängten, sieht man ein.

8. Kinder

a) Erziehung

Im alten Neureut war die Lage der Kinder völlig anders als heute. Früh wurden sie zur Arbeit herangezogen, ohne Rücksicht darauf, daß ihr Wachstum durch harte Arbeit beeinträchtigt wurde. Wegen der Arbeit mußten viele im Sommer von der Schule ganz wegbleiben, im Winter fehlte es an Kleidern und Schuhwerk. Wenn die Männer früh zur Arbeit nach Karlsruhe oder Mühlburg weggingen und spät am Abend müde heimkamen, blieb den Frauen nichts anderes übrig, als die Arbeit im Feld und Stall, auf den Weiden und im Haus mit den Kindern zu teilen. Die Erziehung war hart. Es wurde viel geschlagen und geschrieen. Auch die pietistischen Kreise hielten die Arbeit für das beste Mittel, die Jugend vor Müßiggang zu schützen. Selbst in der Kirche war man vor Strafen nicht sicher. Wilhelm Linder erzählt von der Zeit nach 1870: „Unter der Orgel hatte der Mesner die Schuljugend im Zaum zu halten und dafür zu sorgen, daß der Blasbalg richtig gezogen wurde und nicht zwei Knaben zugleich absprangen, da sonst der Wind ausging. Wehe dem, der nicht aufpaßte, ihm gings an die Ohren."

Man muß bei solchen Erinnerungen auch die Enge berücksichtigen, die in der alten Kirche herrschte. Mit den Worten „Und wanns Brüh gibt", soll ein Verspäteter sich einmal mit aller Kraft in die schon übervolle Bank der Schüler eingezwängt haben. —

Nicht jedes Kind hatte sein eigenes Bett in den oberen Kammern unter dem Dach. Im Winter konnte es dort so kalt werden, daß die Kinder mit einem Ziegelstein ins Bett gingen, den man auf dem Herd in der Küche erwärmt hatte. Besser waren die dran, bei denen ein Schneider im Haus wohnte. Bei dem bettelte man, daß er mit dem Bügeleisen das Bett warm machte. Das geschah noch in unserem Jahrhundert.

Die Sterblichkeit bei den Kleinkindern war groß. Viele Krankheiten bedrohten ihr Leben. Wir haben auf S. 119 gehört, wie man mit „Sympathie" zu heilen versuchte. Es gab aber auch Vorbeugungen. Das erste Ei, das ein junges Hühnchen legte — es enthielt noch einen Blutstropfen — sollte man, so erinnert sich Wilhelm Meinzer, einem kleinen Kind geben: „des halt siwwe Seiche (Seuchen) frei". Für das Alter eines solchen Brauches spricht die Siebenzahl.

Wir erinnern hier an den Kampf, den Mitte letzten Jahrhunderts die Gründung der Kinderschule in Teutschneureut herbeiführte (S. 158f.). In den Städten gab es schon solche Einrichtungen, für die „Bauern" hielt man sie offenbar nicht für nötig, und nach Ansicht des Pfarrers genügte ein Mädchen aus dem Dorf zur Aufsicht. Die Initiatoren wollten aber eine ausgebildete Kraft. Der „beschränkte Untertanenverstand" war weitsichtiger. In einem Brief des 1836 geborenen Schreiners Wilhelm Linder an seinen „Bruder" Wilhelm Brunn vom 11. Juli 1852 findet sich ein bezeichnendes zeitgenössisches Echo dazu: „Selbigen Mittwoch", so schreibt W. Linder, „ist die Strafe erteilt worden von wegen der Kleinkinderschul. Der W. Stober 8 Tag Gefängnisstraf. Die andern jeder 5 Gulden und in die Unkosten verfällt. Das Zeichen hat uns selber verwundert, und weil besonders der Stober nicht mehr einen Tag Erlaubnis nach Haus bekommen hat!" Was Linder mit dem „Zeichen" meint, geht aus dem folgenden Satz hervor: „Die meisten freuen sich, daß sie ums Heilands willen etwas leiden dürfen." Er sieht in der Bestrafung für einen gerechten, notwendigen Schritt der Gemeinde das „Zeichen", das die Gemeinde erhalten hat. Sie ist aufgerufen, die Prüfung zu bestehen, die ihr durch das Urteil auferlegt worden ist. Offenbar sah die Instanz in Karlsruhe einen Zusammenhang des „rebellischen" Aktes der Gründung der Kleinkinderschule mit den revolutionären Vorgängen in Baden 1848/49! Einmal wird gesagt, die Gründer seien dieselben Kreise, die auch in der Revolution aufsässig gewesen seien.

b) Kinderspiele

Nicht alle Kinderspiele, die man in Neureut kennt, sind hier entstanden. Manche stammen aus der Kinderschule oder aus der nahen Stadt. „Suches" und „Fanges" können Buben und Mädchen zusammen spielen. Suches heißt sonst auch Verstecke(n) oder Versteckerles. Für Neureuter Fanges hört man auch Fangerles. Räuberles spielen die Buben meistens miteinander, während die Mädchen „Balles" spielen. „Lieber Balle, sag mir doch/ wieviel Jahre leb ich noch?" hörte man früher oft, und dann führte ein Mädchen nach dem anderen allerhand Ballkünste vor. Das einfachste war das Werfen des Balles an eine Wand und das Auffangen danach. Schwieriger war schon das Abtatschen des Balls, wenn er unerwartet an der Wand absprang.

Seitdem die Kinder mit drei Jahren einen Roller geschenkt bekommen, mit vier oder fünf schon ein Fahrrädchen, gondeln sie damit lieber im Dorf herum, als daß sie gemeinsam etwa Märweles spielen. Jedes Kind holte im Frühjahr sein Märwelesäckle vor, in dem die im letzten Jahr gewonnenen Kügelchen aufbewahrt waren. Manche mußten jedes Jahr neu anfangen, weil sie im Jahr vorher alles verloren hatten —, oder verfuggert, wie man das Tauschen der Seltenheiten nannte. Was heißt Märwele? Man nennt sie auch Klicker oder Kügele, hochdeutsch liest man auch „Murmeln" dafür. Murmeln und Märwele bedeuten „Marmor", der früher auch „Marbelstein" hieß, weil die schöneren Kugeln wie Marmor aussahen.

Kinder im Sonntagsstaat um 1907.

Ganz aufgegeben scheint das Tanzknopfspielen, das man in Teutschneureut „Seiltanzertreiben" (Soildanzertreiwe) nannte. Viele dieser Spiele sind durch den Verkehr auf den Straßen untergegangen, so auch das Reifenschlagen; „Rengtreiwe" sagte man in Teutschneureut dazu. Eine Besonderheit für sich war in Teutschneureut ein Spiel, das Hausseierles genannt wurde. „Fangen oder Fanges um ein freistehendes Haus" wird erklärt. Wir haben lange überlegt, was „Seierles" wohl bedeuten könnte. Mit einem Salatseier konnte es ja nichts zu tun haben. Wir sind auf die Lösung gekommen, daß wahrscheinlich in dem Wort „sauen" steckt. Die Buben „sauen" durchs Dorf, und da man manchmal von älteren Neureutern noch für die Einzahl „Sau" das Wort „Sai" hört, wäre es möglich, daß dieses äu auch in „säuen", „Säuerles" steckte. Man kann das Wort aber auch ableiten von der Mehrzahl: „rummrenne wie die Sai".

Die Endung -erles haben wir schon oben bei Fangerles und Versteckerles gefunden. Übrigens enthalten die meisten dieser Spielnamen am Ende ein -s oder -es: das ist der alte Wesfall. Man sagte früher „Fanges tun". So erklärt sich auch „Seldäterles" spielen, genau wie man auch „Raiwerles" macht.

Genügend Freiraum für Kinder boten die großen Höfe und die leeren Straßen vergangener Tage (1929).

Handfertigkeit kommt zu ihrem Recht, wenn die Buben sich selbst Spielzeug herstellen, eine Schleuder, einen „Flieger" aus Papier, eine Kuckuckspfeife (vgl. Karfreitag im Fischber) oder mit Hilfe des Vaters einen Drachen oder einen „Roßkopf", wie man den selbstgemachten Schlitten nennt, der aussieht wie ein umgekehrter Melkstuhl und den man mit „Stacheln" vorwärtsbewegt. Der Allerkleinste reitet auf den Schultern des Vaters. Dafür gibt es ein merkwürdiges Wort: hotzelbrii. Sein erster Teil, hotzel, kommt von „hocken" und bedeutet „auf den Schultern tragen" (ursprünglich vielleicht „sitzen"). In der Pfalz ist ein Wort hotzelberen belegt, das „huckepack tragen" bedeutet. Darin steckt das alte Wort beran (tragen), das wir noch in „Bahre" haben. Davon könnte unser -brii ausgegangen sein. Es bietet sich aber noch etwas anderes an: ebenfalls in der Pfalz erscheint „Brieh" auch unter den Ableitungen von frz. bride (Riegel, Klammer). Der Bub auf den Schultern des Vaters „klammert" sich ja mit seinen Beinchen an die Schultern des Vaters. Welche der beiden Möglichkeiten nun die richtige ist, können wir hier nicht entscheiden. (Pfälzisches Wörterbuch S.752 und 1201).

Einige Spiele scheinen nur bei den Welschneureuter Mädchen vorgekommen zu sein. „Hopferles" ist ein Geschicklichkeitsspiel, „Doppeles" ist wohl ein Spiel wie „Der Fuchs geht rum". „Schuhschiewerles": Kinder sitzen im Kreis und schieben einen „Schlappen" hinter ihren Rücken durch. Das Kind in der Mitte des Kreises muß herausfinden, wo sich der Schuh gerade befindet.

Und schließlich war beliebt das Erraten der Zahl ausgestreckter Finger:

Wieviel Hörner hat der Bock? Wieviel Finger stenn (stehn)? fragt der Chor den, der die Zahl erraten soll. Rät er falsch, ruft der Chor:

Hättst du recht geraten, wärst du nicht gedipfelt worden!

Dabei bekommt der Ratende einen Schlag. Schon vor hundert Jahren erfahren wir im Bruhrainer Idiotikon von F. J. Mone, daß dipfle (tüpfeln) einen „Schlag geben" bedeutet. Das Rätsel ist alt. Es wird sonst eingeleitet mit „Rumbedibum der Holderstock". Diese Beziehung zum bäuerlichen Holunder ist in Neureut verloren gegangen.

„Kuckuck, wo kommsch rum?" Unter diesem Namen kennt man, wie erst nachträglich herauskam, in Welschneureut das Spiel, das in Teutschneureut „Hausseierles" heißt. Auch hier handelt es sich um „Fanges um ein freistehendes Haus". Da ein besonderes Fangspiel um freistehende Häuser sonst nicht bekannt ist, möchte man annehmen, daß der Reiz, der in beiden Neureut ein solches Spiel hervorbrachte, darin liegt, daß die oben S.348f. geschilderte alte Bauweise „frei" stehende Häuser nur selten zuläßt.

Beim Schlittenfahren am „Gäßle" 1939.

c) Kinder- und Jugendreime aus Neureut

1. Die Kleinsten

> Hoppe, hoppe Reiter, wann er fallt dann schreit'er,
> fallt er en de Grawe, fresse en de Rawe,
> fallt er en de Sumpf, dann macht de Reiter plumps.

Des isch de Daume, der schiddelt d'Pflaume,
der lest se uff, der tragt se hoim,
un des kloi Bäbberle babbelt alles dehoim.

Heile, heile Sege, drei Dag Rege,
drei Dag Schnee, morge frih duts nemme weh.

Hotte, hotte Reßle, z'Bade steht e Schleßle,
z'Bade steht e groß' Haus, gucke drei Jungfere raus.
Die oint spinnt Seide, die anner spinnt en rote Rock,
for de liewe Herrgott.

Ringel, ringel Rose, Kirsche, Aprikose,
Veilche un Vergißmeinnicht, alle Kinder setzen sich.
Adjee Mama, Adjee Papa, ringele, ringele hoppsassa.

Backe, backe Kuche, der Bäcker hat gerufe,
wer will guter Kuche backe, der muß hawe siwwe Sache,
Eier un Schmalz, Zucker un Salz,
Millich un Mehl, Safran macht de Kuche gel.

Messer, Gabel, Scher und Licht
Sind für kleine Kinder nicht.

Isch en Bu ens Wasser gfalle,
hewwen heere blumbse,
Heb gmooint, 's isch e großer Mann,
war bloß en klooiner Stumpe.

2. Im Schul- und Lausbubenalter

Erstklässler Engele, Zweitklässler Bengele,
Drittklässler ABC-Schitz, Viertklässler könne nix.

Kinnerschieler — Suppetrieler
Nemm de Leffel mit spaziere . . . (Spottruf gegenüber den Kleineren)

Sechs mol sechs isch sechsedreißich,
sen die Schiler noch so fleißich
un der Lehrer noch so faul, wie en alder Scheesegaul.

Rote Kirschen ess ich gern, schwarze noch viel lieber,
in die Schule geh ich gern, alle Tage wieder.

Heinerle, Zigeinerle, alle Buwe suche de,
wenn mer meint, er isch dahoim, hockt er uff em Apfelbaum,
freßt die griene Äpfel, die faule laßt er hengge,
kommt de Schitz von hinnerei, Heinerle jetzt gibts Apfelbrei.

Rege, Regedropfe, alte Weiber hopfe,
hopfe iwwer d Stumpe naus, hobbele, hobbele d'Kerch isch aus.

Eins, zwei, drei, vier, fünf, sechs, sieben,
In der Schule wird geschrieben,
In der Schule wird gelacht,
Bis daß der Lehrer bitsch-batsch macht.

3. Tierreime

Henners Hanse Hasehaus, hocke hunnert Hase haus,
hunnert Hase hocke haus, henners Hanse Hasehaus.

Ich un du, un Millers Kuh,
s Millers Esel, des bisch du!

Unser Katz hat Junge ghatt, siwwene en de Zoine,
oins devo hat Herner ghatt, dess sott mer gar net moine.

Krabb, Krabb, dei Heisle brennt,
hocke siwwe Junge drenn.

4. Im Jahreslauf und Lebenslauf

Proß Neijohr, e Brezel wie e Scheieredor (Fröhlicher Neujahrswunsch).

Fasenacht, Fasenacht, wann mei Mudder Kiechle backt,
Wann se awwer koine backt, schlupf'e en de Mehlsack.

Fasenachter, Fasenachter, ging, ging, ging!
(Spöttischer Zuruf an die wenigen Fasenachter auf der Straße).

Jedem Dierle
sei Pläsierle!

Lichtmeß, spinne vergeß,
bei Dag z'Nacht eß!

Petersilie, Suppenkraut,
Wächst in unserem Garten.
Und die (Luis') ist die Braut
Soll nicht länger warten.
Roter Wein und weißer Wein,
Morgen soll die Hochzeit sein.

Wer en de Heuet net gawwelt,
un en de Ern net zawwlt,
wer em Herbst net frih uffsteht,
der soll gucke, wie s em em Winter geht.

Nikolaus, Nikolaus rom, bom, bom,
schlag die beese Buwe rom,
awwer die brave Mädle net,
Nikolaus, Nikolaus, kriegsch me net!

Christkindle, komm en unser Haus,
leer dei goldichs Säckle aus,
Stell de Christbaum uff de Disch,
daß mer sieht, daß Weihnacht isch.

E Nixle un e Bixle un e goldichs Waardeweile.
(Auf die ungeduldige Frage eines Kindes, was es wohl zu Weihnachten
bekomme).

W. M.

9. Auswanderer

a) „Warum zogt ihr von dannen?"

Auf diese Frage, die Ferdinand Freiligrath (1810—1876) in seinem Gedicht „Die
Auswanderer" stellt, geben Neureuter Auswanderer 1856 klare Antworten. Es ist
der 1852 mit seiner Familie ausgewanderte Jacob Friedrich Linder, der am
5. Januar 1856 in die Heimat schreibt. Er wohnt bei Freeport. Wenn dies
Freeport in Texas ist, hat es ihn weit in den Süden der damaligen USA verschlagen. Er schreibt u.a.: „Wir sind Gott sei Dank noch alle gesund und freuen
uns jeden Tag mehr, daß wir in dieses Land gekommen sind. Wir haben Euch
wohl verlassen und wünschen Euch wiederzusehn, aber *in unsere Lage zu versetzen, da wir gewesen sind, das wünschen wir nicht wieder,* denn in diesem
Land ist (es) für den Mann, der arbeiten will, besser; er kann den Tag ein Taler
(Dollar)* und ein halb Taler verdienen (oder nach deutschem Geld drei Gulden
45 Kreuzer) und die Kost . . ."

---

* Diese Gleichsetzung von Taler und Dollar stammt vom Schreiber des Briefes selbst.

402

Während diese Äußerung allgemein bleibt und sich auf die besseren Verdienst-möglichkeiten beschränkt, wird die Äußerung des gleichnamigen Sohnes Jakob Friedrich Linder deutlicher: „Die Mutter und der Vater . . . haben schon vielmal von Euch gesprochen, wenn nur diejenigen bei uns wären, die ihre Nahrung in *Kummer* suchen müssen. Hier findet man seine Nahrung viel *leichter.* Man kann ein Geschäft treiben, was man *will und kann,* auf eine red-liche Weise. Wir „deden" (täten) es für gut halten, wenn von den jungen Leuten zu uns kommen täten, weil es besser ist, denn in diesem Land *braucht man nicht immer in der Angst herumlaufen.* Man steht *nicht so unter dem Stock,* man ist ein *freier Herr!"*

Sein Bruder Franz Linder zieht die Konsequenz und schreibt in seinem eben gelernten, noch etwas wackligen Englisch: „I like Amarica better then Germany. I want to lern the English Leanguag."

Der dritte Bruder, Ernst Linder, wirbt für die Auswanderung: „Nun, Bernhard Stober, will ich mich an Dich und andere junge Burschen und Mädigen (Mädchen) richten, ob keine Lust haben, nach Amerika zu kommen oder zu gehen. Denn es ist *viel besser in einem freien Land zu leben."* Er erzählt von einer halbjährigen Arbeit bei der Eisenbahngesellschaft, bei der er 150 Dollar frei -, d.h. gutgemacht hat, obwohl er täglich drei Dollar für die „Kost" zahlen mußte. Und zur Bekräftigung von Freiheit und Freizügigkeit setzt er hinzu: „Ich und der Jakob Ott sind gesonnen, nach Jawa zu gehen, Land zu kaufen, daß wir nach Jahren uns auf den Bauernstand legen können." Mit Jawa meint er freilich nicht die Insel im heutigen Indonesien, sondern den 1849 in die Union aufgenom-menen Staat Iowa.

Und ganz modern mutet an, wie er die gewonnene Freiheit zu nutzen gedenkt: „Wenn ich es ausführen könnte, ich wollte die *ganze Welt durchreisen."* „Zwar sind die Reisen für manche beschwerlich und gefährlich. Dennoch ist für einen Christ keine Gefahr!" setzt er optimistisch hinzu. Und zum Beweis erwähnt er, der August (sein Bruder) sei 500 Meilen oder 167 Stunden von ihnen weg.

Mit Jakob Ott von Teutschneureut und mehreren jungen Männern will er noch 70 Stunden weitergehen, um Land zu kaufen, „wo es Wölf und Bären, Hirsch und Büffelochsen hat!" Dieser Ernst Linder scheint Abenteurerblut in sich zu haben.

Dies ist gewiß nach allen anderen Antworten auf Freiligraths Frage die ver-lockendste Aussicht für einen jungen Menschen aus einer Neureuter Bauern- oder Handwerkerfamilie, der nichts kannte als Enge, Beschränkung und Ge-bundenheit.

b) Ein Neureuter auf der Krim

Johannes Linder, der zweite Sohn von Karl Friedrich Linder (1752—1803), ver-ließ Teutschneureut 1803 mit dem Ziel „Mittelpolen". Nur 60 Gulden konnte er mitnehmen. Er gelangte schließlich nach Kostheim auf der Krim, wohl im Zu-sammenhang mit den Bestrebungen Alexanders I., der in einem Erlaß vom 20. Februar 1804 die Bedingungen für die Besiedlung der Krim festlegte. 1805 oder 1806 dürfte Johannes Linder dahin gekommen sein. Der Brief, den wir hier erstmals veröffentlichen, ist datiert vom 16. Februar 1817. Er stammt aus Familienbesitz. Wir danken der Familie Linder für die Erlaubnis zur Veröffentlichung. Der Brief ist hier nur in der Orthographie und Interpunktion dem heutigen Leser verständlich gemacht worden; dagegen sind Wortwahl und Satzbau getreu wiedergegeben. Auf allen vier Seiten fehlt das untere Ende, jeweils 5—6 Zeilen. Trotz dieses Verlustes stellt der Brief ein wertvolles Zeitdokument aus dem Anfang des 19. Jahrhunderts dar. Wie findet sich ein Neureuter als Kolonist im Russischen Reich zurecht?

Neureuter in den USA: Ernst Linder und seine Familie um 1890 (zu S. 403).

Die Grußformel zu Beginn des Briefes klingt pietistisch, zu einer Zeit, als von pietistischen Einflüssen in Teutschneureut sonst noch wenig bekannt ist (vgl. S. 360).

Gottes Segen zum Gruß und Jesus zum Beistand 1a

Liebe Geschweien[1] Christena[2] Linderin und Christena Barbara
Linderin und Eure arme Kinder und die ganze Freund-
schaft[3] besuche[4] ich mit einem Brief, aber leider mit einem
traurigen. Wann Euch mein Schreiben bei guter Gesund-
heit antrifft, so soll es mich und meine Frau und fünf
Kinder von Herzen freuen. Was uns anbelangt, so sind
mir[5] Gott sei Dank alle frisch und gesund, aber ich habe
leider Gott in des Wilhelm Baumann seinem Brief
eine sehr große Trauer gelesen, daß meine Brüder
Georg Fridrich Linder und Jacob Linder gestorben
sind, aber leider hat der Sterbefall meine zwei Brüder
treffen müssen, aber mir müssen leider unsere Gedanken
stellen, Gott hat es getan, aber wie wird es um die
armen Waisen gehen. Wann ich nur die Kinder bei
mir hätte, ach Gott, wie wollt ich mich erquicken an
meinen zwei Brüder ihren Kinder, ich wollte ihnen
Lebensmittel und Unterstützung geben, ach Gott,
ich und meine Frau haben eine sehr große Trauer
gehabt, wie mir es erfahren haben. Wann ich an meine
Brüder denke, so brechen mir die Augen, ach ich habe gedacht,
es wird noch einer oder alle zwei zu mir kommen,
aber leider Gott. Jetzt habe ich keine Hoffnung und
auch keinen Bruder mehr. Jetzt ist mein ganzer
Trost verschwunden. Gott gebe ihnen die ewige Ruh
und Seligkeit. Und in der ewigen Seligkeit wollen wir ein-
ander wieder . . .
. . .

(am linken Rand):
und unsere Grenznachbarn sind Russen und Dokabotzen[6],
Hahnitzen[7] und Griechen, das sind unsere Kaufleute

(am rechten Rand)
die Frucht kaufen sie im Hause von uns

---

1 Schwägerinnen
2 Christine. -ena für -ina heute noch in TN.
3 Verwandtschaft
4 aufsuchen
5 = wir (aus der Frageform entstanden; heute noch in Neureut)
6 russische Sekte des 18. Jahrhunderts (Duchoborzen)
7 Hahnitzen: alte jüd. Sekte auf der Krim (Kara-iten oder Karäer)

. . .

hätte es, sollte es uns sehr gefreut haben, aber leider jetzt ist 1b
es zu spät; ich wollte ihn und seine Frau und Kinder
ein ganzes Jahr an Lebensmittel erhalten haben,
aber ich habe nicht Gelegenheit gehabt zu schreiben
aber leider wann ich gewußt hätte, daß der Sterbfall
meine Brüder überfallen tät, so hätte ich geschrieben
und hätte mir Gelegenheit gesucht. Vielleicht wären
meine zwei Brüder nicht gestorben, und wann sie
Gott zu ihm gerufen hätte, so hätte ich meine
zwei Geschweien und ihre arme Kinder bei mir,
und da hätte ich und meine Frau unser Vergnügen
daran. Amen Amen, ihr meine Lieben. Vergesset
diesen Schmerz. Tut Euch nicht mehr betrüben.
Amen. Schreibet mir ihre Krankheiten, wie lang
sie gekämpfet haben und welcher Bruder daß dem andern
mit der Leicht gegangen ist. Liebe Geschweien, sollte es
Euch mit Euern Kinder schlecht gehen oder einem in der
Freundschaft, so wünsche ich und meine Frau zu uns zu
kommen, ich werde Euch aufnehmen so gut als wann
meine Brüder selbst kommen. Jetzt will ich berichten,
wie ichs habe. Es hat ein jeder Wirt[13] 60 Deßenden[8] Land,
den Deßenden gerechnet zu 2½ Morgen. Da haben mir
gehabt 10 Freijahren, aber meine sind herum; im Jahr
1816 habe ich das erstemal bezahlt. Da habe ich von meinem
Land bezahlt 12 Rubel, und auf zwei Mannesköpf 3 Rubel
36 Kuppecken[9]. Macht zusammen 15 Rubel 36 Kop. Die
Weibspersonen zahlen kein Kopfgeld. Ich habe im
Jahr 1816 so viele Frucht gewonnen, daß ich reichlich
auf drei Jahre Brot genug hätte, aber man (kann)
die Früchten so gut ver(kaufen) . . .
. . .

(am linken Rand):
. . . ist von hier bis zu Euch 800 Stunden gerechnet
ich habe erfahren, daß bei Euch eine große Sterbnis sei.

Jetzt will ich Euch berichten von meinem Vieh, was ich habe; 2a
ich habe 8 Pferden und habe Rindvieh 31 Stück. Daran
habe ich 10 Kühe. Das ander sind Ochsen und Rinder
und habe Schafe 20 Stück. Mir haben Schafe, wo
ein Schaf zwei oder drei Junge macht, ich werde
Euch nicht belügen, ich habe selbst solche, wo alle

8 Desjatinen, russisches Feldmaß (60 D. = 66 ha)
9 Kopeken

406

Jahr drei Junge macht. Liebe Geschweien und Freu(n)den!
Jetzt will (ich) Euch berichten vom Jahr 1812 und 13. Da
hab ich 32 Stück Vieh gehabt, aber leider da ist
ein so großer Winter eingetreten, daß die Kolonisten
auf das neu Jahr meist kein Futter gehabt haben.
Ich habe vor[10] 200 Rubel Futter bei den Russen
kaufen müssen, und im Frühjahr, da sind mir
gefallen Rindvieh 12 Stück, auch zwei Pferden und
Frühjahr darauf ist unter dem Vieh ein sehr schlechter
Preis geworden, eine Kuh von 12 bis 15 Rubel, aber jetzund
eine Kuh kost 70 bis 80 Rubel, ein Paar Ochsen bei 300 Rubel
und bei uns kommen Aufkäffer[11] wo die Frucht und den[12] Butter
aufkaufen im Dorf und zahlen es sehr teuer wer und was
zu verkaufen hat. Das Pfund Butter kost bei uns 30 bis 35 Kop.
Ich verkaufe in einem Sommer Butter vor 80 bis 100 Rubel. Da
könnt ihr sehen, daß kein Mangel ist. Wer in Rußland halb
so viel arbeitet wie in Teutschland, der hat reichlich sein Auskommen.
Wer aber nicht arbeitet, der hat auch nichts. Ein Wirt[13] muß
nur die Zeit inachtnehmen, die Aussaat, das Heumachen und
die Ernte. Wann das getan ist, da ist die größte Arbeit getan
vor dem Winter. In diesen Zeiten habe ich immer Taglöhner. Wer
im Taglohn sich bewirbt, der stellt sich besser als in Teutschland
ein Mittelmann, denn sie bekommen auf den Tag 1, auch 2 Rubel . . .
. . .
aber die Völker, wo in Teutschland gewesen sind, die erzählen   2b
uns, daß bei Euch schlechte Zeit gewesen sei. Ich kann gut
mit ihnen auf ihre Sprache reden. Wie die Soldaten von
Teutschland zurück gekommen sind, da habe ich einen über Nacht
gehabt. Der hat mir von der ganzen Gegend bei Euch erzählt.
Die Russen sind auch Menschen wie mir auch, noch besser
wer nur mit ihnen reden kann. Wann dihr[14] diesen Brief
bekommt, so schreibet mir gleich wieder und bringet Euern
Brief hin, wo dieser herkommt. Jetzt will ich auch von unserm
Obst schreiben. Mir pflügen 1 bis 2 Morgen Willbruch[15] und setzen
Albusen-[16] und Millonensaat[17] darein, und sie wachsen wie in
Teutschland die Kerbsen[18]. Die sind besser als das vornehmste

10   vor = für (so noch heute in der Neureuter Mundart)
11   Aufkäufer; so heute nicht mehr in Neureut gebräuchlich
12   „der" Butter in südwestdeutscher Umgangssprache allgemein
13   Hausherr, Landwirt
14   = ihr (vgl. Anm. 5; aus der Frageform entstanden, heute noch in Neureut, wenn auch seltener
       als mir = wir.)
15   Wildbruch
16   Wassermelone
17   Melone
18   Kürbis; so heute noch in Neureut

Obs[19]. Was man nicht aufessen kann, da kochen die Weiber
Sierob[20] davon. Der ist im Honig gleich[21]. Jetzt habe Euch
vieles erzählt von Rußland. Ich danke Gott, daß ich hier bin.
Wann dihr mir schreibet, so schreibet die Adreß:
Dieser Brief zu gehen nach Neurußland an das Kolonisten-
Contor Cchatareneslauß[22] und abzugeben nach dem
Fluß Maloschna[23] an Johannes Linder in Kostheim[23a].
Wie ich weggezogen bin von Teutschland, da ist mein Bruder
Fridrich und mein Bas Greda Barro und ihre Tochter
. . . Chatarena ein Stück Wegs begleitet. Da hat mein Bruder
gesagt: ich wollte dir lieber mit der
Leicht gehen, als daß du wegziehest. Aber wann er die Gedan-
ken bekommen hätte wie ich, so wär mein Bruder mit seiner
Frau und Kinder ein glücklicher Mann, dann mir essen hier
mehr Fleisch als in Teutschland Brot. Da habe ich alles kaufen müssen.
In der Ernte bekommt ein Taglöhner von der Frucht zu hauen
die dritte Garb. Wann er sich bewirbt[24] in der Ernte und im Dreschen,
so hat er auf das ganze Jahr Brot genug. Liebe Geschweien
und Eure armen Kinder und unsere ganze Freundschaft,
ersuche Euch noch einmal, wanns dem einen oder dem andern
schlecht geht, so bitte ich, zu mir zu kommen. Es sind bei uns
teusche Dörfer 40 und die umliegende Nachbarn . . .
und Dokabotzen[25], Dattarn[26] . . .
. . .

(Am linken Rand):
(Gesch)rieben den 16. Februar im Jahre 1817
Grüßet mir Wlm Baumann[27])

---

19 Obst
20 Sirup
21 = dem Honig gleich (aus mundartl. Flexionsform zu erklären)
22 Gouvernementshauptstadt Ekaterinoslav („Katharinas Ruhm") am Dnjepr, seit der Oktober-
    revolution Dnjepropetrowsk.
23 russ. Molotschnaja („Milchfluß"), Fluß in dem der Krim gegenüberliegenden Küstengebiet.
23a Kostheim auf der Krim; vgl. Kostheim bei Jos. Häßler, Die Auswanderung aus Baden nach
    Rußland und Polen im 18. und 19. Jahrhundert; Anhang ,Karte 1.
24 umtun, bemühen
25 s. Anm. 6
26 Dattarn: Tataren (Krimtataren)
27 Für freundliche Erläuterungen russischer Begriffe danken wir den Herren Prof. Dr. E. Hock
    und Bibl. Dir. Dr. U. Weber in Karlsruhe

Die Kirche von Teutschneret

Du Kirche von Teutschneret,
Erbe aus Väterzeit,
Dich wollen wir bewahren
Deutsch, treu in Ewigkeit.

Dich haben sie ertrotzet
Vom Markgraf, lang und hart,
Nun bist und bleibst du unser,
Unser wie unsre Hardt.

Und als dein Kleid veraltet,
Ein neues dir tat not,
Stand da die neue Kirche,
Funkelt im Morgenrot.

Du Kirche von Teutschneret,
Schaust weit im Land umher,
Du Kirche von Teutschneret,
So eine gibt's nicht mehr!

Pfarrer A. Kaiser (1936)

IV. Neureuter Familiennamen

von Wilhelm Meinzer

1. Das alte Neureut und Teutschneureut

„Meinzer, Grether, Stober, Linder und dem Ehrmann seine Kinder." Mit diesem vor längerer Zeit in Welschneureut entstandenen Reim sollte spöttisch-heiter auf die Konzentration der Einwohnerschaft Teutschneureuts auf nur wenige Familien hingewiesen werden. Und in der Tat, nimmt man noch die Nagel, Glutsch, Knobloch, Ott, Baumann, die Ulrich und Eichsteller dazu, so sind die Familien schon genannt, die vor dem Zweiten Weltkrieg noch fast drei Viertel der Einwohnerschaft von Teutschneureut stellten.

Die Mehrzahl dieser Familien ist schon seit Generationen in Neureut ansässig, doch gab es im Gefolge des Dreißigjährigen Krieges und des Pfälzischen Erbfolgekrieges Perioden, innerhalb derer das Dorf überhaupt nicht bewohnt war. Bei nur wenigen der heutigen Neureuter Familien läßt sich deshalb ihre Existenz hier im Ort bis in das 17. oder gar 16. Jahrhundert zurückverfolgen. Dafür tauchten fortwährend neue Namen auf. Existenzsuche oder Wandertrieb verursachten im 17. und 18. Jahrhundert in Neureut eine hohe Bevölkerungsfluktuation. Das Straßendorf Neureut wurde sicherlich von zahllosen Durchziehenden berührt, die Beschäftigung und eine Bleibe suchten. Vor allem Handwerker und Hirten waren willkommene Arbeitskräfte im Dorf. „Wer einmal Nereter Wasser getrunken, kommt aus Neret nimmer weg". Dieser altüberlieferte Spruch bezieht sich auf diese Zeit. Viele der Zugewanderten aber zog es auch wieder weiter. Die Aufgabe, die Bevölkerungsbewegung in Neureut zu untersuchen wird erschwert, weil aus der Zeit vor 1700 weder im Gemeindearchiv noch beim Pfarramt Unterlagen zu finden sind. Die Kirchenbücher beginnen im Jahre 1721, als Teutschneureut Filiale der Pfarrei Mühlburg wurde, bevor es 1731 nach über 50 jähriger Unterbrechung wieder einen eigenen Pfarrer erhielt. Bei der Begrenztheit der Unterlagen des GLA kann eine vollständige und kontinuierliche Darstellung der frühen Neureuter Familiennamen nicht erwartet werden. Trotzdem verschafft uns ein aus zahlreichen Einzelteilen zusammengesetztes Mosaik interessante Einblicke in die Neureuter Familiengeschichte.

Den ersten in Neureut nachweisbaren Namen entnehmen wir dem Original-Verlehnungsbuch des Markgrafen Rudolf VI. von Baden aus dem Jahre 1365. Hiernach sind die „Höfe von Sreckh" (Leopoldshafen) „mit allen zugehörden" verliehen worden an Wentzen von Graben, Contz Pfister von Umthan (Rintheim?), Heinz Jarus von Bürthan (Beiertheim), Heinz Hirten von Eckstein, Heinz Futter von Küneling (Knielingen) und Hermann Steinbachers Suhn von Nürath. (Fütterer, Geschichte von Leopoldshafen, S. 121).

Die ein Jahrhundert später in Neureut auftretenden Namen sind teilweise in den Kapiteln „Neureut und das Kloster Gottesaue", bzw. „Bevölkerung und Gemarkung zwischen Mittelalter und Neuzeit" schon verzeichnet und werden nur der Systematik halber hier nochmals aufgeführt.

1479 (GLA 38/52)

 Claus Rüfel, Richter zu Neureut
 Hans Stahl, Schultheiß zu Neureut
 Hans Dieme
 Hans Alhuser, Richter zu Neureut
 An anderer Stelle erscheint 1479 der Name Bergerhuser.

1482 (GLA 66/2940)

Bechtold Steinbach	Yrmels Hans
Rüfals Gall	Moritz
Spanreyttels Frau	Gurrich Jost
Contzmanns Dochtermann	Gurrich Hans
Schefer Jacob	

1535 (GLA 66/2941)

Hans Heillmann	Vytt Irmell
Jostin Claus	Hans Bennz
Mex Peter	Jochym Hartt
Gall Martin	Bechtolds Agnes
Jacob Moritz	Vyt Hecht
Gall Peter	Caspar Wöber
Caspar Hans	Steffan Schnyder
Bechtold Klaus	Bernhart Scherer
Hans Kryll	Veltin Knobloch
Bierhanns	Hans Bittrolf

Bei einem Teil der oben aufgeführten Einwohner ist der Familienname noch nicht gefestigt. Nicht festgelegt schien auch der Name des in jenem Zeugenverhör von 1459 (siehe Seite 7) erwähnten Bewohners von „Unterneureut", ein „Schmid, genannt der Arbeiter". 1563 scheint die Bildung der Familiennamen, die wir nachstehend alphabetisch wiedergeben, weitgehend abgeschlossen zu sein.

1563 (GLA 66/2942)

Claus Bechtolds Wittib	Flor Heilmann des Gerichts
Jakob Brödenstain	Stefan Heim
Hans Diebold	Hans Heim
Gall Ermel	Hans Heyl
Hans Gall	Abraham Kofer
Jacob Gall	Hans Knobloch
Bastian Götz	Veyt und Jerg Kremer
Simon Golch	Hans Nagel
Hans Gürrich des Gerichts	Wolff Nagel

Jacob Ratzel des Gerichts	Theus Stober des Gerichts
Gall Ruoff der Alt	Jacob Schneider
Gall Ruoff der Jung	Hans Schrick
Jacob Ruoff, Schultheiß	Peter Würts
. . . Seitz	

1585 wird Johann Knobloch als Schultheiß zu Neureut erwähnt; 1590 Bastian Seitz, Jacob Knobloch, Otto Beck (GLA 38/105). Sebastian Seitz erscheint als Gerichtsmann noch im Jahre 1605 und 1614. Bei den obigen Aufstellungen handelt es sich um die Huben-Zinspflichtigen gegenüber dem Kloster Gottesaue, das 1563 nicht mehr bestand. Dem Kloster gebührte der große und kleine Zehnte jedoch nur aus einem Teil des Neureuter Feldes. Insofern geben die Namensverzeichnisse nicht die gesamte Einwohnerschaft wieder. Immerhin begegnen wir hier bereits drei Familien, deren Namen sich in Neureut bis heute erhalten haben: Knobloch (1535), Nagel (1563) und Stober (1563). Es ist allerdings, fraglich, ob die heutigen Knobloch und Nagel auf die hier genannten Namensträger zurückgehen, denn beide Namen fehlen in Neureut nach 1677 und treten erst 1738 (Knobloch) und nach 1763 (Nagel) wieder auf.

Zu den eingesessenen Familien gehörten damals auch die Bechtold, Ermel (Irmel), Heilmann, Ruoff und Schneider. Hinzuweisen ist auf den seit 1482 zu findenden Namen Gürrich, dessen berühmtem Namensträger Wendelin Gürrich ein besonderes Kapitel in diesem Buch gewidmet ist. Die Gürrich (Gierich) erscheinen in Neureut bis 1677. In Knielingen ist 1702 noch ein Hans Joachim Gierich ansässig, der Hubengüter in Neureut besitzt. Nur einmal (1563) ist der Name Ratzel verzeichnet. Ein Georg Ratzel, geb. um 1570 in Neureut, erscheint in Linkenheim und gilt als Stammvater der Linkenheimer Sippe Ratzel (Stenzel, Geschichte von Linkenheim, S. 201).

Auf das Verzeichnis von 1563 folgt nach einer Zeitspanne von über 100 Jahren erstmals wieder eine Aufstellung über die Neureuter Bürger und Hintersassen im Jahre 1677. Dazwischen lag der Dreißigjährige Krieg mit all seinen Schrecken, zu dessen Beginn Neureut sicherlich eine stattliche Einwohnerzahl aufwies, denn mittlerweile hatte der Ort erstmals einen eigenen Pfarrer. Leider finden sich aus der Zeit keine Quellen, aus denen Neureuter Familiennamen entnommen werden können. Gegen Ende des Krieges (1647) wurde in der Markgrafschaft Baden eine Bestandsaufnahme angeordnet, bei welcher die Einwohner aufzuführen und die Bestände an Vieh und Frucht anzugeben waren. Eigenartigerweise fehlt hierbei der Ort Neureut gänzlich. Da die gemeldeten Ergebnisse der Gemeinden Knielingen, Eggenstein, Schreck, Linkenheim und Hochstetten amtlicherseits zum Gesamtbestand des Amtes Mühlburg zusammengefaßt wurden, kann nur angenommen werden, daß Neureut in jener Zeit nicht bewohnt war. In den Nachbarorten Knielingen und Eggenstein wohnten noch neun bzw. vierzig Bürger mit ihren Familien.

1677 sind folgende Familien in Neureut ansässig:

(GLA 74/5023; Huldigungsliste)

Sebastian Alt	Hans Flor Meintzer
Hans Michael Becker	Jacob Meintzer, Hintersasse
Jacob Simon Brunn	Hans Martin Meintzer
Hans Michel Cammerer, ledig	Hans Martin Meintzer, der Alt, Hintersasse
Christoph Faut	Marx (Markus) Nagel
Hans Jacob Geckenheimer	Hans Jacob Ruff
Conrad Gierich	Bernhard Ruff, Hintersasse
Hans Hauber (Hauer) Schultheiß	Hans-Jacob Schlindwein
Hans Michael Heim	Balthaß Stahl
Flohr Heylmann	Thimotheus Stahl, Hintersasse
Hans Knobloch	Hans Bernhard Stober
Wendel Krieg	Hans Joachim Stober
Hans Jacob Meintzer	Michael Ulrich

Wappen der Familie Stober.

414

Daneben finden sich in Gültbriefen etc. noch einzelne andere Namen.
(GLA 38/105):

1661	Michel Seitz
1662	Hans Peter Schreckh
1664	Peter Schroth
	Veltin Seitzen Erben
1682	Wendel König
	Antoni Gräber

Insgesamt entspricht 1677 die Zahl der Familien ungefähr derjenigen des Jahres 1563. Jedoch fehlen viele der alten Familien, so die Bechtold, Diebold, Ermel, Kremer, Ratzel, Seitz und Schneider. Dafür machten sich neue Familien ansässig. Die Meinzer, bis heute der zahlreichste Stamm im Ort, treten 1677 gleich fünffach auf. Schon ein Jahrhundert vorher läßt sich dieser Name in Dörfern der Umgebung, z.B. in Linkenheim/Hochstetten (Stenzel, Geschichte von Linkenheim, S. 200) oder in Graben (Kemm, Anhang S. 32) nachweisen. Auch die Familien Brunn und Ulrich sind seit 1677 ununterbrochen in Neureut zu finden, ohne daß ihre Herkunft bestimmt werden kann. Das gleiche gilt für die Familie Gräber (1682). Sie ist seit dem Zweiten Weltkrieg in der männlichen Linie hier ausgestorben. Männliche Nachkommen leben aber in Karlsruhe und Hohenwettersbach.

Allmählich begann der Ort wieder aufzublühen. Dies ergibt sich beispielsweise aus der Menge des Fruchtzehnten, die Neureut im Jahre 1687 aufzubringen hatte: 56 Malter Korn, 10 Malter Dinkel, 20 Malter Gerste, 48 Malter Haber. Das war immerhin die Hälfte der Abgaben des Dorfes Eggenstein, in welchem 40 Familien den Dreißigjährigen Krieg überlebt hatten. Doch diese Blüte war nur von kurzer Dauer. Die Kriegsfurie setzte ihr ein schnelles Ende. Besonders in den Jahren 1689—1696 hatte unsere Gegend schlimme Zeiten zu überstehen, als die Pfalz und die angrenzenden Gebiete durch die Franzosen in Schutt und Asche gelegt worden sind. Bei einer im Mühlburger Amt 1698 einverlangten „Specifikation aller Güther und wieviele davon jeder der Unterthanen besitzt", mußte der Schultheiß Hans Jacob Meinzer für Neureut praktisch „Fehlanzeige" melden: „Weillen in dießem Krieg die meisten Einwohner diesen Fleckens gestorben und nicht mehr als Bürger noch im Flecken sein . . .", könne er keine näheren Angaben machen. Soviel ihm bekannt sei, umfasse Neureut 56 Huben, die Hube mit Wiesen 48 Morgen, ohne Wiesen 36 Morgen. Von allen diesen Gütern seien nicht 30 Morgen „mangels der Leidt" gebaut, und das meiste bestehe aus verwaisten Gütern. 1699 lebten nach dem Bericht des Eggensteiner Pfarrers Wendelin Schütz in Neureut acht ganze Ehen, sechs ledige Söhne, fünf ledige Töchter, 12 Schulkinder, drei Wittiben und zwei Hintersassen, „welche zugleich Hirten, davon einer der päpstlichen, der andere der calvinistischen Religion zugehören".

Um nach den Wirren und Zerstörungen einen Überblick über die Bevölkerung und den Zustand des Landes zu gewinnen, ließ der Markgraf in den Jahren 1700, 1702 und 1706 Zählungslisten mit den verschiedensten zusätzlichen Angaben (Bestand an Wohnhäusern, Pferden, auch Gewehren u. dergl.) fertigen. Im Jahre 1709 war außerdem eine Liste zur Huldigung für Markgraf Karl Wilhelm aufzustellen.

So liegt nun gerade für diesen kritischen Zeitraum der Ortsgeschichte reichhaltiges Namensmaterial vor:

„Designation der Unterthanen"; 1700 (GLA 167/163), alphabetisch geordnet:

Jacob Simon Bronns Wittib	Hans Laible, 40 Jahre, Hintersasse
. . . Bronner, Hintersasse	Hans Flohr Maintzers Wittib
Rudolph Gimppel, 40 J., Hinters.	Hans Jacob Maintzer, 57 J., Schulth.
Hans Gob, 20 Jahre, Hintersasse	Hans Martin Maintzer, 57 Jahre
Fritz Gröther, 30 Jahre	Hans Osterlins Wittib
Hans Philipp Hoß, 46 Jahre	Michel Rösch, 25 Jahre
Lorenz Kamm, 25 Jahre	Nikolaus Schuhmacher, 50 Jahre
Hans Bernhard Kiefer, 38 Jahre	Michel Ulrich, 50 Jahre
Hans Jacob Kister Wittib	

Im Ort befanden sich 26 Pferde, zwei Ochsen, sechs Gewehre. Von den Genannten habe jedoch noch niemand Kriegsdienst geleistet.

Im Jahre 1702 wurde das sogenannte Mühlburger Lagerbuch neu aufgestellt. *(GLA 66/5346).* Folgende Hubenbesitzer sind aufgeführt:

Jacob Simon Brunn'en Wittib	Hans Jacob Kisters Wittib
Rudolph Gimppel	Catharina Königin, in der Fremde
Antoni Gräbers Wittib	Hans Flor Maintzers Wittib
Friedrich Gröther	Hans Jacob Maintzer Schultheiß
Christoph Hauers Wittib	Hans Martin Maintzer
Hans Flor Heylmann der Weber	Hans Georg Österlins Wittib
Hans Michael Heim'en Erben	Stephan Schrapp zu Straßburg
Hans Philipp Hoß	Nikolaus Schuhmacher
Hans Bernhard Kiefer	Hans Michael Spöckh
Wendel Kiefer, so in der Fremde	Michael Ulrich

Verschiedene Neureuter Bürger wohnten damals in Knielingen oder Eggenstein und bewirteten von dort aus ihre Güter in Neureut: Andreas Burckhardt, Hans Gürrich, Hans Bernhard Klein, Hans Bernhard Stober, Hans Conrad Stobers Wittib, Hans Jacob Stober, Wendel Stober.

Das Verzeichnis von 1706 *(GLA 167/171)* zählt die folgenden Familien auf:

Hans Jörg Bardt der Maurer	Hans Flor Heilmann der Weber
Hans Flor Bronn Wittib	Hans Philipp Hoß
Jacob Simon Bronn Wittib	Hans Bernhard Kiefer
Hans Jerg Dillmann, jung. Bürger	Hans Michel Linder, junger Bürger
Rudolph Gimppel	Hans Jacob Meintzer, Schultheiß
Hans Michel Greber, jung. Bürger	Hans Jacob Meintzer
Friedrich Grether	Wendel Metz, Bürgermeister

Hans Michel Speckh

Michel Saltzmann, junger Bürger

Johannes Sedler

Hans Bernhard Stober

Michael Ulrich

Außer Bauern lernen wir erstmals Gewerbetreibende im Ort kennen. Ansonsten weist das Dorf 15 Häuser auf. Pferde waren 39 vorhanden.

Das Verzeichnis der Huldigungspflichtigen im Jahr 1709 umfaßt die Namen von 18 Bürgern, 8 Hintersassen und 11 ledigen Bürgersöhnen:

Bürger:

Bardt, Hans Jerg

Boh, Hans Ulrich

Bronn, Flor

Dillmann, Hans Jerg

Greber, Michael

Heilmann, Hans Flor

Kiefer, Hans Bernhard

Kiefer, Hans Wendel

Linder, Hans Michel

Meintzer, Hans Jakob
  (Schultheiß)

Meintzer, Hans Jakob

Nicklauß, Friedrich

Obser, Daniel

Sedler, Johann

Speck, Hans Michel

Stober, Hans Bernhard

Stober, Hans Jakob

Ulrich, Michel

(Aus: Jacob, Einwohnerbuch der Markgrafschaft Baden-Durlach 1709).

Ledige Söhne

Bronn, Bernhard

Bronn, Simon

Bronn, Michel

Hauer, Hans Adam

Hoß, Philipp

Meintzer, Hans Flor

Meintzer, Michel

Stober, Hans Wendel

Stober, Jakob

Stober, Michel

Ulrich, Marx (Marcus)

Hintersassen:

Gimppel, Rudolf

Gimppel, Daniel ledig

Gimppel, Rudolf ledig

Hopp, Johann

Hotz, Jerg

Saltzmann, Jakob

Saltzmann, Michel

Kurtz, Jerg

Um die Hälfte der 1677 aufgeführten Namen sind nach 1700 nicht mehr in Neureut vertreten: Alt, Becker, Cammerer, Faut, Geckenheimer, Gierich, Heim, Knobloch, Krieg, Nagel, Ruef, Schlindwein und Stahl. Von den neu hinzugekommenen Familien sind vor allem zu erwähnen:

Rudolf Gimppel (1700) aus Straßburg, geb. um 1660; siehe Abschnitt IV (Teutsch- und Welschneureut im 18. Jahrhundert). Nachkommen leben heute in Linkenheim.

Friedrich Gröther (Grether) (1700) geb. um 1670, stammt aus Tegernau im Wiesental (Schwerdtfeger, Zwischen Heide und Strom, S. 79).

Hans Michel Linder (1705) geb. 1682; übersiedelte aus Hagsfeld. Seine Vorfahren stammen aus Obernheim Amt Balingen i. Württemberg. Er war herrschaftlicher Zoller und Löwenwirt in Neureut. Um 1715 ist er als Schultheiß genannt. Heiratete 1705 Anna Maria Meinzer.

Die Huldigungsliste von 1738 umfaßt die Namen von 51 Bürgern und neun Hintersassen, also insgesamt 60 Familien. *(GLA 148/289)*. Sie lautet in alphabetischer Ordnung:

Hannß Georg Ackermann
Philipp Adam
Jacob Authenried der Kiefer
Hannß Georg Barth
Georg Baumann
Michel Baumann
Martin Bohe
Jacob Breithaupt
Andreas Breitling
Florian Bronn
Michel Bronn
Jung Michel Bronn
Georg Burckhart
Michel Dillmann
Michel Dolt
Johann Jacob Dürr
Gottfried Eichsteller
Johann Eichsteller der Schmidt
Marx Federlechner
Daniel Gimppel, der Schultheiß
Rudolf Gimppel, der Alte Schultheiß, „so aber blind und nicht mehr aus dem Haus kommt."
Martin Greber
Michel Greber
Friedrich Grether
Philipp Hoß
Johann Martin Hermann
Martin Herrmann

Michel Kauffmann
Philipp Adam Knobloch
Abraham Lay, der Schulmeister
Jacob Linder, der Metzger
Michel Linder, der herrschaftl. Zoll.
Friedrich Meintzer
Hannß Flor Meintzer
Jacob Meintzer
Ludwig Meintzer
Michel Meintzer
Johann Metz
Paul Niclaus
Wolff Niclaus
Joachim Probst, „welcher aber schon lange Zeith im Zuchthauß zu Pforzheim sitzet".
Jacob Saltzmann
Johannes Saltzmann
Abraham Stober, „der sich dermalen in Ungarn im Soldatenleben befindet".
Bernhard Stober
Jacob Stober
Wendel Stober
Jacob Strübi
Johannes Sutter, Anwalt
Marx Ulrich
Jacob Weybrecht

Ledige Bürgersöhne:

Wilhelm Baumann	20 J.
Daniel Breitling	18 J.
Flor Bronn	17 J.
Jacob Simon Bronn	18 J.
Michel Dolt	15 J.
Heinrich Gimppel	18 J.
„so zu Durlach das Kieferhandwerk erlernet".	
Philipp Gimppel	14 J.
Rudolf Gimppel	20 J.
Anthoni Greber	22 J.
Philipp Greber	25 J.
Friedrich Grether	15 J.
Conrad Hauer	21 J.
Friedrich Hauer	18 J.
Jacob Löser	20 J.
Flor Meintzer	17 J.
Hannß Flor Meintzer	17 J.
Michel Meintzer	15 J.

Wendel Probst	21 J.	Michel Strübi	14 J.
Michel Saltzmann	31 J.	Philipp Strübi	16 J.
„so dermahlen Grenadier unter		Johannes Sutter	24 J.
diesseitig fürstl. Contingent".		Jacob Ulrich	22 J.
Bernhardt Stober	14 J.	Marx Ulrich	16 J.
Georg Friedrich Stober	16 J.	Michel Ulrich	27 J.
Michel Stober	18 J.	„so zu Pforzheim im Zuchthauß	
Jacob Strübi	18 J.	sitzet".	

Hintersassen

Andreas Goygöly

Johanns Hoffsäß

Jacob Kayser

Michel Keselbauer

Johann Meyer

Michel Müller

Hanß Martin Pfeiffer

Hanß Philipp Schönweis

Hanß Georg Weybrecht

Hintersassen-Söhne:

Jacob Müller	17 J.
Michel Walter	21 J.

Von den früheren Namen fehlt 1738 vor allem die Familie Heilmann, die seit 1535 in Neureut ansässig war und die nach den Wirren des Dreißigjährigen Krieges und der Erbfolgekriege noch im Ort nachgewiesen ist. Eine Tochter des letzten Namensträgers Hans Flor Heilmann heiratete 1729 Ludwig Meinzer.

Die Erörterung der Zugänge zwischen 1709 und 1738 beschränkt sich auf den Kreis der Familien, die längere Zeit im Ort verblieben bzw. heute noch ansässig sind. (Die Jahreszahl in Klammern = erste Erwähnung im Kirchenbuch Teutschneureut, von 1701 bis 1721 auch Kirchenbuch Eggenstein).

Johann Phil. Adam (1729) aus Königsbach; heiratete in Neureut Margarethe Hermann. Die Familie ist in männlicher Linie seit Mitte des 19. Jahrhunderts hier ausgestorben.

Johann Georg Baumann (1711) geb. 1682 in Unterampfrach i. Mittelfranken, heiratete in Neureut Anna Eva Ulrich; betrieb später eine Straußwirtschaft. Nicht identisch mit dem 1738 in Welschneureut nachgewiesenen Joh. Jacob Baumann.

Jacob Breithaupt (1735), Sohn des Hintersassen zu Hagsfeld Jacob Breithaupt. Es leben heute keine männlichen Nachkommen mehr im Ort.

Johann Eichsteller (1718) Bürger und Schmied; Herkunft nicht angegeben.

Marx (Markus) Federlechner (1738) kam von Ochsenbach bei Rothenburg zunächst nach Knielingen, verheiratete sich dort 1723 mit Eva Rosine Kiefer und übersiedelte später nach Teutschneureut.

Michael Kaufmann (1734) Sohn des Johann Jakob Kaufmann, Bürger zu Karlsruhe.

Abraham Lay (Layh) (1731) Leineweber, später Schulmeister, Sohn des Jacob Lay, bügerlicher Einwohner zu Knielingen. Die Familie kommt ursprünglich aus Auggen i. Markgräflerland und hieß dort Löwe.

Joachim Probst (1738) war zuvor Bürger in Rintheim. Familie stammt ursprünglich aus dem Württembergischen. (Schwerdtfeger S. 79). Männliche Nachkommen leben nicht mehr im Ort.

Hans Jacob Stribi (1717) Sohn des Hans Jacob Stribi aus Brombach, desmaligem Taglöhner in Durlach, heiratete in Neureut Anna Maria Wolpert.

Johann Georg Weinbrecht (1732) Musquetier beim Bad. Durlachischen Kreisregiment, gebürtig von Singen b. Pforzheim, heiratete Maria Elisabeth Stober.

Johann Sutter (Sutor) (1735) Anwalt, Herkunft nicht bekannt. Drei männliche Namensträger wanderten 1789/90 nach Ungarn aus. Seitdem ist die Familie in Neureut nicht mehr vertreten.

Aus dem Jahre 1763 liegt uns ein weiteres Einwohnerregister vor. Wir verdanken dieses dem damals hier amtierenden Pfarrer Roller, der anläßlich einer Kirchenvisitation eine Aufstellung aller hiesigen Haushalte und ihrer Ausstattung mit Bibeln und Neuen Testamenten fertigte. Diese Aufstellung ist insofern sehr aufschlußreich, als auch die Zahl der unverheirateten Kinder und das Hausgesinde mit aufgeführt sind. Somit kann hieraus neben den Haushaltungen (89) auch die genaue Einwohnerzahl (394) entnommen werden. Das Register wird unverändert, d. h. nicht alphabetisch geordnet, abgedruckt; es ist vermutlich in der Reihenfolge der Wohnhäuser, die noch alle an der westlichen Seite der Hauptstraße standen, aufgestellt.

Haushaltungen	Eltern	Kinder	Gesinde	Bibeln	Neue Test.
1. Jacob Dold, cath. Relig.	2	2	1	–	–
2. Joh. Phil. Gräbers Wb.	1	4	–	1	–
3. Heinrich Frölich	2	1	1	–	–
4. Joh. Knobloch	2	1	–	–	1
5. Christina Hofmännin Wb.	1	3	–	1	–
6. Franz Baumgärtner	2	3	1	1	–
7. Wilhelm Baumann	2	5	–	1	–
8. Florian Meinzer	2	3	–	1	–
9. Michel Braun	2	3	–	1	–
10. Dorothea Stoberin Wb.	1	1	–	–	1
11. Jacob Ulrich	2	6	–	1	–
12. Florian Meinzer	2	5	–	–	1

Haushaltungen	Eltern	Kinder	Gesinde	Bibeln	Neue Test.
13. Conrad Hauer	2	5	–	1	–
14. Cathar. Brunnin Wb.	1	1	–	–	–
15. Michel Kaufman	2	11	–	1	–
16. Zacharias Haller	2	2	–	1	–
17. Phil. Hoos	2	5	–	1	–
18. Margaretha Hermännin Wb.	1	–	–	–	–
19. Georg Ehrmann	2	6	–	1	–
20. Rudolph Küfer	2	–	–	1	–
21. Joh. Daniel Breitling	2	1	–	–	1
22. Phil. Adam Knobloch	2	4	–	1	–
23. Hans Jerg Braun	2	4	–	–	–
24. Martin Gräber	2	1	–	–	–
25. Wendel Probst	2	5	–	1	–
26. Abraham Lay	1	2	–	1	–
27. Michel Meinzer	2	–	–	–	1
28. Georg Federlechner	2	2	–	–	1
29. Hans Jerg Bauman	2	8	–	1	–
30. Hans Jerg Ackerman	2	1	1	1	–
31. Jerg Martin Bohn	1	–	–	–	–
32. Jacob Meinzer	2	1	–	–	–
33. Jacob Meinzers Wb.	1	4	1	1	–
34. Marx Federlechner	2	–	–	–	1
35. Hans Jerg Barth	2	8	–	1	–
36. Hans Jerg Grether	2	1	–	–	–
37. Elisab. Akermännin Wb.	1	1	–	–	1
38. Mar. Elis. Brabantin Wb.	1	–	–	–	–
39. Jac. Federlechner	2	2	–	–	–
40. Michel Ulrich	2	4	–	1	–
41. Jacob Autenrieth	2	3	–	1	–
42. Jacob Linder	2	6	–	1	–
43. Joh. Knosp	2	–	–	–	–
44. Jacob Breithaupt	2	–	–	–	–
45. Ludwig Grether	2	2	1	–	–
46. Phil. Adams Wb.	1	4	–	–	1
47. Phil. Strybi	2	3	–	1	–
48. Michel Bauman	2	4	–	1	–
49. Abraham Bohn	2	1	–	–	1
50. Jacob Meinzer	2	5	–	1	–
51. Joh. Sutter	1	4	–	1	–
52. Gottfried Eichsteller	2	3	–	1	–
53. Jacob Sutters Wb.	1	1	–	–	1
54. Veronica Elbertin Wb.	1	–	–	–	–
55. Adam Breithaupt	2	–	–	1	–

Haushaltungen	Eltern	Kinder	Gesinde	Bibeln	Neue Test.
56. Ludwig Meinzer	2	3	–	–	1
57. Bernhard Stober	2	4	–	1	–
58. Friedr. Meinzer Wb.	1	–	–	1	–
59. Franz Meinzer	2	1	–	–	–
60. Nicl. Kohler cath. Rel.	2	1	–	–	–
61. Susanna Köllin	1	5	–	–	–
62. Phil. Gimbel	2	2	2	1	–
63. Michel Meinzer	2	4	–	–	1
64. Felix Kunzman	2	–	–	–	–
65. Adam Ott	2	1	1	–	1
66. Phil. Schönweisens Wb.	1	4	–	–	1
67. Marx Ulrich Witwe	1	–	–	1	–
68. Jung Marx Ulrich	2	2	–	1	–
69. Nicl. Ulrich	2	1	–	–	–
70. Heinr. Fried. Ulrich	2	3	–	–	1
71. Ludwig Meinzer	2	3	–	–	1
72. Jac. Breithaupt	2	2	–	1	–
73. Eleonora Kesselbäurin Wb.	1	–	–	–	–
74. Jacob Stolz	2	2	2	–	–
75. Margarethe Mayerin Wb.	1	–	–	–	–
76. Michel Stober	2	3	–	–	1
77. Georg Friedr. Meinzer	2	2	–	–	1
78. Friedrich Grether	2	5	–	1	–
79. Michel Striebi	2	4	–	1	–
80. Conrad Weibrecht	2	1	–	1	–
81. Bernhard Glutschen Wb.	1	2	–	–	1
82. Bernhard Bauman	2	–	–	–	1
83. Jacob Dürr	2	2	1	1	–
84. Jacob Stober	2	2	–	1	–
85. Wendel Stober	2	1	–	1	–
86. Noah Mez	2	3	–	–	1
87. Michel Meinzer	2	6	–	–	1
88. Joh. Jac. Autenrieth	2	3	–	1	–
89. Konrad Stober	2	1	1	–	–

Summa   Eltern: 156
          Kinder: 224
          Gesind: 14

Summa aller Seel.   394

GLA 148/240

Zwischen 1738 und 1763 erscheinen u. a. die folgenden Namen:

Johann Georg Ehrmann (1742) gebürtig vom Dorf Güthingen im Hochfürstl. Ansbachschen, heiratete in Neureut Anna Maria Breitling.

Franz Georg Baumgartner (1729) Bürger und Cronenwirth zu Carlsruhe, heiratete Anna Maria Linder. (Siehe Abschnitt VI Ziff. 14 erster Teil). Männliche Nachkommen leben nimmer im Ort.

Adam Ott (1762) Sohn des Bürgers Adam Ott zu Hagsfeld. Die Familie stammt ursprünglich aus dem Württembergischen. (Schwerdtfeger, S. 79)

Jacob Stolz (1760) stammt aus dem Württembergischen und kam als Schäfer und Knecht hierher.

Jacob Bernhard Glutsch (1749) Strumpfweber, geb. 1711 in Wurmberg. Kam 1739 zunächst nach Welschneureut. In zweiter Ehe heiratete er 1749 Cath. Breitlinger in Teutschneureut. (Heimatglocken Febr. 1938, S. 7)

Wappen der Familie Glutsch.

Mit der Huldigungsliste von 1811 steht uns ein weiteres Verzeichnis der hiesigen Bürger zur Verfügung (GLA 236/1610). Wir drucken diese Liste alphabetisch geordnet in der damaligen Schreibweise ab:

Jacob Adam
Georg Jacob Baumann
Jung Georg Wilh. Baumann
Georg Adam Baumann
Johannes Baumann
Philipp Adam Baumann
Jacob Baumann
Wilhelm Baumann
Michael Baumgärtner
Georg Jacob Beck
Johannes Georg Beck
Jacob Beck
Wilhelm Breidhaupt
Anwalt Brunn
Philipp Jacob Brunn
Wilhelm Brunn
Florian Ehrmann
Jacob Ehrmann
Ludwig Ehrenmann
Alt Friedrich Ehrmann
Jung Georg Friedrich Ehrmann
Georg Friedrich Ehrmann
Georg Jacob Ehrmann
Johannes Federlechner
Georg Jacob Federlechner
Dionysius Gauß, Hintersaß
Philipp Friedrich Gimbel
Daniel Glutsch
Georg Friedrich Klutsch
Bernhard Klutsch
Georg Adam Gräber
Alt Georg Adam Gräber
Philipp Jacob Gräber
Bürgermeister Greter
Georg Michael Gröder
Florian Greder
Johann Jacob Grether
Ludwig Gräther
Jung Georg Michael Grether
Georg Adam Greter
Jacob Greder
Jacob Friedrich Haun

Christoph Hecht
Martin Hecht
Philipp Hoffman
Friedrich Hofmann
Michael Hoß
Georg Friedrich Kaufmann
Jacob Kaufmann
Philipp Kaufmann
Florian Kiefer
Alt Abraham Knobloch
Jung Abraham Knobloch
Adam Knobloch
Georg Jacob Knobloch
Georg Michael Knobloch
Alt Georg Adam Knobloch
Jung Georg Michael Knobloch
Johann Knobloch
Johannes Kuhlwius
Philipp Jacob Layh sen.
Lay jun. Schullehrer
Conrad Linder
Georg Jacob Linder
Georg Friedrich Linder
Christoph Linder
Adam Meinzer
Bernhardt Meintzer
Conrad Meintzer
Florian Meintzer
Alt Georg Adam Meinzer
Jung Georg Adam Meintzer
Georg Friedrich Meinzer
Jung Georg Jacob Meinzer
Georg Jacob Meinzer
Georg Friedrich Meinzer
Alt Georg Friedrich Meintzer
Johannes Meintzer
Ludwig Meinzer
Ludwig Meinzer
Alt Michael Meinzer
Jung Michael Meinzer
Philipp Meinzer
Jung Philipp Meintzer

Philipp Jacob Meinzer
Philipp Fr. Meinzer
Jung Wilhelm Meinzer
Alt Wilhelm Meinzer
Friedrich Müller
Georg Michael Nagel
Johann Philipp Nagel
Jacob Friederich Nagel
Georg Adam Ott
Jacob Ott
Martin Ott
Georg Probst
Georg Jacob Probst
Michael Probst
Wendel Probst
Conrad Stober
Florian Stober
Franz Stober
Georg Friedrich Stober
Johann Michael Stober
Johann Wendel Stober
Jacob Stober
Georg Friedrich Stober
Georg Michael Stober

Michael Stober
Philipp Jacob Stober
Jacob Stolz
Schultheiß Striby
Philipp Jacob Strieby
Johann Martin Striby
Johann Michael Striby
Jacob Stribe
Georg Friedrich Ullrich
Alt Michael Ullrich
Jung Michael Ulrich
Jacob Ulrich
G. Jacob Ullrich
Georg Michael Ulrich
Wendel Ulrich
Jacob Weick
Georg Jacob Weinbrecht
Georg Michael Weinbrecht
Jacob Friedrich Wohlwend
Jacob Wohlwend
Johann Martin Wohlwend
Christoph Zimmermann
Math. Zimmermann

Der Namensbestand der alten Neureuter Familien war 1811 weitgehend gefestigt. Neu hinzugekommen sind u. a.:

Johann Ludwig Beck (1761) aus Hornheim in Württemberg.

Jacob Michael Beck (1773) Sohn des Bürgers von Welschneureut Jacob Beck. Die Familie ist aus Bahlingen am Kaiserstuhl nach Welschneureut zugewandert. Ein späterer Namensträger war der T.Neureuter Vogt Beck. (Siehe Abschn. VII Ziff. 2 erster Teil).

Dionysius Gaus (1794) Webergesell aus dem Württembergischen. Die Familie ist in männlicher Linie in Neureut ausgestorben.

Jacob Weick (1782) Bürger und Krumholz (Wagner) dahier. Herkunft nicht angegeben. Der Name Weick ist 1566 und 1700 in Graben nachgewiesen. (Kemm, Anhang S. 32 und 36f).

Johann Martin Wohlwend (1766) Sohn des Johann Wohlwend, Bürger zu Durlach.

Johann Kühlwein (1774) Bürger und Bärenwirt. Herkunft nicht bekannt. Männliche Nachkommen leben heute nicht mehr im Ort.

Johann Martin Großmann, 1803 in Teutschneureut verstorben. Das Jahr der Zuwanderung ist nicht angegeben. Herkunft: Dürrweiler im Württ. Amt

Altensteig; war Hintersaß und Schweinehirt in TN. Der Sohn Johann Georg G., Kuhhirt, war in zweiter Ehe verheiratet mit Eva Kath. Weick. Der Name ist in der Huldigungsliste 1811 nicht aufgeführt.

Math. Zimmermann (1769) stammte aus Graben, heiratete in TN Magdalena Barth.

Gegenüber dem Verzeichnis von 1763 fehlen 1811 vor allem die Namen Hauer und Barth. Der Name Hauer trat bereits 1677 in Neureut auf. Zwei Familien Hauer sind 1729 und 1737 ausgewandert. Der 1738 und 1763 aufgeführte Conrad Hauer wanderte vermutlich mit der Familie seiner zwei Söhne 1784/86 nach Ungarn aus. Der Name Barth war seit 1706 in Neureut nachgewiesen. Zwei Familien wanderten 1790 nach Ungarn aus.

Zur Darstellung der weiteren Namensentwicklung in Teutschneureut sind anhand der Wählerliste zur Gemeinderatswahl 1912 die damaligen Familiennamen und ihre Anzahl aufgeführt:

Allgäuer	1	Gräbener	1	Paul	1
Baumann	13	Gräber	5	Raub	2
Buchleither	1	Grether	29	Ruhert	1
Beck	3	Großmann	3	Rupp	1
Bender	1	Halm	1	Sattler	1
Bitrolf	1	Häfele	1	Schempp	1
Beutler	1	Hellenschmied	1	Schreiber	1
Bratzel	1	Heiß	1	Stern	2
Brannath	1	Hermann	1	Stegmaier	1
Breithaupt	1	Jockers	1	Schnürer	1
Brunn	8	Kaufmann	6	Stiefel	2
Buser	1	Kiefer	1	Stober	35
Eichsteller	13	Knobloch	20	Stolz	10
Ehrmann	27	Kühlwein	2	Striby	2
Elwert	1	Layh	5	Ulrich	27
Fath	1	Linder	39	Wagner	1
Federlechner	6	Lipp	1	Wörner	1
Fock	1	Markert	1	Weick	8
Eiermann	1	Meinzer	69	Weinbrecht	9
Gaus	1	Müller	3	Wohlwend	9
Geisert	2	Nagel	23	Walter	1
Glutsch	29	Oberst	1	Zimmermann	4
Gögely	1	Ott	16		

Aufgeführt sind die wahlberechtigten männlichen Einwohner ab 25 Jahren, insgesamt 468. Noch ausgeprägter als 100 Jahre zuvor ist das Namensgefüge auf die zu Anfang des Berichts erwähnten Familien konzentriert.

Von den neu hinzugekommenen Namen sind zu erwähnen:

Jacob Philipp Bitrolf (1831). Der Vater Friedrich Bitrolf stammte aus Rüppurr.

Georg Friedrich Daler, 1795 geboren als unehelicher Sohn der Maria Salome Grether. Der Vater Friedrich Daler war österreichischer Soldat. Ein Nachkomme, Wilhelm Dahler, war 1896—1904 Bürgermeister in Teutschneureut. Die Familie ist in männlicher Linie im Ort ausgestorben.

Jacob Friedrich Göhrung (1839) aus Unteröwisheim, heiratete Christine Ott in Teutschneureut.

Johann Ludwig Raub (1841) Herkunft nicht angegeben; Bärenwirt in Teutschneureut, heiratete Elisabeth Gräber, die Tochter des Löwenwirts.

Johann Daniel Schnauffer (vor 1825) stammte aus Liebenzell, heiratete Eva Kath. Ehrmann.

Georg Adam Stiefel (1864) stammte aus Adelshofen, heiratete Juliane Nagel.

Wendelin Sattler, Tüncher, katholisch, aus Sulzbach b. Ettlingen, heiratete 1875 Christine Marg. Ott.

Johann Peter Gögely, Waffengießer aus Reihingen ?, verheiratete sich 1865 in Marseille mit Margarethe Ehrmann (†1875 in Paris). Er kehrte infolge des Deutsch-Französischen Krieges nach Deutschland zurück und heiratete 1876 in Teutschneureut Juliane Marg. Beck. Die Schwester des Johann Peter G., Philippine Luise Gögely, verheiratete sich 1865 ebenfalls in Marseille mit dem Maurer Karl Ehrmann. Beide kehrten nach dem 70er Kriege nach Teutschneureut zurück.
Ein Zusammenhang mit dem in der Huldigungsliste 1738 aufgeführten Namen Goygöly besteht offenbar nicht.

2. Welschneureut

Aus den ersten 40 Jahren der Ansiedlung französischer Religionsflüchtlinge nahe bei dem alten Dorfe Neureut liegen mehrere Namensverzeichnisse vor. Die erste Liste umfaßt die 58 Namen derjenigen Kolonisten, denen 1699 die Landportionen zugeteilt worden sind. (Siehe Seite 62).
Aus dem Jahre 1709 verfügen wir über die namentliche Aufstellung der verheirateten Bürger und der ledigen Söhne über 15 Jahre (Huldigungsliste für Markgraf Karl Wilhelm). Nach den gleichen Gesichtspunkten ist die Huldigungsliste für Markgraf Karl Friedrich aus dem Jahre 1738 aufgestellt, auf die wir ebenfalls zurückgreifen können.

Liste des hommes et garsons au dessus de 15 Ans de la Colonie de Neyreuth. Le 25 Jeuillet 1709:

Armant, David	De Sene, Louys	Caubet, Pierre
Haimard, Claude	De Sene, Paul, ledig	Caxoubon, Jean
Barere, Isaac	Canpredont, Pierre	Ceret, Aine
La Font, Lionard	Caubet, Jacque	Couty, Jean
Bexard, Anthoine	Caubet, Jean ,ledig	Crebesac, Francois

Crocol, Bernard
Crocol, Jean, Abrand ,ledig
Durand, Jacque
Durand, Jean ,ledig
Durand, Pierre, ledig
Friche, Caspard
Generoux, Jacque
Gontat, Anton
Gouynau, Mathieu
Gros, Paul
La Rigardier, Jacque
Lauthier, Daniel, Pasteur

Maillet, Francois
Maillet, Pierre, maitre de ecole
Maraut, Jacque
Marche, Samuel
Michelin, Claude
Pansu, Jacque
Pansu, Nouel, ledig
Resin, Jean Jacque
Rouquille, François, Bourguemestre
Rouvierre, Michel
Voison, Jean Pierre

Aus: Jacob, Einwohnerbuch der Markgrafschaft Baden-Durlach 1709.

Huldigungsliste Welschneureut 1738
GLA 148/289

Consignatio derer sich allhier befindenden Geistl. und Weltl. Bedienten, Gefreyten Burgern und Hintersaßen, wie auch deren Söhne, welche das 14te Jahr erreichet samt der Judenschafft, nemlich:

Geistl. Bediente
Jean Durand der Schulmeister

Anwaldt und Gericht
1. Jacob Wilhelm Thiry, Anwaldt
2. Jaque Maro, Bürgermeister
3. Francois Louis Crocros
4. Paul Renaud

Bürger
1. Joseph Weiß
2. Johannes Erler der Schmidt
3. Carl Ludwig Caubet
4. Hannß Georg Rothacker
5. Abraam Parraire
6. Pierre Paget
7. Isaac Crevesac
8. Johannes Dunkin
9. Benedickt Schantz
10. Jean Pierre Gros
11. Jacob Rothacker
12. Johannes Schantz

13. Zacharie Boeuf
14. Martin Bolitz
15. Johann Jacob Baumann
16. Gottlieb Niclaus
17. Jacob Sutter
18. Friedrich Kleiner
19. Hannß Georg Weinhardt
20. Francois Requette

Ledige Bürgersöhne

1. Jacob Crocros	21 Jahre
2. Francois Louis Crocros	19 Jahre
3. Jean Crocros	15 Jahre
4. Henry Louis Renaud	15 Jahre
5. Christian Clour	21 Jahre
6. Henry Clour	17 Jahre
7. Paul Durand	18 Jahre
8. Jean Pierre Durand	15 Jahre
9. Francois Louis Parraire	20 Jahre
10. Jean Rasine	22 Jahre
11. Hanß Michel Kleiner	24 Jahre

1. Georg Wilhelm Albrecht
2. Andreas Baumann
3. Johannes Jacobi
4. Jacob Jacobi
5. Martin Meyer
6. Lorentz Meyer
7. Wilhelm Bourle
8. Hannß Georg Hoffsäß
9. Ludwig Weinhard

1. Hannß Jacob Albrecht   28 Jahre
2. Hannß Martin Albrecht   15 Jahre
3. Jean Galbois   17 Jahre
4. Hannß Michel Weinhardt   18 Jahre

Juden

—

Hinsichtlich ihrer namensmäßigen Zusammensetzung weichen diese Verzeichnisse grundlegend voneinander ab — ein Zeichen dafür, daß sich in den Anfangsjahren des Dorfes Welschneureut ein nahezu vollständiger Bevölkerrungsaustausch vollzogen hat. Von der Ansiedlerliste sind bis zum Jahre 1738 nur noch sechs Namen übrig geblieben, nämlich Parraire (Barie), Caubet, Crevesac, Corcos (Crocoll), Durand und Gros. Es ist zu vermuten, daß viele der Kolonisten angesichts des ihnen zugewiesenen kargen und verwilderten Brachlandes bald wieder weiterzogen. Ungeachtet dessen treffen neue Zuwanderer im Dorfe ein, zunächst ausschließlich Franzosen, die entweder über die Schweiz nachreisen, oder aber von Ansiedlungen in Deutschland überwechseln. Bis zum Jahre 1709 sind auf diese Weise neu zugezogen: Jacques Boeuf, Anthoine Bexard, Aine Ceret, Mathieu Gonynau, Jacques Marant, Claude Michelin, Francois Rouquitte und Jean Pierre Voiron. Mit Ausnahme von Jacques Marant, der später als Bürgermeister fungiert, sowie der Familie Boeuf, lassen sich 1738 auch diese Zuzügler nicht mehr als Bewohner feststellen.

Zwischen 1709 und 1738 treten wiederum zahlreiche neue Namen im Ort auf: Albrecht, Baumann, Bolitz, Dünklin (Dunke), Erler, Galbois, Hofsäß, Jacob, Jacobi, Kleiner, Meyer, Niclaus, Paget, Renaud, Requette, Rothacker, Schantz, Sutter, Thiery, Weinhard, Weiß. Die Zuwanderer tragen nun überwiegend deutsche Namen. So treffen wir unter den 1738 hier wohnenden 34 Familien nur noch 16 französische Familien an. Bürgermeister, Gerichtspersonen und Schulmeister sind jedoch ausnahmslos französisch-stämmig.

Im Rahmen dieser Darstellung soll nun zunächst auf die Familien eingegangen werden, die in der Huldigungsliste von 1738 aufgeführt sind, soweit sie über längere Zeit im Dorfe seßhaft waren: (Aufgeführt wird jeweils der Ersteinwanderer).

Eine ausgezeichnete Quelle hierfür stellt die unter dem Titel „Hugenotten in Baden-Durlach" erschienene Arbeit von Wolfgang H. Collum, Eggenstein, dar. (Bad. Heimat, 54. Jahrg. Heft 3, Sept.1974). Weitere Angaben sind aus den Kirchenbüchern in Welschneureut entnommen.

Isaac Barie (1699) Weber, auch Barere, Parraire, verh. mit Marg. Raißin, stammte aus Nerac/Gascogne.

Jacques Boeuf (nach 1699) verh. mit Marg. Martinet, stammte vermutlich aus dem Languedoc, verstorben 1702 in WN.

Pierre Caubet (1699) verh. mit Simone Audin, stammte aus Clairac en Guienne, maitre tailleur (Schneider) am Hofe zu Durlach.

Jacques Caubet (1699) zog weiter nach Schwabach.

Nicolas Clour (nach 1709) verh. mit Susanne Tibaut, von Friedrichstal zugewandert, gest. 1724. Vater lebte im Kanton Bern, Herkunft vermutlich Welsch-Schweiz.

Francois Crevesac (1699) verh. mit Rachel Colomb, kam aus Auerbach, stammte aus dem Languedoc. Ein Jacques Cr. wanderte 1737 mit Familie nach Amerika aus.

Bernard Croco (1699) später Crocoll, Schuhmacher, geb. um 1660 in Sensere (angeblich Sancerre a. d. Loire); Sohn Francois Louis Cr. war Schuhmacher und Gemeinderat, heiratete 1715 Augustine Marg. Pansu.

Jacques Durand (1699) verh. mit Louise Couchin. Stammte aus Villiere/Champagne.

Francois Durand (vermutlich nach 1709); verh. mit der Tochter des Schulmeisters Pierre Maillet, war ab 1713 selbst Schulmeister; Herkunft: Voiron/Dauphiné.

Paul Gros (1699) Tuchmacher, verh. mit Marthe Alberge, gest. vor 1716, stammte aus Esprenet/Dauphiné.

Jacques Marant (nach 1709) auch Marot, verh. mit Madelaine Maillet, stammte aus der Gascogne.

Samuel Marche (1699), später Marsch, Schuhmacher, lebte seit 1687 in der Schweiz und kam 1699 nach Welschneureut; gest. 1713. Herkunft: „Castillion proche de Bordeaux".

Pierre Paget (nach 1709) Strumpfweber, verh. mit Anne Calmet, Herkunft unbekannt.

Jean Pierre Rasine (nach 1709) heiratete 1712 in Welschneureut Jeanne Marie Coucha.

Jean Renaud (nach 1709) verh. mit Susanne Vidal, stammte aus der Dauphiné, Paul R. geb. 1690, vermutlich Bruder des Jean.

Francois Requette (nach 1709), Herkunft nicht bekannt.

Jacques Thirry (nach 1709) verh. 1723 mit Marie Madelaine Gros, Herkunft unbekannt.

Jaques Borle (nach 1709) Hintersasse in Welschneureut, kam aus dem Kanton Zürich.

Ulrich Dünklin (Dunke) (nach 1709) stammte aus Rohrbach im Kanton Zürich, zog mit den Refugiès hierher. Sein Sohn Johannes D. heiratete hier Barbe Aymar und wurde 1738 als Bürger angenommen.

Christian Rothacker, seit 1716 Bürger in Welschneureut, luth. Religion, Herkunft nicht bekannt.

Johannes Schantz (nach 1709) heiratete 1727 in Welschneureut Maria Schmitt, die wie er aus dem Kanton Bern stammte. Ein Jacob Schantz wanderte 1737 nach Amerika, ein Daniel Schantz 1792 nach Preußen aus. Seitdem ist die Familie hier nicht mehr vertreten.

Ludwig Weinhard (nach 1709) Hintersasse, luth. Religion, stammte aus Wurmberg/Württemberg. Sein Sohn Johann Georg W. wurde 1735 als Bürger angenommen.

Josef Weiß geb. 1704, verh. mit Anna Maria Ernst; Leineweber, stammte aus Bahlingen/Kaiserstuhl; wurde 1737 als Bürger angenommen.

Ein Großteil der eingewanderten Kolonisten (auch der hier nicht angeführten) stammte aus dem südlichen Frankreich, vor allem aus den Provinzen Dauphiné, Gascogne und Languedoc. In ihrem Gefolge fanden auch viele Schweizer, den Weg nach Welschneureut. Im weiteren Verlauf machten sich jedoch zunehmend deutsche Zuwanderer in dem Dorfe seßhaft.

Als nächste Zusammenfassung der in Welschneureut vertretenen Familiennamen dient uns die Huldigungsliste von 1811. (GLA 236/1610). Wir geben diese in der seinerzeitigen Schreibweise, jedoch alphabetisch geordnet wieder:

Georg Angelberger	Hans Jerg Tunge
Christoph Beck	Jacob Duncke
Martin Beck	Heinrich Durand
Carl Bef	Jacob Durand
Martin Boeuf	Jean Pier Durand
Christian Buchleither	Johannes Durand
Alt Christian Buchleither	Tobias Feiller
Georg Buchleuther	Jacob Feurer
Alt Jacob Buchleither	Johann Martin Fromm
Jung Jacob Buchleither	Conrad Gräder
Alt Johannes Buchleither	Georg Adam Gräder
Jung Johannes Buchleither	Friederich Gros
Anwalt Clur	Heinrich Gros
Johann Gluhr	Jacob Gros, Gericht
Alt Heinrich Crocol	Jean Bier Gros
Jung Heinrich Crocol	Paul Gros
Alt Andreas Dunke	Peter Groos
Andreas Duncke	Peter Gros
Daniel Dung	Christian Gutknecht
Georg Michael Duncke	Bürgermeister Häfele

Jacob Heinrich Häfele
Christof Haidt
Jacob Halter
Carl Hattich
Isaac Herlan
Ludwig Hofmann, Beisasse
Max Janus, Beisasse
Michael Joho
Martin Klotz
Daniel Marche
Ferd. Marche
Georg Marsch
Jacob Marsch
Conrad Merz
Georg Friedrich Merz

Georg Michael Merz
Heinrich Müller
Johannes Müller
Jean Pier Reno
Johannes Reno
K. R. ?
Christoph Ruf
Jacob Ruf
Martin Ruf
J. Jacob Schempp
Johannes Schempp
Johann Dilo (= Thibaut)
Friedrich Weiß
Wohlfahrt
Christian . . .

Französische Vornamen sind 1811 nur noch vereinzelt anzutreffen. Gegenüber 1738 hat sich die Einwohnerschaft etwa verdoppelt, doch fehlen 1811 nicht weniger als 24 der im Jahre 1738 aufgeführten Namen, so vor allem: Caubet, Crevesac, Galbois, Marant, Paget, Barie, Requette, Rothacker, Schantz, Thierry und Rasine. Aus dem Kreis der Zuwanderer zwischen 1738 und 1811 sind zu erwähnen:

Andreas Angelberger, war Beisaß (Hintersasse) und Schweinehirt in Durlach; er starb 1743 im Alter von 24 Jahren. Seine Witwe Catharina Albrecht, die aus dem Kanton Bern stammte, zog danach mit zwei Kindern hierher.

Leonhard Beck, stammte von Bahlingen a. Kaiserstuhl, kam mit Weib und Kind hierher und wurde 1740 als Bürger angenommen. Ein Nachfahre war der spätere Vogt Beck in Teutschneureut, über dessen Wirken unter Abschn. VII gesondert berichtet wird.

Mathäus Buchleither, (auch Buechleittner) kath., war geb. 1680 in Ellingen/ Bayern und lebte als Hintersaß und Strohschneider in Friedrichstal. Sein Sohn Johann Georg verheiratete sich 1762 in Welschneureut mit Margarete Clour.

Pierre Bourdillier, vermutlich nach 1738 zugewandert, war verh. mit Marie Barie. Der letzte Nachkomme Jean Daniel B. wanderte 1798 nach Polen aus.

Tobias Feiler, Webermeister von Öschelbronn i. Württemberg, heiratete 1764 in Welschneureut Maria Cath. Boeuf.

Friedrich Fetterlin (Vetterle) geb. 1798 in Welschneureut als unehel. Sohn der Johanna Marg. Crocoll. Der Vater war Josef Fetterlin, pfälzischer Soldat.

David Gg. Grether, Pflästerer aus Schwäbisch-Hall, heiratete 1776 in WN Marie Elis. Dunke.

Mathias Guler, Hintersasse, kam aus dem Württembergischen, vermutlich identisch mit dem 1761 von Teutschneureut aus nach Jütland ausgewanderten Mathäus Guler (Gula). Von Welschneureut aus wanderte 1798 die Witwe Michael Gulers nach Ungarn aus.

Johannes Schemp, (Schempp) geb. 1728 in Bissingen/Würtembg. heiratete um 1760 Jeanne Marg. Paget in Welschneureut.

Michael Gutknecht, Taglöhner, stammte aus dem oberen Elsaß, wurde 1769 als Bürger angenommen und heiratete im gleichen Jahr Anna Maria Rothacker.

Balthasar Häfele, Sohn des Fleckensschäfers Johann Balthasar H. zu Knielingen, heiratete 1769 in Welschneureut Jeanne Marg. Crocoll.

Isaac Herlan aus Friedrichstal, heiratete 1800 in Welschneureut Maria Sus. Durand.

Johann Michael Joho stammte aus Bahlingen/Kaiserstuhl, kam mit Weib hierher und wurde 1739 als Bürger angenommen.

Damit ist neben *Weiß* und *Beck* der dritte Zuwanderer aus Bahlingen genannt. Ein vierter Zuwanderer aus diesem Ort, *Mathias Martin,* ist 1741 aus Welschneureut mit unbekanntem Ziel ausgewandert.

Wilhelm Klotz, Fuhrmann, Sohn des Schaffners Martin Klotz aus Mühlburg, heiratete 1814 in Welschneureut Susanne Dunke.

Veit Merz, Schuster von Spöck. Sein Sohn Konrad M. heiratete 1801 in Welschneureut Barbe Crocoll.

David Meunier (Müller) Strumpfweber, geb. 1725 in der Colonie Neu-Hengstett heiratete 1745 in Welschneureut Lucrece Baderin. Gegen Ende des 18. Jahrhunderts wurde der Name eingedeutscht.

Mit Joh. Gg. Müller kam aus Blankenloch eine weitere Linie dieses Namens nach Welschneureut. Joh. Gg. Müller war Hirschwirt. Im Güterverzeichnis 1863 sind „Müller Adams Hirschwirts Kinder" als Hauseigentümer aufgeführt.

Michael Pfulb, Hintersaß und Schneider, Herkunft wahrscheinlich Langensteinbach, heiratete 1778 in Welschneureut.

Johann Georg Ruf kam 1750 mit Frau und Kindern nach Welschneureut; stammte aus Eutingen.

Christoph Schnürle aus Neuenbürg, heiratete in Welschneureut 1761.

Philipp Spiegel, Weber aus Hohenwettersbach, als Bürger aufgenommen 1750, heiratete Sabine Beck.

Pierre Tibaut, gest. 1707, war verh. mit Eve Colomb. Der Sohn Phil. Th. zog 1733 nach Friedrichstal. 60 Jahre später kam Johann Thibaut aus Friedrichstal nach Welschneureut und heiratete Maria Buchleither.

Johannes Wohlfahrt, Sattler und Kannenwirt, Herkunft unbekannt, war verh. mit Christine Meinzer.

Jakob Zorn, Herkunft unbekannt. Sein Sohn Heinrich Z. heiratete 1762 in Welschneureut.

Mit einem Auszug aus dem Güterverzeichnis steht uns aus dem Jahre 1863 eine weitere Namenszusammenstellung zur Verfügung. Es zeigt sich, daß um die Mitte des vorigen Jahrhunderts die zuvor starke Bevölkerungsbewegung in Welschneureut auf ein Normalmaß zurückgegangen ist. Lediglich sieben Namen sind in der Zeitspanne zwischen 1811 und 1863 neu hinzugekommen. Von den alteingesessenen Familien ist niemand mehr abgewandert.

Auszug aus dem Güterverzeichnis Welschneureut 1863 (Gemeinde-Archiv Neureut B1) alphabetisch geordnet:

Barrier Karl, Steindrucker
Beck Christian, Zimmermann
Beck Friedrich, Zimmermann
Boeuf Friedrich, Zimmermann
Boeuf Wilhelm, Maurer
Buch Jacob, Maurer
Buchleither Christian Alt, Metzger
Buchleither Christian, Anstreicher
Buchleither Christoph, Maurer
Buchleither Friedrich, Zimmermann
Buchleither Georg Jacob, Maurer Wwe.
Buchleither Heinrich, Landwirt
Buchleither Jacob, zur Kanne
Buchleither Johann Alt, Landwirt
Buchleither Johann Christian, Zimmerm.
Buchleither Peter, Landw. u. Gde.rat
Crocoll Andreas, Landwirt
Crocoll Heinrich Jung, Maurer
Crocoll Jacob, Maurer
Crocoll Jacob Friedrich, Landwirt
Crocoll Johann Peter, Maurer
Crocoll Philipp, Zimmermann
Drollinger, Wilhelm, Schreiner
Dunke Andreas, Zimmermann
Dunke Heinrich, Maurer
Dunke Johann, Landwirt
Dunke Johann Friedrich, Landwirt
Dunke Philipp, Maurer
Durand Heinrich, Landwirt
Durand Jacob, Schuster
Durand Johann, Schuster
Durand Johann Peter, Wwe.
Federle Friedrich, Landwirt
Fromm Johann, Maurer, Wwe.
Groß Christian, Taglöhner

Groß Heinrich Alt, Landwirt
Groß Jacob, Landwirt
Groß Jacob, Maurer Kinder
Groß Johann Friedrich, Landwirt
Groß Wilhelm, Maurer
Gutknecht Christian, Landwirt u. Gde.rat
Häfele Jakob, Bierwirt
Häfele Jakob, Zimmermann
Herb Heinrich, Zimmermann
Herlan Heinrich, Schuster
Karrer Konrad, Bäcker
Karrer Michael, Bäcker
Klotz Wilhelm Heinrich, Maurer
Marche Jacob, Landwirt u. Gde.rat
Marche Margarethe, ledig, zum Engel
Marsch Philipp, Tüncher
Merz Friedrich, Schneider
Merz Georg, Landwirt
Merz Jacob Friedrich, Landwirt
Merz Michael, Landwirt
Merz Philipp, Schuster
Müller Adam, Hirschwirts Kinder
Müller Christian, Bierbrauer
Müller Johann, Maurer
Pfulb Johann, Maurer
Renaud, Christoph, Landwirt
Ruf Heinrich, Anstreicher
Ruf Heinrich, Weber, Wwe.
Schempp Jacob, Schmied
Schempp Jacob, Landwirt, Wwe.
Schempp Jacob Friedrich, Landwirt
Schempp Johann, Landwirt
Troi Josef Anton, Weber
Weiß Friedrich, Maurer

Das Verzeichnis enthält nur die Eigentümer von Hausgrundstücken, stellt also keine vollständige Aufstellung aller hiesigen Bürger dar. So fehlt z.B. die Familie Clour, welche 1863 mit Sicherheit im Ort ansässig war. Trotzdem darf angenommen werden, daß damit die namensmäßige Zusammensetzung der Einwohnerschaft überwiegend erfaßt ist. Das Dorf Welschneureut umfaßte 1863 insgesamt 66 Wohnhäuser. Interessant sind auch die mitangegebenen Berufe. Von den neuen Familien sind zu erwähnen:

Wilhelm Drollinger, Schneider aus Dietenhausen Amt Pforzheim, verh. 1846 mit Marg. Schempp.

Johann Peter Herb, Tüncher aus Büchig bei Bretten, verh. 1873 mit Christine Beck.

Georg Michael Karrer, Bäcker aus Zuzenhausen, verh. 1858 mit Christine Schön aus Königsbach. *Karrer, Konrad,* war vermutlich der Bruder.

Karl Bauer, Herkunft unbekannt, verh. 1832 mit Elisabeth Müller.

Jacob Bleich, Fabrikarbeiter, Adlerwirt, stammt aus Grünwinkel, verh. 1862 mit Magd. Fromm aus Welschneureut.

Eduard Jäger, Schreiner, kath. Religion, aus Rorgenwies, Amt Stockach, verh. 1863 mit Christina Buchleither.

Johann Henninger, Schuster aus Heidelsheim, verh. 1842 mit Christina Gros.

Gottlob Motz, Bäcker aus Cleebronn/Württemberg, verh. 1876 mit Christina Marg. Buchleither.

Johann Gogel, Taglöhner, geb. 1817 in Sinsheim; Sohn Emil verh. 1886 mit Christina Durand.

Leider finden sich in der folgenden Zeit keine Namenszusammenstellungen für Welschneureut. Es zeigt sich aber, daß nahezu alle der 1863 aufgeführten Namen bis heute im ehemaligen Welschneureut vertreten sind. Dies gilt insbesondere für die folgenden französischen Familiennamen: Boeuf, Clour, Crocoll, Durand, Gros, Herlan, Marsch, Müller (Meunier) und Renaud.

3. Schluß

Die namensmäßige Fortführung der Veränderungen im Familienbestand kann für Teutschneureut und Welschneureut über den Stand in der zweiten Hälfte des 19. Jahrhunderts hinaus nicht fortgesetzt werden, soll der Rahmen dieses Beitrages nicht gesprengt werden. Um jene Zeit waren die Verhältnisse noch überschaubar, kannten sich noch alle Ortseinwohner untereinander. Seitdem wuchs die Zahl der Zugänge unaufhörlich. Beim Zusammenschluß der beiden Ortschaften im Jahre 1935 betrug die Einwohnerzahl 4500, bei der Volkszählung 1939 waren es 4910.

Der größte bevölkerungsmäßige Umbruch aber setzte unmittelbar nach dem Zweiten Weltkrieg ein. Bis Ende 1947 hatte der Ort Neureut rd. 1700 Flüchtlinge, Vertriebene, Heimatlose und Ausgebombte aufgenommen. Durch die Errichtung der Kirchfeldsiedlung fanden über 3.000 Personen, zumeist Heimatvertriebene, in Neureut eine neue Heimat. Hand in Hand ging damit auch die Erschließung neuer Baugebiete, wodurch ein stetiger Bevölkerungszuwachs entstanden ist. Folgende Entwicklung war zu verzeichnen:

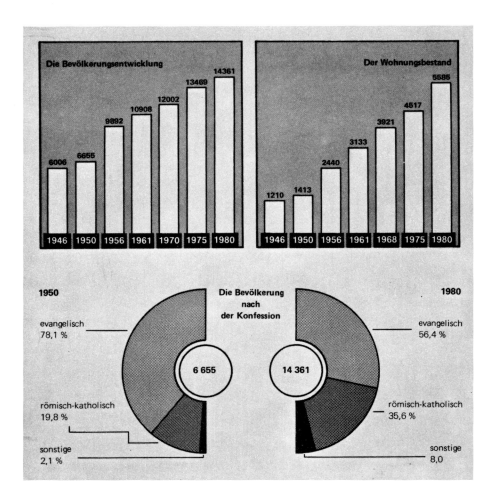

Neret

Wo die Pfälzer Berge grüßen,
Wo der Turmberg hält die Wacht,
Wo des Rheines Wogen fließen,
Pappeln rauschen durch die Nacht,
Wo der dunkle Hardtwald träumet,
Wo im Blau der Kirchturm ruht,
liegt mein Neret hardtumsäumet —
Herrgott, nimm's in treue Hut!

Pfarrer A. Kaiser, 1936

437

Hoch überragt der Kirchturm die Häuser und Scheunen des alten Ortskerns. Nach der derzeitigen Planung sollen entlang der Hangkante anstelle der Scheunen künftig Wohnhäuser entstehen.

V. Vereine in Neureut

von Wilhelm Meinzer

Das 19. Jahrhundert wird in Deutschland auch als das „Jahrhundert der Vereine" bezeichnet. Beschränkte sich auf dem Lande das gesellige Leben zuvor auf Kirchweihen oder Familienfeiern, Spinnabende und Wirtshausrunden, so bildeten sich nun auch in Neureut Vereine oder ähnliche Zusammenschlüsse nicht nur geselliger Art, sondern auch im musikalischen, wirtschaftlichen, sportlichen oder kirchlichen Bereich. Die aktive Betätigung in einem Verein galt als eine Ehre und bedeutete gesellschaftliche Anerkennung im Ort.

Die beiden Straßendörfer Teutschneureut und Welschneureut waren nahtlos aneinandergebaut. Doch verlief am Bärenweg eine unsichtbare Grenze. Jeder der beiden Orte durchlebte eine eigenständige Entwicklung. So war es denn auch selbstverständlich, daß sich das Vereinsleben in beiden Orten unabhängig voneinander vollzog, und bis in die jüngste Vergangenheit verirrte sich kaum ein „Welscher" in einen Teutschneureuter Verein oder auch umgekehrt.

Als erste nachweisbare Vereine traten bereits im Jahre 1846 die Gesangvereine *Liederkranz Teutschneureut* und *Liederkranz Welschneureut* auf. Durch spätere Neugründungen gab es im Ort zeitweilig sechs derartige Vereine, über deren wechselhafte Geschichte gesondert berichtet wird.

Im Jahre 1859 entstanden in Teutsch- und Welschneureut die *Frauenvereine,* die Vorläufer der bei den ev. Kirchengemeinden bestehenden, die heutige Sozialstation Neureut tragenden Krankenpflegevereine. Unter der Schirmherrschaft der Großherzogin Luise wurden in jener Zeit überall im badischen Land derartige Vereine gegründet. Ursprünglich als Hilfsorganisation für den Kriegsfall gedacht, widmeten sich die Frauenvereine sodann der örtlichen Krankenpflege. Nahezu alle hiesigen Familien gehörten als Mitglieder dem Frauenverein an, war doch die Hilfe durch die Krankenschwestern bei der lange Zeit unzureichenden ärztlichen Versorgung für den einzelnen geradezu unentbehrlich. Aus dem in den „Heimatglocken" veröffentlichten Bericht über die Jahreshauptversammlung 1932 des Frauenvereins Teutschneureut geht beispielsweise hervor, daß in diesem Jahre durch die Schwestern 11705 Hausbesuche geleistet worden sind.

In den 70er Jahren bildeten sich in Teutschneureut und Welschneureut sogenannte *Spar- und Vorschußvereine,* deren Zweck es war, ihren Mitgliedern Kreditquellen zu erschließen, wenn es darum ging, ein Geschäft aufzubauen, ein Haus zu kaufen oder das väterliche Erbe zu übernehmen. Diese als genossenschaftliche Selbsthilfeorganisationen im Sinne von Friedrich Raiffeisen oder Schultze-Delitsch geführten Vereine entwickelten sich in Neureut überaus gut. Sie vereinigten sich 1943 zur *Volksbank Neureut,* die heute mit fünf Zweigstellen und einer Bilanzsumme von 150 Millionen DM einen bedeutenden Wirtschaftsfaktor im Ort darstellt.

Ebenfalls in den 70er Jahren entstanden die *Militärvereine* in Welsch- und Teutschneureut. In ihnen waren zunächst die Kriegsveteranen von 1866 und 1870/71 zusammengeschlossen. Auch ausgediente Soldaten späterer Jahrgänge fanden Aufnahme. Diese Vereine widmeten sich der nationalen Traditionspflege, veranstalteten Feiern zu den Gedenktagen berühmter Schlachten (Sedanstag) oder zu Kaisers Geburtstag. An Sonntagen traf man sich öfter zu Schießübungen auf dem Karlsruher Exerzierplatz. Als Träger des Wehrwillens beteiligten sich die Militärvereine später auch an den Veranstaltungen der NS-Zeit, gingen aber noch im Jahre 1933 im *Reichskriegerbund* auf.

Mehr im politischen Bereich angesiedelt waren die in den 80er Jahren entstandenen *Pfeifenclubs* in Teutsch- und Welschneureut. Als Folge des Bismarck'schen Sozialistengesetzes, welches ab 1878 sozialdemokratische und kommunistische Vereine verbot, sprossten überall im Lande derartige Clubs, die sich mit unverfänglich klingenden Namen tarnten und auf diese Weise die Maßnahmen der Obrigkeit zu unterlaufen suchten.

Eine politische Basis für derartige Vereinigungen scheint in Neureut durchaus vorhanden gewesen zu sein, denn immerhin erzielten die Sozialdemokraten z. B. in Teutschneureut bei den Reichstagswahlen 1903 über 51 % der gültigen Stimmen. Ähnlich verhielt es sich in Welschneureut, wo 1898 50 % der Wählerstimmen an die SPD gingen. Auf diesem Boden gediehen später auch die verschiedenen *Arbeiter-, Sport- und Kulturvereine* in Neureut, zu denen auch die 1933 aufgelösten *Naturfreunde* zählten.

In den 80er Jahren traten *kirchliche Vereine* auf den Plan. Als erster ist hier der *Kirchenchor Teutschneureut* zu nennen, der im Zuge der Vorbereitungen zur Weihe der neuerbauten Kirche entstand und bei diesem Anlaß am 17. Juni 1888 erstmals öffentlich auftrat. Der junge Chor sang bis zum Jahre 1892 an jedem Sonn- und Feiertag beim Gottesdienst, beschränkte sich aber dann auf die Festtage oder auf besondere Anlässe. Daneben veranstaltete der Verein, vor allem in jüngerer Zeit regelmäßig Konzerte, bei denen neben mehrstimmigen Kirchenliedern auch klassische kirchenmusikalische Werke zum Vortrag gelangen.

Wie weit der *Kirchenchor Welschneureut* zurückreicht, ist nicht festzustellen. Jedenfalls wird in Pfarrer Askanis Buch „Welschneureut" vom Jahre 1924 der Kirchenchor nicht erwähnt.

Der *CVJM Neureut* fußt auf dem 1895 gegründeten *Männer- und Jünglingsverein* Teutschneureut, dessen Wurzeln noch einige Jahrzehnte weiter zurückreichen in eine Zeit, in der sich der Pietismus hier im Ort immer mehr ausbreitete und man sich in privatem Kreise zur „Stunde" traf, wie man diese Zusammenkünfte im örtlichen Sprachgebrauch nannte.

Erster Vorsitzender des CVJM war der damalige Ratschreiber Wilhelm Breithaupt, Vereinslokal die Kinderschule in der Kirchfeldstraße, wo die Vereins- und Bibelabende abgehalten wurden. Nach der Jahrhundertwende kam es zur Gründung einer Turn- und Sportabteilung und (1905) eines Posaunenchors. Der *Posaunenchor* konnte erst nach dem Ersten Weltkriege richtig Fuß fassen.

Es fanden sich bald eine Anzahl junger Bläser, deren Eifer und Können den Posaunenchor zu einem beachtlichen Klangkörper werden ließ. Er bildete den Stamm für den weiteren Aufbau des Chores in den Jahren nach dem Zweiten Weltkrieg.

Die Sportabteilung konnte sich — sie nannte sich inzwischen *Eichenkreuz-Sport* — erst in den zwanziger Jahren entwickeln, nachdem die Vereinsleitung ihr Hauptaugenmerk anfänglich nur auf die Bibelarbeit gerichtet hatte.

In die Zeit der zwanziger Jahre fällt die Gründung der *Jungschar.* Beim Bau des Gemeindehauses im Jahre 1927 half der CVJM in vielfältiger Weise mit. In Eigenarbeit ist im Jahre 1933 der sogenannte „Jungscharsportplatz" angelegt worden.

Bald darauf wurde die evangelische Jugend in die Hitlerjugend zwangsein-gegliedert und die sportliche Betätigung im CVJM gänzlich untersagt. Trotz-dem fiel damals die Jungschar nicht auseinander, im Gegenteil, noch in den Jahren 1937/38 waren es 70 bis 80 Jungen, die regelmäßig an den Jungschar-abenden, an Fahrten und Freizeiten teilnahmen, bei denen die Bestimmungen der HJ regelrecht umgangen werden mußten.

Im Jahre 1947 formierte sich der CVJM wieder neu; Zug um Zug begann die Arbeit auf allen Gebieten wieder. Auch die *Eichenkreuz*-Sportgruppe machte wieder von sich reden. Einen Höhepunkt in der Nachkriegsentwicklung bildete zweifellos die Errichtung des CVJM-Freizeitzentrums mit eigener Sporthalle, die unter selbstloser Opferbereitschaft der Mitglieder fast vollständig in Eigen-arbeit gebaut und im Jahre 1975 ihrer Bestimmung übergeben werden konnte.

Über das Entstehen der *Freiwilligen Feuerwehr* (1886 Welschneureut, 1895 Teutschneureut) ist bereits an anderer Stelle berichtet worden. Brände im Ort waren in jener Zeit durchaus keine Seltenheit. Große Feuersgefahr ging vor der Einführung der Elektrizität vor allem von den landwirtschaftlichen Gebäuden aus, aber auch Blitzeinschläge verursachten immer wieder Brände. Es wird damals über die schwierigen Wasserverhältnisse geklagt, denn zur Lösch-wasserentnahme standen nur die Hausbrunnen zur Verfügung, die im Ernstfalle nach kurzer Zeit ausgeschöpft waren.

Als erstes Löschgerät konnte in Welschneureut eine heute noch vorhandene Kübelspritze aus dem Jahr 1832 von der Gemeinde übernommen werden. Es folgten später noch zwei Handdruckspritzen. Der Geräteraum befand sich zu-nächst im Keller des Welschneureuter Rathauses (1979 wegen des Baues des Zubringers zur neuen Umgehungsstraße abgebrochen) und wurde ab 1894 in dem damals neuerrichteten Wacht- und Spritzenhaus Ecke Hauptstraße/Welschneureuterstraße (abgebrochen 1961) untergebracht.

In Teutschneureut diente ein Teil der Rathausscheune neben dem Farrenstall (nach Kriegszerstörung 1947 wieder aufgebaut, wegen der Rathaus-Erweite-rung 1966 abgebrochen) als Geräteraum. Eine Kübelspritze und zwei Hand-druckspritzen bildeten die erste Ausrüstung. Nach dem Zusammenschluß von Welschneureut und Teutschneureut im Jahre 1935 vereinigten sich zwangs-läufig auch die beiden Feuerwehren.

Handdruckspritze der Freiwilligen Feuerwehr Teutschneureut vom Jahre 1890.

Für die Zwecke des Luftschutzes wurden zu Kriegsbeginn im Ort mehrere große Löschbrunnen gebaut, die heute noch verfügbar sind; 1942 und 1944 wurde die Feuerwehr mit zwei Tragkraftspritzen ausgestattet.

Infolge der zunehmenden Fliegerangriffe ist die Neureuter Feuerwehr wiederholt zu Einsätzen nach Karlsruhe, Mannheim, Bruchsal und Pforzheim befohlen worden. Aber auch im Ort selbst brannte es wiederholt, so vor allem nach den Fliegerangriffen im September 1944 und der Beschießung des Dorfes durch die französische Artillerie im März 1945.

Die Freiwillige Feuerwehr Neureut im Einsatz 1974.

Nach dem Kriege begann der Wiederaufbau der Feuerwehr. Neue Aufgaben wie Ölwehr, Wasserwehr, Katastrophenschutz und Unfallhilfe kamen hinzu. Dementsprechend ist die Ausrüstung breit aufgefächert und umfaßt heute insgesamt sieben Lösch- und Gerätefahrzeuge einschließlich einer Drehleiter.

Im Jahre 1964 konnte die *Freiwillige Feuerwehr Neureut* ihr neues Gerätehaus am Bärenweg beziehen.

Mit der Eingemeindung wurde die Neureuter Feuerwehr als selbständige Abteilung Bestandteil der städtischen Freiweilligen Feuerwehr.

In die Zeit vor und nach der Jahrhundertwende fällt die Gründung der örtlichen *Turn- und Fußballvereine,* über deren Entwicklung gesondert berichtet wird.

Der *Kleintierzuchtverein Neureut* geht auf den 1905 gegründeten *Kaninchen- und Geflügelzuchtverein Welschneureut* zurück, dem im Jahre 1912 ein gleichnamiger Verein in Teutschneureut folgte. Im Jahre 1936 schlossen sich die beiden Vereine zusammen. Waren es anfänglich vorwiegend wirtschaftliche Gründe, die die Kleintierzucht für viele Ortsbewohner interessant machte, so steht in jüngerer Zeit der ideelle Wert, die Verbundenheit mit dem Tier und der Natur überhaupt im Vordergrund. Dementsprechend verlagerte sich das Zuchtziel der einzelnen Mitglieder mehr zum Ziergeflügel, wenngleich die Nutztiere selbstverständlich nicht vernachlässigt werden. Die alljährlichen Ausstellungen finden heute nicht nur Aufmerksamkeit bei den Zuchtfreunden; sie dienen als Anschauungsunterricht für die Bevölkerung, vor allem für die Kinder, die die Tiere in ihrer natürlichen Umgebung nicht mehr erleben.

Unter großen Opfern und Anstrengungen erstellte der *Kleintierzuchtverein Neureut* auf dem Gelände am Weißen Graben eine eigene Halle, an die sich eine weitflächige Zuchtanlage mit individuell gestalteten Einzelparzellen anschließt.

Mehr aus sportlicher Liebhaberei wurden im Ort seit Menschengedenken Tauben gehalten, und es ist nicht nur für die Züchter, sondern besonders auch für den Laien faszinierend, wenn Tauben aus Hunderten von Kilometern Entfernung den heimatlichen Schlag und damit auch den Heimatort wiederfinden. Deshalb gab sich der im Jahre 1905 gegründete *Brieftaubenverein Teutschneureut* den Namen *Heimatliebe.* Verbandsmäßig ausgerichtete Preisflüge und Ausstellungen bestimmen im Jahreslauf das Vereinsgeschehen und es ist der Stolz eines jeden Züchters, einen der jeweils ausgesetzten Preise zu gewinnen.

Die katastrophalen Ernährungsverhältnisse des Ersten Weltkrieges gaben den Anstoß, daß sich im Jahre 1919 in Teutschneureut und im Jahre 1920 in Welschneureut *Obstbauvereine* bildeten. Die praktische Tätigkeit der Vereine bewirkte hier im Ort trotz der ungünstigen Bodenverhältnisse eine Vermehrung des Obstanbaues. Im ehemaligen Teutschneureut am Ende der Hauptstraße bei der Einmündung der Straße am Zinken entstand eine Baumschule, die den Mitgliedern als Lehranlage diente.

Eine ähnliche Anlage bestand zeitweilig beim Gasthaus zum „Hirsch" in Welschneureut. 1939 schlossen sich die beiden Vereine zusammen. In den

50er Jahren pachtete der *Obstbauverein Neureut* von der Gemeinde ein 1,7 ha großes Gelände im Gewann Heidelburg und errichtete dort eine Apfelanlage mit 1600 Bäumen. Außerdem ist hier ein Lehr- und Versuchsgarten untergebracht.

Eine Reihe heute fast vergessener Vereine sind in den Jahren vor oder nach dem Ersten Weltkrieg entstanden, so z. B. je ein *Schützenverein* in Teutsch- und Welschneureut. Schießstände befanden sich auf dem Ackergelände hinter der *Krone* bzw. hinter dem *Kranz* in Gebieten, die inzwischen längst überbaut sind. Die nach der Jahrhundertwende einsetzende Verbreitung des Fahrrades führte ebenfalls in Teutschneureut und Welschneureut zur Gründung von *Radfahrvereinen,* deren sonntägliche Ausfahrten auf den buntgeschmückten Rädern zumeist von hellen Fanfarenklängen begleitet waren. Der seit 1905 bestehende *Radfahrverein Teutschneureut* nannte sich nach dem Ersten Weltkrieg *Solidarität* und wurde als Arbeiterverein im Jahre 1933 verboten.

Auch die *Tanzgesellschaften* mit den klangvollen Namen *Excelsior* und *Schwarz-Weiß* werden erwähnt, ein *Mandolinen- und Gitarrenorchester* bestand noch bis nach dem Zweiten Weltkrieg. Ein Kulturverein mit besonderer Note war der *Theaterverein* Neureut, der in den 60er Jahren leider seine Aktivitäen eingestellt hat. Der Verein gestaltete in den ersten Nachkriegsjahren den ehemaligen Schießplatz der SA am unteren Dammweg nahe bei der Sandgrube zu einer Freilichtbühne um und inszenierte dort hervorragende Aufführungen, die über den örtlichen Bereich hinaus bekannt wurden.

Freilichtbühne des Theatervereins Neureut um 1950.

In der jüngsten Vergangenheit sind in Neureut eine Reihe neuer Vereine entstanden. Unmittelbar nach dem Zweiten Weltkrieg schlossen sich Kriegsverletzte, heimgekehrte Kriegsgefangene und Kriegerwitwen zu einem Verein, dem *VDK Neureut,* zusammen, der sich die Wahrung der besonderen Interessen dieses Personenkreises, um den sich in den ersten Nachkriegsjahren kaum jemand kümmerte, zum Ziel gesetzt hatte.

Mit dem Entstehen eigener Kirchengemeinden in der Kirchfeldsiedlung bildeten sich dort ein *Evang. Kirchenchor,* ein *Posaunenchor* und auch ein *Kath. Kirchenchor* sowie die *Katholische Arbeiterbewegung (KAB)* Neureut. Neben die bereits bestehende Siedlergemeinschaft der ehemaligen *Schaffergilde* trat eine *Siedlergemeinschaft der neuen Kirchfeldsiedlung.* Zur Pflege von Überlieferung und Tradition der überwiegend aus dem südosteuropäischen Raum stammenden Heimatvertriebenen, die in der Kirchfeldsiedlung angesiedelt wurden, riefen diese eine *Ortsgruppe der Landsmannschaft der Donauschwaben* ins Leben. Im Ortsteil „Heide", der bereits in den 20er Jahren als „Gartensiedlung Neureut" entstanden war und sich nach dem Zweiten Weltkrieg stark vergrößert hatte, bildete sich 1953 ein *Bürgerverein,* der die Anliegen der „Heide" und des Gebiets „Neureut-Ost" selbstbewußt vertritt.

Im Jahre 1953 wurde der *Schachklub Neureut* gegründet.

Der *Tennisclub Neureut* etablierte sich 1956 in der Nähe des Festplatzes an der „Trift" und ist z. Zt. dabei, sein Domizil in das neu entstandene Sportgelände „Lange Richtstatt", in der Nähe des Hardthauses, zu verlegen.

Im Zeichen der wiederbeginnenden Motorisierung entstand zu Beginn der 50er Jahre der *Motorsportclub Neureut,* der anfänglich im Gewann „Junkertschritt" beim heutigen Bauhof sogar über ein eigenes Sportgelände verfügte und dort seine verwegenen Fahrkünste einübte.

Im Gewann „Egelsee" etablierte sich in den 60er Jahren der *Verein für Deutsche Schäferhunde* Neureut mit eigenem Übungsgelände und einem Clubhaus. In unmittelbarer Nachbarschaft davon begannen die *Vogelfreunde Neureut,* die mit dem *Fanfarenzug The Black Rangers* liiert sind, mit der Anlage eines Vogelparks. Nicht gerade für Einigkeit in der Sache sprechen die später vollzogenen Parallelgründungen: *Hundesportverein Neureut 1973, Vogel-, Schutz- und Zuchtverein 1970, Fanfarenclub 1979.*

Der 1965 neugegründete Ortsverein des *Deutschen Roten Kreuzes* errichtete Anfang der 70er Jahre am Bachenweg ein eigenes Haus. Ihre Übungsstätte im Hallenbad fand die *Deutsche Lebensrettungsgesellschaft (DLRG),* Ortsgruppe Neureut.

Ebenso bildete sich eine Ortsgruppe des *Schwarzwaldvereins.* Der durch die Kiesausbeute in den Gewannen „Weidengarten/Langbruch" entstandene Baggersee dient als Fischwasser der *Fischerzunft Neureut.*

Mit Hilfe erheblicher Investitionen der Gemeinde ist im Gewann „Junkertschritt" eine Kleingartenanlage in der für die Stadtrandgebiete typischen Art angelet worden, die vom *Kleingartenverein Neureut* bzs. dessen Mitgliedern übernommen wurde.

Ein Verein *Jugendzentrum Neureut* treibt in den Jugendräumen der Badnerlandhalle offene Jugendarbeit.

Fördervereine bildeten sich beim *Gymnasium Neureut* und der *Realschule,* ebenso bei den evang. *Kindergärten.*

Nicht mehr datieren läßt sich die Bildung der früher in Teutsch- und Welschneureut tätigen Landwirtschaftlichen Bezugs- und Absatzgenossenschaften, auch *Konsumvereine* genannt sowie der örtlichen *Viehversicherungsvereine* und *Milchgenossenschaften,* die sich in der Nachkriegszeit mit dem zunehmenden Rückgang der Landwirtschaft auflösten.

Im folgenden soll die Geschichte einzelner Vereine aus dem Kultur- und Sportbereich näher dargestellt werden.

Gesangvereine

Teutschneureut

In den 40er Jahren des vorigen Jahrhunderts begannen sich in der benachbarten Residenzstadt Karlsruhe, aber auch in den umliegenden Landgemeinden Vereine zu formieren, die die Pflege des Volksgesangs als Aufgabe übernahmen. So sind beispielsweise in *Karlsruhe* der *Liederkranz* und die *Liederhalle,* in *Mühlburg* der *Liederkranz* entstanden, wurde in *Eggenstein* der *Frohsinn* gegründet. Zumeist scharten Lehrer die Sänger um sich und fungierten als Dirigenten.

Auch im damaligen Teutschneureut fanden sich im Jahre 1846 unter der Leitung des Hauptlehrers Idler eine Anzahl Männer zusammen, die den *Gesangverein Liederkranz* ins Leben riefen. Vereinslokal war und ist bis heute das *Waldhorn.*

Neben dem zunächst angestrebten sogenannten „veredelten Volksgesang" fanden die Pflege des Kunstgesanges, die Wiedergabe von Tonwerken deutscher Meister, aber auch die breite Palette von vaterländischen Liedern erst Jahrzehnte später Eingang in die Gesangsvereine. Möglicherweise sang man aber auch die Lieder der Freiheitskriege. Das Wort „Freiheit" jedoch klang damals, am Vorabend der Revolution 1848/49, höchst verdächtig. Daher wurden vor allem die Vereine der Sängerbewegung nach Ausbruch der Revolution als erste für mehrere Jahre verboten. Wenn der *Liederkranz* diesem Schicksal entgehen konnte, so verdankt er es vor allem dem Umstand, daß er sich von Anfang an neben dem „weltlichen" Liede auch dem Kirchengesang gewidmet hatte und bei Gottesdiensten aufgetreten war.

Die erste Vereinsfahne stammte denn auch aus der Hand der Frau des Ortspfarrers und Dekans Cnefelius, der in der Zeit von 1832—1847 in Teutsch-

Liederkranz Teutschneureut mit Festdamen um 1890.

neureut amtierte. Nachdem im Ort ein eigener *Kirchenchor* entstanden war, lockerte sich die Verbindung des *Liederkranz* zum Kirchenlied. Zwar trat der Verein noch 1888 bei der Einweihung der Teutschneureuter Kirche auf, doch faßte der Kirchengemeinderat damals den Beschluß, daß künftig nur noch der Kirchenchor das Recht habe, bei kirchlichen Veranstaltungen mitzuwirken. Querelen und Uneinigkeit erschütterten den Verein in den frühen 90er Jahren, und als man sich anläßlich der Generalversammlung 1893 bei der Vorstandswahl nicht einigen konnte, kehrte ein Teil der Sänger dem Verein den Rücken.

Diese Männer bildeten den Kern für einen neuen Gesangverein, der noch im gleichen Jahre, nämlich am 10.November 1893, in der Wirtschaft zum *Strauß* unter dem Namen *Edelweiß* aus der Taufe gehoben wurde.

Erster Vorstand des neugegründeten Vereins war Wilhelm Grether, erster Chorleiter Hauptlehrer Dürr aus Eggenstein. Als Vereinslokal hatte man den *Grünen Baum* bestimmt. Die Abspaltung vom Stammverein hinterließ einen tiefen Riß, der vielfach bis in die Familien hineinreichte und über Jahrzehnte hinweg keine engeren Beziehungen zwischen den beiden Vereinen aufkommen ließ. Der neue Verein konnte bald an den damals üblichen Gesangswettstreiten erfolgreich auftreten. Aber auch der *Liederkranz* erlebte eine neue Blüte, besonders nachdem Hauptlehrer Hellenschmied die musikalische Leitung übernommen hatte.

In den Jahren nach der Jahrhundertwende unterlag die Sängersache zunehmend politischen Einflüssen. Die Arbeiterbewegung breitete sich aus, und unter dem Dach der neuentstandenen Arbeiter-Sänger-Bünde bildeten sich zuerst in den Städten, dann auch auf dem Lande, die sogenannten Arbeitergesangvereine. Im Jahre 1912 wurde in der Wirtschaft zur *Traube* der *Arbeiter-gesangverein Vorwärts* gegründet. Wiederum lichteten sich die Reihen des *Liederkranz,* als eine Anzahl seiner Sänger dem neuen Verein zustrebte und anfangs wohl auch dessen Rückgrat bildete. Dem *Vorwärts* blieb zunächst wenig Zeit, sich zu entfalten, denn bald darauf brach der Weltkrieg aus, ein Groß-teil der Sänger aller Vereine zog in den Krieg, jegliche Vereinstätigkeit ruhte.

Als im Jahre 1919 die Gesangvereine sich wieder sammelten, waren die Lücken groß. Doch der Zustrom der Jugend glich die erlittenen Verluste bald wieder aus.

Im Jahre 1920 beabsichtigte die damalige Vereinsleitung des *Liederkranz* eine Verschmelzung mit dem *Vorwärts* und den Übertritt des auf diese Weise neu entstehenden *Arbeitergesangvereins Liederkranz* in den Arbeiter-Sängerbund. In einer außerordentlichen Generalversammlung wurde das Begehren der Vereinsleitung mit knapper Mehrheit abgelehnt. Man verwies eindringlich auf die gewachsene eigene Tradition und wehrte sich vor allem gegen die Politisierung des Vereinsgeschehens. Dies bedeutete eine erneute Spaltung des Vereins, denn nicht weniger als 28 aktive Sänger gingen mit der fast vollständigen Vorstandschaft zum *Vorwärts* über. Wegen seiner Weigerung, Arbeitergesangverein zu werden, haftet am *Liederkranz* seit jener Zeit das Attribut „Stehkragenverein", eine Bezeichnung, die diesen Verein wiederum zu besonderen Leistungen anspornte.

Der *Vorwärts* war damit für einige Jahre zahlenmäßig der größte der Teutsch-neureuter Gesangvereine, und nicht zuletzt deswegen kam es im Jahre 1922 zu dem Versuch, die beiden „bürgerlichen" Vereine *Edelweiß* und *Liederkranz* zu vereinigen. Der Zusammenschluß scheiterte jedoch an der Namensgebung des neuzubildenden Vereins, aber auch an der Lokalfrage.

Insgesamt gelten die 20er und die frühen 30er Jahre als die „goldene Zeit" der Gesangvereine. Alle drei Vereine entwickelten starke Klangkörper, das Interesse am Volksgesang wuchs. Harmonische Geselligkeit, die unbeschwerte Atmo-sphäre bei den Sängerfesten und der prickelnde Reiz des Preissingens zogen den Nachwuchs in die Vereine. Gesangliche Erfolge stellten sich ein, der Stolz regte sich. So lösten z.B. die in jener Zeit vom *Liederkranz* in Hochstetten und Hohenwettersbach errungenen Ehrenpreise mit der Tagesbestleistung oder die in einem anderen Jahre vom *Edelweiß* in Neuweier erreichten gleichen Titel Erfolgserlebnisse aus, die ähnlich eingestuft wurden wie die Staffelmeister-schaft eines Sportvereins.

Es kam das Jahr 1933. Das unmittelbar nach der Machtübernahme durch die Nationalsozialisten ausgesprochene Verbot aller sogenannten marxistischen Vereine traf auch den Gesangverein *Vorwärts*. Doch die Bindung an die Ideale des Gesangs waren stärker als die politische Diskriminierung. So fand ein großer Teil der Sänger Aufnahme beim Gesangverein *Liederkranz*.

Während des Zweiten Weltkrieges ruhte der Vereinsbetrieb wiederum voll-ständig. Es bildete sich damals aus den in der Heimat verbliebenen Sängern

aller Neureuter Vereine eine Art Chorgemeinschaft, die vor allem bei den Ge-
denkfeiern für die Gefallenen auftrat.

Nach Kriegsende war es zuerst der Gesangverein *Vorwärts*, dem die Militärregierung, gewissermaßen als Wiedergutmachung, vorab die Genehmigung für
einen Neubeginn erteilte. Im Laufe des Jahres 1946 konnten dann auch die
beiden anderen Vereine ihre Tätigkeit wieder aufnehmen.

Ähnlich wie in den 20er Jahren erlebten die Gesangvereine in der Nachkriegs-
phase nochmals eine Blüte; die Chöre erreichten teilweise Stärken bis um 100
Sänger, beachtliche musikalische Leistungen wurden erzielt, glanzvolle Jubi-
läumsfeste abgehalten. Doch mit dem einkehrenden Wohlstand begann in den
60er Jahren das Interesse am Vereinsleben nachzulassen. Die Jugend wandte
sich zunehmend anderen Freizeitbeschäftigungen zu.

Wohl gelang es den Vereinen, sich wieder zu festigen, sich der neuen Entwicklung anzupassen. Dennoch sind die Gesangvereine für die Zukunft nicht
der Frage enthoben: „Wie wird es weitergehen"?

Welschneureut

Nach den Vorbildern in der näheren oder weiteren Umgebung entstand im
Jahre 1846 auch in Welschneureut ein Gesangverein. Auf Initiative des hier
tätigen Hauptlehrers Meinzer fand die Gründung des *Liederkranz* in der Wirtschaft zum *Hirsch* statt. Mitgründer waren Johann Seibert, Christian Gutknecht
und Friedrich Durand.

Als weiterer Gesangverein bildete sich im Jahre 1878 im Gasthaus zum *Engel*
der *Sängerbund*. Erster Vorstand dieses Vereins war Maurermeister Friedrich
Weis, als erster Chorleiter fungierte Hauptlehrer Treusch aus Teutschneureut.

Beide Vereine konnten bei Gesangswettstreiten, wie sie innerhalb des „Rhein-
gausängerbundes" vor dem Ersten Weltkrieg regelmäßig stattfanden, beachtliche Erfolge erzielen.

Im Gasthaus zum *Ritter* bildete sich im Jahre 1910 das *Sängerquartett
Concordia*. Als erster Vorstand fungierte Joh. Peter Crocoll, erster Dirigent war
August Lutz aus Knielingen. Vermutlich waren um jene Zeit auch in den Gesang-
vereinen Welschneureuts ähnliche politische Diskussionen im Gange, die in
Teutschneureut zur Gründung eines Arbeitergesangvereins führten. Jedenfalls
wurde mit der Gründung des neuen Sängerquartetts die Aussage verbunden,
„... durch die Pflege des Gesanges im Liede soll eine gewisse politische Kluft
überbrückt werden, nicht nur zum Wohle der einzelnen Sänger, sondern auch
als Beispiel und zum Nutzen für die Allgemeinheit."

Im Jahre 1914 wurde die Umbenennung in *Männergesangverein Concordia*
beschlossen.

Während des Ersten Weltkrieges ruhte die Tätigkeit bei allen Vereinen, und viele
der aktiven Sänger kehrten aus dem Felde nicht mehr zurück. Das Interesse am
Sängerwesen war jedoch am Ort sehr lebendig, sodaß alle drei Vereine durch

neue Mitglieder sehr rasch wieder eine stattliche Sängerschar aufzuweisen hatten.

Unter dem Eindruck der damaligen politischen Situation entstand im Jahre 1921 das *Arbeiter-, Sang- und Sport-Kartell Welschneureut,* an dem sich neben dem Fußballverein auch der Gesangverein *Liederkranz* beteiligte. Der Verein gehörte von nun an verbandsmäßig zum Arbeiter-Sängerbund, während die bürgerlichen Vereine beim Karlsruher Sängergau im „Badischen Sängerbund" organisiert waren.

Nach der Machtübernahme 1933 fiel der *Liederkranz* unter das Verbot der marxistischen Organisationen. Das Vereinsvermögen, vor allem die Fahne, wurde als „volks- und staatsfeindliches Vermögen" durch die Treuhandstelle des Landes Baden eingezogen. Ein großer Teil der Sänger des *Liederkranz* trat hierauf zum Gesangverein *Sängerbund* über. Vermutlich stand die Partei diesen Übertritten recht argwöhnisch gegenüber, weil anfangs eine Unterwanderung der bürgerlichen Vereine befürchtet wurde. Diese Befürchtung konnte der solchermaßen verstärkte *Sängerbund* bald zerstreuen, als er „mit treudeutschem Gruß Heil Hitler" dem Ortsgruppenleiter der NSDAP in Welschneureut am 19. Oktober 1933 seine „Gleichschaltung im Sinne der Bundesvorschrift" (was immer man darunter verstehen mag) meldete. Ihrerseits berichtete die Gemeinde Welschneureut dem Bad. Bezirksamt am 13. März 1934, daß ein Wiedererstehen des Gesangvereins *Liederkranz* nicht mehr in Frage käme. Liederhefte mit marxistischem Inhalt müßten der Vernichtung anheimfallen. Die übrigen Noten samt dem Notenschrank, einer Fahnenträgergurte und einem Trinkhorn möge man gegen ein vorgeschlagenes Entgelt von 17,50 Reichsmark dem Gesangverein *Sängerbund* überlassen.

Im Gegensatz zur Entwicklung in Neureut-Nord, wo der Gesangverein *Vorwärts* sofort nach Kriegsende seine Wiedergründung betrieb, blieben die Sänger der beiden früheren Vereine zusammen und führten seit dem Jahre 1946 ihre Gemeinschaft unter dem Namen *Liederkranz-Sängerbund Neureut-Süd* fort.

Diese Gemeinsamkeit ist dem Verein in seiner weiteren Tätigkeit gut bekommen, wie seine Entwicklung in der Nachkriegszeit zeigt. Seit 1957 wurde der bisherige reine Männerchor zum gemischten Chor.

Auch die *Concordia* erlebte nach dem Zweiten Weltkriege wiederum einen neuen Aufschwung. Anknüpfend an die Vorkriegstradition, führte man — neben den üblichen Veranstaltungen — bis in die 50er Jahre hinein jährlich eine Operette auf.

Gegen Ende der 60er Jahre sah sich der Gesangverein *Concordia* wegen der schwindenden Sängerzahl gezwungen, seinen Probenbetrieb einzustellen.

Alle Neureuter Gesangvereine pflegten bis in die jüngste Vergangenheit die Sitte, ihren verstorbenen Mitgliedern das letzte Geleit zu geben.

Solange die Beerdigungen vom Trauerhaus aus stattfanden, fanden sich die Vereine in geschlossener Formation, die Fahne voraus, dort ein. Sie sangen ein Abschiedslied, bevor der Sarg aus dem Haus getragen wurde und setzten sich dann an die Spitze des Trauerzuges. Am offenen Grabe erklang dann nochmals ein Trauerchor.

Zu familiären Anlässen, Hochzeiten, hohen Geburtstagen bringt man teilweise auch heute noch ein Ständchen am Wohnhaus dar.

Trotz der mangelnden Verkehrsverbindungen besuchten die Vereine alljährlich eine Reihe von auswärtigen Vereinsfesten und Preissingen. Befreundete Vereine wiederum waren zu Gast bei den eigenen Jubiläumsveranstaltungen, die zumeist mit einem Festzug durch den geschmückten Ort begannen.

In die nähere Umgebung marschierte man auf Schusters Rappen, wobei Marsch- oder Wanderlieder erklangen, oder aber es wurden die Pferde eingespannt und die Strecke zu den Festorten auf buntverzierten Leiterwagen zurückgelegt. Bei weiteren Entfernungen benutzte man dann und wann die Eisenbahn, bevor sich Fahrrad oder Omnibus durchsetzten.

Alljährlich fanden sich die Vereinsfamilien zu den Weihnachtsfeiern zusammen, bei denen die alten Weihnachtslieder gesungen und vor allem auch durch vereinseigene Kräfte Theater gespielt wurde. Am Schluß fand die obligatorische „Christbaumverlosung" statt.

Selbstverständlich stellten sich die Gesangvereine auch in den Dienst der Sache bei vielerlei örtlichen Anlässen, wie z.B. Totengedenkfeiern, Wohltätigkeitsveranstaltungen, aber auch bei Turn- und Sportfesten.

Musikvereine

Gegen Ende des Jahres 1923 bildete eine Gruppe jüngerer Sänger eine Musikerabteilung innerhalb des Arbeitergesangvereines *Vorwärts*. Angesichts der gerade ihrem Höhepunkt zutreibenden Inflation war dies ein gewagtes Unterfangen, doch konnten durch Sammlungen und Spenden die Gelder aufgebracht werden, um am 9. Mai 1924 einen vollzähligen Satz neuer Instrumente an 14 Musiker übergeben zu können.

Durch fleißiges Üben war es der jungen Kapelle bald möglich, in der Öffentlichkeit, vor allem bei hiesigen Vereinsfesten aufzutreten. Zwischen Sängern und Musikern kam es jedoch häufig zu Differenzen, die soweit führten, daß sich die Kapelle im Jahre 1927 unter dem Namen *Arbeiter-Musikverein Teutschneureut* selbständig machte.

In der Zwischenzeit war in Teutschneureut ein zweiter Musikverein, die *Harmonie* entstanden. Durch den gegenseitigen Ansporn machten beide Vereine gute musikalische Fortschritte und bildeten mit ihren zahlreichen Auftritten eine Bereicherung des örtlichen Vereinslebens. Im Jahre 1933 fiel der *Arbeiter-Musikverein* unter das Verbot der marxistischen Vereine, und nur der schweren Herzens vollzogene Anschluß an den (politisch rechts stehenden) Musikverein *Harmonie* ermöglichte die Fortsetzung der musikalischen Tätigkeit der Arbeitermusiker. Kurze Zeit später wurde die dergestalt verstärkte und hervorragend aufspielende *Harmonie* von der allmächtigen Partei zunächst als SA-Kapelle, dann als PL-Kapelle (Politische Leiter) eingesetzt und entsprechend uniformiert. Als solche nahmen die Neureuter Musiker an den Aufmärschen und Kundgebungen der Parteiorganisationen, ja sogar an Reichsparteitagen teil. Während des Zweiten Weltkrieges ging der Spielbetrieb auf ein Minimum zurück, und erlag schließlich ganz. Im Jahre 1946 gab sich die Kapelle den Namen *Musikverein Neureut.* Die Lücken, die der Krieg gerissen hatte, wurden durch jungen Nachwuchs bald wieder geschlossen. Auch aus dem Kreis der in Neureut angesiedelten Heimatvertriebenen schlossen sich Musiker dem Verein an, so daß nach kurzer Zeit ein gut fundierter Klangkörper vorhanden war.

Im Jahre 1973 gründete der Verein eine Schülerkapelle, die nach sorgfältiger Ausbildung schon weitgehend in die Seniorenkapelle integriert werden konnte.

Turnvereine

Die von Friedrich Ludwig Jahn ausgegangene Turnerbewegung setzte sich in den ländlichen Gebieten nur zögernd durch. Zwar hatten Städte und auch Kleinstädte teilweise seit den 40er und 50er Jahren des vorigen Jahrhunderts ihre Turnvereine; doch auf den Dörfern herrschte die Ansicht vor, daß Bauern- oder Handwerkersöhne nach ihrer Tagesarbeit keiner zusätzlichen körperlichen Betätigung mehr bedurften, daß Turnen letzten Endes nur für Stubenhocker, für Städter nützlich sei.
So dienten auch hier am Ort die ersten der im Laufe des 19. Jahrhunderts entstandenen Vereine dem Gesang und der Geselligkeit. Es ist bezeichnend, daß die beiden Neureuter Turnvereine bei ihrer Gründung auf gesellige Vereinigungen zurückgehen.

TUS Neureut (früher Turnverein Welschneureut)

Anläßlich der Generalversammlung 1892 beschlossen die 18 Mitglieder des damaligen *Pfeifenclubs Welschneureut*, ihren Verein aufzulösen und dafür einen Turnverein zu gründen. Der erste Vorstand war Christian Gros. Noch im Gründungsjahr traten weitere 12 Turner und 10 Zöglinge dem neuen Verein bei, dem die Gemeinde Welschneureut den hinter dem Rathaus gelegenen „Schulberg" als Turnplatz zur Verfügung stellte. Schon sehr bald konnte sich der *Turnverein Welschneureut* bei Turnerfesten der Nachbargemeinden, aber auch bei Kreis- und Gauturnfesten und den dabei damals üblichen Schau- und Preisturnen beteiligen. Nachdem bislang der Übungsbetrieb im Freien nur in den Sommermonaten durchgeführt werden konnte, verlegte der Verein seine Turnabende in den Saal des Gasthauses zum *Engel.* Später zog man in den größeren Saal im *Feldschlößle* um.

Für den vorgesehenen Bau einer Turnhalle wurde noch vor dem Ersten Weltkrieg von der Gemeinde Welschneureut das sich an den „Schulberg" anschließende Grasgartenstück gekauft.

Fahnenweihe beim Turnverein Welschneureut 1907.

Nach dem Ersten Weltkrieg forderte ein Teil der Mitglieder den Übertritt in die Organisation der dem Arbeitersportbund zugehörigen Freien Turnerschaft. Trotz heftiger Auseinandersetzungen verblieb der Verein jedoch bei der Deutschen Turnerschaft. Das Bestreben des *FC Germania*, die beiden Vereine zur „Turn- und Spielvereinigung Welschneureut" zu vereinigen, fand beim *Turnverein* ebenfalls keine Mehrheit.

Neben der in zahlreichen Veranstaltungen erfolgreichen Männerriege trat anfangs der 20er Jahre erstmals die neue Damenturnabteilung öffentlich in Erscheinung. Auch eine Handballabteilung wurde gegründet, konnte jedoch im Verein keine Wurzeln schlagen und löste sich daher recht bald wieder auf.

Aus einer ehemaligen Wohnbaracke entstand im Jahre 1931 unter den kundigen Händen der Vereinszimmerleute eine eigene Turnhalle.

Bei Kriegsbeginn 1939 diente die Turnhalle zeitweilig als Unterkunft für Westwallarbeiter und Militär. Der Turnbetrieb ruhte weitgehend. Im September 1944 brannte die Turnhalle bei einem Fliegerangriff auf Neureut völlig aus.

Es dauerte bis zum August 1948, bis sich der *Turnverein* wieder formierte. Lähmend wirkte der Tod von 22 Mitgliedern und der Verlust der Turnhalle. Im Saal zum *Feldschlößle* nahmen die einzelnen Abteilungen langsam den Übungsbetrieb wieder auf.

Der Wiederaufbau der Turnhalle konnte im Jahre 1952 abgeschlossen werden. Im Laufe der Jahre trat der Turnbetrieb in den Hintergrund, wenngleich der Verein in den 50er und 60er Jahren sich wiederholt bei Gau- und Landesturnfesten bestens bewährte. Eine Leichtathletikabteilung entstand, die schon nach kurzer Zeit in einzelnen Disźiplinen in der Landesbestenliste zu finden war. Der aus den Reihen des *Turnvereins Neureut Süd* hervorgegangene Sprinter Karlheinz Klotz errang bei den Olympischen Spielen 1972 in München mit der deutschen 100-m-Staffel die Bronze-Medaille, nachdem er zuvor den deutschen Meistertitel über 100 m und 200 m erkämpft hatte.

Durch Hinzunahme immer neuer Sparten und Abteilungen erweiterte der Verein, der sich mittlerweile *Turn- und Sportverein Neureut* nannte, den Rahmen eines Turnvereins herkömmlicher Art. Volleyball, Badminton, Judo gehören ebenso zum Angebot wie der sogenannte „Freizeit- und Jedermannssport". Bei den Frauen üben vor allem Gymnastikgruppen, Mutter-und-Kind sowie Hausfrauenabteilungen eine große Anziehungskraft aus.

Im Zuge des Ausbaues der Umgehungsstraße B 36 mußte der TUS seine Turnhalle am „Schulberg" aufgeben. Er plant z.Zt. ein neues Domizil am Südrand von Neureut, wo ihm durch die Gemeinde ein Ersatzgelände zur Verfügung gestellt wurde. Wie so oft in der langen Geschichte des Vereins sind die Mitglieder zu großen Anstrengungen aufgerufen, um dieses Werk zum Gelingen zu bringen.

Turngemeinde Neureut

Anfang der 90er Jahre des vorigen Jahrhunderts hatten etliche junge Leute in Teutschneureut einen sogenannten *Sparclub* gegründet, der zuerst im *Löwen*, dann im *Grünen Baum* tagte. Welche Ziele sich diese Vereinigung bei der Gründung setzte, ist nicht überliefert. Sie scheint ein besserer Stammtisch gewesen zu sein. Jedenfalls sahen sich die Mitglieder schon nach wenigen Jahren nach einem anderen Betätigungsfeld um und verwandelten ihren Club, angeregt durch Beispiele in der Nachbarschaft, im Jahre 1893 in einen *Turnverein*. Der Turnbetrieb fand im Hofe des *Grünen Baum* statt und beschränkte sich im wesentlichen auf Freiübungen, Barren- und Pferdeturnen. Erster Vorstand des *Turnvereins Teutschneureut* war der Mitgründer Fritz Weinbrecht, Erster Turnwart Wilhelm Stober. Der junge Verein fand rasch Anklang bei der hiesigen Bevölkerung und beteiligte sich sogleich an Bezirkstreffen und Preisturnveranstaltungen. Wegen Unstimmigkeiten im Verein kam es 1905 zur Gründung des *Turnerbundes Neureut.*

Die Jahre vor dem Ersten Weltkrieg waren für die hiesige Turnsache insofern äußerst fruchtbar, als in dieser Zeit sowohl die Turnhallen- als auch die Sportplatzfrage befriedigend gelöst werden konnten.

Vom *Turnverein* wurde im Jahre 1912 die heute noch erhaltene Turnhalle errichtet. Hierzu stellte die Gemeinde gegenüber der Volksschule auf dem Gelände des in früherer Zeit hier befindlichen Friedhofes den erforderlichen Platz zur Verfügung.

Erste Turnstunde in der neuerbauten Teutschneureuter Turnhalle 1913.

Indessen war auch der *Turnerbund* nicht untätig. In der Nähe der Sandgrube, entlang des unteren Dammweges, legte der Verein einen Turnplatz mit Sporthütte an und konnte diesen noch am 26. Juli 1914 — dem letzten Friedenssonntag — im Rahmen eines Turnfestes des Pfinzturngaues einweihen.

Sogleich nach dem Ersten Weltkriege, in dem 36 hiesige Turner ihr Leben hatten lassen müssen, vereinigten sich die beiden Vereine zur *Turngemeinde 1893 Teutschneureut.* Ein eifriger Förderer dieses Zusammenschlusses war der damalige Ortsgeistliche, Pfarrer Graebener, der erstes Mitglied des neuen Vereins wurde.

Im Jahre 1921 lehnte die Generalversammlung den aus Mitgliederkreisen stammenden Antrag auf Übertritt zum „Arbeiter-Sportkartell" mit überwältigender Mehrheit ab.

Nachdem die Deutsche Turnerschaft das Handballspiel offiziell eingeführt hatte, bildete sich im Jahre 1920 im Verein eine Handballabteilung. Die junge Mannschaft wurde bereits 1921 Bezirksmeister, 1922 Badischer Meister und verfehlte beim Spiel um den Titel des Süddeutschen Meisters in Stuttgart dieses Ziel erst in der Verlängerung durch eine knappe 2 : 4 Niederlage. Danach zerfiel die Handballmannschaft für mehrere Jahre. Erst zu Beginn der 30 er Jahre konnte die Turngemeinde wieder in die Gauklasse aufrücken.

Seit dem Jahre 1938 war die Turnhalle beschlagnahmt und bis Kriegsende als Massenquartier abwechselnd durch Westwallarbeiter, Umsiedler, Kriegsgefangene oder Wehrmachtseinheiten belegt. Die Vereinstätigkeit beschränkte sich daher auf das Handballspiel mit Schüler- oder Frauenmannschaften, kam jedoch später durch die Kriegsverhältnisse gänzlich zum Erliegen. Durch

456

Bombeneinschläge war die Sportplatzanlage in Mitleidenschaft gezogen, durch Artilleriebeschuß auch die Turnhalle schwer beschädigt worden.

Der Wiederbeginn nach dem Kriege stellte den Verein vor die schwere Aufgabe des Wiederaufbaues.

Die neuerbaute Turnhalle konnte durch Eigenarbeit der Mitglieder bereits Ende 1949 ihrer Bestimmung übergeben werden. Sie bildete die Grundlage für eine rasche Aufwärtsentwicklung des Turnbetriebes. Turnwettkämpfe wurden in großer Zahl veranstaltet oder besucht. Es wurde in den 50er und 60er Jahren geradezu zur Tradition, daß die Turngemeinde bei Kreis- und Landesturnfesten zahlenmäßig stark vertreten war und auch erste Plätze belegte.

Gute Erfolge wurden auch beim Frauenturnen erzielt. Das Übungsangebot dehnte sich aus auf das sehr beliebte Hausfrauenturnen und das „Turnen für Jedermann", sodaß der Schwerpunkt im Turnen nun mehr auf Breitensport und den Freizeitsport ausgerichtet ist.

Nachdem der Sportplatz wieder bespielbar war, nahm das Handballspiel wieder einen starken Aufschwung. Mit der Anlage einer Rundbahn belebte sich auch die Leichtathletik, die jedoch keine große Bedeutung erlangte.

Der Handballbetrieb verlagerte sich vom Großfeld allmählich über das Kleinfeldspiel in die Halle, besonders seit die zum Schulzentrum gehörenden Sporthallen fertiggestellt sind. Die Tatsache, daß derzeit nicht weniger als 13 Handball-Mannschaften im Einsatz sind, verdeutlicht die Aktivitäten der Turngemeinde gerade auf diesem Gebiet. Die 1. Mannschaft gehört z.Zt. der Landesliga an.

Fußballvereine

Um die Jahrhundertwende zeigten sich in der nahen Residenzstadt bereits die Anfänge des aus England stammenden und sich unaufhaltsam ausbreitenden Fußballspiels. Auf dem Karlsruher „Engländerplatz" übten sich Schüler und Studenten im „Kicken". Erste Vereine entstanden, so z.B. im Jahre 1890 der Fußballverein *Sport Mühlburg*, im Jahre 1891 der *KFV*.

Das neue Spiel drang langsam auch in die Dörfer vor. Zwar konnte die ältere Generation daran keinen Gefallen finden, um so mehr begeisterte sich die Jugend. Auch in Neureut tummelten sich bald junge Burschen mit dem den Älteren verhaßten Fußball auf Straßen und freien Plätzen — und oft gab es Schläge von Eltern, Lehrern oder dem gestrengen Ortsbüttel. Doch als die Jungen dem Schul- oder Lehrlingsalter entwachsen waren, formierten sich die „Bubenstolperclubs" zu Vereinen.

FC Germania (früher Welschneureut)

Im Jahre 1907 fanden sich 25 junge Leute im Wirtshaus zum *Adler* zusammen, um den *FC.Germania* aus der Taufe zu heben. Nach englischem Vorbild gab man sich Statuten, die von den Spielern strenge Disziplin verlangten. Da hieß es z.B.: „Der erste Kapitän stellt die erste Mannschaft auf und ist demselben auf dem Spielplatz unbedingter Gehorsam zu leisten. Ein jedes unentschuldigte Fehlen bei Wettspielen wird mit 50 Pfennig, bei Training mit 10 Pfennig und bei Versammlungen mit 20 Pfennig bestraft."

Stiefel und Sportkleidung hatte jeder Spieler selbst zu besorgen. Problematisch war es, ein geeignetes Spielfeld zu finden, denn Verständnis oder Hilfe konnte von keiner Seite erwartet werden.

Es blieb nichts übrig, als Sonntag für Sonntag die Torstangen woanders hinzuschleppen, auf eine abgemähte Wiese, einen Stoppelacker. Die Sandgrube beim Hardthaus, die gegenüberliegenden Wiesen, die Knielinger Gänsweide oder aber als letzte Rettung der Karlsruher Exerzierplatz waren zumeist die Schauplätze. Für die Handvoll mehr oder weniger zufällig anwesender Zuschauer galt das Gebotene mehr als Volksbelustigung denn als Fußballspiel. Schließlich wurde von der Gemeinde ein Platz hinter der Gänsweide (Gewann Junkertschritt) zugewiesen, auf dem wenigstens die beiden Goalkästen fest eingegraben werden konnten.

Bis zum Ausbruch des Ersten Weltkrieges hatte sich der Verein gefestigt. Er nahm an den Wettspielen des Süddeutschen Fußballverbandes teil, aber auch an vielen Privatspielen.

Die Anfänge des Fußballspiels in Welschneureut. Jugendliche Kicker beim Hardthaus um 1905.

458

Während der Kriegsjahre war der Sportplatz wieder der landwirtschaftlichen Nutzung zugeführt worden. So pachtete der Verein nach dem Kriege von der Domänenverwaltung ein vier Morgen großes ehemaliges Waldgelände an der „Langen Richtstatt", nahe bei der Bahnlinie. Schwere Erdarbeit war zu leisten. Gleichzeitig ist ein Clubhaus errichtet worden.

Im Jahre 1921 beteiligte sich der *FC Germania*, von nun an *Rot-Sport* genannt, am Welschneureuter *Arbeiter-, Sang- und Sportkartell*. Den Fußballern machte man dabei wiederholt zum Vorwurf, die Kartellkasse zu sehr in Anspruch zu nehmen. Mehrere Sportler schieden daher aus dem Kartell aus und gründeten im Jahre 1928 den *FV. Welschneureut,* der eine Platzanlage in dem bereits früher sportlich genutzten Gelände hinter der Gänsweide erhielt. Spielerisch erzielte der Verein sehr gute Erfolge. Bereits im Spieljahr 1930/31 wurde die Meisterschaft in der B-Klasse errungen.

Im Jahre 1933 erlitt der Fußballverein *Rot-Sport* das Schicksal aller den Arbeiterbünden zugehörigen Vereine: das Verbot! Vor der Beschlagnahme des Vereinsvermögens führte man Verhandlungen mit dem *FV Welschneureut,* dem zwar der Sportplatz, nicht aber das Clubhaus zugesprochen worden war, das staatlicherseits anderweitig verkauft wurde. Bis zum Jahre 1942 konnte der FV 1928 auf diesem Platz seinen Spielbetrieb aufrechterhalten, bis die letzten Spieler zum Kriegsdienst eingezogen wurden.

Nach dem Zusammenbruch 1945 ließ man den Verein unter dem alten Namen *Germania* wieder neu entstehen. Leider konnten Platz und Clubhaus nicht mehr zurückerworben werden. In unmittelbarer Nähe ist dann wiederum von der Domänenverwaltung ein Gelände gepachtet worden. Dank der Opferbereitschaft und des Idealismus der Mitglieder dauerte es nicht lange, bis sich das vormalige Ackerfeld in einen Sportplatz verwandelte und auch ein neues Clubhaus errichtet war.

Nun konnte wieder ein geregelter Trainings- und Spielbetrieb entwickelt werden. Es gab neuen Auftrieb. Kaum 10 Jahre aber konnte sich der Verein dieser Platzanlage erfreuen. Die Stadt Karlsruhe, zu deren Gebiet der Sportplatz infolge eines Gemarkungstausches mit der Gemeinde Neureut gehörte, plante auf diesem Gelände die Ansiedlung von Industrie. Wiederum mußte der *FC Germania* Umschau halten nach einem neuen Areal. In der Niederung, unweit des relativ zentral gelegenen *Schulbergs*, konnte der Verein auf ehedem Knielinger Gemarkung ein Wiesengelände pachten. Zwar lagen die Wiesen so tief, daß sie zuvor beim Heumachen nicht befahren werden konnten, und bei nasser Witterung kam oft das Grundwasser zum Vorschein. Doch mit einigen 10 000 cbm Auffüllmaterial, zumeist Bauschutt von den Kriegsruinen aus Karlsruhe, ließ sich ein tragfähiger Untergrund nicht nur für einen Sportplatz, sondern auch für ein größeres Clubhaus vorbereiten. Es kostete allerdings noch manchen Schweißtropfen der zahlreichen freiwilligen Helfer, bis im Jahre 1960 der Sportplatz und vier Jahre später das Clubhaus ihrer Bestimmung übergeben werden konnten. Später kam noch ein zweites Spielfeld hinzu und im Jahre 1981 zur Abrundung der Anlage noch drei Tennisplätze.

Der *FC Germania* spielt heute in der A-Klasse und bietet ein reiches sportliches Betätigungsfeld. Höhepunkt in der spielerischen Entwicklung bildete zweifellos die Erringung des Aufstieges in die 2. Amateurliga Mittelbaden im Jahre 1976.

FC Neureut (früher Teutschneureut)

Ein Jahr später als in Welschneureut und unter ähnlichen Voraussetzungen bildete sich auch in Teutschneureut ein Fußballverein, der *FC Alemannia*. In der *Traube* trafen sich im Jahre 1908 34 Gründungsmitglieder, zumeist junge Männer zwischen 15 und 20 Jahren. Erster Vorstand war Jakob Nagel. Zunächst fand der Verein im Ort kaum Beachtung, man nahm diese neumodische Stolperei nicht ernst. Deshalb war es auch nicht möglich, innerhalb der Neureuter Gemarkung, wo ohnehin jedes Fleckchen Erde landwirtschaftlich genutzt wurde, ein geeignetes Sportgelände zu finden. Es blieb nur der Karlsruher Exerzierplatz. Im Überschwang der Anfangszeit hatte man gleich Gegner aus Stuttgart, Heidelberg und Bühl verpflichtet; doch derlei sportliche Verbindungen währten nicht lange.

F.V Alemania Teutschneureut um 1910. Man spielte damals beim Karlsruher Exerzierplatz.

Kaum war ein Jahr verstrichen, als in Teutschneureut ein zweiter Verein unter dem Namen *FV Hertha* entstand. Den Vorsitz übernahm August Linder. Als Vereinslokal hatte man sich das *Waldhorn* ausgewählt. Auch ein Sportplatz wurde auf Privatgelände am äußeren Bärenweg gefunden. Im Jahre 1911 wurden beide Vereine in den „Süddeutschen Fußballverband" aufgenommen, sie verschmolzen im Juli 1913 zum *FC Hertha-Alemannia.*

Nach der Fusion zählte der Verein 75 Mitglieder. Nicht weniger als 42 davon sind im Kriege 1914/18 gefallen.

Unter dem Namen *Spielvereinigung 1908* formierte sich der Verein Ende 1918 wieder. Den noch vor dem Kriege am Mittelweg an der alten Bahn angelegten Sportplatz konnte man nicht zurückerhalten. Der Verein pachtete daraufhin ein etwa fünf Morgen großes Gelände auf dem Neureuter Exerzierplatz, auf welchem bereits im Juli 1919 die Platzanlage eingeweiht werden konnte.

Im Februar 1919 begannen die Verbandsspiele wieder. Auf Anhieb gelang der Aufstieg in die B-Klasse, zwei Jahre später spielte man schon in der A-Klasse. Es waren die Jahre der Straßenfußballer, die sich auf jedem freien Platz des Dorfes zusammenfanden. Hier wuchsen die Talente heran, die in die Jugendmannschaften eingegliedert wurden und später oft auch bis in die ersten Mannschaften vorstießen.

Anstelle des Platzes auf dem sehr abgelegenen Exerzierplatzgelände konnte der Verein im Jahre 1922 durch die Gemeinde in dem Gewann „Gänswaid", in der Nähe der damaligen Sandgrube, ein geeignetes Areal erhalten, wo bereits 1914 auch der Turnerplatz angelegt worden war. Beide Vereins-Sportstätten sind seitdem dort verblieben.

Sanitäre Einrichtungen im heutigen Sinne waren auf allen Sportplätzen jener Tage kaum anzutreffen. Als Waschgelegenheit für die Spieler. hat man damals, fein säuberlich aneinandergereiht, zweimal elf Waschschüsseln aufgestellt und diese Sommer wie Winter mit frischem Brunnenwasser gefüllt.

Mittlerweile aber kamen im Verein, aus welchem Grunde auch immer, Zwietracht und Unzufriedenheit auf, die schließlich zum Austritt eines beträchtlichen Teiles der Mitglieder und vor allem von Spielern der 1. Mannschaft führten. Am 4. Oktober 1926 kam es im Gasthaus zum *Lamm* zur Neugründung des *VfR Neureut,* die in der hiesigen Fußballbewegung einen ähnlich tiefen Riß hinterließ, wie dies bei den Sängern mit der Gründung des „Edelweiß" geschah. Überhaupt ließen sich in der Mitgliederzusammensetzung bestimmter Vereine Parallelen zu anderen Vereinen erkennen. So waren während des heute noch überschaubaren Zeitraumes der zwanziger und dreißiger Jahre häufig Doppelmitgliedschaften festzustellen bei *SpVgg. 08* und *Liederkranz, VfR* und *Edelweiß, Turngemeinde* und *Liederkranz.*

Die Konkurrenz zwischen den beiden Fußballvereinen führte zu verbissenem Ehrgeiz, wobei der *VfR,* der seinen Sportplatz am Waldrand bei der Trift hatte (heute Gelände der Bundeswehrkaserne), in der B-Klasse und der A-Klasse zu Meisterehren kam. Man kam sich aber, nicht zuletzt auch unter dem Gleichschaltungsdruck des Dritten Reiches, langsam wieder näher, und so fand dann im August 1934 die denkwürdige Versammlung in der „Traube" statt, wo die

Streitaxt begraben und die Wiedervereinigung beschlossen wurde. Der Verein legte sich dabei den Namen *FC Neureut 08* zu. Die neuformierte 1. Mannschaft machte durch ihr erfolgreiches Spiel bald von sich reden. In der Spielzeit 1936/37 wurde zweifellos ein Glanzpunkt in der Vereinsgeschichte erreicht, als der *FC Neureut* mit hohem Abstand die Meisterschaft in der mittelbadischen Bezirksliga errang und bei den Aufstiegsspielen zur Gauliga, der seinerzeit höchsten Spielklasse, den Aufstieg nur um einen Punkt verfehlte.

Mit dem Kriegsausbruch 1939 wurden die eigentlichen Verbandsspiele eingestellt, es wurden dann die sogenannten Kriegsverbandsspiele ausgetragen. Im Jahre 1940 befand sich der FC bei den damaligen „Tschammer-Pokalspielen" unter den letzten acht Vereinen in Baden. Etwa 1942 endete der Spielbetrieb der 1. Mannschaft, die sich zuletzt nur noch aus zufällig anwesenden Fronturlaubern zusammengesetzt hatte. Dafür konnte im Spieljahr 1941/42 die A-Jugendmannschaft Meisterlorbeeren erringen. Die Hitlerjugend, die als Staatsjugend eine Monopolstellung in der Jugendarbeit einnahm, veranstaltete eine eigene Meisterschaftsrunde, wobei die bestehenden Vereinsteams als Hitlerjugend-Mannschaften auftraten. Die FC-A-Jugend schritt dabei von Sieg zu Sieg und stand schließlich in Straßburg im Endspiel gegen die Mannschaft von Schlettstatt. Nach einem 3 : 0 Sieg konnte die „HJ-Gebietsmeisterschaft Baden/Elsaß" mit nach Hause gebracht werden. 1944 hörte der Sportbetrieb wegen der zunehmenden Luftangriffe gänzlich auf.

Als nach dem Kriege immer mehr Sportler aus der Gefangenschaft zurückkehrten, waren die Voraussetzungen für einen Wiederbeginn gegeben. In der Folgezeit errang der Fußballsport eine früher nicht für möglich gehaltene Popularität. Der Verein konnte neben den erfolgreichen aktiven Senioren-Mannschaften eine Vielzahl von Jugendmannschaften, oft gleich mehrere in der gleichen Stufe, aufstellen und somit den Nachwuchs aus den eigenen Reihen heranziehen.

Durch die Einrichtung einer Tischtennisabteilung und einer Schwimmabteilung dehnte sich das sportliche Angebot weiter aus. Höhepunkte der Nachkriegsentwicklung waren aber zweifellos die erkämpften Aufstiege in die 1. Amateurliga Nordbaden in den Spieljahren 1953/54, 1957/58 und 1966/67. 1959 war der FC Nordbadischer Amateur-Pokalmeister. Heute spielt die 1.Mannschaft in der Landesliga.

Fortuna Kirchfeld

Als jüngster der Neureuter Fußballvereine entstand im Jahre 1949 der *FV Fortuna Kirchfeld.*

Das heutige Gebiet der Kirchfeldsiedlung, nach dem alten Neureuter Flurnamen so benannt, wurde kurz vor dem Ersten Weltkrieg Heeresübungsgelände der Karlsruher Garnison. Nach dem Kriege hat man einen Teil des brachliegenden Geländes für Wohn- und Siedlungszwecke freigegeben. Es bildete sich die Baugenossenschaft „Schaffergilde", die das Vorhaben jedoch nicht durchstand und in Konkurs ging, als die ersten Häuser errichtet waren. Im Jahre

1936, mittlerweile waren etwa 25 Wohnhäuser fertiggestellt, griff die Gemeinde Neureut das Siedlungsprojekt wieder auf. Vornehmlich an der Gildestraße und Hermann-Löhns-Straße entstanden bis zum Ausbruch des Zweiten Weltkrieges weitere 35 einheitliche Siedlungshäuser. Die gesamte Restfläche des Exerzierplatzes ist nach Beendigung des Zweiten Weltkrieges der Badischen Landsiedlung zur Verwirklichung eines Siedlungs-Großvorhabens überstellt worden. Im Anschluß an die „alte Siedlung" entstand so die „neue Siedlung" in der in den Jahren ab 1949 3 500 Menschen, überwiegend Heimatvertriebene, eine neue Heimat fanden.

Die Gründung eines Fußballvereins ging von den Bewohnern der alten Siedlung aus. Der damalige Vorstand der Siedlungsgenossenschaft bemühte sich nach dem Kriege um ein Sportgelände, um für die zahlreichen Kinder und Jugendlichen eine Spielgelegenheit fernab der Straßen zu schaffen. Beim Domänenamt stand man diesem Ansinnen positiv gegenüber, machte jedoch zur Bedingung, daß ein Sportverein mit mindestens 20 Mitgliedern als Pächter auftreten müsse.

Dies geschah auch, nachdem am 30. April 1949 eine Versammlung im *Weißen Haus* den *Fußballverein Fortuna Kirchfeld* gegründet und Karl Föll zum ersten Vorstand dieses Vereins gewählt hatte. Der Verein erhielt ein Brachgelände im Bereich der heutigen Bundeswehrkaserne zugewiesen. Nach Beschaffung der Tore und der Einebnung der Wälle des dortigen Schießstandes konnte schon bald danach mit dem Spielbetrieb begonnen werden.

Bereits im Jahre 1953, der Verein war inzwischen durch Zugänge aus der mittlerweile fertiggestellten neuen Siedlung auf 120 Mitglieder angewachsen, mußte sich die *Fortuna* jedoch schon um ein neues Sportfeld bemühen, nachdem das bisherige Gelände anderweitig benötigt wurde. An der Nordostecke der Kirchfeldsiedlung, gegenüber den hier entstandenen US-Kasernen, befand sich noch ein freies Gelände, auf dem ursprünglich die Amerikaner einen Sportplatz anlegen wollten und entsprechende Vorarbeiten bereits geleistet hatten. Nach seiner Freigabe durch die US-Army konnte die Gemeinde über dieses Areal verfügen und verpachtete es dem *FV Fortuna*. Beim Platz ist im Jahre 1955 durch den Verein ein Clubhaus errichtet worden.

Auch in sportlicher Hinsicht ging es aufwärts. Zweimal (1951 und 1959) wurde der Aufstieg in die A-Klasse erkämpft. Höhepunkt in der bisherigen Vereinsgeschichte bildete die Staffelmeisterschaft in der A-Klasse (1961) und der Aufstieg in die 2. Amateurliga, in der der Verein bis 1963 spielte.

Heute spielt der „FV. Fortuna" in der A-Klasse. Er betreibt vor allem eine breitgefächerte Jugendarbeit. Als Kristallisationspunkt, auch in gesellschaftlicher Hinsicht, trug er sehr dazu bei, vielen Neubürgern des Ortsteils Kirchfeld ein neues Heimatgefühl zu vermitteln.

Quellen:
Jubiläumsschriften verschiedener Vereine, Gemeindearchiv Neureut, mündl. Überlieferungen.

VI. Parteien und Wahlen in Neureut

von Wilhelm Meinzer

Welche Parteien sind in der Vergangenheit in Neureut aufgetreten und in welcher Weise gaben die Bürger Neureuts bei Wahlen ihrem politischen Willen Ausdruck?

Bis weit nach der Jahrhundertwende galten hier im Ort die Wahlen der Gemeinderäte, der Gemeindeverordneten und auch der Bürgermeister als reine Persönlichkeitswahlen. Die Kandidaten traten als Einzelbewerber ohne jegliche parteiliche Kennzeichnung auf. Parteiliche Wahlen sind im Gemeindearchiv erstmals — und das nur für Teutschneureut (die Wahlakten Welschneureuts sind leider nicht erhalten geblieben) — im Jahre 1903 belegt. In diesem Jahre fand eine Reichstagswahl mit folgendem Ergebnis statt:

Paul Frühauf (Zentrum)	25 Stimmen
Adolf Geck, Offenburg (Sozialdemokraten)	173 Stimmen
Ernst Bassermann (Nationalliberale)	36 Stimmen
Peter Hoffmann (Konservative)	98 Stimmen
Sonstige	4 Stimmen
zusammen	336 Stimmen

Bei der Stichwahl erhielt der Sozialdemokrat Adolf Geck 194 Stimmen, während sich die Stimmen aus dem bürgerlichen Lager auf den Nationalliberalen Bassermann mit 185 Stimmen vereinigten. Aus anderer Quelle ist bekannt, daß die Sozialdemokraten in Welschneureut bereits im Jahre 1898 die Hälfte der Stimmen, bei den Reichstagswahlen 1903 und der Landtagswahl 1906 gar mehr Stimmen als alle anderen Parteien zusammen erhalten hatten.

Die Gründe für das bemerkenswerte Stimmenaufkommen der Sozialdemokraten wurden bereits an anderer Stelle dieses Buches untersucht. Sie liegen in Neureut einmal in der durch die Stadtnähe sehr früh einsetzenden Umstrukturierung vom Bauerndorf zur Arbeiterwohngemeinde. Vermutlich sah man damals aber in der Sozialdemokratie auch eine Art Aufbruchbewegung gegenüber dem immer mehr erstarrenden Konservatismus Nach-Bismarck'scher Prägung. Dazu muß man noch wissen, daß in jener Zeit nur Männer über 25 Jahren wahlberechtigt waren.

Die Vormachtstellung der Sozialdemokraten hielt zunächst bis zum Jahre 1919 an, wie die nachstehenden Ergebnisse von Reichstagswahlen und einer Landtagswahl erkennen lassen. Auffällig ist auch das Abschneiden der Nationalliberalen und späterer liberaler Vereinigungen, die neben dem traditionell starken konservativen Wählerstamm in Teutschneureut stets ihren Platz behaupten konnten.

Parteien	Reichstags- wahl 1907	Stichwahl 1907	Reichstags- wahl 1912	Stichwahl 1912	Wahlen zur National- versamml. 1919	Landtags- wahl 1919
Nationalliberale	146	254	101	191	—	—
Konservative	88	—	109	—	—	—
Sozialdemokraten	193	186	242	259	313	555
Deutsche Demokrat. Partei	—	—	—	—	174	289
Deutsch-Nationale Volkspartei	—	—	—	—	94	224
Zentrum	—	—	—	—	—	7

Erstmals traten bei den Gemeinderatswahlen im Jahre 1912 auch in Teutsch-neureut Parteigruppierungen auf. Als Ergebnis dieser Wahl zeigt sich ein leich-tes Übergewicht der beiden „bürgerlichen Gruppen" gegenüber den sich hier „Oppositionspartei" nennenden Sozialdemokraten. Dieses Übergewicht wirkte sich nach dem geltenden Wahlmodus gravierend auf die Sitzverteilung aus:

Liberale Vereinigung	230 Stimmen	2 Sitze
Konservative Partei	215 Stimmen	2 Sitze
Oppositionspartei	395 Stimmen	2 Sitze

Gewählt worden sind:

Konservative Partei

Linder, Jakob Christian   Schreiner
Knobloch, Phil. Ludwig   Schuhmacher

Oppositionspartei

Wohlwend, Karl Wilhelm   Blechnermeister
Stober, Jak. Julius   Landwirt

Liberale Vereinigung

Stober, Wilhelm Christ.   Wagner
Nagel, Karl Jakob   Kranzwirt

Von diesen sechs Gemeinderäten gehörten fünf dem Gemeinderat bereits im Jahre 1904 an. Es kann demnach davon ausgegangen werden, daß im Grunde die im Jahre 1912 festgestellte politische Zusammensetzung bereits auch für die vorausgegangene Zeit gilt, wenngleich die Kandidaten zuvor lediglich als Einzelbewerber auftraten.

Zusammen mit den Gemeinderatswahlen fanden am 23. April 1912 auch die Wahlen der Gemeindeverordneten (Bürgerausschuß) statt.

Hierbei waren letztmals nach dem Dreiklassenwahlrecht insgesamt 60 Mitglieder zu wählen, von denen ohne Rücksicht auf die tatsächliche Stärke der Wählerklassen jeder Klasse 20 Sitze zukamen. Konservative und Liberale bildeten zusammen eine Liste.

Ergebnis:

Parteien	I. Klasse (Höchstbesteuerte)		II. Klasse (Mittelbesteuerte)		III. Klasse (Niederstbesteuerte)	
	Stimmen	Sitze	Stimmen	Sitze	Stimmen	Sitze
Vereinigte bürgerliche Parteien	109	16	172	12	134	6
Oppositionspartei (SPD)	33	4	107	8	244	14
Gesamt-Wähler	142	20	279	20	378	20

Insgesamt erzielten die
Vereinigten bürgerlichen Parteien   415 Stimmen
die Sozialdemokraten   384 Stimmen,

was in etwa dem Ergebnis der Gemeinderatswahl entspricht. Bei der Stimmenverteilung sind Ansätze „klassenbewußten" Wählens zu erkennen, indem die „Bürgerlichen" in der ersten und zweiten Klasse, die „Sozialdemokraten" in der dritten Klasse zu eindeutigen Mehrheiten gelangten.

Bei den Gemeinderatswahlen ab 1919 ist ein deutliches Übergewicht der bürgerlichen Parteien gegenüber den Sozialdemokraten und Kommunisten erkennbar; letztere stellten erstmals im Jahre 1922 eine Kandidatenliste auf. Die drei bürgerlichen Gruppen: Deutsch-Nationale Volkspartei, Demokratische Partei und Bürgerliche Partei trafen im Zuge der Gemeinderatswahlen 1922 Absprachen wegen eventueller Überhangmandate; bei der gleichzeitigen Wahl der Gemeindeverordneten gingen diese Gruppen unter der Bezeichnung „Bürgerliche Vereinigung" eine Listenverbindung ein, die teilweise noch die Gemeinderatswahlen 1926 und 1930 überdauerte.

Parteien	Wahl der Gemeindeverordneten 1919		Gemeinderats- wahl 1919		Gemeinderats- wahl 1922		Wahl der Gemeinde-Ver- ordneten 1922
	Stimmen	Sitze	Stimmen	Sitze	Stimmen	Sitze	Stimmen
Sozialdemokraten	242	19	321	3	146	1	138
Deutsch-Nationale Volkspartei	152	11	218	2	208	2	333*
Deutsche Demokrat. Partei	237	18	245	2	258	3	
Bürgerliche Partei	—	—	106	1	127	1	
Kommunist. Partei	—	—	—	—	84	1	67
	631	48	890	8	823	8	538

*) Bürgerliche Vereinigung

Parteien	Gemeinderatswahl 1926		Gemeinderatswahl 1930	
	Stimmen	Sitze	Stimmen	Sitze
Sozialdemokraten	152	1	214	2
Bürgerliche Vereinigung	443	5	345	3
Deutsche Demokrat. Partei	194	2	177	1
Kommunisten	53	—	69	—
Nationalsozialisten	—	—	233	2
Bürgergemeinschaft	—	—	73	—
Gemeinde-Interessen-Gruppe	—	—	71	—
	842	8	1182	8

Gewählte Gemeinderäte 1919:

Linder, Jakob	Schreiner	Deutsch-Nationale Volkspartei
Stober, Ludwig	Maurermeister	Deutsch-Nationale Volkspartei
Stober, Jak. Julius	Landwirt	Sozialdemokratische Partei
Wohlwend, Karl Wilh.	Blechnermeister	Sozialdemokratische Partei
Stober, Karl Wilh.	Maurer	Sozialdemokratische Partei
Stober, Wilhelm	Wagnermeister	Deutsche Demokratische Partei
Nagel, Christoph	Bautechniker	Deutsche Demokratische Partei
Nagel, Jakob	Kranzwirt	Bürgerliche Partei

467

16. November 1930:

Linder, Wilhelm	Schreinermeister	Bürgerliche Vereinigung
Nagel, Jakob	Kranzwirt	Bürgerliche Vereinigung
Nagel, Wilhelm	Lichtmeister	Bürgerliche Vereinigung
Grether, Emil	Maler	SPD
Weick, Max	Maurerpolier	SPD
Ehrmann, Jakob	Postagent	NSDAP
Gier, Friedrich	Finanzobersekr.	NSDAP
Nagel, Christoph	Bautechniker	Deutsche Demokr. Partei

Ende der 20er Jahre traten die Nationalsozialisten auch in Neureut auf den Plan. Zunächst fanden die bei den Reichstagswahlen 1928 in Teutschneureut erzielten 50 Stimmen sicherlich keine Beachtung; danach aber war der Trend zu dieser Partei unverkennbar:

Landtagswahl 1929	172 Stimmen = 19,5 %
Gemeinderatswahl 1930	233 Stimmen = 19,7 %
Reichstagswahl 1930	402 Stimmen = 31,8 %
Reichstagswahl 1932	647 Stimmen = 51,8 %.

Gingen die Stimmengewinne der NSDAP anfänglich vorwiegend zu Lasten der Bürgerlichen Parteien, so begann nach 1930 auch die Position der SPD abzubröckeln. Ihr Anteil ging von 27,3 % im Jahre 1928 und 24,9 % im Jahre 1930 auf 13,7 % im Jahre 1932 zurück. Dagegen konnte die KPD — Ausdruck zunehmender Polarisierung der politischen Kräfte — ihre Wahlergebnisse verbessern:

1928: 7,9 %, 1929: 6,4 %, 1930: 10,4 %, 1932: 13,3 %.

Parteien	Reichstags-wahl 1928	Landtags-wahl 1929	Reichstags-wahl 1930	Reichstags-wahl 1932
	Stimmen	Stimmen	Stimmen	Stimmen
Sozialdemokratische Partei	215	238	315	171
Deutsch-Nationale Volkspartei	237	217	203	156
Zentrum	4	4	11	14
Deutsche Volkspartei	42	28	116	—
Kommunistische Partei	62	57	132	166
Deutsche Demokrat. Partei	149	124	—	—
Nationalsozialistische Partei	50	172	402	647
Deutsche Staatspartei	—	—	—	68
Evangelischer Volksdienst	—	24	57	9
Sonstige	27	21	28	17
	786	885	1264	1248

Interessant ist auch das Ergebnis der Reichspräsidentenwahl im März 1932 in Teutschneureut:

Düsterberg (Deutsch-Nationale Volkspartei)	174 Stimmen	— Stimmen
Hindenburg	342 Stimmen	349 Stimmen
Hitler	557 Stimmen	765 Stimmen
E. Thälmann (KPD)	206 Stimmen	164 Stimmen

Auch im kirchlichen Bereich traten bei Wahlen gegen Ende der Weimarer Republik Gruppierungen auf, die dem politischen Parteiengefüge entsprachen. Nach einer Veröffentlichung in den „Heimatglocken" entfielen bei den Kirchenwahlen in Teutschneureut am 10. Juli 1932 auf die

	Stimmen	Kirchen- ausschuß	Kirchengemeinde- räte
Kirchlich-positive Vereinigung	571	32 Sitze	7
Kirchliche Vereinigung für positives Christentum und deutsches Volkstum (Nationalsozialisten)	157	8 Sitze	1
Volkskirchenbund evang. Sozialisten	133	7 Sitze	1
Kirchlich-liberale Vereinigung	9	—	—

Anstelle der für den 23. Juli 1933 zunächst vorgesehenen Neuwahlen wurde zwischen den Kirchlich-Positiven und den Deutschen Christen (Nationalsozialisten) verabredet, daß letzteren alle Sitze zufallen sollten, die wegen des erfolgten Verbotes des „Volkskirchenbundes evang. Sozialisten" und der Unterstellung der liberalen Vereinigung unter die Deutschen Christen frei werden.

Der Kirchengemeinde-Ausschuß und der Kirchengemeinderat setzten sich danach zusammen:

Kirchlich-positive Vereinigung	31 Sitze	6 Sitze
Deutsche Christen	16 Sitze	3 Sitze

Bei der Reichstagswahl vom 5. März 1933 konnte — obschon unter dem starken Druck der neuen NS-Regierung stehend — die Bevölkerung innerhalb der altgewohnten Parteienpalette noch relativ frei wählen. Hier liegen nun auch die Zahlen aus Welschneureut vor:

Parteien	Teutschneureut		Welschneureut	
	Stimmen	%	Stimmen	%
NSDAP	871	56,3	469	56,9
SPD	198	12,8	163	19,8
KPD	161	10,4	142	17,2
Bad. Zentrum	11	0,8	3	0,3
Kampffront Schwarz-Weiß-Rot	215	13,9	21	2,6
Deutsche Volkspartei	5	0,4	3	0,3
Evangelischer Volksdienst	7	0,4	8	1,0
Deutsche Staatspartei	65	4,2	3	0,3
Bauern- und Weingärtnerbund	1	—	—	—
Ungültig	13	0,8	13	1,6
	1547	100,0	825	100,0

Daß dieser Wahlausgang mehr bedeutete als die Schaffung einer parlamentarischen Grundlage für die neue Regierung, wurde sehr bald im ganzen Reich sichtbar. Über die Ereignisse hier im Ort führt ein zeitgenössischer Pressebericht unter der Überschrift „Teutschneureut im Monat der nationalen Erhebung" u.a. folgendes aus:

„Vom Rathaus wehte wochenlang die schwarz-weiß-rote Reichsflagge und die Hakenkreuzfahne. Dies war das äußere Symbol dafür, daß auch unsere Gemeinde erfaßt ward von der tiefgreifenden nationalen Revolution, die den Monat März 1933 zu einem Markstein in der deutschen Geschichte machte. Ein neuer Abschnitt im Leben unseres Volkes hebt an.

Nach der Reichstagswahl vom 5. März wurde der Sieg der nationalen Bewegung gefeiert mit einem abendlichen Festakt vor dem neuen Schulhaus am Mittwoch, den 15. März. Vor einer gewaltigen Dorfversammlung sprachen der nat.soz.kommissarische Justizminister Rupp sowie Redner des Stahlhelms und der Deutschnationalen begeistert und begeisternd beim Fackelschein. Hell klangen: ‚O Deutschland hoch in Ehren', die Nationalhymne, das Horst-Wessel- und das Stahlhelmlied und nach geblasenem Zapfenstreich ‚Ich bete an die Macht der Liebe'.

Den Tag der denkwürdigen Reichstags-Eröffnung, den 21. März, begingen und beschlossen wir mit einem Fackelzug durch alle Dorfstraßen, in dem außer den nationalsozialistischen und Stahlhelmgruppen auch die bürgerlichen Vereine und die gesamte Feuerwehr mit Sang und Klang mitzogen. Auf dem Platz neben der Turnhalle fand die Kundgebung nach markigen Ansprachen des Bürgermeisters und des S.A.-Führers mit der Verbrennung einer schwarz-rot-goldenen Fahne einen wuchtigen Ausklang.

Zu Ehrenbürgern von Teutschneureut ernannte der Gemeinderat am 22. März 1933 den Reichspräsidenten Paul von Hindenburg, den Reichs- kanzler Adolf Hitler und den badischen Reichskommissar Robert Wagner."

Im Anschluß an die Reichstagswahl vom 5. März 1933 ist die Amtszeit der im Jahre 1930 gewählten Gemeinderäte durch das sogenannte „Gleichschal- tungsgesetz" auf den 30. April 1933 als abgelaufen erklärt worden. Auf der Grundlage des Stimmenaufkommens bei der Reichstagswahl wurde ein neuer Gemeinderat eingesetzt, der sich wie folgt zusammensetzte:

Teutschneureut

Hespelt Karl	Kaufmann u. Landwirt	NSDAP
Ehrmann, Jakob	Postagent	NSDAP
Stolz, Wilhelm	Kaufmann	NSDAP
Stober, Hermann	Maurermeister	NSDAP
Nagel, Adolf	Buchdrucker	SPD
Glutsch, Emil	Bahnarbeiter	Kampffront schwarz-weiß-rot

Welschneureut

Buchleither, Friedr.	Malermeister	NSDAP
Buchleither, Heinrich	Zimmermann	NSDAP
Gutknecht, Heinrich	Maurermeister	NSDAP
Crocoll, Emil	Zimmermann	SPD

In Teutschneureut kam es gleich bei der ersten Sitzung des neuen Gemeinde- rats zu dem an anderer Stelle dieses Buches dargestellten Eklat, weil sich die beiden nicht der NSDAP angehörenden Gemeinderäte weigerten, die Hand zum „Sieg Heil" zu erheben. Die NSDAP verlangte daraufhin deren Ausschluß. Emil Glutsch trat sofort zurück; sein Nachfolger Karl Brunn, Laborant, gehörte als Vertreter der Kampffront dem Gemeinderat noch bis zum Zusammenschluß von Teutsch- und Welschneureut an. Adolf Nagel aber weigerte sich zunächst, zurückzutreten. Handhabe für seinen Ausschluß bot eine Verfügung zum „Gleichschaltungsgesetz", die ab Juli 1933 den Mitgliedern der SPD die weitere Ausübung ihrer Mandate versagte. Als Nachfolger für Adolf Nagel ist dann durch das Bad. Bezirksamt im Einvernehmen mit der Kreisleitung der NSDAP der Schmiedemeister Adolf Stern zum Gemeinderat ernannt worden.

In Welschneureut löste sich im Mai 1933 die Ortsgruppe der SPD selbst auf und verzichtete auf ihr Gemeinderatsmandat. Für den ausgeschiedenen Emil Crocoll benannte die NSDAP den Maler Friedrich Durand.

Über den seinerzeitigen Wechsel im Amt des Bürgermeisters in Teutschneureut erschien damals folgende Pressenotiz:

*„Auf 1. September 1930 war Herr Buchbinder Emil Ulrich als kommiss.
Bürgermeister für unsere Gemeinde eingesetzt worden, da keine gültige
Bürgermeisterwahl zustande gekommen war*. Die kommissarische
Amtszeit war auf zwei Jahre bemessen, später um ein Jahr verlängert
worden. Mit der Staatsumwälzung, die die Reichstagswahl vom 5. März
d.J. brachte, wurden auch die Gemeindekörperschaften auf Grund dieses Wahlergebnisses neu gebildet und zugleich erheblich verkleinert.
Unser Gemeinderat zählt seither nur noch 6 Mitglieder (4 Nationalsozialisten, 1 Kampffront Schwarz-Weiß-Rot, 1 Sozialdemokrat) und der
Gemeindeausschuß 12 Vertreter (8 Nationalsozialisten, 2 Kampffront
Schwarz-Weiß-Rot, 2 Sozialdemokraten). Die neue Gemeindevertretung
hatte am 20. Juni die Bürgermeisterwahl vorzunehmen. Da die sozialdemokratischen Vertreter dem Wahlakt fernblieben, waren 15 Ab-
stimmungsberechtigte vorhanden. Die 12 nationalsozialistischen Stimmen entfielen auf Kaufmann Karl Hespelt, die 3 Stimmen der Kampffront
Schwarz-Rot-Weiß auf den bisherigen kommissarischen Bürgermeister
von Teutschneureut. Der Wahl folgte nach altem Brauch ein Umzug
durchs Dorf unter Vorantritt der S.A.-Kapelle und unter Mitwirkung eines
riesigen Maibaums, der mit Mühe und Begeisterung vor dem Haus des
neuen Ortsoberhaupts aufgepflanzt wurde.*

*Der scheidende Bürgermeister, Kirchenältester Emil Ulrich, hat sich in
seiner 2¾jährigen Amtstätigkeit um die Gemeinde überaus verdient
gemacht. Auch der Führer der hiesigen nationalsozialistischen Ortsgruppe hat dies dankbar und rückhaltlos anerkannt. Noch nie mußte ein
Bürgermeister unter schwierigeren wirtschaftlichen und politischen
Verhältnissen amtieren als er."*

Beim Zusammenschluß der beiden Gemeinden am 2. November 1935 stellte
unter dem Bürgermeister Karl Buchleither Teutschneureut vier, Welschneureut
zwei Gemeinderäte. Dies waren:

Max Motz	Emil Baumann	Wilhelm Stolz
Gottlob Gros.	Adolf Stern	Friedrich Meinzer

Während die Gemeinderäte jeweils „ernannt" wurden, fanden zwischen 1933
und 1938 auf Reichsebene noch einige „Wahlen" statt:

Reichstagswahl	am 12. November 1933
Volksabstimmung	am 19. August 1934
Reichstagswahl	am 29. März 1936
Volksabstimmung und Wahl zum	
Großdeutschen Reichstag	am 10. April 1938.

---

* Ulrich erhielt damals bei drei Wahlgängen des Bürgerausschusses zwar jeweils die meisten
  Stimmen, konnte jedoch die erforderliche Mindeststimmenzahl nicht auf sich vereinigen.

I.

Erlaß des Reichskanzlers zum Vollzug des Gesetzes über das Staatsoberhaupt des Deutschen Reichs vom 1. August 1934 (Reichsgesetzbl. I S. 747).

Vom 2. August 1934.

Herr Reichsinnenminister!

Die infolge des nationalen Unglückes, das unser Volk getroffen hat, notwendig gewordene gesetzliche Regelung der Frage des Staatsoberhauptes veranlaßt mich zu folgender Anordnung:

1. Die Größe des Dahingeschiedenen hat dem Titel Reichspräsident eine einmalige Bedeutung gegeben. Er ist nach unser Aller Empfinden in dem, was er uns sagte, unzertrennlich verbunden mit dem Namen des großen Toten. Ich bitte daher, Vorsorge treffen zu wollen, daß ich im amtlichen und außeramtlichen Verkehr wie bisher nur als Führer und Reichskanzler angesprochen werde. Diese Regelung soll für alle Zukunft gelten.

2. Ich will, daß die vom Kabinett beschlossene und verfassungsrechtlich gültige Betrauung meiner Person und damit des Reichskanzleramtes an sich mit den Funktionen des früheren Reichspräsidenten die ausdrückliche Sanktion des deutschen Volkes erhält. Fest durchdrungen von der Überzeugung, daß jede Staatsgewalt vom Volke ausgehen und von ihm in freier und geheimer Wahl bestätigt sein muß, bitte ich Sie, den Beschluß des Kabinetts mit den etwa noch notwendigen Ergänzungen unverzüglich dem deutschen Volke zur freien Volksabstimmung vorlegen zu lassen.

Berlin, den 2. August 1934.

Der Reichskanzler
Adolf Hitler

II.

Beschluß der Reichsregierung zur Herbeiführung einer Volksabstimmung.

Vom 2. August 1934.

Entsprechend dem Wunsche des Führers und Reichskanzlers beschließt die Reichsregierung, am Sonntag, dem 19. August 1934, eine Volksabstimmung über das Reichsgesetz vom 1. August 1934 (Reichsgesetzbl. I S. 747) herbeizuführen

„Das Amt des Reichspräsidenten wird mit dem des Reichskanzlers vereinigt. Infolgedessen gehen die bisherigen Befugnisse des Reichspräsidenten auf den Führer und Reichskanzler Adolf Hitler über. Er bestimmt seinen Stellvertreter."

und beauftragt den Reichsminister des Innern mit der Durchführung dieses Beschlusses.

Berlin, den 2. August 1934.

Die Reichsregierung

Stimmst Du, deutscher Mann, und Du, deutsche Frau, der in diesem Gesetz getroffenen Regelung zu?

Ja   Nein

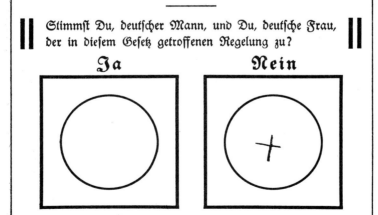

Eine Seltenheit aus der Zeit des Dritten Reiches:
„Nein-Stimmzettel" bei der Volksabstimmung am 19. August 1934.

Bei diesen Abstimmungen sind die Bürgermeisterämter jeweils aufgefordert worden „. . . jeden deutschen Volksgenossen zu dem entsprechenden nationalen Bekenntnis durch seine Abstimmung am Wahltag zu bringen". Organisierte Schlepperdienste der NSDAP, denen von den Wahlvorständen die noch ausstehenden Wähler mitgeteilt wurden, brachten die Säumigen, meist per Auto, zu den Wahllokalen. Sogenannte fliegende Wahlausschüsse suchten mit versiegelten Wahlurnen Kranke und Gehunfähige auf. Die Ortsbehörde war gehalten, an Wahltagen alle Veranstaltungen zu verbieten, durch welche die Wahlberechtigten von der Teilnahme an der Wahl abgehalten werden könnten. So mußte z.B. wegen der Volksabstimmung am 19. August 1934 die Neureuter Kirchweih verlegt werden.

Bei der Reichstagswahl am 12. November 1933 brachten immerhin 147 Neureuter Wähler ihren Unwillen in Form ungültiger Stimmzettel zum Ausdruck. Auf einem ungültigen Stimmzettel hieß es: „Gebt Freiheit für Wort und Schrift, dann erfahrt ihr die Wahrheit".

Bei der Wahl zum „Großdeutschen Reichstag" am 10. April 1938 aber konnte Neureut das folgende Traumergebnis melden:

Stimmberechtigte	2.941
Abgegebene Stimmen	2.941
Ja-Stimmen	2.937
Nein-Stimmen	4

Die hundertprozentige Wahlbeteiligung kam dadurch zustande, daß nach den gegebenen Richtlinien diejenigen Personen, die z.B. durch Schwererkrankung an der Stimmabgabe verhindert waren, nicht als „Stimmberechtigte" mitgezählt wurden.

Nach dem Zusammenbruch des Reiches begann sich 1945 das politische Leben zuerst auf der Ebene der Gemeinden wieder zu regen. Durch die französische Militärregierung wurde eine neue Gemeindevertretung eingesetzt und dazu Männer berufen, die als vormalige Regimegegner galten, zumindest jedoch der NSDAP nicht angehörten.

Es waren dies:

Klotz Heinrich	Bürgermeister
Ehrmann, Adolf	Stellvertr.Bürgermeister und Gemeinderat
Crocoll, Heinrich	Gemeinderat
Ehrmann, Max	Gemeinderat
Meinzer, Fritz	Gemeinderat
Stolz, Rudolf	Gemeinderat

Linder, Otto	Gemeinderat
Gros, Heinrich	Gemeinderat
Pfeiffer, Karl	Gemeinderat
Nagel, Adolf	Gemeinderat

Allmählich formierten sich auch die Parteien wieder. Im Hinblick auf die für Anfang 1946 vorgesehenen Gemeinderatswahlen fanden im November und Dezember 1945 in Neureut Gründungsversammlungen statt, bei denen die folgenden Männer maßgeblich beteiligt waren:

CDU	DVP (jetzt FDP)	SPD
Ehrmann, Jakob	Ehrmann, Friedrich	Nagel, Adolf
Gier, Hermann	Ehrmann, Max	Gros, Max
Glutsch, Hermann	Meinzer, Rudolf	Merz, Wilhelm
Meinzer, Emil	Meinzer, Fritz	Linder, Otto
Renaud, Wilhelm	Kaufmann, Wilhelm	Weinbrecht, Karl

Bei der Gemeinderatswahl am 10. Januar 1946 verteilten sich die Stimmen wie folgt:

CDU	1002 Stimmen	4 Sitze
SPD	558 Stimmen	2 Sitze
DVP	476 Stimmen	2 Sitze
KPD	198 Stimmen	0 Sitze

Gewählt wurden:

Gier, Hermann	Kaufmann	CDU
Baumann, Otto	Landwirt	CDU
Gros, Wilhelm	Bahnarbeiter	CDU
Brunn, Wilhelm	Schmiedemeister	CDU
Stolz, Emil	Vorarbeiter	SPD
Nagel, Adolf	Buchdrucker	SPD
Ehrmann, Adolf	Malermeister	DVP
Meinzer, Fritz	Maurerpolier	DVP

Gegen diese Wahl erhoben die Parteileitungen der SPD und der KPD gemeinsam Einspruch. Viele ehemalige Mitglieder der NSDAP und der SA hätten sich - entgegen den gesetzlichen Bestimmungen - an der Wahl beteiligen können, da keine Unterlagen mehr über ihre Mitgliedschaft vorlagen. Nach Aussagen ehemaliger Nazis seien über 200 Personen als Parteimitglieder überhaupt nicht registriert gewesen. In einem Bericht an die Militärregierung ergänzte der damalige Bürgermeister diese Angaben noch. Es wurde gerügt, daß zwar die vor dem 1.5.1937 in die NSDAP eingetretenen Mitglieder selbst nicht wählen durften, wohl aber deren Frauen und Kinder. Die angeführten Tatsachen hätten die Wahl offensichtlich zuungunsten der einsprechenden Parteien beeinflußt.

Das Landratsamt wies die Wahlanfechtung jedoch zurück, weil eine Verletzung gesetzlicher Vorschriften nicht nachgewiesen werden konnte, nachdem die

Einsprecher von der ihnen nach der Gemeindewahlverordnung zustehenden Möglichkeit, die Streichung etwaiger Nazis aus der Wählerliste zu verlangen, vor der Wahl keinen Gebrauch gemacht hätten.

Den am 10. Januar 1946 gewählten Gemeinderäten oblag es, am 19. 3. 1946 einen neuen Bürgermeister zu wählen. Gewählt wurde Hermann Gier mit vier Stimmen; Adolf Ehrmann erhielt zwei Stimmen.

Am 1. 2. 1948 fand wiederum eine Bürgermeisterwahl statt, bei der die Gemeindebürger direkt zu wählen hatten. Hieraus ging Adolf Ehrmann als neuer Bürgermeister hervor. Mitbewerber waren Hermann Gier und Wilhelm Knobloch. Adolf Ehrmann übte dieses Amt nach einer Wiederwahl bis zum 31. Dezember 1964 aus. Auf sein Ansehen und sein politisches Gespür war es mit zurückzuführen, daß die DVP/FDP im Gegensatz zu der einsetzenden Entwicklung auf Landes- und Bundesebene in Neureut eine starke, teilweise sogar dominierende Position einnehmen konnte.

Mit Hermann Meinzer stellte die FDP auch nach dem Ausscheiden von Adolf Ehrmann den Bürgermeister. Er konnte sich bei der Wahl im November 1964 gegen eine starke Konkurrenz der Mitbewerber Emil Nagel (CDU), Edmund

Der Gemeinderat bei der Einweihung des Neubaues der Nordschule 1960.
Von links: K. Weber, H. Dunke, Fr. Ruf, A. Meinzer, A. Wohlwend, M. Volk, L. Ott, A. Knaupp, A. Herb.
Auf der Treppe: K. Adolph, M. Crocoll, J. Crocoll, Dr. E. Knobloch, Bürgermstr. A. Ehrmann, Fr. Stauch, H. Meinzer, H. Tobiasch, W. Stober, L. Schnauder, E. Nagel, A. Eichsteller.

Dunke (SPD) und Hermann Grether durchsetzen und übte das Amt nach erfolgreicher Wiederwahl bis zur Eingemeindung im Jahre 1975 aus. Seitdem amtiert er als Ortsvorsteher.

Hermann Meinzer war damit der letzte Bürgermeister in der Geschichte der Gemeinde Neureut.

Nachstehend folgen in statistischer Zusammenstellung die Ergebnisse der Wahlen zum Gemeinderat bzw. Ortschaftsrat sowie zum Landtag und dem Bundestag in der Zeit von 1946 bis 1980:

Gemeinderats- bzw. Ortschaftsratswahlen

Wahljahr	CDU	SPD	FDP	KPD	DG/BHE	FWV
	%	%	%	%	%	%
1946	44,9	25,0	21,3	8,9	—	—
1947	33,7	26,8	33,1	6,4	—	—
1951	24,0	20,8	35,0	4,9	15,3	—
1953	22,4	20,1	34,6	1,6	—	21,2
1956	30,2	26,5	35,0	—	—	8,4
1959	31,4	23,0	34,9	—	—	10,6
1962	31,1	29,5	39,4	—	—	—
1965	32,1	25,7	29,8	—	—	12,4
1968	33,8	32,9	33,3	—	—	—
1971	37,0	30,9	32,1	—	—	—
1975	33,0*)	32,0	35,0	—	—	—
1980	40,5	30,0	29,5	—	—	—

Sitzverteilung nach der Wahl

Wahlvorschlag	1946	1947	1951	1953	1956	1959	1962	1965	1968	1971	1975	1980
CDU	4	6	5	4	5	6	6	6	7	8	7*)	8
SPD	2	5	5	4	5	5	5	6	6	6	6	6
FDP	2	6	7	7	7	8	8	7	6	6	7	6
FWV	—	—	—	2	3	1	1	1	1	—	—	—
DG/BHE	—	—	1	1	—	—	—	—	—	—	—	—
KPD	—	1	—	—	—	—	—	—	—	—	—	—
Zusammen	8	18	18	18	20	20	20	20	20	20	20	20

*) Listenverbindung CDU/FWV

Zusammensetzung des Gemeinderats
nach der Wahl vom 28. Januar 1951.

Baumann, Otto	Landwirt	CDU
Baumann, Wilhelm	Geschäftsführer	CDU
Brunn, Wilhelm	Schmiedemeister	CDU
Glutsch, Karl	Bäckermeister	CDU
Häfele, Karl	Bauoberinspektor	CDU
Boeuf, Friedrich	Gärtner	SPD
Crocoll, Max	Maler	SPD
Häfele, Jakob	Bauunternehmer	SPD
Stauch, Franz	Werkmeister	SPD
Stolz, Emil	Vorarbeiter	SPD
Crocoll, Jakob	Landwirt	DVP
Meinzer, Hermann	Steuerinspektor	DVP
Meinzer, Karl	Landwirt + Metzgermeister	DVP
Meinzer, Wilhelm	Glasermeister	DVP
Nagel, Christoph	Bauinspektor	DVP
Weimer, Erwin	Dipl.-Kaufmann	DVP
Weis, Julius	Schlossermeister	DVP
Behnke, Hermann	Verwaltungsbeamter	BHE

Zusammensetzung des Gemeinderats
nach der Wahl vom 4. November 1962

Guba, Heinz	Geschäftsführer	CDU
Knaupp, Alfons	Konrektor	CDU
Nagel, Emil	Kaufmann	CDU
Stober, Willi	Kaufmann	CDU
Tobiasch, Hugo	Behördenangestellter	CDU
Wöhrle, Richard	Rektor	CDU
Crocoll, Max	Maler	SPD
Dunke, Edmund	Bez.-Baumeister	SPD
Dunke, Helmut	Betriebsleiter	SPD
Ruf, Friedrich	Maler	SPD
Stauch, Franz	Werkmeister	SPD
Eichsteller, Arthur	Blechner/Installateurmeister	FDP
Herb, August	Landgerichtsrat	FDP
Dr. Knobloch, Erich	Zahnarzt	FDP
Leisinger, Alfred	Geschäftsführer	FDP
Meinzer, Hermann	Ober-Steuerinspektor	FDP
Ott, Ludwig	Schreinermeister	FDP
Weber, Karl	Schmiedemeister	FDP
Wohlwend, Adolf	Baumeister	FDP
Volk, Mathias	Angestellter	FWV

478

Zusammensetzung des Ortschaftsrats nach der Wahl vom 20. 4. 1975

Baumann, Klaus	Bankkaufmann	CDU
Falkenstein, Georg	Gewerbeschulrat	CDU
Gilliar, Arno	Rektor	CDU
Müller, Hans	Ober-Studienrat	CDU
Nagel, Emil	Vers.-Kaufmann	CDU
Stober, Willi	Eisenkaufmann	CDU
Wöhrle, Richard	Rektor	CDU
Dunke, Edmund	Architekt	SPD
Dr. Ecker, Ernst	Dipl.-Chemiker	SPD
Dr. Glutsch, Karlheinz	Studien-Direktor	SPD
Hanke, German	Lehrer	SPD
Klotz, Karlheinz	Baubetriebsingenieur	SPD
Linder, Reinhard	Bauingenieur/Architekt	SPD
Crocoll, Karlheinz	Sozialarbeiter	FDP
Eichsteller, Arthur	Blechner/Installateurmeister	FDP
Dr. Knobloch, Erich	Zahnarzt	FDP
Kretzschmar, Gerhard	Konrektor	FDP
Lorenz, Johann	Kaufmann	FDP
Merz, Klaus	Bilanz-Buchhalter	FDP
Rögele, Eugen	Verwaltungs-Ober-Amtmann	FDP

Der Ortschaftsrat nach seiner Wahl im Jahre 1980.
Untere Reihe: v.l. A. Gilliar, E. Rögele, E. Dunke, W. Schreckenberger, Ortsvorsteher
H. Meinzer, R. Linder, G. Baur. Zweite Reihe: G. Birkner, K. Baumann, K. Merz. Dritte
Reihe: J. Lorenz, Dr. E. Ecker, Dr. E. Knobloch, P. Cleve. Obere Reihe: H. Müller, R.
Meinzer, G. Kretzschmar, R. Wöhrle, E. Nagel, H. Nees. Auf dem Bild fehlt W. Stober.

Landtagswahlen

	30.6. 1946	24.11. 1946	19.11. 1950	9.3. 1952	4.3. 1956	15.5. 1960	26.4. 1964	28.4. 1968	23.4. 1972	4.4. 1976	16.3. 1980
Einwohner					10193	10804	11618	12965	13385	12867	14134
Wahlberechtigte					6374	6817	7274	8711	8566	8636	8952
Abgegebene Stimmen					4244	4124	4794	5288	6153	5446	6001
Gültige Stimmen					4191	3926	4557	5098	6030	5325	5946
Ungültige Stimmen					53	198	237	190	123	121	55
CDU	584	516	323	628	1347	1162	1347	○1436	●2988	2469	2669
SPD	444	611	615	628	1051	1043	1148	○1034	2028	●1854	1955
FDP/DVP	379	469	640	606	1479	1374	●1966	1862	○981	870	1023
BHE	—	—	●564	536	188	151	—	—	—	—	—
KPD	175	●208	107	157	101	—	—	—	—	—	—
NPD	—	—	—	—	—	—	—	●707	—	—	—
Grüne	—	—	—	—	—	—	—	—	—	99	281
DKP	—	—	—	—	—	—	—	—	33	10	14
SRP	—	—	—	163	—	—	—	—	—	—	—
Sonstige	—	—	—	99	25	196	96	59	—	23	4

● Höchster Stimmenanteil   ○ Niedrigster Stimmenanteil

Bundestagswahlen*)

Parteien		1949	1953	1957	1961	1965	1969	1972	1976	1980
Wahlberechtigte insgesamt		4126	6019	6564	7219	7613	7463	8240	8663	9473
Ausgestellte Wahlscheine		147	184	193	176	313	386	428	654	926
Wahlberecht. ohne „Wsch"		3979	5835	6371	7043	7300	7077	7812	8009	8546
Zahl der Wähler		3074	4536	5208	5576	5868	5918	6867	6866	7130
Wahlbeteiligung	%	77,3	77,7	81,7	79,2	80,4	83,6	87,9	85,7	83,4
Ungültige Zweitstimmen		334	221	411	422	301	153	59	61	76
	%	10,9	4,9	7,9	7,6	5,1	2,6	0,9	0,9	1,1
Gültige Zweitstimmen		2740	4315	4797	5154	5567	5765	6808	6805	7054
	%	89,1	95,1	92,1	92,4	94,9	97,4	99,1	99,1	98,9
CDU		665	1821	2248	2259	2571	2722	3160	3190	3082
	%	○ 24,3	42,2	46,9	43,8	46,2	● 47,2	46,4	46,9	43,7
SPD		665	1029	1350	1552	1695	1988	2553	2587	2700
	%	24,3	○ 23,8	28,1	30,1	30,4	34,5	37,5	38,0	● 38,3
FDP/DVP		844	759	924	1077	1067	603	1009	944	1138
	%	● 30,8	17,6	19,3	20,9	19,2	○ 10,5	14,8	13,9	16,1
Sonstige		566	706	275	266	234	452	86	84	134
	%	● 20,6	16,4	5,7	5,2	4,2	7,8	1,3	○ 1,2	1,9

● Höchster Stimmenanteil   ○ Niedrigster Stimmenanteil   *) Zusammenstellung des Amts für Einwohnerwesen und Statistik, Karlsruhe

VII. Statistisches aus Vergangenheit und Gegenwart

zusammengestellt von Wilhelm Meinzer

Inhalt:

482

Schultheissen, Bürgermeister und andere Ortsvorgesetzte

Neureut bzw. Teutschneureut

um	1479	Schultheiß	Hans Stahl
um	1563	Schultheiß	Jacob Ruoff
um	1585	Schultheiß	Johann Knobloch
1605 – 1614		Gerichtsmann	Sebastian Seitz
um	1677	Schultheiß	Hans Hauber (Hauer)
1698 – 1709		Schultheiß	Hans Jakob Meintzer
um	1715	Schultheiß	Michael Linder
um	1731	Schultheiß	Rudolf Gimpel
um	1738	Schultheiß	Daniel Gimbel
um	1740	Schultheiß	Flor Brunn
um	1757	Schultheiß	Jakob Meinzer
um	1776	Schultheiß	Baumgärtner
um	1788	Schultheiß	Joh. Daniel Gimpel
um	1806	Vogt	Striby
um	1810	Vogt	Gimpel
1811 – 1825		Vogt	Jakob Beck
um	1812	Bürgermeister	Martin Gräber
um	1825	Bürgermeister	Grether
um	1832	Bürgermeister	Martin Meinzer
um	1848	Bürgermeister	Breithaupt
um	1867	Bürgermeister	Brunn
um	1870	Bürgermeister	Georg Jakob Meinzer
um	1883	Bürgermeister	Wilhelm Baumann
1896 – 1904		Bürgermeister	Wilhelm Dahler
1905 – 1930		Bürgermeister	Friedrich Baumann
1930 – 1933		Bürgermeister	Emil Ulrich
1933 – 1935		Bürgermeister	Karl Hespelt

Welschneureut

um	1700	Bürgermeister	Paul Chastagnaire
vor	1709	Bürgermeister	Caubet
um	1709	Bürgermeister	François Rouquille
um	1720	Bürgermeister	Jean Colmez
um	1738	Bürgermeister	Jacques Maro (Maraut)
um	1738	Anwalt	Jacob Wilhelm Thiry
um	1757	Bürgermeister	Jakob Meinzer
um	1775	Bürgermeister	Gros
um	1822	Bürgermeister	Häfele
um	1822	Anwalt	Clour
um	1825	Vogt	Herlan
um	1835	Bürgermeister	Schempp
um	1838	Bürgermeister	Beck
um	1863	Bürgermeister	Jacob Gros

um	1871	Bürgermeister	Merz
um	1877	Bürgermeister	Jakob Meinzer
um	1889	Bürgermeister	Angelberger
1908 – 1919		Bürgermeister	Heinrich Gros
1919 – 1933		Bürgermeister	Karl Friedr. Merz
1933 – 1935		Bürgermeister	Karl Buchleither

Gesamt-Neureut

1935 – 1943		Bürgermeister	Karl Buchleither
1943 – 1945		Bürgermeister	Wilhelm Stolz
1945 – 1946		Bürgermeister	Heinrich Klotz
1946 – 1948		Bürgermeister	Hermann Gier
1948 – 1964		Bürgermeister	Adolf Ehrmann
ab	1965	Bürgermeister	Hermann Meinzer
ab	1975	Ortsvorsteher	Hermann Meinzer

Bürgermeister, Gemeinderat und Gemeindeverwaltung zum Zeitpunkt der Eingemeindung am 14. Februar 1975

Oberste Gemeindeorgane

Bürgermeister Hermann Meinzer
gewählt am 15. November 1964 auf acht Jahre —
wiedergewählt am 15. Oktober 1972 auf 12 Jahre
Beginn der Amtszeit am 1. Januar 1965

Ehrenamtliche Stellvertreter:

Gemeinderat Emil Nagel
Gemeinderat Edmund Dunke
Gemeinderat Johann Lorenz

Gemeinderäte:

Crocoll, Max	Maler	SPD
Dunke, Edmund	Architekt	SPD
Dunke, Helmut	Betriebsleiter	SPD
Eichsteller, Arthur	Blechner/Installateurmeister	FDP
Falkenstein, Georg	Gewerbeschulrat	CDU
Dr. Knobloch, Erich	Zahnarzt	FDP
Kretzschmar, Gerhard	Konrektor	FDP
Linder, Reinhard	Bau-Ingenieur/Architekt	SPD
Lorenz, Johann	Kaufmann	FDP
Mädecke, Klaus	Apotheker	CDU
Meinzer, Karl	Kaufmann	SPD
Merz, Klaus	Kfm. Angestellter	FDP

Müller, Fred	Architekt	CDU
Müller, Hans	Oberstudienrat	CDU
Nagel, Emil	Direktor	CDU
Roegele, Eugen	Amtsrat	FDP
Ruf, Friedrich	Maler	SPD
Stober, Willi	Kaufmann	CDU
Tobiasch, Hugo	Verwaltungsangestellter	CDU
Wöhrle, Richard	Rektor	CDU

Gemeindeverwaltung:

Hauptverwaltung	Oberamtsrat K. H. Ehrmann	Ratschreiber
Finanzverwaltung	Oberamtsrat Wilhelm Meinzer	Rechnungsamtsleiter
Bauverwaltung	Ing. grad. Gerhard Durand	Ortsbaumeister
Gemeindewerke	Ing. grad. Dieter Hans	Werkleiter

Investitionen der Gemeinde Neureut
von der Währungsreform 1948 bis zur Eingemeindung

Erschließungsmaßnahmen:

Kanalisation	8,1 Mio. DM	
Straßenbau	6,3 Mio. DM	14,4 Mio. DM

Schulen:

(davon Schulzentrum 12,0 Mio. DM)	18,5 Mio. DM

Verwaltung:

Rathaus	0,9 Mio. DM	
Bauhof	0,8 Mio. DM	
Sonstige	0,5 Mio. DM	2,2 Mio. DM

Sporteinrichtungen:

Hallenbad	1,4 Mio. DM	
Waldsportplatz	0,2 Mio. DM	
Sporthalle und Sportplatz am Schulzentrum	2,5 Mio. DM	
Invest. Zuschüsse an Vereine	0,1 Mio. DM	4,2 Mio. DM

Sonst. Öffentliche Einrichtungen:

Friedhöfe	1,9 Mio. DM	
Grünanlagen	0,3 Mio. DM	
Feuerwehr	1,3 Mio. DM	3,5 Mio. DM

Wohnungsbau: 1,2 Mio. DM

Erwerb von Grundstücken:		8,0 Mio. DM

Gemeindewerke:

Stromversorgung	5,7 Mio. DM	
Wasserversorgung	5,8 Mio. DM	11,5 Mio. DM
	Gesamte Investitionen bis 31. 12. 1974	63,5 Mio. DM

Kreditaufnahmen:

Gemeinde	10,6 Mio. DM	
Gemeindewerke	3,7 Mio. DM	
	Schuldenstand zum 31. 12. 1974	14,3 Mio. DM

Überleitung des Gemeindevermögens an die Stadt Karlsruhe
(ohne Vermögenswerte der Gemeindewerke)

A. Aktivseite

Sachanlagen

Verwaltungsvermögen	29 917 535,— DM
Kostenrechnende Einrichtungen	14 166 313,— DM
Sonstige Einrichtungen	7 947 220,— DM

Finanzanlagen

Darlehensforderungen	63 750,— DM
Geschäftsanteile	1 625,— DM
Beteiligungen (= Eigenkapital Gemeindewerke)	1 885 844,— DM

Geldvermögen und Forderungen

Geldanlage bei Kreditinstituten (Rücklage)	1 475 000,— DM
Kassen- und Haushaltseinnahmereste	
Verwaltungshaushalt	525 079,— DM
Vermögenshaushalt	3 336 073,— DM
Sachbuch für haushaltsneutrale Vorgänge	1 219 087,— DM
Kassenbestand	834 063,— DM
Summe der Aktiva	61 371 589,— DM

B. Passivseite

Anlagekapital

Deckungskapital	43 339 509,— DM
Schulden	10 642 778,— DM

Rücklagen und sonstige Vermögensbindungen

Allgemeine Rücklage	1 213 885,— DM
Sonderrücklage	1 475 000,— DM

Verpflichtungen aus laufender Rechnung

Kassen- und Haushaltsausgabereste

Verwaltungshaushalt	—,— DM
Vermögenshaushalt	4 543 689,— DM
Sachbuch für haushaltsneutrale Vorgänge	156 728,— DM
Summe der Passiva	61 371 589,— DM

Das Gemeindevermögen ging mit den oben aufgeführten Wertansätzen in das Vermögen der Stadt Karlsruhe über. Bei der Aufsichtsprüfung der Gemeindeprüfungsanstalt Baden-Württemberg über die letzte Jahresrechnung der früher selbständigen Gemeinde Neureut wurde im Prüfungsbericht vom 2. September 1977 u. a. festgestellt:

„Die Finanzlage der ehemaligen Gemeinde Neureut war im Zeitpunkt der Eingemeindung geordnet. Diese Tatsache, die auf eine sparsame und sorgfältige Führung der Haushaltswirtschaft mit zurückzuführen ist, wurde auch bei der Vereinbarung über die Rechtsfolgen der Eingliederung der Gemeinde Neureut in die Stadt Karlsruhe vom 10. April 1975 in der Festsetzung der Investitionsrate der nächsten zehn Haushaltsjahre berücksichtigt."

Neureuter Ehrenbürger

Die Verleihung von Ehrenbürgerrechten wurde in Neureut sparsam gehandhabt. Erster nachweisbarer Ehrenbürger der Gemeinde Teutschneureut war 1924 Pfarrer Wilhelm Gräbener, der über die Aufgaben seines Amtes hinaus in vielfältiger Weise in der Gemeinde wirkte. Ihm folgten 1930 bzw. 1933 zwei verdiente Schulmänner, nämlich die Oberlehrer Heinrich Rupp und Kaspar Hellenschmied. Beide waren jahrzehntelang im Ort als Lehrer tätig und leiteten jeweils am Ende ihrer Amtszeit die Teutschneureuter Schule.

Im März 1933 folgte in Teutschneureut und Welschneureut die obligatorische Verleihung der Ehrenbürgerschaft an die damaligen Größen des „Dritten Reiches" bzw. des Landes Baden.

Bei seiner Zurruhesetzung nach 17jähriger Amtszeit als Bürgermeister in der schwierigen Wiederaufbauphase nach dem Zweiten Weltkrieg erhielt Adolf Ehrmann 1965 die Ehrenbürgerwürde der Gemeinde Neureut.

Verzeichnis der Pfarrer in Teutschneureut
(Bis nach 1700 Neureut, dann Teutschneureut, ab 1935 Neureut-Nord)

Neureut war ursprünglich Filial von Eggenstein. Nach 1600 lassen sich dann eigene Pfarrer nachweisen.

Jacobus Bürklin	um	1605
Johann Frey	um	1609 – 1614
Johann Craupius	um	1621
Sebastian Kleinel	um	1625
Johann Friedrich Buss	um	1634
Caspar Albeck	um	1649
Simson Kercher	um	1659
Hennig Spöri	um	1659
Paul Friedrich Vögtlin		1659 – 1671
Johann Georg Lindemann		1671 – 1675
Immanuel Rösch	um	1677
Wendelin Schütz, Pfarrer in Eggenstein, versieht Neureut als Filial		1677 – 1721
Christian Halbusch, Pfarrer in Mühlburg, versieht Neureut als Filial		1721 – 1731
Johann Zacharias Deubler		1731 – 1736
Johann Jacob Dürr		1736 – 1739
Johann Georg Ziegler		1739 – 1745
Jacob Christoph Friesenegger		1745 – 1748
Johann David Föckler		1748 – 1753
Johann Jakob Ritter		1753 – 1758
Friedrich Wilhelm Wix		1758 – 1761
Gottlieb Friedrich Roller		1761 – 1767
Johann Georg Meschenmoser		1767 – 1776
Christian Gottlieb Sachs		1776 – 1780
Christoph August Eisenlohr		1780 – 1783
Johann Jacob Greiner		1783 – 1790
Georg Philipp Bodemer		1791 – 1797
Carl Wilhelm Amberger		1797 – 1808
Ernst Ludwig Bommer		1808 – 1810
Friedrich Benjamin Stein		1810 – 1816
Johann Christoph Bender		1816 – 1832
Carl Wilhelm Cnefelius		1833 – 1847
L. Fellmeth, Pfarrverweser		1847
Carl Wilhelm Höchstetter		1848 – 1851
Johann Fr. Theodor Schellenberg		1851 – 1859
Julius Sachs		1859 – 1881
Karl Christian August Gräbener		1882 – 1895
Seufert, Pfarrverweser		1895
Gottfried Gleis		1895 – 1908
Friedrich Askani, Pfarrverweser		1908

Wilhelm Gräbener	1909 – 1924
Missionar Karl Stolz, Pfarrverweser	1915 – 1918
Albrecht Wolfinger	1924 – 1927
Dr. August Scheuerpflug	1927 – 1935
Adam Kaiser	1935 – 1941
Wilhelm Urban	1941 – 1944 gef.
Missionar Karl Stolz, Pfarrverweser	1941 – 1946
Paul Gerhard Lassahn	1946 – 1956
Martin Schmidt	1956 – 1957
Emil Müller	1957 – 1970
Jürgen Wagner	1971 – 1979
Fritz Koppe	seit 1980

Quellen: Aufzeichnungen Karl Ulrich, Karlsruhe; Kirchenbücher TN (ab 1721)

Verzeichnis der Pfarrer in Welschneureut

(ab 1935 Neureut-Süd)

Daniel Lotier	1700 – 1712
Sebastian Louis Malherbe	1712 – 1721
Jonas Icker	1721 – 1726
Jonas Jakob Wolf	1726 – 1733
Johannes Stanz, Pfarrer in Friedrichstal, versah den Dienst in Welschneureut mit	1733 – 1738
Benedict Ryhiner	1738 – 1751
Joh. Jak. Merian	1751 – 1760
Samuel Wettstein	1760 – 1764
Rudolph Lichtenhan	1764 – 1777
Jak. Christoph Gachnang	1777 – 1801
Friedrich Ludwig Rettig	1801 – 1808
Johann Philipp Gaa	1808 – 1813
Friedrich Benjamin Stein, Pfarrer in Teutschneureut, versah die Pfarrei mit	1814
Züllich, Pfarrverweser	1814
Joh. Baptistes Hormuth	1814 – 1819
Friedrich Ludwig Grohe	1819 – 1827
Johann Christoph Bender, Pfarrer in Teutschneureut, versah die Pfarrei mit	1827 – 1828
Philipp Eggly	1829 – 1834
Peter Leuschelring	1834 – 1838
Maler, Pfarrverweser	1838 – 1847
Von Teutschneureut aus versehen durch die Pfr. Fellmeth, Schellenberg sowie durch Pfr. Stolz, Dir. der höh. Mädchenschule in K'he.	1847 – 1852
Ernst Wilhelm Gscheidlen	1852 – 1860
Heinrich August Volz	1860 – 1863
Gust. Eduard Hecht	1863 – 1866

Heinrich Hofert	1866 – 1894
Vikar Schember	1894
Heinrich Braun	1894 – 1916
Missionar Friedr. Schweikhart	1916 – 1918
Friedrich Askani	1918 – 1933
Gustav Neef	1934 – 1952
Paul Köhler	1952 – 1972
Klaus Baschang, Kirchenrat	1973 – 1976
Konrad Hettler, Dekan	1977 – 1981
Konrad v. Oppen	seit 1981

Quellen: Askani, Welschneureut 1924; Kirchenbücher WN.

Teutschneureuter Pfarrbesoldung um 1760 – 1780

(entnommen aus den Kirchenbüchern)

I. Geld

1. Bei der geistlichen Verwaltung zu Karlsruhe   72 Gulden

2. ebendaselbst aus dem geistlichen Besoldungs-Meliorationsfundo   31 Gulden

3. in der geistlichen Verwaltung zu Durlach ebenfalls aus dem Meliorationsfundo   20 Gulden

4. am Zins von obigem Kapital von 50 Gulden   <u>2 Gulden</u>

                                                       125 Gulden

Von Früchten bezieht die Pfarrei:

1. Roggen 5 Malter, das Malter zu 3 Gulden, 30 Kreuzer   17 Gulden 30 Kreuzer

2. Dinkel 8 Malter, das Malter zu 2 Gulden, 45 Kreuzer   22 Gulden

Wein bei der Amtskellerei Durlach:

Wein bekommt sie nicht mehr als 5 Ohm *), die Ohm zu 5 Gulden   25 Gulden

Von dem herrschaftlichen Holz bezieht sie 12 Klafter, nämlich

a) hartes, 6 Klafter **) à 1 Gulden   = 6 Gulden

b) weiches, 6 Klafter à 30 Kreuzer   <u>= 3 Gulden</u>   9 Gulden

*) 1 Ohm = 150 Liter
**) 1 Klafter = 3,8 Raummeter

490

II. Nutznießungen vom Flecken

		veranschlagt
1.	den Küchengarten	3 Gulden
2.	die ausgesteinte Pfarrwiese in der Heidelburg	2 Gulden 40 Kreuzer
3.	den Kirchhof, das Gras und die Bäume	1 Gulden
4.	die Allmend von den Fleckenswiesen, davon 3 große Stückwiesen, welche die große Allmend genannt werden und 3 kleinere Stücke, welche die kleine Allmend heißen wie ein anderer Bürger dahier erhält und benutzet und zwar von Rechts wegen	5 Gulden
5.	die Allmendäcker in der Heidelburg, einer enthält 19 Ruten, der andere 14 Ruten	35 Kreuzer
6.	ein Stück Krautland wie andere Bürger	10 Kreuzer
7.	weil der Pfarrer frei vom Hirtenlohn, so kam in Anschlag	1 Gulden 30 Kreuzer
8.	darf der Pfarrer 10 Stück Schaf halten oder dieses Recht an einen anderen Bürger kommen lassen, vor welches Beneficium ihm der Bürger 5 Pfund Wollen gibt. Diese 5 Pfund sind hier gerechnet zu	2 Gulden 30 Kreuzer
9.	Accidentien Die Accidentien sind dahier so beschaffen, daß man dem Pfarrer vor einer Kindstaufe 30 Kreuzer, vor einer Hochzeit 1 Gulden nebst Schnupftuch und Citrone, vor einer Leichenpredigt 1 Gulden gibt. zus.	18 Gulden
10.	Ein schönes Pfarrhaus, Hof und Garten, Stallung, Scheuer, Schopf	10 Gulden
		242 Gulden 55 Kreuzer

III. Außer diesen bisher angeführten Stücken hat ein jeweiliger Pfarrer von der Gemeinde noch zu benutzen:

1. Einen Acker zu Korn von Konrad Hauers Garten an am Karlsruher Weg hinauswörts linker Hand,

2. einen anderen zu Welschkorn, der an diesen streckt zur Rechten und Linken

3. noch einen anderen zu Grundbieren an der Landstraße nach Eggenstein einerseits neben Konrad Glutsch, dem Büttel, andererseits, wo ich mich

nicht irre, neben Georg Müller. Auf dem ersteren werden nach der Saat auch noch Stoppelrieben für das Rindvieh gepflanzet,

4. eine Fleckensgabe an Holz, welches der Pfarrer schier alle Jahre bekommt und wie die anderen Bürger verkaufen darf. Es ist aber höchstens ein Klafter, auch weniger,

5. wird ihm sein Besoldungsholz in der Frohnde heimgeführt. Auch die Äcker gepflügt und was auf diesen sowie auf den Wiesen gros wächst in der Frohnd gegen einige Gläser Wein und ein Stück Brot heimgeliefert und gefahren.

6. Hat der Pfarrer das Recht nach Maßgab des Eckerichs, Schweine in die Eicheln laufen zu lassen.

7. Gehört dem Pfarrer auch ein Birnbaum vor des Nicklaus Ulrichs Haus, wo er die Birnen alljährlich abbrechen läßt.

8. Kann er auch alle Jahr einen Wagen voll Stangen, das ist Forlenbäume um-hauen lassen und bezahlt davon nicht mehr als 30 Kreuzer in die Ge-meinde. Brauchte er mehrere Wägen, so gibt ihm der Flecken um den näm-lichen Preis. Auch bekommt ·man aus der Fleckensscheuer Stroh zu streuen, soviel vorrätig da ist.

Welschneureuter Pfarrbesoldung um 1788
(vergleichsweise aufgeführt im Teutschneureuter Kirchenbuch)

I. Bei der geistlichen Verwaltung in Karlsruhe: *veranschlagt*

    1. Geld jährlich   50 Gulden

    2. Roggen, 5 Malter à 3 Gulden 30 Kreuzer   17 Gulden 30 Kreuzer

    3. Dinkel, 10 Malter à 2 Gulden 45 Kreuzer   27 Gulden 30 Kreuzer

II. Bei der Amtskellerei Durlach namens
obigen geistlichen Verwaltung
Wein 1 Fuder, die Ohm à 5 Gulden   50 Gulden

III. Von der evang. Eidgenossenschaft oder
deren reformierten Schweizer Kanton so
allemal auf Johannis konfirmiert und hernach
für die Zahlung auf das folgende Jahr kollek-
tiert wird. Geld des Jahres   100 Gulden

**IV. Seit dem letzten Mai 1788 hat die Pfarrei
eine jährliche Zulage von 10 Louisdor
bekommen.**   110 Gulden

V. Benutzungen

1. *Freie Wohnung in dem Pfarrhaus* über der Kirchen nebst Hofreiten und einem Krautgärtlein, ein Viertel, 28 Ruten   10 Gulden

2. *Ein Grasgarten,* ein Viertel, 17 Ruten, 7 Schuh   2 Gulden

3. *Eine Portion Wiesen und Äcker* von gnädigster Herrschaft aller Auflagen und Schatzung eximieret, davon der Nutzen abwerfen dürfte   15 Gulden

   Nota: Die Wiesen bestehen in 8 Stücklein und machen 3 Morgen 2$\frac{1}{2}$ Viertel, 16 Ruten und 6 Schuh.

   Die Äcker 8 Morgen, 1$\frac{1}{2}$ Viertel, 18$\frac{1}{2}$ Ruten.

4. *Brennholz von gnädigster Herrschaft* nach Notdurft so die Gemeind fällen und Frohnweiss für das Haus führen lässet   10 Gulden

VI. Accidentien

Von *Hochzeitspredigten, Kindtaufen, Leichenzermonen* und *Information der Jugend*   0 Gulden

dagegen die Commun dem Pfarrer den Besoldungswein und die Früchte ablangen und diese in die Mühl wie auch das Mehl von da heimführen lässet. Der gleichen Obgedachtermaßen nicht weniger mit dem Holz geschieht. Ferner werden dem Pfarrer seine Äcker auf Ansprechen umsonst gefahren, vor welches Bene hier überhaupt in Ansatz kommen kann   7 Gulden 30 Kreuzer

    399 Gulden 30 Kreuzer

Teutschneureuter Schulbesoldung um 1787
(aus dem Kirchenbuch Teutschneureut)

I. Von gnädigster Herrschaft:

1. *Geld* aus der geistlichen Verwaltung zu Carlsruhe   22 Gulden

2. An Früchten, Roggen oder Korn 2 Malter à 5 Gulden   10 Gulden

3. Dinkel 3 Malter à 2 Gulden 45 Kreuzer   8 Gulden 15 Kreuzer

II. **Nutznießungen vom Flecken:**

1. *Das Schulgeld* von 100 Kindern à 45 Kreuzern	75 Gulden
2. Vor die Haltung der *Sonntagsschule* 2 Gulden aus dem Almosen und ebensoviel aus der Fleckenskasse also hin	4 Gulden
3. Von der *Nachtschule* erhält er aus dem Flecken	6 Gulden
4. Von dem Kapital 50 Gulden bekommt er seinen Anteil	0 Gulden 30 Kreuzer
5. Wurden die *Accidentien* angeschlagen vor 9 Gulden	9 Gulden
6. *Bekommt er von einem jeden Bürger eine Garbe,* welche zu 2 und ¹/₂ Malter angerechnet wurden, die so und das Stroh machen	12 Gulden
7. Erhält er ein *Malter aus dem Flecken vor das Uhraufziehen*	4 Gulden
8. *Holz* wie ein jeder Bürger, hat einer einen Zug 6 Klafter, hat er keinen 4 Klafter, hier wurden nur 4 gerechnet à 45 Kreuzer	3 Gulden
9. *Die Schulwiese* neben der Pfarrwiese	2 Gulden
10. *Die Orgelwiese*	2 Gulden
11. *Die Allmendwiesen* 3 Kleine u. 2 Größere	5 Gulden
12. *Die Allmendäcker* in der Heidelburg, das *Krautland,* das Schulhaus neben dem Rathaus mit einem *kleinen Gärtle* hinter der Fleckensscheuer	8 Gulden
Mithin beträgt der Schuldienst in allem im Jahr	170 Gulden 45 Kreuzer

Die Evangelische Kirchengemeinde Neureut-Kirchfeld

Die evangelischen Bewohner der Kirchfeldsiedlung zählten zunächst zur Kirchengemeinde Neureut-Nord (früher Teutschneureut). Der Weg zum alten Ort war jedoch recht weit und so hielt Pfarrer Lassahn ab dem Jahre 1951 regelmäßig Gottesdienste im Saal einer Gastwirtschaft in der Kirchfeldsiedlung ab.

Er war es auch, der den Bau einer Kirche in die Wege leitete, die im Jahre 1954 ihrer Bestimmung übergeben werden konnte. Neureut-Kirchfeld wurde dann selbständige Pfarrei.

Die Pfarrer:

Helmut Herion	1954—1961
Wolfgang Keller	1961—1978
Loy Albrecht	seit 1978

Die katholische Pfarrgemeinde

Der Ort Neureut war bis zum Zweiten Weltkrieg eine nahezu rein evangelische Gemeinde. Die wenigen hier ansässigen katholischen Familien sind damals von Nachbarorten aus kirchlich betreut worden.

Mit dem Zustrom von Heimatvertriebenen gelangte eine große Zahl von Katholiken nach Neureut. Im Jahr 1947 ist die Diaspora Neureut durch die Pfarrei Knielingen als Filiale übernommen worden.

Pfarrer Grieshaber hielt die Gottesdienste, die zunächst in einem zu einer Kapelle umgestalteten Raum der alten Nordschule stattfanden. Nach dem Erwerb des ehemaligen Gasthauses zum „Lamm" fanden die Gottesdienste ab dem Jahre 1949 in dem umgebauten Saalbau einen würdigeren Rahmen.

Im Jahre 1952 wurde die Expositur Neureut dem damaligen Vikar Theodor Böser übertragen. 1953 erfolgte die Erhebung der Expositur zur Kuratie. Im gleichen Jahre konnte in der Kirchfeldsiedlung der Neubau der Kirche „St. Heinrich und Kunigunde" fertiggestellt werden. Kurat Böser wurde im Jahre 1964 zum Stadtpfarrer ernannt, nachdem die Kuratie Neureut zur Pfarrei erhoben worden war. Damit entstand erstmals seit 400 Jahren im Gebiet der früher zur Markgrafschaft Baden-Durlach gehörenden Unteren Hardt wieder eine katholische Pfarrei.

Seit dem Jahre 1977 wird die Pfarrei von Pfarrer Meinrad Franz geführt.

Neuapostolische Kirche Neureut

Die neuapostolische Gemeinschaft gewann in den 20er und 30er Jahren dieses Jahrhunderts Anhänger auch in Teutsch- und Welschneureut. Nach dem Zweiten Weltkrieg vergrößerte sich die Gemeinschaft in Neureut weiter. Gottesdienste fanden in einer umgebauten Werkstatt in der Friedenstraße statt, bis im Jahre 1958 eine eigene Kirche in der damaligen Karlstraße errichtet werden konnte.

Neureuter im badischen Kriegsdienst

als Teilnehmer an den Feldzügen

1805	gegen Österreich	1809	gegen Österreich
1806–1807	gegen Preußen und Schweden	1812–1813	gegen Rußland
1809–1813	gegen Spanien	1814–1815	gegen Frankreich

Teutschneureut

Beck, Wilhelm
Ehrmann, Georg Jacob
Ehrmann, Georg Jacob
Eichsteller, Wilhelm
Federlechner, Johann
Federlechner, Philipp Jacob
Glutsch, Phil. Jakob
Grether, Florian
Knobloch, Georg Anton
Linder, Michael
Meinzer, Ludwig
Meinzer, Georg Michael
Metz, Georg Jakob
Ott, Jakob
Probst, Michael
Probst, Wendelin
Stober, Georg Jakob

Stober, Johann Jakob
Stober, Johann Michael
Stober, Georg Friedrich
Strübe (Striby), Johann Michael
Ulrich, Friedrich
Ulrich, Joh. Michael
Zachmann, Mainrad

Welschneureut

Beck, Georg Friedrich
Crocoll, Philipp
Grether, Georg Adam
Kern, Georg Michael
Kohlenbrenner, Fridolin
Pfulb, Johann
Schempp, Jakob
Schempp, Johann

Quelle:
Veteranen-Chronik der Krieger Badens, Karlsruhe 1843 — vollständiges Verzeichnis derjenigen Veteranen, welche in Badischen Diensten Feldzüge mitgemacht und die Felddienstauszeichnung erhalten haben.
Es sind hier also nur die Überlebenden erfaßt, nicht jedoch diejenigen Soldaten, die in den genannten Feldzügen gefallen sind.

Gefallene im Ersten Weltkrieg aus Teutschneureut

1914

Belgien:
Nagel, J.
Stern, Adam
Stober, K.L.

Frankreich:
Beck, Fr.
Buch, Otto

Eichsteller, M.
Eichsteller, W. Fr.
Grether, K.W.
Linder, Rud.
Meinzer, Leop.
Müller, Heinrich
Stober, Ad.
Stober, Herm.

Stober, Wilh. I.
Stober, Wilh. II.
Ulrich, Herm.
Wohlwend, Rud.

Rußland:
Knobloch, Rob.
Meinzer, W. Fr.

1915

Belgien:
Eichsteller, W. A.

Frankreich:
Baumann, Fr.
Ehrmann, O.
Grether, J.
Glutsch, Emil
Häfele, W.
Kliebe, Ad.
Linder, J. Chr.
Nagel, W. Fr.
Stober, K. L.
Stolz, J.
Walter, K.
Zimmermann, L.

Rußland:
Nagel, Fr.
Nagel, K. Fr.

1916

Frankreich:
Eichsteller, J.
Grether, Fr.
Horr, W.

Meinzer, K. J.
Meinzer, W.
Nagel, Emil
Stiefel, Ad.
Stiefel, Emil
Schnauffer, Ad.
Schnauffer, Emil
Stolz, Ludw.
Ulrich, Ad.
Weick, Herm.
Weinbrecht, Ludw.
Wohlwend, W.

1917

Frankreich:
Eichsteller, E.
König, Emil
Linder, Franz
Nagel, Herm.
Ratzel, Heinr.
Raub, Emil
Ulrich, W.
Weick, Fr.
Weinbrecht, Ad.
Weinbrecht, K. Fr.

Rumänien:
Grether, Leop.

1918

Frankreich:
Ehrmann, K.
Eichsteller, E.
Füssler, L.
Grether, Emil
Grether, K. W.
Meinzer, Emil
Meinzer, K. Fr.
Nagel, J. Ph.
Ott, J. W.
Ott, W.
Schreiber, W.
Stober, Emil
Stober, Jak.
Stolz, W.
Wohlwend, K. Ludw.

1919

Rußland:
Stober, Ludw.

Gestorben sind:

1914 Nagel, Jak.
1915 Meinzer, Emil
1917 Breithaupt, W.
1917 Eichsteller, W.
1917 Knobloch, Fr.
1917 Linder, Jak.
1918 Linder, Jak.
1918 Nagel, W. Vater
1918 Nagel, W. Sohn
1918 Meinzer, K. L.
1918 Meinzer, W.
1918 Stober, W.
1918 Ulrich, Ludw.

1918 Ulrich, M.
1918 Weick, K.
1918 Grether, Emil
1919 Stober, Ludw.
1920 Baumann, J.
1920 Knobloch, Ad.
1921 Nagel, W.
1921 Ott, Fr.

Vermißt sind:

In Frankreich:
1914 Brunn, W.
1914 Weinbrecht, Emil

1915 Linder, W.
1915 Ulrich, Jak.
1916 Nagel, Ad.
1917 Wohlwend, Fr.
1918 Linder, Ad.
1918 Weick, Ad.

In Rußland:

1915 Knobloch, W.
1916 Nagel, Fr. W.

Anmerkung:
Die vollständigen Vornamen sowie die Dienstgrade konnten nicht festgestellt werden.

Gefallene im Ersten Weltkrieg aus Welschneureut

1914

Soldat	Franz Huber
Reserv.	Max Eichsteller
Soldat	Gustav Gros
Grenad.	Karl Walter
Kanon.	Aug. Henninger
Musket.	Emil Dunke
Reserv.	Heinr. Buchleither
Musket.	Karl Henninger

1915

Reserv.	Christ. Weber
Grenda.	Martin Essig
Offz.Stv.	Heinrich Müller
Kanon.	Wilh. Vetterle
Gefr.	Gustav Dunke
Musket.	Ludwig Schmitt
Reserv.	Jak. Schempp
Uffz.	Friedr. J. Häfele
Uffz.	Heinr. Marsch
Gefr.	F. Buchleither
U.Feldw.	Joh. Gg. Drach
Musket.	H. Buchleither
Musket.	Josef Schäfer
Uffz.	Karl Friedr. Rieger
Musket.	Karl Durand
Grenad.	Hch. Jak. Crocoll
Pion.	Friedr. Schlesack
Musket.	Christ. Dunke

1916

Uffz.	L. Buchleither
Musket.	Herm. Merz
Musket.	Albert Jäger
Musket.	Friedr. Herlan
Musket.	Heinr. Crocoll
Gefr.	J. Friedr. Durand

1917

Gefr.	Peter Sieber
Grenad.	August Weber
Musket.	Alfred Crocoll
Musket.	Karl Clour
Uffz.	A. Ph. Marsch
Uffz.	Christian Beck
Telef.	Albert Elsenhans

1918

Musket.	Karl Bauer
Musket.	Jak. Fr. Durand
Kanon.	Walt. Henninger
Gefr.	Heinr. Häfele
Offz.Asp.	August Karrer
Schütze	Ernst Crocoll
Gefr.	Ludwig Uckele

Gefallene im Zweiten Weltkrieg

Dienstgrad	Name	geboren am	gefallen am
M.G. Schütze	Ludwig Merz	14.09.1915	19.09.1939
Kradschütze	Karl Grether	15.02.1918	02.05.1940
Gefr.	Willi Weinbrecht	14.05.1910	06.06.1940
O.Schütze	Hermann Benthien	06.03.1910	25.06.1940
Panz. Schütze	Helmut Grether	19.08.1920	01.05.1941
Feldw.	Wilhelm Gutknecht	12.03.1915	22.06.1941
Gefr.	Wilhelm Nagel	02.02.1914	26.06.1941

Schütze	Friedrich Ott	31.03.1913	27.06.1941
OGefr.	Fritz Grether	25.01.1915	29.06.1941
OGefr.	Heinrich Schneider	02.04.1915	16.07.1941
OGefr.	Walter Allgeier	21.07.1913	18.07.1941
Gefr.	Gustav Arnold	29.07.1908	30.07.1941
Gefr.	Emil Dunke	01.02.1919	30.07.1941
Uffz.	Karl Müller	04.08.1919	10.08.1941
Uffz.	Friedrich Kiefer	29.12.1913	30.08.1941
OGefr.	Heinrich Buchleither	04.01.1914	03.09.1941
OGefr.	Eugen Trapp	15.06.1913	04.09.1941
Oblt.	Hans Friedlein	20.12.1911	12.09.1941
Schütze	Wilhelm Weinbrecht	28.10.1921	19.09.1941
Schütze	Walter Merz	20.02.1921	23.09.1941
O.Wachtm.	Hans Stephan	21.05.1915	17.10.1941
Gefr.	Hermann Ott	22.08.1921	19.10.1941
Gefr.	Willi Linder	23.07.1919	22.10.1941
Gefr.	Friedrich Goldschmidt	11.08.1917	02.11.1941
OGefr.	Rudolf Stolz	18.08.1913	24.11.1941
Panz. Schütze	Otto Becker	13.02.1920	25.11.1941
OGefr.	Wilhelm Dunke	23.11.1910	30.11.1941
Uffz.	Josef Huber	10.05.1914	02.12.1941
O.Schütze	Reinhard Eichsteller	28.12.1921	14.12.1941
Uffz.	Alfred Röth	22.07.1919	04.01.1942
Uffz.	Karl Barth	08.01.1914	06.01.1942
Schütze	Walter Schaz	22.09.1921	06.01.1942
Uffz.	Julius Ulrich	27.04.1915	08.01.1942
Schütze	Erwin Knecht	05.09.1921	13.01.1942
O.Reiter	Otto Henninger	22.02.1920	22.01.1942
Gefr.	Hermann Wolf	29.09.1907	22.01.1942
Schütze	Max Knobloch	25.08.1920	05.02.1942
Gefr.	Karl Gamber	24.03.1912	12.02.1942
Gefr.	Paul Hellenschmidt	14.04.1910	15.02.1942
Gefr.	Eugen Schmittner	04.08.1901	20.02.1942
Gefr.	Otto Meinzer	09.02.1912	24.02.1942
Gefr.	Alfred Kußmaul	01.12.1912	24.02.1942
Gefr.	Paul Ulrich	17.05.1917	04.03.1942
Uffz.	Eugen Bitrolf	06.07.1909	04.03.1942
SS-Rottf.	Erich Merz	07.02.1911	25.03.1942
Gefr.	Karl Grether	26.11.1919	07.04.1942
Feldw.	Wilhelm Marggrander	02.12.1915	19.04.1942
Gefr.	Waldemar Bechtold	03.12.1919	06.05.1942
Funker	Rudolf Durand	24.12.1923	04.06.1942
Gefr.	Max Schempp	16.05.1920	19.06.1942
Gefr.	Willi Waltenberger	29.06.1919	18.07.1942
Geb. Jäger	Kurt Ehrmann	01.02.1922	02.08.1942
Gefr.	Otto Brunn	10.08.1921	03.08.1942
H. Feldw.	Wilhelm Wohlwend	17.03.1913	04.08.1942

Gefr.	Albert Ratzel	06.03.1912	13.08.1942
Uffz.	Walter Stober	03.11.1914	14.08.1942
Feldw.O.A.	Franz Frey	21.03.1910	15.08.1942
Pz.O.Gren.	Heinrich Herlan	05.11.1922	20.08.1942
Funker	Ernst Wagner	10.03.1915	26.08.1942
Ob.Wachtm.	Hugo König	27.04.1911	28.08.1942
Gefr.	Emil Linder	16.08.1921	28.08.1942
Matr.Gefr.	Alfred Meinzer	29.12.1922	15.09.1942
Uffz.	Eugen Ott	08.09.1908	22.09.1942
Uffz.	Herbert Griesel	31.12.1917	27.09.1942
Jäger	Hans Meinzer	23.12.1923	30.09.1942
Gefr.	Fritz Meinzer	04.04.1913	02.10.1942
Uffz.	Karl Buchleither	07.01.1918	06.10.1942
Gefr.	Willi Stober	03.07.1909	10.11.1942
Gefr.	Karl Pfalzgraf	06.08.1908	14.10.1942
Gefr.	Hermann Haßlinger	23.09.1918	16.11.1942
O.Reiter	Helmut Stolz	04.02.1915	16.11.1942
OGefr.	Albert Müller	18.05.1910	10.12.1942
Gefr.	Karl Heß	18.10.1923	28.12.1942
Uffz.	Artur Buchleither	10.03.1914	13.01.1943
Leutn.	Emil Häfele	29.01.1915	16.01.1943
Gefr.	Alfred Nagel	09.08.1923	19.01.1943
Gefr.	Otto Anstett	16.03.1907	29.01.1943
Gefr.	Richard Herb	23.03.1921	11.02.1943
OGefr.	Friedrich Knobloch	07.02.1915	19.02.1943
Gefr.	Herbert Ott	30.12.1922	23.02.1943
Gefr.	Erich Crocoll	30.08.1920	26.02.1943
Soldat	Karl Merz	23.11.1904	02.03.1943
Gefr.	Wilhelm Gros	18.11.1908	10.03.1943
OGefr.	Oskar Fischer	04.10.1913	15.03.1943
Uffz.	Emil Renaud	07.07.1914	21.03.1943
Gefr.	Wilhelm Gros	21.03.1922	08.04.1943
Matr.Gefr.	Walter Kohler	09.02.1923	18.04.1943
Feldw.	Jakob Gros	27.10.1916	08.05.1943
OGefr.	Eugen Merz	06.09.1912	10.05.1943
OGefr.	Fritz Crocoll	18.12.1902	29.05.1943
O.Feldw.	Robert Schmelcher	31.12.1910	06.06.1943
Gefr.	Artur Oberacker	04.03.1921	17.07.1943
Gefr.	Hermann Merz	03.05.1922	26.07.1943
Gefr.	Rolf Linder	05.04.1924	11.08.1943
Gefr.	Gerh. Bettex	06.01.1922	11.08.1943
Uffz.	Karl Henninger	15.02.1917	13.08.1943
Gefr.	Waldemar Göhrung	05.08.1924	15.08.1943
Gefr.	Karl Volk	26.09.1923	27.08.1943
San.Uffz.	Erwin Schleif	27.06.1912	31.08.1943
OGefr.	Friedrich Boeuf	26.01.1920	09.09.1943

OGefr.	Friedrich Zaißer	20.11.1906	16.09.1943
OGefr.	Wilhelm Großmann	12.11.1916	20.09.1943
Gefr.	Kurt Durand	22.03.1922	25.09.1943
Gefr.	Emil Müller	05.01.1913	30.09.1943
Stabsgefr.	Helmut Behrens	02.02.1914	01.10.1943
OGefr.	Albert Rockenberger	07.06.1909	06.10.1943
Pol.Wachtm.	Emil Federlechner	14.10.1903	12.10.1943
OGefr.	Adolf Weinbrecht	16.08.1911	20.10.1943
Masch.OGefr.	Hermann Stober	22.08.1923	01.11.1943
OGefr.	Karl Glutsch	11.09.1904	12.11.1943
Gefr.	Hermann Schmidt	20.01.1907	14.11.1943
Leutn.	Günther Bornschein	09.11.1922	14.11.1943
San.Uffz.	Karl Crocoll	23.11.1910	30.11.1943
O.Fähnrich	Richard Sinn	18.02.1912	10.12.1943
SS.U.Scharf.	Heinrich Gutknecht	19.05.1912	13.12.1943
Gefr.	Rudi Linder	11.09.1924	05.01.1944
OGefr.	Hermann Weimar	17.06.1922	16.01.1944
Uffz.	Adolf Glutsch	12.07.1912	19.01.1944
Uffz.	Ludwig Blank	17.12.1919	20.01.1944
Uffz.	Gustav Grether	06.03.1913	21.01.1944
Gefr.	Albert Grether	11.01.1909	31.01.1944
O.Grenad.	Erwin Löffler	23.09.1909	06.02.1944
Gefr.	Karl Metz	15.02.1908	08.02.1944
OGefr.	Peter Merz	01.08.1923	09.02.1944
OGefr.	Heinrich Knobloch	31.01.1912	12.02.1944
OGefr.	Willi Rud. Kiefer	28.04.1921	12.02.1944
Gefr.	Gust. Eiermann	04.07.1902	14.02.1944
OGefr.	Otto Ulrich	04.03.1920	16.02.1944
Feldw.	Artur Ruf	02.04.1915	16.02.1944
OGefr.	Karl Eichsteller	22.07.1920	16.02.1944
OGefr.	Heinrich Mautter	08.09.1919	20.02.1944
StGefr.	Wilhelm Brenner	29.05.1914	21.02.1944
OGefr.	Friedrich Klotz	22.05.1920	? 02.1944
OGefr.	Karl Gutknecht	30.04.1906	11.03.1944
OT-Mann	Karl Grether	26.10.1910	14.03.1944
Gren.	Erwin Weick	06.07.1925	19.03.1944
SS-OScharf.	Wilhelm Glutsch	28.02.1916	31.03.1944
StGefr.	Albert Durand	09.05.1914	07.04.1944
OFeldw.	Friedrich Geisert	02.07.1905	18.04.1944
Uffz.	Richard Ott	01.08.1922	24.04.1944
San.Uffz.	Karl Grether	16.10.1913	26.04.1944
San.Gefr.	Hugo Gros	17.05.1923	10.05.1944
Wachtm.	Oskar Brecht	14.02.1915	13.05.1944
Leutn.	Karl Alfred Haas	05.08.1920	18.05.1944
O.Jäger	Rudi Gamber	19.06.1916	19.05.1944
Gefr.	Otto Jlle	08.08.1903	23.05.1944

Uffz.	Otto Heinr. Nelles	12.11.1920	01.06.1944
OGefr.	Wilhelm Nagel	07.02.1914	05.06.1944
Gefr.	Fritz Heyl	07.03.1923	20.06.1944
Jäger	Willi Stober	18.05.1925	23.06.1944
OGefr.	Friedrich Schneidmann	01.08.1921	25.06.1944
OGefr.	Wilhelm Merz	01.01.1910	28.06.1944
Matr.Gefr.	Waldemar Federlechner	10.12.1924	04.07.1944
Gefr.	Wilhelm Renaud	21.04.1925	10.07.1944
Gefr.	Erwin Ehrmann	13.08.1925	12.07.1944
Feldw.	Lukas Herdrich	21.02.1901	13.07.1944
Gefr.	Karl Eichsteller	07.10.1921	16.07.1944
OGefr.	Erwin Sommer	29.09.1917	18.07.1944
Uffz.ROB	Richard Clour	18.05.1921	21.07.1944
OGefr.	Hermann Nagel	27.07.1919	23.07.1944
Uffz.	Heinrich Zischer	12.01.1923	25.07.1944
Soldat	Hermann Layh	30.07.1912	26.07.1944
Baupionier	Heinrich Winstel	14.06.1905	26.07.1944
Gefr.	Hans Durand	21.10.1925	26.07.1944
Ob.Jäg.	Franz Koller	28.01.1920	04.08.1944
	Heinrich Buchleither	15.12.1925	05.08.1944
OGefr.	Konr. Karl Deuchert	23.12.1904	10.08.1944
Kanonier	Karl Emil Durand	12.11.1923	12.08.1944
StGefr.	David Häussler	12.04.1915	19.08.1944
Feldw.	Karl Heinz Schöllhammer	05.12.1920	21.08.1944
OGefr.	Otto Meinzer	17.02.1910	22.08.1944
Gefr.	Willi Sattler	05.01.1924	23.08.1944
Ob.Maat	Ludwig Schreiber	25.07.1897	28.08.1944
Soldat	Wilhelm Strenger	20.11.1909	29.08.1944
Gefr.	Kurt Grether	07.12.1925	07.09.1944
Soldat	Friedrich Crocoll	22.03.1905	11.09.1944
Matr.OGefr.	Wilhelm Bachthaler	02.03.1924	14.09.1944
OGefr.	Ernst Bender-Stern	05.08.1923	18.09.1944
Hauptm.	Wilhelm Urban	08.07.1906	21.09.1944
Gefr.	Emil Durand	28.01.1925	25.09.1944
Uffz.	Friedrich Nagel	03.10.1900	27.09.1944
Uffz.	Walter Glutsch	26.03.1915	02.10.1944
O.Feldw.	Karl Linder	19.06.1907	17.10.1944
Gefr.	Franz Hopf	13.10.1906	18.10.1944
Uffz.	Willi Bluck	12.05.1912	20.10.1944
Feldw.	Friedrich Meinzer	02.04.1911	27.10.1944
Grenad.	Reinhold Supper	22.11.1909	28.10.1944
OGefr.	Gustav Roth	12.08.1902	07.11.1944
Matr.Gefr.	Wilhelm Meinzer	29.03.1924	13.11.1944
Grenad.	Erwin Dahn	20.02.1919	? 11.1944
Soldat	Otto Linder	24.02.1926	? 11.1944
Grenad.	Karl Stober	01.01.1927	30.11.1944
Feldw.	Oskar Schneider	14.02.1914	04.12.1944

OGefr.	Karl Klotz	10.07.1918	06.12.1944
OGefr.	Wilhelm Grill	20.01.1911	07.12.1944
OSchütz.	Eugen Meinzer	03.03.1912	11.12.1944
StGefr.	Paul Häberle	15.02.1914	11.12.1944
Gefr.	Fritz Renaud	28.01.1908	26.12.1944
OGefr.	Karl Gottl. Stober	17.02.1912	27.12.1944
Gefr.	Fritz Gräber	21.03.1906	30.12.1944
Art.Maat	Karl Ehrmann	25.01.1921	? 1944
Volkst.Mann	Wilhelm Zimmermann	17.12.1900	03.01.1945
Jäger	Werner Federlechner	26.05.1926	03.01.1945
SS.UScharf.	Willi Meinzer	13.09.1914	06.01.1945
StGefr.	Adolf Jockers	07.01.1911	08.01.1945
Grenad.	Erhard Bauer	20.02.1927	08.01.1945
OGefr.	Emil Ott	10.10.1922	09.01.1945
	Franz Sinkowitsch	09.11.1919	22.01.1945
	Max Großmann	04.01.1907	24.01.1945
Uffz.	Karl Weick	19.03.1913	31.01.1945
Panz.Grenad.	Wilhelm Meinzer	16.11.1926	01.02.1945
Uffz.	Friedr. Rich. Meinzer	18.03.1911	09.02.1945
Wachtm.	Robert Vetterle	30.08.1919	13.02.1945
Uffz.	Theodor Ratzel	08.12.1910	16.02.1945
Feldw.	Siegfried Andersson	29.06.1915	24.02.1945
OBeschl.Mstr.	Adolf Stern	02.01.1895	25.02.1945
OGefr.	Karl Klotz	07.12.1899	15.03.1945
Fj.OWachtm.	Walter Mack	15.03.1914	15.03.1945
StGefr.	Willi Stolz	06.06.1916	20.03.1945
Ob.Reiter	Karl Löfflath	24.11.1922	25.03.1945
OGefr.	Wilhelm Ehrmann	24.04.1911	26.03.1945
OGefr.	Eug. Friedr. Ehrmann	23.11.1907	27.03.1945
OGefr.	Karl Wilh. Gros	04.05.1899	28.03.1945
Gefr.	Günter Häfele	14.10.1923	31.03.1945
	Max Eichsteller	05.05.1913	07.04.1945
Gefr.	Wilhelm Siegele	13.07.1922	10.04.1945
Uffz.	Hugo Zentgreb	23.07.1909	11.04.1945
OGefr.	Kurt Merz	12.08.1906	14.04.1945
Gefr.	Emil Karl Ott	12.11.1927	15.04.1945
Uffz.	Gust. Herm. Dunke	13.01.1921	23.04.1945
Schütze	Heinz Kaufmann	10.06.1927	28.04.1945
OGefr.	Peter Birkner	24.12.1907	30.04.1945
Soldat	Wilhelm Glutsch	26.09.1900	30.04.1945
Matr.OGefr.	Paul Walraff	31.12.1924	30.04.1945
Matrose	Max Glutsch	21.07.1906	03.05.1945
Gefr.	Otto Baumann	09.10.1925	? 1945
Gefr.	Philipp Ott	27.09.1908	? 1945
	Karl W. Meinzer	23.01.1904	Mai 1945

In Kriegsgefangenenlagern, Lazaretten oder in der Heimat starben nach Kriegsende:

Dienstgrad	Name	geboren am	gestorben am
Gefr.	Heinrich Buchleither	18.02.1910	10.12.1944
Schütze	Emil Meinzer	29.01.1908	13.03.1945
	Emil Kiefer	27.11.1909	22.04.1945
Uffz.	Herbert Schreiber	06.06.1925	25.05.1945
Soldat	Jak. Christ. Marsch	20.01.1892	27.09.1945
Uffz.	Waldemar Lübbers	09.02.1915	24.10.1945
OGefr.	Ernst Alb. Holzwarth	12.03.1919	? 10.1945
Soldat	Adolf Ott	22.11.1903	26.11.1945
OT-Mann	Emil Linder	02.05.1903	04.12.1945
Pionier	August Hager	15.01.1904	27.12.1945
	Adolf Glutsch	21.12.1908	? 12.1945
O.Kraftf.	Emil Linder	05.01.1906	28.01.1946
Uffz.	Karl W. Meinzer	21.03.1912	? 01.1946
Soldat	Heinr. Jak. Gros	08.04.1910	05.03.1946
OGefr.	Adolf Eichsteller	14.07.1908	12.02.1946
Soldat	Otto Ebert	14.07.1900	24.08.1946
	Wilhelm Taraba	10.11.1921	10.02.1947
	Hermann Meinzer	02.11.1902	12.11.1951

Vermißte:

Name	geboren am	Name	geboren am
Gust. Herm. Adolph	01.09.1908	Karl Gros	07.02.1910
Heinrich Crocoll	11.04.1920	Wilhelm Großmann	14.03.1906
Rolf Crocoll	14.06.1926	Walter Hespelt	30.12.1923
Hermann Doxie	08.05.1909	Roland Jenes	04.06.1921
Heini Dunke	22.12.1926	Reinhold Knecht	26.11.1924
Karl Rud. Ehrmann	04.01.1901	Adolf Knobloch	18.09.1908
Kurt Ehrmann	12.04.1923	Heini Köppel	25.09.1925
Max Ehrmann	04.10.1908	Wilhelm Kopp	28.12.1923
Joh. Georg Faaß	12.05.1925	Emil Layh	01.02.1910
Herbert Geigle	20.12.1923	Eugen Linder	11.12.1921
Wilhelm Glutsch	06.03.1909	Wilh. Marggrander	07.05.1897
Edwin Grether	06.12.1924	Emil Chr. Meinzer	15.06.1903
Ernst Grether	21.11.1909	Emil Ludw. Meinzer	12.03.1908
Hermann Grether	14.03.1913	Emil W. Meinzer	23.12.1914
Ludwig Grether	23.04.1913	Friedbert Meinzer	26.05.1925
Reinhold Grether	22.11.1920	Gustav Meinzer	25.05.1914

Hermann Meinzer	06.08.1905	Albert Rauchholz	02.08.1913
Karl Meinzer	16.04.1924	Helmut Siegele	21.03.1926
Oskar K. Meinzer	15.07.1906	Friedrich Schnürer	25.01.1906
Otto Meinzer	29.12.1920	Kurt Herm. Stober	05.11.1925
Rudolf Meinzer	08.04.1922	Hermann Stolz	11.08.1909
Rudolf Meinzer	07.09.1920	Werner Stolz	20.11.1923
Walter Meinzer	25.08.1924	Hans Karl Theurer	1920
Wilh. Friedr. Meinzer	30.09.1901	Adolf Jul. Ulrich	21.04.1922
Heinrich Merz	24.10.1906	Jak. Wilh. Ulrich	10.07.1912
Max Motz	28.06.1915	Max Ulrich	24.08.1911
Erwin Müller	17.06.1920	Rud. Ulrich	01.09.1912
Hermann E. Müller	04.06.1921	Reinhold Vollmer	09.07.1922
Jakob Müller	17.04.1913	Robert Wartinger	23.01.1905
Eugen Nagel	19.05.1921	Herbert Weinbrecht	31.12.1925
Hermann Rud. Nagel	05.04.1921	Horst Walt. Weinbrecht	02.06.1927
Emil Ott	18.10.1906	Erwin Weis	16.05.1901
Erwin Ott	30.04.1920	Herbert Zentgreb	13.02.1925
Wolfgang Ott	01.06.1927		

Durch Kriegseinwirkung starben folgende Zivilpersonen:

Name	geboren am	gestorben am
Heinrich Gros	01.10.1893	28.05.1944
Hermann Linder	15.09.1899	28.05.1944
Liselotte Brunn	20.01.1930	29.05.1944
Karl Friedr. Crocoll	04.03.1884	05.09.1944
Anna Crocoll	25.08.1880	05.09.1944
Erna Federlechner	18.07.1918	05.09.1944
Robert Schleif	21.05.1881	05.09.1944
Emil Ludw. Beck	07.04.1880	05.09.1944
Wilhelm Gros	03.03.1897	05.09.1944
Lydia Gros	13.12.1902	05.09.1944
Erna Gros	04.06.1928	05.09.1944
Hannelore Gros	20.04.1932	05.09.1944
Gerlinde Gros	16.06.1936	05.09.1944
Martha Steinel	17.08.1908	05.09.1944
Otto Wetzstein	09.11.1898	09.09.1944
Albert Henninger	26.03.1878	24.09.1944
Max Durand	08.06.1894	27.09.1944
Gottfried Harder	27.01.1899	29.09.1944
Emil Heinz Fürniß	12.07.1931	23.02.1945
Thea Meinzer	05.11.1928	31.03.1945
Wilhelm Glutsch	09.01.1886	02.04.1945

Wilhelm Weinbrecht	04.09.1897	02.04.1945
Willi Weinbrecht	17.09.1923	02.04.1945
Adolf Wohlwend	16.09.1888	02.04.1945
Jakob Meinzer	20.03.1870	02.04.1945
Karl Wilh. Merz	09.11.1897	03.04.1945
Bernhard Krencisz	09.02.1931	04.04.1945
Joh. Heinrich Herb	10.07.1872	12.04.1945
Artur Grether	27.06.1930	18.04.1945
Rolf Seiler	27.04.1930	18.04.1945
Ludwig Blank	18.07.1884	25.05.1945

Zusammenstellung:

Gefallene	238
Verstorbene	18
Vermißte	67
Zivilpersonen	31
Insgesamt	354

Anmerkung:
Es wurden nur diejenigen Personen in die Zusammenstellung aufgenommen, die während des Krieges in Neureut beheimatet waren.
Infolge der Wirren beim Zusammenbruch 1945 sind Lücken in den Unterlagen der Gemeinde nicht auszuschließen. Aus diesem Grunde kann trotz mühevoller Sucharbeit keine Gewähr für die Vollständigkeit dieser Zusammenstellung übernommen werden.

Abb. rechte Seite:
oben: Gefallenendenkmal der Gemeinde Neureut beim Ehrengräberfeld des Nord-friedhofes.
unten: — Versöhnung und Frieden — Mahnmal in der Kirchfeldsiedlung.

Wir dürfen sie nicht vergessen!

Verzeichnis der Abbildungen und Bildquellen

Wir danken dem Badischen Generallandesarchiv Karlsruhe, der Badischen Landesbibliothek Karlsruhe, der Landesbildstelle Baden, der Bildstelle der Stadt Karlsruhe, den aufgeführten Fotografen und zahlreichen Neureuter Bürgern für die Zurverfügungstellung von Bildern, Urkunden und Landkarten. Ein Teil des Bildmaterials entstammt der im Eigentum der Gemeinde befindlichen Tonbildschau „Neureut im Spiegel der Zeiten" von Wilhelm Meinzer und Klaus Stober (1980).
Die Einordnung der Bilder und die Bilduntertexte besorgte Wilhelm Meinzer.

*) Karl Ulrich, Bauoberinspektor, geb. 1870 in Teutschneureut, gest. 1947, wohnte längere Zeit in Karlsruhe. Bei Besuchen in seiner Heimatgemeinde machte er in den Jahren vor dem Ersten Weltkrieg zahlreiche fotografische Aufnahmen, die heute, 70 Jahre danach, hohen dokumentarischen Wert besitzen. Karl Ulrich befaßte sich auch mit ortsgeschichtlichen Fragen und veröffentlichte Ende der zwanziger Jahre in den „Heimatglocken" (Evangelischer Gemeindebote Teutschneureut) Aufsätze über die Neureuter Geschichte. Sein Bruder Emil Ulrich war von 1930 bis 1933 Bürgermeister in Teutschneureut. Vermutlich sind die Fotografien des Karl Ulrich (etwa 40 belichtete Glasplatten) zu jener Zeit in das Neureuter Rathaus gelangt, müssen dann aber durch die Zeitumstände in Vergessenheit geraten sein. Beim Umbau im Jahre 1966 entdeckte sie Wilhelm Meinzer auf dem Rathaus-Speicher und konnte sie dadurch vor dem endgültigen Verlust bewahren.

S. 403 verdanken wir den Brief aus der Krim der Fam. Linder in Bad Rappenau, andere Überlieferungen (Briefe, Tagebuch, Verse S. 346, 362, 379) Herrn Pastor Friedbert Linder in Rot am See.

Nach Drucklegung wurden nachstehende Fehler festgestellt, auf die wir hiermit hinweisen möchten:

		anstatt:	richtig:
S. 20	15. Zeile v. unten	berschlagen	überschlagen
S. 21	9. Zeile	Waldarbeitern	Waldarbeiten
S. 21	9. Zeile	Hilfsbediensteten	Hilfsdiensten
S. 37	1. Zeile	der Vater	dem Vater
S. 37	14. Zeile v. unten	protestantistischen	protestantischen
S. 44	17. Zeile	Stötern	Sötern
S. 56	16. Zeile v. unten	so lange	solange
S. 62	10. Zeile v. unten	acht	neun
S. 62	9. Zeile v. unten	In der Aufzählung fehlen die Namen Gros und Herlan	
S. 64	2. Zeile v. unten	Corco	Croco
S. 69	4. Zeile v. unten	jedes	jede
S. 75	7. Zeile v. unten	jedes	des
S. 86	14. Zeile v. unten	dritten	ersten
S. 87	3. Zeile	erste	dritte
S. 90	18. Zeile	achten	achteten
S. 91	11. Zeile v. unten	die teils	teils
S. 92	25. Zeile	einem mittelalterlichen Prangerinstrument	eines mittelalterlichen Prangerinstruments
S. 93	12. Zeile v. unten	dann	daran
S.107	21. Zeile	Farnçois	François
S.107	27. Zeile	Leibesumfänge	Leibesumstände
S.107	11. Zeile v. unten	liese	lasse
S.113	19. Zeile	Ziebrunnen	Ziehbrunnen
S.114	6. Zeile	Forsthafen	Forsthafer
S.146	8. Zeile	Holzberechtigte	Holzberechtigung
S.155	13. Zeile v. unten	seht	sehr
S.164	13. Zeile	Geradewohl	Geratewohl
S.186	5. Zeile	Mühlburg und Knielingen	Mühlburg
S.191	2. Zeile	zu	zum
S.191	14. Zeile	förderalistischen	föderalistischen
S.193	5. Zeile v. unten	genutzen	genutzten